Парамаханса Йогананда
(5 януари 1893 г. – 7 март 1952 г.)
Премаватар 'въплъщение на любовта' (виж бел. стр. 410)

ПАРАМАХАНСА ЙОГАНАНДА

Автобиография на един ЙОГИ

С предговор от
У. Й. Еванс-Уенц, магистър на изкуствата,
д-р по литература, д-р на науките

„Ако не видите личби и чудеса,
никак няма да повярвате" (Йоан 4:48)

Оригинално заглавие на американското издание на
Self-Realization Fellowship, Los Angeles, California:
Autobiography of a Yogi

ISBN-13: 978-0-87612-083-5
ISBN-10: 0-87612-083-4

Превод: Self-Realization Fellowship
Copyright © 2013, 2014 Self-Realization Fellowship

Всички права запазени. С изключение на кратки цитати в отзиви, критични статии и рецензии, нито една част от *Автобиография на един йоги (Autobiography of a Yogi)* не може да бъде възпроизвеждана, съхранявана, прехвърляна или разпространявана под никаква форма или начин (електронен, механичен или какъвто и да е друг), съществуващ сега или открит в бъдеще – вкл. фотокопиране, записване или въвеждане в система за съхранение и обработка на информация, – без предварително писмено разрешение от Self-Realization Fellowship, 3880 San Rafael Avenue, Los Angeles, California 90065-3219, U.S.A.

Автобиография на един йоги е издадена на английски, бенгалски, гуджарати, хинди, каннада, малаялам, марати, ория, тамилски, телугу, урду, японски, арабски, гръцки, исландски, датски, холандски, финландски, френски, немски, италиански, непалски, полски, португалски, испански, шведски, норвежки, хърватски, санскритски и естонски език.

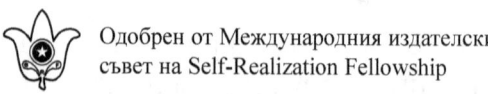 Одобрен от Международния издателски съвет на Self-Realization Fellowship

Името Self-Realization Fellowship (SRF) и логото (по-горе) са неразделна част от всяка книга, аудио- и видеозапис или друга публикация на SRF и гарантират, че съответното произведение е от общността, основана от Парамаханса Йогананда, и предава вярно учението му.

Второ издание на български език: Self-Realization Fellowship, 2014
Second edition in Bulgarian from Self-Realization Fellowship, 2014

ISBN-13: 978-0-87612-245-7
ISBN-10: 0-87612-245-4

1070-J2442

ДУХОВНИЯТ ЗАВЕТ НА ПАРАМАХАНСА ЙОГАНАНДА

Пълно събрание на всички негови трудове, лекции и беседи

Парамаханса Йогананда основа Self-Realization Fellowship* през 1920 г. с цел да разпространява учението му по света и да пази неговата чистота и цялостност за бъдещите поколения. Плодовит автор и лектор, още в ранните години от живота си в Америка, той създаде редица свои емблематични трудове върху науката за йога медитация, изкуството за водене на балансиран живот и единството на всички религии. И днес неговото безценно духовно завещание продължава да живее и вдъхновява милиони търсачи на Истината по целия свят.

Вярно на изричното желание на Великия Учител, Self-Realization Fellowship продължи неспирно да работи върху издаването на *Пълното събрание на съчиненията на Парамаханса Йогананда* и днес негови книги постоянно излизат от печат. Сред тях са не само последните издания на всички книги, които той публикува приживе, но и много нови заглавия – трудове, останали непубликувани към деня на напускането му на земния план през 1952 г., или такива, които през годините са се появявали в непълен вид в поредиците на издаваното от Self-Realization Fellowship списание, както и стотици други много ценни, вдъхновяващи лекции и беседи, записани на различни звукови носители.

Парамаханса Йогананда лично избра и обучи онези близки ученици, които да оглавят Издателския съвет на Self-Realization

---

* Общност за Себе-осъзнаване. Парамаханса Йогананда обяснява името Self-Realization Fellowship така: „Общение с Бог чрез Себе-осъзнаване и приятелство с всички търсещи Истината души". Виж *Цели и идеали на Self-Realization Fellowship*.

Fellowship, и им даде специфични наставления относно подготовката и публикуването на неговото учение. Членовете на Издателския съвет на SRF (монаси и монахини, дали пожизнен обет за отречение и безкористно служение) гледат на тези наставления като на свещена отговорност, защото само така универсалното послание на този обичан световен Учител ще продължи да живее в автентичната си мощ и истинност.

Логото на Self-Realization Fellowship (горе) бе избрано от самия Парамаханса Йогананда за идентифициращ знак на основаното от него дружество с идеална цел – единствения упълномощен извор на неговото учение. Наименованието SRF и емблемата са неразделна част от всяка публикация и аудио- и видеозаписи. Те уверяват читателя, че съответното произведение е от организацията на Парамаханса Йогананда и предава учението му според неговата воля.

Self-Realization Fellowship

Посвещавам на светлата памет на

ЛУТЪР БЪРБАНК,

американски светец

БЛАГОДАРНОСТИ

Безкрайно съм признателен на г-ца Л. В. Прат (Тара Мата) за продължителната редакторска работа над ръкописа на настоящата книга. Изказвам своята дълбока благодарност и на г-н К. Р. Райт за това, че ми позволи да използвам откъси от пътния му дневник от посещението ни в Индия. На д-р У. Й. Еванс-Уенц съм благодарен не само за предговора, но и за предложенията и насърчението.

ПАРАМАХАНСА ЙОГАНАНДА

28 октомври 1945 г.

СЪДЪРЖАНИЕ

Списък на снимките 11
Предговор от У. Й. Еванс-Уенц 15
Въведение 17

Глава

1. Моите родители и ранните години от живота ми 33
2. Смъртта на майка ми и мистичният амулет 47
3. Светецът с „две тела" 55
4. Неуспялото ми бягство към Хималаите 63
5. Светеца на благоуханията показва чудесата си 78
6. Свами Тигъра 87
7. Левитиращият светец 97
8. Великият учен на Индия Джагдиш Чандра Боус 104
9. Блаженият светец и космическият му романс 115
10. Срещам своя Учител Шри Юктешвар 125
11. Две момчета без пукната пара в Бриндабан 141
12. Години в обителта на моя Учител 152
13. Вечно будният светец 186
14. Изживяване на Космическо Съзнание 195
15. Как отмъкнаха моя карфиол 205
16. Да надхитриш звездите 218
17. Саси и трите сапфира 231
18. Мохамеданинът чудотворец 239
19. Учителят ми е в Калкута, а се появява пред мен в Серампор 245
20. Една сила ни спира да заминем за Кашмир 249
21. Посещаваме Кашмир 256
22. Отзивчивото сърце на каменната статуя 269
23. Получавам университетската си степен 276

24.	Ставам монах в Ордена на свамите	285
25.	Брат ми Ананта и сестра ми Налини	295
26.	Науката *крия йога*	302
27.	Основаване на йога училище в Ранчи	314
28.	Каши, пророден и намерен	324
29.	Рабиндранат Тагор и аз обсъждаме образователните си идеали	330
30.	Законът на чудесата	336
31.	Разговор със светата Майка	350
32.	Рама възкресен от мъртвите	362
33.	Бабаджи – Месията на съвременна Индия	372
34.	Материализиране на дворец в Хималаите	382
35.	Животът на Лахири Махашая подобен на живота на Христа	397
36.	Интересът на Бабаджи към Запада	413
37.	Отивам в Америка	424
38.	Лутър Бърбанк – светец сред рози	441
39.	Католическият стигматик Тереза Нойман	448
40.	Завръщам се в Индия	458
41.	Идилия в Южна Индия	473
42.	Последни дни с моя гуру	490
43.	Възкресението на Шри Юктешвар	510
44.	Гостувам на Махатма Ганди във Варда	532
45.	Пропитата от блаженство Майка на Бенгалия	553
46.	Йогинята, която живее без храна	561
47.	Връщам се на Запад	575
48.	В Енсинитас, Калифорния	580
49.	Периодът 1940 – 1951 година	587

Парамаханса Йогананда: йоги в живота и в смъртта	610
Юбилейна марка, пусната от правителството на Индия в чест на Парамаханса Йогананда	611
Линията на гуру в Self-Realization Fellowship	618
Цели и идеали на Self-Realization Fellowship	619
Показалец	620

СПИСЪК НА СНИМКИТЕ

стр.

Авторът *(фронтиспис)*
Гурру (Гяна Праба) Гош, майка на Шри Йогананда 40
Багабати Чаран Гош, баща на Шри Йогананда...............................41
Йоганандаджи на шест години 45
Ананта, по-големият брат на Йоганандаджи..................................51
Ума, Рома и Налини, сестри на Шри Йогананда............................51
Свами Пранабананда от Бенарес (светецът с „две тела") 60
Свами Кебалананда, учителят на Йогананда по санскрит............77
Домът на Шри Йоганандаджи в Калкута..77
Нагендра Нат Бадури (Левитиращия светец)................................100
Джагдиш Чандра Боус, велик индийски учен 110
Учителят Махашая (Махендра Нат Гупта).....................................119
Божествената Майка..121
Свами Гянананда и Шри Йогананда...132
Шри Юктешвар, гуру на Йогананда..135
Храмът за медитация „Шри Юктешвар" в Серампор 136
Шри Йогананда, 1915 г. 136
Господ Кришна, най-обичаният пророк на Индия 147
Джитендра Мазумдар, спътникът на Мукунда
   от изпитанието в Бриндабан..148
Рам Гопал Музумдар (Вечно будния светец)................................187
Крайморският ашрам на Шри Юктешвар в Пури, Ориса............201
Шри Юктешвар в поза лотос 202
Йоганандаджи на шестнайсет години 237
Господ като Шива (цар на йогите) 255
Центърът майка на Self-Realization
   Fellowship/Yogoda Satsanga Society of India 259

Шри Раджарси Джанакананда, президент на Self-Realization Fellowship/Yogoda Satsanga Society of India
от 1952 до 1955 година 261
Шри Дая Мата, президент на Self-Realization Fellowship/Yogoda Satsanga Society of India от 1955
до 2010 година 261
Шри Мриналини Мата, настоящ президент на Self-Realization Fellowship/Yogoda Satsanga
Society of India 261
Йоганандаджи с братовчед си Прабас Чандра Гош 279
Шри Джагадгуру Шанкарачаря в центъра майка на
SRF/YSS, 1958 г. 289
Шри Дая Мата в божествено общение 301
Западняк в *самади* – Шри Раджарси Джанакананда
(Дж. Дж. Лин) 313
Ашрам-центърът „Йогода" в Ранчи 321
Каши, възпитаник на училището в Ранчи 327
Рабиндранат Тагор 332
Шанкари Маи Джиу, ученичка на Трайланга Свами 359
Лахири Махашая 366
Махаватар Бабаджи, гуру на Лахири Махашая 381
Пещерата, обитавана понякога от Махаватар Бабаджи 386
Лахири Махашая, гуру на Шри Юктешвар 401
Панчанон Батачаря, ученик на Лахири Махашая 407
Шри Йогананда (паспортна снимка), 1920 г. 428
Делегати на Конгреса на религиите – Бостън, 1920 г. 429
Шри Йогананда пътува с параход
за Аляска, лятото на 1924 г. 430
Клас по йога в Денвър 431
Клас по йога в Лос Анджелис 432
Великденска служба по посрещане на изгрева в
центъра майка на SRF/YSS, 1925 г. 433
Шри Йогананда полага цветя в криптата
на Джордж Вашингтон, 1927 г. 434
Шри Йогананда в Белия дом 435

Шри Йогананда с президента на Мексико
  Емилио Портес Хил 437
Йоганандаджи на езерото Сочимилко в Мексико, 1929 г. 437
Лутър Бърбанк и Йоганандаджи – Санта Роза, 1924 г. 447
Тереза Нойман, К. Р. Райт и Йоганандаджи 454
Шри Юктешвар и Шри Йогананда – Калкута, 1935 г. 459
Обяд на терасата на ашрама в Серампор, 1935 г. 462
Шри Йогананда в Дамодар, Индия, 1935 г. 463
Училището „Йогода Сатсанга" в Ранчи 464
Шри Йогананда в училището за момичета
  от коренното население, 1936 г. 465
В училището за момчета „Йогода Сатсанга" в Ранчи 465
„Йогода Мат", Дакшинесвар, Индия 468
Шри Йогананда и спътниците му по р. Ямуна
  край Матура, 1935 г. 469
Рамана Махарши и Йоганандаджи 484
Шри Юктешвар и Йоганандаджи на религиозна
  процесия, 1935 г. 489
Група в двора на серампорския ашрам, 1935 г. 491
Клас по йога в Калкута, 1935 г. 492
Кришнананда с опитомената си лъвица на *Кумба Мела* 497
Шри Йогананда и секретарят му К. Ричард Райт при
  Свами Кешабананда – Бриндабан, 1936 г. 502
Мемориалният храм „Шри Юктешвар" в Пури 506
Шри Йогананда с Махатма Ганди в ашрама
  му във Варда, 1935 г. 534
Ананда Мои Ма (Пропитата от блаженство Майка)
  и Парамаханса Йогананда 555
Шри Йогананда пред Тадж Махал в Агра, 1936 г. 558
Гири Бала – светицата, която живее без храна 569
Парамаханса Йогананда и Шри Дая Мата, 1939 г. 581
Парамаханса Йогананда и Шри Раджарси Джанакананда,
  1933 г. 581
Обителта на Self-Realization Fellowship
  в Енсинитас, Калифорния 583

Автобиография на един йоги

Шри Йогананда в градината
  на обителта на SRF в Енсинитас, 1940 г. 584
Парамаханса Йогананда при освещаването
  на „Лейк Шрайн", 1950 г. 588
„Лейк Шрайн" (Светото езеро) с мемориала
  на мира „Ганди" 589
Почитаемият Гудуин Дж. Найт, вицегубернатор
  на Калифорния, с Йоганандаджи на откриването
  на центъра „Индия", 1951 г. 591
Храмът за Себе-осъзнаване „Църква на всички религии"
  в Холивуд, Калифорния 591
Шри Йогананда в Енсинитас, Калифорния, 1950 г. 596
Индийският посланик г-н Б. Р. Сен в центъра майка
  на SRF 602
Шри Йогананда един час преди
  махасамади – 7 март 1952 г. 606

ПРЕДГОВОР

от У. Й. Еванс-Уенц, магистър на изкуствата от Станфордския университет, д-р по литература и д-р на науките от колежа „Джийзъс" при Оксфордския университет

Автор и преводач на много класически трудове по йога и мъдростта на Изтока като „Тибетска йога и тайни учения", „Великият тибетски йоги Миларепа", „Тибетска книга на мъртвите" и др.

Ценността на *Автобиографията* на Йогананда до голяма степен се дължи на факта, че тя е една от малкото книги на английски език за мъдреците на Индия, написана не от журналист или чужденец, а от човек от тяхната раса и школа – накратко, това е книга *за* йогите *от* един йоги. Като разказ на човек, видял с очите си необикновения живот и способности на множество съвременни индийски светци, книгата въздейства силно и приобщаващо както с чисто човешките измерения на чувствата и преживяванията, така и с извънвремевите послания, които носи. Убеден съм, че читателят ще оцени по достойнство тази книга и ще отдаде дължимия респект и признателност на нейния блестящ автор, с когото имах удоволствието да се срещна в Индия и Америка. Документът на необикновения му житейски път – единствен по рода си, публикуван някога на Запад, хвърля ярка светлина върху духовното богатство на Индия и разкрива дълбините на индийския ум и сърце.

Благодарен съм на съдбата, че имах редкия шанс да се запозная с един от светците, за чийто живот се разказва тук – Шри Юктешвар Гири. По-късно аз поместих фотографията на достопочтения светец във фронтисписа на моята книга „Тибетска йога и тайни учения"*. Срещата беше в Пури, щата Ориса, на брега на Бенгалския залив. По това време той водеше тих ашрам близо

---
* Издание на Oxford University Press, 1958 г.

до морския бряг и бе зает главно с духовното обучение на група момчета и юноши. Той прояви силен интерес към живота на хората в Съединените щати, както впрочем и в двете Америки и Англия. После ме разпита за далечните дейности, особено онези в Калифорния на личния му ученик Парамаханса Йогананда, когото той нежно обичаше и когото през 1920 г. беше изпратил като свой емисар на Запад.

Шри Юктешвар беше човек с благи обноски и глас, приятен събеседник и достоен за почитта, която неговите последователи спонтанно му оказваха. Всеки, който го познаваше – без значение дали от неговите среди, или извън тях, изпитваше преклонение пред личността му. Още е жива пред очите ми картината на срещата ни: фигурата му – висока, изправена, аскетична, облечена в шафранена одежда на отрекъл се от земното човек, застанал до портата на обителта си в очакване да ме посрещне. Косата му бе дълга и леко къдрава, носеше брада. Тялото му беше мускулесто и здраво, но стройно и добре оформено, крачката – енергична. За място на земното си пребиваване той бе избрал свещения град Пури, към който всеки ден от различни краища на Индия се стичат тълпи с набожни индуси за поклонение в прочутия храм „Джаганат" („Господарят на Вселената"). Именно Пури избра Шри Юктешвар, където да затвори завинаги смъртните си очи за сцените на това преходно съществуване и да премине в други измерения, без да остави и капка съмнение, че настоящото му въплъщение е доведено до триумфален край.

Аз съм изключително щастлив, че имах възможността да документирам това свидетелство за възвишения нрав и святост на Шри Юктешвар. Тихо оттеглен от света, той безрезервно се беше отдал на онзи възвишен живот, който сега неговият ученик Парамаханса Йогананда увековечава в тази книга.

ВЪВЕДЕНИЕ

„Срещата с Парамаханса Йогананда беше едно от най-красивите неща, които ми се случиха в този живот – среща, която така дълбоко се запечата в съзнанието ми, че никога няма да я забравя... Като го погледнах в лицето, едва не бях заслепен от духовната светлина, която буквално струеше от него. Неговата безкрайна благост и смирение ме обгърнаха като топъл пролетен ветрец... Макар да беше човек на Духа, аз забелязах, че неговото разбиране и проницателност стигат до сърцевината на светските проблеми. В негово лице аз видях истинския посланик на Индия – посланика, който разнася есенцията на древната мъдрост на Индия по целия свят."

Д-р Бинай Р. Сен, бивш посланик
на Индия в Съединените щати

За всички онези, които познаваха Парамаханса Йогананда лично, неговият живот и същество бяха убедително доказателство за силата и истинността на древната мъдрост, която той олицетворяваше. Безброй читатели на неговата *Автобиография* свидетелстват, че от страниците ѝ блика същата онази светлина на духовен авторитет, която се излъчваше и от неговата личност. Книгата беше посрещната с възторжени овации като истински шедьовър преди повече от шейсет години, когато излезе от печат, не само защото описва житейския път на една личност от небивала величина, но и защото по един вълнуващ и увлекателен начин въвежда в духовността на Изтока – особено в неговото уникално учение за непосредствено лично единение с Бога, отваряйки за западната публика една съкровищница със знания, дотогава достъпна само за малцина.

Днес *Автобиография на един йоги* е призната в цял свят за класика на духовната литература. В това въведение ние бихме искали да споделим някои моменти от необикновената предистория на книгата.

Написването на книгата е било предсказано много отдавна. Един от възродителите и водеща фигура в утвърждаването на йога в по-нови времена, достопочтеният Учител от XIX век Лахири Махашая, е предрекъл: „Около петдесет години след като напусна тази земя, моят живот ще бъде описан поради големия интерес, който Западът ще почне да проявява към йога. Посланието на йога ще обиколи земното кълбо и ще положи основите на едно ново братство между хората – на една дружба, която ще почива върху непосредственото възприятие на Единия Отец".

Години по-късно Свами Шри Юктешвар, високо издигнат ученик на Лахири Махашая, споделя това пророчество с Шри Йогананда: „Сине мой Йогананда, ти трябва да свършиш своята работа и да разпространиш това послание, като опишеш светия му живот".

През 1945 година, точно петдесет години след като Лахири Махашая напусна земния план, Парамаханса Йогананда завърши своята *Автобиография на един йоги,* с което изпълни и двете задачи, възложени му от неговия гуру: да опише подробно на английски език славния живот на Лахири Махашая и да въведе световната публика в древноиндийската наука за душата.

Създаването на *Автобиография на един йоги* беше проект, върху който Парамаханса Йогананда работи дълги години. Шри Дая Мата, една от първите му и най-близки ученички*, си спомня:

„Когато дойдох на Маунт Вашингтон през 1931 г., Парамахансаджи вече беше започнал работата си върху *Автобиографията.* Веднъж, докато му помагах в кабинета с някаква секретарска работа, имах щастието да видя завършена една от първите глави – главата „Свами Тигъра". Той ме помоли да я запазя и ми обясни, че ще влезе в книгата, която пише. По-голямата част от книгата беше написана по-късно – между 1937 и 1945 година".

---

* Шри Дая Мата се присъедини към монашеската общност, която Парамаханса Йогананда основа на Маунт Вашингтон край Лос Анджелис, през 1931 г. Тя служи на поста president на Self-Realization Fellowship от 1955 до 2010 г.

От юни 1935 до октомври 1936 година Шри Йогананда посети Индия (през Европа и Палестина), за да види за последно своя гуру Свами Шри Юктешвар. Докато беше там, той събираше фактологичен материал за *Автобиографията,* както и случки от живота на някои от светците и мъдреците, които познаваше и щеше да увековечи в тази книга. „Молбата на Шри Юктешвар да опиша светия живот на Лахири Махашая, не спираше да отеква в ушите ми – щеше да напише той по-късно. – По време на престоя си в Индия аз използвах всяка възможност да посещавам преки ученици и роднини на *йогаватара.* В пространните записки, които си водех, аз документирах разговорите между тях, сверявах факти и дати, събирах снимков материал, стари писма, документи."

След завръщането си в Съединените щати в края на 1936 г. той започна да прекарва по-голямата част от времето си в обителта, която му бяхме построили в негово отсъствие – в Енсинитас, на южнокалифорнийския бряг. Тя се оказа идеалното място, където да се посвети изцяло на книгата, която беше започнал преди години.

„Още са живи спомените от онези дни, прекарани заедно в тихото крайокеанско убежище – спомня си Дая Мата. – Той беше затрупан с толкова много задачи и ангажименти, че беше изключено да работи върху *Автобиографията* денем. Но вечерите, след работа, а и през всяка минута свободно време, която можеше да намери, той прекарваше над нея. Чак някъде към 1939 – 1940 г. той започна да посвещава цялото си време на книгата. Като казвам „цялото си време", разбирайте цялото – от зори до зори! Малка група ученички – Тара Мата, сестра ми Ананда Мата, Шрада Мата и аз, бяхме край него и му помагахме. След като препишехме на машина готовата глава, той я предаваше на Тара Мата, своя редактор.

Скъпи спомени! Още го виждам как се потапя в съкровените си изживявания от някога, картините оживяват пред него, а после ги пренася на белия лист. Святото му желание бе да сподели радостта и откровенията, получени в компанията на светци и Велики Учители, както и своите лични изживявания на единение с Бог. Често ще се спре за момент, вперил втренчен поглед нагоре, тялото му неподвижно, застинало в екстаза на дълбокото общение с Бог в *самади*. Цялата стая се изпълваше с огромно ярко сияние на божествена любов. За нас, учениците, които присъствахме на подобни славни сцени, това означаваше да бъдем въздигнати на по-високо ниво на съзнание.

Ето че накрая, през 1945 година, дойде тържественият ден, в който книгата бе завършена. Парамахансаджи написа последните думи: „Господи, Ти дари този монах с огромно семейство!", остави писалката и възкликна радостно:

„Това беше! Каквото се искаше от мен, го свърших. Тази книга ще промени живота на милиони. Тя ще бъде моето живо послание, когато си отида от този свят".

После на Тара Мата се падна нелеката задача да намери издател. Парамаханса Йогананда беше срещнал Тара Мата в Сан Франциско през 1924 г., по време на една от обиколките, на които изнасяше лекции и беседи. Надарена с рядка духовна прозорливост, тя стана част от малкия кръг негови най-напреднали ученици. Той ценеше високо редакторските ѝ способности и често казваше, че тя е най-гениалният ум, който някога е срещал. Възхищаваше се на обширните ѝ познания и разбиране на мъдростта на индуистките свещени писания. Веднъж по някакъв повод дори отбеляза: „Като изключим моя Велик Учител Свами Шри Юктешвар, с никого не съм беседвал с такава наслада върху индуистката философия, както с Тара Мата".

Тара Мата взе ръкописа и замина за Ню Йорк. Но да се намери издател, не беше никак лесно. И както нерядко се случва с велики произведения, в началото те понякога остават недооценени от хората със стандартно мислене. Макар че новата атомна епоха беше разширила колективното съзнание и като цяло хората гледаха с растящо разбиране на финото единство на материя, енергия и мисъл, тогавашните издатели още не бяха съзрели за такива глави като „Материализиране на дворец в Хималаите" и „Светецът с „две тела"!

Близо година Тара Мата живя в студена, оскъдно обзаведена стая, без топла вода, като не спираше да обикаля и чука на вратите на издателските къщи. Накрая получихме депеша с радостната новина. The Philosophical Library, уважаван нюйоркски издател, се беше съгласил да публикува *Автобиографията*. „Думи нямам да ви опиша какво направи [тя] за тази книга! – каза Шри Йогананда. – Ако не беше тя, не знам дали въобще щяхме да можем да я издадем."

И ето че малко преди Рождество Христово на 1946 г.

Въведение

дългоочакваните книги пристигнаха в центъра на Маунт Вашингтон.

Книгата беше посрещната от читателите и световната преса с огромен интерес. Заваляха благодарности и похвали. „Никога преди не е имало подобно нещо за йога на английски или на друг език", писа Columbia University Press в своя „Преглед на религиите"*(Review of Religions)*. The New York Times я обяви за „рядко срещано явление". Newsweek писа: „Книгата на Йогананда е по-скоро автобиография на душата, отколкото на тялото... Увлекателно и задълбочено изследване на религиозния живот, простичко написано в непринудения стил на Ориента".

Ето и само част от останалите отзиви за книгата:

San Francisco Chronicle: „В много четивен стил Йогананда говори убедително за йога и онези, които „идват да се присмиват", остават „да се молят".

United Press: „Йогананда обяснява така наречените езотерични учения на Изтока с безпощадна откровеност и мек хумор. Книга, пълна с духовни приключения".

The Times of India: „Автобиографията на този мъдрец е завладяващо четиво".

Saturday Review: „... няма как да не впечатли и заинтригува западния читател".

Grandy's Syndicated Book Reviews: „Увлекателна, вдъхновяваща, „истински литературен феномен"!"

West Coast Review of Books: „Каквато и религия да изповядвате, в *Автобиография на един йоги* ще намерите радостно потвърждение на силата на човешката душа".

News-Sentinel, Форт Уейн, Индиана: „Чисто откровение... затрогващо човешко житие... помага на човешката раса по-добре да разбере себе си... автобиография с голямо „А"... спираща дъха... разказана със забавен хумор и неподправена искреност... увлекателна като роман!"

Sheffield Telegraph, Англия: „... един монументален труд!"

С превеждането на книгата на други езици се появиха още много рецензии в ежедневниците и периодичните издания по целия свят.

Il Tempo del Lunedi, Рим: „Тези страници ще омаят читателя,

защото събуждат божествени копнежи и въждения, дремещи в сърцето на всеки човек".

China Weekly Review, Шанхай: „Съдържанието на тази книга може да се стори необичайно на мнозина... особено на съвременните християни, живеещи с уютния навик, че чудесата са част от миналото. (...) Философските пасажи са изключително интересни. Йогананда е на духовно измерение, което е над религиозните различия. (...) Горещо препоръчваме тази книга".

Haagsche Post, Холандия: „... мъдрост, която е толкова дълбока, че пленява душата и сърцето завинаги".

Welt und Wort, месечно немско издание за литература: „Силно впечатляваща... Уникалността на *Автобиография на един йоги* е в това, че тук за първи път йогът нарушава своето мълчание и разказва духовните си преживявания. Ако досега на подобни житиеописания се е гледало с голяма доза скептицизъм, то днес картината в света е такава, че сме длъжни да приемем истините, представени в тази книга. (...) Единствената цел на автора е да представи индийската йога не като контрапункт на Христовото учение, а като негов побратим – като спътник, с който пътуват към същата Славна Цел".

Eleftheria, Гърция: „Книга, която ще разшири хоризонта на читателя чак до безкрайността и ще го накара да осъзнае, че сърцето му може да затупти за всички човешки създания, независимо от цвета на кожата и расата. Истински вдъхновяваща книга!"

Neue Telta Zeitung, Австрия: „Едно от най-дълбоките и важни послания на този век".

La Paz, Боливия: „Рядко съвременният читател ще намери такава прекрасна, задълбочена и истинна книга като *Автобиография на един йоги*. (...) Пълна с автентично знание и богата на лични преживявания. (...) Една от най-зашеметяващите глави е тази, в която се обясняват мистериите на живота отвъд физическата смърт".

Schleswig-Holsteinische Tagespost, Германия: „Тези страници разкриват с изключителна убедителност и кристална яснота един обаятелен живот, една личност от небивала величина, която от началото до края държи читателя със затаен дъх... Ние вярваме, че в тази важна биография е вложен заряд, способен да предизвика духовна революция".

Скоро беше подготвено второто издание, а през 1951 г. – и третото. Освен че някои места в текста претърпяха преработка и бяха допълнени, а други, в които се описват главно организационни мероприятия и планове, трябваше да бъдат премахнати поради неактуалност, Парамаханса Йогананда добави и последната глава

Въведение

– една от най-дългите, покриваща периода 1940 – 1951 година. В бележка под линия към новата глава той писа: „В това трето издание на книгата (1951 г.) аз добавям глава 49, която съдържа много нов материал. В отговор на многобройните молби на читатели на първите две издания, в тази глава аз давам отговори на различни въпроси, свързани с Индия, йога и ведическата философия".*

„Дълбоко съм трогнат от писмата, които получих от хилядите

---

* Промените, направени от Парамаханса Йогананда, бяха включени в седмото издание (1956 г.), както се казва и в бележка на издателя към това издание:

„В това американско издание от 1956 г. са включени корекциите, направени от Парамаханса Йогананда през 1949 г. за лондонското издание, както и някои други корекции, направени от автора през 1951 г. В „Бележка към лондонското издание" с дата 25 октомври 1949 г. Парамаханса Йогананда пише: „Подготовката на лондонското издание на моята книга ми даде възможност да преработя и леко да разширя текста. Освен новия материал в последната глава, аз добавих и редица бележки под линия, в които отговарям на въпроси, изпратени ми от читатели на американското издание".

По-късните промени, направени от автора през 1951 г., трябваше да излязат в четвъртото (1952 г.) американско издание. По това време правата върху *Автобиография на един йоги* бяха притежание на една нюйоркска издателска къща. През 1946 година в Ню Йорк всяка страница на книгата беше снета на електротипна форма по метода на галванопластиката. За да се добави дори една запетайка, трябваше металната плоча на цяла една страница да се разреже и след като в нея се вмъкне новия ред с желаната запетайка, двете части отново да се слепят. Поради разходоемкостта на такъв един процес на спояване на немалък брой плочи, нюйоркският издател не включи в четвъртото издание авторовите поправки от 1951 г.

В края на 1953 г. Self-Realization Fellowship (SRF) закупи от нюйоркския издател всички права върху *Автобиография на един йоги*. По-късно, през 1954 и 1955 година, SRF пусна пето и шесто стереотипно издание на книгата. През тези две години редакционната колегия на SRF беше ангажирана с неотложни задачи и нямаше как да направи авторовите промени на стереотипните плаки. За седмото издание обаче те си свършиха работата навреме".

След 1956 г. бяха направени още някои редакторски корекции съобразно инструкциите, които Тара Мата беше получила от Парамаханса Йогананда приживе.

В ранните издания на *Автобиография на един йоги*, следвайки общоприетата практика за предаване на бенгалските имена, титлата на автора се изписваше *Парамхнса*, тоест изпускаше се неудареното *а* между *м* и *х*, което при произнасяне се затъмнява напълно или частично. За да се гарантира правилното предаване на тази свещена ведическа титла, в по-късните издания бе наложително да се прибегне до стандартната санскритска транслитерация: *Парамаханса* – от *парама* 'висш, върховен' и *ханса* 'лебед', с която се титулува човек, постигнал най-висшата степен на осъзнатост (съзнателност) за своята истинска божествена същност (Себе-то) и единността на Себе-то с Духа.

читатели – писа Шри Йогананда в бележка на автора към изданието от 1951 г. – Техните коментари и фактът, че книгата беше преведена на множество езици, ме кара да вярвам, че Западът е намерил на тези страници отговор на въпроса: Има ли място древната наука йога в живота на съвременния човек?"

С годините „хилядите читатели" станаха милиони, а вечният и универсален апел на *Автобиография на един йоги* стана все по-чуваем. Шейсет години след първото издаване на книгата, тя продължава да оглавява класациите на бестселърите за метафизическа и вдъхновяваща литература. Рядък феномен! Сега, когато книгата разполага със съвременни преводи на множество езици, тя се използва като справочен текст в учебни курсове на колежи и университети по целия свят – от източна философия и религия до английска литература, психология, социология, антропология, история и дори бизнес мениджмънт. Както предсказа Лахири Махашая преди повече от век, посланието на йога и нейната древна традиция за медитация наистина обиколи земното кълбо.

„Може би най-добре познат със своята *Автобиография на един йоги,* вдъхновила милиони по света – пише метафизичното списание New Frontier в октомврийското си издание от 1986 година, – Парамаханса Йогананда, също като Ганди, вля духовност в артериите на обществото. Няма да е преувеличено, ако кажем, че Йогананда направи повече от който и да е друг за утвърждаването на думата „йога" в речника ни."

Авторитетният учен д-р Дейвид Фроли, директор на Американския институт за ведически изследвания, който издава двумесечното списание Yoga International, в броя от октомври – ноември 1996 г. казва: „Йогананда с право може да бъде наречен Баща на западната йога – не на масово разпространената физическа йога, а на духовната йога – на учението за Себе-осъзнаване, което е същинската йога".

Проф. Ашутош Дас, д-р на философските науки, д-р по литература, преподавател в Калкутския университет, заявява: „Ние гледаме на *Автобиография на един йоги* като на *Упанишади* на новото време. (...) Тя утолява духовната жажда на търсачите на Истината по целия свят. Ние в Индия следим с удивление и възторг растящата популярност на тази книга за светците и философията на Индия. Изпълнени сме с голямо задоволство и гордост от факта, че безсмъртният нектар на индийската *Санатана Дарма* (вечните закони на Истината) се пази в златния бокал на *Автобиография на един йоги*".

Дори в бившия Съветски съюз книгата очевидно е направила силно впечатление на сравнително малцината, имащи достъп до нея по време на комунистическия режим. В. Р. Кришна Айер, бивш съдия от Върховния съд на Индия, разказва за посещението си в едно градче близо до Санкт Петербург (тогава Ленинград), където се обърнал към група професори с въпроса: „Замисляли ли сте се някога какво се случва, когато човек умре?...". Един от професорите излязъл, без да каже нищо, и скоро се върнал с една книга – *Автобиография на един йоги!* „Глътнах си езика! – разказва по-нататък съдията. – В страна, където господства материалистичната философия на Маркс и Ленин, ръководител на държавен институт да ми предлага книгата на Парамаханса Йогананда!?" – „Моля Ви, не ни разбирайте погрешно – обяснил кротко човекът, – духът на Индия не ни е чужд. Ние също приемаме всичко казано в тази книга за истина."

„Сред огромната палитра от книги, които ежегодно излизат на книжния пазар – заключава една статия в списание India Journal от 21 април 1995 г., – едни привличат със своята забавност, други – с житейските си съвети, трети – с поученията. Щастливец е онзи читател, който попадне на книга, която да съдържа в себе си и трите. *Автобиография на един йоги* е едно стъпало нагоре – освен всичко друго, тя отваря прозорците на ума и душата."

В последните години книгоразпространители, критици и читатели възхваляват книгата и са единодушни в мнението си, че тя принадлежи към най-трансформационните духовни книги на нашето съвремие. През 1999 година жури от автори и експерти на издателска компания HarperCollins избра *Автобиография на един йоги* за една от 100-те най-добри духовни книги на столетието, а Том Бътлър-Боудън в своята книга „50 духовни класици" *(50 Spiritual Classics)*, излязла през 2005 г., казва, че тя „заслужено се нарежда сред най-увлекателните и просветляващи духовни книги, писани изобщо".

В последната глава на своята *Автобиография* Парамаханса Йогананда, позовавайки се на светците и мъдреците на всички религии през вековете, тържествено уверява читателя:

> *Бог е Любов. Неговият план за творението може да пусне корени само в любовта. Нима тази проста мисъл не предлага повече утеха на човешкото сърце от сложните теории? Всеки светец, проникнал до сърцевината на Реалността, свидетелства, че съществува един Божи план за Вселената, който е прелестен и тълен с радости.*

Сега, когато *Автобиография на един йоги* продължава триумфалното си шествие през втората половина на столетието на своето съществуване, ние я поднасяме с надеждата, че всички читатели на този вдъхновяващ труд – и тези, които го държат в ръцете си за първи път, и другите, за които тя вече е станала верен и неразделен другар по Пътя, ще отворят сърцата и душите си за по-дълбока вяра във Всеединната Истина, скрита зад привидните тайни на живота.

Self-Realization Fellowship

Лос Анджелис, Калифорния
Юли 2007 г.

ВЕЧНИЯТ ЗАКОН НА СПРАВЕДЛИВОСТТА

Националното знаме на Индия, която от 1947 г. е независима държава, е в три цвята: оранжев, бял и тъмнозелен, разположени хоризонтално от горе надолу. По средата на бялото поле е извезана морскосиня *дарма чакра* ('колело на закона'), чийто първообраз е емблемата, изваяна на прочутата колона на император Ашока в Сарнат, издигната заедно със стотици други в III в. пр.Хр.

Колелото е избрано за символ на вечния закон на справедливостта и в памет на един от най-благородните монарси, управлявали някога на земята. „Неговото 40-годишно управление няма равно в цялата история – пише английският историк Х. Дж. Ролинсън. – Сравняват го с Марк Аврелий, Св. Павел, Константин I Велики... Въпреки успешните си походи, 250 години преди Христа Ашока изразява отвращението си от войната и изпълнен с угризения, се разкайва за деянията си, като от този момент насетне той завинаги се отказва от силата като средство за разрешаване на проблеми."

С възкачването си на престола Ашока наследява огромни територии – Индия, Непал, Афганистан, Балуджистан. Въпреки мощта си обаче, във външната си политика той прокарва линия на религиозен и културен диалог между народите, като изпраща свои мисии с много дарове и благословии в Бирма, Цейлон, Египет, Сирия и Македония.

„Ашока, третият владетел на династията Маурия, е един от... най-мъдрите философи, която историята познава – изтъква ученият П. Масон-Урсел. – По един неповторим начин той съчетава в себе си енергия и човеколюбие, чувство за справедливост и добротворство. Една изключително прогресивно мислеща личност, която в своите прозрения за настоящето и бъдещето изпреварва съвременниците си с цели епохи. По време на дългото си управление той постига неща, които днес ни изглеждат като непостижим блян. Могъществото на държавата става гарант на мира – не само из необятните ѝ територии, но и далеч зад пределите ѝ той сбъдва мечтата на всяка религия: вселенски божествен ред за цялото човечество."

„*Дарма* (вселенският закон) работи за щастието на всички създания." На своите скални едикти и каменни колони, запазени до наши дни, Ашока обичливо съветва поданиците на обширната си империя да търсят щастието в нравствеността и духовното усъвършенстване.

Съвременна Индия, устремена към светли бъднини, помни славното си хилядолетно минало, като пази скъпия спомен за Ашока, „свидния на боговете" върховен владетел, отдавайки му почит на новия си флаг.

(До 1947 г. Северозападнате части днес са територия на Пакистан, а североизточните на Бангладеш.)

АВТОБИОГРАФИЯ НА ЕДИН ЙОГИ

Глава 1

Моите родители и ранните години от живота ми

Търсенето на върховните истини и съпътстващата го връзка ученик – гуру* от незапомнени времена е била характерна черта на индийската култура.

Моят житейски път ме отведе при един подобен на Христос мъдрец, чийто прекрасен живот остави светла диря, която векове наред ще осветява пътя на идните поколения. Той бе един от Великите Учители – истинското богатство на Индия. Те се появяват във всяко поколение и като крепостни стени пазят Индия от участта на Вавилон и Древен Египет.

Откривам, че в дълбините на най-ранната ми младенческа памет се спотайват спомени от едно предишно въплъщение с анахроничен нрав. В съзнанието ми често изплуваха ясни сцени от далечен живот, в който аз бях йоги** сред хималайските снегове. Тези проблясъци от миналото, неподвластни на време и пространство, ми позволяваха да надникна и в бъдещето.

Картината на безпомощното малко пеленаче е все така жива в паметта ми. С възмущение разбирах, че не мога да вървя и да се изразявам свободно. Осъзнавайки телесната си немощ, в мен се надигаха молитвени вълни. Силният ми емоционален живот

---

* Духовен учител. *Гуру Гита* (стих 17) сполучливо описва *гуру* като „прогонващия мрака" (от *гу* – 'мрак' и *ру* – 'това, което прогонва').

** Практикуващ йога (единение) – древна наука за медитация върху Бог. (Виж глава 26 – „Науката крия йога".)

избухваше в думи на множество езици. Сред техния безпорядък ухото ми постепенно привикна към думите на моя народ – бенгалските. И всичко това – в един бебешки ум, за който възрастните смятат, че не стига по-далеч от играчките и от въпроса как да налапа пръстите на краката си!

Душата ми кипеше като младо вино в тясното буре на тялото и често преливаше в упорит рев и сълзи. Спомням си какво объркване предизвикваше в семейството моят отчаян плач. Разбира се, застигат ме и по-ведри спомени: милувките на мама, първите ми опити да проходя и да избърборя някоя дума. Тези ранни триумфи, обикновено скоро забравяни, са все пак естествената основа на увереността в себе си.

Способността ми да си спомням отдавна отминали събития, не е нещо уникално. Известно е, че много йоги са запазвали себесъзнанието си, без то да бъде прекъсвано при драматичния преход от „живот" към „смърт" и обратно. Ако човек беше само тяло, то загубата на тялото наистина би означавало край на човешката идентичност. Но нали самите пророци през вековете са ни казвали с гласа на Истината в тях, че в най-дълбоката си същност човек е душа – безтелесна и вездесъща.

Макар и откъслечни, ясните спомени от първите месеци на живота съвсем не са изолирано явление. По време на пътуванията ми в различни страни съм чувал много подобни свидетелства от устата на искрени мъже и жени.

Роден съм на 5 януари 1893 година в Горакпур, Североизточна Индия, в полите на Хималаите. Там прекарах първите осем години от живота си. Бяхме осем деца: четири момчета и четири момичета. Аз, Мукунда Лал Гош*, бях вторият син и четвъртото поред дете.

Родителите ми бяха бенгалци от кастата на *кшатриите***. И двамата бяха благословени, светли души. Взаимната им любов, тиха и изпълнена с достойнство, никога не се изразяваше във фамилиарност. Съвършената родителска хармония беше тихият център,

---

* Името Йогананда приех през 1915 г., когато влязох в древния монашески Орден на свамите. През 1935 г. моят гуру ми даде втора религиозна титла – *парамаханса* (виж стр. 287 и 494).

** Втората каста. Традиционно в нея влизали управниците и воините.

около който с глъчка и боричкания растяха осемте млади същества.

Баща ми Багабати Чаран Гош беше мил, сериозен, понякога строг. Ние, децата, го обичахме сърдечно, но все пак спазвахме почтителна дистанция. Изключителен математик и логик, той беше воден главно от интелекта си. За разлика от него, мама беше всеобща любимка и ни възпитаваше само с любов. След смъртта ѝ татко започна да проявява повече нежност. Забелязвах как понякога очите му се променяха и тогава сякаш през неговите очи ни гледаше мама.

Насядали около мама, ние, децата, за първи път познахме горчиво-сладкия вкус на свещените писания. Приказките от *Махабхарата* и *Рамаяна**, които тя ни разказваше, биваха подбирани умело с оглед на спешната нужда от ред и дисциплина. При това религиозно възпитание наказанието и поучението вървяха ръка за ръка.

Ежедневен жест на уважение към татко от страна на майка беше надвечер да ни облече грижливо и да отидем да го посрещнем от работа. Той заемаше длъжност, отговаряща на вицепрезидент, в една от големите индийски компании – железницата „Бенгал – Нагпур". Работата му беше свързана с пътувания и през детството ми нашето семейство на няколко пъти се мести от град в град.

Майка ми имаше щедро сърце и винаги беше готова да помогне на бедните. Татко също се отзоваваше, но уважението му към установените обичаи и порядки се простираше в рамките на семейния бюджет. Веднъж, за две седмици тя даде за храна на бедните повече, отколкото татко получаваше за цял месец.

– Моля те само да поддържаш благотворителността си в разумни граници – каза ѝ той. Дори подобен лек укор от негова страна беше мъчителен за нея. Тя поръча файтон, без да даде на децата да разберат, че между тях има някакво разногласие.

– Сбогом! Връщам се при мама! – Древният ултиматум.

Ние веднага избухнахме в ридания. В този момент, тъкмо навреме, пристигна вуйчо. Той прошепна на татко някакъв мъдър съвет, без съмнение стар като света, след което татко каза няколко помирителни думи и майка щастливо отказа файтона. Така приключи единственото неразбирателство, което съм видял между

---

* Тези древни епоси са съкровищници на индийската история, митология и философия.

моите родители. Но си спомням и такъв един типичен разговор:

– Моля те, дай ми десет рупии за подаяние на една окаяна женица – чака на портата с благословия – на лицето на мама грейна подкупваща усмивка.

– Защо десет, една стига – и за оправдание татко добави: – Когато баща ми и неговите родители ненадейно починаха, аз за първи път в живота си разбрах какво е да си беден. Единствената ми закуска сутрин преди да измина няколкото километра до училище беше един малък банан. По-късно в университета бях в такъв недоимък, че се обърнах към един богат съдия с молба да ме подпомага с по една рупия на месец. Той не склони. Каза, че всяка рупия е от значение.

– Виждаш ли с каква горчивина си спомняш отказа на онази рупия! – сърцето на мама отговори с мигновена логика. – Нима искаш тази бедна женица, също като тебе, да си спомня с болка как си й отказал десетте рупии, от които спешно се нуждае?

– Печелиш! – той отвори портфейла си и с примирението на победените съпрузи извади банкнота от десет рупии. – Дай й ги. Кажи й, че са от сърце.

Баща ми беше склонен да казва „не" на всяко ново предложение. Отношението му към непознатата, толкова лесно спечелила майчиното съчувствие, беше пример за обичайната му предпазливост. Неохотата, с която приемаше всичко ново, беше проява на възприетия от него принцип „Три пъти мери, веднъж режи". Аз винаги установявах, че баща ми е разумен и уравновесен в решенията си. Успеех ли да подкрепя многобройните си молби с един-два убедителни довода, той неизменно ми помагаше да получа желаното – било то екскурзия, или нов мотоциклет.

В детството татко ни възпитаваше в дух на строга дисциплина, а отношението му към самия себе си беше направо спартанско. Например той никога не ходеше на театър, а търсеше отмора в различни духовни практики и в четене на Багавад Гита*. Далеч от всякакъв лукс, той носеше чифт обувки, докато

---

* Тази величествена санскритска поема, която се явява епизод от епоса *Махабхарата*, е индустката Библия. За нея Махатма Ганди писа: „Тези, които размишляват върху Гита, ще извличат от нея свежа радост и нов смисъл всеки ден. Няма духовен възел, който Гита да не може да развърже".

се протрият. За разлика от синовете си, той не си купи автомобил – дори и когато те навлязоха в масова употреба, а продължи да пътува до работата си с трамвая.

Трупането на пари не блазнеше татко. Веднъж, след като сам свърши почти цялата организационна работа по учредяването на Калкутска общинска банка, отказа полагащото му се дялово участие. Важното за него беше да изпълни гражданския си дълг.

Години след като татко беше излязъл в пенсия, от Англия пристигна счетоводител за одит на железопътната компания „Бенгал – Нагпур". Ревизорът с изумление констатирал, че баща ми никога не е искал допълнително заплащане, въпреки че, по думите му, е „вършил работа за трима".

– Компанията му дължи компенсации в размер на 125 000 рупии (41 250 долара) – казал счетоводителят на колегите на баща ми. Касиерът изпратил на татко чек за тази сума. Баща ми толкова малко мислеше за материалното, че забрави да спомене за парите пред семейството. Месеци по-късно най-малкият ми брат Бишну, който беше забелязал големия депозит на едно банково извлечение, го запита откъде са.

– Защо да се въодушевяваме от материалната облага? – отговори татко. – Този, който се стреми към спокоен ум, нито ликува при печалба, нито унива при загуба. Той знае, че човек идва на тази земя без пукната пара и си отива от нея, без да отнесе нищо със себе си.

В първите години на съпружеския си живот моите родители станали последователи на един Велик Учител – Лахири Махашая от Бенарес. Връзката с него засилила природната склонност на татко към аскетизъм. Майка ми веднъж направила забележително признание пред най-голямата ми сестра Рома: „Баща ти и аз спим заедно като мъж и жена само веднъж в годината, за да имаме деца".

Татко срещнал Лахири Махашая благодарение на Абинаш Бабу* – служител в един от клоновете на железницата „Бенгал – Нагпур". В Горакпур Абинаш Бабу ме поучаваше със завладяващи разкази за множество индийски светци. Той неизменно завършваше, славейки името на своя гуру.

– Чувал ли си за необикновените обстоятелства, при които

---

* *Бабу* ('господин') се поставя в края на бенгалските имена.

татко ти стана ученик на Лахири Махашая?

Беше ленив летен следобед, ние с Абинаш седяхме на двора край къщата, когато той ми зададе този интригуващ въпрос. Поклатих отрицателно глава и се усмихнах в очакване.

– Отдавна, още преди да се родиш, аз помолих моя началник – твоя татко, да ми даде едноседмичен отпуск, за да посетя моя гуру в Бенарес. Татко ти се присмя на плановете ми: „Да не смяташ да ставаш религиозен фанатик? Съсредоточи се върху служебните си задължения, ако искаш да постигнеш нещо", подхвърли той.

Същия този ден, вървейки унило към дома си по един горски път, аз срещнах баща ти в паланкин. Той освободи носачите и закрачи редом с мен. Стараейки се да ме утеши, той започна да изтъква предимствата на стремежа към светски успехи. Аз го слушах безучастно. Сърцето ми повтаряше само: „Лахири Махашая! Лахири Махашая! Не мога да живея, без да те виждам!".

Пътят ни доведе до края на тихо поле, където лъчите на късното следобедно слънце позлатяваха вълнуващите се върхове на буйната трева. Изведнъж замряхме очаровано! Насред полето, само на няколко крачки от нас, изневиделица изникна фигурата на моя велик гуру!* „Багабати, много си строг към твоя служител!" – гласът му продължи смайващо да отеква в ушите ми. Учителят изчезна така загадъчно, както се беше и появил. Паднал на колене, преливащ от радост, аз заповтарях: „Лахири Махашая! Лахири Махашая!". Баща ти стоеше като вцепенен. „Абинаш, не само на *тебе*, но и на *себе си* давам отпуск и още утре тръгваме за Бенарес. На всяка цена трябва да познавам този велик Лахири Махашая, за когото очевидно не представлява никаква трудност да се материализира, за да се застъпи за своя ученик! Заедно със съпругата ми ще помолим твоя Учител да ни посвети в духовния си път. Би ли ни завел при него?" – „Разбира се" – отвърнах аз с преизпълнено от радост сърце след чудодейния отговор на молитвата ми и бързия обрат на събитията в моя полза.

На следващата вечер аз и родителите ти вече пътувахме с влака за Бенарес. Пристигнахме на другия ден. Част от пътя изминахме с конска каруца, а после продължихме пеша по тесните

---

* Необикновените сили на Великите Учители се обясняват в глава 30 – „Законът на чудесата".

улички до уединения дом на моя гуру. Влязохме в малката дневна и се поклонихме пред Учителя, който седеше в обичайната си поза лотос. Той присви проницателните си очи и ги насочи към баща ти. „Багабати, много си строг към твоя служител!" Думите му бяха същите, които беше изрекъл два дни по-рано на обраслото с трева поле. И добави: „Радвам се, че разреши на Абинаш да дойде да ме види, и че ти и съпругата ти сте го придружили".

За радост на твоите родители, той ги посвети в духовната практика *крия йога**. След паметния ден на срещата в полето с баща ти станахме близки приятели и духовни братя. Лахири Махашая прояви определен интерес към твоето раждане. Несъмнено твоят живот ще бъде свързан с неговия – благословиите на Учителя винаги се сбъдват.

Лахири Махашая напусна този свят малко след моята поява на него. Портретът му, поставен в изящна рамка, винаги украсяваше семейния ни олтар в различните градове, където преместваха татко от службата. Утрото и вечерта неведнъж ни заварваха с майка да медитираме пред този импровизиран олтар или да му поднасяме цветя, ароматизирани със сандалови благовония. С тамян и смирна и с обединената преданост на душите ни ние засвидетелствахме дълбокото си уважение към Божественото, намерило пълен израз в човешката форма на Лахири Махашая.

Портретът му оказа изключително влияние върху моя живот. Аз растях и заедно с мен растеше и мисълта за Учителя. В медитация аз често виждах как образът от снимката напуска очертанията на малката рамка и приемайки жива форма, седи срещу мен. При всеки опит да докосна нозете на светозарното му тяло, то се изменяше и отново оставаше само снимката. Когато детето в мен някак си неусетно стана юноша, аз открих, че в съзнанието ми Лахири Махашая от малък образ, затворен в рамка, се беше преобразил в живо, просветляващо присъствие. В минути на изпитания или объркованост често му се молех и откривах в себе си утешаващите му напътствия.

Отначало ми беше мъчно, че той вече не е сред живите, но

---

* Йогическата техника, на която учел Лахири Махашая. Нейното практикуване стихва до пълен покой шумната дейност на сетивата и човек се слива с Космическото Съзнание. (Виж глава 26.)

ГУРРУ (ГЯНА ПРАБА) ГОШ
(1868 – 1904)
Майка на Йоганандаджи и ученичка на Лахири Махашая

щом започнах да откривам тайната му вездесъщност, престанах да жалея. Той често беше писал на онези свои ученици, които изгаряха от желание да го видят: „Защо да биете път да гледате това тяло, когато във всеки един миг аз съм в обсега на вашата *кутаста* (духовно зрение)?"

На около осем години бях благословен с чудодейно изцеление благодарение на снимката на Лахири Махашая. Това преживяване усили още повече любовта ми към него. Докато живеехме в семейното ни имение в Ичапур, Бенгалия, бях поразен от азиатска холера. Животът ми висеше на косъм. Докторите вдигаха безсилно рамене и нищо не можеха да направят. Майка ми седеше до мен на леглото и като обезумяла ме подканяше да гледам портрета на Лахири Махашая, който висеше на стената над главата ми.

– Поклони му се мислено! – настояваше тя, макар да знаеше, че съм твърде слаб дори за да събера ръце за поздрав. – Ако само покажеш колко много го обичаш, и вътрешно коленичиш пред него, животът ти ще бъде спасен!

Аз втрачих поглед в снимката и бях заслепен от ярка светлина,

БАГАБАТИ ЧАРАН ГОШ
(1853 – 1942)
Баща на Йоганандаджи и ученик на Лахири Махашая

която обгърна тялото ми и цялата стая. Гаденето и другите неконтролируеми симптоми изчезнаха – оздравях! В същия миг се почувствах достатъчно силен и се наведох, за да докосна нозете на мама в знак на признателност за безмерната ѝ вяра в нейния гуру. Тя няколко пъти притисна глава към малката снимка.

– О, Вездесъщи Учителю, благодаря ти, че твоята светлина изцери сина ми!

Разбрах, че тя също бе видяла лъчистата светлина, която мигновено ме излекува от смъртоносната болест.

Тази снимка на Учителя и досега е едно от най-ценните ми притежания. Дадена на татко от самия Лахири Махашая, тя носи свещена вибрация. Снимката има чудодеен произход. Нейната история чух от един духовен брат на баща ми – Кали Кумар Рой.

От него научих, че Учителят не обичал да бъде сниман. Веднъж обаче, против волята му, го заснели с група негови ученици, сред които бил и Кали Кумар Рой. Фотографът останал изумен като видял, че на негатива, където ясно се открояваchapte образите на всички ученици, липсвал образът на Лахири Махашая. Точно в центъра, където логично очаквал да види контурите му, имало само празно място. Всички оживено обсъждали този феномен.

Един ученик на име Ганга Дар Бабу, вещ фотограф, се похвалил, че неуловимата фигура на Учителя не може да му се изплъзне. На другата сутрин, докато гуру седял в поза лотос на една дървена пейка, Ганга Дар Бабу пристигнал с камерата си. Той поставил едно платно зад него и като взел всички необходими мерки, за да си гарантира успеха, го снимал един след друг цели дванайсет пъти. Щом проявил плаките, видял на всяка от тях очертанията на дървената пейка и платното, но и този път фигурата на Учителя липсвала.

Със сълзи на очи и сломена гордост Ганга Дар Бабу потърсил своя гуру. Чак след няколко часа Лахири Махашая нарушил мълчанието си с думи, чието съдържание отивало далеч отвъд обикновеното им значение:

– Аз съм Дух. Може ли твоята камера да заснеме Вездесъщото Невидимо?

– Виждам, че не може! Но Свети Учителю, аз от все сърце желая да имам снимка на вашия телесен храм. Той е единствено достъпен на ограниченото ми зрение. Едва днес аз проумях, че Духът го обитава в цялата си пълнота.

– Ела тогава утре сутринта. Ще ти позирам.

Фотографът отново фокусирал камерата си. Този път свещената фигура, без да се забулва с мистериозна пелена, останала ясно отпечатана на плаката. Доколкото ми е известно, Учителят никога не е позирал за друга снимка.

Репродукция на тази снимка е дадена в настоящата книга.*
Правилните черти на Лахири Махашая са универсални и по тях трудно може да се определи към кой етнос принадлежи. От загадъчната му усмивка наднича радостта от общението с Бог. Очите му са едновременно полуотворени – отдава дължимото

---

* На стр. 366. Копие на тази снимка може да се поръча в Self-Realization Fellowship. Виж също картината на Лахири Махашая на стр. 401. По време на престоя си в Индия (1935 – 1936 г.) Шри Парамаханса Йогананда помогнал на един бенгалски художник да нарисува картина по оригиналната снимка, а по-късно я избра за официален портрет на Лахири Махашая за публикациите на Self-Realization Fellowship. (Тази картина е окачена в дневната на Парамаханса Йогананда в духовния център на Маунт Вашингтон.) – *Бел. изд.*

на връзката с външния свят, и полузатворени, защото е погълнат от вътрешно блаженство. Загърбил жалките земни съблазни, той винаги се отнасяше с огромно внимание към духовните проблеми на търсещите, желаещи да почерпят от съкровищницата на неговата мъдрост.

Скоро след чудотворното ми изцеление чрез силата на снимката на гуру, аз получих духовно видение, което оказа важно влияние върху моя живот. Една сутрин, както си седях на леглото, изпаднах в дълбок унес.

„Какво ли се крие зад тъмнината на затворените очи?" Тази мисъл изведнъж завладя ума ми. Мощна светкавица блесна пред вътрешния ми взор. Божествени форми на медитиращи в планинските пещери светци минаваха като миниатюрни кинокадри по големия сияен екран зад челото ми.

– Кои сте вие? – запитах на глас.

– Ние сме хималайски йоги – трудно ми е да опиша небесния отговор! Сърцето ми се изпълни с трепет!

– О, как копнея да отида в Хималаите и да стана като вас! Видението изчезна, но сребрист сноп лъчи продължи да пръска светлината си в разширяващи се кръгове към безкрайността.

– Какъв е този удивителен блясък?

– Аз съм Ишвара*. Аз съм Светлина – гласът беше като звънко ромолящи облаци.

– Как искам да пребъдвам в Теб!

От този бавно угасващ божествен екстаз аз успях да съхраня трайно вдъхновението да търся Бог. „Ишвара е вечно нова радост!" Този спомен се задържа в съзнанието ми дълго време след деня на екстаза.

Ето още един спомен от ранните ми години, който е забележителен. Забележителен, и то съвсем буквално, защото и до днес нося белега на ръката си. Рано една сутрин по-голямата ми сестра Ума и аз седяхме под *нийма* (тропическо дърво) на двора в Горакпур. Тя ми помагаше в усвояването на бенгалския буквар,

---

* Санскритското име на Господ в Неговия аспект на Космически Господар на Вселената (от корена *иш* – 'управлявам'). В индуистките писания има хиляди имена за Бог, като всяко носи различен по оттенък философски смисъл. Господ като Ишвара е Този, по Чиято повеля на определени космически цикли се създават и разрушават всички светове.

докато през това време аз едва откъсвах погледа си от папагалите, които кълвяха наблизо един зрял маргозов плод.

Ума се оплака от някакъв цирей на крака си и след малко се върна с бурканче мехлем. Взех от него и си намазах малко на ръката.

– Защо хабиш лекарство за здрава ръка?

– Сестричке, имам предчувствие, че утре ще ми излезе цирей. Пробвам мехлема на мястото, където ще се появи той.

– Ах, ти малък лъжльо!

– Сестричке, не ме наричай лъжльо, преди да си видяла какво ще се случи утре – изпълни ме негодувание.

Без да ми обърне внимание, Ума още три пъти повтори подигравката си. Отговорих ѝ бавно, в гласа ми звучеше желязна решимост:

– Със силата на волята в мен казвам, че утре точно на това място на ръката ми ще се появи голям цирей, а *твоят* ще стане двоен!

Утрото ме завари с юнашки цирей на посоченото място. Този на Ума беше станал два пъти по-голям! Сестра ми изтича при майка, пищейки:

– Мамо, мамо, Мукунда е станал магьосник!

Със сериозен тон мама ми нареди никога повече да не използвам силата на думите, за да причинявам вреда някому. Помня нейния съвет и винаги го спазвам.

Циреят ми беше отстранен оперативно. Скалпелът на доктора остави белег на дясната ми предмишница, който и до днес ми напомня за силата на думите, произнесени с твърда убеденост.

Тези прости и на пръв поглед безобидни фрази към Ума, изречени с дълбока концентрация, са притежавали достатъчна скрита сила, за да експлодират като бомби и да предизвикат определен, макар и вреден ефект. По-късно разбрах, че експлозивната вибрационна сила на речта може да бъде мъдро насочвана, за да освобождава живота от трудностите и така да работи, без да оставя след себе си белези или укори.*

---

* Безграничният потенциал на звука произтича от творящото Слово *Ом* – космическа вибрационна сила, която е в основата на всички атомни енергии. Всяка дума, произнесена с дълбока осъзнатост и концентрация, се материализира. Гласното или

Моите родители и ранните години от живота ми

Шри Йогананда на шест години

Семейството ми се премести да живее в Лахор, щата Пенджаб. Там аз се сдобих с картина на Божествената Майка, изобразена като богинята Кали*. От нея лъхаше чистота и святост, която изпълваше всяко кътче на малкия, скромен олтар на балкона на нашия дом. Бях твърдо убеден, че всяка молитва, изречена на това свято място, ще се изпълни. Един ден стояхме с Ума на балкона и наблюдавахме две момчета отсреща, които дърпаха концитена своите хвърчила. Те се носеха над покривите на съседните къщи, от които ни делеше съвсем тясна уличка.

– Какво си се умълчал! – закачливо ме побутна Ума.

тихо повтаряне на вдъхновяващи думи се прилага успешно в системата на Куѐ и други подобни системи на психотерапия. Тайната е във вдигането на вибрационната честота, тоест на регистъра на вибрациите на ума.

* Кали е символ на Бог в аспекта Му на вечната Майка Природа.

— Мислех си колко е прекрасно, че Божествената Майка изпълнява всяко мое желание.

— А няма ли да ти даде и онези две хвърчила? — присмя се сестра ми.

— Защо не! — и започнах безмълвно да се моля да ги получа.

В Индия организират състезания с хвърчила, закачени на конци, облепени със стъклен прах. Всеки играч се стреми да пререже конеца на противника си. Освободеното хвърчило се понася над покривите и да го ловиш, е много весело. Ума и аз стояхме на балкон, под стрехата, и изглеждаше малко вероятно освободеното хвърчило да попадне в ръцете ни. Логично беше концитe му да се омотаят някъде на покрива.

Играчите оттатък уличката започнаха двубоя. Връвта на единия беше прерязана и хвърчилото мигновено се понесе към мен. Ветрецът стихна за момент. Хвърчилото увисна за миг неподвижно и това беше достатъчно, за да се оплете връвта му в един кактус на покрива на отсрещната къща. После хвърчилото описа изящна дъга, а връвта се оказа право в ръцете ми. Връчих придобивката си на Ума.

— Това беше чиста случайност, а не отговор на молитвата ти. Ако и другото хвърчило долети тука, тогава ще повярвам — в тъмните очи на сестра ми имаше повече изумление, отколкото в думите ѝ. Продължих да се моля усърдно. Другият играч твърде силно дръпна връвта на своето хвърчило и тя се скъса. Хвърчилото се понесе към мен, танцувайки във въздуха. Моят верен помощник кактусът отново оплете връвта му, за да мога да го хвана. Поднесох и втория трофей на Ума.

— Наистина, Божествената Майка те слуша! Толкова е странно за мене! — и сестра ми припна като подплашена сърничка.

Глава 2

Смъртта на майка ми и мистичният амулет

Най-голямото желание на майка ми бе да задоми по-големия ми брат.

– Ах, само веднъж да видя жената на Ананта, земята за мен ще разцъфти като рай! – често слушах майка ми да изразява с тези думи по индийски силния си копнеж към продължаване на рода.

Бях на около единайсет години, когато Ананта се сгоди. Майка ми беше в Калкута и с преизпълнено от радост сърце контролираше сватбените приготовления. Баща ми и аз бяхме останали у дома в Барейли, Северна Индия, където го преместиха след две години служба в Лахор.

Вече бях видял великолепието на брачните ритуали на по-големите ми сестри Рома и Ума, но за Ананта, като за най-голям син, плановете наистина бяха грандиозни. Майка ми посрещаше многобройните роднини, пристигащи всеки ден в Калкута от различни краища. Тя ги настаняваше удобно в новонаетата просторна къща на ул. „Амхерст" № 50. Всичко беше подготвено – сватбените ястия, празнично украсеният трон, на който щяха да отнесат брат ми в дома на невестата, гирляндите разноцветни лампички, грамадните слонове и камили, направени от твърд картон, английски, шотландски и индийски оркестри, церемониалмайсторите, свещенослужителите за древните ритуали.

Татко и аз бяхме празнично настроени и щяхме да се присъединим към семейството непосредствено преди церемонията, но малко преди паметния ден аз имах смразяващо видение.

Спях до татко на верандата на едноетажната ни къща, когато посред нощ се събудих от странен шум, който полюшна завесата против комари над леглото ни. Прозрачният плат се раздели на две и аз видях обичния образ на майка ми.

– Събуди татко си! – гласът ѝ беше като шепот на вятър. – Хванете първия влак в четири часа сутринта. Бързо елате в Калкута, ако искате да ме видите!

Видението изчезна.

– Татко, татко! Мама умира! – паниката в гласа ми го събуди на мига. През сълзи излях преживения ужас.

– Това са само халюцинации. Не им обръщай внимание – отговори баща ми с типичния си скептицизъм. – Майка ти е в отлично здраве. Ако получим някакви лоши вести, ще тръгнем утре.

– Ти никога няма да си простиш за това, че не си тръгнал незабавно! – силната болка ме накара да добавя: – И аз никога няма да ти простя!

Мрачното утро ни посрещна с кратка телеграма: „Майка тежко болна. Сватбата се отлага. Елате веднага".

Объркани и стресирани, ние с татко се облякохме набързо и тръгнахме. Един от моите чичовци ни пресрещна на междинната гара, откъдето щяхме да хванем влака за Калкута. Локомотивът пухтеше тежко срещу нас, нараствайки застрашително. В обърканият ми мозък като мълния се вряза мисълта да се хвърля под влака. Чувствах, че вече съм загубил мама и няма да мога да понеса този внезапно опустял свят. Обичах мама тъй, както се обича най-скъп приятел. Нейните утешаващи черни очи бяха моето най-сигурно убежище от дребните трагедии на детството.

– Жива ли е? – спрях за този съдбовен въпрос пред чичо.

Той незабавно прочете отчаянието на лицето ми:

– Разбира се, жива е!

Аз не му повярвах.

Когато пристигнахме у дома в Калкута, ни посрещна само потресаващата мистериозност на смъртта. Изпаднах в почти безжизнено състояние. Ден и нощ заливах небесните порти с риданията си, докато един ден, най-накрая, чух отговора на Божествената Майка. Думите ѝ бяха този балсам, който окончателно излекува дълбоките ми рани: „Аз съм Тази, Която бди над теб живот след

Смъртта на майка ми и мистичният амулет

живот с нежността на твоите майки. Взри се в Моите очи – там ще откриеш прекрасните черни очи, за които тъгуваш!".

Минаха години, преди сърцето ми отново да намери покой.

Ние с баща ми се върнахме в Барейли скоро след церемонията по кремиране на обичната ми майка. Рано всяка сутрин аз правех трогателен помен на мама – отивах да се поклоня до голямото дърво *шеоли,* което хвърляше сянката си върху златистозелената морава пред къщата. Понякога, в мигове на поетична приповдигнатост, усещах как белите цветове на дървото се отронват с молитвена отдаденост върху тревния олтар. Сълзи се стичаха по бузите ми и падаха върху мократа трева, окъпана в утринна роса. В такива моменти заедно със зората се появяваше странна, неземна светлина. Обхващаше ме изгарящ до болка копнеж по Бог. Усещах се могъщо привлечен от Хималаите.

Един от моите братовчеди, завърнал се наскоро от пътуване по светите планини, ни посети в Барейли. Жадно поглъщах разказите му за уединените планински обители на йогите и свамите*.

– Хайде да избягаме в Хималаите – подхвърлих един ден на Дварка Прасад, сина на нашия хазяин в Барейли. Идеята беше посрещната повече от хладно. Той разкри намеренията ми на Ананта, който тъкмо беше пристигнал да види татко. Вместо да се посмее и подмине неосъществимия план на малкия заговорник, по-големият ми брат си науми на всяка цена да ме направи за смях:

– Къде е оранжевата ти роба? Не ставаш за свами без нея!

Думите му ме изпълниха с неизразим трепет. Пред мен изплува ясна картина: аз бях монах, странстващ из Индия. Навярно в мен се събудиха спомени от минал живот – така или иначе, осъзнах с каква естествена лекота бих носил одеждите на този древен монашески орден.

Една сутрин, в обичайния си разговор с Дварка, усетих в себе си любов към Бог, която ме връхлетя като лавина. Приятелят ми само отчасти долови красноречивия божествен зов, но аз го поглъщах с цялото си сърце.

Още същия следобед избягах към Наини Тал, в подножието на Хималаите. Ананта тръгна да ме търси, решен на всяка цена да ме

---

* Думата *свами* има санскритски корен *(сва)* и означава 'този, който е едно със Себе-то'. (Виж глава 24.)

върне. Не след дълго бях открит и заставен безславно да се прибера в Барейли. Единственото поклонничество, което ми се разрешаваше, беше обичайното – до дървото *шеоли* призори. В сърцето си оплаквах загубата на двете си майки: човешката и Божествената.

Празнотата, която смъртта на мама остави в сърцата ни, не можеше да се запълни с нищо. Баща ми никога не се ожени повторно през останалите почти четирийсет години. Приемайки трудната роля на баща и майка на своята невръстна челяд, той стана видимо по-нежен и по-отзивчив. Разрешаваше разните семейни проблеми със спокойствие и прозорливост. След работа се оттегляше като отшелник в своя кът за медитация и практикуваше *крия йога* в блага ведрина. Години след смъртта на мама аз предложих да наемем една икономка англичанка, която да поеме някои битови дреболии и да внесе малко уют в живота му. Но татко поклати глава:

– Само от майка ти бих приел да се грижи за мен – в очите му се четеше преданост за цял живот. – Няма да приема помощ от друга жена.

Четиринайсет месеца след като майка ни напусна, научих, че тя ми е оставила много важно послание. Ананта седял до смъртния ѝ одър и записвал думите ѝ. Въпреки заръката ѝ да ми го предаде една година след смъртта ѝ, брат ми все отлагал. Скоро му предстоеше да напусне Барейли и да замине за Калкута, за да се ожени за момичето, което майка беше избрала за него.* Една вечер той ме извика при себе си.

– Мукунда, не ми се иска да ти съобщавам странни вести, но се налага – в тона на Ананта имаше нотка на примирение. – Страхувах се да не възпламеня желанието ти да напуснеш дома. Но ти, така или иначе, целият гориш от божествен копнеж. Скоро след като те върнах от бягството ти към Хималаите, взех твърдо решение. Повече не бива да отлагам изпълнението на тържественото обещание, което си дадох.

Той ми връчи една кутийка и прочете завета на мама:

Нека тези думи бъдат последната ми благословия, обични ми сине Мукунда! – започваше мама. – Настъпи часът да ти разкажа

---

* Индийският обичай, при който родителите избират брачния партньор на своето дете, е устоял на безкомпромисните атаки на времето. И до днес процентът на щастливите индийски бракове е висок.

Смъртта на майка ми и мистичният амулет

(Горе вляво) Йоганандаджи *(прав)* като гимназист с по-големия си брат Ананта

(Горе вдясно) Парамаханса Йогананда с най-голямата си сестра Рома *(вляво)* и с по-малката си сестра Налини пред дома, в който е живял като момче – Калкута, 1935 г.

(Долу) По-голямата сестра на Йогонандаджи Ума като малко момиче, Горакпур

редица необикновени събития, последвали твоето раждане. За пътя, който ти е предопределен да извървиш, узнах още, когато беше малко бебе в ръцете ми. Тогава те заведох в дома на моя гуру в Бенарес. Почти скрита зад множеството ученици, аз едва виждах Лахири Махашая, потънал в дълбока медитация.

Докато те полюшвах в ръцете си, аз се молех великият гуру да те забележи и благослови. Когато безмълвната ми молитва се усили, той отвори очи и с жест ме покани да се приближа. Другите ми сториха път да мина. Аз се поклоних в светите нозе. Лахири Махашая те сложи в скута си и като положи ръка на твоето чело, ти даде духовно кръщение. „Майчице, синът ти ще стане йоги. Като мощен духовен двигател, той ще пренесе много души в Божието царство."

Сърцето ми се разтуптя от радост, че тайната ми молитва бе чута от всемъдрия гуру. Малко преди да се родиш, той ми каза, че ти ще поемеш по неговия път.

По-късно, сине, докато виждаше Великата Светлина, застинал в пълен покой в леглото си, ние със сестра ти Рома те наблюдавахме от съседната стая. Малкото ти личице сияеше. В гласа ти звънтеше стоманена решимост, когато заявяваше, че ще отидеш в Хималаите да търсиш Божествения.

Тези неща, скъпи сине, ми подсказваха, че твоят път е далеч от светските амбиции. Потвърждение на всичко това получих още веднъж с най-необикновеното събитие в живота ми – събитието, което сега ме подтиква да оставя това предсмъртно писмо. Това беше разговор с един светец в Пенджаб. Една сутрин, докато семейството ни живееше в Лахор, прислужникът влезе в стаята ми. „Господарке, дошъл е някакъв странен саду*. Настоява да види „майката на Мукунда".

Тези прости думи докоснаха съкровени струни в душата ми. Веднага излязох да посрещна посетителя. Докато се покланях в нозете му, усетих, че пред мен стои истински Божи човек. „Майко – каза той, – Великите Учители искат да знаеш, че престоят ти на земята няма да е продължителен. Следващата болест ще бъде последна."**

После настъпи тишина, по време на която не усещах никаква тревога, а само вибрации на неизказан мир. Той отново се обърна към мен: „Ти трябва да станеш пазителка на един сребърен амулет. Няма да ти го дам днес, за да докажа истинността на думите си. Талисманът ще се материализира в ръцете ти утре, докато медитираш. На смъртния си одър трябва да заръчаш на най-големия си син Ананта да пази амулета в продължение на една година и после

---

* Отшелник – човек, посветил се на аскетизъм и духовна дисциплина.

** Когато научих, че майка ми тайно е знаела за краткия си живот, ми стана ясно защо толкова е бързала да ожени Ананта. Тя почина преди сватбата, но майчиният ѝ копнеж е бил да присъства на нея.

да го предаде на втория ти син. Мукунда ще разбере значението на талисмана, изпратен му от Великите Учители. Трябва да го получи, когато стане готов да се самоотрече от земното и да започне делото на живота си – търсенето на Бог. Амулетът ще остане при него няколко години и щом изпълни предназначението си, ще изчезне така, както се е появил. Дори и да го пази на най-скришното място, амулетът ще се върне там, отдето е дошъл".

Аз предложих милостиня* на светеца и му се поклоних с благоговение. Той не я прие и се отдалечи с благословия. На следната вечер, докато медитирах, сребърният амулет се материализира в дланите ми – точно както беше обещал саду. Усетих хладната му, гладка повърхност. Ревностно го пазих повече от две години и сега го давам на съхранение на Ананта. Не тъгувай за мен – моят гуру ще ме посрещне и съпроводи в обятията на Безкрайния. Сбогом, сине мой, Космическата Майка ще те закриля.

Озари ме ярка светлина, щом взех талисмана в ръцете си. Събудиха се дремещи спомени. Талисманът, заоблен и със старинен вид, беше покрит със санскритски знаци. Разбрах, че е изпратен от Учители в предишни животи, които невидимо направляват пътя ми. Да, в него имаше още нещо значимо, но не е дадено човеку да разкрие изцяло сърцето на един амулет**.

---

* Традиционен жест на уважение към саду.
** Амулетът беше астрална направа. Такива предмети по структура са ефимерни и накрая трябва да изчезнат без следа от нашата земя. (Виж глава 43.)
   На талисмана беше изписана *мантра* (свещени молитвени слова). Потенциите на звука и на *вах* (човешкия глас) никъде не са били така задълбочено изследвани, както в Индия. Вибрацията *Ом,* която отеква във Вселената („Словото", или „гласът на много води" от Библията), има три проявления, или *гуни* – съзидание, съхранение и разрушение *(Тайтиря Упанишад I:8).* Всеки път, когато човек произнася дума, той задейства едно от трите качества на *Ом.* Затова в свещените писания с право се настоява хората да говорят истината.
   Санскритската *мантра,* изписана върху амулета, притежаваше, при правилно произношение, силно зареждаща духовна вибрация. Идеално построената санскритска азбука се състои от петдесет букви, като всяка се произнася по строго определен начин. Джордж Бърнард Шоу е написал мъдро и разбира се, духовито есе за фонетичната неадекватност на базираната на латински език английска азбука, в която двайсет и шест букви се мъчат напразно да удържат бремето на толкова много звуци. С присъщата си безпощадност („... ако заради въвеждането на нови букви в английската азбука избухне гражданска война, изобщо няма да съжалявам.") г-н Шоу призовава да се приеме нова азбука с четирийсет и два знака (виж предговора му към книгата на д-р Р. А. Уилсън „Вълшебното раждане на езика" *(The Miraculous Birth of Language; Philosophical Library, N.Y.).* Такава азбука би наподобила фонетичното съвършенство на санскритския, който със своите петдесет букви изключва възможността за погрешно произнасяне.

По-късно ще ви разкажа как талисманът изчезна при злощастни обстоятелства в живота ми и как загубата му стана предвестник за идването на моя гуру.

А малчуганът, на когото попречиха да стигне Хималаите, се носеше всеки ден все по-далеч и по-далеч на крилете на своя амулет.

Печатите, намерени в долината на р. Инд, карат много учени да изоставят теорията, че Индия е „заимствала" санскритската си азбука от семитски източници. При разкопки в Мохенджо Даро и Харапа неотдавна бяха открити няколко големи индуистки града, които свидетелстват за забележителна култура „с несъмнено древна история по земите на Индия, за чието начало може само да се гадае" (сър Джон Маршал, „Мохенджо Даро и цивилизацията в долината на р. Инд", 1931 г.).

Ако индуисткото схващане, че на земята е имало цивилизация от най-дълбока древност, се окаже вярно, това обяснява защо *най-древният* език на света – санскритският, е и *най-съвършен*. (Виж бел. стр. 127.) „Санскритският език – казва сър Уилям Джоунс, основател на Азиатско общество, – независимо колко е древен, има чудесна структура – той е по-прецизен от гръцкия, по-богат от латинския и по-изтънчен от двата езика, взети заедно."

„Откакто се изучават класическите езици и литература като научни дисциплини, – заявява „Енциклопедия Американа", – не е имало друго събитие с такава важност, като разчитането (от западните учени) на санскритския в края на XVIII в. Лингвистичната наука, сравнителната граматика, сравнителната митология, изследванията в областта на религиите... всички те или дължат самото си съществуване на откриването на санскритския, или са дълбоко повлияни от него."

Глава 3

Светецът с „две тела"

— Татко, ако обещая сам да се върна вкъщи, без да ти създавам главоболия, ще ми позволиш ли да разгледам Бенарес?

Баща ми рядко се противопоставяше на горещата ми любов към пътешествията. Още от малък той ми разрешаваше да посещавам много градове и места за поклонение. Обичайно пътувахме с един или повече мои приятели удобно, с безплатни билети за първа класа, които татко ни осигуряваше. Длъжността, която той заемаше на висш служител в железницата, напълно устройваше номадите в семейството.

Татко обеща да се отнесе с необходимото внимание към молбата ми. На следващия ден той ме повика и ми подаде безплатен билет от Барейли до Бенарес и обратно, няколко банкноти и две писма.

– Имам делово предложение за един приятел от Бенарес, казва се Кедар Нат Бабу. За съжаление, съм загубил някъде адреса му. Ще можеш да му предадеш това писмо чрез общия ни приятел Свами Пранабананда, който е мой духовен брат и е достигнал голяма висота. Ще имаш полза от общуването с него. Другото писмо е, за да те представи.

Очите на баща ми проблеснаха и той добави:
– И умната – никакви бягства повече!

Аз тръгнах с ентусиазма на моите дванайсет години (макар че с времето насладата от нови пейзажи и срещи с непознати лица никога не намаля). Щом пристигнах в Бенарес, побързах да намеря жилището на свами. Входната врата беше отворена. Качих се на втория етаж, в голяма стая, подобна на зала. Добре сложен мъж, само по набедрена препаска, седеше в лотосова поза върху леко повдигната платформа. Главата и лицето, без нито една бръчица, бяха гладко обръснати. По устните му играеше блажена усмивка. За да разсее опасението ми, че съм нежелан, той ме поздрави като стар приятел:

– *Бабà анàнд* (Бъди благословен, синко)! – гласът му беше сърдечен и по детски чист.

Аз коленичих и докоснах нозете му.

– Вие ли сте Свами Пранабананда?

Той кимна.

– Ти синът на Багабати ли си? – изпревари ме той, преди да успея да измъкна писмото от джоба си. Удивен, аз му подадох бележката, която трябваше да ме представи, очевидно вече излишна.

– Разбира се, че ще ти помогна да откриеш Кедар Нат Бабу – светецът отново ме изненада с изключителната си проницателност. Той хвърли бегъл поглед на писмото и каза няколко топли думи за баща ми:

– Знаеш ли, аз се радвам на две пенсии. Едната е по препоръка на баща ти, който някога ми беше началник в железопътната кантора, а другата е по препоръка на моя Небесен Баща, заради Когото аз съвестно изпълних всичките си земни задължения за този живот.

Последното, което той отбеляза, беше доста объркващо за мен.

– Каква е тази пенсия, господине, която получавате от Небесния Баща? Да не би Той да пуска рупии в скута ви?

Той се засмя.

– Говоря за пенсия от безкраен, съвършен мир – награда за годините дълбока медитация. Сега не ми се налага да мисля за пари. Малкото материални потребности, които имам, са напълно обезпечени. По-късно ще разбереш значението на втората пенсия.

Както си говорехме, светецът млъкна и се вкамени – като сфинкс. Отначало очите му проблясваха, сякаш наблюдаваха нещо интересно, после угаснаха. Това отдръпване ме обърка – още не знаех как да се срещна с татковия приятел. Не ме свърташе в празната стая, в която освен нас двамата нямаше никой. Блуждаещият ми поглед се спря върху дървените му сандали под платформата.

– Чото Махашая*, не се тревожи. Човекът, когото искаш да видиш, ще бъде при теб след половин час – йогът четеше мислите

---

* Букв. 'млади господине' – така се обръщаха към мен няколко индийски светци.

ми, но в момента това не беше кой знае колко трудно.

Той отново потъна в непроницаемо мълчание. Часовникът на ръката ми показваше, че трийсетте минути изтичат, когато свами отвори очи.

– Мисля, че Кедар Нат Бабу наближава вратата – каза той.

Чух някой да се качва нагоре по стълбите. Бях слисан – чудех се какво да мисля. „Как е възможно приятелят на татко да дойде, без да го повикат? Откакто съм пристигнал, свами не е говорил с друг, освен с мен!"

Изскочих от стаята и заслизах по стълбите. Бях ги преполовил и едва не се сблъсках със среден на ръст, слаб мъж, с по-светла кожа. Той също бързаше.

– Вие ли сте Кедар Нат Бабу? – гласът ми издаваше вълнение.

– Да, аз съм. А вие не сте ли синът на Багабати, който ме чака тук, за да се срещнем? – усмихна се приятелски той.

– Господине, как така се озовахте тук? – попитах аз объркан и смаян от необяснимата му поява.

– Днес всичко е много мистериозно! Преди по-малко от час, тъкмо бях свършил къпането в Ганг, когато Свами Пранабананда дойде при мен. Нямам представа откъде знаеше, че съм там по това време. „Синът на Багабати те чака у нас – каза той. – Ще дойдеш ли с мен?" Аз приех с радост. Тръгнахме рамо до рамо, но странното бе, че през цялото време свами със своите дървени сандали вървеше някак доста по-леко от мен, въпреки че аз бях с тези удобни обувки. „За колко време ще стигнеш до нас?" – спря внезапно Пранабанандаджи, за да ми зададе този въпрос. „Към половин час" – отговорих му. „Имам да свърша още една работа – той хвърли загадъчен поглед към мен. – Сега ще те оставя и ще се видим у дома, където ще те чакаме със сина на Багабати." Преди да кажа и дума, той изчезна в тълпата. Аз продължих насам възможно най-бързо.

Това обяснение само засили объркването ми. Попитах го откога се познават със свами.

– Срещали сме се няколко пъти миналата година, но скоро не бяхме. Много се зарадвах, когато днес го видях на *гата* (специално изсечени стъпала, които водят към реката и служат за свещено къпане).

– Не мога да повярвам на ушите си! Умът ми не го побира. Той като видение ли ти се появи, или ти наистина го срещна, искам да кажа докосна ръката му, чу стъпките му?...

– Не разбирам накъде биеш! – и добави сърдито с пламнало лице: – Не те лъжа. Че от кого, освен от свами, можех да разбера, че ме чакаш тук?

– Добре, само че Свами Пранабананда аз не съм го изпускал от очи дори за миг, откакто дойдох преди около час – и му разправих цялата история, като повторих и разговора, който бяхме водили със свами.

Той опули очи от недоумение.

– Ние в света на материята ли живеем, или сънуваме? Никога през живота си не съм подозирал дори, че ще стана свидетел на подобно чудо! А аз си мислех, че този свами е най-обикновен човек. Сега разбирам, че той може да материализира още едно тяло и да действа чрез него!

Влязохме заедно в стаята на светеца. Кедар Нат Бабу посочи обувките под платформата.

– Виж, същите сандали, които носеше на *гата* – прошепна той. – Беше само по набедрена препаска, точно както го виждаш сега.

Когато посетителят се поклони пред него, светецът се обърна към мен с чудата усмивка.

– Защо си изумен от всичко това? Невидимото единство в света на проявленията не може да остане скрито за истинските йоги. Аз на мига виждам и разговарям с мои ученици в далечна Калкута. И те, също като мен, могат да преодолеят – стига да пожелаят – всяко препятствие на грубата материя.

Вероятно свами благоволи да ми разкаже за силите на астралното радио и телевизия, които той владее, с надеждата да разпали духовния плам в младите ми гърди.* Но вместо ентусиазъм аз

---

* По свой начин физиката потвърждава валидността на законите, открити от йогите чрез духовната наука. Например демонстрация на способностите на човек да вижда на далечни разстояния прави д-р Джузепе Калигарис, професор по невропсихология, на 26 ноември 1934 г. в Кралския университет в Рим. „Той натиска определени места по тялото на обекта, който на свой ред прави точно описание на хора и предмети, намиращи се зад стената. Д-р Калигарис споделя с професорите, че при стимулиране на определени участъци по кожата на изследвания, последният получава свръхсетивни възприятия, които му позволяват да вижда предмети, които иначе няма как да види с обикновеното си зрение. За целта проф. Калигарис натиска една точка отдясно на гръдния му кош в продължение на петнайсет минути. Професорът твърди, че чрез стимулиране на други точки по тялото, изследваните могат да видят дори обекти, отдалечени на километри, независимо че преди това може никога да не са ги виждали."

изпитах само благоговеен страх. Тъй като ми беше писано да предприема духовното си търсене с помощта на един друг гуру – Шри Юктешвар, когото още не бях срещнал, не бях склонен да приема Свами Пранабананда за свой Учител. Аз го изгледах със съмнение, като в себе си се чудех дали пред мен стои той, или неговият двойник.

Учителят се опита да разсее тревогите ми с пробуждащ душата поглед и с няколко вдъхновени думи за своя гуру.

– Лахири Махашая беше най-великият йоги, когото някога съм познавал. Той беше самата божественост в плът.

„Ако ученикът – размишлявах аз – може да материализира втора телесна форма по своя воля, то би ли имало чудеса, които да са невъзможни за неговия Учител?"

– Ще ти разкажа колко безценна е помощта на гуру. Преди време с един друг ученик медитирахме по осем часа всяка нощ, а през деня трябваше да работим в железопътната кантора. Беше ми трудно да изпълнявам чиновническите си задължения, тъй като желаех да посветя цялото си време на Бог. Осем години без прекъсване медитирах по половин нощ. Имах чудесни резултати – изумителни духовни възприятия озаряваха съзнанието ми, но една тънка завеса винаги оставаше между мен и безкрайността. Усещах, че въпреки свръхчовешкото усърдие, окончателното безвъзвратно единение ми убягва. Една вечер посетих Лахири Махашая и го помолих за божественото му застъпничество. Настойчивите ми молби продължиха цяла нощ: „Ангелски гуру, духовните ми терзания са такива, че не виждам как мога да живея, ако не срещам очи в очи Великия Възлюбен!". Той отговори: „Аз какво мога да направя? Ти трябва да медитираш по-дълбоко". Продължих: „Моля Те, о, Боже, Учителю мой! Виждам Те материализиран пред мен във физическо тяло, благослови ме да Те възприема в безкрайната Ти форма!". Лахири Махашая милостиво простря ръка: „Сега върви и медитирай. Застъпих се за теб пред Брама*".

Окрилен, аз се върнах вкъщи. Същата нощ, потопен в

---

* Бог в аспекта Му на Създател. От санскритския корен *бри* – 'разширявам се'. Когато през 1857 г. стихотворението „Брама" на Емерсон се появило на страниците на списание „Атлантик Мънтли", повечето читатели били объркани. Емерсон обаче само се усмихнал: „Кажете им вместо Брама да казват името на техния Бог, и тогава всичко ще е наред".

СВАМИ ПРАНАБАНАНДА ОТ БЕНАРЕС
Светеца с две тела

медитация, аз постигнах съкровената Цел на живота си. Сега постоянно се наслаждавам на тази духовна пенсия. Никога след този ден Всеблагият Творец не е оставал скрит за очите ми зад какъвто и да е параван на заблуда.

Лицето на Пранабананда сияеше с божествена светлина. Тишина и мир от един друг свят нахлуха в сърцето ми – от страха не остана и помен. Светецът ни повери още нещо:

– Няколко месеца по-късно аз се върнах при Лахири Махашая и се опитах да му благодаря за безценния дар. Споделих му и един проблем: „Божествени гуру, повече не мога да работя в кантората.

Моля ви, освободете ме. Брама ме държи в постоянно опиянение". Той се вглъби в себе си няколко мига, после рече кротко: „Поискай от компанията да те пенсионира". Попитах: „Каква причина да изтъкна за ранното си пенсиониране?". – „Опиши това, което чувстваш."

На следния ден написах молбата. Докторът поиска да се обоснова.

„Когато съм на работа, изпитвам едно непреодолимо усещане, издигащо се по гръбнака ми. То се просмуква из цялото ми тяло и не ми позволява да си изпълнявам задълженията."*

Без да задава каквито и да било други въпроси, лекарят категорично ме препоръча за пенсия, която скоро получих. Аз знам, че божествената воля на Лахири Махашая действаше чрез доктора и висшите служители на железопътната компания, в това число и чрез твоя баща. Те автоматично се подчиниха на великия гуру, за да заживея живот на неразривно общение с Възлюбения.

След това необикновено откровение Свами Пранабананда отново потъна в дълго мълчание. Когато се сбогувах, докосвайки почтително нозете му, той ми даде благословията си:

– Животът ти принадлежи на пътя на самоотричането и йога. Ще се видим още веднъж с теб и твоя баща.

Годините потвърдиха верността и на двете предсказания.**

Кедар Нат Бабу вървеше с мен в сгъстяващия се мрак. Аз му

---

* В дълбока медитация първото изживяване на Духа е в олтара на гръбнака и после в мозъка. Благодатта връхлита като буря, но йогът се научава да контролира външните ѝ проявления.

По времето, когато се срещнахме с Пранабананда, той беше истински озарен Учител. Но в последните дни от светския му живот, приключил преди много години, той още не е бил установен неотменно в *нирбикалпа самади* (виж бел. стр. 305 и 512). В това съвършено, непоклатимо състояние на съзнанието йогът не среща никакви трудности при изпълнение на всекидневните си задължения.

След пенсионирането си Пранабананда написа *Пранаб Гита* – задълбочени коментари върху Багавад Гита. Книгата е издадена на хинди и бенгалски.

Способността да се появяваш в повече от едно тяло, е *сиди* (йогическа сила), която се упоменава в *Йога сутрите* на Патанджали (виж бел. стр. 294). Феноменът на биолокацията (едновременното присъствие на две различни места) се проявява в живота на много светци през вековете. В книгата си „Автобиография на Тереза Нойман" *(The Story of Therese Neumann; Bruce Pub. Co.)* А. П. Шимберг описва няколко случая, при които тази християнска светица се явила пред далечни хора, нуждаещи се от нейната помощ, и разговаряла с тях.

** Виж глава 27.

дадох писмото от татко, което спътникът ми прочете под една улична лампа.

– Баща ти ми предлага длъжност в калкутското управление на железницата. Колко е приятно да очакваш поне една от пенсиите, на които се наслаждава Свами Пранабананда! Но това засега е невъзможно – не мога да напусна Бенарес. Уви, още нямам две тела.

Глава 4

Неуспялото ми бягство към Хималаите

— Излез от клас под някакъв претекст и хвани един файтон. Чакай ме в уличката до нас и гледай никой от нашите да не те види.

Това бяха последните ми инструкции към Амар Митер, приятел от гимназията, който искаше да ме придружи до Хималаите. Планирахме бягството си за следващия ден. Бяхме предпазливи, тъй като брат ми Ананта следеше зорко всяко мое движение, готов да осуети плановете ми за бягство, които правилно подозираше, че кроя непрекъснато. Амулетът, подобно на духовна закваска, тихичко работеше в мен – лицето на Учителя често ми се явяваше и се надявах да го открия сред хималайските снегове.

Сега семейството ми живееше в Калкута, където баща ми беше прехвърлен за постоянно. Следвайки патриархалния индийски обичай, Ананта беше довел годеницата си да живее в нашата къща. Тук, в малката таванска стая, аз се отдавах на всекидневни медитации и подготвях ума си за божественото търсене.

Паметното утро ни посрещна с дъжд, който не предвещаваше нищо добро. Откъм улицата се чуха колелата на файтона, който Амар беше наел. Набързо стегнах във вързоп едно одеяло, чифт сандали, две набедрени препаски, една молитвена броеница, снимката на Лахири Махашая и една Багавад Гита. Метнах вързопа от прозореца на третия етаж и се затичах надолу по стълбите. Минах край чичо ми, който купуваше риба пред входната врата.

– Къде си се разбързал така? Какво е това вълнение? – изгледа ме подозрително той.

Само се усмихнах уклончиво и продължих към уличката. Вдигнах вързопа от земята и се присъединих към Амар, оглеждайки се с конспиративна предпазливост. Потеглихме към търговския център „Чандни Чаук". От месеци пестяхме от джобните си пари, за да можем да си купим английски дрехи. Знаехме, че брат ми може да влезе в ролята на детектив, затова бяхме решили да го надхитрим, като се облечем по европейски.

На път за гарата спряхме да вземем братовчед ми Джотин Гош, когото аз наричах Джатинда. Той беше новопокръстен търсач на химилайски Учители и също като нас копнееше да срещне своя гуру в Хималаите. Ние му подадохме новия костюм и той го навлече набързо. Маскировката наистина си я биваше! Дълбоко въодушевление завладя сърцата ни!

– Сега ни трябват само платнени обувки – казах аз и поведох спътниците си към един магазин, на чиято витрината имаше обувки с гумени подметки. – В това свято пътешествие не трябва да има вещи, направени от кожата на убити животни – спрях се на улицата и махнах кожената подвързия на моята Багавад Гита и кожените каишки на английската си *шола топи* (тропическа каска).

На гарата купихме билети за Бурдван, където смятахме да се прекачим на влака за Хардвар, в подножието на Хималаите. Щом влакът с бегълците ускори своя бяг по релсите, аз дадох израз на славните си очаквания.

– Представете си само – възкликнах аз, – ще бъдем посветени от Учителите и ще изживеем транса на Космическото Съзнание! Телата ни ще се заредят с такъв магнетизъм, че дивите хималайски зверове ще ни наобиколят като опитомени. Тигрите ще се умилкват край нас като домашни котета и радостно ще скимтят в очакване да ги погалим!

Омайната картина, която ме довеждаше до транс и в буквален, и в преносен смисъл, извика възторжената усмивка на Амар. Но Джатинда отвърна поглед и се загледа през прозореца в бързо прескачащите пейзажи.

– Да разделим парите на три – с това предложение той прекъсна дългото мълчание. – Като стигнем Бурдван, всеки сам ще си купи билета. Така никой на гарата няма да се усъмни, че бягаме заедно.

Аз наивно се съгласих. На смрачаване влакът ни спря в Бурдван. Джатинда отиде на касата за билет, а ние с Амар седнахме на перона да го чакаме. Чакахме петнайсетина минути. По едно време решихме да видим защо се бави. Влязохме в салона, заоглеждахме се – от него нито следа! Търсихме го навсякъде, питахме, разпитвахме, викахме отчаяно името му, но мракът, спуснал се около малката гара, сякаш го беше погълнал.

Почувствах как силите ме напускат, бях разтърсен до дъното на душата си. Как Бог допуска този срамен епизод!? Романтиката на първото ми грижливо планирано бягство към Него бе жестоко помрачена.

– Амар, трябва да се връщаме вкъщи – захлипах като дете. – Това бездушно бягство на Джатинда е лоша поличба. Пътешествието ни е обречено на провал.

– Това ли ти е любовта към Господа? Значи, не можеш да издържиш една малка проверка, някаква си коварна измяна?

Бележката на Амар за божествената проверка поуспокои сърцето ми. Ние се подкрепихме с прочутите бурдвански сладкиши *ситабог* (храна за богиня) и *мотичур* (топчета от сладко тесто). Няколко часа по-късно потеглихме за Хардвар през Барейли. На другия ден, докато чакахме на перона в Могул Серай, където трябваше да направим връзка с друг влак, обсъждахме един важен въпрос.

– Амар, скоро някой строг железничар може да ни притисне с въпроси. Изобретателността на брат ми хич не е за подценяване! Каквото и да става, аз няма да изрека нито една лъжа.

– Мукунда, от тебе искам само да мълчиш. Докато аз говоря, не се смей и дори не се подсмихвай.

В този момент към мен се приближи един железопътен чиновник, европеец. Той размахваше телеграма – жегна ме догадка кой може да е подателят ѝ.

– Ти ли си избягал сърдит от къщи?

– Не! – зарадвах се, че начинът, по който той формулира въпроса си, ми позволяваше да дам еднозначен отговор. Знаех, че не гневът, а „най-божествената тъга на сърцето ми" е отговорна за необичайното ми поведение.

После служителят се обърна към Амар. При последвалата размяна на остроумия между двамата аз стоически пазех нужната сериозност.

— Къде е третото момче? — попита мъжът, като вложи в гласа си цялата тежест на служебното си положение. — Хайде, казвайте истината!

— Господине, виждам, че носите очила. Да не би да не забелязвате, че ние сме само двама? — Амар се усмихна дръзко. — Аз да не съм магьосник, че да Ви изкарам трето момче!

Служителят видимо объркан от подобно поведение, потърси нов фронт за атака.

— Как те викат?

— Викат ме Томас. Майка ми е англичанка, а баща ми — индиец, приел християнството.

— Как се казва приятелят ти?

— Аз му казвам Томпсън.

Тук вече ми стана толкова смешно, че не можах да се сдържа и тръгнах към влака, който точно в този момент, сякаш провидението се намеси, даваше сигнал със свирката, че потегля. Амар ме последва със служителя, който в лековерието и любезността си ни настани в купе за европейци. Изглежда, му домиля, че тези две наполовина англичанчета трябва да пътуват в едно купе с местните. След като учтиво се сбогува с нас и се отдалечи на безопасно разстояние, аз се отпуснах на седалката и избухнах в неудържим смях. На лицето на Амар се четеше весело задоволство, че успя да надхитри опитен служител, и то европеец.

Докато бяхме на перона, аз се изхитрих да прочета телеграмата. Тя наистина беше изпратена от брат ми Ананта и гласеше следното: „Издирват се три бенгалски момчета в английски дрехи, избягали от къщи в посока Хардвар през Могул Серай. Моля, задръжте ги до моето пристигане. Щедро възнаграждение за вашите услуги".

— Амар, изрично ти казах да не оставяш разписанието с подчертаните градове вкъщи — в погледа ми имаше укор. — Брат ми сигурно го е намерил.

Приятелят ми отговори на тази словесна атака, като наведе засрамено глава. Спряхме за кратко в Барейли, където Дварка Прасад* ни очакваше с телеграма от Ананта. Той хвърли неимоверни усилия да ни задържи, а аз продължавах да го убеждавам, че

---

* Споменат на стр. 49.

бягството ни е добре планирано и че не е плод на безразсъдство. Както и предния път, Дварка отхвърли поканата ми да дойде с нас в Хималаите.

Същата нощ, докато влакът ни имаше престой на една гара, в просъница ми се мярна някакъв служител в униформа, който събуди Амар за няколко въпроса. И той падна жертва на чаровния тандем на мелезчетата „Томас" и „Томпсън"! На разсъмване влакът триумфално пристигна в Хардвар. Величествените планини примамливо изникнаха в далечината. Ние енергично се измъкнахме от тълпата на гарата и се смесихме с многолюдието на града. Първата ни работа беше да се преоблечем като местни, тъй като Ананта по някакъв начин изглежда беше разбрал за европейската ни маскировка. Но ми беше някак тягостно на душата – сякаш предусещах, че ще ни хванат.

Решихме, че най-разумно ще е веднага да напуснем Хардвар, и си купихме билети, за да продължим на север към Ришикеш – земя, осветена от незапомнени времена от стъпките на множество Учители. Вече се бях качил на влака, а Амар още се туткаше на перона. В следващия миг викът на един полицай го закова на място. Служителят на реда, на който хич не се зарадвахме, отведе Амар и мен до малък участък на гарата и иззе парите ни. Той вежливо ни обясни, че негово задължение било да ни задържи до идването на по-големия ми брат.

Когато научи, че крайната цел на бегълците са Хималаите, полицаят ни разказа една удивителна история:

– Виждам, че сте си загубили ума по светци! Но никога няма да видите по-велик Божи човек от този, когото аз видях съвсем скоро! Ние с моя колега го срещнахме за първи път преди пет дни. Патрулирахме по брега на Ганг. Бяхме нащрек, защото знаехме, че издирван от нас убиец е някъде из района. Имахме заповед да го заловим жив или мъртъв. Знаехме, че ходи преоблечен като саду и ограбва поклонниците. И ето, на известно разстояние съгледахме една фигура, която много приличаше на описанието на престъпника. На заповедта ни да спре, той не обърна никакво внимание и ние се спуснахме да го заловим. Настигайки го в гръб, аз замахнах със сабята си с такава сила, че почти отрязах дясната му ръка.

За наша изненада странникът продължи да се отдалечава с бърза крачка, без да издаде звук или да погледне кървящата рана. Преградихме му пътя. Той кротко каза: „Аз не съм убиецът, когото търсите".

Дълбока болка прониза сърцето ми, като видях, че съм отсякъл ръката на мъдрец, който сияеше от божественост. Проснах се в нозете му и го замолих за прошка, като му предлагах тюрбана си да спре шуртящата кръв. „Синко, разбирам грешката ти – каза той с мек глас. – Върви си и не се укорявай. Възлюбената Майка ще се погрижи за мен." Като каза това, той хвана безсилно увисналата ръка, притисна двете части на раната една към друга и – о, чудо! – те прилепнаха и кръвта спря да тече. „След три дни ще бъда под онова дърво ей там. Ела и ще видиш, че съм напълно излекуван. Така повече няма да се упрекваш."

Вчера аз и моят колега, изгарящи от нетърпение, отидохме на уреченото място. Нашият саду беше там и ни позволи да огледаме ръката му. Нямаше нито белег, нито следа от рана! „Сега тръгвам през Ришикеш за безлюдната хималайска пустош" – каза той и като ни благослови, бързо се отдалечи.

Още не ме напуска чувството, че тази свята среща изцяло промени живота ми.

Полицаят завърши разказа си, възхвалявайки Бог – очевидно това преживяване беше променило обичайното му възприемане на света. После тържествено ми подаде изрезка от вестник, където пишеше за случилото се. С преувеличаващия, характерен за сензационните вестници стил (който, уви, не липсва и в Индия!) саду беше описан почти обезглавен!

Амар и аз взехме да се тюхкаме, че сме изпуснали такъв велик йоги, който е имал сили да прости на преследвачите си също като Христос. Индия, макар и бедна в материално отношение, през последните два века има неизчерпаем резерв от божествени богатства – дори по пътя на обикновените миряни, като този полицай, понякога се появяват истински духовни „небостъргачи".

Поблагодарихме му, че повдигна духа ни с чудесния си разказ. Може би искаше да ни намекне, че е по̀ късметлия от нас – беше срещнал озарен светец, и то без усилия, докато нашето искрено търсене приключи не в нозете на Учител, а сред сивите стени на полицейския участък.

Бяхме само на крачка от Хималаите, но... зад решетки. Заявих на Амар, че това удвоява и дори утроява стремежа ми към свобода.

– Да избягаме при първа възможност. Можем да отидем и пеша до свещения Ришикеш – предложих аз, като се усмихнах окуражително.

Но вътре в себе си спътникът ми се беше предал още когато полицаят ни лиши от сигурната опора на парите ни.

– Ако тръгнем през тия джунгли, ще свършим не в града на светците, а в търбуха на някой тигър!

Ананта и братът на Амар пристигнаха след три дни. Амар поздрави брат си дружелюбно, с видимо облекчение. Аз бях непримирим и обсипах Ананта с горчиви упреци.

– Разбирам как се чувстваш – заговори утешително брат ми. – Моля те само да ме придружиш до Бенарес, за да се срещнем там с един мъдрец. После ще продължим за Калкута, където няколко дни ще погостуваме на скърбящия ни баща. Тогава може да се върнете тук и да продължите да търсите своя Учител.

Тук в разговора се намеси Амар, за да каже, че няма намерение да се връща с мен в Хардвар. Той винаги се беше наслаждавал на топлината на семейното огнище. Аз обаче знаех, че никога няма да се откаже от търсенето на своя гуру.

Групата ни се качи на следващия влак за Бенарес. Там аз получих удивително бърз отговор на една своя молитва.

Ананта действаше по хитро измислен от него план. Преди да дойде при мен в Хардвар, той се беше отбил в Бенарес при един мъж, който минаваше за познавач на свещените текстове. Бяха се разбрали познавачът да поговори с мен няколко дни по-късно. Пандитът и синът му бяха обещали на Ананта, че ще се опитат да ме откажат от идеята да ставам *саняси**.

Ананта ме заведе в техния дом. На двора ме посрещна синът, младеж с поривисти маниери, и още с влизането ми започна наумената си проповед. Като ме увери, че притежава ясновидски способности, той се постара да развенчае идеята ми да стана монах.

– Ударите на съдбата ще те преследват през целия ти живот и ти никога няма да можеш да намериш Бог, ако продължаваш да бягаш от отговорностите си! Не може да отработиш миналата си карма** без мирска опитност.

---

* Букв. 'отреченик'; от санскритския глагол *отказвам се*.
** Последствия от минали действия в този или предишен живот; от санскритския

В отговор от устните ми потекоха безсмъртни думи от Багавад Гита*:

> Дори човек с най-лоша карма,
> ако безспир върху Мен медитира,
> бързо отърсва на греха клеймото.
>
> То – съществото с душа възвисена,
> в изначалния мир ще пребъдва.
> Със сигурност знай:
> подслонените в Мене – вечно са живи!

Но енергичните предсказания на младежа поразклатиха увереността ми. Вложих целия плам на сърцето си в безмълвна молитва към Бог:

„Моля Те, разреши съмненията ми още тук и сега. Каква е Твоята воля – да живея като монах или като мирянин?".

В същия миг точно срещу мен съгледах един саду с благо изражение на лицето, който стоеше до оградата. Той, види се, бе дочул оживения спор между самозвания ясновидец и мен, защото странникът ме извика при себе си. Почувствах огромната сила, струяща от спокойните му очи.

– Синко, не слушай този невежа. В отговор на молитвата ти Господ ми повели да те уверя, че в този живот за тебе има само един път – на отречението от света.

Изпълнен с учудване и благодарност, аз се усмихнах щастливо на това решаващо послание.

– Остави го тоя! – нададе глас „невежата" от двора.

Моят свят „пътеводител" бавно вдигна ръка за благословия и полека-лека се отдалечи.

– И този саду е побъркан като тебе – тази очарователна забележка дойде от беловласия пандит. Двамата със сина си ме гледаха мрачно. – Разправят, че и той е зарязал дома си заради някакво си търсене на Бог.

Обърнах се към Ананта и казах, че не желая повече да споря с нашите домакини. Брат ми беше разочарован, но се съгласи да отпътуваме веднага. Малко по-късно седяхме във влака за Калкута.

– Г-н Детектив, как разбра, че съм избягал с двама спътници?

глагол *кри* – 'правя'.

* Глава IX, стихове 30–31.

– дадох аз воля на напиращото отвътре любопитство, докато пътувахме към дома. Той се усмихна дяволито.

– В твоето училище разбрах, че Амар е напуснал класната стая и повече не се е върнал. Отидох у тях на следващата сутрин и след като претърсих всичко, открих едно разписание с подчертаните от вас влакове. Бащата на Амар тъкмо тръгваше с файтона и разговаряше на улицата с файтонджията. „Тази сутрин синът ми няма да пътува с мен за училище. Няма го, изчезнал е!" – каза той с въздишка. „Чух от един колега, че синът ти с още две момчета, облечени в европейски костюми, се качили на влака от гара Ховра – каза другият. – Подарили му кожените си обувки." Така имах три насочващи следи: разписанието, момчешкото трио и английските дрехи.

Слушах разкритията на Ананта развеселен, но и с известно раздразнение. Малко се бяхме поувлекли в щедростта си към файтонджията.

Естествено, веднага побързах да разпратя телеграми на началник-гарите във всички градове, които Амар беше отбелязал. Барейли също беше сред тях, така че телеграфирах на твоя приятел Дварка там. След като поразпитах съседите из квартала, научих, че братовчед ни Джатинда отсъствал една нощ и се прибрал вкъщи на следващата сутрин в европейски дрехи. Отидох при него и го поканих на обяд. Обезоръжен от любезното ми поведение, той прие. По пътя, без да се усети, аз го вкарах в полицейския участък. Около нас се струпаха неколцина полицаи, които аз предварително бях подбрал заради страховития им вид. Под смръщените им погледи Джатинда се съгласи да обясни тайнственото си поведение:

„Тръгнах за Хималаите в приповдигнат дух – взе да обяснява той. – Изпълваше ме въодушевление при мисълта, че ще срещна Учителите. Но когато Мукунда каза, че докато сме обладани от екстаз в хималайските пещери, тигрите ще бъдат омагьосани и ще се протягат на земята край нас като домашни котета, кръвта ми се смрази. Капчици пот взеха да избиват по челото ми. Ами ако случайно силата на духовния ни транс не може напълно да промени кръвожадната природа на тигрите, какво ще стане тогава? – мислех си. – Дали ще се галят о краката ни като домашни котки? В ума ми изплува смразяваща картина: аз пищя в ужас, докато някакъв тигър се опитва да ме направи обитател на стомаха си – при това не наведнъж, а парче по парче!"

Затресох се от смях, който отърси и последните следи от гнева ми към Джатинда и неговото изчезване. Комичното обяснение на историята във влака изкупи цялата мъка, която ми беше причинило изчезването на спътника ни. Признавам си обаче, че изпитах и известно задоволство: и на Джатинда не му се беше разминала срещата с полицията!

– Ананта*, ти си роден копой! – хвърлих му развеселен поглед, но в тона ми още се долавяха нотки на раздразнение. – А на Джатинда ще кажа, че се радвам – подтиквал го е съвсем нормален инстинкт за самосъхранение, а не предателски настроения, както си мислехме!

У дома в Калкута баща ми трогателно ме помоли да обуздая скитническия си дух поне докато завърша гимназията. В мое отсъствие с много обич към мен той бе уговорил един свят пандит – Свами Кебалананда, да идва редовно вкъщи.

– Този мъдрец ще бъде твоят частен учител по санскрит – уведоми ме баща ми.

Той се надяваше уроците на преподавателя по философия да утолят религиозната ми жажда. Но нещата неусетно се обърнаха: новият ми учител, далеч от идеята да ме обсипва със сухи интелектуални знания, разпали още повече жарта на стремлението ми към Бог. Баща ми нямаше представа, че Свами Кебалананда е възторжен ученик на Лахири Махашая. Несравнимият гуру имаше хиляди ученици, безмълвно привличани от неудържимата сила на неговия божествен магнетизъм. По-късно научих, че Лахири Махашая често определял Кебалананда като риши (озарен мъдрец).**

Буйни къдрици обграждаха красивото лице на моя преподавател. Тъмните му очи, по детски чисти, гледаха открито. Движенията на лекото му тяло бяха спокойни и отмерени. Винаги благ

---

* Винаги се обръщах към него с Ананта-да. *Да* е наставка, която изразява уважение. По-малките братя и сестри я добавят към името на най-големия брат.
** По време на нашата среща Кебалананда все още не беше в ордена *Свами* и обикновено го наричаха Шастри Махашая. За да не се бърка с имената на Лахири Махашая и Учителя Махашая (глава 9), ще наричам преподавателя си по санскрит с монашеското му име Свами Кебалананда, което получи по-късно. Неотдавна излезе неговата биография на бенгалски. Роден е през 1863 г. в околия Кулна, Югозападен Бангладеш. Кебалананда напусна тялото си в Бенарес на шейсет и осем години. Фамилното му име беше Ашутош Чатерджи.

и нежен, той беше здраво установен в Безграничното Съзнание. Много от щастливите часове, прекарани заедно, минаваха в дълбока *крия* медитация.

Кебалананда бе всепризнат авторитет по древните *Шастри* (свещени книги). Заради неговата ерудираност обикновено го наричаха Шастри Махашая. Въпреки това напредъкът ми в овладяването на санскритския беше посредствен. При първа възможност аз захвърлях скучната граматика и подхващах разговор за йога и Лахири Махашая. Един ден, за голяма моя радост, Кебалананда ми разказа нещо от живота си с Учителя:

– Съдбата бе рядко благосклонна към мен – беше ми писано да остана близо до дома на Лахири Махашая цели десет години. Жилището му в Бенарес всяка вечер бе святото място на моето поклонничество. Той беше винаги там – в малката дневна откъм улицата на първия етаж, седнал в поза лотос на един дървен нар, а учениците – насядали пред него в полукръг. Очите му искряха с танцуващата радост на Божественото. Винаги полузатворени, те се устремяваха през сферичния телескоп на вътрешното му зрение към обгръщащите го светове на вечно блаженство. Той рядко говореше надълго и нашироко. Понякога погледът му се спираше на ученик, нуждаещ се от помощта му. Изцеляващи думи, като лавина от светлина, се изливаха върху него.

Душата ми разцъфваше в неописуем мир, щом Учителят ме докоснеше с поглед. Благоуханието му ме изпълваше като дъх на огромен лотос. Цялото ми същество се преобразяваше в негово присъствие, дори и да не разменяхме дума в продължение на дни. Ако пред пътя на моята концентрация се изпречеше някаква невидима бариера, аз медитирах в нозете на гуру. Там без затруднения можех да постигна и най-фините състояния. Подобни възприятия ми убягваха, докато бях при не толкова извисени Учители. Гуру беше жив храм на Бог, чиито тайни врати последователите открехваха с преданост.

Лахири Махашая не беше книжен тълкувател на свещените писания. Той без усилия се потапяше в „божествената библиотека" и фонтанът на неговото всемъдрие ни окъпваше с пръски на безценни мисли и думи. Той владееше чудното умение да отключва дълбоките философски истини, скрити преди векове в редовете на Ведите*. Помолеха ли го да обясни различните нива на съзнание, упоменати в древните текстове, той се съгласяваше с усмивка: „Ще навлизам в тези състояния и ще ви описвам възприятията си". В това отношение той беше пълна противоположност на учителите, които наизустяват писанията, а после объркват съзнанието на хората с непонятни абстракции.

„Би ли разтълкувал тези свещени строфи така, както ги усещаш – с тези думи сдържаният гуру често възлагаше задача на някой от близките ученици. – Аз ще те напътствам." Така именно бяха записани много от възприятията на Лахири Махашая, често придружени от обширни коментари от учениците му.

Учителят никога не насърчаваше сляпата вяра. „Думите са само обвивка – казваше често той. – Убедете се в Божието присъствие, като изживеете радостта на общуването с Него в медитация."

Каквито и проблеми да имаха последователите, гуру всеки път ги съветваше за разрешаването им да практикуват *крия йога*. „Тази йога техника няма да загуби ефективността си и ще продължи да ви напътства, когато тялом вече няма да съм сред вас. Тя не може да се вкара в рамка, да се запише и да се забрави на някой рафт, както често се случва дори с вдъхновени теории. Постоянствайте по пътя на освобождението чрез *крия*. Силата ѝ е в практикуването."

Аз самият считам *крия* за най-ефективното средство за спасение чрез лични усилия, открито някога от човечеството във вечния му стремеж към безкрайността. Благодарение на *крия йога* скритият във всеки от нас всемогъщ Бог придоби видимо въплъщение в Лахири Махашая и редица негови ученици – с това сериозно свидетелство Кебалананда завърши вдъхновеното си повествование.

---

* Днес са запазени над сто канонични книги на древните четири Веди. В своя „Дневник" Емерсон отдава дължимото на ведическата мисъл с думите: „Величава като пустинна тишина, като полярна нощ, като бездиханен океан. Съдържа всички религиозни чувства, всички велики нравствени ценности, които естествено спохождат всеки благороден поетичен ум... Не отлагайте четенето на тази книга. Ако имам вяра сред горите или в лодка сред езерото, природата ме прави *брамин* на момента: вечна потребност, вечна отплата, неизмерима мощ, ненарушим покой... Това е нейното верую. Мир, мълви ми тя, чистота и пълно оттегляне от света – тези лекове изкупват всички грехове и отвеждат при блаженството на осемте богове".

Веднъж Кебалананда ми разказа как присъствал на извършено от Лахири Махашая чудо, достойно за самия Христос. Моят свят преподавател откъсна очи от санскритските текстове пред нас и зарея поглед в далечината:

– Един сляп ученик на име Раму будеше у мен особено съжаление. „Нима очите му никога няма да видят светлината, след като предано служи на Учителя, в който Божественото пламти толкова ярко?" – мислех си аз.

Една сутрин реших да потърся Раму, за да говоря с него, но той се оказа зает – часове наред търпеливо вееше на гуру с ръчно изработената си от палмови листа *пунка*. Ученикът най-накрая излезе от стаята и аз го последвах. „Раму, отдавна ли си сляп?" – „От рождение! – отговори учтиво той. – Очите ми никога не са изпитали това щастие да зърнат слънцето дори за миг." Рекох му: „Говори с нашия всесилен гуру, той може да ти помогне. Моля те, помоли го смирено".

На следващия ден Раму стеснително се приближи към Лахири Махашая. Ученикът малко се позасрами, че трябва да моли към духовното изобилие, на което се радва, да прибави и физическо богатство: „Учителю, във вас пребивава Озаряващия Космоса. Моля ви, докарайте светлината Му в моите очи, за да мога да виждам по-слабия блясък на слънцето". – „Раму, някой те е подучил да ме поставиш в трудно положение. Аз нямам лечителска дарба" – каза кротко Лахири Махашая. „Учителю, Безкрайният, Който е във вас, със сигурност може да лекува." – „Виж, това вече е различно, Раму. За Бог не съществуват никакви ограничения. Този, Който запалва звездите и клетките на плътта с тайнственото сияние на живота, може със сигурност да докара блясъка на зрението в твоите очи – при тези думи Учителят докосна челото на Раму в точката между веждите* и настави: – Дръж ума си концентриран тук и постоянно припявай името на пророка Рама** в продължение на седем дни."

И – о, чудо! Седмица по-късно Раму за пръв път съзря красивия

---

* Седалището на единното (духовното) око. Когато човек умира, съзнанието му обикновено се насочва към това свято място, свидетелство за което са обърнатите нагоре очи на покойниците.

** Централна свещена фигура в санскритския епос *Рамаяна*.

лик на природата. Всемъдрият гуру безпогрешно бе напътил ученика си да повтаря името на Рама, когото Раму обожаваше повече от всички останали светци. Вярата на Раму беше изораната с много преданост почва, където покълна здравото семе на гуру и донесе на ученика изцеление завинаги.

Кебалананда замълча за момент, после продължи да възхвалява своя гуру:

– При всички чудеса, които Лахири Махашая извършваше, той никога не допускаше егото* да се приема за двигател на събитията. Умееше напълно да се отдава на Първичната Изцеляваща Сила и Тя протичаше през него съвършено свободно.

Многобройните тела, чудотворно изцелени от Лахири Махашая, в крайна сметка щяха да бъдат погълнати от пламъците на погребалните клади. Но тихото духовно пробуждане, което той предизвика, подобните на Христа ученици, които той извая, са неговите вечно живи чудеса.

От мен специалист по санскрит не стана. Кебалананда ми преподаваше божествения синтаксис.

---

* Его-принципът, *ахамкара* (букв. 'аз върша') е главната причина за двойствеността, или привидното разделение човек – Създател. *Ахамкара* тласка човешките същества под властта на *мая* (космическата илюзия), при което субектът (егото) лъжовно се припознава като обекта и създанията си въобразяват, че са Създатели. (Виж стр. 79 бел., 337–339, 348 бел.)

„Нищо от себе си тука не прави!"
Съединеният с Бога знае това...
Във сетивния свят
сетивата владеят (V:8–9).

Ако съзираш, че Природата Майка
единствено действа,
а не твоето себе,
виждаш наистина ти (XIII:29).

Въпреки че съм нероден
и с неизменна същност,
и съм Бог на цялото творение,
пребивавайки в собствената си космична природа,
аз се въплъщавам чрез Себе-създадената *мая*-илюзия (IV:6).

Наистина е трудно
да провидиш зад булото на божествения театър,
но подслонените в Мене
Ме съзират отвъд тази сцена (VII:14).

Багавад Гита *(по английския превод на сър Едвин Арнолд)*

СВАМИ КЕБАЛАНАНДА
Обичният учител на Йогананджи по санскрит

Домът, в който е живял Парамаханса Йогананда в Калкута, преди да даде обета за отречение през юли 1915 г. и стане *саняси* (монах) на древния орден *Свами*

Глава 5

Светеца на благоуханията показва чудесата си

„За всичко иде час, има време, отредено за всяко нещо под небето."*

Да, само че аз нямах мъдростта на Соломон, която да утеши сърцето ми. По време на всяко пътешествие, което предприемах, се озъртах наоколо с търсещ поглед, копнеейки да зърна лицето на гуру, който съдбата ми е отредила. Но пътищата ни не се пресякоха, докато не завърших гимназиалното си обучение.

Трябваше да минат две години от бягството ми към Хималаите с Амар, преди да настъпи славния ден, в който Шри Юктешвар се появи в живота ми. През тези две години аз срещнах множество светци – Светеца на благоуханията, Свами Тигъра, Нагендра Нат Бадури, Учителя Махашая и известния бенгалски учен Джагдиш Чандра Боус.

Срещата ми със Светеца на благоуханията имаше две въведения: едното – хармонично, а другото – забавно.

– Бог е прост. Всичко друго е сложно. Не търси абсолютни истини в относителния свят на природата.

Този философски постулат нежно погали слуха ми, докато стоях замислен пред образа на Кали** в един храм. Обърнах се.

---

* Еклисиаст 3:1.

** Кали символизира вечния принцип в природата. Традиционно се изобразява като четирирька жена, стъпила върху полегналия Бог Шива (Безкрая), защото всичко, което се случва в природата, в света на проявленията, произхожда от непроявения Дух.

Срещу мен стоеше висок мъж, чиито одежди, или по-скоро липсата им, подсказваше, че е странстващ саду.

– Да, вие наистина проникнахте в обърканите ми мисли! – казах аз, като се усмихнах благодарно. – Тази бъркотия от благи и страховити аспекти на природата, символизирани от Кали, сигурно са озадачавали и по-умни глави от моята!

– Не са много хората, които могат да разгадаят нейната тайна! – заговори саду. – Доброто и злото са предизвикателна загадка, която животът като сфинкс поставя пред всеки интелект. И понеже хората не се стремят да намерят разрешение, заплащат с живота си – точно както по времето на Тива. Но винаги се възвисява по някоя самотна фигура, която не познава поражение. От дуалността на *мая** тя изтръгва нерушимото единство на Истината.

– Говорите много убедително, господине – отбелязах аз.

– Отдавна практикувам честно самонаблюдение – един доста болезнен подход към мъдростта. Наблюдаването под лупа на собствените мисли, безмилостното им изследване разтърсва съзнанието из основи. То прави на пух и прах и най-гордото и упорито его. А истинският себе-анализ с математическа прецизност трансформира хората в зрящи. Пътят на „самоизявата" и на „самоутвърждаването" ражда само егоисти, убедени в правотата на собствените си тълкувания на Бог и Вселена.

– И без съмнение Истината смирено се оттегля при подобно арогантно оригиналничене – допълних аз. Разговорът ми доставяше удоволствие.

– Човек не може да проумее никаква вечна истина, докато не се освободи от претенциите на ума. Ум, уязвим от вековната кал на безброй гъмжащи светски заблуди! Битките по бойните полета са

Четирите ръце съответстват на основни атрибути на материята – чифт съзидателни и чифт разрушителни, отразяващи същностната дуалност на материята (творението).

* Космическа илюзия, букв. 'измерителят'. *Мая* е онази магическа сила в творението, която създава привидни ограничения и разделения в Неизмеримото и Неразделимото.

Емерсон е посветил на *мая* следното стихотворение:

Заблудата тъче потайно
и прави паяжини безкрайни.
Не губят лустро тез пана,
че нишки все добавя тя.
Ласкателка, която мами
човек, жадуващ да е мамен.

нищо в сравнение с това първо сражение на човека с вътрешните му врагове! Това не са тези смъртни врагове, които се побеждават с опустошителната мощ на войската! Тези са други – дебнат отвсякъде, неуморно преследват човека дори и насън. Въоръжени с невидимо заразно оръжие, тези орди на низките страсти търсят начин да ни погубят. Безумец е този, който погребва идеалите си и се предава на участта на тълпата! Какво е това, ако не безсилие, закостенялост, позор?

– Уважаеми господине, не изпитвате ли съчувствие към милионите объркани хора? – запитах аз.

Мъдрецът замълча, после започна отдалеч:

– Да обичаш невидимия Бог, Съкровищницата на всички добродетели, и видимия човек, който, като че ли няма такива, изглежда неразбираемо. Но който търси – намира. Като започнеш да изследваш вътрешния свят, скоро откриваш, че всички човешки умове са устроени по един и същи начин – свързва ги здравото родство на егоистичните им подбуди. Поне в това отношение братството между хората е неоспоримо. Зашеметени от откритието на какво ниво хората са равни, остава ни само да се смирим. И така постепенно съзряваме в състрадание към ближните, които са слепи за изцеляващите сили на техните души.

– Светците през вековете също като вас са съчувствали на страданията на човечеството.

– Само повърхностният човек, препълнил плиткия си свят със собственото си страдание, е сляп за неволите на другите – аскетичното лице на саду видимо се смекчи. – Този, който практикува със скалпела на себе-дисекцията, ще познае безпределното вселенско състрадание. Той ще остане глух за виковете на егото. Божията любов разцъфва в такава почва. Накрая създанието се обръща към своя Създател с един-единствен изстрадан въпрос: „Защо, Господи, защо?". И ето, унизителният бич на болката тласка този човек към Безкрайното Присъствие, Чието обаяние не може да не го привлече.

Мъдрецът и аз се намирахме в калкутския храм „Калигат", чието пищно великолепие бях отишъл да разгледам. С пренебрежителен жест случайният ми спътник отхвърли цялото това натруфено величие:

– Тухлите и хоросанът няма да ни запеят божествена песен.

Готовото да се отвори човешко сърце ще чуе най-добре хармонията на живота.

Ние бавно закрачихме към примамливите слънчеви лъчи на входа, където поклонници влизаха и излизаха непрекъснато.

– Ти си млад – отбеляза мъдрецът, като ме огледа замислено. – Индия също е млада. Древните риши* са оставили фундаменталните принципи на духовния живот. От пожълтелите страници на писанията можем да почерпим цялата мъдрост, от която се нуждаят нашето време и страна. Тези строги предписания, които не са нито старомодни, нито наивни пред лукавото лице на материализма, и днес са втъкани в духа на Индия. С хилядолетията си – повече, отколкото озадачените учени дръзват да изчислят – скептикът Време, потвърждава ценността на Ведите. Приеми ги като твое наследство.

Докато почтително се прощавах със сладкодумния саду, той предсказа:

– Днес, след като си тръгнеш оттук, ще имаш необичайно преживяване.

Аз излязох от района на храма и се заскитах безцелно. Тъкмо завих зад ъгъла и едва не се блъснах в един стар познат – от ония бъбриви училищни другари, които, като започнат да говорят, и не се сещат да спрат.

– Няма да те задържам много – обеща той, – ако ми разкажеш всичко, което ти се е случило през годините, откакто не сме се виждали.

– Какъв парадокс! Тогава тръгвам веднага.

Но той ме дърпаше за ръката и не ме оставяше да си вървя, решен на всяка цена да изкопчи нещичко от мен. Гледах го и ми беше забавно – приличаше досущ на изгладнял вълк: колкото по-дълго говорех, толкова по-гладно душеше за още новини. Вътрешно се помолих на Богинята Кали да подреди така обстоятелствата, че да имам удобен случай да се измъкна.

Моят спътник внезапно се откъсна от мен и взе да се отдалечава. Въздъхнах облекчено и ускорих крачка, опасявайки се да не получи нов пристъп на бъбривост. Чувайки бързи стъпки зад себе си, увеличих скоростта. Не смеех да се обърна. Изведнъж той дружески ме тупна по рамото.

---

* Ришите, букв. 'зрящите', са авторите на древните Веди.

– Забравих да ти кажа за Ганда Баба (Светеца на благоуханията), който благославя с присъствието си онзи дом – и посочи една къща на трийсетина крачки от нас. – Непременно се запознай с него – много е интересен. Очаква те необичайно преживяване. Довиждане – каза той и този път наистина си тръгна.

В ума ми проблесна предсказанието, което саду направи с подобни думи пред храма „Калигат". Определено заинтригуван, аз влязох в къщата, където ме въведоха в просторна дневна. Стаята беше пълна с хора, насядали на групички с кръстосани крака върху дебел оранжев килим. Благоговеен шепот стигна до ушите ми:

– Виждаш ли го Ганда Баба върху леопардовата кожа? Той може да дари аромата от кое да е цвете на всяко друго, което няма такъв, може да съживи увехнало цвете и да накара кожата на човек да изпуска възхитително ухание.

Погледнах светеца. Очите му срещнаха моите. Той беше закръглен, с брада, тъмнокож, с големи бляскави очи.

– Синко, радвам се да те видя. Кажи какво искаш. Би ли желал някакво благоухание?

– За какво ми е? – въпросът му ми се стори детински.

– За да опознаеш чудния път на наслаждаване на аромати.

– Занимавате Бог с правене на ухания?

– Какво от това? Той и без това си прави уханията.

– Да, но Той създава съвършените флакони на крехките цветни листенца, за да им се наслаждаваме само докато са свежи, и после да се освободим от тях. Вие можете ли да материализирате цветя?

– Да, но аз обикновено произвеждам ухания, малки ми приятелю.

– Тогава фабриките за парфюми ще фалират.

– Нямам никакво намерение да ги конкурирам! Единствената ми цел е да демонстрирам силата на Бог.

– Господине, необходимо ли е да се доказва Бог? Нима Той не извършва чудеса във всичко и навсякъде?

– Така е, но ние също трябва да проявим част от безкрайното Му творческо многообразие.

– Колко време ви отне, за да овладеете вашето изкуство?

– Дванайсет години.

– За да правите парфюми с астрални техники?! Струва ми се,

почитаеми светецо, че сте пропилели дузина години за парфюми, които може да получите само срещу няколко рупии в цветарския магазин.

– Уханията си отиват с увяхването на цветята.

– Но и вашите ухания си отиват със смъртта. Защо да желая това, което ще задоволи само тялото и сетивата?

– Господин Философ, вие ми харесвате. Протегнете към мен дясната си ръка – той направи благославящ жест.

Бях на около метър разстояние от Ганда Баба, наблизо нямаше никой, който да може да ме докосне. Протегнах ръката си, която йогът не докосна.

– Какво ухание искаш?

– На роза.

– Така да бъде.

За моя огромна изненада от дланта ми се разнесе замайващ аромат на роза. Усмихнах се и взех от близката ваза голямо бяло цвете без аромат.

– Може ли това цвете да бъде пропито с аромата на жасмин?

– Така да бъде.

В същия миг от цветните листенца полъхна на жасмин. Поблагодарих на чудотвореца и седнах на пода до един от учениците му. Той ме осведоми, че Ганда Баба, чието име всъщност е Вишудананда, бил научил множество изумителни йогически тайни от учител в Тибет. Увери ме, че възрастта на този тибетски йоги надхвърляла хиляда години.

– Неговият ученик Ганда Баба невинаги прави чудесата си с благоухания по този прост словесен способ, както току-що видя – ученикът говореше с нескрита гордост за своя учител. – Подходът му варира в широки граници и зависи много от различията в темпераментите. Той е невероятен! Сред последователите му са много представители на калкутската интелигенция.

В себе си реших да не се присъединявам към техните редици. Един твърде „невероятен" гуру не ми допадаше. Благодарих учтиво на Ганда Баба и си тръгнах. Прибирайки се бавно, аз размишлявах върху трите срещи, които денят ми донесе.

Сестра ми Ума ме срещна на вратата:

– Ооо, ставаме елегантни – използваме парфюми!

Без да продумам, протегнах ръката си да я помирише.

– Колко приятно ухае на роза! Необичайно силно!

Като мислех в себе си, че всичко това е по-скоро „силно необичайно", аз мълчаливо поднесох астрално ароматизираното цвете под носа й.

– О, обожавам жасмина! – и грабна цветето от ръката ми. Забавно недоумение пробяга по лицето й, докато ненаситно ловеше нежното ухание на жасмин от цвете, за което тя прекрасно знаеше, че няма аромат. Реакцията й разсея подозрението ми, че Ганда Баба може да е използвал хипноза, за да ми внуши аромат, който само аз да усещам.

По-късно чух от един приятел, Алакананда, че Светеца на благоуханията имал способности, които много бих искал да притежават милионите гладуващи по света:

„В дома на Ганда Баба в Бурдван имаше още стотина гости като мен – заразказва той. – Беше празник. И тъй като за никого не беше тайна, че йогът притежава сила да извлича обекти от финия въздух, аз на шега го помолих да ни материализира по някоя мандарина, сезонът на които още не беше дошъл. В същия миг всички *лучи**, поднесени в панери от бананови листа, се издуха. Оказа се, че във всяка питка има по една обелена мандарина. С трепет отхапах от моята и установих, че има възхитителен вкус".

След години духовна практика разбрах и как точно Ганда Баба е осъществявал материализациите си. Методът му, уви, е извън възможностите на гладуващите по света.

Различните сетивни дразнения, на които човек реагира – осезателни, зрителни, вкусови, слухови и обонятелни, се причиняват от колебания във вибрационната честота на електроните и протоните. Тези вибрации на свой ред се регулират от *прана* – животрони, неуловими жизнени сили, по-фини от атомните, носителите на разума за петте обособени сетивни идеи субстанции.

Ганда Баба, който чрез определени йога практики се настройваше към силата на праната, притежаваше способност да управлява животроните, да променя и прегрупира вибрационната им структура и да обективизира желания резултат. Неговите парфюми, плодове и други чудеса бяха реални материализации на земни вибрации, а не хипнотично предизвикани вътрешни усещания.

---

* Плосък, кръгъл индийски хляб.

Медиците използват хипнозата при някои по-малки операции като вид психохлороформ в случаите, когато пациентът има непоносимост към упойката. Но хипнотичното състояние често има сериозни последствия за тези, които се подлагат на него – след време настъпват необратими психични промени, които увреждат мозъчните клетки. Хипнозата може да се определи като престъпване прага на чуждото съзнание*. Временното й проявление няма нищо общо с чудесата, извършвани от пребъдващите в Духа йоги. Пробудените в Бог, истинските светци правят трайни промени в този свят-сън чрез волята си, която е хармонично настроена към творящия Космически Съновидец**.

Чудеса като тези, които Светеца на благоуханията извършваше, са наистина впечатляващи, но от духовна гледна точка – безполезни. Те рядко преследват по-висока цел от забавлението и отклоняват хората от сериозно търсене на Бог.

Учителите осъждат показната демонстрация на свръхестествени сили. Персийският мистик Абу Саид веднъж се присмял на някакви *факири* (мюсюлмански аскети) и над тяхната гордост от чудодейните сили, които притежавали над водата, въздуха и пространството:

„И жабата си е у дома във водата! – отбелязал Абу Саид с леко презрение. – Гарванът и лешоядът си летят волно в простора! Дяволът е едновременно и на изток, и на запад! Истински достоен е този, който живее праведно сред хората, който купува и продава, но дори и за миг не забравя Бог!"***

---

* Изследванията върху природата на съзнанието, провеждани от западните психолози, в голямата си част се ограничават до изучаване на подсъзнателния ум и болестите на ума чрез методите на психиатрията и психоанализата. Малко се проучват произхода и основните принципи при формиране на нормалните умствени състояния с техните емоционални и волеви проявления – фундаментален предмет на изследване, който индийската философия не е пренебрегнала. В системите *Санкя* и *Йога* са направени прецизни класификации на многобройните връзки при нормални промени в ума и на характерни функции на *буди* (разграничаващия интелект), *ахамкара* (его-принципа) и *манас* (сетивния ум).

** „Вселената присъства във всяка своя прашинка. Всичко е изградено от една скрита субстанция. Светът върти се в капчица роса... Истинската доктрина за вездесъщието, че Бог с всички Свои елементи присъства и в най-дребното стръкче мъх или нишчица паяжина." – *Емерсон, „Равновесие" (Compensation)*

*** „Да купуваш и продаваш, но никога да не забравяш Бог!" Идеалът е сърце и ръце да работят заедно и в хармония. Някои западни автори твърдят, че индуистката цел е едва ли не тихо бягство, пасивност, оттегляне от обществото. Истината обаче е, че четириединният ведически план за живота на човека е добре балансиран и е тъкмо

По друг повод великият персийски Учител изразил възгледите си за религиозния живот така:

„Изхвърли себичните желания и амбиции от главата си, не се привързвай към това, което е в ръцете ти, и никога не се огъвай пред тежките удари на съдбата!".

Нито безпристрастният мъдрец в храма „Калигат", нито обученият в Тибет йоги можаха да задоволят копнежа ми за гуру. Сърцето ми нямаше нужда от гласа на наставник, за да разпознае Учителя! И представете си колко звънко отекна в мене: „Той е!", когато ми го подсказа гласът на вътрешната тишина!

Щом накрая срещнах моя Учител, той – единствено и само чрез величието на примера си – ми даде мярката за истинския човек.

за обикновените светски хора, като разпределя времето им на две части – едната е за учение и битови задачи, а другата – за съзерцание и медитативни практики. (Виж бел. стр. 315.)

Усамотението е необходимост за установяване в Себе-то, но, постигнат ли го, Учителите обикновено се връщат в света, за да му служат. Дори светци, които не са ангажирани с външна работа, правят повече за благото на света чрез своите свети мисли и вибрации, отколкото най-ревностните хуманитарни мероприятия на непросветлените хора. Великите светци, всеки по свой начин и често срещайки яростна съпротива, се опитват безкористно да вдъхновят и да издигнат ближните си. Индуистките религиозни и социални идеали не са пасивни. *Ахимса* ('не-навреждане'), която в *Махабхарата* се нарича „цялостната добродетел" *(сакало дарма)* е позитивно предписание по своя замисъл – този, който не помага на ближния си по някакъв начин, всъщност му причинява вреда.

Багавад Гита (III:4–8) изтъква, че действието е заложено в самата природа на човека. Леността е просто „погрешно действие".

Никой не ще избяга от действието,
отбягвайки действието. И никой не ще достигне
до съвършенството с едните отречения.

Защото никой дори за миг, когато и да било,
не остава бездеен – самият природен закон в него го тласка,
дори да не иска, към действие.
(Мисълта също е действие в един по-фин свят.)

... Тоз, който със здраво тяло и услужлив ум
раздаде тленните си сили
на достойно дело, без да търси облаги, Арджуна,
е достоен за уважение. Така че, делата тебе чакат!

(По английския превод на сър Едвин Арнолд)

Глава 6

Свами Тигъра

— Открих адреса на Свами Тигъра. Хайде да го посетим утре.

Това чудесно предложение дойде от Чанди, приятел от гимназията. Аз, естествено, горях от желание да се срещна със светеца, за който бях чувал, че преди да стане монах, е преборвал тигри с голи ръце. Изпитвах силен момчешки възторг от такива забележителни подвизи.

Утрото на следващия ден ни посрещна с неприветлив, почти зимен студ, но Чанди и аз весело потеглихме. След дълги лутания в Бованипур, едно предградие на Калкута, намерихме къщата. На портата имаше две железни халки. Захлопах продължително. Въпреки оглушителния звук, слугата се приближи със спокойна походка. Ироничната му усмивка подсказваше, че шумните посетители нямат никакъв шанс да смутят тишината в дома на светеца.

Усетили мълчаливия укор, спътникът ми и аз го последвахме, благодарни, че ни поканиха в гостната. Дългото чакане там обаче ни наведе на недотам приятни мисли. Неписан индийски закон за търсачите на Истината е търпението – често Учителят нарочно подлага на проверка „горещото желание" на ученика да се срещне с него. Тази психологическа хитринка широко се прилага на Запад от доктори и зъболекари!

Най-сетне слугата ни покани и ние с Чанди влязохме в покоите на прочутия Свами Сохонг*, който ни очакваше, седнал на

---

* *Сохонг* бе монашеското му име, иначе хората го знаеха като Свами Тигъра.

кревата. Останахме поразени от гледката на огромното му тяло. Опулили очи, не смеехме да гъкнем. Никога преди не бяхме виждали такъв гръден кош и бицепси с размери на футболна топка. Страховитото му, но озарено от спокойствие лице, бе украсено с брада, мустаци и кичури коса, падащи върху мощния му врат. Тъмните му очи гледаха с кротостта на гълъб и свирепостта на тигър. Не носеше други дрехи, освен една тигрова кожа, увита около мускулестия му кръст.

Съземайки се от първоначалното стъписване, ние с моя приятел поздравихме монаха и изразихме възхищението си от неговата юначност на арената на големите котки.

– Бихте ли ни казали как е възможно с голи юмруци да се укроти най-кръвожадния сред зверовете на джунглата – кралския бенгалски тигър?

– Чеда мои, да се боря с тигри за мен е дребна работа. Мога да го направя и днес, ако се налага – отвърна той с детски смях. – За вас тигрите може да са тигри, но за мен те са едни котета и нищо повече.

– Свамиджи, мисля, че бих могъл да внуша на подсъзнанието си мисълта, че тигрите са котки, но дали ще мога да накарам и тигрите да повярват в това?

– Вярно, трябва и сила! Не можеш да очакваш победа от бебе, което си въобразява, че тигърът е домашна котка! Тези мощни ръце са моето сигурно оръжие.

Той ни покани да го последваме във вътрешния двор. Минавайки покрай зида, той нанесе такъв удар с юмрук по ръба му, че една тухла се откърти и падна на земята. През зейналата като от избит зъб дупка светна небето. Изумен, аз залитнах назад. „Щом може с един удар да откърти здраво зазидана тухла – мислех си аз, – значи спокойно ще може да избие и зъбите на тигър!"

– Много хора имат моята физическа сила, но нямат присъствие на духа. Тези, които са силни физически, но нямат здрава психика, може да се разтреперят от страх още при вида на дивия звяр, свободно бродещ из джунглата. Между свирепия тигър, който се намира в естествената си среда, и упоеното цирково животно има огромна разлика!

А има и много смелчаци с херкулесовска сила, които изпадат в жалка безпомощност при вида на кралският бенгалски тигър, яростно устремен към тях. Така тигърът е пречупил човека в собствения му ум до състояние на плашлива котка. Аз обаче вярвам, че ако имаш сравнително здрава физика и огромна решителност, можеш да обърнеш нещата и да „убедиш" тигъра, че беззащитното коте е той. О, колко пъти съм го правил!

Измервах с поглед титана пред мен и изобщо не се съмнявах, че може да накара тигър да замяука като безпомощно коте. Изглежда, днес беше в настроение да обяснява. Ние с Чанди го слушахме почтително. Той продължи:

– Умът управлява мускулите. Силата на удара на чука зависи от вложената енергия, а силата, която проявява инструментът на човешкото тяло, зависи от агресивната му воля и смелост. Тялото в буквалния смисъл се гради и поддържа от ума. Под напора на инстинкти от минали животи в човешкото съзнание постепенно проникват сила или слабост. Те се проявяват като навици, които на свой ред формират желано или нежелано тяло. Всяка външна слабост има умствен произход. И така, порочният кръг се затваря: подчиненото на навиците тяло става пречка за ума. Ако господарят позволи на слугата си да го командва, тогава слугата ще стане деспот. Така бива заробен умът, който се предава на диктата на тялото.

След настоятелна молба от наша страна внушителният свами се съгласи да ни разкаже нещо от своя живот.

– Първата ми амбиция беше да се боря с тигри. Волята ми бе непреклонна, но тялото – хилаво – възглас на учудване се изтръгна из гърдите ми. Изглеждаше невероятно този човек, който сега имаше „плещи на Атлант, способни да крепят небесния свод", някога да е познавал слабостта. – Но благодарение на несломимата упоритост, с която утвърждавах мисълта за здраве и сила, превъзмогнах този недъг. Затова имам всички основания да възхвалявам върховенството на умствената сила, която аз смятам за истинския покорител на бенгалските тигри.

– Мислите ли, почитаеми свами, че и аз някога ще мога да се боря с тигри? – това беше първият и последен път, когато това ексцентрично желание се осмели да мине през ума ми!

– Да – отговори той с усмивка. – Но има тигри и тигри – някои от тях скитат в джунглите на човешките желания. Не си мисли, че като проснеш животното на земята в безсъзнание и духовните дивиденти ще потекат към тебе. Гледай да победиш вътрешните хищници.

– А бихте ли ни казали какво ви накара от укротител на диви тигри да станете укротител на диви страсти?

Свами Тигъра потъна в мълчание. Погледът му се зарея в далечината, докато в съзнанието му се съживяваха спомени от минали години. Забелязах как по лицето му премина сянката на лека вътрешна борба дали да удовлетвори молбата ми. Накрая се усмихна и мълчаливо се съгласи.

– Когато славата ми достигна върха си, тя ме оплете в опиянението на гордостта. Реших, че трябва не само да се боря с тигри, но и да демонстрирам с тях най-различни номера. Амбицията ми беше със сила да карам дивите зверове да се държат като домашни животни. Така започнах да правя зрелищни представления пред публика. Успехите не закъсняха.

Една вечер баща ми влезе в стаята ми. Беше умислен. „Сине, идвам да те предупредя. Ако продължаваш така, неумолимото колело на причината и следствието ще докара нещо лошо на главата ти." – „Татко, ти май си станал фаталист? Нима ще позволим на някакво си суеверие да спре моя устрем." – „Не, сине, не съм фаталист. Но вярвам в справедливия закон на възмездието, както ни учат свещените писания. Обитателите на джунглата негодуват срещу теб. Някой ден ще ти потърсят сметка." – „Татко, ти ме изумяваш! Чудесно знаеш какви са тигрите – красиви, но безмилостни. Кой знае, може пък моите юмруци да им налеят малко акъл в дебелите глави. Аз съм нещо като старши преподавател по обноски във висшето горско училище. Моля те, татко, гледай на мен като на укротител на тигри, а не като на техен убиец. Как биха могли добрите ми действия да ми навлекат беда? Моля те, не искай от мен да променям начина си на живот."

Чанди и аз бяхме целите в слух, разбирайки дилемата, пред която някога е бил изправен той. В Индия децата не престъпват лесно волята на родителите си. Свами Тигъра продължи:

– Баща ми слушаше моите разсъждения и стоически мълчеше. Когато свърших, той със сериозен тон произнесе: „Сине, принуждаваш ме да ти разкрия зловещото предсказание, което чух от устата на един светец. Това се случи вчера. Той дойде при мен, докато седях на верандата в ежедневната си медитация, и ме предупреди: „Скъпи приятелю, нося ти вест за твоя войнстващ син. Накарай го да спре жестокостите си, защото в противен случай при следващия сблъсък с тигър ще получи смъртоносни рани, които ще го приковат на легло и цели шест месеца животът му ще виси на косъм. И тогава той ще изостави досегашния си начин на живот и ще стане монах".

Тази история никак не ме впечатли. Сметнах, че баща ми е станал наивна жертва на някой заблуден фанатик.

Свами Тигъра направи това признание с нетърпелив жест, сякаш искаше да се отърве от досадна глупост. После се навъси и дълго време не продума нищо – изглежда, като че потъна в мислите си и забрави за нашето присъствие. Изведнъж той отново подхвана прекъснатата нишка на мисълта си, но гласът му вече звучеше глухо и задавено.

– Случи се тъй, че скоро след предупреждението на татко реших да посетя столицата Куч Бехар. Живописният край там беше нов за мен и очаквах да отморя в една различна среда. Както навсякъде, където отивах, по улиците ме следваше тълпа любопитен народ. От време на време до мен долиташе шушукането им: „Това е оня, дето се бори с тигрите". Други се бутаха един друг и ме показваха с пръст: „Не крака, ами дънери!". Трети: „Виж му само лицето! Самият крал на тигрите се е въплътил в него!". Нали знаете как селските дечурлига тичат и разнасят новините от уста на уста – също като суетнята в последните часове преди излизането на вестника! А за скоростта, с която женските клюки обикалят от къща на къща, се сетете сами! Накратко: само за няколко часа бях в устата на целия град – всички бяха обзети от вълнение.

Вечерта тъкмо си почивах спокойно, когато дочух тропот на препускащи коне. Те спряха пред мястото, където бях отседнал. Вътре влязоха неколцина високи полицаи с тюрбани на главите. Подскочих. „Всичко може да се очаква от тези творения на човешкия закон – мислех си. – Хич няма да се учудя, ако ме набедят за нещо, за което не съм и чувал." Но за моя изненада те се поклониха необичайно любезно. „Почитаеми господине, дошли сме да ви приветстваме от името на принца на Куч Бехар. Той има удоволствието да ви покани утре сутринта в палата си." Мислих известно време каква ли ще да е тая работа. Някаква необяснима причина ме караше да чувствам силно съжаление заради прекъсването на спокойното си пътуване. Но умоляващите и почтителни маниери на полицаите ме трогнаха. Приех.

На следващия ден, чак се смаях, бях раболепно съпроводен от моята врата до една разкошна каляска, теглена от четири напети коня. Един слуга държеше изящен чадър над главата ми, за да ме предпазва от палещите слънчеви лъчи. Насладих се на приятно пътуване през града и гористите му околности. Пред портите на двореца ме посрещна самият кралски потомък. Той ми предложи личното си кресло, покрито със златен брокат, и усмихвайки се, се премести на друг, по-обикновен стол. „Не вярвам всички тия учтивости да са за едното нищо! Сигурно ще искат нещо от мен!" – мислех си аз с нарастваща почуда. Намеренията на принца лъснаха след няколко общи приказки: „В моя град се говори, че преборваш диви тигри само с две голи ръце. Вярно ли е това?". – „Да, така е" – отговорих му. „Не ми се вярва много! Откъде накъде бенгалец от Калкута, градско момче като тебе, хранено само с бял ориз, ще преборва диви тигри? Моля те, бъди честен и си признай, че си се борил само с мършави, упоени животни" – принцът говореше отвисоко, саркастично, с лек провинциален акцент. Оставих без отговор този оскърбителен въпрос. Той продължи: „Предизвиквам те да се бориш с моя наскоро уловен тигър – Раджа Бегум*. Ако можеш да се опазиш от него, да го вържеш със синджир и да напуснеш клетката в съзнание, този кралски бенгалец ще бъде твой. Освен това за награда ще получиш и няколко хиляди рупии и много други подаръци. Но откажеш ли се от двубоя, ще разглася надлъж и нашир, че си самозванец!". Наглите му думи се изсипаха върху мен като градушка от куршуми. Изстрелях едно гневно съгласие. Принцът, понадигнал се от стола по време на разгорещената си тирада, се отпусна в него със садистична усмивка. Напомняше ми римски император – от онези, които със същата наслада са хвърляли беззащитни християни на арената със зверове. „Имаш точно една седмица до битката. Съжалявам, но не мога да ти разреша да видиш тигъра предварително." Не знам защо каза това. Изглежда, се опасяваше, че ще хипнотизирам звяра или ще го упоя тайно.

Тръгнах от двореца, забелязвайки развеселен, че кралския чадър и пищно украсения файтон сега ги няма.

---

* Принц-Принцеса – кръстен така, за да покаже, че този звяр обединява в себе си свирепостта на тигър и тигрица.

Следващата седмица аз систематично подготвях ума и тялото си за предстоящото изпитание. От моя слуга научих, че сред хората се носят какви ли не фантастични слухове. Страшното предсказание, което мъдрецът бе направил на баща ми, само че доста пораздуто и поукрасено, по някакъв начин бе стигнало чак до тукашните земи. Мнозина прости селяни вярваха, че видите ли, зъл дух, прокълнат от боговете, се преродил в тигър, който нощем приемал различни демонични форми, а денем си оставал раиран звяр. Предполагаше се, че тъкмо този тигър демон е пратен, за да ме усмири.

Друга впечатляваща версия гласеше, че Раджа Бегум е изпратен като отговор на молитвите на животните към Тигровите небеса. И сега той е тук, за да ме накаже – мен, дръзкия двуног, оскърбил така жестоко цялото тигрово племе! Човекът – без козина, без остри зъби, осмелил се да предизвика въоръжените с мощни лапи и страшни нокти тигри! Концентрираната злоба на всички оскърбени тигри – твърдяха селяните – е набрала достатъчно сила, за да задвижи скритите закони и да накаже възгорделия се звероукротител.

Моят слуга ми съобщи още, че принцът е в стихията си, организирайки предстоящия сблъсък между човека и звяра. Той лично надзиравал издигането на купол, способен да издържи на дъжд и вятър и който да побере хиляди хора. В центъра му, в огромна желязна клетка, опасана с допълнителна защитна ограда, държали Раджа Бегум. Пленникът непрекъснато надавал смразяващи кръвта ревове. Хранели го оскъдно, за да е раздразнен и жаден за кръв. Може би принцът си въобразяваше, че аз ще бъда неговата галавечеря!?

Под грохота на барабаните си, глашатаите разгласяваха за уникалната битка. Тълпи от града и околностите му трескаво купуваха билети. В деня на схватката се оказа, че стотици трябваше да се върнат, защото местата не достигаха. Много хора се провираха през дупките в платнището и търсеха място кой където намери.

Моето вълнение нарастваше с наближаване на кулминацията в разказа на Свами Тигъра. Чанди също беше затаил дъх.

– Излязох спокойно на арената под смразяващия кръвта рев на Раджа Бегум и врявата на разгорещената тълпа. Бях само с една оскъдна препаска около кръста – нямах никакви защитни дрехи.

Дръпнах резето на вратата на първото желязно ограждение и спокойно я залостих след себе си. Тигърът усети кръв. Хвърли се с трясък върху решетките, които ни деляха – изпращаше ми кръвожадно приветствие. Публиката притихна в жалостив страх – аз изглеждах като кротко агънце пред разярения звяр.

Със светкавична бързина влязох в клетката, но преди да успея да тръшна вратата зад гърба си, Раджа Бегум се хвърли стремглаво върху мене. Дясната ми ръка беше жестоко раздрана. Човешка кръв, най-голямата наслада за тигъра, шурна от ръката ми – гледката беше ужасяваща. Пророчеството на светеца, изглежда, бе на път да се сбъдне.

Мигновено се съвзех от шока. Това беше първото сериозно нараняване, което някога бях получавал по време на битка. Скрих окървавените си пръсти, като ги мушнах под препаската на кръста, а с лявата ръка нанесох удар, способен да разбие череп. Звярът политна към задната част на клетката, завъртя се, сгърчи се и отново се хвърли към мен. Върху главата му се посипа като градушка знаменитото ми юмручно наказание. Но вкусът на кръвта подейства на Раджа Бегум като първа възбуждаща глътка вино на алкохолик след дълго въздържание. Атаките на кръвожадния звяр, които ставаха все по-яростни, бяха съпровождани от оглушителен рев. Рехавата ми защита с една ръка ме правеше уязвим за острите му нокти и зъби. В отговор аз пък не спирах да раздавам зашеметяващите си удари. И двамата бяхме целите в кръв, вкопчени на живот и смърт. Клетката заприлича на същински ад: всичко наоколо беше в кръв, а в гърлото на звяра тътнеше силен, болезнен рев и жажда за смърт. „Застреляйте го! Убийте тигъра!" – закрещя публиката. Но човек и звяр, счепкани с ожесточение, се носеха като вихрушка. Само чух как куршум на охраната изсвистя край нас. Събрах цялата сила на волята си в един последен разтърсващ удар и като изревах яростно, го стоварих с все сила върху главата на тигъра. Той рухна в краката ми и утихна.

– Като коте! – вметнах аз.

Свами се засмя с искрена благодарност, после продължи увлекателния си разказ.

– Най-сетне Раджа Бегум беше победен. Но с това не свърши всичко – царствената му гордост беше още унизена: с изранените си ръце аз имах дързостта да разтворя челюстите му и няколко драматични мига да задържа главата си в зейналия смъртоносен капан. Огледах се за синджир. Издърпах един от купчината на пода и вързах тигъра през шията към решетките на клетката. Отправих се триумфално към вратата.

Но това жилаво въплъщение на злото Раджа Бегум беше наистина достоен за предполагаемия си демоничен произход. С чудовищен замах той скъса синджира и се метна върху ми, както бях с гръб към него. Заби зъби в рамото ми и ме повали на земята. След миг вече бях върху него. Под жестоките ми удари коварното животно се стропoли на земята полумъртво. Този път го вързах по-здраво. Бавно напуснах клетката.

Около мен избухна гръмогласен рев, но този път – радостен! Възторжените викове и възгласи на тълпата сякаш идеха от едно-единствено гигантско гърло! Макар по мен да не беше останало здраво място, аз все пак изпълних трите условия на двубоя – да зашеметя тигъра, да го вържа със синджир и да напусна клетката без чужда помощ. Освен това така жестоко бях осакатил и наплашил агресивния звяр, че той предпочете да проспи момента, в който държах главата си в раззинатата му паст!

След като се погрижиха за раните ми, бях удостоен с почести и окичен с гирлянди. Много златни монети се изсипаха в краката ми. В целия град започна празник. От всички страни се чуваха нескончаеми коментари на моята победа над най-големия и кръвожаден тигър, който някога бяха виждали. Докараха ми Раджа Бегум, както бяха обещали, но той вече не ме вълнуваше. Сърцето ми бе докоснато от духовна промяна. Сякаш с последното излизане от клетката, зад себе си бях затворил и вратата на моите светски амбиции.

Следващите шест месеца бяха ужасни. Лежах ни жив, ни мъртъв – на косъм от смъртта, заради отравяне на кръвта. Веднага щом се почувствах достатъчно добре, аз напуснах Куч Бехар и се върнах в родния си град.

„Сега вече знам, че моят Учител е светецът, който мъдро ме предупреди – признах смирено пред баща си. – Да можех да го намеря!"

Копнежът ми беше искрен, защото един ден светецът пристигна неочаквано. „Стига толкова укротяване на тигри – заговори той със спокоен и уверен глас. – Последвай ме. Ще те науча как да подчиняваш зверовете на незнанието, бродещи в джунглите на човешкия ум. Ти си свикнал с публиката: нека отсега нататък твоята публика бъде тумба ангели, наслаждаващи се в захлас на съвършеното ти владеене на йога!"

Така бях посветен в духовния път на моя свят гуру. Той отвори портите на душата ми, ръждясали и скърцащи от продължителна неупотреба. Скоро след това, рамо до рамо ние поехме към Хималаите за моето обучение.

Ние с Чанди се поклонихме в нозете на свами, благодарни за описанието на бурното му битие. Моят приятел и аз си тръгнахме щедро възнаградени за дългото чакане в студената дневна!

Глава 7

Левитиращият светец

— Да знаеш какво видях вчера на една сбирка! Един йоги стоеше във въздуха на около метър над земята! – започна въодушевено моят приятел Упендра Мохун Чоудури.

На лицето ми грейна възторжена усмивка.

— Мисля, че мога да позная името му – Бадури Махашая от „Горния околовръстен път"?

Упендра кимна малко разочарован, че не успя да ме изненада с новината си. Силното ми влечение към светците беше добре известно на моите приятели. Доставяше им удоволствие да ме насочват към пресни следи.

— Йогът живее близо до нас и аз често го посещавам.

Упендра наостри слух. Доверих му още нещо:

— Виждал съм го да прави удивителни неща. Той е овладял до съвършенство различните *пранаями**, описани от Патанджали** в древния *Осморен път на Йога*. Веднъж Бадури Махашая изпълни пред мен *бастрика пранаяма* с такава изумителна сила, че в стаята сякаш се разрази истинска буря! После той спря гръмкото дишане и застина неподвижен в извисеното състояние на свръхсъзнание***.

---

* Методи за контролиране на жизнената сила *(праната)* чрез регулиране на дъха. *Бастрика пранаяма* ('духало, ковашки мях') прави ума неподвижен, неизменен.

** Най-авторитетният древен тълкувател на системата *Йога*.

*** Жул-Боа, професор в парижкия университет Сорбоната, оповестява през 1928 г., че френските психолози, след направени от тях задълбочени изследвания, признават съществуването на свръхсъзнанието, което в своето величие е „пълна противоположност на подсъзнателния ум, както го схваща Фройд, и освен това

Аурата на мир след бурята беше толкова жива, че още не мога да я забравя.

– Чувал съм, че светецът никога не напуска дома си – отбеляза Упендра малко недоверчиво.

– Вярно е, последните двайсет години не е излизал от къщи. Но покрай свещените празници леко нарушава възприетото от него правило – тогава можеш да го видиш на калдъръма пред къщата. Около него се събират много просяци, защото всички знаят, че светецът Бадури има добро сърце.

– Как обаче остава във въздуха противно на закона за гравитацията?

– След практикуване на определени *пранаями*, тялото на йоги става безтегловно. Тогава то е в състояние да левитира или да отскача като жабка. Както е известно, дори светци, които не практикуват йога, са левитирали в състояние на гореща отдаденост на Бог.

– Ще ми се да знаех повече за този мъдрец. Посещаваш ли вечерните му сбирки? – в очите на Упендра гореше любопитство.

– Да, ходя често. Мъдростта му е придружена от огромно чувство за хумор и това ме забавлява безкрайно. Понякога моят продължителен смях нарушава тържествената атмосфера на тези сбирки. Светецът не ми се сърди, но учениците му ме гледат накриво.

На връщане от училище същия следобед минавах покрай обителта на Бадури Махашая и реших да го посетя. Не всеки обаче можеше да влезе при уединения йоги. В приземния етаж на къщата живееше негов ученик, който строго следеше никой да не нарушава спокойствието на Учителя. Педантично придържайки

притежава способности, които правят човека истински човек, а не просто висше животно". По-нататък френският учен обяснява, че пробуждането на висшето съзнание „не бива да се бърка с куѐизма или хипнотизма. Съществуването на свръхсъзнателния ум отдавна е познато на философията. Този ум не е нищо по-различно от Свръхдушата, за която говори Емерсон. За съжаление, едва напоследък научната мисъл започна да признава това". (Виж бел. стр. 174.)

В есето си „Свръхдушата" Емерсон пише: „Човек [в общоприетия смисъл на думата] се явява само фасадата на един храм, в който обитава всичката мъдрост и доброта. Това, което ние сме свикнали да наричаме човек – този, който се храни, пие, работи в градината, пресмята – не ни представя същността си, а я скрива. Не него уважаваме ние, а душата в него, чийто орган е той – стига, разбира се, да я остави да се прояви през своите действия и да не ѝ пречи да коленичи за молитва... Едната страна на нашето същество е всякога отворена за дълбините на духовната природа, за всички атрибути на Бог".

се към установените от него строги порядки, той сухо ме попита имам ли уговорена среща. В този момент, за щастие, се появи неговият гуру, за да ме спаси от безцеремонно отпращане.

– Мукунда може да идва по всяко време – очите на мъдреца искряха. – Аз се усамотявам не заради собствения си комфорт, а заради комфорта на другите. Миряните не харесват прямотата на думите ми – тя разбива илюзиите им. Светците са рядка порода хора, често неудобна за останалите. Дори в Писанието намираме потвърждение на това!

Последвах Бадури Махашая към аскетичното му убежище на горния етаж, откъдето той рядко излизаше. Учителите често обръщат гръб на панорамата на светската суета и тя остава извън фокуса им, докато не се установят във вечността. Съвременници на един мъдрец са не само хората от тясното настояще.

– Махариши*, от йогите, които познавам, вие сте единственият, който винаги си стои вкъщи.

– Понякога Бог посажда светците си на неочаквана почва, за да не си мислим, че можем да Го сведем до някакви правила.

Мъдрецът заключи бликащата жизненост на тялото си в поза лотос. Макар и над седемдесетте, той не показваше признаци на напреднала възраст или на заседнал живот. Добре сложен, изправен, идеален във всяко отношение. Лицето му беше озарено като на риши, както ги описват древните текстове. С благородна осанка и буйна брада, той седеше съвършено изправен, със спокоен поглед, съсредоточен във вездесъщието.

Потънахме в дълбока медитация. След около час мекият му глас ме върна отново в стаята.

– Ти често отиваш в тишината, но развил ли си *анубава***? – напомняше ми да обичам Бог повече от медитацията. – Не приемай техниката за Целта.

После ми предложи мангови плодове. И с онова тънко чувство за хумор, което толкова харесвах в сериозната му природа, отбеляза:

– Хората по принцип предпочитат *джала йога* практиките (единение с храната) пред *дяна йога* практиките (единение с Бог).

---

* 'Велик мъдрец'.
** 'Истинско възприемане на Бог'.

НАГЕНДРА НАТ БАДУРИ
Левитиращия светец

При този йога каламбур аз се разсмях гръмогласно.

– Ама че смях имаш! – каза с ласкав глас той. Лицето му беше винаги сериозно и в същото време озарено от тънка блажена усмивка. Големите му лотосови очи преливаха от божествен смях.

– Онези писма там са от далечна Америка – каза мъдрецът, като посочи дебелите пликове, лежащи на масата. – Кореспондирам си с няколко общества, чиито членове живо се интересуват от йога. Те преоткриват Индия с по-добро чувство за ориентация от Колумб! Радвам се, че мога да им помагам. Мъдростта на йога, подобно на дневната светлина, стига безпрепятствено до всички, които са отворени за нея.

Духовното знание, в което ришите виждат спасението на

човечеството, не трябва да се разводнява за Запада. Еднакви по душа, макар различни по външния си път на развитие, нито Западът, нито Изтокът ще просперират, ако не се практикува някаква форма на дисциплинираща йога.

Светецът спря върху мен спокойния си поглед. Тогава още не осъзнавах, че думите му са завоалирано пророческо напътствие към мен. Едва сега, когато пиша тези редове, разбирам пълния смисъл на непринудените подмятания, които той често ми правеше, че един ден аз ще занеса ученията на Индия в Америка.

– Махариши, ще ми се да бяхте написал книга по йога за благото на света.

– Аз обучавам ученици. Те и техните ученици ще бъдат живите томове, защитени от естествената разруха на времето и от неестествените тълкувания на критиката.

Останах сам с йоги до вечерта, когато стаята му полека-лека взе да се пълни с ученици. Бадури Махашая започна една от своите неподражаеми беседи. Като мирна приливна вълна той помиташе интелектуалната шлака в умовете на своите слушатели и понасяше душите им към Бога. Удивителните си притчи разказваше на безупречен бенгалски.

Тази вечер Бадури разтълкува различни философски позиции, застъпени в живота на Мирабай, средновековна принцеса на Раджпутана, която изоставила двореца, за да заживее сред светци. Един велик *саняси* – Санатана Госвами, отказал да я приеме, защото е жена, но нейният отговор го накарал да се поклони смирено в нозете ѝ. „Кажи на Учителя – рекла тя, – че не познавам друг мъж във Вселената, освен Бог. Нима ние всички не сме жени пред Него?" (Според концепцията на свещените писания Господ е единственият позитивен съзидателен принцип, а Неговото творение не е нищо друго освен пасивна *мая*.)

Мирабай е композирала много вдъхновени химни, които се пазят в живата съкровищница на Индия – в сърцата на нейните хора. Тук ще преведа един от тях:

> Ако с къпане редовно мога да пребъда в Бог,
> кит бих станала отдавна, плуващ в океан дълбок.
> Ако с корени и билки мога Бог да разгадая,
> щях да съм коза брадата, кротко хрупаща във рая.
> Ако зърна на броеница, към Бог са стъпалата,

> с ръка над всяка песъчинка, прочела бих молбата.
> Ако да се простра пред камък, би булото свалило,
> набожна мравка щях да бъда пред всеки връх и било.
> Ако с пиене на мляко, Бога можем да попием,
> дечица и теленца малки на нас ще го разкрият.
> Ако безбрачна клетва можеше да трогне Неговия слух,
> път към блаженството открил е отдавна тихият евнух.
> Мирабай знае: за да пребъдеш в Бога ти навеки,
> единствено потребна е Любов божествена към всеки!

Няколко ученици оставиха рупии в чехлите на Бадури, докато той седеше в поза лотос. Това почтително приношение, обичайно за Индия, показва, че ученикът поднася материални блага в нозете на гуру. Благодарните приятели всъщност са предрешеният Господ, грижещ се за самия Себе Си.

— Учителю, вие сте чудесен! — каза на излизане един ученик, който не можеше да откъсне пламтящите си очи от достолепния мъдрец. — Отрекли сте се от богатства и удобен живот, за да дирите Бог и за да ни учите на мъдрост! — Всички знаеха, че в ранното си детство Бадури Махашая се беше отказал от голямо семейно богатство и с едничката мисъл да се посвети изцяло на Бог, бе поел по пътя на йога.

— Не, не е точно така — възрази меко светецът. — Отказах се от някакви си рупии и незначителни удоволствия, за да придобия космическата империя на Безграничното Блаженство. Кажи ми, от какво съм се отрекъл? Аз познавам радостта от споделено огромно богатство. Представлява ли това някаква жертва? Светските хора, невиждащи по-далеч от носа си, са всъщност тези, които се отричат от богатството! Да се откажеш от несравнима божествена благодат за шепа земни играчки!

Трудно можеш да сдържа усмивката си пред този парадоксален възглед за отречението — възглед, който причислява материално нищите светци към списъка на „по-богатите от Крез", а гордите милионери, без да го подозират, се оказваха мъченици.

— Божественият Порядък подрежда бъдещето ни по-предвидливо и от най-предвидливата застрахователна компания — тези заключителни думи на Учителя бяха неговото изпитано житейско верую. — Светът е пълен с хора, тревожно вперили поглед във външната сигурност, която обаче не намират. Техните горчиви мисли издълбават бръчки по челата им. Само Този, Който ни е дал въздух и мляко още с първия дъх, знае как най-добре да се погрижи за Своите поклонници.

Аз продължих следучилищните си посещения в светия дом. С тихо усърдие светецът ми помагаше в постигането на *анубава*. Но един ден той се премести да живее на ул. „Рам Мохан Рой", далеч от нашия квартал. Неговите любящи ученици му бяха построили нова обител, известна под името „Нагендра Мат"*.

Въпреки че изпреварвам своя разказ с няколко години, тук ще предам последните думи, които ми каза Бадури Махашая. Малко преди да отпътувам на Запад, аз го посетих и смирено коленичих пред него за прощална благословия:

– Синко, върви в Америка. Носи достойнството на Древна Индия като свой щит. Победата е изписана на челото ти. Благородните хора на тази далечна страна ще те приемат с отворени сърца.

---

* Пълното му име беше Нагендра Нат Бадури. *Мат* в тесния смисъл означава 'манастир', но терминът често се употребява в по-общ смисъл – за *ашрам* и отшелническо убежище изобщо.

Сред левитиращите светци на християнския свят изпъква живелият през XVII в. Свети Йосиф от Купертино. Неговите духовни подвизи са потвърдени от многобройни очевидци. Свети Йосиф често изпадал в унес – състояние, което може да се определи като възнасяне в спомена за божествената си същност. Братята в манастира не му позволявали да прислужва с тях на общата трапеза, за да не вземе да се издигне към тавана заедно със съдините. Всъщност светецът изобщо не бил пригоден за мирски дела поради неспособността си да остава за по-дълго време на земята! Често само гледката на някоя свещена статуя била достатъчна, за да екзалтира Свети Йосиф и да го издигне във въздуха. Тогава всеки в манастира можел да види двамата светци – единия от камък, а другия от плът, реещи се високо във въздуха.

Света Тереза от Авила, макар и високо извисена душа, намирала физическото въздигане за много смущаващо. Натоварена с тежки организационни задачи, тя напразно се мъчела да попречи на своите „полети". „Но дребните предпазни мерки не помагат, когато Господ е решил друго", пише тя. Мощите на Света Тереза, които почиват в една църква в Алба, Испания, са запазени незасегнати от никакво тление цели четири века и от тях лъха аромат на цветя. На това място са ставали много чудеса.

Глава 8

Великият учен на Индия Джагдиш Чандра Боус

— Изобретенията на Джагдиш Чандра Боус в областта на безжичните технологии предшестват тези на Маркони!

Дочувайки тази предизвикателна бележка, аз се приближих до група професори, които оживено обсъждаха нещо на тротоара. Съжалявам, ако мотивът ми да се присъединя към тях, е бил националната ми гордост. Но не мога да отрека, че проявявах силен интерес към факти, подкрепящи тезата, че Индия може да играе водеща роля не само в метафизиката, но и във физиката.

– Какво искате да кажете с това, господине?

Професорът любезно обясни:

– Боус пръв изобрети безжичния кохерер и уреда за отчитане на рефракцията на електрическите вълни. Но нашият учен разработи изобретението си не с комерсиална цел. Скоро след това той насочи вниманието си от неорганичната към органичната материя. Революционните му открития в областта на физиологията на растенията надминават дори фундаменталните му постижения като физик.

Аз учтиво поблагодарих на учения. Той добави:

– Великият професор ми е колега в британския колеж „Президънси".

На следващия ден аз посетих мъдреца в дома му, който се намираше близо до моя. Дълго му се бях възхищавал отдалече. Сериозен и затворен, ботаникът ме поздрави мило. Той бе красив, здрав мъж на около петдесет години, с гъста коса, широко чело и замислени очи на мечтател. Внимателното подбиране на думите говореше за дълги години научна дейност.

– Наскоро се завърнах от Запада, където посетих редица научни общества. Техните членове проявиха силен интерес към изобретените от мен свръхчувствителни прибори, с които демонстрирам неделимото единство на живота*. Крескографът „Боус" дава огромно увеличение – до десет милиона пъти. Микроскопът уголемява само няколко хиляди пъти и въпреки това даде такъв силен тласък на биологическата наука. Пред крескографа се разкриват невероятни перспективи.

– Вие имате големи заслуги за ускоряване на обединението между Изтока и Запада с обективните средства на науката.

– Завърших Кеймбриджкия университет. Колко възхитителен е западният метод – всяка една теория се подлага на щателна експериментална проверка! Тази емпирична процедура при мен винаги е вървяла ръка за ръка с дарбата да се самонаблюдавам, което е моето източно наследство. Комбинацията от двете ми позволява да прониквам до най-недостъпните области на природата. Графиките на моя крескограф** доказват и на най-големите скептици, че растенията имат чувствителна нервна система и богат емоционален живот. Любов, омраза, радост, страх, удоволствие, болка, възбудимост, вцепенение и безброй други адекватни реакции на външни дразнители се срещат не само при животните, но и при растенията.

– След вашата поява, професоре, пулсът на живота вече няма да е само поетична метафора! Познавах един светец, който никога не откъсваше цвете. Той казваше: „Трябва ли да лишавам розовия храст от красотата, с която се гордее? Защо да накърнявам достойнството му, наранявайки го грубо?". Вашите научни открития буквално потвърждават неговите състрадателни думи.

– Поетът е в съкровена близост с истината, докато подходът на учения е по-груб. Ела някой ден в моята лаборатория да ти

---

* „Цялата наука се крепи на интуиция, без интуиция тя погива. Ботаниката вече се насочва към правилната теория – аватарите на Брама скоро ще са живите учебници по естествознание." – *Емерсон*

** От латинския корен *crescere* – 'увеличавам'. За своя крескограф и други изобретения през 1917 г. Боус е удостоен с рицарско звание и получава благородническата титла *сър*.

покажа недвусмисленото свидетелство на крескографа.

Аз приех поканата с благодарност и си тръгнах. След известно време научих, че ботаникът е напуснал колежа „Президънси" и планира създаването на изследователски център в Калкута.

По-късно присъствах на освещаването на института „Боус". Стотици възторжени съграждани се стекоха да разгледат помещенията му. Бях очарован от духовната символика и художествените ефекти в новия дом на науката. Главният му вход е вековна реликва от далечно светилище. Зад лотосово* езерце се вижда изваяна скулптура на женска фигура с факел в ръка, с която индусите изразяват уважението си към жената като безсмъртен носител на светлина. В градината е построен малък храм, посветен на Абсолюта отвъд света на проявленията. Отсъствието на образи върху олтара загатва за Божествената Безтелесност.

Речта на Боус на този светъл ден се разливаше като благословия, сякаш из устата на някой вдъхновен древен риши.

– Днес аз освещавам този институт не просто като лаборатория, а като храм – благоговейната тържественост на гласа му обгърна като невидима пелерина слушателите в препълнената зала. – Докато работех върху изобретенията си, аз, без да съзнавам, навлязох в граничната област между физиката и физиологията. За свое огромно учудване установих, че граничната линия между живата и неживата материя се размива и се забелязват места на преливания. Неорганичната материя не проявява никакви признаци да е инертна – тя трепти под въздействието на множество сили.

Все повече се убеждавам, че има едно универсално взаимодействие, което обединява под общ закон метали, растения и животни. При всички тях по същество се наблюдава едно и също явление – на умора и депресия с възможност за възстановяване и развитие, както и пълно отсъствие на реакция при смъртта. Изпълнен с благоговение пред това изумително единство на живота, аз с огромна надежда изложих резултатите си пред Кралското общество – резултати, които бяха подкрепени с научни експерименти. Но

---

* В Индия лотосът е древен символ на божественото начало. Разтварянето на листенцата му извиква в съзнанието възвишения порив на човешката душа за сливане с Бога, а красотата му, чиста и непорочна, надраснала тинята на дребнавостите, в която е родена, вдъхва светли надежди за новорождение.

присъстващите физиолози ме посъветваха да се огранича до физични изследвания, където успехът ми е безспорен, и да не навлизам в тяхната запазена територия. Неволно бях нахлул във владенията на непозната за мен кастова система и бях нарушил етикета ѝ.

Не липсваха и първосигнални предубеждения от страна на теолозите, които смесваха незнание с вяра. Често се забравя, че Този, Който ни е поставил сред това вечно разгръщащо се тайнство на създанието, ни е вдъхнал и желанието да задаваме въпроси и да разбираме. След много години на неразбиране от страна на другите аз стигнах до убеждението, че животът на човека, посветил се на науката, неизбежно е изпълнен с безкрайна борба. На него му е съдено да принася в жертва живота си и да приема печалба и загуба, победа и неуспех като едно цяло.

С времето водещите научни общества по света приеха моите теории и резултати и признаха индийския принос към науката.* Може ли въобще нещо откъслечно и ограничено да задоволи търсещия индийски ум? Благодарение на живата традиция и свежите сили на новите поколения тази страна успешно е доказвала своята жизненост през множество трансформации. Индусът винаги възкръсва, защото се отказва от бързите и примамливи печалби на деня и търси осъществяване на най-високите идеали на живота – не чрез пасивно самоотречение, а чрез активна борба. Слабоволевият човек, който се отказва от битката, не постига нищо – той няма от какво да се самоотрече. Само този, който се е борил и победил, може да обогати света, споделяйки плодовете на своя победоносен опит.

Експериментите върху реакциите на материята, които се проведоха в лабораториите „Боус", и неочакваните открития в растителния свят, откриват изключително широко поле за изследвания във физиката, физиологията, медицината, селското стопанство и

---

* „Ние вярваме, че никое изследователско звено, особено по хуманитарни дисциплини, към който и да е голям университет не би могъл да претендира за пълна екипираност, без в него да са включени добре обучени специалисти, познаващи в детайли индийските постижения в съответната дисциплина. Ние също така вярваме, че всеки колеж, поставил си за цел да подготвя висококвалифицирани кадри по специалностите, представляващи първостепенна важност за обществото, трябва да има в редиците си експерт по индийска цивилизация", се казва в статия на проф. У. Норман Браун от Пенсилванския университет, публикувана през м. май 1939 г. в „Бюлетин на Американския съвет на научните дружества", Вашингтон, окръг Колумбия.

дори в психологията. Проблеми, които досега се смятаха за неразрешими, вече са обект на експериментални изследвания.

Но голям успех не може да бъде постигнат без прецизна техника. Впрочем тези свръхчувствителни уреди и апарати, които аз създадох, днес са изложени във витрините във фоайето. Те разказват за дългите усилия да се отиде отвъд измамната привидност, в реалността, която остава невидима. Те са мълчаливите свидетели на дългите часове работа, упорство и изобретателност за преодоляване на човешките ограничения. Всеки креативен учен ще ви каже, че истинската лаборатория е умът, където зад илюзиите, с които всеки от нас живее, той открива законите на истината.

Лекциите, които ще се изнасят тук, няма да бъдат преподаване на знания втора ръка. Те ще възвестяват нови открития, направени за първи път в тези зали. Чрез периодични публикации на работата на института, индийските открития ще стигат до целия свят. Те ще станат достояние на всички хора по земята. Ние никога няма да вземаме патенти! Духът на националната ни култура повелява да се освободим завинаги от това светотатство – знанието да се използва само за лична изгода.

Моето скромно желание е базата на този институт да бъде на разположение, с целия си капацитет, на сътрудници от всички страни. Така ще направим стъпка към продължаване на традицията на моята страна: още преди две и половина хилядолетия Индия е посрещала в древните си университети в Наланда и Таксила учени от всички краища на света.

Науката не принадлежи нито на Изтока, нито на Запада, а по-скоро е универсална, на всички нации, като аз имам основания да твърдя, че Индия има всички предпоставки за голям принос*.

---

* Структурата на атома е била добре позната на древните индуси. Една от шестте школи на индуистката философия е *Вайшешика* – от санскритския корен *вайшеша* ('атомна индивидуалност'). Един от най-изтъкнатите тълкуватели на *Вайшешика* е бил Аулукя, наричан още Канада ('хранещ се с атоми'), роден преди около 2800 години.

В една статия на сп. „Изток – Запад" от април 1934 г. Тара Мата обобщава знанието на *Вайшешика* по следния начин: „Повечето хора считат атомната теория за съвременно постижение на науката, без дори да подозират, че още преди векове тя е била блестящо обяснена от Канада (Хранещия се с атоми). Санскритското *ану* най-точно би могло да се преведе с 'атом', в смисъла, който гърците са влагали в него като нещо „неразрушимо, неделимо". Други изложения, които срещаме в трактатите на *Вайшешика*, датирани отпреди християнското летоброене, са: 1) движение на магнитната стрелка; 2) осмоза и възходящ ток на водата в растенията; 3) *акаш* ('етер'),

Дълбочината на индийската мисъл, която зад привидно противоречивите факти може да прозре нов ред, е държана в постоянна готовност чрез навика за концентрация. Тази способност за самонаблюдение дава сила на ума с безкрайно търпение да преследва истината.

Очите ми се насълзиха при заключителните думи на учения. Не е ли *търпение* синоним на Индия? Търпение, стъписващо и учените историци, и даже самото Време?

Аз посетих изследователския център отново скоро след откриването му. Верен на обещанието си, великият ботаник ме покани в тихата си лаборатория.

– Сега ще прикача крескографа към този папрат. Увеличението е огромно, в милиони пъти. Ако увеличим в същото съотношение скоростта на пълзящ охлюв, той ще хвърчи като експрес!

Впих жаден поглед върху окуляра, където се отразяваше увеличеният образ на папрата. Ясно се виждаха недоловимите с просто око жизнени процеси – растението много бавно растеше пред смаяните ми очи. Ученият докосна върха на папрата с малка метална игла. Пантомимата, която се разгръщаше пред очите ми, внезапно спря. Красивите ритми се възобновиха отново, веднага щом иглата беше отдръпната.

– Сам виждаш как и най-леката външна интервенция има вредно въздействие върху чувствителните тъкани – отбеляза Боус. – Внимавай! Сега ще приложа хлороформ, а след него – антидот, който ще неутрализира действието му.

инертна и безструктурна основа, по която става преноса на различните фини сили; 4) слънчевата енергия като причина за всички други форми на топлина; 5) топлината като причина за молекулните изменения; 6) законът на гравитацията като следствие на присъщото на земните атоми качество да упражняват привличаща сила, сиреч земно притегляне; 7) кинетичната природа на цялата енергия, която винаги зависи от масата и скоростта на движещото се тяло; 8) универсален разпад чрез дезинтеграция на атоми; 9) радиация на топлинни и светлинни лъчи – безкрайно малки първични частици, летящи във всички посоки с невероятна скорост (съвременна Теория на космическите лъчи); 10) относителност на време и пространство.

Според *Вайшешика* в основата на Генезиса на света стоят атомите, вечни по своята същност, тоест по свойствата, които притежават. Тя застъпва тезата, че атомите се намират в състояние на неспирно трептене. Неотдавнашното откритие, че атомът е своеобразна миниатюрна слънчева система, едва ли е било нещо ново за древните философи от школата *Вайшешика,* които разглеждали времето като математическо понятие, според което най-малката единица за време *кала* се равнявала на периода, необходим на един атом да направи една пълна обиколка в своето пространство".

ДЖАГДИШ ЧАНДРА БОУС
Велик индийски физик, ботаник и изобретател на крескографа

Под въздействието на хлороформа растежът спря. Антидотът отново върна растението към нормален живот. Жизнените процеси, които наблюдавах на екрана, ме държаха по-погълнат от филмов сюжет. Събеседникът ми (влизайки в ролята на лошия) прободе растението с иглата. Болката се видя на екрана като серия спазматични гърчове. Когато прокара през част от стъблото бръснач, увеличеният образ на обекта потръпна силно, след което стихна в покоя на смъртта.

– Обикновено, ако се опиташ да пресадиш голямо дърво, то умира скоро след като бъде извадено от почвата. Аз успях да пресадя един горски властелин, като за целта първо го упоих с хлороформ – щастлива усмивка огря лицето му, когато започна да разказва за тази своя животоспасяваща акция. – Графиките на изобретените от мен свръхчувствителни апарати доказват, че дърветата притежават циркулационна система – движението на соковете им съответства на кръвообращението в телата на животните. Възходящият ток на соковете не може да се обясни с широко застъпената механична теза за капилярното налягане. Крескографът обяснява това явление с дейността на живите клетки. Перисталтичните вълни тръгват от една цилиндрична кухина, която се намира по протежение на стъблото и на практика изпълнява функцията на сърце! Колкото по-вглъбено наблюдаваме, толкова по-категорични стават доказателствата, че един единен план обединява всяка форма в многообразната природа.

Големият учен посочи друг уред „Боус".

– А сега ще ти покажа опити с късче калай. Жизнената сила в металите реагира враждебно или приятелски на дразнителите. Регистриращото устройство ще отчете различните реакции.

Дълбоко погълнат, аз наблюдавах графиката, на която с характерни вълнообразни линии се записваше атомната структура. Когато професорът капна хлороформ върху калая, на записа се видя как трептенията спряха и започнаха отново, щом металът бавно се върна в нормалното си състояние. Събеседникът ми му въздейства с токсично вещество. Иглата спря да изписва трептения и драматично регистрира върху графиката правата линия на смъртта. Ученият продължи:

– С помощта на уредите „Боус" се доказа, че металите, като стомана например, която се използва за направата на ножици и разни машинни части, са подложени на умора и възвръщат ефективността си с периодични почивки. Жизненият пулс на металите сериозно се нарушава или дори спира под въздействието на електрическо напрежение или високо налягане.

Аз разгледах многобройните изобретения, които се намираха в помещението – красноречиво доказателство за неуморния му изследователски дух.

– Колко жалко, че вашите удивителни уреди не се използват пълноценно за развитие на масовото земеделие. Мисля, че съвсем лесно някои от тях биха могли да послужат при бързи лабораторни експерименти, за да се установи влиянието на различните видове торове върху растежа на растенията.

– Точно така. Бъдещите поколения ще намерят безброй приложения на уредите „Боус". Един учен рядко получава признание от съвременниците си – за него е достатъчно да изпита радостта на творческото служене.

На тръгване аз от сърце благодарих на неуморимия мъдрец,

като си мислех: „Възможно ли е въобще удивителната продуктивност на гения му да се изчерпи?".

Следващите години бяха не по-малко плодотворни за него. Изобретявайки един сложен уред – *резонансен кардиограф*, Боус предприе мащабни изследвания върху безброй индийски растения. В резултат бяха открити неподозирани дотогава нови лечебни свойства на редица от тях. Кардиографът е конструиран с изключителна прецизност – регистрира на графиката си до стотна от секундата. Резонансните записи измерват безкрайно малки пулсации в структурата на растенията, животните и хората. Великият ботаник предсказа, че в бъдеще благодарение на кардиографа му вивисекциите ще се правят върху растения, а не върху животни.

– Паралелните изследвания на въздействието на едно и също лекарство, приложено едновременно върху растение и животно, дават поразително еднакви резултати – подчерта той. – Всичко в човека има своя първообраз в растенията. Експериментите върху растителните видове ще допринесат за намаляване на страданията на животните и хората.

Години по-късно пионерските открития на Боус в света на растенията бяха потвърдени и от други учени. За едно такова изследване, проведено през 1938 г. в Колумбийския университет, съобщава на страниците си The New York Times:

> В резултат на изследванията ни през последните няколко години установихме, че когато нервите предават съобщения между мозъка и другите части на тялото, се генерират фини електрически импулси. Тези импулси бяха измерени с чувствителни галванометри и увеличени милиони пъти с модерна апаратура. Досега не беше открит задоволителен метод за изследване на импулсите, преминаващи по нервните влакна на животните и човека, поради високата скорост, с която протичат тези импулси.
>
> Биофизиците К. С. Коул и Х. Дж. Къртис съобщават за откритието си, че продълговатите единични клетки на сладководното растение *нитела*, което се използва в аквариумите, по нищо не се отличават от клетките на единичните нервни влакна. Нещо повече, когато клетките на *нителата* се възбудят, те излъчват електрически вълни, сходни във всяко едно отношение с нервните влакна на животните и човека, с изключение на скоростта – електрическите нервни импулси в растенията са много по-бавни от тези в животните. В това свое откритие учените от Колумбийския университет виждат възможност за детайлен запис на предаването на електрическите импулси в нервите.

Така растението *нитела* може да стане своеобразен розетски камък за дешифриране на строго пазените тайни в граничната област между ум и материя.

Поетът Рабиндранат Тагор е бил близък приятел на индийския учен идеалист. На него лиричният бенгалски певец е посветил следните стихове:

> О, отшелнико,
> извикай
> със истинните думи на химна *Сама:*
> „Събуди се!".
> Извикай
> на ерудита в *Шастрите*
> за спорове да не пилее време.
> Извикай
> на този глупав самохвалко
> във Майката Природа да се взре.
> Извикай
> на твойте братя учени да се сберат,
> от твоя жертвен огън
> плам да вземат.
> И нашата Древна Индия
> ще се въздигне.
> И, о, отново ще намери себе си!
> Ще се завърне
> към свойто свято дело –
> към дълг, отдаденост, екстаз
> на предана, дълбока медитация.
> И после,
> без вълнение,
> без корист,
> без съперничество,
> във чистота и святост,
> ще заеме
> високото си място на Учител!*

---

* По английския превод на Манмохан Гош на отпечатаните в тримесечното сп. „Висвабарати" (Шантиникетан, Индия) оригинални бенгалски стихове на Рабиндранат Тагор.

Химнът *Сама,* който се споменава в поемата на Тагор е единият от четирите химнически сборника Веди – *Самаведа* (Веда на възхвалните песнопения). Останалите три са: *Ригведа* (Веда на стиховете), *Яджурведа* (Веда на ритуалните слова) и *Атарваведа* (Веда на магическите формули и заклинания). Свещените текстове обясняват природата на Брама, Бога-Творец, чието индивидуализирано проявление във всеки човек е *атман,* душата. Коренът на Брама идва от глагола *бри* ('разширявам се'), с който се обяснява ведическото схващане за спонтанен растеж на божествената сила, с други думи – на порива за творческа активност. Казват, че Космосът, подобно на мрежа на паяк, еволюирал, сиреч бил „изплетен" *(викуруте)* от Брама. Темата за съзнателното сливане на *атман* с Брама, тоест на душата с Духа, е централна във философската проблематика на Ведите.

Веданта, която е синтезирана форма на Ведите, е вдъхновила множество велики западни мислители. Френският историк Виктор Кузен казва: „Всеки, който вникне във великите философски трудове на Изтока, и най-вече в тези на Индия, ще открие в тях истини, които ще го смаят с дълбочината си... Толкова са дълбоки, че всеки уважаващ себе си човек ще падне на колене пред философската мисъл на Изтока, пред тази люлка на човешката цивилизация, родила такава изтънчена философия". Фридрих фон Шлегел отбелязва: „Дори най-възвишената идеалистична философия на европейците – тази на гръцките философи, сравнена с преливащия от енергия и жизненост източен идеализъм, е като безсилно трепкащо прометейско пламъче пред слънце, което грее в зенита си".

В огромното литературно наследство на Индия Ведите (от корена *вед* – 'знам') са единствените текстове, чието авторство не се приписва на смъртен. В *Ригведа* (книга X, химн 90, куплет 9) се казва, че химните ѝ имат божествен произход и пак там се обяснява (III:39:2), че те са низпослани в „прастари времена", „облечени" в съвременен език. За Ведите се знае, че ришите (зрящите) са ги получили като откровения през вековете и че носят в себе си *нитятва* ('чисто знание, Висш Разум').

Ведите са звукови откровения, „чути свише" *(шрути)* от ришите. По същество те са литература на песнопенията и рецитациите и през хилядолетията на своето съществуване стоте хиляди куплета на Ведите никога не са били преписвани, а предавани от уста на уста от жреците *брамини.* И хартията, и камъкът са уязвими за разрушителното действие на времето. Ведите обаче са се запазили през вековете, защото ришите прекрасно са разбирали, че умът като средство за предаване на знание превъзхожда материята. Може ли въобще нещо да се сравни със „скрижалите на сърцето"!

Спазвайки строг ведически словоред *(анупурви),* прилагайки фонетични принципи за комбиниране на звуци *(санди)* и адекватното им графическо предаване с букви *(санатана),* обвързвайки с математически алгоритми точността на запаметяваните текстове, *брамините* по един уникален начин са съхранили автентичната чистота на Ведите през Тъмните векове. Във всяка сричка *(акшара)* на ведическите думи са закодирани смисъл и въздействие. (Виж стр. 409–410.)

Глава 9

Блаженият светец и космическият му романс

— Моля те, седни, млади господине. Говоря с моята Божествена Майка.

Изпълнен с дълбоко благоговение, аз с тихи стъпки пристъпих в стаята на Учителя Махашая. Ангелският му вид беше ослепителен. С бяла копринена брада и големи бляскави очи, той беше въплъщение на самата чистота. Повдигнатата брадичка и скръстените му в скута ръце подсказваха, че първото ми посещение е прекъснало молитвите му.

Простите думи, с които ме поздрави, стоплиха душата ми, както нищо дотогава. До този момент болката от загубата на мама беше най-горчивото страдание за мен. Сега обаче осъзнавах, че освен него има и едно друго страдание: разделен бях от Божествената Майка и това разкъсваше сърцето ми. Хлипайки, аз паднах на пода.

— Млади господине, успокой се! – каза светецът със съчувствено съжаление.

Захвърлен като от опустошителна буря сред океанските вълни, аз се вкопчих в нозете му, сякаш те бяха единственият сал на моето спасение.

— Свети Учителю, вашето застъпничество! Попитайте Божествената Майка дали съм спечелил одобрението Й?

Свещеното обещание за застъпничество не се дава лесно. Учителят замълча и се затвори в себе си.

Бях извън всякакво съмнение, че Учителят Махашая е в съкровено общуване с Вселенската Майка. С унижение съзнавах, че очите ми са слепи за Нея, Която дори в този момент беше видима за безпогрешния поглед на светеца. Глух за благите му протести, аз сграбчих нозете му и отново, и отново го замолих за благосклонност.

– Ще предам молбата ти на Възлюбената Майка – предаде се Учителят с бавна, състрадателна усмивка.

Каква сила имаше в тези няколко думи! Край на изгнанието сред бурните вълни на опустошителните чувства!

– Учителю, помнете обещанието си! Скоро ще се върна за Нейния отговор – гласът ми, който само допреди малко хлипаше и се даваше в мъка, сега звънтеше с радостно очакване.

Докато слизах по стълбите, рояк мъчителни спомени нахлу в главата ми. Тази къща в Калкута, на ул. „Амхерст" № 50, където сега живееше Учителят Махашая, някога бе дом на моето семейство, сцена на смъртта на мама. Тук нейната загуба разби човешкото ми сърце. И пак тук днес душата ми биваше разпъвана на кръст от отсъствието на Божествената Майка. О, осветени стени – безмълвни свидетели на мъчителната ми болка и окончателно изцеление!

Със забързани крачки аз се върнах вкъщи, където се уединих в малката таванска стая и останах в медитация до десет часа. По едно време тъмнината на топлата индийска нощ внезапно се озари от чудно видение.

Пред мен стоеше Божествената Майка във величествен ореол! Лицето Ѝ грееше в нежна усмивка – най-красивото нещо на света!

– Винаги съм те обичала! Винаги ще те обичам! – прошепна Тя и изчезна. Небесните звуци продължиха да отекват след Нея.

На следващата сутрин преди още слънцето да се издигне на приличен ъгъл над хоризонта аз направих второто си посещение при Учителя Махашая. Докато се изкачвах по стълбите, горчивите спомени отново ме връхлетяха. Стигнах до четвъртия етаж. Дръжката на вратата беше обвита с кърпа – знак, че светецът не желае да го безпокоят. Докато се колебаех на площадката пред затворената врата, гостоприемната ръка на Учителя я отвори и той с жест ме покани да вляза. Аз коленичих в светите му нозе. Душата ми се радваше, но си придадох сериозно изражение, като криех божественото въодушевление.

– Учителю, дойдох, признавам си, много рано, за да чуя вашата вест. Каза ли Божествената Майка нещо за мен?

– Ах, ти, малък хитрец!

Той не каза нищо друго. Очевидно престорената ми сериозност не го впечатли.

– Защо сте толкова тайнствен и уклончив? Вие, светците, никога ли не говорите ясно и разбираемо? – попитах аз може би малко предизвикателно.

– Защо непременно трябва да ме изпитваш? – спокойните му очи бяха пълни с разбиране. – Какво повече бих могъл да добавя тази сутрин към уверението, което получи снощи в десет часа от самата Божествена Майка?

Учителят Махашая притежаваше контрол над шлюзовете на моята душа. Аз отново се хвърлих в нозете му. Но този път в очите ми бликнаха сълзи на върховно щастие, а не на непоносима мъка.

– Мислиш ли, че твоята преданост не е трогнала Безкрайната Милост? Майчината нежност на Бог, пред чиято човешка и божествена форма ти се прекланяш, никога не би оставила без отговор безутешния плач на твоето сърце.

Кой беше този прост светец, чиято най-малка молба срещаше благото мълчаливо одобрение на Всемирния Дух? В очите на света ролята му беше скромна, както подобава на най-смирения сред смирените, когото някога съм познавал. В тази къща на улица „Амхерст" № 50 Учителят Махашая* водеше своя малка гимназия за момчета. От устата му никога не чух упрек към учениците. Не правилата и пръчката поддържаха дисциплината в неговите часове. В тези скромни класни стаи се преподаваше висша математика и химия на любовта, които не можеха да се намерят в учебниците.

Той предаваше мъдростта си, като излъчваше духовно обаяние, а не чрез сухи предписания. Погълнат от своята неподправена любов към Божествената Майка, светецът, като унесено в играта си малко дете, не обръщаше внимание на външните форми на уважение.

---

* С тези титли на респект обикновено се обръщаха към него. Истинското му име беше Махендра Нат Гупта, а литературните си трудове подписваше просто с едно „М".

— Аз не съм твоят гуру, той ще дойде по-късно – каза ми един ден той. – В момента Бог ти говори на езика на любовта и предаността. Под ръководството на твоя гуру ти ще се научиш да трансформираш божествените си изживявания на любов и преданост в необятна мъдрост.

Всеки късен следобед аз се отправях към ул. „Амхерст". Това, което ме теглеше натам, бе божественият бокал на Учителя Махашая, пълен до такава степен, че всеки ден преливаше и заливаше моето същество. Никога преди не бях се покланял пред някого с такова безкрайно уважение. Чувствах огромна привилегия да стъпвам по същата земя, която стъпките на Учителя Махашая освещаваха.

— Учителю, моля ви, носете тази гирлянда от чампак (вечнозелен храст с ароматни оранжево-жълти цветове), която направих специално за вас – помолих го една вечер, пристигайки с гирляндата в ръка. Но той свенливо се дръпна, като на няколко пъти отказа да го удостоя с тази чест. Като видя, че ще ме засегне, накрая той се усмихна и прие:

— Понеже и двамата сме поклонници на Майката, може да окичиш с гирлянда този телесен храм, като дар към Тази, Която живее вътре. – По необятното му същество нямаше място, където да се закрепи тесният егоистичен ум.

— Искаш ли утре да отидем в Дакшинесвар да посетим храма на Кали – светинята на светините за моя гуру? – светецът беше ученик на един подобен на Христа Учител – Шри Рамакришна Парамаханса.

На следващата сутрин изминахме шест километра с лодка по Ганг. Влязохме в деветкуполния храм на Кали, където фигурите на Божествената Майка и Шива са композирани върху блестящ от чистота сребърен лотос, чиито листенца неизвестен майстор беше издялал с безкрайно търпение. Учителят Махашая беше в блажен унес – душата му се топеше от умиление и любов към Божествената Майка. Докато той отдадено напяваше името Ѝ, сърцето ми, преливащо от блаженство, разцъфваше подобно на хилядолистния лотос.

По-късно се поразходихме из свещените земи на храма и спряхме в една тамарискова горичка. Маннaта, която характерно се отделя от тези дървета, ми напомняше небесната храна, с която Учителят Махашая ме даряваше. Божествените му молитви

УЧИТЕЛЯТ МАХАШАЯ
Блажения светец

продължиха. Аз седнах на тревата, сред мъхестите розови цветове и застинах неподвижно. Временно извън тялото, душата ми се възнесе към небесата.

Това беше първото от многото поклонничества в Дакшинесвар със светия Учител. Светецът с душа на дете се чувстваше малко привлечен от бащиния аспект на Бог като Божествена Справедливост. Суровото, взискателно математическо съждение бе чуждо на нежната му природа.

„Човек може да го вземе за земен първообраз на самите ангели небесни!" – мислех си ласкаво за него, докато го наблюдавах един ден по време на молитвите му. Без капчица негодувание или критика, той наблюдаваше света с очи, отдавна познали Първичната Чистота. Неговото тяло, ум, реч и действия бяха в естествена хармония с простотата на душата му.

„Така казваше моят Учител" – с тези думи светецът обикновено завършваше мъдрите си съвети към мен, избягвайки да се изтъква и същевременно отдавайки му дълбоката си почит. Толкова силно беше усещането му за идентичност с Шри Рамакришна, че Учителят Махашая не смяташе мислите си за свои собствени.

Една вечер, разхождайки се ръка за ръка в квартала, където се намираше училището му, срещнахме един самомнителен познат, който помрачи радостта ми, заливайки ни с безкраен поток от думи.

– Виждам, че този човек не ти допада – прошепна ми светецът, без да го чуе егоистът, който продължаваше да говори, запленен от собствения си монолог. – Казах на Божествената Майка за това. Тя разбира тъжната ситуация, в която се намираме. Щом стигнем до онази червена къща, обеща да му напомни за една важна работа.

Продължих да вървя, без да отделям очи от мястото, където щяхме да се отървем от него. Като стигнахме до червената порта, нашият човек внезапно се обърна и взе да се отдалечава – нито завърши изречението си, нито каза довиждане. Над раздирания от словоизлиянията му въздух се спусна мир.

Един ден, докато се разхождах самичък в района на гара Ховра, видях малка група поклонници с тарамбуки и цимбали, които шумно пееха някакъв религиозен химн. Спрях се до един храм да ги погледам, като в себе си си мислех: „Как механично и без преданост повтарят името на Господа". Точно в този момент насреща съгледах Учителя Махашая, който се приближаваше към мен с бързи крачки.

– Учителю, вие тук?...

Светецът пренебрегна въпроса ми и отговори направо на мисълта ми:

– Не е ли вярно, млади господине, че името на Любимата звучи благо във всяка уста – и невежа, и мъдра? – и ме прегърна приятелски през рамо.

Почувствах как се възнасям на неговото вълшебно килимче, за да изпитам за пореден път Божията милост.

– Искаш ли да гледаш биоскопи? – този въпрос на уединения

БОЖЕСТВЕНАТА МАЙКА

Божествената Майка е онзи аспект на Бог, който е активен в творението – *шакти* (енергията) на трансцендентния Господ. Тя има много имена – според качествата, които проявява. Тук вдигнатите Й ръце означават универсална благословия, а в другите символично държи молитвени броеници (преданост), страници от свещено писание (учение и мъдрост) и стомна със светена вода (пречистване).

Учител Махашая ме озадачи. По това време терминът служеше за обозначаване на „движещи се фотографии".

Аз се съгласих, радостен, че ще бъда с него, пък било то и за да гледаме биоскопи. С енергична крачка поехме към Калкутския университет. В градинката пред университета спътникът ми посочи една пейка край *голдиги* (езерцето).

– Да поседнем тук за малко. Моят Учител ми казваше да медитирам винаги когато видя водна шир. Нейната безметежност напомня за необятния покой на Бог. Както всички предмети се отразяват във водата, така и цялата Вселена се оглежда в огледалното езеро на Космическия Ум – така казваше моят *гурудева**.

След известно време влязохме в една от залите на университета, където се изнасяше лекция. Тя се оказа ужасно скучна, въпреки че от време на време се разнообразяваше с прожекция на диапозитиви.

„А, ето какъв биоскоп е искал да ми покаже Учителят!" – мина нетърпелива мисъл през ума ми, но за да не засегна светеца, не показах скуката на лицето си.

Но той се наклони към мен и тихичко ми повери:

– Виждам, млади господине, че този биоскоп не ти харесва. Споменах това на Божествената Майка. Тя напълно ни съчувства и ми каза, че осветлението ще изгасне и няма да дойде, преди да сме се изнесли от залата.

Още преди да е изрекъл последната дума, всичко потъна в тъмнина. Отсеченият глас на професора изненадано секна за миг, после продължи:

– Изглежда, има някаква повреда в електрическата инсталация.

През това време ние вече бяхме излезли навън. Вървейки по коридора, хвърлих поглед към залата зад нас – тя отново светеше.

– Млади господине, виждам, че остана разочарован от техния биоскоп. Но смятам, че този трябва да ти хареса – и светецът ме удари леко по гърдите над сърцето, докато стояхме на тротоара пред сградата на университета.

Последва преобразуваща тишина. Точно както съвременните „говорещи" филми „онемяват" при повреда в озвучителната система, така и Божествената Ръка по някакво странно чудо заглуши земната глъч и шумотевица. Пешеходци, трамваи, автомобили, волски каруци, файтони с обковани в желязо колела – всичко бе в безмълвен преход. Сякаш имах вездесъщо око: виждах сцените, които се разиграваха зад мен и от двете ми страни, със същата лекота, с която виждах и тези пред мен. Целият спектакъл на

---

* Божествен учител – санскритски термин за духовен наставник. С обръщението *гурудева* (Дева – 'Бог', *гуру* – 'озарен Учител') се изразява дълбока почит и уважение. Аз съм я превел на английски просто като „Учител".

забързания живот в този малък район от Калкута мина пред очите ми, без да издаде звук. Панорамната гледка беше напоена с мека светлина, като от бавно догаряща жарава.

Тялото ми беше просто една от многото сенки – неподвижна, за разлика от останалите, – които сновяха онемели насам-натам. Няколко момчета, мои приятели, ме приближиха и впериха погледи в мен. И въпреки че ме гледаха право в лицето, не можаха да ме разпознаят и подминаха. Изглежда, бях станал и прозрачен.

Уникалната пантомима ме изпълни с неизразим екстаз. Пиех жадно от незнаен блажен извор. Учителят Махашая отново ме тупна по гърдите. Врявата на света затрещя в ушите ми. Олюлях се, сякаш грубо разбуден от ефирен сън. Нечия ръка отдалечи омайното неземно вино, което душата ми пиеше.

– Млади господине, виждам, че вторият биоскоп* ти хареса – каза светецът, като се усмихваше благо. Аз понечих да коленича пред него в знак на благодарност, но той ме спря с думите: – Това повече не бива да го правиш! Знаеш, че Бог е и в твоя храм! Няма да позволя Божествената Майка да докосва нозете ми през твоите ръце!

Ако някой случаен минувач наблюдаваше отстрани как аз и простодушният Учител бавно се отдалечаваме от оживения тротоар, сигурно щеше да забележи опиянението ни. Сенките на нощта, които бавно се спускаха над града, също като нас, бяха блажено опиянени от Бог.

Мъчейки се сега с убогите думи на обикновения човешки език да отдам дължимото на благостта на Учителя Махашая, се чудя дали той, както и всички останали светци, с които пътищата ни се пресякоха, са знаели, че години по-късно в една западна страна аз ще описвам светия им живот. Не бих се изненадал, както и ти, надявам се, читателю, който ме следваш дотук, ако кажа, че още тогава те са знаели това.

Светци от всички религии са се възвисявали в Бога чрез схващането, че Космическият Любим пребъдва в тях. Тъй като Абсолютът

---

* Според Webster's New International Dictionary (1934) едно от по-рядко употребяваните значения на думата *биоскоп* е 'гледище за живота; нещо, което предава такова гледище'. Изглежда, изборът на тази дума от Учителя Махашая не е бил никак случаен.

е *ниргуна* ('без качества') и *асинтя* ('незаченат'), човешката мисъл и копнежи винаги са Го олицетворявали като Вселенска Майка. Комбинацията от индивидуален теизъм и философия на Абсолюта е древно постижение на индуистката мисъл, която се обяснява във Ведите и Багавад Гита. Това „съжителство на противоположностите" удовлетворява и сърцето, и ума. *Бакти* ('преданост') и *гяна* ('мъдрост') по същество са едно. *Прапати* ('подслоняване в Бог') и *шаранагати* ('отпускане в прегръдката на Божественото Състрадание') наистина са пътища на висшето познание.

Смирението на Учителя Махашая и всички други светци се корени в познанието за пълната зависимост *(сешатва)* от Господа, Който е единственият Живот и Съдник. Тъй като в дълбоката си същност Бог е блаженство, онзи, който е настроен към Него, изживява вродена безпределна радост. „Първата от страстите на душата и волята е радостта."[*]

Издигнатите души през вековете, пристъпващи към Божествената Майка с по детски чисти сърца, свидетелстват, че Тя винаги се забавлява и обича да си играе с тях. В живота на Учителя Махашая тази божествена игра се проявяваше през цялото време – както в значими, така и в незначими събития. В Божиите очи нищо не е голямо или малко. Ако Бог не беше сътворил мъничкия атом с такава съвършена прецизност, как щеше небето да крепи гигантите Вега и Арктур? Разграничения като „важно" и „неважно" със сигурност са непознати на Господа, защото без единична карта, вселенската „кула от карти" би се сгромолясала.

---

[*] Св. Йоан Кръстни. Мощите на този обичан християнски светец, починал през 1591 г., били извадени от гроба през 1859 г. и за изумление на всички по тях нямало и следа от тление.

Сър Франсис Йънгхъзбанд (сп. „Атлантик Мънтли", декември 1936 г.) разказва преживяването си на космическа радост така: „Неочаквано върху мен се спусна една тиха радост – толкова огромна, че обикновената човешка радост и въодушевление просто бледнееха пред нея. Не бях на себе си от блаженство! С тази неописуема, почти неудържима радост ме осени и откровение, че светът в същината си е изтъкан от благодат. Видях с цялото си същество, че самият Бог е всадил любовта в сърцата на хората и че злото не е нищо повече от една ненужна кръпка".

Глава 10

Срещам своя Учител Шри Юктешвар

„Вярата в Бог може да извърши всякакви чудеса, освен едно: да вземеш изпит, без да си учил" – затворих с досада „вдъхновяващата" книга, в която се бях зачел, докато се чудех какво да правя.

„Тъкмо единственото изключение на автора показва ясно колко оскъдна е вярата му – мислех си. – По всичко личи, че този майстор на перото гледа с голямо уважение на среднощните зубрачи!"

Бях обещал на баща си, че ще завърша гимназиалното си обучение. С прилежание обаче не можех да се похваля. Изминалите месеци ме намираха много по-често в потайните кътчета, каквито имаше много по течениято на калкутските *гатове,* отколкото в класната стая. Гробищата за кремация в непосредствена близост, особено страшни и зловещи през нощта, винаги силно са привличали търсещия йоги. Този, който търси Безсмъртната Същност, не трябва в никакъв случай да изпитва страх от няколко черепа. На това осеяно с кости място, навяващо мрачни настроения, картината на човешката несъстоятелност изпъква със страшна сила. Така че, виждате, среднощните ми бдения имаха малко по-различно естество от тези на учените.

Седмицата на зрелостните изпити в Индийската гимназия вече чукаше на вратата. Особено устните изпити, също като гробниците, които често посещавах, караха всичко живо да изтръпне от ужас. Въпреки това вътрешно аз бях спокоен. Без страх от вампири и таласъми, продължавах да изравям познанието, което не можеше да се намери в учебните кабинети. Но не владеех изкуството на Свами Пранабананда, който без никакви проблеми можеше да се появи на две места по едно и също време. Моята логика (макар че, давам си сметка, мнозина вероятно ще я оспорят) беше такава, че Господ ще забележи дилемата ми и ще ме отърве от нея. Нерационалното поведение на вярващите се подхранва от хилядите необяснимии доказателства за Божията спешна намеса, когато човек е в беда.

– Хей, Мукунда! Каква става с тебе, почти не се мяркаш напоследък в училище? – заговори ме един съученик на ул. „Гарпар Роуд" един следобед.

– Здрасти, Нанту! Чувствам как заради тия отсъствия от час ще се проваля с гръм и трясък на матурите – излях си аз болката пред приятелския му поглед.

Нанту се засмя сърдечно. Той беше отличен ученик, а затрудненото положение, в което се намирах, си беше за смях.

– Ти наистина си ужасно неподготвен за матурите! – каза той. – Струва ми се, че трябва да ти помогна!

Тези прости думи прозвучаха в ушите ми като божествено обещание. Зарадван и изпълнен с надежда, скоро го посетих у тях. Той любезно обясни решенията на различните задачи, които според него щяха да бъдат поставени от комисията.

– Виждаш ли тези въпроси, те са примамката, която ще вкара много нищо неподозиращи наивници в изпитната яма. Помни моите отговори и ще се отървеш невредим.

Когато си тръгвах, навън вече се зазоряваше. С глава, преливаща от информация, аз искрено се помолих тя да се задържи там през следващите няколко критични дни. Нанту ме беше подготвил по различните предмети, но под натиска на времето бяхме забравили за изпита по санскрит. Горещо се помолих на Бог, напомняйки Му за пропуска.

На следващата сутрин излязох да се поразходя и докато крачех вглъбен в себе си и подреждах новите знания в главата си, стигнах до едно обрасло с треволяци ъглово място. Прекосявайки го, погледът ми попадна на няколко полупразни хартиени листа на земята с нещо нахвърляно на тях. Спуснах се триумфално към тях, и ето – в ръцете ми санскритски стихове! Веднага потърсих пандит, който да ми помогне с неуверното ми тълкуване. Мекият му глас изпълни въздуха със заваляните, мелодични слова на древния език*.

– Не виждам с какво ще ти помогнат точно тези строфи – отбеляза скептично ученият, като ми ги връщаше.

Но тъкмо познаването на въпросната поема ми помогна на другия ден да взема изпита по санскрит. А благодарение на далновидната помощ на Нанту успях да изкарам минимални оценки и по другите предмети.

Баща ми беше доволен, че удържах думата си и завърших гимназиалното си обучение. Понесоха се благодарности към Господа, Чиято скрита ръка прозираше зад посещението ми в дома на Нанту и зад разходката по необичайния маршрут през боклучавото място. Той игриво беше инсценирал двойната спасителна акция, за да ми окаже навременната Си помощ!

Един ден в ръцете ми попадна същата онази книга, чийто автор отхвърляше уповаването на Бог в изпитните зали. Не се сдържах и се закисках на собствения си тих коментар:

„Добре че не му казах – само щях да объркам и без това обърканния автор на книгата, ако бях тръгнал да му обяснявам, че божествената медитация край крематориума и покойниците е най-прекият път до гимназиалната диплома!".

Обзет от ново чувство за достойнство, аз вече открито планирах да напусна дома. Заедно с едно приятелче – Джитендра Мазумдар**, реших да се присъединя към една обител в Бенарес*** – „Шри Барат Дарма Махамандал", и да приема духовното ѝ обучение.

Един ден, при мисълта за предстоящата раздяла със семейството ми, сърцето ми се сви от болезнена тъга. След смъртта на

---

* *Санскрита* означава 'изтънчен, съвършен'. Санскритският език е един от най-старите в индоевропейското езиково семейство. Неговата азбука се нарича *деванагари*, в буквален превод 'небесен подслон'. „Който познава моята граматика, познава Бог!" – с тези думи великият древноиндийски книжовник Панини се покланя пред математическото и психологическо съвършенство на санскритския. Който успее да проследи езика до неговите корени, става всеведец.

** Това не е братовчед ми Джатинда (Джотин Гош), който ще бъде запомнен с антипатията си към тигрите.

*** Откакто Индия е независима страна много поангличанени думи от времето на британското управление постепенно започнаха да се връщат към автентичния си индийски гласеж. Така все по-често ще чуете вместо Бенарес хората да казват Варанаси или дори да назовават града с древното му име – Каши.

майка ми аз силно се бях привързал към двамата ми по-малки братя Сананда и Бишну, както и към Таму, най-малката ми сестра. Изтичах в моето уединение, малката таванска стая – тих свидетел на многобройните сцени на моята бурна *садана**. След два часа, през които сълзи се стичаха като порой по лицето ми, аз се почувствах необикновено преобразен, сякаш пречистен от алхимичен лек. Всички привързаности** изчезнаха. Решимостта ми да търся само Бог – Приятеля над приятелите, стана твърда като елмаз.

– Моля те за последно – каза баща ми натъжен, докато стоях пред него за благословията му, – недей ни напуска. Ще причиниш голяма болка на мен и на твоите братя и сестри.

– Мили татко, как да ти кажа колко много те обичам! Но обичта ми към Небесния Татко, Който ми е дал съвършен татко на земята, е още по-голяма. Пусни ме да вървя, за да мога един ден да се върна с по-дълбоко божествено разбиране.

След като получих неохотното бащино съгласие, аз поех към Бенарес, където трябваше да се присъединя към Джитендра, който вече беше в обителта. Там бях посрещнат от младия ръководител на ашрама Свами Даянанда, който ме поздрави сърдечно. Висок и строен, с будно изражение, предразполагащо с добрината си, той веднага спечели симпатиите ми. От светлото му лице лъхаше спокойствие като от образа на Буда.

С радост установих, че новият ми дом също има мансарда, където да прекарвам часовете преди и след изгрев слънце. Обитателите на ашрама, които малко познаваха медитативните практики, си мислеха, че ще оползотворявам цялото си време в изпълнение на организационни задачи. Те ме хвалеха, когато в следобедните часове служех заедно с тях.

– Не се опитвай да хванеш Бог толкова скоро! – подхвърли с присмех един другар, докато се качвах в мансардата рано една сутрин. Отидох при Даянанда, който беше зает с нещо в стаята си

---

* Встъпителен път към Бог.

** Индуистките свещени писания учат, че привързаността към семейството е измамна, ако отклонява последователя от търсенето на Онзи, Който дарява цялата благодат, включително благодатта да имаш любящи роднини, или още повече, благодатта на самия живот. В този дух Исус казва: „Който обича баща или майка повече от мене, не е достоен за мене" (Матей 10:37).

с гледка към Ганг.

– Свамиджи*, не разбирам какво се иска тук от мен. Аз търся непосредствено възприемане на Бог. Без Него нищо не може да ме задоволи – нито принадлежности и братства, нито вероучения, нито добри деяния.

Духовникът, загърнат в оранжевата си роба, ме потупа приятелски по рамото и с престорена сърдитост предупреди учениците наоколо:

– Не се закачайте с Мукунда. Той ще свикне с нашите порядки.

Аз учтиво прикрих съмнението си. Учениците напуснаха стаята, без видимо да са засегнати от укора му. Даянанда обаче имаше да ми казва още нещо:

– Мукунда, виждам, че баща ти редовно ти праща пари. Моля те, върни му ги – тук не ти трябват пари. И втората възбрана касае твоята дисциплина, и по-точно храната: дори да чувстваш глад, не споменавай нищо за него.

Дали очите ми са блещукали от глад – това не знам. Знам само, че бях огладнял, здравата огладнял! Неизменният час за първо хранене в обителта беше точно по пладне. У дома бях свикнал да хапвам обилна закуска в девет часа.

Промеждутъкът от три часа с всеки изминал ден сякаш ставаше все по-дълъг. Нямаше ги вече калкутските години, когато можех да упрекна готвача за десетминутно закъснение. Вече се опитвах да контролирам апетита си – скоро свършваше двайсет и четири часовият пост, който бях започнал предния ден. С двойно по-голям апетит аз очаквах обяда.

– Влакът на Даянандаджи имал закъснение. Няма да се яде, докато той не пристигне – донесе ми Джитендра тази опустошителна новина.

За посрещането на свами, който беше отсъствал две седмици, бяхме приготвили много вкуснотии. Апетитният им аромат изпълваше въздуха. И понеже това беше всичко, което ми се предлагаше за ядене, не ми оставаше друго, освен за „гарнитура" да преглътна на сухо гордостта от вчерашния си пост!

„Господи, направи нещо влакът да пристигне по-скоро!"

---

* Джи е наставка, с която се засвидетелства уважение към някого – свамиджи, гуруджи, Шри Юктешварджи.

– Небесният Баща, мислех си аз, едва ли ще е под възбраната на Даянандаджи, според която не биваше да споменавам никому нищо, когато чувствам глад.

Божественото Внимание беше другаде обаче. Стрелките на часовника се влачеха мъчително. Вече се смрачаваше, когато водачът ни прекрачи прага. Поздравих го с нескрита радост.

– Даянандаджи ще си вземе баня, после ще медитира и чак след това ще сервираме яденето – пак кацна Джитендра при мен като кукумявка с печалната си новина.

Почна да ми причернява пред очите, усещах как краката ми всеки момент ще се подкосят. Младият ми стомах, несвикнал с глада, протестираше с режещи болки. Пред очите ми като призраци се изнизаха картини на умрели от глад хора, които бях виждал преди.

„Следващата гладна смърт в Бенарес ще бъде след броени секунди в тази обител" – мислех си. Но в девет часа надвисналата опасност се размина. Поканата за вечеря се изля в ушите ми като амброзия! В паметта ми тази вечеря се е запазила като един от най-милите мигове в живота ми.

Силната погълнатост обаче не ми попречи да забележа, че Даянанда се хранеше разсеяно, бавно. Той очевидно беше над моите груби удоволствия.

– Свамиджи, не бяхте ли гладен? – попитах аз нашия ръководител, щастлив и заситен, когато останахме насаме в работната му стая.

– О, да, разбира се, че бях гладен – отвърна той. – Последните четири дни изкарах без храна и вода. Аз никога не ям по влаковете, където е пълно с най-различни вибрации на светски люде. Спазвам стриктно шастричните* правила на монасите от моя орден.

---

* Отнасящ се до *Шастрите* – букв. 'свещените книги'. Те са групирани в четири категории: *Шрути, Смрити, Пурана* и *Тантра*. Тези обширни трактати покриват всеки аспект на религиозния и социалния живот, както и поприща като право, медицина, архитектура, изкуства и др. *Шрутите* са „чути свише", тоест те са откровения. Към тях се отнасят Ведите. *Смритите* ('предавано по памет знание') са записани в окончателния им вид в далечното минало като най-дългите епически поеми на света *Махабхарата* и *Рамаяна*. *Пураните* са осемнайсет на брой и в буквален превод означават 'древни иносказания'. *Тантра* представлява система от обреди и ритуали. Тези четири трактата, скрити под булото на символизма, съдържат дълбоки истини.

Главата ми е заета с организационни проблеми, постоянно мисля за тях. Затова тази вечер у дома не посегнах към яденето. Защо да бързам, яденето няма да избяга – ще си похапна порядъчно утре – и се засмя весело.

Един срам задуши гърдите ми. Но не можех току-така да преглътна мъчението от последния ден. Позволих си да отбележа нещо:

– Свамиджи, малко съм объркан по отношение на инструкциите, които ми дадохте. Да речем, аз никога не помоля за храна и никой не ми даде нищо, тогава нали ще умра от глад?

– Умри тогава! – застрашителният му съвет процепи въздуха. – Умри, ако трябва, Мукунда, но за нищо на света не си и помисляй дори, че живееш благодарение на силата на храната, а не благодарение на силата на Бог! Този, Който е създал всяка форма на храна, Този, Който ни е дал апетит, знае как да се погрижи за Своите рожби. Не си въобразявай, че те поддържа оризът или че парите или хората те правят силен. Ще могат ли да ти помогнат, ако Господ оттегли от теб диханието на живота? Те са просто Негови инструменти. Ти ли смилаш храната в стомаха си? Използвай меча на разграничението, Мукунда! Разсечи веригите на посредничеството и прозри във Всеединната Причина!

Тези негови думи се врязаха дълбоко в душата ми. Изпари се вековната заблуда, която, толерирайки императивите на тялото, надхитряше душата ми. Още в същия миг аз вкусих всезадоволяващата сладост на Духа. В колко много непознати градове в по-сетнешния ми, изпълнен с неспирни пътувания живот щяха да възникнат ситуации, които да потвърдят верността на този урок, научен в бенареската обител!

Единственото ценно нещо, което бях взел със себе си от Калкута, беше сребърният амулет на саду, завещан ми от майка. Пазех го от години и сега грижливо го бях скътал в стаята си в ашрама. Една сутрин поисках отново да му се порадвам на моя талисман завещание, и отключих кутията, където го държах. О, не!... Амулетът го нямаше! Кесийката беше здраво завързана, но... празна. Опечален, аз размотах връвта й, която беше недокосната, и си пъхнах ръката, за да се уверя напълно. Беше изчезнал. Точно както някога беше предсказал саду – в етера, откъдето го беше извлякъл.

Шри Йогананда и Свами Гянананда, гуру на Свами Даянанда, в убежището „Махамандал" – Бенарес, 7 февруари 1936 г. В традиционен жест на уважение Шри Йоганандаджи е седнал в нозете на Гянанандаджи, настоятел на обителта. Тук като момче Йоганандаджи приел духовното обучение на ашрама, преди да намери своя гуру Шри Юктешвар през 1910 г.

Отношенията ми с последователите на Даянанда се влошаваха с всеки изминал ден. Момчетата почнаха да се отдръпват от мене – нараняваше ги моят „твърд курс" по отношение на странението. Строгото ми придържане към медитацията, към идеала на идеалите, заради който бях зарязал дома си и всякакви светски амбиции, пораждаше сплетни и упреци от всички страни.

Раздиран от душевна мъка, една сутрин призори аз влязох в мансардата, решен да се моля, докато не получа отговор.

– О, всемилостива Вселенска Майко, поучавай ме лично чрез видения или като ми пратиш гуру!

Часовете минаваха, а сподавените молби, които отправях, оставаха без отговор. Изведнъж усетих как тялото ми се издига – стана необятна сфера, чиито граници бяха самата вечност!

– Твоят Учител ще дойде днес! – отекна един небесен женски глас, който се разливаше отвсякъде и никъде.

Това божествено изживяване бе прекъснато от вик, който идеше от една определена посока. Младият свещеник, по прякор Хабу, ме викаше от кухнята на долния етаж.

– Мукунда, стига си медитирал! Слез долу, има една задача за теб. Трябва да отидем на едно място.

В друг ден и при други обстоятелства аз сигурно щях да му се сопна с глас, нетърпящ укори, но сега избърсах подпухналото си от сълзи лице и кротко се подчиних. Двамата с Хабу поехме към един отдалечен пазар в бенгалската част на Бенарес. Жаркото индийско слънце още не бе превалило пладне, когато свършихме с покупките по чаршиите. Докато си пробивахме път с Хабу през пъстрите тълпи от домакини, водачи, свещеници, вдовици в тъмни дрехи, достолепни *брамини* и вездесъщи свещени крави, аз извърнах глава и спрях проучващо погледа си върху една тясна забутана странична уличка.

В дъното ѝ, право срещу мен, неподвижно, в роба на свами в охрен цвят, стоеше мъж, приличен на Христос. Той ми се стори тъй свиден и близък, сякаш го познавах от векове! Един безкраен миг го попих жадно с поглед. После обаче ме осени съмнението.

„Вземаш този странстващ монах за някой познат – казах си. – Хайде, върви, стига си мечтал."

Десет минути по-късно обаче усетих как краката ми се вцепениха и се наляха с оловна тежест – сякаш се вкамениха, не искаха да ме носят нататък. С неимоверни усилия аз се обърнах към него – краката ми пак олекнаха. Завъртях се в другата посока и отново странната тежест ги закова на място.

„Светецът ме притегля към себе си като магнит!" – с тази мисъл аз стоварих покупките в ръцете на Хабу, който недоумяващо наблюдаваше чудатите ми стъпки отстрани и като не можа повече да се сдържи, избухна в смях:

– Какво те прихваща? Да не си загубил разсъдъка си?

От вълнение не можах да му отговоря. Само ускорих крачка и мълчаливо се отдалечих.

Вървях като безтелесен, сякаш носен над земята, и стигнах до тясната уличка. Погледът ми бързо намери спокойната фигура. Тя гледаше в моята посока, без да откъсва очи. Втурнах се към него с големи, жадни крачки и в следващия миг вече прегръщах нозете му.

– Гурудева! – божественият лик бе същият, който бях виждал в хиляди видения. Колко често тези спокойни, кротки очи, лъвска глава със заострена брада и падащи кичури пробиваха мрака на нощните ми унеси, за да ми дадат обещание, което тогава не можех ясно да разбера.

– О, дете мое, ти най-накрая се върна! – моят гуру повтаряше тези думи отново и отново на бенгалски с треперещ от радост глас. – Колко много години трябваше да те чакам!

Потънахме в тишина от взаимност – думите бяха съвършено излишни! От сърцето на Учителя потече красива беззвучна песен и изпълни сърцето на ученика с блаженство. С антената на безпогрешната интуиция аз усетих, че моят гуру познава Бог и че ще ме заведе при Него. Мъглата на живота ми се вдигна под нежните утринни лъчи на зората на предрожденните спомени. О, върховни драматични мигове – през сцената на вътрешното ми око се занизаха отново и отново минало, настояще и бъдеще! За кой ли път слънцето ме огряваше в тези свети нозе!

Гуру взе ръката ми и ме поведе към временното си жилище в района Рана Махал. Атлетичната му фигура се движеше с твърда походка. Висок, изправен, на около петдесет и пет години по онова време, той беше жив и енергичен като младеж. С големи тъмни очи, в чиито бездънни дълбини се отразяваше неземната мъдрост, която съзерцаваха. Леко къдравата коса смекчаваше чертите на лицето му, от което лъхаше поразителна сила. Тази сила се смесваше с благост.

Като се качихме на каменния балкон на къщата, която гледаше към Ганг, той ми каза нежно:

– Ще ти дам моите отшелнически жилища и всичко, което притежавам.

– Учителю, аз идвам при вас за мъдрост и Богопознание. Това са съкровищата, които търся!

Вечерният индийски здрач бързаше да спусне завесата си, когато Учителят отново проговори. Очите му се топяха от безкрайна благост и умиление.

– Давам ти безусловната си любов.

О, безценни слова! Трябваше да измине четвърт век, преди

ШРИ ЮКТЕШВАР
(1855 – 1936)
Гянаватар ('въплъщение на мъдростта'), ученик на Лахири Махашая, гуру на Шри Йогананда и парамгуру на всички *крия йоги* на SRF/YSS

Осветеният през 1977 г. храм за медитация „Свами Шри Юктешвар" в двора на ашрама в Серампор. В градежа му са използвани тухли от стария ашрам. Храмът е построен по проект на Парамаханса Йогананда.

Йогананджи на задната седалка на мотоциклета, подарен от баща му, 1915 г. „С него ходех навсякъде – разказва той. – Но най обичах да посещавам моя Учител Шри Юктешварджи в неговия ашрам в Серампор."

ушите ми да получат друго доказателство за неговата любов. Пламенността бе чужда на устните му – на необятното му като океан сърце пò прилягаше тишината.

– Ще ми дадеш ли и ти същата безусловна любов? – той ме гледаше с доверчивостта на дете.

– Вечно ще ви обичам, гурудева!

– Обикновената любов е егоистична, вкоренена в мрачни желания и задоволявания. Божествената любов е безусловна, безпределна, неизменна... Приливите и отливите на човешкото сърце замират във вечен покой при омайния досег на чистата любов – и като помълча, скромно добави: – Ако някога ме видиш да излизам от състоянието на Богоосъзнаване, моля те, обещай ми, че ще вземеш главата ми в твоя скут и ще ми помогнеш да се върна в Космическия Възлюбен, Когото и двамата обожаваме.

Мракът се сгъстяваше. Той стана и ме поведе към едно вътрешно помещение. Докато похапвахме манго и бадемов сладкиш, той дискретно вплиташе в разговора интимно познаване на душата ми. Бях изпълнен с благоговение пред грандиозната му мъдрост, деликатно съчетана с естествена кротост и смирение.

– Недей да тъгуваш за амулета си. Той изпълни предназначението си – моят гуру беше като огромно небесно огледало, което улавяше отраженията на целият ми живот.

– Вашето живо, реално присъствие, Учителю, е такава радост за моите очи! Пред нея човешкият език немее.

– Време е за промяна, не си щастлив в обителта.

Аз не бях му разказвал нищо за моя живот, но това сега изглеждаше напълно излишно! По естествените му, непринудени маниери разбрах, че не желае възклицания на изумление заради ясновидството си.

– Трябва да се върнеш в Калкута. Защо да изключваш роднините от любовта си към човечеството?

Това негово предложение дойде като гръм от ясно небе. Семейството ми прогнозираше, че ще се завърна, въпреки мълчанието, с което подминавах многобройните им молби в писмата. „Оставете птичето да се налети в метафизическите небеса – беше отбелязал Ананта. – Крилете му ще се уморят в тежката атмосфера и тогава ще го видите как тихичко „пикира" към къщи, прибира крилца и кротко се отпуска в семейното ни гнездо." Това обезсърчаващо сравнение още беше свежо в паметта ми и бях твърдо решен в никакъв случай да не „пикирам" в посока Калкута.

– Учителю, няма да се върна вкъщи. Но вас ще следвам и накрай света. Моля ви, дайте ми името и адреса си.

– Свами Шри Юктешвар Гири. Главното ми убежище е в Серампор, на ул. „Рай Гат Лейн". Тук съм само за няколко дни, за да видя майка си.

Зачудих се на сложната игра, която Бог устройва на Своите деца. Та Серампор беше само на двайсет километра от Калкута! И въпреки това никога не се случи да зърна своя гуру в този район. За нашата среща и двамата трябваше да пропътуваме пътя до древния град Каши (Бенарес), осветен от паметта на Лахири Махашая. Тук земята беше благословена още от стъпките на Буда, Шанкарачаря* и много други подобни на Христа йоги.

---

* Шанкарачаря (Шанкара), най-великият философ на Индия, е бил ученик на Говинда Джати, чийто гуру пък е бил Гаудапада. Шанкара е написал известните коментари върху трактата *Мандукя Карика* на Гаудапада. С желязна логика и в стил, който пленява с чара и елегантността си, Шанкара е изложил философията на *Веданта* в строгия дух на *адвайта* (абсолютната недуалистичност, монизма). Великият монотеист е написал и множество поеми на гореща отдаденост на Бога. Неговата „Молитва към Небесната Майка за опрощение на греховете" има такъв рефрен: „Макар да бяхме много лошите синове, Ти никога не бе лоша Майка".

Санандана, най-изтъкнатият ученик на Шанкара, е написал коментари върху *Брама сутрите* (философията *Веданта)*, но ръкописът изгорял при пожар. По-късно Шанкара (който бил чел един-единствен път) го възпроизвел дума по дума на своя ученик. Текстът, известен като *Панчападика*, до ден днешен продължава да изумява учените със своята проницателност.

Този *чела* Санандана получил новото си име след чудно премеждие. Един ден, както си седял на брега на реката, чул Шанкара да го вика от отсрещния бряг. Без да се замисли, Санандана веднага скочил във водата. И вярата му била мигновено възнаградена: където стъпвал, под стъпките му изниквали лотоси. Така той прекосил дълбоките води по лотосите, които неговият гуру материализирал за него. Оттогава започнали да го наричат *Падмапада* (Лотосоногия).

В *Панчападика* Падмапада говори с любов и признателност за своя гуру. Самият Шанкара е написал следните прекрасни редове по този повод: „Един истински гуру не може да се сравни с нищо на трите свята. Ако философският камък наистина съществуваше, той щеше най-много да разтопи желязото в злато, но не и да направи друг философски камък. Светият Учител прави тъкмо това – в ученика, намерил прибежище в неговите нозе, той възпроизвежда себе си. Затова гуру е безподобен, неземен". – „Сто стиха", 1 *(Century of Verses, 1)*

Шанкара е бил рядка комбинация между светец, учен и човек на делото. Макар животът му да е бил кратък – само трийсет и две години, повечето от тях той прекарал в неспирни пътувания из Индия, ревностно разпространявайки учението *Адвайта*. Милиони жадни души се събирали да чуят утешаващия поток на мъдростта, леещ се от устните на босоногия млад монах.

Срещам своя Учител Шри Юктешвар

– Ще дойдеш при мен след четири седмици – за първи път гласът на Шри Юктешвар беше строг. – Сега, като ти се заклех във вечна обич и видя колко съм щастлив, че се намерихме, ти реши да покажеш неуважение към молбата ми. Следващия път, като се срещнем, ще се наложи отново да събудиш интереса у мен. Няма лесно да те приема за свой ученик: от твоя страна трябва да има пълно подчинение на строгото ми обучение.

Аз замълчах упорито. Моят гуру веднага прозря затруднението ми.

– Смяташ, че близките ти ще ти се присмиват?
– Няма да се върна.
– Ще се върнеш след трийсет дни.
– Никога.

Напрежението от краткия спор още не беше ме напуснало, когато се поклоних благоговейно в нозете му и си тръгнах. Вървейки в полунощната тъма към обителта, размишлявах защо чудодейната среща завърши с дисхармонична нотка? Везните на *мая,* които балансират всяка радост със скръб! Младото ми сърце още не беше податливо за трансформиращите пръсти на моя гуру.

На следващата сутрин забелязах нараснала враждебност от страна на обитателите на ашрама. Грубото им отношение вгорчи дните ми. Това продължи три седмици. После Даянанда замина на конференция в Бомбай. Над клетата ми глава се изсипа същински ад:

– Мукунда е паразит, който само се възползва от гостоприемството на обителта и не дава нищо насреща.

Като чух тази забележка, за първи път съжалих, че се бях подчинил на молбата на Даянанда да върна парите на татко. Камък тежеше на сърцето ми. Потърсих единствения си приятел Джитендра.

С реформаторски плам Шанкара реорганизирал древния монашески Орден на свамите (виж бел. стр. 287 и стр. 288). Освен това той основал монашески образователни центрове в четири града: в Шрингери – на юг, в Пури – на изток, в Дварка – на запад, и в Бадринат – на север, в Хималаите.

Тези четири духовни центъра на великия монист, подпомагани щедро от местните владетели, управници и от населението, предоставяли безплатно обучение по санскритска граматика, логика, ведическа философия. С установяването на центровете в четирите краища на Индия Шанкара целял да обедини необятната си родина чрез духовност. В наши дни, както и в миналото, набожните индуси също получават подслон и храна в *чултри* и *сатрами* (места за отдих край поклонническите маршрути), поддържани изцяло с обществени дарения.

– Напускам. Моля те, предай на Даянандаджи като се върне, че искрено съжалявам.

– И аз напускам! И моите опити да медитирам тук, не срещат никаква благосклонност – в гласа на Джитендра звучеше решимост.

– Срещнах един светец, същински Христос. Хайде да го посетим в Серампор.

И така, „птичката" се приготви за „пикиране" в опасна близост до Калкута!

Глава 11

Две момчета без пукната пара в Бриндабан

— Мукунда, заслужаваш татко да те лиши от наследство заради тези твои скиталчества! Как само глупаво си пропиляваш живота! – дращеше слуха ми с проповедта си по-големият ми брат.

Ние с Джитендра, росни-пресни от влака (образно казано, разбира се, иначе прашни и потни), влязохме в дома на Ананта, който наскоро беше прехвърлен от Калкута в древния град Агра. Там брат ми осъществяваше счетоводен контрол към Отдела за благоустройство.

— Добре знаеш, Ананта, че аз си търся наследството от Небесния Баща.

— Първо парите, Бог може да дойде и по-късно! Кой знае, животът може да е много дълъг?

— Първо Бог, парите са Негови роби! Знае ли човек, животът може да се окаже твърде кратък?

Отговорът ми беше по-скоро спонтанна реакция, отколкото предчувствие. (Но, за голямо съжаление, Ананта наистина ни напусна твърде рано*.)

— От мъдростите на ашрама предполагам! Защо тогава си напуснал Бенарес? – очите на Ананта светнаха от задоволство. Той още се надяваше да подреже крилата на „високо хвърчащата птица" и да ме върне в семейното гнездо.

---
* Виж глава 25.

— Пребиваването ми в Бенарес не беше напразно! Там намерих всичко, за което копнееше сърцето ми. Освен това то няма абсолютно нищо общо с твоя пандит и неговия син.

При споменаването на тази случка Ананта се разсмя весело. Трябваше да си признае, че бенареският му „ясновидец" се оказа плитко скроен план.

— Е, какво смяташ да правиш оттук насетне, странстващ братко?

— Джитендра ме придума да дойда с него в Агра, за да се полюбуваме на красотите на Тадж Махал* – взех да обяснявам аз. – После отиваме при моя гуру, когото наскоро открих. Той има отшелническа обител в Серампор.

Ананта гостоприемно ни настани и се погрижи за нашето удобство. Вечерта на няколко пъти забелязах как очите му се спираха замислено върху мен.

„Познавам този поглед – мислех си аз. – Крои нещо!"

Развръзката дойде рано на другата сутрин, докато закусвахме.

— Значи така, искаш да кажеш, че си независим от парите на татко? – продължи Ананта с невинен поглед хапливите си забележки от вчерашния ни разговор.

— Знам, че завися само от Бог.

— Остави тия изтъркани фрази. Още не си се сблъсквал с живота. Ще те видим какво ще правиш, ако разчиташ само Невидимата Ръка да ти осигури храна и покрив! Вече те виждам на улицата с просяшката паничка.

— Никога! Не бих поставил упованието в минувачите пред упованието в Бог! За вярващите в Него Той ще изнамери хиляди други начини да преживяват, вместо просяшката паничка.

— Пак риторика! А ако предложа да проверим прехвалената ти философия в суровата светлина на реалния свят?

— Ще се съглася! Бог не е някакво отвлечено, абстрактно понятие, а Реално Присъствие.

— Ще видим. Още днес ти давам възможност да обориш моята философия. Но ако не можеш, ще трябва да я приемеш – Ананта направи изкуствена пауза, после заговори бавно и сериозно: – Предлагам да ви изпратя тази сутрин, теб и твоя побратим Джитендра, в близкия град Бриндабан. От мен няма да получите нито

---

* Световноизвестен мавзолей.

една рупия. Нямате право да просите – нито храна, нито пари. Нямате право да се оплаквате никому, че сте в затруднение. Нямате право да пропускате хранене. Нямате право да се застоявате с дни на гарата в Бриндабан. Ако се върнете тук, в тази къща, преди полунощ, без да нарушите нито едно от условията на изпитанието, от мене по-изумен човек в Агра няма да има!

– Приемам предизвикателството – нито в думите ми, нито в сърцето ми имаше зрънце колебание. В съзнанието ми проблеснаха благодарствени спомени за навременната Божия помощ: излекуването ми от смъртоносната холера, молейки се на снимката на Лахири Махашая; игривите подаръци – двете хвърчила на покрива в Лахор; навременната поява на амулета сред обезсърчението ми в Барейли; решаващото послание, което саду ми предаде в двора на пандитската къща в Бенарес; видението на Божествената Майка и Нейните величествени думи на любов; бързото Й отзоваване на дребните ми тревоги чрез посредничеството на Учителя Махашая; напътствието в последната минута, което ми осигури гимназиалната диплома; и накрая: върховното благодеяние – живият ми Учител, изплувал из мъгливите блянове на живота. След всичко това да се съглася с тезата, че моята философия нямало да издържи сблъсъка със суровия живот!?

– Прави ти чест. Веднага ще ви изпратя до влака – каза Ананта.

После се обърна към Джитендра, който слушаше със зинала уста:

– Ти трябва да го придружиш – като свидетел и най-вероятно като втора жертва!

Половин час по-късно Ананта ни връчи по един еднопосочен билет за импровизираното пътешествие. Отидохме в един глух ъгъл на гарата, където му позволихме да ни претърси. Остана доволен, като видя, че нямаме скрити запаси – простите ни *доти** скриваха само това, което трябваше да скриват.

Щом обаче вярата опря до сериозния въпрос за парите, моят приятел възнегодува:

– Ананта, да беше ми дал поне две-три рупии за всеки случай – да мога да ти телеграфирам, ако нещо лошо се случи с нас.

– Джитендра! – повиших тон аз. – Няма да участвам в

---

* *Доти* е мъжка дреха, която се увива около кръста и покрива краката.

изпитанието, ако вземеш и половин рупия.

— В звъна на монетите има нещо успокоително — отвърна той и побърза да млъкне, като видя, че го гледам строго.

— Мукунда, аз не съм чак толкова бездушен — в гласа на Ананта се прокрадна нотка на смирение. Изглежда, съвестта заговори у него: може би защото изпращаше две малки момчета без пукната пара в джоба в непознат град, а може би заради собствения си религиозен скептицизъм. — И все пак, ако по някаква случайност или милост на съдбата издържите изпитанието в Бриндабан, аз лично ще те помоля да ме посветиш и да ме приемеш за твой ученик.

Това обещание вече си беше открито престъпване на традицията и естествено, беше дадено само защото случаят го налагаше. Иначе рядко ще видите по-големия брат в едно индийско семейство да се покланя на по-младите — те му се подчиняват и го почитат почти като баща. Но нямаше време за коментари — влакът се готвеше да тръгне.

Релсите тракаха, влакът напредваше километър след километър, а Джитендра се беше умълчал нерадостно. По едно време той се разшава и като се наведе към мене, ме щипна закачливо:

— Не виждам признаци Бог да се кани да ни поднесе яденето!

— Спокойно, Тома Неверни, Господ е с нас и работи.

— Работи, работи, ама ти за всеки случай да вземеш да Му кажеш да побърза малко, че като гледам, чака ни гладна смърт. Напуснах Бенарес, за да разгледам мавзолея Тадж — не за да вляза в своя собствен!

— Горе главата, Джитендра! Чака ни славен ден — за първи път ще видим светите места на Бриндабан*! Знаеш ли каква радост ме изпълва само при мисълта, че ще крачим по същата земя, която някога е била осветена от стъпките на Господ Кришна!

Вратата на купето се отвори и срещу нас седнаха двама души. Влакът се носеше към последната гара.

— Момчета, имате ли някакви приятели в Бриндабан? — взе изненадващо да се интересува непознатият срещу мен.

— Това не е Ваша работа! — отговорих му аз и грубо извърнах глава настрани.

---

* Бриндабан на река Ямуна е индийският Йерусалим. Тук аватарът Господ Кришна възсиял в своята божествена слава за благото на цялото човечество.

– Навярно бягате от семействата си, пленени от Крадеца на сърца*. Като набожен човек непременно ще се погрижа да получите храна и подслон в тази непоносима жега.

– Не, господине, оставете ни сами. Наистина много любезно от Ваша страна, но грешите като си мислите, че бягаме от къщи.

Тук разговорът приключи. Скоро стигнахме гарата. Щом Джитендра и аз слязохме на перона, нашите случайни спътници ни хванаха под ръка и ни повлякоха към един файтон.

Спряхме пред една величествена обител, потънала сред вечнозелени дървета и идеално поддържани градини. По всичко си личеше, че нашите благодетели добре ги познават тук, защото при нас дойде усмихнато момче и без да каже нито дума, ни поведе към стаята за гости. Скоро към нас се присъедини една възрастна жена с благородни обноски.

– Гаури Ма, принцовете за голямо съжаление не могат да дойдат – обърна се един от мъжете към домакинята на ашрама. – Плановете им се объркаха в последната минута. Помолиха ни да ви предадем, че искрено съжаляват за това. Но сме ви довели други двамина – те ще бъдат вашите гости. Още като ги срещнахме във влака, аз се почувствах странно привлечен от тях като поклонници на Господ Кришна.

– Довиждане, малки приятели – казаха двамата ни спътници и се отдалечиха към вратата. – Пак ще се срещнем, ако е рекъл Господ.

– Добре сте ми дошли, заповядайте – усмихна се Гаури Ма с майчинска нежност на двамата си неочаквани поверенници. – Какъв късмет да дойдете точно днес. Очаквах двама принцове, покровители на тази обител. Щеше да бъде много жалко наистина, ако нямаше кой да уважи гозбите ми!

Тези обичливи думи някак силно трогнаха Джитендра – очите му се наляха със сълзи. Мисълта за „гладната смърт" в Бриндабан, която не го оставяше на мира, с всяка изминала минута растеше и добиваше реалните очертания на кралско угощение. Явно психическият товар на този рязък преход му дойде в повече. Нашата домакиня го изгледа с любопитство, но без да отбележи нищо – изглежда, добре познаваше капризите на юношеската възраст.

---

* Хари е галеното име, с което поклонниците наричат Кришна.

Обявиха обяда. Гаури Ма ни поведе към трапезарията във вътрешния двор. Наоколо се носеше приятната миризма на вкусни и апетитни ястия. По едно време тя ни остави и изчезна в близката кухня.

Точно този момент чаках аз. Доближих се до Джитендра и го ощипах силно точно там, където той ме беше щипнал във влака.

— Тома Неверни, видя ли, Господ действа – и то много бързо!

Стопанката се върна с *пунка* (ветрило от палмови листа) и като ни настани на богато украсени копринени възглавки на пода, започна бавно и отмерено да ни вее по ориенталски. През това време учениците на ашрама постоянно изнасяха гозби и се връщаха за други, докато трапезата не се отрупа с най-малко трийсетина блюда. Какъв ти „обяд", та това си беше направо „разкошно пиршество"! Откакто се помнехме, нито Джитендра, нито аз някога бяхме опитвали такива неземни вкуснотии.

— Почитаема Майко, тези блюда са толкова вкусни – наистина за устата на принцове! Не мога да си представя какво по-спешно може да изникне, та да им попречи да присъстват на този банкет. Цял живот ще помним това угощение!

За съжаление, едно от изискванията на Ананта беше да не разкриваме никому нищо за уговорката ни, така че не можахме да обясним на благата дама, че имаме още една причина за благодарностите си. Но искреността ни беше достатъчно убедителна. Тръгнахме си с нейната благословия и примамливата покана пак да погостуваме на ашрама.

Навън жегата беше безмилостна. Моят приятел и аз побързахме да се скрием под сянката на едно величествено дърво *кадамба*, недалеч от портата на ашрама. Лошите предчувствия обаче пак налегнаха Джитендра. Той ме нападна с остри думи:

— В хубава каша ме забърка, няма що! Угощението ни си беше чист късмет! Как ще разгледаме забележителностите на града, като нямаме пукнат грош в джоба? И как, за Бога, смяташ да ме върнеш в дома на Ананта?!

— Напълни корема и забрави Бог – обвиних го аз, но в думите ми нямаше злост. Колко къса е човешката памет за божествените благодеяния! Няма човек на земята, чиито молби да не са били изпълнени.

— Скоро няма да го забравя това безразсъдство да тръгна с луда глава като тебе!

БАГАВАН (ГОСПОД) КРИШНА
Възлюбен индийски аватар

– Спокойно, Джитендра! Същият Този Господ, Който ни нахрани, ще ни покаже Бриндабан и ще ни върне в Агра.

През това време към нас с бързи крачки се приближи симпатичен на вид слаб младеж.

– Скъпи друже, ти и твоят спътник, изглежда, не сте тукашни. Позволи ми да бъда твой домакин и водач.

Когото и да попитате, всеки ще ви каже, че индийците по принцип малко трудно пребледняват, но лицето на Джитендра изведнъж стана бяло като платно. Аз учтиво отклоних поканата.

– Няма да ми откажете, нали? – тревогата на непознатия при други обстоятелства със сигурност щеше да породи комична реакция у нас.

— Защо не?

— Вие сте моят гуру — очите му доверчиво се спряха върху моите. — Днес на обяд, докато се молех, ми се яви Господ Кришна във видение. Той ми показа две самотни фигури под това дърво. Едното беше вашето, Учителю! Често съм го виждал в медитация. Да знаете каква радост ще ми доставите, ако приемете скромните ми услуги!

— И аз се радвам, че ме намери. Нито Бог, нито човек ни изоставят! — отговорих му и макар че стоях неподвижно и се усмихвах на възторженото лице пред мен, вътрешно се покланях на Небесните Нозе.

— Скъпи приятели, няма ли да ме удостоите с честта да посетите дома ми?

— Много любезно от твоя страна, но това няма как да стане. Гостуваме на брат ми в Агра.

— Нека поне за спомен направим заедно една обиколка на Бриндабан.

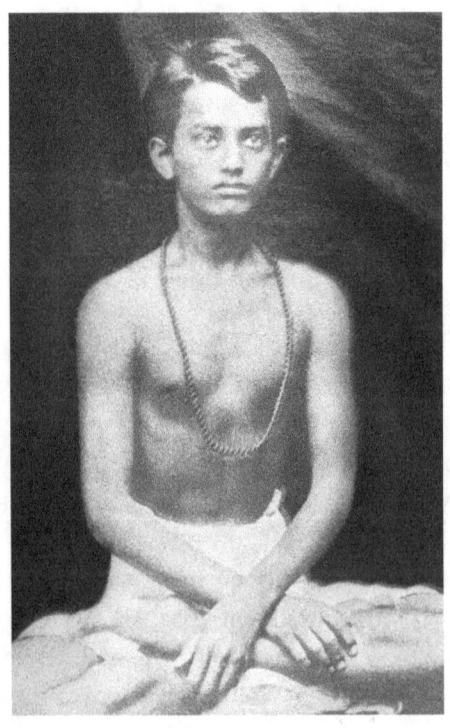

Джитендра Мазумдар

– Аз се съгласих с удоволствие. Младежът ни се представи – името му беше Пратап Чатерджи. После извика един файтон и посетихме храма „Маданамохана" и други свети места, посветени на Кришна. И докато отправяхме молитвите си в храмовете, навън нощта вече се беше спуснала.

– Извинете ме за минутка, само да купя *сандеш** – каза Пратап и се изгуби през улицата в един магазин близо до гарата. Ние с Джитендра бавно и безгрижно се спуснахме надолу по широката улица, която по това време на деня беше пълна с хора, които също като нас се наслаждаваха на вечерната хладина. Нашият приятел се върна след известно време, накупил много сладкиши.

– Моля ви, нека това бъде моят скромен религиозен принос – усмихна се умолително Пратап, като ни подаваше едно тесте рупии и два току-що купени билета за Агра.

Приех ги с дълбок благодарствен поклон към Невидимата Ръка – същата тази Ръка, Която Ананта осмиваше, но Която бе толкова безкрайно щедра, че щедростта Ѝ далеч надхвърляше обикновените ни потребности!

Потърсихме скрито място край гарата.

– Пратап, ще те посветя в *крия йога* на Лахири Махашая – най-великия йоги на съвременността. Неговата техника ще бъде твоят гуру.

Посвещението трая около половин час.

– *Крия* е твоят *чинтамани*** – обясних аз на новия ученик. – Техниката, която, както виждаш, е проста, представлява способ за ускоряване на духовната еволюция на човека. Индуистките свещени писания учат, че на прераждащото се човешко его са му необходими един милион години, за да се освободи от *мая*. Този естествен период може изключително много да се съкрати чрез *крия йога*. Както Джагдиш Чандра Боус демонстрира, че растежът на растенията може значително да се ускори, така и духовното развитие на човека може да се ускори чрез научни методи. Бъди верен на твоята практика и ще се възвисиш до Гуру на всички гуру.

– Значи краката ме доведоха тук, за да намеря този дълго

---

* Индийски десерти.
** Митологичен скъпоценен камък, притежаващ силата да изпълнява желания, а също и едно от имената на Бог.

търсен йогически ключ! – каза развълнувано Пратап. – Тази мощна техника ще ми помогне да разкъсам оковите на сетивата и да се издигна във висшите сфери. Нищо по-добро за себе си не бих могъл да си пожелая от днешното видение на Господ Кришна.

Поседяхме известно време в мълчалива хармония, после бавно се запътихме към гарата. Радост бликаше в душата ми, като се качвах на влака, но не така беше с Джитендра – за него беше ден на сълзи. Прочувственото ми сбогуване с Пратап беше съпроводено от сподавените хлипания на двамата ми спътници. Докато пътувахме към дома, Джитендра отново потъна в скръб. Този път обаче той не скърбеше за себе си, а против себе си:

– Колко маловерен съм бил – сърцето ми сякаш е било от камък! Никога повече отсега нататък няма да се съмнявам в Божието покровителство!

Наближаваше полунощ. Двете „Пепеляшки", изпратени в чужд град без пукната пара, влязоха в спалнята на Ананта. Лицето му, точно както беше ни обещал, застина в изумление. Без да продумам, аз обсипах масата с рупии.

– Джитендра, истината! – извика Ананта с шеговит тон. – Това момче да не е обрало някоя банка?

Но щом му разказахме историята, брат ми постепенно отрезня, а накрая доби тържествен вид.

– Излиза, че законът на търсенето и предлагането се простира в по-фини области, отколкото съм предполагал – Ананта говореше с духовен ентусиазъм, какъвто никога преди не бях забелязвал у него. – Сега вече напълно разбирам безразличието ти към трупането на богатства.

Въпреки късната доба, брат ми настоя да получи *дикша** в *крия йога*. За една нощ „гуру" Мукунда трябваше да поеме на плещите си отговорността за двама неочаквано появили се „ученици".

На следващата сутрин, за разлика от други утрини, закуската премина в хармонична обстановка.

Усмихнах се на Джитендра:

– Не съм забравил за Тадж. Хайде, отиваме да го разгледаме. После заминаваме за Серампор.

Скоро след като се сбогувахме с Ананта, моят приятел и аз

---

* Духовно посвещение; от санскритския глагол *дикш* – 'посвещавам'.

вече стояхме пред Тадж Махал – славата на Агра, и го поглъщахме с възторжени погледи. Мраморът блестеше на слънцето като бяло приказно видение на чиста симетрия в разкошната рамка на тъмни кипариси, пищни зелени морави и тихи, спокойни лагуни. Отвътре мавзолеят е украсен с изтънчени каменни резби, инкрустирани с полускъпоценни камъни. Погледа грабват кафявите и виолетови мраморни плочи с изумителни плетеници и спирални орнаменти по тях. Светлината от купола пада върху каменните саркофази на падишах Шах Джахан и Мумтаз Махал, владетелка на неговото царство и сърце.

Но стига сме разглеждали забележителности! Сърцето ми копнееше за моя гуру. И ето ни отново с Джитендра във влака, носим се на юг, към Бенгалия.

– Мукунда, не съм виждал семейството си от месеци. Промених решението си – може би по-късно ще посетя твоя Учител в Серампор.

Така моят приятел, който, меко казано, беше нерешителен, ме напусна в Калкута. Хванах местната железница и скоро стигнах Серампор, на двайсет километра на север.

Обзе ме трепетно вълнение, като осъзнах, че от срещата с моя гуру в Бенарес бяха минали точно двайсет и осем дни. „Ще се върнеш при мен след четири седмици!", беше предсказал той. И ето ме: с разтуптяно сърце аз стоя в двора на тихата уличка „Рай Гат Лейн" и се оглеждам наоколо. За първи път престъпвах прага на обителта, където ми предстоеше да прекарам най-прекрасните дни от следващите десет години с *гянаватара* ('въплъщение на мъдростта') на Индия.

Глава 12

Години в обителта на моя Учител

— Ти дойде – поздрави ме Шри Юктешвар, седнал на пода върху една тигрова кожа в дневната с балкон. Гласът му беше студен, поведението – сдържано.

– Да, скъпи Учителю, тук съм за да ви следвам – коленичих и докоснах нозете му.

– Как ще стане това като не ме слушаш?

– Няма повече, гуруджи! Вашата воля ще бъде закон за мене.

– Така е по-добре! Сега вече мога да поема отговорност за твоя живот.

– На драго сърце ви предавам този товар, Учителю.

– Тогава първата ми молба към тебе е да се върнеш вкъщи при семейството си. Искам да влезеш в колежа в Калкута. Образованието ти трябва да продължи.

– Добре, Учителю – отговорих аз, мъчейки се да скрия ужаса си. „Пустите му книги, цял живот ли ще ме преследват? Първо баща ми, а сега и Шри Юктешвар!"

– Един ден ти ще заминеш на Запад. Хората там ще бъдат по-отзивчиви за древната мъдрост на Индия, ако чуждоземният индийски Учител притежава университетска степен.

– Вие знаете най-добре, гуруджи. – Мрачното ми настроение се вдигна. Този „Запад", за който Учителят спомена, ме озадачаваше, виждаше ми се твърде далечен, но аз исках да го зарадвам с послушание и сега за мен това бе по-важно от всичко друго на света.

– Ще бъдеш наблизо в Калкута. Идвай насам винаги когато намериш време.

– Всеки ден, ако е възможно, Учителю! С благодарност приемам да ме водите и при най-малката стъпка в живота ми – но при едно условие.

– Да?

– Ако обещаете да ми откриете Бог!

Последва близо едночасово словоборство. Думата на един Учител е закон – тя не се дава лесно. Подобно обещание означава разгръщане на широки метафизични перспективи. Гуру наистина трябва да бъде в много близки отношения с Твореца, за да Го задължи да се яви! Аз усещах единството на Шри Юктешвар с Бог и като негов ученик бях твърдо решен да се възползвам от това предимство.

– Взискателен нрав имаш! – каза Учителят и замълча. После със съчувствен тон даде окончателното си съгласие: – Нека твоето желание бъде и мое желание.

Сянката на целия ми досегашен живот се вдигна от сърцето ми – приключиха неясните дирения тук и там. Намерих вечно убежище под крилото на един истински гуру.

– Ела, ще ти покажа обителта – каза Учителят, като стана от тигровата си постелка. Оглеждайки се наоколо, погледът ми попадна на един портрет на стената, който беше украсен с венец от жасминови вейки.

– Лахири Махашая! – възкликнах изненадано аз.

– Да, моят божествен гуру – отговори Шри Юктешвар с треперещ от дълбоко благоговение глас. – Велик човек и йоги беше той – по-велик от всички Учители, които имах щастието да опозная отблизо.

Аз тихичко се поклоних на познатия портрет. Душата ми се изля в горещо славословие към безподобния Учител, който ме беше благословил като младенец и водил стъпките ми до този час.

Моят гуру ме разведе из дома и двора му. Обителта се състоеше от една просторна, солидна стара сграда, чийто двор околовръст бе ограден с масивна ограда. Външните стени бяха обраснали с мъх, а над равния сив покрив на сградата припърхваха гълъби, които със свойска непринуденост деляха подслона с обитателите му. Отзад имаше приятна градина със сенчести мангови, бананови и индийски хлебни дървета. Балконите с парапети на горните стаи на двуетажното здание излизаха от трите страни към двора. Просторната зала на първия етаж с висок, подпиран от колони таван, се използваше, както ме осведоми Учителят, главно по време на ежегодните празненства *Дургапуджа**. Тясна стълба водеше към дневната на Шри Юктешвар, чийто малък балкон гледаше към улицата. Ашрамът беше мебелиран просто – всичко беше скромно, чисто и практично. Картината се допълваше от няколко стола, пейки и маси в западен стил.

Учителят ме покани да пренощувам. За вечеря похапнахме вегетарианско къри, поднесено от двама млади ученици, които се обучаваха в обителта.

– Гуруджи, разкажете ми нещо за вашия живот – помолих го аз, като седнах на сламената рогозка до тигровата кожа. Звездите, едри, ниски, сякаш на една ръка разстояние от балкона, ни се усмихваха дружелюбно.

– Светското ми име е Прия Нат Карар. Роден съм** тук, в Серампор, където баща ми беше състоятелен предприемач. Той ми остави този наследствен дом, който сега е моят ашрам. Официалното ми образование в училище не продължи дълго – намирах го за повърхностно и скучно. В ранните години на зрелостта си поех отговорността да стана глава на семейство – имам дъщеря, която е омъжена. Средният период от живота ми бе благословен от водачеството на Лахири Махашая. След смъртта на жена ми се присъединих към ордена *Свами* и получих новото име Шри Юктешвар Гири***. Ето това е простата хроника на живота ми.

Учителят се усмихна на жадното ми изражение. Подобно на всички биографични очерци, думите му предаваха външните факти, но не разкриваха вътрешния човек.

---

* 'Обожаване на Дурга' – един от най-светлите празници в бенгалския религиозен календар, който почти навсякъде се празнува девет дни през седмия лунен месец *ашвина* (септември – октомври). *Дурга* – букв. 'недостъпната', е аспект на Божествената Майка (Шакти) – олицетворение на женския творчески принцип. Традиционно тя е разрушител на злото.

** Шри Юктешвар е роден на 10 май 1855 година.

*** *Юктешвар* означава 'съединен с Ишвара' (едно от имената на Бог). *Гири* е наименование на един от десетте клона на древния Орден на свамите. *Шри* означава 'свят' и е титла (Свети), поставяна пред имената на просветлените.

– Гуруджи, бих искал да чуя някакви истории от детството ви.

– Ще ти разкажа няколко – всяка с поука! – в красивите му очи проблеснаха предупредителни пламъчета. – Веднъж майка ми се опита да ме уплаши с ужасна история за зъл дух, обитаващ тъмна стая. Веднага влязох вътре и излязох разочарован, че не срещнах обещания призрак. Майка ми никога повече не ми разказа подобни страхотии. Поуката: погледни страха в очите и той ще престане да те безпокои.

Друг спомен от детските ми години е желанието да имам грозното куче на един съсед. Седмици наред вдигах цялата къща на главата си, за да получа това куче. Оставах глух за предложенията да получа друг домашен любимец с по-предразполагаща външност. Поуката: привързаността е сляпа, тя обгръща обекта на желанията с въображаем ореол на обаятелност.

Третата история е за пластичността на младия ум. Веднъж чух майка ми между другото да отбелязва: „Човек, който работи за другиго, е роб". Това впечатление се запечата така неизличимо в съзнанието ми, че дори след като се ожених, аз упорито отказвах всякакви длъжности. Покривах семейните разходи, като влагах моята част от наследството в земя. Поуката: чувствителните уши на децата трябва да получават само добри и позитивни внушения. Ранните им идеи се врязват дълбоко в съзнанието и оставят траен отпечатък.

Учителят потъна в тихо мълчание. Към полунощ той ме заведе до едно дървено легло. Сънят ми през първата нощ под стряхата на моя гуру бе дълбок и сладък.

Шри Юктешвар избра следващата сутрин, за да ми даде посвещение в *крия йога*. Аз вече бях получил техниката от двама ученици на Лахири Махашая – баща ми и моя частен преподавател Свами Кебалананда. Но Учителят притежаваше преобразяваща сила – при неговия досег цялото ми същество се озари от огромна светлина, като светлината на хиляди ярки слънца. Пороища от неизразимо блаженство нахлуха в сърцето ми и изпълниха най-съкровените му кътчета.

От обителта се откъснах с голяма мъка едва в късния следобед на следващия ден.

Тъкмо прекрачих прага на дома ни в Калкута, и в съзнанието ми проблесна: „Ще се върнеш след трийсет дни". Сбъдна се и това предсказание на Учителя! Никой от роднините ми не отправи хапливите бележки, които очаквах да чуя от тях при появата на „високо хвърчащата птица".

Качих се в моята малка мансарда и нежно я обгърнах с поглед, сякаш беше живо същество. „Безмълвна свидетелко на моите медитации, на сълзите и бурите на моята *садана,* ето ме, аз най-сетне стигнах пристана на моя божествен Учител!"

– Синко, радвам се и за двама ни – каза баща ми, докато седяхме един до друг в хладината на вечерната тишина. – Ти си намерил своя гуру, както навремето аз като по чудо намерих моя. Святата ръка на Лахири Махашая закриля нашите животи. Твоят Учител се оказа не някой непристъпен хималайски светец, а наш съсед. Молитвите ми са били чути: докато търсиш Бог, няма задълго да бъдеш скрит от погледа ми.

Баща ми също така се зарадва, че ще продължа образованието си. Той се погрижи да уреди всички въпроси около следването ми. На другия ден записах Шотландския църковен колеж, който се намираше недалеч от дома ни.

Занизаха се щастливи месеци. Читателят навярно вече е направил проницателната догадка, че аз рядко можех да бъда видян в учебните стаи на колежа. Обителта в Серампор ме привличаше с неустоима сила. Учителят подминаваше постоянното ми присъствие без коментар и за мое успокоение рядко споменаваше за учебните зали. Макар на всички да беше ясно, че от мене учена глава няма да излезе, аз успявах някак си да събера необходимия минимален бал, за да премина нагоре.

Животът в ашрама си течеше спокойно и много рядко се случваше нещо, което да наруши тихия порядък на безбурното му ежедневие. Моят гуру ставаше преди изгрев слънце. Легнал или понякога седнал на кревата си, той навлизаше в състояние на *самади**. Никак не беше трудно да разбереш кога Учителят се е събудил: поразителното му хъркане** рязко спираше. После едно-две дълбоки вдишвания или понякога леко раздвижване на тялото – и потъваше в безмълвно състояние на бездихание: дълбок йогически екстаз.

---

* Букв. 'сливане'. *Самади* е блажено свръхсъзнателно състояние, в което йогът възприема тъждествеността на индивидуализираната душа с Вселенския Дух.

** Хъркането според физиолозите е признак на съвършено отпускане.

Сутрин не се закусваше – започвахме с дълга разходка край Ганг. Тези мили утринни разходки с моя гуру – колко реални и живи са все още в паметта ми! Достатъчно е само да насоча мисълта си, и картината тутакси оживява пред очите ми: ето ме, крача редом с него, утринното слънце сгрява с топлите си лъчи реката, чувам гласа му, преливащ от автентична мъдрост.

После – къпане, а след него обед, грижливо приготвен от младите ученици според ежедневните напътствия на Учителя. Моят гуру беше вегетарианец. Преди да приеме монашеството обаче в менюто му са влизали яйца и риба. Съветът му към учениците бе да се придържат към всяка проста диета, която се окаже подходяща за техния организъм.

Учителят ядеше малко. Най-често яденето му се състоеше от ориз, оцветен с куркума, сок от цвекло или спанак, леко поръсен с биволско *ги* (топено масло). Хапваше си и *дал* от леща или *чана къри** със зеленчуци. За десерт – няколко манго или портокали с оризов пудинг или сок от джакфрути (плодове на хлебно дърво).

Посетителите се появяваха в следобедните часове. Един постоянен поток от хора се вливаше от света в тишината на обителта. Моят гуру обгръщаше всеки гост с внимание и любезност. Един Учител – човек, който се е осъзнал като вездесъща Душа, а не тяло или его, вижда поразителната еднаквост на всички хора.

Непредубедеността на светците се корени в мъдростта. Те вече не се влияят от редуващите се лица на *мая;* не са подвластни на харесването и нехаресването, които объркват преценката на непросветлените люде. Шри Юктешвар нямаше специално отношение към влиятелните, богатите или знатните, нито пък пренебрегваше обикновените хора заради това, че са бедни или неграмотни. Умееше да слуша с уважение словата на истината от устата на дете, и както понякога се случваше, открито да игнорира самомнителен пандит.

Осем часа беше времето за вечеря. Понякога се случваше към нас да се присъединят и задържали се до това време гости. Моят гуру никога не би си простил да се храни сам. Никой не напускаше

---

* *Далът* е яхния от счукан грах, нахут, боб, леща или други подобни варива. *Чаната* е изцедена и пресована извара, която най-често се нарязва на кубчета и пържи с картофи, а после се подправя с къри.

ашрама му гладен или неудовлетворен. Шри Юктешвар никога не „излизаше на червено" с храната, никога не можеше да бъде изненадан от неочаквани гости – под изобретателните му напътствия към учениците и оскъдната храна се превръщаше в пиршество. Освен това той беше и икономичен – скромните му средства стигаха далеч. „Простирайте се според кесията си – казваше често той. – Разточителството ще ви докара грижи." Където и да погледнете – било в разрешаването на някакъв въпрос, свързан с прехраната в обителта, било в строителството или ремонта на нещо, или някакво друго практическо занимание – навсякъде Учителят проявяваше оригиналността на творческия си дух.

Тихите вечери често ни заварваха да слушаме една от беседите на нашия гуру: съкровища на Духа, над които времето няма власт. Всяка дума, която излизаше от устата му, беше изваяна от дълбока мъдрост. Начинът му на изразяване говореше за възвишена увереност: той беше уникален! Изразяваше се както никой друг, който някога бях познавал. Мислите си той претегляше на финните везни на разграничението, преди да им позволи словесен облик. Есенцията на Истината като нежен повей полъхваше от душата му и изпълваше цялото помещение – тя беше всепроникваща, дори в чисто физиологичен аспект. Съзнавах, че се намирам в присъствието на живо проявление на Бога. Тежестта на неговата божественост автоматично скланяше в поклон главата ми.

Ако гостите забележеха, че Шри Юктешвар се разтваря в Безпределното, той бързаше да ги въвлече в разговор. Нему не беше свойствено позьорството и парадирането с вътрешното оттегляне. Бидейки винаги едно с Господа, той не се нуждаеше от специално време за общение. Себе-осъзналият се Учител беше оставил зад гърба си трамплина на медитацията. „Цветът окапва, щом се появи плодът." Често обаче светците продължават да се придържат към някакви духовни форми, за да дават пример на учениците си.

Към полунощ моят гуру често се унасяше в дрямка с естествеността на дете. Нямаше суетене около постелята. Той често си лягаше без дори възглавница на тясното канапе, което служеше за облегалка на постелката от тигрова кожа, където обикновено седеше.

Философските дискусии до среднощ не бяха рядкост. Всеки ученик можеше да ги предизвика със силния си интерес. Тогава не чувствах нито умора, нито желание да спя – живите слова на

Учителя бяха тъй упоителни! „О, то се съмнало. Хайде да се поразходим край Ганг!" – така завършваха много от моите нощни послушания.

Кулминацията на обучението ми през ранните месеци при Шри Юктешвар беше един полезен урок на тема „Как да надхитря комарите". Вкъщи през нощта семейството ми винаги използваше защитни завеси против комари. С голяма изненада обаче установих, че в серампорската обител тази благоразумна предпазна мярка не беше на почит. А комари – колкото щеш. Бях изпохапан от главата до петите. Моят гуру взе да ме съжалява.

– Купи си една завеса против комари, а също и една за мене – и като се засмя, добави: – Ако купиш само една за себе си, всички комари ще дойдат при мене!

Приех предложението му с преизпълнено от благодарност сърце. Оттогава насетне винаги когато оставах да пренощувам в Серампор, моят гуру ми напомняше да окача завесите против комари.

Една вечер над главите ни висяха кълбета комари, а Учителят пропусна да даде обичайните си указания. Аз нервно се вслушах в зловещото пищене на насекомите. Лягайки си, отправих умилостивяваща молитва към мястото, откъдето долиташе пронизителното свистене. Половин час по-късно се прокашлях престорено, за да привлека вниманието на моя гуру. Имах чувството, че направо ще полудея от ухапванията и особено от монотонните припеви, с които комарите празнуваха кръвопиещите си ритуали.

Никаква ответна реакция от страна на Учителя. Аз станах и предпазливо тръгнах към него. Приближих го и изведнъж се заковах на място – той въобще не дишаше! За първи път ми се случваше да го наблюдавам от непосредствена близост, докато се намира в йогически транс. Овладя ме боязън.

„Трябва да му е спряло сърцето!" – помислих си и доближих едно огледалце до ноздрите му. То не се запоти. За да се уверя напълно, защипах устата и ноздрите му с пръсти в продължение на няколко минути. Тялото му беше студено и неподвижно. В следващия миг се обърнах към вратата за помощ.

– А-ха! Експериментатор!... Горкият ми нос! – Учителят се тресеше от смях. – Защо не си лягаш? Да не искаш целият свят да се промени заради тебе? Промени себе си – избави се от съзнанието за комарите.

Аз смирено се върнах в кревата. Повече нито едно насекомо не се осмели да ме приближи. Осъзнах, че моят гуру се беше съгласил да окачваме защитните завеси само за да ми угоди. Комарите никак не го плашеха. С йогическата си сила той можеше или да ги спре да го хапят, или ако пожелае, да се оттегли във вътрешната неуязвимост.

„Той ми е демонстрирал йогическото състояние, към което трябва да се стремя" – мислех си аз. Истинският йоги трябва да може по всяко време да навлиза в състоянието на свръхсъзнание и да остава в него, независимо от многобройните разсейващи обекти, които никога не липсват на тази земя – бръмченето на насекомите, ослепителния блясък на слънчевата светлина! В първото състояние на *самади – сабикалпа самади,* търсещият Бога изключва целия сетивен информационен поток на външния свят. Наградата му за това са звуци и картини от вътрешните селения по-дивни и от „изгубения рай"!*

Покрай комарите научих още един полезен урок по време на ранния си престой в ашрама. Беше тиха и спокойна вечер. Здрачаваше се. Моят гуру правеше безподобните си тълкувания на древните текстове. Седнал в нозете му, аз го слушах и душата ми се пълнеше със съвършен мир. В този момент един нахален комар наруши идилията и започна набезите си. В мига, в който заби отровната си „подкожна инжекция" в бедрото ми, аз машинално вдигнах ръка за отмъщение. И тъкмо да довърша екзекуцията, си спомних афоризма на Патанджали за *ахимса* (не-навреждане)**.

– Защо не довърши започнатото?
– Учителю! Нима проповядвате отнемане на живот?
– Не, но в ума си ти вече нанесе смъртоносния удар.
– Не разбирам.
– Смисълът, който Патанджали влага в *ахимса,* е премахване на *желанието* да се убива – за Шри Юктешвар умствените ми процеси бяха отворена книга. – Този свят е доста неподходящо

---

* Свръхсетивните способности на йогите, които им позволяват да виждат, чуват и усещат вкус, мирис и допир без външни сетивни органи, са описани в *Таитиря Араняка* по следния начин: „Слепецът пробил перлата, безръкият я нанизал, безвратият сложил огърлицата, а немият почнал да я възхвалява".

** „В присъствието на свят човек, съвършено установен в *ахимса* ('не-насилие'), нито едно създание не изпитва враждебност" (Йога сутри II:35).

място за буквално прилагане на *ахимса*. Хората често са принудени да унищожават вредни твари. Но не е казано, че трябва да изпитват гняв или омраза. Всички форми на живот имат равно право на въздуха на *мая*. Светецът, който разбулва тайната на творението, ще бъде в хармония с безбройните противоречиви проявления на природата. Всеки човек може да разбере тази истина, като преодолее разрушителните страсти в себе си.

– Гуруджи, трябва ли човек да се остави да бъде разкъсан от дивия звяр, или по-скоро той трябва да убие звяра?

– Не, човешкото тяло е по-ценно. То има най-високия еволюционен потенциал заради уникалния мозък и гръбначни центрове. Те позволяват на напредналия йоги да осъзнае и изживее най-възвишените аспекти на божествеността. Нито една по-низша форма не е снабдена с тях. Да, вярно, човек си навлича второстепенен грях, ако бъде принуден да убие животно или друга жива твар, но свещените *Шастри* учат, че неоправданата загуба на човешкото тяло е сериозно престъпване на кармичния закон.

Въздъхнах облекчено. Свещените писания в подкрепа на естествените ни инстинкти! Не се случва всеки ден да чуеш подобно нещо.

Учителят, доколкото ми е известно, никога не се е срещал очи в очи с леопард или с тигър. Но веднъж срещу него се изправила една смъртоносна кобра, която била покорена от любовта му. Неочакваната среща станала в Пури, където моят гуру имаше обител, недалеч от брега на морето. Свидетел на случката беше Прафула, един ученик, когото Шри Юктешвар беше приел да обучава през последните години от живота си на земята.

„Седяхме си навън край ашрама – заразказва Прафула, – когато, не щеш ли, наблизо изскочи една кобра, метър и половина – направо ми се смрази кръвта от ужас! Устреми се право към нас с гневно издута „качулка". Учителят ѝ се засмя приветливо, сякаш на дете. Останах втрещен! Не можех да повярвам на очите си. Шри Юктешвар запляска ритмично с ръце!* Почна да забавлява

---

* Кобрата напада всеки движещ се предмет в нейния обсег. В повечето случаи единствената надежда за спасение е да замръзнеш неподвижно на мястото си и да чакаш.

В Индия, където годишно се регистрират около пет хиляди случая на ухапвания от кобри, хората изпитват голям страх от тях.

страховития посетител! Застинах на мястото си, като вътре в себе си отправях горещи молитви. Змията, сега съвсем близо до Учителя, застана неподвижно на едно място, явно омаяна от гальовното му отношение. Ужасяващата „качулка" постепенно се сви. По едно време тя се шмугна между краката на Шри Юктешварджи и изчезна в храсталаците.

Защо трябваше да движи ръцете си и защо кобрата не ни нападна, не можах да си го обясня по никакъв начин. Но оттогава знам, че нашият божествен гуру няма страх, че ще бъде ухапан или разкъсан от някой звяр" – завърши Прафула.

Един следобед през първите месеци от пребиваването ми в ашрама срещнах погледа на Шри Юктешвар, който изпитателно се беше спрял върху мен.

– Мукунда, слабоват ми се виждаш нещо.

Забележката му удари болното ми място. Знаех за хлътналите си очи и мършавото тяло. Хроничната диспепсия ме преследваше от детството ми. Рафта в моята стая у дома беше отрупан с поне дузина шишета с всевъзможни тонизиращи лекарства. Нищо не помагаше. Понякога в отчаянието си дори се питах струва ли си въобще да живее човек в такова нездраво тяло.

– Лекарствата имат предел на възможностите. Божествената съзидателна жизнена сила не познава ограничения. Повярвай в това и ще станеш здрав и силен.

Тези думи на Учителя моментално ме убедиха, че ще мога да приложа успешно тази истина в собствения си живот. Никой друг лечител (а аз бях пробвал доста) не беше успял да събуди у мен такава дълбока вяра.

От ден на ден здравето и силата ми укрепваха. За две седмици благодарение на скритата благословия на Шри Юктешвар аз качих килограмите, които напразно се мъчех, но все не можех да натрупам в миналото. Стомашните ми неразположения изчезнаха завинаги.

По-късно често ми се случваше да имам привилегията да стана свидетел на мигновено божествено изцеление, което моят гуру даваше на лица, страдащи от диабет, епилепсия, туберкулоза или парализа.

– Преди години и аз като тебе бях притеснен за килограмите си – разказа Учителят скоро след като ме беше излекувал. – Докато се възстановявах от жестока болест, посетих Лахири Махашая в Бенарес. „Учителю – казах му, – много съм болен, загубих много килограми." Той спря очите си върху мен и рече: „Виждам, Юктешвар*, докарал си се до това състояние, а сега си мислиш, че си слаб". Да си призная, не очаквах подобен отговор от него. Но после моят гуру добави окуражително: „Чакай да видим – сигурен съм, утре ще си по-добре".

Отзивчивият ми ум прие думите му за намек, че той тайничко ме лекува. На следващата сутрин аз го потърсих и извиках от радост: „Учителю, днес се чувствам много по-добре!". – „Да, виждам! Днес дърпаш енергия" – усмихна се той. Възразих: „Не, Учителю, вие сте този, който ми помага! За първи път от седмици имам енергия". – „О, да! Но... като се замисля... тя болестта ти май е доста сериозна... Тялото ти още е болнаво. Знае ли човек какво може да му се случи до утре..."

При мисълта за евентуално завръщане на болестта ме побиха студени тръпки. На следващата сутрин едва се довлякох до дома на Лахири Махашая. „Учителю, пак съм болен." Моят гуру ме изгледа въпросително: „Тъй, значи пак почна да се настройваш против себе си".

Търпението ми се изчерпа. „Гурудева – казах аз, – вече разбирам, че вие всъщност през цялото време сте ме вземали на подбив. Не разбирам защо не вярвате на това, което ви казвам." Гуру ме погледна топло и рече: „Твоите мисли те караха да се чувстваш ту слаб, ту силен. Ти сам видя как здравето ти точно следва подсъзнателните ти очаквания. Мисълта е сила също като електричеството и гравитацията. Човешкият ум е искрица от всемогъщото съзнание на Бог. Ако искаш, мога да ти покажа как всяко нещо, в което мощният ти ум вярва много силно, се случва на мига". Знаейки, че думите на Лахири Махашая всякога тежат намясто, аз се обърнах към него с дълбоко благоговение и признателност: „Учителю, ако започна да си мисля, че съм здрав и че съм възвърнал предишното си тегло, ще се случи ли това?". – „Виждам как точно в този

---

* В действителност Лахири Махашая се обърнал към Учителя с „Прия", малкото му име, а не с „Юктешвар" (монашеското, което моят гуру получил по-късно, след края на земния път на Лахири Махашая). (Виж стр. 154.)

Тук и на още няколко места в книгата аз нарочно казвам „Юктешвар", за да се избегне объркването.

момент това вече се случва" – каза сериозно моят гуру, без да откъсва поглед от очите ми. В същия миг почувствах как нараства не само силата, но и теглото ми. Лахири Махашая потъна в тишина.

След няколко часа в нозете му, аз се върнах в дома на майка ми, където бях отседнал по време на престоя си в Бенарес. „Сине, какво ти има? Да нямаш воднянка!" – майка ми не можеше да повярва на очите си. Тялото ми изглеждаше толкова напълняло и здраво – също както преди болестта. Претеглих се и разбрах, че за един ден бях качил двайсет и три килограма! Оттогава не съм падал под това тегло. Приятели и познати, които познаваха слабосилната ми фигура, бяха смаяни. В резултат на това чудо мнозина от тях промениха начина си на живот и станаха ученици на Лахири Махашая.

Моят гуру, бидейки буден в Бог, знаеше, че този свят не е нищо повече от обективизирано съновидение на Твореца. Тъй като Лахири Махашая напълно осъзнаваше единосъщието си с Божествения Съновидец, той можеше да материализира, дематериализира или да направи каквито промени си пожелае със съновните атоми на проявения свят.*

– Всеобщ закон управлява цялото Мироздание – каза в заключение Шри Юктешвар. – Принципите, които действат във външната Вселена и които учените могат да открият, се наричат природни закони. Но освен тях има и невидими закони, които управляват скритите духовни нива и вътрешния свят на съзнанието. Тези принципи могат да бъдат познати чрез науката йога. Не физикът, а Себе-осъзнатият Учител е този, който схваща истинската природа на материята. Посредством това познание Христос е могъл да залепи ухото на слугата, отсечено от един от учениците му.**

Моят гуру беше несравним тълкувател на свещените текстове. Много от най-щастливите ми спомени са свързани с неговите беседи. Той обаче никога не хвърляше бисерните си мисли на вятъра

---

* „Затова ви казвам: Всичко, каквото поискате в молитва, вярвайте, че сте го получили, и ще ви се сбъдне" (Марк 11:24). Будните в Духа Учители са в състояние по всяко време да прехвърлят божествената си осъзнатост в напредналите си ученици, както в случая Лахири Махашая сторил с Шри Юктешвар.

** „И един от тях удари слугата на първосвещеника и му отсече дясното ухо. Отговори Исус и рече: Оставете, спрете се! И като се допря до ухото му, изцери го" (Лука 22:50–51).

на невниманието и незаинтересоваността. Едно неспокойно движение на тялото или леко разсейване бяха достатъчни, за да прекъсне изложението си по средата.

– Ти не си тук – прекъсна тълкуванието си Шри Юктешвар един следобед с тази бележка. Както винаги, той зорко следеше мислите ми.

– Гуруджи – възнегодувах аз, – не съм се помръдвал, дори клепачите ми не са потрепвали! Мога да повторя всяка дума, която излезе от устата ви!

– И все пак, ти не следеше мисълта ми с цялото си внимание. В отговор на твоето възражение ще си позволя да отбележа, че една част от съзнанието ти беше заета с основаването на три религиозни института. Единият беше обител в гориста равнина, другият – на една малка планина, а третият – на брега на океана.

Тези неясно формулирани мисли наистина присъстваха в мен почти подсъзнателно. Погледнах го виновно.

– Какво ще правя с Учител като вас, който чете дори случайните ми мисли!

– Ти ми даде това право. Невидимите истини, които разяснявам, могат да се схванат само със стопроцентова концентрация. Ако необходимостта не го налага, аз никога не нахлувам в личното пространство на мислите на хората. Естествено право на всеки човек е да се рее тайничко в мислите си. Дори Господ не влиза там, ако не е поканен. Аз също не бих си го позволил, ако не бях поканен.

– Винаги сте добре дошъл, Учителю!

– Архитектурните ти мечти ще се материализират по-късно. Сега е време за учене!

Така, непринудено и естествено, с присъщата си простота, моят гуру ми разкри, че знае за идването на три значими събития в моя живот. Още в детските ми години пред вътрешното ми око изникваха три загадъчни здания, всяко в различен географски регион. Те приеха видима форма точно в последователността, която Шри Юктешвар посочи. Първо основах йога училище за момчета в една равнина край Ранчи, после – духовен център в Америка, разположен на едно възвишение край Лос Анджелис, и накрая – обител в Енсинитас, Калифорния, на самия бряг на Тихия океан.

Учителят никога не заявяваше надменно: „Предсказвам, че ще

се случи такова и такова събитие!". Той по-скоро намекваше: „Не мислиш ли, че еди-какво си би могло да се случи?". Но простите му думи криеха пророческа сила. Той никога не се отмяташе, защото леко завоалираните му предсказания неминуемо се сбъдваха.

Шри Юктешвар по природа беше сдържан и рационален в поведението си. Той не беше от хората, които хранят неясни мечти или строят въздушни кули. Краката му бяха здраво стъпили на земята, а главата му – закотвена в небесния пристан. Възхищението му будеха практичните хора. „Святост не означава да не можеш да се справяш в ежедневния живот! Възприемането на Божественото не ни лишава от физическите ни способности – често казваше той. – Активното прилагане на добродетелите е път към развитие на интелекта."

Моят гуру с неохота се съгласяваше да обсъжда свръхестествените светове. Около него имаше една-единствена „чудодейна" аура и това беше съвършената му простота. В разговор той избягваше да говори за изумителни неща, затова пък действията му сами говореха за себе си. Много учители говореха за чудеса, но не можеха да извършат нито едно. Шри Юктешвар, за разлика от тях, рядко споменаваше за невидимите закони, но тайничко ги задвижваше, когато се налага.

– Просветленият човек не извършва чудеса, докато не получи вътрешно одобрение – обясняваше Учителят. – Бог не желае тайните на Неговото творение да бъдат разкривани безразборно.* Освен това всеки индивид в света има лично и неотменимо право на свободна воля. Светецът няма да посегне на тази независимост.

Мълчаливостта, обичайна за Шри Юктешвар, беше естествено продължение на дълбокото му възприемане на Безкрайното. На него не му оставаше време за нескончаеми „откровения", с каквито изпълват дните си учителите без духовна реализация. Една поговорка от индуистките свещени писания казва така: „В плитките умове рибите на дребните мисли причиняват много вълнички. В океанските умове китовете на вдъхновението не нарушават покоя на гладката повърхност".

Заради непретенциозния вид и държание на моя гуру, само

---

* „Не давайте свято нещо на псетата, нито хвърляйте бисера пред свините, за да не ги стъпчат с краката си и като се обърнат, да ви разкъсат" (Матей 7:6).

малцина от съвременниците му разпознаха в него Свръхчовека. Поговорката „Глупав е онзи, който не може да скрие мъдростта си" със сигурност не важеше за моя мъдър и тих Учител.

Макар роден смъртен като всички останали, Шри Юктешвар отдавна беше постигнал единосъщие с Владетеля на времето и пространството. Човешкото и божественото у него се сливаха в едно. Осъзнах, че за него не съществува разделителна линия между тях и че тя е само в главите на духовно непредприемчивите хора.

Винаги когато докосвах светите нозе на Шри Юктешвар, ме полазваха тръпки. Ученикът се намагнетизира духовно при благоговейния контакт с Учителя. Генерира се фин ток, който обгаря нежеланите навични механизми в мозъка на последователя и браздичките на светските му наклонности там претърпяват благотворни промени. Макар и за миг, той може да види как тайнствените воали на *мая* се вдигат, и да съзре реалността на блаженството. Винаги когато по индийски обичай коленичех пред моя гуру, пречистващите лъчи на неговата освобождаваща светлина пронизваха цялото ми тяло.

– Дори когато Лахири Махашая мълчеше – разказваше ми Учителят – или разговаряше по друга, не строго религиозна тема, аз откривах, че той пак ми е предал неизразимо знание.

По същия начин ми действаше и Шри Юктешвар. Когато се случваше да вляза в обителта разтревожен или равнодушен, отношението ми неусетно се променяше. Изцеляващ покой се спускаше върху душата ми още с първия поглед на гуру. Всеки ден с него беше ново изживяване на радост, мир и мъдрост. Никога не го видях в заблуда или емоционално отровен от алчност, гняв или някаква човешка привързаност.

– Мракът на *мая* се спуска тихо и неусетно. Да побързаме да се оттеглим във вътрешната стаичка – с това предупреждение Учителят постоянно напомняше на учениците си нуждата от практикуване на *крия йога*. Понякога някой нов ученик изразяваше съмнение, че е недостоен да се занимава с йога практика.

– Забрави миналото – утешаваше го Шри Юктешвар. – Миналите животи на всички хора са очернени с много срамни епизоди. Човешкото поведение всякога е ненадеждно, докато не се закотви в Божественото. Всичко в бъдеще ще се подобри, ако сега направиш духовно усилие.

В ашрама на Учителя винаги можеше да видиш млади *чела* (ученици). На тяхното интелектуално и духовно образование той беше посветил целия си живот. Дори малко преди да отмине от този свят, той прие за обучение в обителта две шестгодишни момченца и един юноша на шестнайсет години. Всички, за които беше поел отговорност, се обучаваха грижливо – ученик и дисциплина* са етимологично и практически свързани.

Обитателите на ашрама обичаха и уважаваха своя гуру. Само да плесне с ръце – и всички тутакси се струпваха около него. Когато беше замислен или вглъбен в себе си, никой не смееше да го заговори, а когато смехът му кънтеше весело, децата виждаха в него един от себе си.

Шри Юктешвар рядко молеше другите да му направят лична услуга, и не приемаше помощ от учениците си, ако тя не се предлагаше от сърце. Учителят сам изпираше дрехите си, ако учениците забравеха тази привилегия.

Обичайното му облекло бе традиционната охрена роба на свами. В обителта той носеше обувки без връзки, които сам беше изработил в съответствие с йогическия обичай – от тигрова или еленова кожа.

Шри Юктешвар говореше свободно английски, френски, бенгалски и хинди. Познанията му по санскрит бяха доста добри. Той търпеливо помагаше на младите си последователи в овладяването на английския и санскрита по един остроумно измислен от самия него съкратен метод на изучаване.

Учителят не беше привързан към тялото си, по-скоро се отнасяше внимателно към него. „Божественото – казваше той – най-добре се проявява в здрав ум и тяло." Не одобряваше крайностите. На един ученик, който искаше да предприеме дълъг пост, моят гуру само се усмихна и рече: „Защо да не хвърлиш един кокал на кучето?".**

Шри Юктешвар се радваше на превъзходно здраве – никога не го видях болен.*** В знак на уважение към светския обичай той

---

* На английски съответно disciple и discipline. – *Бел. прев.*

** Моят гуру одобряваше гладуването и казваше, че то е идеално средство за пречистване на организма, но този ученик стигаше до крайности с тялото си.

*** В мое отсъствие е боледувал веднъж в Кашмир (виж стр. 264–265).

позволяваше на учениците си, ако желаят, да се консултират с лекар. „Докторите – казваше той – трябва да продължат да лекуват, прилагайки Божиите закони към материята." Но той не пропускаше случая да изтъкне превъзходството на умствената терапия и често повтаряше: „Мъдростта е най-добрият лек". На своите чела той казваше така: „Тялото е ненадежден приятел. Дайте му дължимото, но нито грам повече. Болката и удоволствието са преходни. Устоявайте на дуалностите със спокойствие, опитвайки се в същото време да се откопчите от тяхната власт. Въображението е вратата, през която навлизат както болестта, така и здравето. Не вярвайте в реалността на болестта дори когато не се чувствате добре – непризнатият посетител ще си отиде!".

Сред учениците на Учителя имаше и много лекари.

– Тези, които са изучили физиологията, трябва да отидат отвъд нея и да изучат и науката за душата – казваше им той. – Невидимата духовна структура е скрита непосредствено зад телесната машина.*

Шри Юктешвар съветваше учениците си да станат живи примери на ценностите на Изтока и Запада. Във външния си живот той самият беше отявлен западен рационалист, а вътрешно в него живееше духовният ориенталец. Той ценеше прогресивността, находчивостта и хигиената на Запада и възхваляваше религиозните идеали, обгърнали Изтока във вековен ореол.

Дисциплината не беше нещо ново за мене: у дома баща ми беше стриктен, а Ананта – често суров. Възпитанието на Шри Юктешвар обаче не може да се опише другояче, освен като драстично. Перфекционист по природа, моят гуру беше свръхкритичен към учениците си – било в изпълнението на някаква възложена

---

* Шарл Робер Рише, дързък медик и изключителен експериментатор, лауреат на Нобелова награда за психология, пише следното: „Метафизиката все още не е официално призната от науката, но скоро и това ще стане. (...) В Единбург пред сто физиолози аз успях да защитя тезата, че нашите пет сетива не са единствените канали, по които ние получаваме информацията. Има една Висша Реалност, едно Висше Знание, което ни осенява и по други пътища. (...) Това, че нещо е рядкост, далеч не означава, че то въобще не съществува. Или ако ние не можем да проумеем дадена материя, означава ли това, че тя е лишена от смисъл? Онези, които се надсмиват на метафизиката, обявявайки я за окултна наука, един ден ще се срамуват от себе си – също като скептиците, които някога се надсмиваха на алхимията заради амбицията ѝ да намери „философския камък"... Колкото до принципите, аз признавам само тези на Лавоазие, Клод Бернар и Пастьор – *експериментиране* навсякъде и във всичко. Така че, да приветстваме новата наука, която ще промени из основи човешкото мислене".

задача, било в тънките нюанси на обикновеното поведение.

– Добри обноски без искреност са като красива мъртва дама – отбелязваше той при подходящ случай. – Прямота без учтивост е като скалпел на хирург – ефективна, но болезнена. Откровеност в комбинация с вежливост е полезна и достойна за възхищение.

Учителят, изглежда, беше доволен от духовния ми напредък, защото рядко говореше за него. Но пък ме кореше за други неща. Главните ми провинения бяха разсеяността, периодичното изпадане в тъжно настроение, неспазването на определени правила на етикета и понякога – липса на системност.

– Вземи за пример баща ти Багабати. Забележи колко добре организирани и добре балансирани са дейностите му – подчертаваше моят гуру. Двамата ученици на Лахири Махашая се срещнаха скоро след първото ми посещение в серампорската обител. Баща ми и Учителят таяха дълбоко уважение един към друг. Двамата бяха построили красивия си вътрешен живот върху фундамента на духовния гранит, срещу който вековете нямаха шанс.

От мимолетните учители в детските ми години аз бях усвоил няколко грешни урока. Беше ми казано например, че не е необходимо един *чела* да изпълнява с усърдие мирските си задължения. И съответно, когато пренебрегнех или се отнесях небрежно към поставените ми задачи, не ме наказваха. Човешката природа много лесно възприема подобен подход. Но под безпощадния жезъл на Учителя аз скоро се събудих от приятните илюзии на безотговорността.

– Тези, които са твърде добри за този свят, вече украсяват някой друг – отбеляза един ден Шри Юктешвар. – Докато дишаш свободния въздух на земята, си задължен да се отплащаш с благодарно служене. Само този, който е овладял до съвършенство бездиханното състояние*, е свободен от космическите императиви. – Накрая добави сухо: – Няма да пропусна да ти съобщя, когато постигнеш върховното съвършенство.

Моят гуру не можеше да бъде подкупен, дори с любов. Той не проявяваше снизхождение нито към мен, нито към другиго, който, подобно на мен, беше предложил от все сърце да стане негов ученик. Независимо дали бяхме заобиколени от учениците му или от непознати, или пък бяхме насаме, той винаги ми говореше прямо

---

* *Самади:* свръхсъзнание.

и мекореше остро. И най-дребното изпадане в повърхностно мислене или непоследователност не можеше да избегне укора му. Това отношение, което целеше да смачка егото, беше трудно за понасяне, но аз бях твърдо решен да съдействам на Шри Юктешвар да изглади всичките ми психологически гънки. Докато той работеше над тази титанична трансформация, аз много пъти бях разтърсван под тежестта на дисциплиниращия му чук.

– Ако не ти харесват думите ми, може да си тръгнеш по всяко време – уверяваше ме Учителят. – За мен най-важното е твоето усъвършенстване. Остани само ако чувстваш, че имаш полза.

Думи нямам да изкажа благодарността си, безкрайната си благодарност за всеки негов смиряващ удар по моята суетност. На моменти чувствах как той, образно казано, намира и изважда един по един болните зъби в моята метафорична челюст. Трудно е да изтръгнеш човешкия егоизъм из корен, освен чрез груба сила. След като той си отиде, Божественото най-накрая намира канал, през който безпрепятствено да протича. То напразно се мъчи да проникне през твърдото като камък сърце на себичността.

Интуицията на Шри Юктешвар беше толкова безпогрешна, че без да обръща внимание на забележките ни, той често отговаряше на неизказаните ни мисли. Думите, които човек изговаря, и мислите, които се крият зад тях, често сериозно се разминават.

– Опитвай се чрез вътрешен покой да усещаш мислите зад плетеницата на човешкото многословие – казваше моят гуру.

Разкритията на божественото провиждане често са болезнени за светските уши. Затова Учителят не беше популярен сред повърхностните ученици. Мъдрите, винаги малко на брой, го уважаваха дълбоко.

Осмелявам се да твърдя, че Шри Юктешвар би бил най-следваният гуру в Индия, ако не беше толкова прям и критичен.

– Аз съм строг с тези, които идват при мен за обучение – призна ми той един ден. – Това е моят стил. Или го приемаш, или го отхвърляш. Аз компромиси не правя. Но ти ще бъдеш много по-мек със своите ученици – това е твоят стил. Аз се опитвам да пречиствам само чрез огъня на строгостта, чиито изгаряния не могат да бъдат понесени от обикновените хора. Нежният подход на любовта също преобразува. Твърдите и меките стилове са еднакво ефективни, ако се прилагат с мъдрост – и като помълча, добави:

– Ти ще отидеш в други страни, където грубото потъпкване на егото не е приемливо. Един Учител не може да разпространи посланието на Индия на Запад, ако не притежава богат запас от услужливо търпение и снизхождение. (Отказвам да кажа колко често в Америка ми се налагаше да си спомням тези думи на Учителя!)

Заради откровената си реч Шри Юктешвар нямаше голям брой ученици приживе, но днес неговият дух е жив и шества по света чрез непрекъснато увеличаващия се брой искрени последователи на учението му. Пълководци като Александър Македонски завладяват земи. Учители като Шри Юктешвар гледат отвъд земите – към вечните владения в човешките души.

Веднъж баща ми посети Серампор, за да засвидетелства уважението си към Шри Юктешвар. Той по всяка вероятност очакваше да чуе някакви хвалебствени думи по мой адрес, но остана шокиран, като му изредиха дълъг списък с неща, по които още имам да работя. Такава беше практиката на Учителя – да посочва обикновените, незначителни пропуски на учениците си, придавайки им огромна сериозност. Баща ми, естествено, се втурна да ме търси.

– От забележките на твоя гуру разбирам, че напълно си се провалил! – той не знаеше да плаче ли, да се смее ли.

Единствената причина за недоволството на Шри Юктешвар по това време беше, че аз се опитвах, въпреки мекия му намек, да привлека един човек към духовния път.

Изпълнен с негодувание, аз побързах да намеря своя гуру. Той ме прие с наведени очи, сякаш съзнаваше вината си. Това беше единственият път, когато видях Божествения лъв кротнал. Напълно се насладих на уникалния момент!

– Учителю, защо сте ме осъдили така безмилостно пред смаяния ми баща? Справедливо ли е това според вас?

– Няма да го правя повече – отвърна Шри Юктешвар с извинителен тон.

Моментално бях обезоръжен. С каква готовност този велик човек призна вината си! Макар никога повече да не разклати душевния мир на баща ми, Учителят продължи с безмилостните си „дисекции" по мен когато и където намери за добре.

Новите ученици често се присъединяваха към Шри Юктешвар в безпощадната му критика към другите. Мъдри като своя гуру! Образци на безупречно разграничаващи умове! Но този, който предприема настъпление, първо трябва добре да организира собствената си защита. Същите тези придирчиви ученици обаче се втурваха да бягат презглава, щом Учителят пред очите на всички пуснеше някоя и друга стрела от аналитичния си колчан в тяхна посока.

– Чувствителните вътрешни слабости, които се сопват срещу нежния досег на упрека, са като рани по тялото на човек, който охка дори при внимателна манипулация – беше веселият коментар на Шри Юктешвар по повод на бегълците.

Имаше и доста ученици, които идваха при Шри Юктешвар с някакъв предварително изграден образ за гуру и според него съдеха за думите и постъпките му. Такива хора често се оплакваха, че не го разбират.

– Значи не разбирате и Бог! – отвърнах аз по един повод. – Ако можехте да разберете един светец, вие самите щяхте да бъдете светци! Възможно ли е да си заобиколен от стотици милиарди мистерии, дишащи ежесекундно необяснимия въздух, и да имаш смелостта да твърдиш, че можеш веднага да разбереш необятната природа на един светец?

Учениците идваха и често си тръгваха. Тези, които жадуваха за лесен път и тръпнеха в очакване към тях да потекат реки от елейни слова и мили похвали за заслугите, просто не ги намираха в обителта. Учителят предлагаше на учениците си приют и водачество за еони, но мнозина освен това скъпернически държаха да получат и балсам за егото си. Те напускаха, предпочитайки безбройните унижения на живота пред смирението на ученичеството. Парещите лъчи на Шри Юктешвар, свободно проникващите слънчеви лъчи на неговата мъдрост, бяха твърде силни за духовните им болежки. Те търсеха някой по-незначителен учител, който, пазейки ги от светлината с чадъра на своите ласкателства, ще ги оставя да си подремват капризно в сянката на неведението.

През първите месеци с Учителя бях много чувствителен към неговите упреци. Скоро обаче забелязах, че те са запазени само за онези, които като мен бяха поискали неговата словесна „вивисекция". Ако някой ученик, обиден, възразеше срещу него, Шри Юктешвар, без да се засяга, потъваше в мълчание. Думите му никога не бяха гневни, а изпълнени с хладна мъдрост.

Учителят не критикуваше случайни посетители. Той рядко коментираше техните недостатъци – дори да бяха очевидни. Но към учениците, които търсеха неговия съвет, Шри Юктешвар чувстваше сериозна отговорност. Наистина голям кураж трябва да има този гуру, който се наема да „обогати" суровата руда на пропитото с его човечество! Смелостта на светеца се корени в състраданието му към оплетените в *мая* хора – препъващите се слепци на този свят.

След като се отърсих от скритата си обидчивост, забелязах как наказанията ми чувствително намаляха. Много деликатно, почти незабележимо Учителят премина в относително милосърдие. С времето аз съборих всички стени на рационализма и подсъзнателната* резервираност, зад които обикновено се барикадира човешката личност. Наградата ми за това беше хармонизиране с гуру без каквито и да било усилия. Тогава разбрах, че той всъщност е доверчив, мил и тихо любящ. Но верен на своята природна сдържаност, той никога не изрази нежността и обичта си с думи.

Моят собствен темперамент по принцип беше набожен. Затова отначало за мен беше смущаващо, когато моят гуру, пропит от *гяна*, но видимо сух откъм *бакти***, се изразяваше главно с езика на хладната духовна математика. Но когато се настроих към неговата природа, открих не отслабване, а усилване на моя набожен подход към Бог. Себе-осъзналият се Учител е изцяло в състояние да води своите разнолики ученици по естествените пътеки на техните природни склонности.

Общуването ми с Шри Юктешвар беше доста оскъдно на думи, но то притежаваше скрито красноречие. Често долавях как мълчаливо чете мислите ми и полага подписа си под тях, правейки думите излишни. Седнал кротко край него, усещах как неговата

---

* „Свръхсъзнанието е замислено от Твореца като венец на нашето съзнателно и подсъзнателно съществуване" – изтъква раби Израел Х. Левинтал на една лекция в Ню Йорк. – Още преди години английският психолог Фредерик У. Х. Майърс изказва предположението, че „дълбоко някъде във всеки човек се крият купчина отпадъци, но и несметно съкровище". За разлика от психологията, която насочва всичките си усилия към изследване на подсъзнанието [отпадъчния материал от мисловната дейност], то новата психология на свръхсъзнанието концентрира вниманието си върху съкровището – областта, която единствено може да обясни Нещото, Което е мотивирало великите, безкористни и героични дела на хората през вековете."

** *Гяна* ('мъдрост') и *бакти* ('отдаденост') са основни пътища към Бог.

благодат тихо се излива върху цялото ми същество.

Безпристрастната справедливост на Учителя се прояви забележимо по време на лятната семестриална ваканция след първата година в колежа. С голямо нетърпение очаквах тези няколко месеца, които щях да прекарам плътно до моя гуру в Серампор.

– Поверявам ти грижата за ашрама – каза Шри Юктешвар, зарадван от възторженото ми пристигане. – Задълженията ти ще бъдат да посрещаш гостите и да наглеждаш работата на твоите другари.

Кумар, селски младеж от Източна Бенгалия, беше приет две седмици по-късно за обучение в ашрама. Забележително интелигентен, той бързо спечели симпатиите на Учителя. Незнайно защо Шри Юктешвар възприе безкритично отношение към новия си питомец.

– Мукунда, нека Кумар поеме твоите задължения. Ти се заеми с готвене и шетане – тези указания на Учителя дойдоха един месец след престоя на новото момче при нас.

Издигнал се до лидер, Кумар скоро подложи на жалка домашна тирания обитателите на ашрама. Мълком роптаейки срещу него, другите ученици продължиха да търсят мен за ежедневни съвети. Това продължи три седмици. Тогава дочух един разговор между Кумар и Учителя:

– Мукунда е невъзможен! – каза момчето. – Вие направихте мене отговорник, а те продължават да ходят при него и да го слушат.

– Ето затова го пратих в кухнята, а тебе – в приемната. За да разбереш, че достойният лидер на групата има желание да служи, а не да се налага – сразяващият тон на Шри Юктешвар беше нов за Кумар. – Ти искаше мястото на Мукунда, но не можа да докажеш, че го заслужаваш. Сега се върни към предишната си работа да помагаш на готвачите.

След този смиряващ инцидент Учителят продължи, както и преди, да проявява необяснима симпатия към него. Кой може да разгадае тайната на човешкото привличане? В лицето на Кумар нашият гуру беше открил един обаятелен извор – извор, който обаче не бликаше за другите си. Макар че новото момче, както по всичко личеше, беше любимец на Шри Юктешвар, аз не чувствах ревност. Дори Учителите имат индивидуални особености и това прави житейските закономерности още по-сложни. Моята природа рядко се повлияваше от такива незначителни неща. Аз очаквах от Шри Юктешвар по-големи облаги от външните похвали.

Един ден, без видима причина, Кумар се нахвърли срещу мен със злобни думи. Това дълбоко ме нарани.

– Почваш да се самозабравяш! – отвърнах му аз и добавих едно предупреждение, чиято истинност усещах интуитивно: – Ако не се опомниш, един ден ще те помолят да напуснеш ашрама.

Със саркастичен смях Кумар повтори забележката ми пред нашия гуру, който тъкмо влизаше в стаята. Очаквайки да бъда сгълчан, аз кротко се отдръпнах в ъгъла.

– Може би Мукунда е прав – отговори му Учителят с необичайна студенина.

Година по-късно Кумар реши да посети дома, където беше минало детството му. Той пренебрегна тихото неодобрение на Шри Юктешвар, който никога не контролираше стъпките на учениците си авторитарно. Когато след няколко месеца момчето се върна в Серампор, промяната беше повече от очевидна. Нямаше го бляскавия Кумар с ведро сияещото лице. Пред нас стоеше един простоват селски младеж, който през последните месеци беше попил доста лоши навици.

Учителят ме извика при себе си и със свито сърце сподели с мен, че момчето вече не става за монашеския живот на ашрама.

– Мукунда, оставям на теб да съобщиш на Кумар да напусне ашрама – аз не мога да го сторя! – очите на Шри Юктешвар се навлажниха, но той бързо се овладя. – Това момче никога нямаше да стигне дотук, ако ме беше послушало и не се беше събрало с лоши другари. Той отхвърли моето покровителство. Явно негов гуру все още трябва да бъде коравосърдечният свят.

Напускането на Кумар не смути душевния ми мир. Обзет от тъжни чувства, аз се питах как човек, притежаващ силата да спечели любовта на Учителя, може толкова лесно да се поддаде на евтините съблазни на света. Удоволствия като вино и секс прорастват в сърцата на хората, неизпитали Божията милост – за да им се насладиш, не се изисква особена финост на възприятието. Сетивните примамки могат да се сравнят с вечнозелен ухаен олеандър с красиви розови цветове: всички части на растението са отровни.* Живата вода, която хората слепешката търсят в хиляди други погрешни посоки, е вътре в нас и сияе от лъчезарно щастие.

Прозорливият ум е като кинжал с две остриета – отбеляза веднъж Учителят по отношение на блестящия ум на Кумар. – Той може да бъде използван или конструктивно, или деструктивно. Какво правят с кинжала? – Някои го използват за изрязване на цирея на невежеството, а други – за самоубийство. Интелектът бива насочван правилно едва когато умът осъзнае върховенството на духовния закон.

Моят гуру свободно общуваше с ученици както от мъжки, така и от женски пол, като се отнасяше с тях като със свои деца. Виждайки еднаквостта на душите, той не правеше разлика между тях и не проявяваше пристрастия.

– В съня си вие не знаете дали сте мъж или жена – казваше той. – Точно както един мъж, комуто е поверена ролята на жена, не става жена, така и душата, въплътена в ролята на мъж или жена, си остава същата душа. Душата е неизменният, абсолютен образ на Бог.

Шри Юктешвар никога не избягваше и не заклеймяваше жените като причина за „грехопадението на мъжа". Той изтъкваше, че жените също са изправени пред съблазънта на противоположния пол. Веднъж попитах Учителя защо един велик светец от древността е нарекъл жените „врата към ада".

– Изглежда, в младежките му години някоя девойка доста е завъртяла акъла му – отговори хапливо моят гуру. – По-лесно е да осъдиш жените, отколкото да си признаеш, че себеконтролът ти има „трески за дялане".

Ако някой посетител проявеше неблагоразумието да разкаже нещо, което извиква лоши асоциации, Учителят го подминаваше с мълчание.

– Не допускайте да бъдете подмамвани и бичувани от провокацията на красивото лице – казваше той на учениците си. – Как

---

* „В будно състояние човек се стреми към чувствени наслади. Когато обаче сетивата и нервната система се изтощят, той изоставя краткия празник на сетивата и отива да спи – отпуска се в блажения покой на душата, в най-съкровената си същност – пише Шанкара, великият идеолог на *Веданта*. – Свръхсетивното блаженство е съвсем близко и далеч превъзхожда по сладост сетивните наслади, приключващи винаги с разочарование и тъга."

може робуващите на сетивата да бъдат щастливи на този свят? Нежните ухания остават недоловими за тях, докато се валят в зловонната тиня на първичните инстинкти. Човекът на стихийните страсти в крайна сметка губи тънкия усет за красивото.

Учениците, които се опитваха да се избавят от сексуалната заблуда, с която *мая* оплита хората във властта си, получаваха от Шри Юктешвар търпелив и пълен с разбиране съвет:

– Точно както целта на яденето е задоволяване на глада, а не лакомия, така и половият инстинкт е насаден от природата единствено и само за продължаване на рода, а не за разпалване на неутолими копнежи – казваше той. – Унищожете грешните желания сега, защото в противен случай те ще останат с вас и след като астралното тяло се отдели от физическата си обвивка. Дори когато плътта е слаба, умът трябва постоянно да се съпротивлява. Ако изкушението ви нападне със страшна сила, преодолейте го чрез обективен анализ и несломима воля. Всяка страст може да бъде овладяна.

Пазете жизнените си сили. Бъдете като обширен океан, който спокойно поглъща вливащите се реки на сетивата. Ежедневно подновяваните сетивни желания източват вътрешния ви мир. Те са като пробойни по резервоар, откъдето живите води на вътрешния покой изтичат и се загубват в жадните пустинни пясъци на материализма. Мощният активиращ импулс на грешното желание е най-големият враг на човешкото щастие. Бродете из джунглата на света с мощни скокове, като лъвове на себеконтрола – не си играйте на котка и мишка със заблуждаващите сетива!

Последователят, който не се предава, накрая се освобождава от всички натрапчиви импулси на инстинктите. Той трансформира потребността си от човешка обич в стремеж само към Бог – към тихата Му любов, защото е вездесъща.

Майката на Шри Юктешвар живееше в бенареския район Рана Махал, където за пръв път бях посетил моя гуру. Макар блага и мила жена, тя беше от онези души, които стават смайващо непреклонни, когато работата опре до отстояване на позиции. Веднъж, застанал на техния балкон, слушах разговор между майка и син. Със спокойния си и благоразумен тон Учителят се опитваше да я убеди за нещо. Явно обаче това не му се удаваше, защото тя енергично клатеше глава:

– Не, не... Остави ти тая работа, сине! Мъдрите ти слова не са за мене. Аз не съм ти ученичка!

Шри Юктешвар се отдръпна назад и замълча като дете, на което са му се скарали. Бях дълбоко трогнат от голямото уважение, което той хранеше към майка си, дори при нейните колебливи настроения. Тя продължаваше да вижда в него своето малко момче, а не светец. В този дребен спор имаше някакъв особен чар. Той хвърли допълнително светлина върху необикновената природа на моя гуру – вътрешно смирен и външно непреклонен.

Монашеските правила забраняват на един свами да запази връзката си със света, след като веднъж официално се е отрекъл от него. По тази причина той не може да изпълнява церемониални семейни обреди, които са задължителни за един глава на семейство. Обаче Свами Шанкара, реорганизатор на древния Орден на свамите, е пренебрегнал тази възбрана. След смъртта на обичната си майка той кремирал тялото й с небесни мълнии, които се изсипали от вдигнатите му ръце.

Шри Юктешвар също заобикаляше възбраните, макар и не толкова зрелищно. Когато майка му се помина, той организира службата по кремацията й край свещената река Ганг в Бенарес и нахрани много *брамини,* както изисква обичаят от един глава на семейство.

Възбраните на *Шастрите* целят да помогнат на свамите да преодолеят тясното човешко отъждествяване. Шри Юктешвар и Шанкара напълно бяха „съединили" съществата си с Духа и пребъдваха с пълна сила в Него, затова нямаха нужда от помощни правила. Учителите понякога нарочно престъпват канона, за да покажат, че принципите му са по-важни от формата и че тези принципи съществуват независимо от формата. Така Исус къса житни класове в деня за почивка, а в отговор на неизбежните критики казва: „Съботата е направена за човека, а не човек за съботата".*

Като изключим свещените писания, Шри Юктешвар четеше малко. Въпреки това той винаги беше запознат с най-новите научни открития и другите постижения в областта на знанието.**

---

* Марк 2:27.
** Когато пожелаеше Учителят можеше на мига да улови мислите на даден човек (йогическа сила, упомената в *Йога сутрите* III:19 на Патанджали). Способността да

Блестящ събеседник, той изпитваше истинска наслада да обменя мнения по безброй теми с гостите си. Забавната духовитост и веселият, безгрижен смях на моя гуру оживяваха всяка беседа. Често сериозен, той обаче никога не биваше мрачен.

– Не е нужно заради търсенето на Господ хората да „помрачават лицата си" – казваше той, цитирайки Библията.* – Помнете: намиране на Бог означава погребение на всички скърби.

Мнозина от философите, професорите, адвокатите и учените, идвайки за първи път в обителта, очакваха да се срещнат с ортодоксален благочестивец. Често надменните им усмивки или иронично-пренебрежителни погледи издаваха, че новодошлите не очакват нищо повече от няколко набожни баналности. Но щом влезеха в разговор с Шри Юктешвар и откриеха, че той притежава точни познания в техните специализирани научни области, посетителите малко неохотно си тръгваха от обителта.

Моят гуру беше мил и приветлив с гостите. Посрещаше ги с чаровна сърдечност. Но понякога се случваше някои непоправими егоисти да получат отрезвяващ шок. Те се сблъскваха със студено безразличие и твърда опозиция: лед и стомана!

Веднъж един известен химик кръстоса шпага с Шри Юктешвар. Посетителят не допускаше съществуването на Бог – дотолкова, доколкото науката още не била разработила способ за откриването Му.

– Значи поради някаква незнайна причина още не сте успели да изолирате Върховната Сила във вашите епруветки – каза Учителят, като го гледаше строго, без да откъсва очи от него. – Препоръчвам Ви нов опит: изследвайте мислите си в продължение на двайсет и четири часа без прекъсване. Тогава повече няма да имате съмнения в съществуването на Бог.

Подобен разтърсващ шок получи и един друг известен учен. Това се случи по време на първото му посещение в ашрама. Гласът на госта прокънтя велегласно и се залюля на мощни вълни, които разтресоха чак тавана, докато декламираше пасажи от

излъчва и приема като човешко радио, както и природата на мислите, са обяснени подробно на стр. 207–209.

* Матей 6:16.

Махабхарата, Упанишадите* и *Башите* (коментари) на Шанкара.

– И така, чакам... Чакам да чуя какво ще кажете – каза кротко и с въпросителна нотка в гласа Шри Юктешвар, сякаш през цялото време беше царяла пълна тишина.

Пандитът си глътна езика.

– Цитати, цитати... свят да ти се завие от цитати. – Думите на Учителя ме накараха да се превия от смях, както бях приклекнал в моя ъгъл, на почтително разстояние от посетителя. – Но какъв оригинален коментар можете да изложите Вие от гледна точка на уникалността на Вашия собствен живот? Кой свещен текст сте попили с цялото си същество и сте направили част от Вас? По какъв начин тези вечни истини са обновили Вашата природа? Удовлетворява ли Ви да бъдете стар грамофон, който само механично повтаря думите на други хора?

– Предавам се – в раздразнението на учения имаше нещо комично. – Аз нямам вътрешно осъзнаване.

Може би за първи път в живота си той разбираше, че умелото поставяне на запетайки не компенсира духовната нищета.

– Тези анемични педанти си придават голяма важност с интелектуалните си знания – отбеляза моят гуру след като ученият, когото набързо поставиха на мястото му, си замина. – Смятат, че философията е физзарядка за езика. Де да можеха само да видят колко сериозно възвишените им мисли се разминават с грубите им външни действия и със суровите изисквания на вътрешната дисциплина!

При други поводи Учителят подчертаваше безполезността на книжните знания.

– Не бъркайте разбирането с дебел речник – отбелязваше той. – Свещените писания са полезни за стимулиране на желанието за вътрешна реализация, ако се усвояват бавно, стих по стих. В противен случай продължителното интелектуално изучаване може да доведе до суетност, фалшиво удовлетворение и неасимилирани знания.

---

* *Упанишадите,* или *Веданта* (букв. 'кулминация на Ведите'), са взети от различни части на четирите Веди и съдържат постулатите, формиращи доктриналната основа на индуизма. Шопенхауер възхвалява тяхната „дълбока, автентична и сублимна мисъл", като заявява: „Достъпът, който получаваме до Ведите (благодарение на западните преводи на *Упанишадите),* в моите очи е най-голямата привилегия, с която настоящото столетие може да се похвали пред миналите векове".

За да илюстрира това, Шри Юктешвар ни разказваше едно свое преживяване, свързано с обучението му в свещените писания. Място на действието бил горски ашрам в Източна Бенгалия, където прекарал известно време, за да наблюдава методиката на прочутия Учител Дабру Балав. Неговият метод – колкото прост, толкова и труден, някога широко се прилагал в Древна Индия.

Дабру Балав събирал учениците около себе си в горската тишина. Пред всеки била отворена свещената Багавад Гита. Те гледали един пасаж в продължение на половин час, без да откъсват поглед от него, след което затваряли очи. Минавал още половин час със затворени очи. Тогава Учителят правел кратък коментар. Без да помръднат от местата си, те медитирали още един час. Накрая гуру ги запитвал:

– Сега разбирате ли строфата?

– Да, Учителю – обаждал се обикновено някой по-куражлия от групата.

– Не, не съвсем. Опитайте се да усетите духовния живец, дал силата на тези думи да обновяват Индия век след век. – Минавал още един час в тишина. После Учителят разпускал учениците. Веднъж, след подобна сбирка, Учителят се обърнал към Шри Юктешвар:

– Познаваш ли Багавад Гита?

– Не, не бих казал, въпреки че очите ми много пъти са минавали по страниците ѝ.

– Стотици са ми отговаряли различно! – великият мъдрец се усмихнал на Учителя с благословия. – Ако човек е зает с външна демонстрация на истините в писанията, колко ли време ще му остане за безмълвно вътрешно гмуркане за безценните бисери?

В обучението на собствените си ученици Шри Юктешвар прилагаше същия интензивен метод на съсредоточаване на вниманието върху един-единствен обект за определено време.

– Мъдростта не се усвоява с очите, а с атомите – казваше той. – Едва когато убедеността ви в някаква истина изпълва не само мозъка, но и цялото ви същество, бихте могли скромно да се застъпите за нея.

Той обаче не насърчаваше склонността на учениците да тълкуват книжното знание като необходима стъпка към духовна реализация.

– Само едно изречение на ришите може да крие такива дълбини и многопластовост, че да ангажира умовете на поколения учени изследователи – казваше той. – Безкрайните литературни спорове са за ленивите умове. Каква по-бързо освобождаваща мисъл от „Бог е", или дори само „Бог"?

Но човек не се връща така лесно към простотата. Рядко ще видите интелектуалец да се задоволи с простичкото „Бог" – кой ще реди високопарни, помпозни изречения? Егото му е доволно – вижте, той демонстрира ерудиция!

Онези, които се гордееха със състояние или високо положение в обществото, след разговор с Учителя много често прибавяха и скромност към другите си притежания. Веднъж един местен съдия поиска да разговаря с Учителя в крайморския ашрам в Пури. Мъжът, който се славеше като безмилостен, имаше всички правомощия да ни отчужди ашрама. Аз доведох това до знанието на моя гуру. Но той най-спокойно седна на мястото си и даже не благоволи да се надигне, за да поздрави посетителя.

Леко нервен, аз приклекнах до вратата. Шри Юктешвар пропусна да ме помоли да донеса стол за съдията, който, ще – не ще, трябваше да се задоволи с един дървен сандък. На камък удари и очакването му, че важна особа като него трябва да бъде посрещната, както подобава на височайш гост.

Последва метафизична дискусия. Гостът се луташе в погрешни тълкувания на писанията, луташе се, оплиташе се, докато накрая съвсем оплете концитe.

– Аз единствен от целия курс издържах изпитите за магистър с отличен! – изкрещя накрая той, като видя, че няма други доводи.

– Господин съдия, забравяте, че тук не Ви е съдебната зала – отговори спокойно Учителят. – От детските Ви забележки човек може да си направи извода, че кариерата Ви в университета не е била от най-блестящите. Във всеки случай университетската степен няма връзка с ведическото просветление. Светците не падат от конвейера на партиди в края на всеки семестър като чиновниците.

Смаян, той замълча. После се засмя от сърце.

– Това е първата ми среща с небесен съдия – каза той. По-късно той отправи официална молба, формулирана с юридически термини (явно бяха станали негова „първа природа"!) да бъде приет за ученик на „апробация".

При всеки удобен случай Шри Юктешвар, и той като Лахири Махашая, се опитваше да разубеди незрелите ученици, желаещи да се присъединят към ордена *Свами*.

– Не бива да носиш охрената роба, ако не си постигнал единосъщие с Бог – мамиш обществото – казваха и двамата Учители. – Забравете външните символи на отречението, защото може да ви навредят, събуждайки у вас фалшива гордост. Няма нищо по-важно от устойчивия всекидневен духовен напредък, който сигурно идва с редовно практикуване на *крия йога*.

За да претегли един човек светецът си служи с неизменен критерий, коренно различен от променливите аршини на света. Човечеството – толкова разнолико в собствените си очи, в очите на Учителя е разделено само на две класи: на хора, които живеят в неведение и не търсят Бог, и на мъдри хора, които Го търсят.

Моят гуру сам движеше всички въпроси, свързани с управлението на имота си. Неведнъж се случваше безскрупулни хора да се опитат да сложат ръка на наследствения имот на Учителя. С решителност и понякога дори стигайки до съд, Шри Юктешвар надиграваше противниците си. Той се подлагаше на тази болезнена опитност от желание никога да не бъде просещ гуру или да бъде в тежест на учениците си.

Финансовата му независимост беше причината, поради която за моя обезпокоително прям Учител беше неведомо изкуството на дипломацията. За разлика от онези учители, които трябваше да ласкаят покровителите си, моят гуру беше неподатлив на влиянието – явно и скрито, което чуждите пари се опитваха да упражнят върху него. Никога не го чух да моли или дори да намеква за пари за каквото и да било. Обучението, което той даваше в обителта, беше абсолютно безплатно за всички ученици.

Един ден в ашрама в Серампор пристигна съдебен пристав, който носеше някакво известие. Един ученик на има Канай и аз го посрещнахме и заведохме при Учителя.

Отношението на служителя към Шри Юктешвар беше оскърбително.

– Добре ще Ви дойде да излезете от тая мрачна дупка и да подишате сладкия въздух на съдебната зала – каза той с презрение.

Аз едва се сдържах на мястото си.

– Още една нагла дума и ще се намерите на пода – приближих

се застрашително аз.

Канай също се нахвърли срещу служителя, викайки през мен:
– Безсрамник! Как смееш да богохулстваш в светата обител!

Но Учителят застана покровителствено пред човека, който само допреди малко го обиждаше.

– Не се палете толкова за такава дреболия. Човекът просто си изпълнява задълженията.

Служителят, видимо зашеметен от подобно контрастно посрещане, почтително се извини и забързано излезе навън.

Наистина беше изумително да се наблюдава как Учителят, който имаше такава пламенна воля, можеше в същото време да бъде толкова спокоен вътрешно. Той напълно отговаряше на ведическото определение за Божи човек: „В добротата си по-нежен от цвете, а в отстояването на принципите – по-изпепеляващ от мълния".

На света винаги е имало хора, които, по думите на Браунинг, „не понасят светлината, защото самите те са сенчести същества". Понякога се случваше някой външен човек, който не познава достатъчно добре Шри Юктешвар, да дойде с някаква въображаема несправедливост и да се опита да му я припише. В такива случаи моят невъзмутим гуру слушаше учтиво, анализирайки спокойно и безпристрастно, за да установи дали в обвинението му няма макар и зрънце истина. Тези сцени винаги ме карат да си спомня един от несравнимите бисери на Учителя: „Някои хора се опитват да бъдат високи, като отсичат главите на другите!".

Неизменното присъствие на духа на един светец оставя по-трайно впечатление в съзнанието на хората, отколкото и най-силната проповед. „Дълготърпеливият е по-добър от храбрия, а който владее духа си – от завоевател на градове."*

Често съм си мислил, че моят величествен гуру спокойно можеше да бъде могъщ император или воин, ако беше насочил ума си към славата или светските постижения. Той обаче беше избрал да щурмува онези вътрешни цитадели от гняв и егоизъм, чието рухване ознаменува най-славното извисяване на човешката душа.

---

* Притчи 16:32.

Глава 13

Вечно будният светец

— Моля ви, разрешете ми да отида в Хималаите. Надявам се там в пълно уединение да постигна безспирно общение с Бог.

С тъга на сърцето си признавам, че точно с тези неблагодарни думи навремето се обърнах към моя Учител. Попаднал под властта на една от ония заблуди, които осенят търсачите на Бог, когато най-малко ги очакват, аз чувствах как от ден на ден ставам все по-нетърпелив – в ума ми трайно се загнезди идеята да оставя всички задължения в обителта, да зарежа учебниците и тетрадките в колежа и да се отдам единствено и само на медитация в някоя хималайска пещера. В своя защита мога само да посоча едно леко смекчаващо вината обстоятелство: отправих молбата си едва шест месеца след като бях срещнал Шри Юктешвар. Още не осъзнавах напълно с какъв духовен колос си имам работа!

— Има планинци, които прекарват целия си живот в безлюдната хималайска пустош и пак не постигат Бог – отговори бавно и простичко моят гуру. – По-добре е да търсиш мъдрост при човек, който вече я е постигнал, а не сред безсловесни скали.

Пренебрегнах недвусмисления намек на Учителя, че той, а не някаква планина е моят наставник, и повторих молбата си. Шри Юктешвар замълча и не продума нищо повече. Приех мълчанието му за съгласие – удобно, но доста рисковано тълкуване.

Върнах се у дома в Калкута и още същата вечер започнах да стягам багажа. Докато събирах нещата си в едно одеяло, през мислите ми изплува споменът за един друг вързоп, който скришом бях пуснал през прозореца на таванската си стаичка само няколко

Вечно будният светец

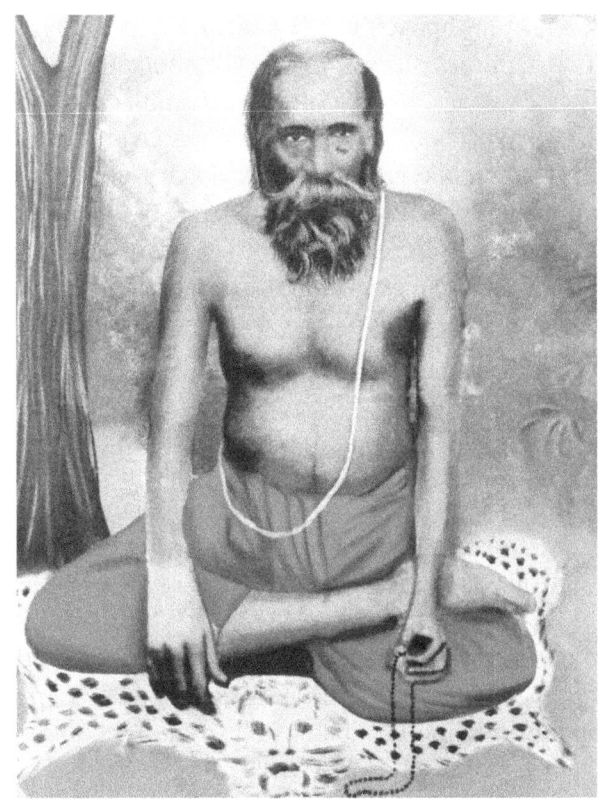

РАМ ГОПАЛ МУЗУМДАР
Вечно будния светец

години преди това. Зачудих се дали това няма да е поредното злощастно бягство към Хималаите. При първото душата ми се вълнуваше от сладък трепет. Тази вечер обаче при мисълта, че напускам моя гуру, съвестта ми ме загложди.

На следващия ден намерих Бехари Пандит, моя професор по санскрит в Шотландския църковен колеж.

– Господине, веднъж ми разказахте за Вашето голямо приятелството с един велик ученик на Лахири Махашая. Бихте ли ми дали адреса му?

– Рам Гопал Музумдар ли? Аз го наричам Вечно будния светец. Той никога не спи, защото е в екстатично съзнание. Домът му се намира в Ранбаджпур, близо до Таракешвар.

Поблагодарих на пандита и без да губя време, хванах

следващия влак за Таракешвар. Надявах се да заглуша гласа на съвестта и опасенията си, измолвайки разрешение от Вечно будния светец да се отдам на уединена медитация в Хималаите. От Бехари Пандит бях чул, че Рам Гопал е получил озарение след много години практикуване на *крия йога* в недостъпни за човешки крак пещери в Бенгалия.

В Таракешвар се упътих към прочутото му светилище. Индусите пристъпват в него с огромно благоговение – така, както католиците в светата пещера Лурд във Франция. Таракешвар познава множество чудодейни изцеления, в това число и на мой роднина.

„Цяла седмица седях в храма – разказа ми веднъж най-голямата ми леля. – Спазвах строг пост и се молех за оздравяването на чичо ти Сарада, който страдаше от неизлечима болест. На седмия ден като по чудо в ръцете ми се материализира една билка! От листата ѝ направих отвара, която дадох на чичо ти да изпие. Болестта му изчезна моментално и никога повече не напомни за себе си."

Пристъпих в таракешварската светиня. Вместо олтар – само един кръгъл камък. Една сфера без начало и без край – какъв по-подходящ символ на Безкрайното? В Индия дори неуките селяни разбират от космически абстракции. Е, случва се понякога западният ум да ги укори, че живеят с твърде много абстракции, но какво да се прави!

Колкото до мен, бях обзет от такива аскетични настроения, че не ми беше до покланяне пред каменни символи. „Бог – размишлявах аз – трябва да се търси само в душата."

Излязох от храма, без да се поклоня, и закрачих с енергична стъпка към отдалеченото село Ранбаджпур. Не бях сигурен за пътя, затова спрях един случаен минувач и го помолих да ме упъти. Той заседна в дълбок размисъл. Накрая произнесе като някой оракул:

– Като стигнеш кръстопътя, ще вземеш надясно и после все направо.

Следвах указанията на човека и стигнах до един канал, а после продължих пътя си по брега му. Скоро всичко потъна в мрак. Пред мен в далечината се виждаха крайните къщи на сгушено в джунглата селце. Навред блещукаха хиляди светулки. Тишината на нощта се нарушаваше от монотонен вой на чакали.

Сиянието на луната беше твърдо слабо, за да осветява пътя ми. Вървях, препъвах се – така два часа.

И ето, в нощната тишина се чу звън на кравешки хлопатари! Сърцето ми трепна от радост! Извиках няколко пъти и скоро до мен се приближи някакъв селянин.

– Търся Рам Гопал Бабу.

– В нашето село не живее такъв човек – каза сухо той. – Ти да не си някой таен съгледвач?

Надявайки се да разсея подозренията в размътената му от политически интриги глава, аз затрогващо му обясних затруднението си. Той ме изслуша с внимание, после ме покани у дома си, където бях гостоприемно посрещнат.

– Ранбаджпур е далече оттук – взе да обяснява той. – На кръстопътя е трябвало да вземеш наляво, не надясно.

„Моят предишен осведомител е истинска заплаха за пътниците" – мислех си тъжно аз. След като ме нагости с вкусна вечеря, която се състоеше от неолющен ориз, *дал* от леща и картофено къри с банани, аз се оттеглих за почивка в един малък сайвант в дъното на двора. Нейде в далечината се чуваха селски песни, пригласяни от шумни *мриданги** и цимбали. Явно тази нощ нямаше да се спи. Помолих се дълбоко да бъда упътен към усамотения йоги Рам Гопал.

На другия ден още щом първите лъчи на зората проникнаха през пролуките на сайванта, поех към Ранбаджпур. Вървях през избуяли оризови ниви, с мъка си проправях път през бурени и тръначи, заобикалях могили със сушена глина. От време на време срещах някой селянин, който неизменно ме осведомяваше, че съм „само на една *кроша*" (три километра) от целта. За шест часа слънцето победоносно преполови небесния свод и вече клонеше към пладне, а аз чувствах, че все още съм си на една *кроша* от Ранбаджпур.

По средата на следобеда навред около мен се люлееше море от безкрайни оризови ниви. Слънцето продължаваше безжалостно да сипе огън и жар от висините, а местенце, където да се скрие човек в тази непоносима задуха, не се виждаше никъде. Усещах как всеки момент краката ми ще се подкосят и ще припадна от

---

* Вид тарамбука, под чийто съпровод обикновено се изпълняват песнопения *(киртан)* на религиозни церемонии и процесии.

жегата. Точно в този момент насреща се зададе един човек, който вървеше към мен със спокойна, безгрижна походка. Едва се осмелих да му задам обичайния си въпрос, опасявайки се да не чуя пак монотонното „само на една кроша".

Непознатият се спря до мен. Слабичък и нисък на ръст, видът му с нищо не впечатляваше, като изключим пронизителните му тъмни очи.

– Смятах да заминавам, но понеже си изпълнен с благи намерения, реших да те изчакам – заговори той и вдигна предупредително показалец срещу мен: – Друг път да няма такива необмислени работи! Ами ако не си бях в Ранбаджпур? Този професор Бехари няма право да ти дава адреса ми.

Стоях като онемял, малко засегнат от начина, по който бях посрещнат и си мислех, че да се представям на този Учител сега би било излишно глаголстване. Със следващата си реплика той рязко смени темата:

– Кажи ми, къде според тебе е Бог?

– Ами... той е вътре в мен и навсякъде – без съмнение, изглеждах толкова объркан, колкото се и чувствах.

– Значи всепроникващ, а? – светецът се подсмихваше. – Тогава защо, момко, не се поклони на Безкрайния, символизиран от кръглия камък в храма в Таракешвар вчера?* Заради гордостта си ти беше погрешно упътен от селянина, който не правеше чак такава тънка разлика между ляво и дясно. И днес, гледам, още си патиш заради тая гордост!

Аз се съгласих от сърце, поразен от всевиждащото око, което се криеше в този наглед обикновен човек. От йоги струеше изцеляваща сила – на мига се почувствах освежен в адската мараня сред полето.

– Търсачите обикновено са склонни да си мислят, че техният път към Бог е единственият – каза той. – Йога, с помощта на която намираме Божественото вътре в нас, не ще и дума, е висшият път, както ни учеше Лахири Махашая. Но щом открием Господа вътре в себе си, ние скоро започваме да го съзираме и отвън. Светите храмове в Таракешвар и другаде с право се почитат като атомни

---

* „Онзи, който не се покланя пред нищо, никога не ще понесе своето бреме." – Достоевски, „Бесове" (The Possessed)

центрове на духовна енергия.

Критичното отношение на светеца изчезна. Погледът му стана съчувствен и мек. И като ме потупа по рамото, продължи:

– Млади йоги, виждам, че си тръгнал да бягаш от твоя Учител. Той има всичко, от което се нуждаеш. Съветвам те да се върнеш при него – и като помълча, добави: – Планините не могат да бъдат твой гуру. – Същата мисъл, която чух от устата на Шри Юктешвар преди два дни!

Няма такъв космически закон, който да задължава Учителите да живеят само в планините – спътникът ми хвърли шеговит поглед към мен: – Хималаите в Индия и Тибет нямат монопол върху светците. Не се ли потрудиш да намериш Бог в себе си, няма да Го намериш и отвън, колкото и да местиш тялото си насам и натам. Щом посветилият се на Бог е *готов* да отиде и накрай света, за да дири духовно просветление, неговият гуру се появява наблизо.

Мълчаливо се съгласих, спомняйки си молитвата, която отправих в бенареската обител и как благодарение на нея срещнах Шри Юктешвар в многолюдната уличка.

– Имаш ли си стаичка, където да се затваряш и да оставаш насаме със себе си?

– Да. – Този светец превключваше от общото към частното с объркваща скорост.

– Това е твоята пещера – йогът ме обгърна с поглед, който хвърли такава радостна заря в душата ми, че никога няма да я забравя! – Това е твоята света планина. Ето къде ще намериш царството Божие.

Простите му думи на мига прогониха натрапчивата идея за Хималаите, която ме преследваше от раждането ми. Под знойните лъчи на слънцето сред оризовата нива аз се събудих от съня на планините и вечните снегове.

– Млади господине, божествената ти жажда е похвална. Харесвам такива като тебе.

Рам Гопал взе ръката ми и ме поведе към едно селце със старинни схлупени къщурки, разположено на една полянка сред джунглата. Измазаните с кал колиби бяха покрити с кокосови листа, а входните им врати по селски обичай бяха окичени със свежи тропически цветя.

Светецът ме настани на една сенчеста бамбуковата веранда

пред къщурката си и ме почерпи с подсладен сок от див лимон и бучка небетшекер. После влязохме във вътрешния двор и седнахме в поза лотос. Четири часа минаха неусетно в медитация. Отворих очи и видях, че осветената от луната фигура на йоги все още стоеше неподвижно. Докато аз упорито напомнях на стомаха си, че човек не живее само от хляба, Рам Гопал се надигна от мястото си.

– Виждам, че си прегладнял – рече той. – Ей сега ще приготвим нещо за хапване.

После стъкна огън в глиненото кюмбе на двора. След малко вече си похапвахме ориз и *дал,* поднесени върху големи бананови листа. Моят домакин любезно отказа всякаква помощ в приготвянето на яденето. В Индия на поговорката „Гостенинът е Бог" от незапомнени времена се гледа като на религиозен обред. По-късно, пътувайки по света, останах очарован от уважението, което хората в селските райони на много страни проявяват към гостите. Чувството за гостоприемство при жителите на градовете, за съжаление, е притъпено от множеството непознати лица, които те срещат всеки ден.

Колко далечен ми се струваше градът с неговите кипящи от живот тържища и мегдани, докато седях на земята до светия йоги в тишината на това затънтено селце! Стаята на къщурката беше мистериозно осветена от мека светлина. Рам Гопал донесе няколко вехти одеяла и постла на земята легло за мен, а сам седна на една сламена рогозка. Завладян от духовния му магнетизъм, се осмелих да отправя една молба:

– Господине, защо не ме дарите със *самади?*

– Скъпи синко, много бих се радвал да ти дам ключа за небесното царство, но не на мен съдбата е отредила това – отговори светецът, като ме гледаше с полузатворени очи. – Твоят Учител ще те дари с това изживяване скоро. Тялото ти още не е съвсем подготвено. Точно както една крушка би гръмнала, ако към нея се подаде по-високо електрическо напрежение, така и твоите нерви няма да издържат на космическото напрежение. Ако в този миг ти дам безкрайния екстаз, ти ще изгориш така, сякаш всяка твоя клетка пламти.

Ти ме молиш за озарение – продължи йогът замислено, – докато аз се питам – с моята незначителна особа и с толкова малко медитация зад гърба си – дали въобще съм успял да удовлетворя Бог и какво ли ще каже Той за мен, когато удари часът за разплата.

– Господине, мислех, че сте търсили Бог всеотдайно дълги години?

– Не съм направил много. Бехари сигурно ти е разказал нещо за живота ми. Двайсет години обитавах една недостъпна пещера, като медитирах по осемнайсет часа на ден. После се преместих в друга, още по-недостъпна пещера и останах там двайсет и пет години, пребивавайки в йога единение по двайсет часа на ден. Не се нуждаех от сън, защото през цялото време бях с Бог. Тялото ми си почиваше повече в съвършения покой на свръхсъзнанието, отколкото в несъвършения мир на обикновеното подсъзнателно състояние.

По време на сън мускулите си почиват, но сърцето, белите дробове и кръвообращението работят непрекъснато и не могат да си отпочинат. В свръхсъзнание обаче всички вътрешни органи остават в състояние на преустановена жизненост, защото биват зареждани непосредствено от космичната енергия. Така от години аз не чувствам нужда от сън – и като помълча, додаде: – Ще дойде това време, когато и ти ще можеш да живееш без сън.

– Божичко, медитирал сте толкова дълго и пак не сте сигурен в благосклонността на Господа! – зачудих се аз. – Тогава какво остава за нас бедните смъртни.

– Не разбираш ли, момчето ми, че Бог е Самата Вечност? Да си мислиш, че можеш да Го познаеш напълно за четирийсет и пет години медитация, е доста нелепо. Бабаджи обаче ни уверява, че дори и малко медитация ни спасява от зловещия страх на смъртта и състоянията след смъртта. Не ограничавай духовния си идеал до изкачване на малки планини, а се скачи със звездата на абсолютното божествено виждане. Ако работиш с усърдие, ще стигнеш там.

Очарован от тази перспектива, аз го помолих за още просветляващи слова. Той ми разказа чудната история на своята първа среща с Бабаджи* – гуруто на Лахири Махашая. Към полунощ Рам Гопал потъна в мълчание, а аз легнах върху одеялата си. Затворих очи и пред вътрешния ми взор проблеснаха ярки светкавици – обширните пространства в мен се изпълниха с разтопена светлина.

---

* Виж стр. 377–380.

Отворих очи – наоколо същата дивна ослепителна светлина! Стаичката беше станала част от един безкраен небосвод, който виждах с вътрешното си зрение.

– Защо не спиш? – попита йогът.

– Господине, как да заспя, когато навсякъде около мен проблясват ярки светкавици – и с отворени, и със затворени очи само тях виждам.

– Благословен си ти, синко, който имаш това изживяване. Духовните сияния не се виждат лесно – каза светецът и добави няколко топли думи.

На сутринта Рам Гопал ми даде няколко бучки небетшекер и каза, че трябва да си вървя. С такова нежелание се сбогувах с него, че по бузите ми се отрониха сълзи.

– Няма да те оставя да си тръгнеш с празни ръце – каза нежно йогът. – Ще направя нещичко за теб.

И като се усмихна, прикова очи върху мен. Замрях неподвижно на мястото си като вкоренен в земята. От светеца потекоха вибрации на мир и покой, които обляха цялото ми същество. В същия миг бях изцелен от една болка в гърба, която периодически ме измъчваше от години.

Окъпан в неговото море от лъчиста радост, аз се чувствах като новороден. Със сълзи на очи, но вече радостни, аз си взех довиждане, като докоснах светите нозе на Рам Гопал и поех през джунглата. Прекосих гъстите ѝ гори, после оризовите ниви и ето ме отново в Таракешвар.

Там аз за втори път се отправих на поклонение в прочутата му светиня. Влязох вътре и се проснах на земята пред олтара. Кръглият камък започна да се уголемява пред вътрешния ми взор, да расте във всички посоки – стана огромен! Толкова безкрайно огромен, че накрая се сля с космическите сфери: кръг след кръг, пояс след пояс, всички разтапящи се от божественост!

Час по-късно, изпълнен с щастливи мисли, се качих на влака за Калкута. Пътешествието ми завърши не в пещера и не под някой висок планински връх, а в подножието на един връх. Той извисяваше величествената си „хималайска" снага в Серампор и се казваше: Шри Юктешвар.

Глава 14

Изживяване на Космическо Съзнание

— Върнах се, гуруджи – срамът, който гореше на лицето ми, говореше по-красноречиво от думите.

— Да отидем в кухнята и да намерим нещо за ядене – каза кротко Шри Юктешвар. Държанието му бе толкова естествено, сякаш се бяхме разделили преди часове, а не преди дни.

— Учителю, трябва много да съм ви разочаровал, като изоставих така внезапно всичките си задължения тук. Сигурно ми се сърдите?

— Не, разбира се че не! Гневът пламва от искрата на неосъщественото желание. Аз не очаквам нищо от другите, така че техните действия няма как да са в конфликт с моите желания. Аз не използвам никого за лични интереси. Щастлив съм само когато вие сте истински щастливи.

— Учителю, чувал бях за божествената любов да се говори с абстрактни думи, но днес за първи път виждам конкретен пример за нея в ангелското ви отношение към мен! В света дори един баща не прощава лесно на сина си, ако той изостави семейните си задължения без предупреждение. А вие не показвате никакво раздразнение, макар че сигурно съм ви затруднил, изоставяйки задачите си в ашрама.

Погледнахме се мълчаливо един друг в очите, където блестяха сълзи. Погълна ме вълна от блаженство – чувствах как Господ, въплътен във формата на моя гуру, издига нагоре и разгаря малкия пламък на моето сърце в огромни, необятни огньове от космическа любов.

Една сутрин, няколко дни след завръщането ми, аз се отправих към празната всекидневна на Учителя. Смятах да медитирам, но похвалното ми намерение не се споделяше от непокорните ми мисли. Те се пръскаха като птици пред ловец.

– Мукунда! – чу се гласът на Шри Юктешвар от един отдалечен балкон.

Почувствах как в мен се надига една вълна на непокорство – също като мислите ми. „Учителят постоянно ме подтиква да медитирам – измърморих под носа си. – Трябва ли да ме безпокои, като чудесно знае за какво съм дошъл в стаята му?"

Той отново ме извика. Аз замълчах упорито. На третия път в тона му имаше укор.

– Учителю, медитирам – запротестирах аз.

– Знам те как медитираш – извика моят гуру. – Умът ти е разпилян като листа при буря! Ела тук при мен.

Хванат на място и разобличен, аз унило се отправих към него.

– Бедното ми момче, планините не могат да ти дадат това, което искаш – заговори ласкаво и утешително Учителят. В спокойните му очи се четеше причастност към далечни нетварни светове. – Желанието на сърцето ти ще бъде изпълнено.

Шри Юктешвар рядко говореше с недомлъвки. Тези негови думи ме озадачиха. В следващия момент той ме удари леко по гърдите над сърцето.

Заковах се на място. Дъхът ми беше изсмукан от дробовете, сякаш от огромен магнит. В миг душата и умът ми се освободиха от гнета на физическите си окови и заструиха като светлинни лъчи от всяка моя пора. Плътта ми беше сякаш мъртва, но в също то време аз интензивно осъзнавах с душата си, че съм по-жив от всякога. Чувството ми за идентичност вече не се ограничаваше само до тялото, а обхващаше и околните атоми – усещах движението на хората по далечните улици като меки стъпки по собствената ми периферия. Корените на растенията и дърветата се мержелееха през матовата прозрачност на почвата. Различавах соковете на живота, които се движеха нагоре.

Цялата околност лежеше оголена пред мен. Обикновеното ми фронтално зрение стана обширно сферично зрение, възприемащо всичко едновременно. Зад гърба си виждах хора, разхождащи се чак в долния край на „Рай Гат Лейн". Забелязах и една бяла крава, която се приближаваше с лениво спокойствие. Когато стигна до отворената порта на ашрама, аз я наблюдавах сякаш с двете си физически очи. Щом подмина тухления зид на двора, продължих да я виждам все така ясно.

Всички предмети, намиращи се в обхвата на панорамното ми виждане, трептяха и вибрираха като светлинни картини на киноекран. Моето тяло, тялото на Учителя, дворът с колоните околовръст, мебелите и подът, дърветата и слънцето от време на време биваха силно разтърсвани, докато всички те накрая се разтопиха в едно лъчезарно море от неизказана светлина и слава – също както кристалчетата захар, сипани в чаша вода, се разтварят при разклащане. Разтапящата светлина се редуваше с материализации на форми – метаморфози разкриваха закона на причината и следствието в творението.

Океан от върховно щастие се разби като огромна вълна върху спокойните безбрежни брегове на Душата ми! Духът на Бог, осъзнавах в Душата си, е неизчерпаемо блаженство. Тялото Му е изтъкано от безброй фибри светлина. Преизпълващата ме неземна слава се уголемяваше, растеше във всички посоки, обхващаше градове, континенти, Земята, Слънчевата система, други звездни системи, разредени мъглявини и вселени, всички плуващи в космическото пространство. Целият Космос, меко сияещ, като светлини на град, гледани отдалече през нощта, блещукаше в необятните пространства на моето същество. Ослепителната светлина отвъд ясно очертаните хоризонти на Всемира леко избледняваше в най-отдалечената си периферия и постепенно преливаше в меко сияние, което никога не отслабваше, защото светеше с постоянна, нетленна светлина. То беше неописуемо фино – много по-фино от планетарните картини, които бяха изтъкани от по-груба светлина.*

Божествените лъчи се лееха от този Вечен Източник и се разпръскваха във всички посоки, избухвайки в галактики, които се пръскаха и образуваха нови форми с неизразимо ярки духовни сияния. Отново и отново виждах как творящите светлинни снопове се сгъстяват в съзвездия, а после се разсейват в прозрачни огнени езици. На ритмични вълни секстилиони светове преминаваха в прозрачни отблясъци, след което огънят ставаше небесна твърд.

---

* Светлината като първооснова на Сътворението се разглежда в глава 30.

Аз познах центъра на „седмото небе" като точица на интуитивно възприятие в сърцето си. Това ядро огряваше със сияйното си великолепие всяка част на вселенската структура. Блажената *амрита*, нектарът на безсмъртието, пулсираше в мен като живачна течност. Чувах съзидателния глас на Бога, отекващ като *Ом** – вибрацията на Космическия Двигател.

Внезапно дъхът се върна в дробовете ми. С почти непоносимо разочарование осъзнах, че съм загубил безкрайната си огромност. Отново бях затворен в унизителната клетка на тялото, твърде тясна, за да побере необятния Дух. Като „блуден син", аз бях избягал от макрокосмичния си дом и озовал се отново между тесните стени на затвора на микрокосмоса.

Моят гуру стоеше неподвижен пред мен. Аз понечих да падна в светите му нозе в знак на благодарност, че ме дари с изживяване на Космическо Съзнание, което дълго и страстно бях търсил. Той ме задържа с ръката си и каза спокойно:

– Не бива да прекаляваш с екстаза. Още много работа те чака в света. Ела сега да пометем балкона, а после ще се поразходим край Ганг.

Донесох една метла. Знаех, че Учителят ме учи на тайните на балансирания живот – душата трябва да се рее из космическите бездни, докато тялото изпълнява ежедневните си задължения тук долу на земята.

Когато по-късно тръгнахме на разходка с Шри Юктешвар, аз все още се намирах в състояние на неописуем божествен транс. Виждах телата ни като две астрални картини, движещи се по пътя край реката, която течеше като поток от чиста светлина.

– При все че Духът на Бог активно поддържа всяка форма и сила във Вселената, Той е трансцендентен и отдалечен в блажената нетварна пустош, отвъд световете на вибрационните проявления**

---

* „В началото беше Словото, и Словото беше у Бога, и Бог беше Словото" (Йоан 1:1).

** „Защото Отец и не съди никого, но целия съд предаде на Сина" (Йоан 5:22). „Бога никой никога не е видял. Единородният Син, Който е в недрата на Отца, Той Го изявява" (Йоан 1:18). „И да открия на всички в що се състои разпоредбата на тайната, скривана от векове в Бога, Който създаде всичко чрез Исуса Христа" (Ефесяни 3:9). „Истина, истина ви казвам: който вярва в Мене, делата, що Аз върша, и той ще върши, и по-големи от тях ще върши; защото Аз отивам при Отца Си" (Йоан 14:12). „А Утешителят, Светият Дух, Когото Отец ще изпрати в Мое име, Той ще ви научи на всичко и ще ви напомни всичко, що съм ви казал" (Йоан 14:26).

– обясни Учителят. – Тези, които постигнат Себе-осъзнаване на Земята, също познават подобно двойствено съществуване. Те съвестно изпълняват задълженията си в света и в същото време остават потопени във вътрешно блаженство. Господ е създал всички хора от Безграничната Радост на собственото Си същество. Макар че са мъчително затворени в тясното тяло, което през цялото време ги притиска и им пречи да се изявят пълноценно, Бог очаква от хората, направени по Негов образ и подобие, накрая да се издигнат над сетивното отъждествяване и отново да се върнат в Него.

Космическото видение остави след себе си много трайни уроци за мен. Довеждайки мислите си до пълен покой, аз всеки ден се освобождавах от илюзорното убеждение, че тялото ми е маса плът и кости, движещо се по твърдата земя. Дъхът и неспокойният ум, виждах ясно аз, са като бури, които разбиват океана от светлина на вълни от материални форми – земя, небе, хора, животни, птици, дървета. Човек може да възприема Безкрайното като Единната Светлина само ако съумее да успокои тези бури.

Винаги когато довеждах до покой тези две естествени стихии, аз виждах как многоликите вълни на творението се разтапят в блестящо море – също както когато бурята стихне и се успокои, океанските вълни се отпускат тихо в безметежно единство.

Учителят дарява божественото изживяване на Космическо Съзнание, когато неговият ученик посредством медитация разшири и укрепне ума си до такава степен, че необятните простори няма да го смажат. Само интелектуалната готовност или отвореност на ума не са достатъчни. Единствено адекватното разширяване на съзнанието чрез йога практика и набожно *бакти* могат да подготвят ученика да поеме освобождаващия шок на вездесъщността.

Тези библейски пасажи третират триединната природа на Бог като Отец, Син и Свети Дух (съответно *Сат, Тат* и *Ом* в индуистките свещени писания). Бог-Отец е Абсолютът, Непроявеният, съществуващ *отвъд* вибрационното творение. Бог-Синът е Христовото Съзнание (Брама, или *Кутаста Чайтаня*), съществуващо *във* вибрационното творение. Това Христово Съзнание е „Единородният Син" (роденият от Отца Син) – единственото отражение на Нетварния Безкрай. Външното проявление на вездесъщото Христово Съзнание, Неговият „Свидетел" (Откровение 3:14) е *Ом* – Словото, Светият Дух: невидима божествена сила, Единственият Вършител, единствената причинна и активираща сила, която крепи цялото Мироздание чрез трептене. *Ом*, блаженият „Утешител", се чува в медитация и открива на практикуващия върховната истина, „напомняйки всичко, що му е казано".

Божественото изживяване идва с естествена неизбежност при искрения последовател. Силният му копнеж започва да притегля Бог с неустоима сила. В резултат, Господ като Космическо Ви̇дение бива привлечен от този магнетичен плам към обхвата на съзнанието на търсача.

По-късно написах поемата *Самади,* в която се постарах да предам славата на това състояние:

> Разсея се трептящият воал от светлини и сенки,
> вдигна се и последното валмо мъгла на скръбта,
> избеля зората на мимолетните радости,
> изпари се измамният мираж на сетивата.
> Любов – омраза, здраве – болест, живот – смърт:
> измряха тези лъжесенки на екрана на дуалността.
> Бурята на *мая* стихна в неизразим покой
> с вълшебната пръчица интуиция щом я докоснах.
> Настояще, минало, бъдеще – няма веч за мен,
> а всевечно всевремие, вселеещо се Аз – Аз навсякъде!
> Планети, звезди, звезден прах, земя,
> изригвания вулканични на катаклизми от сетния ден –
> леярската пещ на творението,
> ледници от тихи рентгенови лъчи, горящи потоци от електрони,
> мисли на хора – минали, настоящи, идни,
> всяко стръкче трева, самият аз, цялото човечество,
> всяка частица вселенски прах,
> гняв, алчност, добро, зло, спасение, страст –
> всичко, всичко погълнах аз и преобразувах
> в Океан Необятен – кръвта на собственото ми Единно Същество.
> Тлеещата ми радост, от медитация раздухвана,
> очите ми насълзени ослепява
> и избухва във вечни пламъци блаженство,
> за да погълне сълзите ми, плътта ми, всичко мое.
> Ти си аз, аз съм Ти,
> Познанието, Познаващият, Познаваното слели се в Едно!
> Тих, ненарушим трепет, вечно живеещ и вечно подновяван мир.
> О, радост върховна, неизразима, невъобразима – блаженство *Самади!*
> Не състояние несъзнателно
> или упойка за ума, без съзнателно завръщане,
> а *Самади,* което царството на моето съзнание разширява
> отвъд пределите на смъртната рамка
> до най-отдалечените граници на вечността,
> където аз, бидейки Космическият Океан,
> наблюдавам малкото си его, плуващо във Мен, във вечността...

Изживяване на Космическо Съзнание

Нежното копринено шумолене на атомите дочувам,
земята черна, планините, долините, о, виж, разтопена светлина са!
Морета текат и се изпаряват в мъглявини!
Ом мъглите раздухва и воалите им чудно вдига,
и пред очите ми – оголени океани от сияйни електрони,
и чакат да отекне последният тътен на космическия барабан*,
за да стопи плътните светлини във вечни лъчи
на всепроникващо блаженство!
От радост дойдох, за радост живея, в радостта свещена се разтапям аз!
Океанът на духа съм и вълните на цялото творение до капка аз изпивам.
Четирите воала – земя, вода, пара, светлина –
вдигнаха се.
Във всичко аз във великия Себе Си навлизам.
Завинаги отидоха си трепкащите сенки на тленната памет –
ведро е небето ми духовно – под мен, пред мен, високо горе –
Вечност и Аз: един единен лъч!
Аз, малкото мехурче смях,
сега съм Океан на цялото веселие!

---

* *Ом* – творческа вибрация, която е в основата на цялото създание.

Крайморският ашрам на Шри Юктешвар в Пури, Ориса. (Виж също снимката на стр. 506.)

Свами Шри Юктешвар в поза лотос

Шри Юктешвар ме научи как да извиквам блаженото изживяване по своя воля и също как да го предавам на другите*, когато интуитивните им канали са развити.

Месеци наред след това изживяване аз навлизах в състоянието на блажено единение и всеки ден все по-добре разбирах защо *Упанишадите* казват, че Бог е *раса* (най-сладкия). Една сутрин обаче отидох при Учителя и му изложих един свой проблем.

– Учителю, искам да знам кога ще намеря Бог?

---

* Аз предадох Космическото Видение на множество *крия йоги* на Изтока и Запада. Един от тях, г-н Джеймс Дж. Лин, може да видите на снимката на стр. 313, потопен блажено в *самади*.

– Ти вече си го намерил.

– О, не, Учителю, не мисля така!

Моят гуру се усмихна.

– Нали не очакваш да видиш някой достолепен белобрад старец, седнал на трона в някой далечен девствен ъгъл на Космоса! Очевидно си въобразяваш, че притежанието на чудодейни сили е доказателство за постигане на Бог. Не. Човек може да придобие сила да контролира цялата Вселена, и въпреки това Бог да продължава да му убягва! Духовният напредък не се измерва с показ на външни сили, а единствено и само с дълбочината на блаженството в медитация.

Вечно нова радост – това е Бог. Той е неизчерпаем. Като продължаваш да медитираш дълбоко – ден след ден, година след година, Той ще те забавлява с безкрайна изобретателност. Последователите, които, като тебе, са открили пътя към Бог, няма дори да си помислят да Го заменят за друго щастие – Той е толкова привлекателен, че нищо на земята не може да се мери с Него.

Колко бързо ни омръзват земните удоволствия! Жаждата за материални придобивки е безкрайна – човек никога не е удовлетворен напълно и продължава да преследва кьорфишеците на този свят. Това „нещо друго", което той търси, е Господ, Който единствен може да ни дари с трайно щастие.

Външните желания ни пропъждат от рая вътре в нас. Те ни предлагат лъжливи удоволствия, които само се представят за душевно щастие. Изгубеният рай бързо се възвръща чрез божествена медитация. Тъй като Бог е спонтанна вечна новота, Той никога не ни омръзва. Че може ли да се насити човек на блаженство, което е възхитително разнообразно във вечността?

– Сега разбирам, Учителю, защо светците казват, че Господ е неизмерим. Дори вечен живот не би бил достатъчен, за да проникнем до най-дълбоката Му същност.

– Това е вярно, но от друга страна, ние през цялото време чувстваме Неговата близост и любов. След като умът се проясни чрез елиминиране на сетивните пречки посредством *крия йога,* медитацията дава двояко доказателство за Бог. Първото доказателство за Неговото съществуване е вечно новата радост, която пропива всеки атом на нашето същество. Наред с това в медитация ние получаваме и мигновеното Му напътствие, точния Му отговор на всяко затруднение.

– Разбирам, гуруджи. Вие разрешихте проблема ми – усмихнах му се благодарно. – Сега осъзнавам, че съм намерил Бог, защото винаги когато съм чувствал радостта на медитацията да се връща в часовете на активна дейност, аз всъщност съм бил невидимо насочван да поема верния курс във всичко, дори и в най-незначителните детайли.

– В света скърби ще има, докато не започнем да дерзаем, докато не се научим да се настройваме към Божията воля, Чийто „правдив курс" често обърква сметките на егоистичния ум – каза Учителят.

Единствено Бог дава безпогрешен съвет. Кой друг, ако не Той, Който носи товара на целия Космос?

Глава 15

Как отмъкнаха моя карфиол

— Учителю, подарък за вас! – поднесох кошницата със зеленчуци с церемониален жест. – Тези шест огромни карфиола лично съм ги посадил и отгледал – като нежна майка, която се грижи за детето си.

– Благодаря ти! – усмихна се топло и признателно Шри Юктешвар. – Моля те, задръж ги засега в твоята стая. Ще ми потрябват утре за една специална вечеря.

Току-що бях пристигнал в Пури*, където смятах да прекарам лятната ваканция с моя гуру в крайморския му ашрам. Малкото приветливо двуетажно здание беше построено от Учителя и учениците му и се намираше близо до брега на Бенгалския залив.

На следващата сутрин се събудих рано, приятно освежен от соления морски бриз и дълбоката тишина на ашрама. Скоро в нея се вля мелодичният глас на моя гуру, който ме викаше отнякъде. Огледах карфиолите, които бях отгледал с много любов, и грижливо ги скътах под леглото.

– Хайде, отиваме на плажа – поведе ни Учителят, а разпръснатата ни група от няколко млади ученика и аз го последвахме. Погледът на нашия гуру се спря с леко неодобрение върху нас.

---
* Пури, намиращ се на 500 км южно от Калкута, е поклоннически център, известен с това, че там ежегодно се организират два големи празника в чест на Кришна – *Снанаятра* и *Ратаятра*.

– Когато нашите братя на Запад тръгват на излет, те обикновено се гордеят, че са в синхрон. Хайде сега, застанете в две колони и вървете в крак – Шри Юктешвар изчака да се подредим и запя с мекия си глас: „Бодро крачим ний напред / във прекрасен строен ред!". Гледах Учителя и не можех да скрия възхищението си от лекотата, с която вървеше редом с почти подтичващите пъргави крака на младите си ученици.

– Стоп! – очите на гуру подириха моите. – Заключи ли задната врата на ашрама?

– Мисля, че да, Учителю.

Шри Юктешвар помълча известно време. На устните му играеше полуприкрита усмивка.

– Не, забравил си – каза той накрая. – Божественото съзерцание в никакъв случай не трябва да е извинение за материална небрежност. Отнесъл си се безотговорно към задължението да заключваш ашрама и трябва да бъдеш наказан.

Помислих, че е някаква странна шега, когато добави:

– Твоите шест карфиола скоро ще са само пет.

Ние обърнахме назад по нареждане на Учителя и замаршерувахме обратно към ашрама.

– Починете си малко – каза той, когато наближихме ашрама. – Мукунда, ти гледай лявата страна и дръж под око пътя зад нашия двор. Там всеки момент ще се появи един човек – изпълнителят на твоето наказание.

Аз се помъчих да скрия раздразнението си от тези неразбираеми бележки. Скоро обаче на пътя наистина се появи един селянин, който правеше чудати танцувални стъпки и махаше с ръце в безсмислени жестове. Застинал от любопитство, аз приковах очи в комичното зрелище. Когато мъжът стигна до мястото, където щеше да свърне и изчезне от погледите ни, Шри Юктешвар отбеляза:

– Сега ще се върне.

Селянинът мигом смени посоката и се упъти към гърба на ашрама. Той прекоси пясъчната ивица и влезе в зданието през задната врата. Аз я бях оставил отключена, точно както моят гуру беше казал. След минута-две човекът пак се показа. В ръката си държеше един от моите скъпоценни карфиоли и вече крачеше с достойнството на собственик. Както по всичко личеше, причина за това бе новото му притежание.

Във всеки случай фарсът, който се разиграваше пред очите ми и в който на мен очевидно бе отредена ролята на зашеметена и недоумяваща жертва, не беше чак толкова стряскащ, че да не мога да се опомня – аз веднага подгоних крадеца. Почти бях преполовил разстоянието до пътя, когато Учителят ми викна да се върна. Той целият се тресеше от смях.

– Този слабоумен човечец копнееше за карфиол – заобяснява той през смях. – Реших, че няма да е зле да вземе един от твоите толкова небрежно пазени карфиоли!

Втурнах се към стаята си, където установих, че крадецът, явно с някаква зеленчукова мания, не беше докоснал златните пръстени, часовника и парите, които лежаха непокрити върху одеялото. Вместо това той се беше пъхнал под леглото, където, скрита за погледите на случайни хора, се намираше кошницата с карфиоли, събудила едничкото желание на сърцето му.

Същата вечер помолих Шри Юктешвар да ми обясни случката (която според мен имаше няколко загадъчни страни).

Моят гуру бавно поклати глава:

– Някой ден ще го разбереш. Науката скоро ще открие част от тези закони.

Когато няколко години по-късно „чудото" на радиото хвърли в изумление човечеството, аз си спомних за предсказанието на Учителя. Понятия като време и пространство, господстващи от векове, завинаги отидоха в небитието. Лондон и Калкута влязоха и в най-тясната къщурка! И най-притъпеният интелект се разшири пред неопровержимото доказателство на поне един аспект на човешката вездесъщност.

„Заговорът" с карфиола може най-добре да се обясни с аналогия с радиото.* Моят гуру беше съвършено човешко радио. Мислите не

---

* Изобретеният през 1939 г. радиомикроскоп разкрива пред нас един нов свят от досега неизвестни вълни. „Не само човек, но и целият спектър от субстанции на т.нар. нежива материя постоянно генерират лъчи, които този уред „вижда" – съобщава Associated Press. – За онези, които вярват в телепатията, духовното виждане, ясновидството това известие е първото научно доказателство за съществуването на невидими лъчи (вълни), които пътуват от човек към човек. Този радиоапарат всъщност е своеобразен радиочестотен спектроскоп. Той засича вълните, излъчвани от студената материя на Земята [светеща с отразена светлина], също както спектроскопът измерва дължината на светлинните вълни, излъчени от атомите на различните небесни тела, светещи със собствена светлина. (...) Учените отдавна са подозирали, че такива

са нищо друго, освен много фини вибрации, движещи се в етера. Точно както радиото, настроено на определена честота, улавя желаната музикална програма сред хиляди други, идващи от най-различни посоки, така и чувствителният „приемник" на Шри Юктешвар улови нужните му мисли (тези на слабоумния човек, копнеещ за карфиол) измежду безбройните мисли, излъчвани от човешките умове по света. Още докато вървяхме към плажа Учителят разбра за простичкото желание на селянина и реши да му го изпълни. Божественото око на Шри Юктешвар откри танцуващия по пътя човек още преди той да влезе в зрителното поле на учениците. А това, че аз бях забравил да заключа вратата на ашрама, беше удобният повод на Учителя да ме лиши от един от моите скъпоценни карфиоли.

След като изпълни функциите си на приемател, Шри Юктешвар заработи чрез силната си воля като предавателно устройство.* В тази си роля той успешно накара селянина да се върне назад, да отиде в точно определена стая и да вземе само един карфиол.

Интуицията е душевно напътствие, появяваща се естествено в човек през миговете, когато умът е в покой. Почти всеки е имал необяснимо точно „предчувствие" или успешно предаване на мисли към друг човек.

Човешкият ум, веднъж освободен от „атмосферните смущения" на неспокойствието, е в състояние да изпълнява всички функции на сложен радиомеханизъм – да изпраща и да приема мисли, както и да изключва нежелани такива. Както мощността на една радиопредавателна станция се регулира чрез силата на подаваното към нея

вълни, излъчвани от човека и всички живи обекти, съществуват. Ето че днес имаме експериментално доказателство за тяхното съществуване. Това откритие доказва, че всеки атом и молекула в природата са своего рода перманентни радиопредавателни станции. Така дори след смъртта тленните останки на човек продължават да излъчват невидими вълни. Тяхната дължина се колебае в диапазона между по-къси от познатите ни от радиоразпръскването вълни и най-дългите техни вълни. Те образуват такова преплетено кълбо, че човешкият ум трудно може да си представи този гигантски космически гордиев възел от милиони вълни. Само една-единствена сравнително по-голяма молекула може да излъчва 1 000 000 вълни с различни дължини едновременно. Дългите вълни от този тип се разпространяват с лекота със скоростта на радиовълните. (...) Между новооткритите радиовълни и познатите ни вълни, като например тези на светлината, има една поразителна разлика. И тя е: значително по-дългото време – хиляди години, които тези радиовълни неизменно ще продължат да се излъчват от „спокойната материя".

* Виж бел. стр. 326.

електрическо напрежение, така и ефективността на човешкото радио зависи от степента на волевата сила, която даден човек притежава.

Всички мисли трептят вечно в Космоса. Чрез дълбока концентрация един Учител е в състояние да улавя мислите на всеки човек – както жив, така и мъртъв. Мислите имат вселенски, а не индивидуален произход. Една истина не може да бъде създадена, а само възприета. Всяка погрешна мисъл на човек е резултат от някакво несъвършенство – малко или голямо, на собственото му разграничаване. В този смисъл, целта на науката йога е да успокои ума, така че той без „смущения" да долавя непогрешимия съвет на Вътрешния Глас.

Радиото и телевизията направиха възможно гласове и образи на отдалечени хора да се разхождат в домовете на милиони: първите леки научни загатвания, че човек е всепроникващ Дух. Макар егото да си служи с най-варварски подмолни средства, за да пороби човек, последният в същината си не е ограничено в пространството тяло, а вездесъща душа.

> Още много странни, чудни, наглед невероятни феномени ще видят бял свят, които, наложат ли се веднъж, ще ни учудват точно толкова, колкото сега се учудваме на всичко онова, което през миналия век науката учеше – заявява Шарл Робер Рише*, носител на Нобелова награда за физиология. – Общоприето е схващането, че феномените, които сега ние приемаме без изненада, не будят нашето учудване, защото ги разбираме. Това обаче не е точно така. Ако те не ни изненадват, то е не защото ги разбираме, а защото сме свикнали с тях. Ако се изненадвахме на това, което не разбираме, то ние трябваше да се изненадваме на всичко без изключение – на падането на хвърления във въздуха камък, на жълъда, който се превръща в дъб, на живака, който се разширява при нагряване, на желязото, което се привлича от магнита.
>
> Днешната наука се занимава с изследване на светлата (видимата) материя. (...) Удивителните истини, които нашите потомци ще открият, и сега, точно в този момент, са около нас, ще ни извадят очите, така да се каже, но ние не ги виждаме. Не стига че не ги виждаме, но и не желаем да ги видим – веднага щом се появи неочакван, неизвестен факт, ние се опитваме да го вкараме в рамките на досегашните си представи за знание и дори се възмущаваме, ако някой се осмели да проучва по-дълбоко.

---

* Автор на „Нашето шесто сетиво" *(Our Sixth Sense; London: Rider & Co.)*.

Няколко дни след невероятната сцена, при която бе отмъкнат моят карфиол, се случи още нещо забавно. Търсехме една газена лампа, забутана някъде, но не можехме да я намерим. И тъй като наскоро бях станал свидетел на всеведущата проницателност на моя гуру, си помислих, че за него ще е детска игра да ни демонстрира как се открива една загубена лампа.

Учителят предугади очакванията ми. С престорена сериозност той разпита всички обитатели на ашрама. Един от младите ученици си призна, че е взел лампата, за да отиде до кладенеца, който се намираше в задния двор.

С тържествен глас Шри Юктешвар настави:

– Търсете лампата край кладенеца.

Втурнах се натам. Претърсих навсякъде – лампата я нямаше! Оклюмал, аз се върнах при моя гуру. Като ме видя, той избухна в сърдечен смях, без ни най-малко да съчувства на разочарованието ми.

– Колко жалко, не можах да позная къде е изчезналата лампа – не ставам за гадател! – и с игриви пламъчета в очите добави: – Не ставам дори за сносен Шерлок Холмс!

Тогава разбрах, че Учителят никога не би демонстрирал силите си за нещо дребно и незначително или за да отговори на предизвикателство.

Изнизаха се щастливи седмици, които донесоха много радост на душата ми. Шри Юктешвар планираше религиозно шествие и ме помоли да водя учениците през града и плажа на Пури. Празничният ден на Лятното слънцестоене още от сутринта беше нетърпимо горещ.

– Гуруджи, как ще водя босите ученици по нажежения пясък? – попитах с отчаяние аз.

– Ще ти издам една малка тайна – отговори Учителят. – Господ ще ви прати чадър от облаци, за да ви е приятно, като вървите.

Аз щастливо поведох шествието. Нашата група тръгна от ашрама със знамето *Сатсанга**, което се вееше над главите ни. То бе направено по замисъл на Шри Юктешвар и изобразяваше

---

* *Сат* буквално означава 'Първобитие', или 'Същност, Истина, Висша Реалност', а *санга* – 'общение'. Шри Юктешвар наричаше своите ашрами *Сатсанга* – 'общение с Истината'.

символа на единното око* – телескопичният взор на интуицията.

Още щом излязохме от двора на ашрама, небето като по чудо се покри с облаци. И докато от всички страни се чуваха учудените възгласи на насъбралото се множество, заръмя ситен дъжд, който разхлади градските улици и парещия морски бряг. През двата часа, докато трая шествието, дъждецът се сипеше неспирно върху нас, предлагайки ни чудната си свежест и прохлада. Групата ни тъкмо се върна и вече влизаше в ашрама, когато облаците и дъждът изчезнаха безследно.

– Виждаш ли как Бог ни съчувства – отговори ми Учителят, след като му изказах благодарността си. – Господ се отзовава на всички и работи за всички. Точно както ви изпрати дъжда по моя молба, така Той изпълнява и всяко искрено желание на последователя. Хората рядко осъзнават колко често Бог се вслушва в молитвите им. Той не е пристрастен към неколцина, а чува всеки, който доверчиво се обръща към Него. Неговите рожби трябва винаги да имат безрезервна вяра в любящата благост на техния Вездесъщ Баща.**

Шри Юктешвар устройваше четири големи празника в годината – на Пролетното и Есенното равноденствие и на Лятното и Зимното слънцестоене. На тях винаги се събираха много негови ученици от близо и далеч. Празника на Зимното слънцестоене, в който за първи път се включих и аз, отбелязахме в Серампор. Той ми донесе трайна благословия.

Празненството започна сутринта с босоного шествие по улиците. Възторжени религиозни химни ехтяха от стотици гърла, а неколцина музиканти ни пригласяха с флейти и *кол картал* (тарамбуки и малки цимбали). Тълпи ентусиазирани граждани обсипваха пътя ни с цветя и с грейнали от радост лица показваха съпричастието си към възторжените възхвали на благословеното

---

* „Светило на тялото е окото. Затова, ако твоето око бъде едно, и цялото твое тяло ще бъде осветено" (Матей 6:22). В дълбока медитация духовното око се вижда в централната част на челото. Това всевеждущо око в писанията се назовава с различни имена: „трето око", „звездата на изток", „вътрешно око", „гълъб, спускащ се от небесата", „окото на Шива", „окото на интуицията" и др.

** „Който е насадил ухото, няма ли да чуе? Който е стъкмил окото, няма ли да види? Оня, Който вразумява народите, Който учи човека на знание, нима няма да изобличи?" (Псалми 94:9–10/Псалми 93:9–10).

Божие име, което ги беше откъснало от прозаичните им задачи. Дългата обиколка завърши в двора на обителта. Там ние наобиколихме нашия гуру, докато учениците от горните балкони ни обсипваха с невени.

Мнозина от гостите се качиха горе, където бяха нагостени с пудинг от *чана* и портокали. Аз се присъединих към една група мои събратя, които днес служеха като готвачи. Храната за такива големи събирания се приготвяше на открито, в големи казани. Импровизираните тухлени печки пушеха, очите ни се насълзяваха, но ние весело се смеехме и продължавахме да работим. На религиозните празници в Индия никога не се гледа като на задължение – всеки от сърце помага кой с каквото може, предлагайки пари, ориз, зеленчуци или личните си услуги.

Скоро към нас се присъедини Учителят, за да наглежда и контролира всеки детайл в подготовката на тържеството. Непрекъснато зает, той работеше с темпото на най-чевръстите млади ученици.

От втория етаж долитаха гласовете на *санкиртана* (групово пеене), съпровождани от хармониум и тарамбуки. Шри Юктешвар слушаше, като претегляше звуците на везните на своя ум – музикалният му слух бе изтънчен до съвършенство.

– Не са в тон! – Учителят остави готвачите и се присъедини към музикантите. Мелодията отново се разнесе, този път изпълнявана правилно.

Самаведа съдържа най-ранните съчинения върху музикалната наука. В Индия музиката, наред с живописта и театъра, се смята за божествено изкуство. Брама, Вишну и Шива – вечната Троица, са били първите музиканти. В писанията се казва, че Шива в Своя аспект на Натараджа, Космически Танцьор, създава безкрайно разнообразие от *ладове* и ритми в процеса на сътворяване, запазване и разрушаване на Вселената, докато Брама и Вишну наблягат на поддържащите ритми: Брама отброява такта със звучните цимбали, а Вишну удря свещения барабан *мриданги*.

Сарасвати, богинята на мъдростта, символически се изобразява с *вина*, майката на всички струнни инструменти. Кришна, който е въплъщение на Вишну, в индийските произведения на изкуството винаги се изобразява с флейта, на която свири омайни песни, призовавайки човешките души, бродещи из илюзията на мая, да се завърнат в своя истински дом.

Фундаментът на индуистката музика са *рагите*, или устойчивите мелодични гами. Шестте основни *раги* се разклоняват на сто двайсет и шест производни *рагини* ('съпруги') и *путри* ('синове'). Всяка *рага* има минимум пет ноти: водеща нота *вади* ('крал'), вторична нота *самавади* ('главен съветник на краля'), спомагателни ноти *анувади* ('съветници') и дисонансна нота *вивади* ('враг').

На всяка от шестте основни *раги* природно съответства определен час от деня, сезон от годината и божество покровител, даряващо определено качество. Така например: 1) *хиндола рага*, която събужда чувство на вселенска любов, може да се чуе само на зазоряване през пролетта; 2) *дийпака рага* се свири вечер през лятото, за да породи състрадание; 3) *мега рага* е мелодия, която вдъхва решителност и е за средата на деня в сезона на дъждовете; 4) *байрава рага* се свири сутрин през август, септември и октомври и навява умиротворение; 5) *шри рага* е запазена за есенния здрач за събуждане на чиста любов; 6) *малкунса рага* може да се чуе в полунощ през зимата за храброст.

Тези закони за връзката между природата и човека посредством звуците са били открити още от древните риши. Тъй като природата не е нищо друго, освен обективация на *Ом*, на Първичния Звук (вибрационното Слово), човек може да постигне контрол над всички природни явления, използвайки определени *мантри*, или песнопения.* Историческите документи разказват за забележителните способности на Миян Тан Сен, придворен музикант на Акбар Велики, живял през XVI век. Веднъж императорът му наредил да запее нощна *рага*, макар че слънцето било високо в небето. Тан Сен подхванал една мантра, която още в същия миг

---

* Мотивът за контрола над природните явления присъства във фолклора на много народи под формата на различни магически заклинания. Така например индианците в Америка имат ефективни ритуали за дъжд и вятър. Миян Тан Сен, великият индуистки музикант, е можел да угаси огън със силата на песента си.

През 1926 г. калифорнийският естествоизпитател Чарлс Келог демонстрира ефекта на тоналните вибрации върху огъня пред група нюйоркски пожарникари: „Той дръпна рязко лъка, нещо като уголемен вариант на лък на цигулка, по рога на алуминиев камертон, при което от него се изтръгна неприятен, стържещ звук, наподобяващ пращене на радио. В същия момент жълтият газов пламък, висок половин метър, който играеше в стъклената тръба, се сниши до десетина сантиметра и затрепка със синкав цвят. Още едно дръпване на лъка – и пламъкът изгасна напълно".

потопила в мрак целия дворец и околностите му.

Индийската музика разделя октавата на двайсет и две *срути* ('четвърт тонове'). Тези микротонални интервали позволяват фини музикални нюанси, непостижими за западната хроматична гама от дванайсет полутона. Всяка от седемте ноти на октавата се свързва в индийската митология с определен цвят и с естествения звук, издаван от определена птица или животно: *до* – със зеленото и пауна; *ре* – с червеното и чучулигата; *ми* – със златистото и козата; *фа* – с жълтеникавобялото и чаплата; *сол* – с черното и славея; *ла* – с жълтото и коня; *си* – с палитрата на всички цветове и слона.

Индийската музика различава седемдесет и две *тати,* сиреч гами. Музикантът има простор за безкрайни импровизации около дадена устойчива традиционна мелодия, или *рага*. Той се съсредоточава върху определена емоционална страна или настроение на структурната тема и я украсява според възможностите на собствената си оригиналност. Индийският музикант не свири по ноти, а с всяко ново изсвирване на даден фрагмент полага нови багри върху голата скица на *рагата,* подчертавайки чрез повторение всички нейни фини микротонални и ритмични вариации.

От западните композитори Бах е този, който е разбрал прелестта и силата на повтарящия се звук, леко изменян чрез стотици сложни комбинации.

В санскритската литература се описват сто и двайсет *тали* (ритми и тактове). Казва се, че Барата, основоположникът на индуистката музикална традиция, е различавал трийсет и два вида *тала* само в пеенето на чучулигата. *Талите* са взети от движенията на човешкото тяло – двойния такт при ходене, тройния такт при дишане по време на сън, когато вдишването е два пъти по-дълго от издишването.

Индия открай време е признала човешкия глас за най-съвършения звуков инструмент. Затова индуистката музика като цяло се придържа към обхвата от три октави, отговарящи на човешкия глас. По същата причина се набляга повече на мелодичния интервал (последователно прозвучаване на тоновете), отколкото на хармоничния (едновременно прозвучаване на тоновете).

Индуистката музика е субективно, духовно и индивидуалистично изкуство, преследващо не симфонична колоритност, а лична хармония със Свръхдушата. Всички прочути индийски песни са били композирани от поклонници на Божествения. Санскритската дума за музикант е *багаватар* – 'пеещ възхвали на Бог'.

Санкиртаните (музикални сбирки, на които се пеят набожни песни) са ефективна форма на йога и духовна дисциплина. Те изискват дълбока концентрация, вглъбяване в мисълта семе и в звука. Тъй като самият човек е проявление на творящото Слово, звуците оказват пряко и силно въздействие върху него. Великите религиозни химни на Изтока и Запада изпълват човек с радостни и възторжени чувства, защото причиняват временно вибрационно пробуждане на един от окултните му гръбначни центрове*. В такива блажени моменти в паметта му се събужда слаб спомен за божествения му произход.

Гласовете на *санкиртана*, които се разнасяха от всекидневната на Шри Юктешвар на втория етаж в деня на празника, действаха вдъхновяващо на готвачите край димящите казани. Моите събратя и аз радостно подпявахме рефрените, пляскайки в такт с ръце.

По залез ние вече бяхме нагостили стотиците гости с *кичури* (ориз и леща), къри от зеленчуци и оризов пудинг. После дворът беше постлан с памучни одеяла, насъбралото се множество

---

* Пробуждането на окултните гръбначномозъчни центрове (чакри, астрални лотоси) е свещена цел на всеки йоги. За съжаление, западните тълкуватели не са успели да вникнат в дълбокия смисъл на новозаветната глава *Откровение*, в която на един символичен език се излага йогическото знание, предадено на Йоан и други приближени ученици на Господ Исус. Йоан говори *(Откровение 1:20)* за „тайната на седемте звезди" и „седемте църкви". С тях той символично представя седемте лотоса от светлина, описани в йога трактатите като седемте „тайни врати" в гръбначномозъчната ос. През тези божествено замислени „изходи" (или „тайни проходи") йогът чрез научна медитация бяга от телесната тъмница, за да възвърне истинската си идентичност на Дух. (Виж глава 26.)

Седмият център – хилядолистният лотос в мозъка, е престолът на Безгранично Съзнание. В състояние на божествено озарение йогът вижда Брама (Бог в аспекта Му на Създател) като Падмая ('роден от лотос').

Една от позите в йога е наречена „лотос", защото в тази традиционна поза йогът вижда различно оцветените лотоси *(падми)* на гръбначномозъчните центрове. Всеки лотос има определен брой листенца (лъчи), изтъкани от *прана* (жизнена сила). *Падмите* са известни още като *чакри* ('колела, чекръци').

Поза лотос *(падмасана)* държи гръбнака изправен и заключва сигурно тялото, като не му позволява да залитне напред или назад по време на състоянието на транс *(сабикалпа самади)*. Именно затова тя е предпочитана поза от йогите. *Падмасана* обаче може да се окаже трудна за изпълнение от начинаещите, затова е препоръчително тя да се практикува само под ръководството на опитен учител по *хата йога*.

насяда под небесния купол, обсипан с хиляди звезди, и погълнато заслуша мъдростта, която се лееше от устата на Шри Юктешвар. В беседите си той изтъкваше ценността на *крия йога* и подканяше към живот на себеуважение, спокойствие, решимост, проста диета и редовно упражняване.

След това група от млади ученици изпя няколко свещени химна. Събирането завърши със *санкиртан*. От десет часа до полунощ обитателите на ашрама бяхме заети с миене на тенджери и тави и с почистване на двора. Моят гуру ме извика при себе си.

– Доволен съм от всеотдайната ти работа днес и през изминалата седмица на подготовка. Искам да останеш при мен. Тази вечер може да спиш при мен, на моето легло.

И в най-смелите ми мечти не ми беше хрумвало, че някога ще получа подобна привилегия! Известно време поседяхме в състояние на интензивно божествено безмълвие. Десетина минути след като си легнахме, Учителят стана и се наметна с връхна дреха.

– Какво има, Учителю? – почувствах как радостта от привилегията да спя до моя гуру, сякаш бързо се изпарява.

– Мисля, че неколцина ученици, които не са успели да направят връзка с влака за насам, скоро ще бъдат тук. Да им приготвим нещо за ядене.

– Гуруджи, никой няма да дойде в един часа през нощта!

– Ти остани – твоят ден и без това не беше лек. Аз ще им наготвя нещо.

При решителния тон на Шри Юктешвар аз скочих от леглото и го последвах в малката, ежедневно използвана кухня, свързана с верандата на втория етаж. Скоро оризът и *далът* къкреха в тенджерата.

Моят гуру се усмихна нежно:
– Тази нощ ти победи умората и страха на очите от тежката работа. Те никога повече няма да те измъчват в бъдеще.

И още неизрекъл тези думи, които се оказаха благословия за цял живот, в двора се чуха стъпки. Аз се затичах надолу и отворих вратата на група ученици.

– Скъпи братко – каза един от тях, – ужасно съжаляваме, че безпокоим Учителя в този късен час! Объркахме разписанието и изтървахме влака, но чувствахме, че не бива да се връщаме вкъщи, без да сме зърнали лицето на нашия гуру.

– Той ви очаква и дори в момента ви приготвя ядене.

От кухнята проехтя приветливият, подканващ глас на Шри Юктешвар. Аз поведох изумените посетители в кухнята. Учителят се наведе към мен и ми прошепна със закачлива усмивка:

– Сега, като свери информацията, надявам се, вече не се съмняваш, че наистина са изпуснали влака!

Половин час по-късно го последвах в спалнята. Щастие извираше из душата ми – заслужил бях честта да спя до един Богоподобен Гуру!

Глава 16

Да надхитриш звездите

— Мукунда, защо не си вземеш една астрологическа гривна?

– Учителю, мислите, че трябва...? Аз не вярвам в астрологията.

– Виж, тук нещата не опират само до това дали *вярваш,* или не. Научният подход най-добре ще ти каже дали даден закон *работи.* Законът на гравитацията е действал точно толкова прецизно преди Нютон, колкото и след него. Представяш ли си какъв хаос би настанал в Космоса, ако законите му трябваше да чакат „одобрението" на човешката вяра.

Шарлатаните са докарали науката за звездите до днешната ѝ незавидна слава. Астрологията е толкова всеобхватна както в математическото*, така и във философското си съдържание, че не може

---

* По астрономическите текстове в древноиндуистката литература учените са успели да датират времето на техните автори. От тях се вижда, че ришите са имали изключително обширни познания в областта на астрономията. В *Каушитаки Брамана* срещаме пасажи, от които е видно, че още в 3100 г. пр.Хр. индусите са били много напреднали в астрономията и са прилагали знанията си в живота за определяне на най-благоприятното време за астрологически церемонии. В една статия на Тара Мата във февруарския брой на сп. „Изток – Запад" от 1934 г. четем следното за *Джьотиш* (основния астрономически труд на Ведите): „Той съдържа знанието, което е отреждало на Индия видно място сред другите древни нации и заради което се е превърнала в притегателен център за търсачите на познание. В астрономическия трактат *Брамагупта,* който влиза в *Джьотиш,* се разглеждат теории като хелиоцентричен модел на Слънчевата система, осова инклинация, сферична форма на Земята, отразена светлина на Луната, въртене на Земята около оста ѝ, наличие на неподвижни звезди в Млечния път, закон на гравитацията и други

да бъде схваната правилно от всеки, а само от дълбокомислени умове. Не се изненадвам, че невежите разчитат грешно небесата и виждат там драскулки вместо ясни знаци – това напълно може да се очаква от този несъвършен свят. Не бива обаче да отписваме мъдростта просто защото „мъдрите" вече не струват.

Всички части на творението са свързани помежду си и си влияят взаимно – продължи моят гуру. – Балансираният ритъм на Вселената се корени във взаимодействието. Като смъртно същество човек трябва да се бори с две групи сили: от една страна, с метежа в собственото си същество, причинен от смесването на елементите земя, вода, огън, въздух и етер, а от друга – с външните дезинтегриращи сили на природата. Докато човек се бори със своята смъртност, той е подложен на влиянието на неизброимите изменения на небето и земята.

Астрологията е наука за човешките реакции на планетарните въздействия. Звездите не притежават съзнателна благосклонност или враждебност – те просто излъчват положителна или отрицателна радиация. Сама по себе си тя нито помага, нито вреди на човечеството, а предлага един справедлив канал за външно регулиране на причинно-следствения механизъм, който всеки човек сам е задействал в миналото.

Едно дете се ражда в точно определен ден и час, когато небесните лъчи са в математическа хармония с индивидуалната му карма. Хороскопът му е предизвикателен портрет, разкриващ неотменимото му минало и вероятните бъдещи резултати от това минало. Родената астрологическа карта на индивида може да бъде тълкувана правилно само от хора с интуитивна мъдрост – такива са малцина.

научни факти, които Западът научи много по-късно благодарение на Коперник и Нютон".

Така наречените арабски цифри, изиграли неоценима роля в развитието на западната математическа наука, са донесени в Европа през IX век от арабите, които от своя страна са ги заимствали от Индия, където тази система от знаци е била позната от векове. Още светлина върху богатото научно наследство на Индия хвърлят книгите: „История на индустката химия" на сър П. Ч. Рой *(Sir P. C. Roy, History of Hindu Chemistry)*, „Положителните науки на древните индуси" на сър Б. Н. Сеал *(Sir B. N. Seal, Positive Sciences of the Ancient Hindus)*, „Индустки достижения в точните науки" и „Положителното начало в индустката социология" на проф. Б. К. Саркар *(B. K. Sarkar, Hindu Achievements in Exact Science; The Positive Background of Hindu Sociology)*, както и „Индустката материя медика" на У. Ч. Дут *(U. C. Dutt, Materia Medica of the Hindus)*.

Вестта, която в момента на раждането се разгласява надлъж и нашир из небесата, не цели да изтъкне неумолимостта на съдбата – резултат от миналото добро и зло, а да събуди волята на човека, да го подтикне да избяга от земното си крепостничество. Стореното от него може да се поправи. Никой друг, освен него самия, не е предизвикал причините, чиито следствия сега преобладават в живота му. Така че само той може да преодолее ограниченията. Първо, защото той ги е създал със собствените си действия и второ, защото притежава духовни ресурси, които са неподвластни на натиска на планетите.

Суеверното страхопочитание пред астрологията прави човека автомат, робски зависим от механичните инструкции. Мъдрият човек побеждава планетите, ще рече своето минало, като прехвърля васалната си зависимост от творението към Твореца. Колкото повече той осъзнава своето единство с Духа, толкова по-слаба става властта на материята над него. Душата е вечно свободна, тя е безсмъртна, защото е неродена. Нея звездите не могат да я командват.

Човек *е* душа и *има* тяло. Винаги когато той се отъждествява със Себе-то, със своята истинска същност, той живее извън матриците на принудата. Но докато стои объркан в привичното си състояние на духовна амнезия, ще бъде спъван от фините окови на обкръжаващия го закон.

Бог е хармония. Търсачът на Бог, който знае как да се настройва към тази хармония, никога не ще извърши грешно действие. Постъпките му ще бъдат правилно и естествено привеждани в унисон с астрологичния закон. След дълбока молитва и медитация той влиза в контакт с божественото си съзнание. Няма по-голяма сила от тази вътрешна защита.

– Тогава защо, скъпи Учителю, искате от мен да нося астрологическа гривна? – осмелих се да задам този въпрос след дълго мълчание, по време на което се опитвах да осмисля внушителното изложение, което съдържаше мисли нови за мен.

– Само когато пътникът достигне своята цел, може да захвърли картата. По време на пътешествието той трябва да се възползва от всяка удобна възможност за съкращаване на пътя. Древните риши са открили множество начини да намалят срока на изгнаничество в илюзията. Кармичният закон си служи с определени механизми, които умело могат да бъдат регулирани с пръстите на мъдростта.

Всички човешки неволи произтичат от престъпване на вселенския закон. Писанията изтъкват, че човек трябва да действа съобразно природните закони и същевременно да не поставя под съмнение божественото всемогъщество. Той трябва да си казва: „Господи, вярвам в Теб и знам, че Ти можеш да ми помогнеш, но и аз ще дам всичко от себе си, за да поправя грешките, които съм допускал". Чрез множество средства – молитва, сила на волята, йогическа медитация, допитване до светци и не на последно място, използвайки астрологически гривни, неблагоприятните въздействия на лошите постъпки от миналото могат да се намалят или напълно да се неутрализират.

Както домът може да се оборудва с меден гръмоотвод, който да поеме електрическия заряд на мълнията, така и телесният храм на човека може да се предпази по различни начини.

В космическото пространство постоянно циркулират електрически и магнитни потоци, които въздействат на човешкото тяло благотворно или зловредно. Още преди векове нашите риши са разбрали това и са започнали да търсят начин да преборят вредните влияния на фините космически лъчения. Мъдреците открили, че чистите метали излъчват астрална светлина, която много мощно противодейства на отрицателната тяга на планетите. В хода на изследванията си те открили още, че растителните комбинации също са полезни. Най-ефективни от всички се оказали скъпоценните камъни с чистота не по-малко от два карата.

Превантивното използване на астрологията рядко се е изучавало сериозно извън Индия. Малко известен факт е, че изработките от скъпоценни камъни, метали и растения са безполезни, ако нямат нужното тегло и ако лечебният фактор не се носи директно върху кожата.

– Учителю, непременно ще послушам съвета ви и ще си купя гривна. Допада ми мисълта да надхитря планетите!

– За обща защита те съветвам да използваш гривна, направена от злато, сребро и мед. Но за специфична защита искам да си вземеш гривна от сребро и олово. – После Шри Юктешвар ми даде още няколко допълнителни указания.

– Гуруджи, какво искате да кажете с това „специфична защита"?

– Звездите скоро ще проявят „недружелюбен" интерес към

теб, Мукунда. Но няма страшно – ще бъдеш защитен. След около месец черният ти дроб ще ти създаде много неприятности. По принцип болестта трябва да трае шест месеца, но астрологическата гривна, която ще носиш, ще намали периода на двайсет и четири дни.

На следващия ден побързах да намеря бижутер и скоро носех изработената гривна. Здравето ми беше отлично. Предсказанието на Учителя, който междувременно беше напуснал Серампор, за да посети Бенарес, някак неусетно излетя от главата ми. Трийсет дни след нашия разговор почувствах внезапна болка в областта на черния дроб. Следващите седмици ме замъчиха кошмарни болки. Понеже не исках да безпокоя моя гуру, реших смело да понеса изпитанието – сам.

Но двайсет и трите дни страшни болки ме омаломощиха и отслабиха решимостта ми. Накрая хванах влака за Бенарес. Там Шри Юктешвар ме посрещна с необичайна топлота, но нямаше възможност да останем насаме, за да му разкажа мъката си – чакаха го множество последователи, дошли специално за *даршан**. Свит одве от болка и пренебрегнат, аз седнах в един ъгъл. Едва след вечеря гостите се разотидоха. Моят гуру ме повика на осмоъгълния балкон на къщата.

– Трябва да се е обадил черният ти дроб – заговори Шри Юктешвар, като гледаше настрани. После закрачи напред-назад умислено, а фигурата му от време на време затуляше луната. – Я да видим, наболява те от двайсет и четири дни, нали?

– Да, Учителю.

– Моля те, направи упражненията за стомаха, на които те научих.

– Учителю, ако знаехте как само ме боли, нямаше да ме карате да се напрягам – простенах аз, но въпреки това направих немощен опит да му се подчиня.

– Казваш, че имаш болка. Аз пък казвам, че нямаш. Отде такова противоречие? – погледна ме изпитателно моят гуру.

За миг ме обзе странен шемет, после радостно чувство на облекчение. Вече не усещах продължителните остри болки, които седмици наред почти не ми даваха да мигна. При думите на Шри

---

* Благословията, която светецът дава с поглед.

Юктешвар страданието изчезна, сякаш никога не беше го имало.

Поисках да коленича в нозете му, за да му се отблагодаря, но той бързо ме изправи.

– Не ставай дете. Стани и се наслади на красотата на луната над Ганг – в очите на Учителя проблясваха весели огънчета, докато стоях мълчаливо до него. По отношението му разбрах, че иска да почувствам, че не той, а Бог е лечителят.

И до днес нося тежката гривна от сребро и олово – спомен за онзи отдавна отминал скъп ден, когато отново се убедих, че наистина живея със Свръхчовек. По-късно, когато водех свои приятели при Шри Юктешвар за изцеление, той неизменно препоръчваше скъпоценни камъни или гривна*, възхвалявайки употребата им като акт на астрологическа мъдрост.

От детството си имах предубеждения към астрологията – отчасти защото бях наблюдавал как много хора стават робски зависими от нея, отчасти поради предсказанието, което фамилният астролог ми беше направил: „Ще се жениш три пъти и два пъти ще оставаш вдовец". Размишлявах мрачно над тези думи и се чувствах като жертвен агнец, очакващ заколението си на светия жертвеник на брака, при това цели три пъти!

– Защо не вземеш да се примириш със съдбата си – подмяташе от време на време брат ми Ананта. – В хороскопа ти точно и ясно е казано, че в детството си ще избягаш към Хималаите и ще бъдеш върнат принудително. Значи и предсказанията за твоите бракове ще се сбъднат.

Една нощ ме осени ясна интуиция, че пророчеството е пълна лъжа. Станах и изгорих свитъка с хороскопа, а пепелта изсипах в хартиен плик, върху който написах: „Семената на кармата от миналите действия не могат да покълнат, ако са станали на пепел в огъня на божествената мъдрост". Поставих плика на видно място. Ананта веднага прочете предизвикателния коментар.

– Не можеш да унищожиш така лесно истината, както си изгорил този свитък – изсмя се пренебрежително брат ми.

Вярно, на три пъти преди да достигна зряла възраст семейството ми се опита да ме сгоди, но аз всеки път отказвах да се

---

* Виж бел. стр. 300.

съобразя с плановете им*, знаейки, че любовта ми към Бог е по-силна от каквито и да е астрологически влияния от миналото.

„Колкото по-дълбоко е Себе-осъзнаването на човек, толкова повече той влияе на цялата Вселена с фините си духовни вибрации и съответно толкова по-малко самият той бива повлиян от непрекъснатите изменения в света на проявленията" – тези думи на Учителя често се връщаха в ума ми и ме вдъхновяваха.

Понякога молех астролозите да изберат най-лошите периоди за мен според това, което планетите вещаят, и въпреки всичко постигах целите, които си поставях. Не отричам, че успехът ми през тези периоди винаги се съпровождаше от огромни трудности, но в крайна сметка винаги ставаше това, в което бях силно убеден: вярата в божественото покровителство и правилното използване на дадената ни от Бога воля са сили, много по-могъщи от влиянията, които се изливат от небесата.

Стигнах до разбирането, че зодиакалният знак, под който е роден човек, в никакъв случай не го прави марионетка на миналото му. Посланието на звездите е по-скоро предизвикателство към нашата гордост – самите небеса се стремят да подбудят решимостта на човека да се освободи от своите ограничения. Бог е създал всеки човек като душа, надарена с индивидуалност, следователно той заема съществено важно място във вселенската структура, независимо от това дали временната му роля ще бъде на опорен стълб или на паразит. Свободата на човек е окончателна и незабавна, ако той пожелае това. Тя зависи не от външни, а от вътрешни победи.

Шри Юктешвар откри по математически път точното положение на настоящата епоха в 24 000-годишния Равноденствен цикъл.** Цикълът се разделя на Възходяща и Низходяща дъга, всяка с продължителност 12 000 години. Във всяка дъга има четири *юги,* тоест епохи, наречени *Кали, Двапара, Трета* и *Сатя,* съответстващи на гръцките идеи за желязна, бронзова, сребърна

---

* Едно от момичетата, което семейството ми беше избрало за мен, по-късно се омъжи за братовчед ми Прабас Чандра Гош. (Виж снимката на стр. 279.) Шри Гош служи като вицепрезидент на Yogoda Satsanga Society of India (виж стр. 467–472) от 1936 до кончината си през 1975 г.

** Тези цикли се обясняват в първата част на издадената от Self-Realization Fellowship книга на Шри Юктешвар „Свещената наука" *(The Holy Science).*

и златна епоха.

Чрез сложни изчисления моят гуру определи, че последата *Кали юга,* тоест желязна епоха на Възходящата дъга, е започнала приблизително 500 г. сл.Хр. Желязната епоха, с продължителност 1200 години, е период на материализъм. Тя завършва около 1700 г. сл.Хр. Тази година възвестява началото на *Двапара юга,* 2400-годишен период на развитие на електрическата и атомната енергия: епохата на телеграфа, радиото, самолетите и други анихилатори на пространството.

3600-годишният период на *Трета юга* ще започне през 4100 г. сл.Хр. Той ще се отличава с всеобщо познаване на телепатичните връзки и други анихилатори на времето. През 4800-те години на *Сатя юга,* последната епоха на Възходящата дъга, разумът на човек ще бъде високоразвит и той ще заработи в хармония с Божия план.

След това, през 12 500 г. сл.Хр., човечеството ще тръгне по Низходяща дъга от 12 000 години, която ще започне със залязваща златна епоха. При нея хората постепенно ще затънат в невежество. Тези цикли са вечният кръговрат на *мая,* контрастите и относителностите в света на феномените.* Хората обаче един по един може да избягат от тъмницата на двойственостите, като пробудят съзнанието си за неразривното божествено единство с Твореца.

Учителят разширяваше познанията ми не само за астрологията, но и за свещените писания на световните религии. Поставяйки

---

* Индуистките свещени писания отнасят настоящата световна епоха към друга по-голяма *Кали юга,* която влиза в много по-дълъг вселенски цикъл отколкото е 24 000-годишният Равноденствен цикъл, за който пише Шри Юктешвар. Вселенският цикъл от писанията обхваща период от 4 300 560 000 години и отмерва деня на Сътворението. Тази огромна цифра се извежда като отношение между дължината на една слънчева година и число, кратно на числото π (отношението между обиколката на дадена окръжност и нейния диаметър).

Според древните провидци животът на Вселената ще продължи 314 159 000 000 000 слънчеви години, или „един век на Брама".

Индуистките свещени писания твърдят, че планета като нашата може да изчезне поради две причини: жителите й като цяло да станат или добри като ангели, или зли като демони. Така колективното съзнание генерира сила, която освобождава атомите на Земята, крепящи я в единна цялост.

От време на време в публичното пространство се появяват злокобни вещания за наближаващия „свършек на света". За успокоение на техните автори трябва да кажем, че планетарните цикли следват един хармоничен божествен план и на хоризонта не се задава планетарен апокалипсис. Планетата Земя в този й вид я чакат още много Възходящи и Низходящи равноденствени цикли.

текстовете им върху безупречно чистата „операционна маса" на своето съзнание, той правеше „дисекции" със скалпела на интуитивния си усет и отделяше грешното и добавеното от учените от автентичните истини, казани някога от пророците.

„Фиксирайте погледа си върху върха на носа." Тази неточна интерпретация на един стих от Багавад Гита*, широко приета от източните пандити и западните преводачи, често провокираше иронията на Учителя:

– Пътят на един йоги и бездруго е достатъчно необикновен – отбеляза той веднъж, – защо да го съветваме да става и кривоглед? Истинското значение на *насикаграм* е 'началото на носа', а не 'върхът на носа'. Носът започва от точката между веждите, местонахождението на духовното зрение**.

Един от афоризмите на *Санкя**** гласи: *Ишвар асиде***** ('Господарят на творението не подлежи на умозаключения', или 'Бог е недоказуем'). Тъкмо това изречение е главната причина повечето учени да наричат цялата философия атеистична.

– Този стих в никакъв случай не е атеистичен – обясняваше Шри Юктешвар. – Той просто иска да каже, че за непросветления човек, който разчита само на сетивата, за да разбере обективната реалност, съществуването на Бог няма как да се докаже и следователно за него Той ще си остане несъществуващ. Истинските последователи на *Санкя* с непоклатима интуиция, родена в медитация, знаят, че Господ съществува и че е познаваем.

Не само Багавад Гита, но и християнската Библия Учителят обясняваше с кристална яснота. Именно благодарение на моя индийски гуру, който официално не се водеше към християнската общност, започнах да вниквам в безсмъртната същност на Библията и да разбирам истината в заявлението на Христос – със сигурност най-вълнуващата непреклонност, изричана някога: „Небе и

---

* Глава VI:13.

** „Светило на тялото е окото; когато окото ти е едно, то и цялото ти тяло е осветено; а когато е болнаво, и тялото ти е в мрак. Затова, внимавай, да не би светлината в тебе да е тъмнина" (Лука 11:34–35).

*** Една от шестте системи на индуистката философия. *Санкя* учи, че окончателно освобождение се постига чрез познаване на двайсет и петте категории на битието, започвайки от *пракрити* ('природа') и свършвайки с *пуруша* ('душа, Себе').

**** *Санкя афоризми* 1:92.

земя ще преминат, ала моите думи няма да преминат"*.

Великите Учители на Индия живеят живота си според същите възвишени божествени идеали, които са вдъхновявали Исус, затова, както самият Христос е обявил, те са негови истински братя: „Защото, който върши волята на моя Отец Небесен, той ми е брат, и сестра, и майка".** „Ако пребъдвате в Словото ми – изтъква Христос, – наистина сте мои ученици, и ще познаете Истината, и Истината ще ви направи свободни."*** Подобните на Христа йоги на Индия – напълно свободни, господари на самите себе си, принадлежат към едно безсмъртно братство: към братството на онези, които са постигнали освобождаващото знание за Единия Отец.

– Тази история за Адам и Ева не мога да я разбера! – отбелязах разпалено един ден, докато си блъсках главата над алегорията. – Защо Бог е наказал виновната двойка, мога някак да разбера, но защо е трябвало да наказва и невинните неродени потомци – това никак не мога да проумея.

Учителят беше повече развеселен от моята разгорещеност, отколкото от моето незнание.

– *Битие* е дълбоко символична книга и не трябва да се приема буквално – обясни той. – „Дървото на живота" е човешкото тяло. Гръбначният мозък прилича на преобърнато дърво, като косата на човека са неговите корени, а аферентните и еферентните нерви – неговите клони. По дървото на нервната система има много доставящи удоволствие плодове, разбирай сетива: зрение, слух, обоняние, вкус и осезание. На тях човек има право да се наслаждава, колкото му е угодно, но му е бил забранен сексът – „ябълката" в средата на тялото („посред рая").****

„Змията" олицетворява навитата като спирала енергия в основата на гръбнака, стимулираща половите нерви. „Адам" е разумът, а „Ева" – чувството. Когато емоцията, или Ева-съзнанието в едно човешко същество бъде завладяно от половия импулс, неговият

---

* Матей 24:35.
** Матей 12:50.
*** Йоан 8:31–32. Свети Йоан свидетелства: „А на всички ония, които Го приеха, даде сила да станат Божии чеда, сиреч на ония, които вярват в Неговото Име (на ония, които са установени във вездесъщото Христово Съзнание)" (Йоан 1:12).
**** „Плодовете на дървото може да ядем, само за плода, що е посред рая, Бог рече: не яжте го и не се докосвайте до него, за да не умрете" (Битие 3:2–3).

разум (Адам) също се предава.*

Бог е създал човешкия род, материализирайки първо телата на мъжа и жената чрез силата на Своята воля. Той също така е дарил новия вид със способността да създава деца по същия „непорочен", божествен начин.** Тъй като Неговите проявления на индивидуализирани души дотогава са се ограничавали само до животни, обвързани с инстинкти и лишени от потенциала да разгърнат пълния си разум, сега Бог е решил да направи първите човешки тела, символически наречени Адам и Ева. В тях, за да подпомогне възходящото им еволюционно развитие, Той вдъхнал душите, или божествената същност на две животни.*** В Адам (мъжа) преобладавал разумът, в Ева (жената) – чувството. По този начин бил изразен дуализмът, полярността, която лежи в основата на света на феномените. Разумът и чувството остават в рая на съвместната божествена радост дотогава, докато човешкият ум не бъде подлъган от змиевидната енергия на животинските склонности.

Следователно човешкото тяло е не само резултат от еволюцията на животните, но е създадено от Бога чрез акт на специално творение. Животинските форми са твърде груби, за да изразят пълната божественост. Човек единствен получил като уникален дар всемъдростта на Духа – хилядолистния лотос в мозъка, а също и силно пробудени окултни центрове в гръбнака.

Бог, или Божественото Съзнание на първата сътворена двойка ги е съветвало да се наслаждават на всички човешки сетива, с изключение на едно: сетивото за полов допир****. То било забранено, за да се избегне въвличането на човечеството в по-низшия, животински метод на размножаване. Но предупреждението да не се дава живот на подсъзнателно присъстващата животинска памет, било пренебрегнато. Възобновявайки грубия начин на създаване

---

* „Жената, която Ти ми даде за спътница – тя ми даде от дървото, и аз ядох. (...) Жената отговори: змията ме прелъсти, и аз ядох" (Битие 3:12–13).

** „И сътвори Бог човека по Свой образ, по Божий образ го сътвори; мъж и жена ги сътвори. И благослови ги Бог, като им рече: плодете се и се множете, пълнете земята и обладайте я, и владейте над морските риби, над зверовете, над небесните птици и над всяко живо същество по земята" (Битие 1:27–28).

*** „И създаде Господ Бог човека от земна пръст и вдъхна в ноздрите му дъха на живота; и стана човекът живо същество" (Битие 2:7).

**** „Змията беше най-хитра от всички полски зверове, които Господ Бог създаде (от всички други сетива на тялото)" (Битие 3:1).

на потомство, Адам и Ева излезли от състоянието на райско блаженство, естествено за първия съвършен човек. Когато „познали, че са голи", те загубили съзнанието си за безсмъртие – точно както Бог ги бил предупредил. Така те заживели под властта на физическия закон, според който след всяко физическо раждане следва физическа смърт.

Познанието за „добро и зло", обещано на Ева от „змията", се отнася до дуалистичните, контрастни преживявания, които смъртните хора, попаднали под властта на *мая,* трябва да понесат. Предавайки се на илюзията чрез неправилно използване на разума и чувството, тоест Адам-и-Ева-съзнанието, човек се отказва от правото си да влезе в райската градина на божественото доволство.*
Лична отговорност на всяко човешко същество е да възвърне „предците си", тоест да се върне от дуалистичната природа към единната хармония на рая.

Когато Шри Юктешвар завърши своите обяснения, аз с други очи погледнах на страниците на *Битие.*

– Скъпи Учителю – казах аз, – за първи път чувствам истинско синовно задължение към Адам и Ева!**

---

* „И насади Господ Бог рай в Едем, на изток, и там настани човека, когото създаде" (Битие 2:8). „Тогава Господ Бог го изпъди от Едемската градина да обработва земята, от която бе взет" (Битие 3:23). Съзнанието на първия човек било закотвено във всемогъщото единно око в челото („на изток") и не търсело друго освен своя Създател. Но оттегляйки вниманието си оттам, той загубил всепостигащите сили на волята и започнал да „обработва земята" на физическата природа.

** Индуистката история за Адам и Ева е описана в древната *пурана* ('предание') *Шримад Багавата.* Първите мъж и жена (създания от плът) там са наречени *Сваямбува Ману* ('мъж, роден от Твореца'), а неговата съпруга – *Шатарупа* ('имаща сто форми'). Макар от плът, техните пет деца се оженили за *праджапати* (ангелски същества, способни да приемат телесна форма) и така тези небесни семейства дали началото на човешката раса.

Обикалял съм доста и на Изток, и на Запад, но никога не ми се е случвало да срещна човек, който така проникновено да обяснява християнските свещени писания, както Шри Юктешвар. „Богословите – казваше той – погрешно са интерпретирали думите на Христос в стихове като „Аз съм Пътят, и Истината, и Животът; никой не дохожда при Отца, освен чрез Мене" (Йоан 14:6). С това Исус в никакъв случай не е искал да каже, че той е единственият Син на Бога. Той просто е искал да изтъкне, че никой не може да постигне нетварния Абсолют, безначалния Отец, Който е *отвъд* творението, докато не прояви „Сина", тоест докато първо не заживее с Христовото Съзнание *във* творението. Колкото до Исус, той отдавна бил разтворил егото си и се бил слял изцяло с това Христово Съзнание." (Виж бел. стр. 198.)

Думите на Свети Павел: „Бог създаде всичко чрез Исуса Христа" (Ефесяни 3:9), и тези на Исус: „Истина, истина ви казвам: преди Авраам да е бил, аз съм" (Йоан 8:58), в най-дълбокия си смисъл са отвъдличностни.

Много хора по света живеят с едно духовно малодушие, което ги кара да вярват в уютната теза, че само един човек е Син Божи. „Христос е бил нещо уникално – разсъждават те, – кои сме ние, че да се мерим с него?" Но божествеността е заложена във всеки един и все някой ден хората ще се подчинят на Христовата повеля: „И тъй, бъдете съвършени и вие, както е съвършен небесният ваш Отец" (Матей 5:48). „Вижте каква любов е дал нам Отец – да се наречем чеда Божии; а *такива и сме"* (I Йоан 3:1).

В Библията има много пасажи, от които е видно, че древните са разбирали закона на карма и неговото логическо следствие – прераждането (виж бел. стр. 328, стр. 397–399 и глава 43), като например следните: „Който пролее човешка кръв и неговата кръв ще се пролее от човешка ръка" (Битие 9:6). Ако всеки убиец трябваше да бъде убит „от човешка ръка", то това отмъщение би изисквало, в повечето случаи, повече от един живот. Полицията просто не е толкова бърза!

Ранната християнска църква изповядвала учението за прераждането, изложено от гностиците и редица църковни отци, като Климент Александрийски и знаменития Ориген (живели през III век), както и Св. Йероним Блажени (V век). Тази доктрина за първи път била обявена за ерес през 553 г. сл.Хр. на Втория Константинополски събор. По онова време много християни вярвали, че учението за прераждането предлага почти неограничено във времето и пространството поле за дейност, и в съответствие с това не търсели бързо спасение. Когато една истина се потиска с времето тя избива в грешни посоки. Милиони не са се възползвали от шанса на „единствения си живот" да търсят Бог, а са се наслаждавали на този свят – спечелен по такъв уникален начин, но който скоро щял да бъде загубен завинаги! А истината е проста: човек се преражда на Земята, докато съзнателно не си възвърне статута на Божи син.

Глава 17

Саси и трите сапфира

— Щом като двамата с моя син имате такова високо мнение за Свами Шри Юктешвар, ще го видя – съгласи се д-р Нараян Чундер Рой с тон, който ясно говореше, че просто отстъпва на каприза на двама наивници. Като всеки уважаващ себе си „мисионер", аз скрих възмущението си.

Моят събеседник, по професия ветеринарен хирург, беше убеден агностик. Младият му син Сантош отдавна ме молеше да се опитам да повлияя на баща му. До този час обаче „неоценимата" ми помощ не беше дала почти никакви видими резултати.

На другия ден д-р Рой ме придружи до ашрама в Серампор. След кратка беседа с Учителя, която премина повече в стоическо мълчание от двете страни, отколкото в разговор, посетителят безцеремонно си тръгна.

— Защо си ми довел мъртвец в ашрама? – погледна ме изпитателно Шри Юктешвар, когато вратата зад калкутския скептик се затвори.

— Учителю! Докторът е съвсем жив!

— Да, но скоро ще умре.

Бях шокиран.

— Учителю, това ще бъде ужасен удар за сина му. Сантош се надява с времето да промени материалистичните възгледи на баща си. Умолявам ви, Учителю, помогнете на човека.

— Добре – ще го сторя заради тебе – лицето на моя гуру имаше безстрастно изражение. – Гордият конски доктор има доста напреднал диабет, за който нищо не подозира. След петнайсет дни това ще го повали на легло. Лекарите ще го отпишат. Естественото му време да си отиде от този свят е след шест седмици, смятано от днес. Но заради твоето ходатайство, точно на тази дата той ще се възстанови. Има обаче едно условие: трябва да го накараш да носи астрологическа гривна. Той без съмнение ще се инати и дърпа така буйно, както неговите коне преди операция! – засмя се тихо Учителят.

След известно мълчание, по време на което се чудех каква тактика най-добре бихме могли да пуснем в действие със Сантош, за да придумаме доктора, Шри Юктешвар ми разкри още нещо:

– Щом човекът се оправи, посъветвай го да не яде месо. Той обаче няма да се вслуша в съвета ти и след шест месеца, точно когато се чувства най-добре, ненадейно ще умре – и като направи пауза, добави: – Тези шест месеца, с които се удължава животът му, се дават само заради твоята молба.

На следващия ден предложих на Сантош да поръча гривната при бижутера. След една седмица тя беше готова, но д-р Рой отказа да я сложи.

– Аз съм в отлично здраве. Не може да ме впечатлите с тия ваши астрологически суеверия – изгледа ме войнствено докторът.

Стана ми смешно, като си спомних думите на Учителя, който много точно беше оприличил този човек на инат кон. Минаха още седем дни. На осмия докторът внезапно се разболя и кротко се съгласи да сложи гривната. Две седмици по-късно лекарят, който го лекуваше, ми каза, че случаят на пациента му е безнадежден. И без да спестява подробности, ми описа страшните поражения, които диабетът му беше причинил.

Аз обаче поклатих отрицателно глава.

– Моят гуру казва друго: след едномесечно боледуване д-р Рой ще оздравее.

Лекарят ме изгледа недоверчиво. Две седмици по-късно той ме намери. Имаше виновно изражение.

– Д-р Рой напълно се възстанови! – възкликна той. – Това е най-невероятният случай в моята практика. Никога преди не бях виждал умиращ човек да се връща към живот по такъв необясним начин. Твоят гуру сигурно е някой пророк целител!

Скоро след това имах кратък разговор с д-р Рой, по време на който му повторих съвета на Шри Юктешвар за безмесната диета. Минаха шест месеца, през които не се видяхме. Една вечер, докато седях на верандата на семейната ни къща, той мина край нас и спря да си поговорим.

– Да му кажеш на твоя Учител, че благодарение на честото ядене на месо аз напълно възстанових силите си. Ненаучните му идеи за диети не могат да ми повлияят. – Вярно си беше, д-р Рой наистина изглеждаше като олицетворение на здравето.

Но на следващия ден Сантош дотича запъхтян при мен от съседния квартал, където живееха:

– Тази сутрин татко внезапно умря!

Този случай беше едно от най-странните ми преживявания с Учителя. Той изцели опърничавия ветеринарен хирург въпреки липсата на вяра у него и удължи естествения му срок на земята с шест месеца само защото смирено го бях помолил. Добротата на Шри Юктешвар не познаваше граници, когато решеше, че трябва да удовлетвори искрената молба на някой свой последовател.

Привилегията, с която най-много се гордеех, беше да водя приятелите си от колежа при моя гуру. Мнозина от тях захвърляха – поне в ашрама! – модните си академични маски на религиозен скептицизъм.

Един от тях, казваше се Саси, прекара много щастливи уикенди в Серампор. Учителят силно обикна момчето и дълбоко го състрадаваше, задето личният му живот е необуздан и безпорядъчен.

– Саси, ако не промениш начина си на живот, след една година ще бъдеш прикован на смъртно легло – Шри Юктешвар погледна моя приятел с мил укор. – Мукунда ми е свидетел. Да не кажеш после, че не съм те предупредил.

Саси се засмя:

– Учителю, аз съм безнадежден случай, оставям на вас да събудите милосърдието на Космоса! Духът ми желае, но волята ми е слаба. Вие сте единственият ми Спасител на тази земя – в нищо друго не вярвам.

– Трябва да носиш поне двукаратов син сапфир. Той ще ти помогне.

– Не мога да си го позволя. Но както и да е, скъпи гуруджи, аз вярвам напълно, че ако ме сполети беда, вие ще ме защитите.

– След една година ти ще дойдеш тук с три сапфира – отвърна Шри Юктешвар. – Но тогава от тях няма да има никаква полза.

Подобни разговори се провеждаха редовно. И всеки път Саси отговаряше с комично отчаяние:

– Не мога и не мога да се променя! Упованието ми във вас, Учителю, е по-ценно от всякакви скъпоценни камъни!

Мина една година. Един ден посетих моя гуру в дома на неговия последовател Нарен Бабу. Към десет часа сутринта, докато Шри Юктешвар и аз седяхме в дневната на втория етаж, откъм входната врата се чу шум. Учителят си придаде непоколебим вид.

– Саси – отбеляза тежко той. – Годината изтече и с двата му бели дроба е свършено. Не послуша съвета ми. Кажи му, че не искам да го виждам.

Почти шокиран от тази суровост на Шри Юктешвар, аз хукнах надолу по стълбите. Саси се качваше.

– О, Мукунда! Толкова се надявах Учителят да е тук – нещо отвътре ми подсказваше, че ще го намеря.

– Да, но той не желае да бъде безпокоен.

Саси избухна в сълзи и избутвайки ме, се втурна нагоре. Хвърли се в нозете на Шри Юктешвар и постави пред него три красиви сапфира.

– Всемъдри гуру, докторите казаха, че имам скоротечна туберкулоза! Не ми дават повече от три месеца живот! Смирено ви умолявам, помогнете ми! Знам, че можете да ме излекувате!

– Не е ли малко къснички да се тревожиш за живота си? Прибери си камъните и си върви. Времето на полезното им действие мина – отсече Учителят. После седна и застина като сфинкс в неумолимо мълчание, прекъсвано от сподавените ридания на момчето за милост.

Осени ме интуитивна увереност, че Шри Юктешвар просто изпитва колко дълбока е вярата на Саси в божествената изцеляваща сила. Затова не се изненадах много, когато след близо час в напрегнато очакване, Учителят съчувствено спря погледа си върху моя приятел, който все още лежеше в нозете му.

– Изправи се, Саси. Ама че суматоха вдигаш в дома на хората! Върни сапфирите на бижутера – сега те са ненужен разход. Но си купи астрологическа гривна и я носи. Не бой се, след няколко седмици ще се оправиш.

Усмивката на Саси озари подпухналото му от сълзи лице като слънце, внезапно показало се след дъжд.

— Обични гуру, да вземам ли лекарствата, които докторите ми предписаха?

— Както искаш – пий ги или ги изхвърли, все тая. По-вероятно е Слънцето и Луната да си сменят местата, отколкото ти да умреш от туберкулоза – и изведнъж рязко добави: – А сега тръгвай, преди да съм размислил!

Възбуден от радост, моят приятел се поклони забързано и хвръкна навън.

През следващите седмици аз го посетих няколко пъти и всеки път бивах поразен от състоянието му – линееше, съхнеше, накрая остана само кожа и кости.

— Саси няма да изкара нощта – каза ми лекарят един ден. При вида на моя приятел, останал само скелет, аз моментално запраших за Серампор. Моят гуру изслуша хладно печалното ми съобщение.

— Защо си дошъл тук да ме безпокоиш? Нали чу като уверих Саси, че ще се оправи.

Аз се поклоних благоговейно пред него и се оттеглих към вратата. Шри Юктешвар не каза нищо за довиждане. Потъна в мълчание. Полуотворените му очи спряха да мигат – погледът му стана далечен, понесе се към други светове.

Веднага се върнах в дома на Саси в Калкута. И представете си моята изненада, като влязох вътре. Моят приятел, седнал на един стол, кротко си отпиваше от млякото.

— О, Мукунда! Какво чудо! Преди четири часа в стаята усетих присъствието на Учителя. Ужасните ми симптоми изчезнаха мигновено. Чувствам как неговата милост напълно ме изцели.

Само след няколко седмици Саси беше по-заякнал и по-здрав от всякога.* Но в поведението му след излекуването имаше оттенък на неблагодарност: той вече рядко навестяваше Шри Юктешвар. Моят приятел ми сподели един ден, че дълбоко съжалява за предишния си начин на живот и че се срамува да погледне Учителя в очите.

Мога само да заключа, че болестта оказа противоречиво въздействие върху Саси: от една страна, заздрави волята му, но от друга – развали маниерите му.

Първите две години от следването ми в Шотландския църковен

---

* През 1936 г. чух от един приятел, че Саси е все така в отлично здраве.

колеж наближаваха своя край. Присъствието ми в учебните зали беше доста непостоянно. Учех малко, и то само за да има мир в семейството ми. Най-редовно у дома идваха двама частни преподаватели и най-редовно аз отсъствах: мога да отбележа поне това единствено постоянство в научната си кариера!

В Индия след две успешни години в колежа студентът получава диплома, равносилна на полувисше образование. След още две години той има право да се яви на изпит за бакалавърска степен.

Междинните изпити след втората година изникнаха пред мен като застрашителен черен облак. Грабнах се и отидох при моя гуру, който от няколко седмици беше в Пури. Разказах му колко неподготвен съм, като тайничко в себе си се надявах той да даде съгласието си да не се явя на изпитите.

Но Шри Юктешвар се усмихна утешително:

– Ти всеотдайно изпълняваше духовните си задължения и нямаше как да не пренебрегнеш работата в колежа. Ако обаче през следващата седмица се захванеш усърдно с книгите си, ще преминеш изпитите без проблеми.

Върнах се в Калкута, твърдо потискайки всички основателни съмнения, които от време на време се надигаха в мен. Но оглеждайки планините от книги на масата пред мен, се чувствах като пътник, загубен в пустиня.

След дълга медитация в гърдите ми проблесна вдъхновение, което обещаваше да ми спести много труд. И така, почнах да отварям наслуки книгите и да чета само онези страници, на които попадах. Следвайки тази тактика по осемнайсет часа на ден в продължение на една седмица, в главата ми зацъфтяха възвишени мисли на експерт, проумял до дъно всички тънкости на зубренето!

Следващите дни в изпитните зали оправдаха този нагледн хазартен подход. Взех всички изпити, макар и на косъм. Поздравленията на приятелите и роднините заваляха с примес от шеговити възклицания, издаващи изумлението им.

Шри Юктешвар се завърна от Пури с приятна изненада за мен.

– Обучението ти в Калкута вече приключи – каза той. – Ще се погрижа последните две години от следването си да изкараш тук в Серампор.

Това ме озадачи.

Саси и трите сапфира

– Учителю, в този град няма бакалавърски курс? – Колежът в Серампор, единственият институт към системата на висшето образование, предлагаше само двегодишен курс и диплома за полувисше образование.

Учителят се усмихна закачливо:

– Твърде стар съм да тръгна да събирам дарения за откриване на университет за теб. Май ще трябва да уредя въпроса посредством някой друг.

Два месеца по-късно проф. Хауълс, ректор на Серампорския

Шри Йогананда на шестнайсет години

колеж, публично обяви, че е успял да събере достатъчно средства за откриването на четиригодишен курс. Серампорският колеж стана филиал на Калкутския университет. Аз бях един от първите студенти, записали се в Серампор за кандидат-бакалавър.

– Гуруджи, колко сте мил с мен! Копнеех да напусна Калкута и всеки ден да бъда до вас в Серампор. Професор Хауълс изобщо не подозира колко много дължи на вашата безмълвна помощ!

Шри Юктешвар ме погледна с престорена сериозност.

– Е, сега вече няма да се налага да прекарваш толкова часове по влаковете. Колко много свободно време за учене! Може би ще престанеш да зубриш в последната минута и ще станеш малко по-учена глава.

Но тонът му някак не беше особено убедителен.*

---

* Шри Юктешвар като много други мъдреци гледаше с тъга на материалистическия уклон в съвременното образование. Малко са училищата, които обясняват духовните закони на щастието или пък учат, че мъдростта се състои във водене на живот на „страх от Бога", сиреч на благоговение пред Твореца.

Младите хора, на които днес във висшите училища и колежите им се втълпява, че са едни обикновени „висши животни", често стават атеисти. Те не правят опит да изследват душата или да се видят откъм същностната си природа като „подобия на Бог". По този повод Емерсон отбелязва: „Всеки вижда това, което има в себе си. Ако не срещаме богове, то е защото не сме ги подслонили в себе си. Онзи, който си въобразява, че е висше животно, сам обръща гръб на божествените си копнежи".

Образователна система, която не представя Духа като централната действителност на човешкото битие, предлага *авидя*, фалшиво знание. „Защото казваш: богат съм, разбогатях и от нищо не се нуждая, а не знаеш, че си злочест и клет, сиромах, сляп и гол" (Откровение 3:17).

Обучението на подрастващите в Древна Индия е било образцово във всяко отношение. На деветгодишна възраст питомецът бил приеман като „син" в *гурукула* (семейния дом на гуру като средище на знания). „Ако едно съвременно дете прекарва годишно ⅛ от времето си в училище, то индийчето е прекарвало там цялото си време – пише проф. С. В. Венкатешвара в том I на книгата си „Индийската култура през вековете" *(Indian Culture Through the Ages; Vol. 1, Longmans, Green & Co.)*. – В такава една среда то естествено развивало силно чувство за солидарност и отговорност, имало безброй възможности за развиване на индивидуалните заложби и на вярата в собствените сили. Там то живеело според високи етични норми, самодисциплина, строго съблюдаване на задълженията, безкористност и саможертва, както и самоуважение и почитане на другите. Имало е академична среда и онова усещане за... благородство и дълбок смисъл на човешкия живот."

Глава 18

Мохамеданинът чудотворец

— Преди години точно в тази стая, където живееш сега, един мохамеданин чудотворец извърши пред мен четири чудеса! – откри ми изненадващо Шри Юктешвар по време на първото си посещение в новата ми квартира. Веднага след влизането ми в Серампорския колеж бях наел стая в близкия пансион „Панти"* – старинна тухлена постройка на брега на Ганг.

— Какво странно съвпадение, Учителю! Наистина ли тези прясно боядисани стени крият стари спомени? – огледах просто мебелираната си стая със събуден интерес.

— Това е дълга история – моят гуру се усмихна на спомените си. – Името на *факира*** беше Афзал Хан. Той беше придобил необикновените си способности при случайна среща с един индийски йоги. Когато Афзал бил още момче и живеел в малко селце в Източна Бенгалия, до него един ден се приближил един прашен странстващ *саняси* и го заговорил: „Синко, жаден съм. Донеси ми вода". – „Учителю, аз съм мохамеданин. Как вие, индусът, ще приемете вода от моите ръце?" – учудил се Афзал. „Твоята искреност ми харесва, момчето ми. Аз не се водя по сектантските правила, измислени от религиозните фанатици, за да разделят

---
* Студентско общежитие; от *панта* – 'странник, търсач на познание'.
** Мюсюлмански йоги. От арабското *faqir* – 'беден'; отначало се е употребявало за дервишите, дали обет за бедност.

хората. Върви сега и бързо ми донеси вода." Афзал почтително се подчинил. Когато се върнал, йогът спрял любящия си поглед върху него и тържествено отбелязал: „Ти притежаваш добра карма от предишни животи. Ще те науча на един йогически метод, който ще ти даде власт над една от невидимите области. Великите способности, които ще получиш, трябва да се използват само за благородни цели. Никога не ги прилагай себично! Виждам обаче, че от миналото си донесъл и семена на разрушителни склонности. Не допускай те да покълнат, като ги поливаш с нови лоши постъпки. Сложността на миналата ти карма е такава, че трябва да използваш настоящия си живот за доусъвършенстване на йогическите си постижения в комбинация с висша човечност".

След като посветил смаяното момче в сложна техника, Учителят изчезнал. Афзал всеотдайно изпълнявал йогическото упражнение в продължение на двайсет години. Резултатите не закъснели. Скоро той се прочул надлъж и нашир с чудесата си. Изглеждало, сякаш през цялото време е придружаван от един дух, когото той наричал Хазрат. Това невидимо същество изпълнявало и най-дребните желания на *факира*. Но не след дълго Афзал се увлякъл и започнал да не обръща внимание на предупреждението на Учителя, като злоупотребявал със силите си. Той вземал в ръката си някаква вещ уж само за да я подържи, после я оставял пак на мястото ѝ и скоро след това тя изчезвала безследно. Този обезпокоителен факт правел мохамеданина твърде нежелан гост.

От време на време той посещавал големи бижутерийни магазини в Калкута и представяйки се за купувач, оглеждал с интерес стоките. Обаче всяко бижу, до което се докоснел, изчезвало скоро след като той напуснел магазина. Афзал често бил заобиколен от няколкостотин ученици, привлечени от надеждата да научат неговата тайна. Понякога *факирът* ги канел да пътуват заедно с него. На гишето на жп гарата кочанът с билети някак неусетно се озовавал в ръката му. После той го побутвал към служителя с думите: „Не, размислих, засега няма да ги купувам". След това се качвал на влака със свитата си, а билетите за пътуването били у него.* Тези „геройства" предизвикали смут и негодувание сред хората.

---

* По-късно баща ми ми разказа, че неговата компания, железницата „Бенгал – Нагпур", също станала жертва на измамите на Афзал Хан.

Мохамеданинът чудотворец

Бенгалските бижутери и билетопродавачи били на ръба на нервна криза! Полицията, която издирвала Афзал, за да го арестува, се видяла в чудо – *факирът* моментално премахвал всякакви улики срещу себе си само като кажел: „Хазрат, заличи!".

Шри Юктешвар стана от мястото си и излезе на балкона на стаята ми, гледаща към Ганг. Последвах го, нетърпелив да чуя още за всякога печелившите лотарийни игри на мохамеданина.

– Преди този пансион беше собственост на един приятел. Той се запозна с Афзал и го покани тук. Приятелят ми покани и двайсетина съседи, сред които бях и аз. Тогава бях още млад и отвътре ме заяде любопитството да видя що за човек е този прословут *факир* – засмя се Учителят. – Бяха ме предупредили и естествено, не носех нищо ценно със себе си. Афзал ме огледа с изучаващ поглед, после отбеляза: „Имаш силни ръце. Слез долу в градината, вземи един гладък камък и напиши с тебешир името си върху него. След това метни камъка колкото се може по-навътре в Ганг". Направих каквото ми каза. Щом камъкът потъна под вълните, мохамеданинът пак се обърна към мен: „Сега отиди пред къщата, вземи едно гърне и го напълни с вода от Ганг". След като се върнах с водата, *факирът* извика: „Хазрат, донеси камъка в гърнето!". Още в същия миг камъкът се показа вътре. Извадих го от съда и видях подписа си – беше толкова четлив, колкото когато го написах.

Бабу*, един от приятелите ми в стаята, носеше старинен златен часовник със синджирче. *Факирът* го проучи със зловещ възторг. Скоро от него нямаше и следа! „Афзал, моля те, върни ми часовника, той ми е семейна реликва!" – Бабу едва сдържаше, напиращите в очите му сълзи. Известно време мохамеданинът потъна в стоическо мълчание, после заговори: „На едно място държиш петстотин рупии в един железен сейф. Ако ми ги донесеш, ще ти кажа къде да намериш джобния си часовник". Объркан и уплашен, Бабу веднага отпраши към къщи. Скоро той се върна и връчи на Афзал исканата сума. „Сега отиди при мостчето до вас. Призови Хазрат и го помоли да ти даде джобния часовник" – нареди *факирът*. Бабу пак хукна. Когато се върна, на лицето му грееше усмивка на облекчение, но златният часовник нещо

---
* Не си спомням името на приятеля на Шри Юктешвар, затова ще го наричам просто *Бабу* (господин).

не се виждаше. Той обясни: „Заповядах на Хазрат да ми донесе часовника, точно както ме инструктира, и часовникът се появи буквално от нищото – падна право в дясната ми ръка! Само че този път преди да дойда тук, го заключих на сигурно място – в сейфа!". Приятелите на Бабу, свидетели на трагикомедията с откупа на часовника, бяха вперили сърдити погледи в Афзал. Той бързо долови настроенията им и заговори предразполагащо: „Моля, назовете каквито напитки пожелаете. Хазрат ще изпълни всичко". Едни поискаха мляко, други – плодови сокове. Никак не се изненадах, когато обезвереният Бабу помоли за уиски! Мохамеданинът даде поръчката. Услужливият Хазрат заизпраща към нас затворени бутилки. Те летяха във въздуха и падаха на пода с тъп звук. Всеки получи желаното питие. Обещанието за четвърти зрелищен „подвиг" за деня несъмнено много поласка нашия домакин: Афзал предложи незабавно да даде цяло угощение! „Да поръчаме най-скъпите блюда. Аз искам най-изисканата храна срещу моите петстотин рупии! Всичко трябва да е поднесено в златни чинии!" – предложи мрачно Бабу. Щом всеки каза предпочитанията си, *факирът* се обърна отново към неизчерпаемия Хазрат. В следващия миг се чу мощен грохот, като на камъни, търкаляни над пропаст, и златни подноси, пълни с изкусно приготвени къри, топли *лучи* и изобилие от извънсезонни плодове, закацаха в краката ни от нищото. Всичко беше много вкусно. След близо час гощавката приключи и ние почнахме да се разотиваме. Изведнъж зад нас нещо забуча, сякаш чиниите и подносите се сгромолясаха някъде. Обърнахме се – и що да видим! От блестящите чинии и остатъците от храна нямаше и помен.

– Гуруджи – прекъснах го аз, – ако Афзал толкова лесно е можел да получи такива неща като златни чинии, защо е продължавал да ламти за чуждо?

– *Факирът* не беше високо издигнат духовно – обясни Шри Юктешвар. – Владеенето на определена йогическа техника му даваше достъп до една астрална област, където всяко желание незабавно се материализира. Чрез посредничеството на едно астрално същество – Хазрат, и използвайки силна воля, мохамеданинът можеше да извлече от енергията на етера атомите на всеки желан предмет. Но такива астрално произведени предмети са структурно нетрайни и не се запазват дълго време.* Афзал все още жадуваше за земно богатство, което, макар и по-трудно за добиване, е по-надеждно и по-трайно.

Аз се засмях.

– Но и то понякога изчезва, без нищо да разберем!

– Афзал не беше човек на божествената реализация – продължи Учителят. Чудеса от трайно и благотворно естество могат да правят само великите светци, защото те живеят в съзвучие с Твореца Всевишни. Афзал беше един обикновен човек с необикновена способност да прониква в една фина област, където смъртните обикновено не могат да влизат, преди да напуснат този свят.

– Разбирам, гуруджи. Отвъдният свят, изглежда, има и някои привлекателни страни.

Учителят кимна и продължи:

– След този ден аз повече никога не видях Афзал, но няколко години по-късно Бабу дойде у дома, за да ми покаже статия във вестника с публичното признание на мохамеданина. Именно от нея научих фактите за ранното посвещение от индийския гуру, които току-що ти разказах.

Последната част на публикуваното разгласяване, както ми я цитира Шри Юктешвар по памет, гласеше следното:

> Аз, Афзал Хан, сам пред съвестта си, пиша тези думи на покаяние и предупреждение към онези, които се стремят да притежават свръхестествени сили. Години наред аз злоупотребявах с необикновените способности, дадени ми чрез милостта на Господа и моя Учител. Аз се опих от себелюбие и почнах да чувствам, че съм над всякакви човешки нравствени закони. Но ето, денят за разплата дойде. Неотдавна край пътя срещнах един старец, запътил се за Калкута. Той понакуцваше и се придвижваше с мъка. В ръката си носеше някакъв лъскав предмет, приличен на злато. Обърнах се към него с алчност в сърцето си: „Аз съм Афзал Хан, великият *факир*. Какво имаш там?". Той отговори угасало: „Тази златна топка е единственото ми земно притежание. Не вярвам да представлява интерес за един *факир*. Умолявам Ви, господине, изцелете парализата ми". Аз докоснах топката и се отдалечих, без да му отговоря нищо. Старецът закуцука подир мен. По едно време нададе вик: „Златото ми, златото ми изчезна!". Като видя, че не му обръщам внимание, той изведнъж заговори с властен,

---

* Също като моя извлечен от астрала сребърен амулет, който накрая изчезна безследно от земята. (Астралният свят се описва в глава 43.)

гръмовен глас, който идеше някак странно от немощното му тяло: „Не ме ли позна?". Застинах на мястото си, жегнат от закъснялата догадка, че този невзрачен недъгав старец е не кой да е, а великият светец, който много отдавна ме беше посветил в тайната техника. Той се изправи и тялото му още в същия миг се изпълни със сила и младост. „Така значи! – погледът на моя гуру беше изпепеляващ. – Виждам със собствените си очи, че използваш силите си не, за да помагаш на страдащото човечество, а за да живееш на гърба му като най-обикновен крадец! Отнемам ти окултните способности. Хазрат вече не ти принадлежи. Ти вече няма да си страшилището на Бенгалия!" Извиках Хазрат с изтерзан глас. За първи път той не се появи пред вътрешния ми взор. Но изведнъж от мен се вдигна една черна пелена и аз ясно видях цялото богохулство на досегашния си живот. „Мой гуру, благодаря ви, че дойдохте да изпъдите дългогодишната ми заблуда – заридах в нозете му. – Обещавам ви, че ще изоставя светските си амбиции. Ще се оттегля в планините и в усамотение ще се отдам на вглъбление и медитация върху Бог, надявайки се да изкупя лошото си минало." Учителят ме погледна с мълчаливо съчувствие: „Усещам твоята искреност – каза накрая той. – Заради ранните ти години на стриктно послушание и заради сегашното ти покаяние, ти оставям един дар. Другите ти сили се отнемат, но винаги когато имаш нужда от храна и дрехи, може да се обърнеш към Хазрат – той ще ти ги достави. Посвети се с цялото си сърце и душа на божественото осъзнаване в планинската пустош". После моят гуру изчезна. Останах сам със сълзите и размислите си. Сбогом, свят! Отивам да търся прошка от Космическия Възлюбен.

Глава 19

Учителят ми е в Калкута, а се появява пред мен в Серампор

— Знаеш ли, често съм обзет от атеистични съмнения, но понякога ме преследва една мъчителна догадка: ами ако душата наистина притежава огромни възможности, за които ние нищо не знаем? Дали пък човек не си проиграва живота и божествената съдба, като все отлага да ги изследва?

Тази бележка на Диджен Бабу, съквартиранта ми в пансиона „Панти", дойде в отговор на поканата ми да го запозная с моя гуру.

– Шри Юктешварджи ще те посвети в *крия йога* – отговорих му аз. – Тя успокоява дуалистичните стихии чрез божествена вътрешна сигурност.

Същата вечер Диджен ме придружи до ашрама. В присъствието на Учителя приятелят ми почувства такъв дълбок мир и радост в душата си, че скоро той стана редовен посетител.

„Обикновените ежедневни занимания не могат да задоволят най-дълбоките ни потребности. Човек има вроден глад за мъдрост." Тези мисли на Шри Юктешвар вдъхновиха Диджен да се опита да загърби плиткото его на преходното въплъщение и да обърне поглед навътре, към истинската си същност, към Себе-то.

Докато преследвахме бакалавърските си степени в Серампорския колеж, с Диджен си имахме нещо като обичай. Свършеха ли лекциите, ние се спускахме безгрижно към ашрама. Често се случваше да видим Шри Юктешвар, застанал на балкона на втория етаж, да ни посреща с приветлива усмивка.

Един следобед Канай, малък послушник от ашрама, ни пресрещна на входа с разочароваща новина.

– Учителя го няма. Извикаха го по спешност в Калкута.

На следващия ден получих пощенска картичка от моя гуру. На нея пишеше: „Тръгвам от Калкута в сряда сутринта. Елате да ме посрещнете с Диджен на гарата в Серампор в девет часа".

Беше към осем и половина в сряда сутринта, когато в ума ми проблесна настоятелно телепатично съобщение от Шри Юктешвар: „Ще закъснея. Не ме чакайте на гарата в девет".

Аз предадох тези указания на Диджен, който вече се беше облякъл за тръгване.

– Ти, с твоята интуиция! – отвърна с насмешка приятелят ми. – Предпочитам да вярвам на това, което Учителят е написал черно на бяло.

Свих рамене и тихо се примирих. Мърморейки нещо недоволно под носа си, Диджен се упъти към вратата и я тръшна зад себе си.

Стаята беше слабо осветена и аз отидох до прозореца, който гледаше към улицата. Изведнъж оскъдната слънчева светлина рязко нарасна и светкавично се насити до ярък ослепителен блясък, в който железните решетки на прозореца напълно се стопиха. На фона на това сияйно море от светлина се появиха ясните очертания на фигурата на Шри Юктешвар!

Объркан почти до уплаха, аз станах от стола и коленичих пред него. С обичайния жест на почтителен поздрав в нозете на моя гуру, аз докоснах сандалите му – добре познатите ми сандали от оранжев брезент с въжени подметки. Охрената одежда на свами леко се докосваше до мен – усещах съвсем реално не само плата на робата му, но и грапавата повърхност на сандалите и пръстите на краката му, които ги изпълваха. Без да мога да изрека и дума от изумление, аз станах и се вторачих въпросително в него.

– Радвам се, че получи телепатичното ми съобщение – каза Учителят със спокоен и напълно естествен глас. – Вече си свършших работата в Калкута и пътувам за Серампор. Ще пристигна с влака в десет часа.

Докато все още го гледах с ококорени от почуда очи, Шри

Учителят ми е в Калкута, а се появява пред мен в Серампор

Юктешвар продължи:

– Това не е видение, а формата ми от плът и кръв. Получих Божие повеление да те даря с това изживяване, което само малцина на земята могат да имат. Чакайте ме на гарата. С Диджен ще ме видите да се задавам към вас в същите дрехи, с които съм облечен сега. Пред мен ще върви моят спътник – едно момче, което ще носи сребърна стомна.

Моят гуру положи двете си ръце на главата ми и прошепна благословия. При думите *Табе аси**, които той изрече накрая, дочух странен тътен**. В същия миг тялото му започна постепенно да се стопява в пронизителната светлина. Първо изчезнаха стъпалата и краката му, после торсът и главата – като руло, навиващо се нагоре. До последната секунда усещах пръстите му, леко отпуснати на главата ми. Сиянието изчезна. Пред мен не остана нищо, освен прозореца с решетките и бледите снопове слънчева светлина.

Стоях като вцепенен и се питах дали пък не съм станал жертва на халюцинация. Скоро, оклюмал, в стаята влезе Диджен.

– Учителят не дойде нито с влака в девет, нито с влака в девет и половина – каза приятелят ми. В гласа му имаше нотка на извинение.

– Хайде, тръгваме, той пристига в десет часа. – Хванах Диджен за ръката и го задърпах с мен, без да обръщам внимание на протестите му. След десетина минути влязохме в гарата, където влакът пухтеше и бавно влизаше под свода.

– Светлината от аурата на Учителя е обгърнала целия влак. Той е там! – възкликнах радостно аз.

– Мечтай си – присмя се Диджен.

– Да почакаме тук. – После разказах как точно нашият гуру ще се приближи към нас. Тъкмо завърших описанието, и из тълпата се появи Шри Юктешвар. Той носеше същите дрехи, с които го бях видял малко преди това. Вървеше бавно зад едно момче, което държеше в ръката си сребърна стомна.

При мисълта за невероятната странност на моето преживяване ме побиха студени тръпки. Усетих как материалистичният свят на

---

* 'Довиждане' на бенгалски, което, колкото и парадоксално да звучи, в буквален превод означава 'идвам си'.

** Характерният звук от дематериализацията на телесните атоми.

XX век неусетно се отдръпва от мен. Дали пък не бях в древността, пред Исус, който, ходейки по морето, се появява пред Петър?

Шри Юктешвар, съвременният Христ (Помазаник), приближи мястото, където Диджен и аз стояхме като онемели. Той се усмихна на приятеля ми и рече:

– И на теб изпратих съобщение, но ти не можа да го разбереш.

Диджен замълча, но ме изгледа подозрително. Придружихме нашия гуру до ашрама, след което с приятеля ми продължихме към Серампорския колеж. По едно време Диджен се спря на улицата и се нахвърли с упреци срещу мен, цял пламнал от възмущение.

– Така значи! Учителят е изпратил съобщение, а ти си го скрил от мен! Искам обяснение!

– Какво мога да направя аз, когато умственото ти огледало вибрира от неспокойствие и не може да регистрира указанията на нашия гуру? – отвърнах му аз.

Гневът изчезна от лицето на Диджен.

– Сега разбирам какво искаш да кажеш – каза унило той. – Но обясни ми, моля те, откъде знаеше за детето със стомната?

Тъкмо му разказах цялата история за удивителната поява на Учителя сутринта в пансиона, и стигнахме до Серампорския колеж.

– След това, което току-що чух за способностите на нашия гуру – каза Диджен, – започвам да си мисля, че в неговите очи университетите са едни детски градини*.

---

* „Такива неща ми се откриха, че пред тях всичките ми писания сега изглеждат като купчина слама."

Това казал Свети Тома Аквински (най-видният представител на църковната схоластика) в отговор на загрижените молби на секретаря му да довърши един от своите най-важни трудове – „Сума на теологията" *(Summa Theologiae)*. Един ден през 1273 г., по време на месата в една неаполитанска катедрала, Св. Тома изживял дълбоко мистично озарение. Славата на небесната мъдрост го изпълнила с такава благодат, че от този момент насетне той загубил всякакъв интерес към интелектуалните знания.

Сократ пък в диалога на Платон „Федър" *(Phaedrus)* казва: „Знам само, че нищо не знам".

Глава 20

Една сила ни спира да заминем за Кашмир

— Татко, искам да поканя Учителя и четирима мои приятели да ме придружат до подножието на Хималаите през лятната ваканция. Мога ли да те помоля за шест билета до Кашмир и малко пари за пътуването ни.

Както и очаквах баща ми се засмя сърдечно:

– Тази небивалица, струва ми се, за трети път вече ми я разказваш. Не ме ли помоли за същото и миналото лято? И по-миналото?... Дето Шри Юктешварджи ти отказва все в последния момент.

– Вярно е, татко. Не мога да разбера защо моят гуру не иска да се ангажира с обещание за Кашмир*... Но виж, като му кажа, че ти вече си осигурил пътуването, струва ми се, че този път ще склони.

Баща ми не беше никак убеден, но на следващия ден, след няколко весели шеги и закачки, ми връчи шест билета и едно тесте с банкноти от по десет рупии.

– Не мисля, че теоретическото ти пътешествие се нуждае от подобна практическа подкрепа – отбеляза той, – но все пак ето, имаш я.

Същия следобед показах ценната придобивка на Шри Юктешвар. Макар да посрещна с усмивка ентусиазма ми, думите му бяха уклончиви:

---

* Учителят не даде обяснение защо не желае да посети Кашмир онези две лета, но подозирам, че е знаел предварително времето на болестта и умишлено е изчаквал (виж стр. 264 и сл.).

– Ще ми се да дойда с вас. Ще видим...

Той подмина с мълчание и молбата, която отправих към малкия му ученик Канай да дойде с нас. Поканих и трима други приятели – Раджендра Нат Митра, Джотин Ауди и едно друго момче. За дата на отпътуването определихме следващия понеделник.

В събота и неделя останах в Калкута, където в семейния ми дом бе извършен годежен ритуал на един мой братовчед. Пристигнах в сборния пункт в Серампор с багажа си рано сутринта в понеделник. Раджендра ме посрещна на вратата.

– Учителят излезе да се поразходи. Казва, че няма да дойде с нас.

Това дълбоко ме разочарова, но бях решен в никакъв случай да не отстъпвам.

– Няма да дам повод на татко за трети път да ме подиграва заради плановете ми за Кашмир. Този път ще му покажа, че не са празен бръщвеж. Останалите тръгваме.

Раджендра се съгласи. Аз излязох от ашрама да намеря прислужник. Знаех си, че Канай няма да тръгне на екскурзията без Учителя, затова ни трябваше някой, който да се погрижи за багажа. Сетих се за Бехари, който преди беше прислужвал в дома ни, а сега беше нает от един учител в Серампор. Спуснах се с енергична крачка надолу по улицата и пред Християнската църква, недалеч от Серампорския съд, срещнах своя гуру.

– Накъде си се упътил? – попита Шри Юктешвар със сериозно изражение.

– Учителю, чувам, че вие с Канай не искате да се включите в екскурзията, която организираме. Търся Бехари. Сигурно си спомняте, че миналата година той до такава степен гореше от желание да види Кашмир, че дори предложи да ни прислужва безплатно.

– Да, спомням си. Но въпреки това не мисля, че този път Бехари ще иска да дойде с вас.

Това ме подразни.

– Та той само това чака!

Моят гуру мълчаливо продължи разходката си. Скоро стигнах дома на учителя. Бехари беше в градината и ме посрещна с дружелюбна топлота, която обаче изстина на мига при споменаването на Кашмир. После той измърмори нещо като извинение, остави ме уж за малко и се шмугна в дома на работодателя си. Чаках към половин час, като нервно си повтарях, че Бехари сигурно се бави, защото се стяга за екскурзията. Накрая почуках на предната врата.

– Бехари излезе през задното стълбище преди около половин час – съобщи ми един човек. На устните му играеше лека усмивка.

Тръгнах си натъжен, като в себе си се чудех какво може да го е накарало да се изниже тихомълком през задната врата. Дали това не беше моята покана? Да му е прозвучала твърде заповеднически?... Или пък в действие да е влязло някакво невидимо влияние на Учителя? Минавайки покрай Християнската църква, аз отново видях моя гуру да се задава към мен с бавна крачка. Без да изчака да чуе какво ще му разкажа, той възкликна:

– Тъй, Бехари няма да пътува! Какъв е планът оттук насетне?

Почувствах се като непокорно дете, твърдо решено да не отстъпва на деспотичния си баща.

– Учителю, смятам да помоля чичо да ми заеме своя прислужник Лал Дари.

– Добре, помоли го, щом искаш – отвърна Шри Юктешвар, подсмихвайки се. – Но не мисля, че посещението ще ти достави голямо удоволствие.

Малко загрижен и попритеснен, но все тъй опърничав, аз оставих своя гуру и влязох в сградата на Серампорския съд. Чичо ми Сарада Гош, държавен прокурор, ме посрещна топло.

– Днес заминавам с няколко приятели за Кашмир – похвалих му се. – От години с нетърпение очаквам тази екскурзия до Хималаите.

– Радвам се за тебе, Мукунда. Мога ли с нещо да ви помогна, да направя пътешествието ви по-удобно?

– Скъпи чичо – попитах аз, окуражен от милите му думи, – дали не би могъл да ми услужиш с твоя прислужник Лал Дари?

Простата ми молба го разтърси като мощно земетресение. Чичо скокна като ужилен – тъй рязко, че столът му се прекатури, книжата по бюрото му се разхвърчаха на всички страни, а лулата му – дълго примитивно наргиле с дръжка от кокосов орех, падна с трясък на пода.

– Ах, ти, егоистичен младок! – разкрещя се той, целият разтреперан от яд. – Как можа да ти хрумне такава нелепица!? А кой ще помага на мене, ако отмъкнеш прислужника ми да се развява с теб по екскурзии!?

Скрих изненадата си, като в себе си размишлявах над внезапния изблик на грубост в настроенията на иначе любезния ми чичо. Поредната загадка в един ден, в който се случваха изключително странни неща. Изнесох се от съдебната кантора с по-голяма пъргавина, отколкото изискваше достойнството.

Върнах се в ашрама, където приятелите ми се бяха събрали и ме очакваха. В мен започна да се надига едно убеждение, че зад отношението на Учителя се крие някакъв основателен, макар и все още непонятен за мен мотив. Загриза ме съвестта, че се опитвам да вървя против волята на моя гуру.

– Мукунда, не искаш ли да поостанеш още малко с мен? – попита Шри Юктешвар. – Раджендра и другите биха могли да тръгнат преди тебе и да те изчакат в Калкута. Ще имате достатъчно време да хванете последния вечерен влак от Калкута за Кашмир.

– Учителю, не ми се иска да тръгваме без вас – казах тъжно аз.

Приятелите ми извикаха файтон и заминаха с всичкия багаж, без да обръщат никакво внимание на бележката ми. Ние с Канай седнахме кротко в нозете на нашия гуру. След половин час мълчание Учителят стана от мястото си и се отправи към трапезарията на балкона на втория етаж.

– Канай, моля те, донеси яденето на Мукунда. Влакът му тръгва скоро.

Със ставането от одеялото, на което седях, изведнъж нещо ме преряза през половината, свих се от остър пристъп, замаях се и залитнах от ужасно гадене в стомаха. Болката беше толкова острорезна, че се чувствах сякаш запокитен в огъня на ада. Търсейки слепешком моя гуру, аз се свлякох на пода пред него с всички признаци на страховита азиатска холера. Шри Юктешвар и Канай ме пренесоха в дневната.

Гърчейки се от силните болки, аз простенах: „Учителю, предавам живота си във вашите ръце", защото виждах, че той наистина се отдръпва от бреговете на тялото ми.

Шри Юктешвар постави главата ми на колeнете си и почна да милва челото ми с ангелска нежност.

– Сега виждаш ли какво щеше да се случи, ако беше на гарата с приятелите си – каза той. – Наложи се да се погрижа за тебе по този странен начин, защото ти избра да се усъмниш в решението ми да не участвам в пътешествието ви точно сега.

Най-накрая разбрах всичко. Великите Учители рядко демонстрират способностите си открито, затова в очите на случайния наблюдател събитията от ежедневието изглеждат така, сякаш следват естествения си ход. Намесата на моя гуру беше твърде фина, за да бъде забелязана от околните. Без да даде на никого да разбере, той беше пуснал в действие волята си чрез Бехари, чичо ми, Раджендра и другите. Навярно всеки, с изключение на мен, си мислеше, че ситуациите са напълно логични и нормални.

Шри Юктешвар, който никога не пропускаше да спази обществените си задължения, нареди на Канай да извика доктор и да извести чичо ми.

– Учителю – запротестирах аз, – само вие можете да ме излекувате. – За докторите аз вече съм безнадежден случай.

– Дете, ти си закрилян от Божествената Милост. Не се тревожи за доктора, той няма да те намери в това състояние. Ти вече си излекуван.

При тези думи на моя гуру мъчителната болка моментално ме напусна. Надигнах се немощно. Скоро пристигна лекарят и ме прегледа внимателно.

– Изглежда, си прескочил най-лошото – каза той. – Ще взема няколко проби за лабораторни изследвания.

На следващия ден докторът пристигна забързан. Аз седях на леглото и бях в добро разположение на духа.

– А, ето те и тебе – усмихваш се, бъбриш си, сякаш не ти си този, който се е разминал на косъм със смъртта – и ме потупа леко по ръката. – Като разбрах от изследванията, че имаш азиатска холера, не се надявах много да те намеря жив. Късметлия си ти, младежо, че имаш гуру с божествена способност да лекува! Убеден съм в това!

Съгласих се от все сърце. Докато докторът се приготвяше за тръгване, на вратата се появиха Раджендра и Ауди. Възмущението на лицата им се смени със съчувствена изненада, като видяха лекаря, а после моето бледо, изпито лице.

– Разсърдихме ти се, когато разбрахме, че те няма във влака в Калкута, както се бяхме уговорили. Болен ли си?

– Да – не можах да сдържа смеха си, като видях приятелите ми да поставят багажа в същия ъгъл, където беше струпан предния ден. Перифразирах: – Към Испания потегли кораб / с гордо вирнати платна, / но едва носа от залива подаде / и пак в пристанището се прибра!

В този момент в стаята влезе Учителят. Понеже още минавах за болен, си позволих известна волност – хванах го обичливо за ръката.

– Гуруджи – казах аз, – от дванайсетгодишен правя неуспешни опити да стигна до Хималаите. Най-накрая се убедих, че без вашите благословии богинята Парвати* няма да ме приеме!

---

* Букв. 'богиня на планините'. В митологията Парвати е дъщерята на цар Хималая (букв. 'страната на снеговете'), чиято престолнина е един връх по границата с Тибет. Пътниците, които пресичат подножието на този недостъпен връх, остават изумени, виждайки в далечината огромен масив, приличен на дворец с ледени кули и куполи.

Парвати, Кали, Дурга, Ума и други богини са аспекти на Джаганматри (Божествената Майка на световете), а различните имена обозначават отделни нейни дейности в творението. Бог, или Шива (виж бел. стр. 369), в Своя *пара* (трансцендентен) аспект е бездеен в творението; Неговото *шакти* (енергия, активираща сила) е поверено на Неговите „съпруги" – творчески „женски" сили, благодарение на които Космосът постоянно се развива и разгръща.

Митологичните разкази в *Пураните* описват Хималаите като обиталище на Шива. Богинята Ганга слиза от небесата и става главното божество на хималайската река. Затова на поетичен език се казва, че Ганг се стича от небето към земята по косите на Шива (цар на йогите) и Разрушител-Обновител от Троицата. Калидаса, „индийският Шекспир", описва Хималаите като „смях на Шива". „Може би ще решите, че изразът се е родил от гледките на необятните простори с високи бели зъбери, стремително извисяващи се към небесата, пише видният индолог Ф. У. Томас в „Наследството на Индия" *(The Legacy of India; Oxford),* но пълният смисъл може да ви убегне, ако не си представите фигура на величествен аскет, седнал на своя вечен трон сред гордо стърчащите върхове и река Ганг, която излива водите си от небесата по сплъстените му коси, а луната осветява къдриците му."

В индуистката живопис Шива често е изобразяван загърнат с кадифеночерна кожа на антилопа, която символизира мрака и мистерията на нощта – единственото одеяние на Оногова, Който е *дигамбара* ('облечен в небеса'). Някои секти на Шива ходят голи, в знак на преклонение пред своя Господ, Който притежава всичко, но и... нищо.

Една от покровителките на Кашмир, живялата през XIV век светица Лала Йогишвари („върховна владетелка на йога'), била поклонничка на Шива и също ходела по „небесно облекло". Един възмутен неин съгражданин ѝ се скарал: „Не те ли е срам да ходиш гола?". – „Че защо да ме е срам? – отвърнала с лека усмивка Лала. – Аз не виждам мъже наоколо." Според малко драстичния светоглед на Лала, онзи, който не бил постигнал Бог, не заслужавал да се назове човек. Тя практикувала техника близка до *крия йога*, чиято освобождаваща сила възхвалява в много катрени. Тук превеждам един от тях:

Горчиви чаши пих безброй –
безброй се раждах и умирах.
Но – овладял дъха накрай –
нектара благ днес жадно пия.

Тъй като намирала физическата смърт за тягостно изживяване, светицата влязла

ГОСПОД ШИВА

Господ Шива е олицетворение на духа на аскетизма и въплъщава в себе си аспекта Разрушител-Обновител на триединната природа на Бог (Създател-Пазител-Разрушител). Символично неговата трансцендентна природа се изобразява в блажено *самади* в Хималаите. Змиите, увити около шията като огърлици *(нага кундала)* и около ръцете като гривни, показват съвършения контрол над илюзията и нейната съзидателна сила.

жива в огъня и се кремирала пред очите на хората. По-късно тя се появила пред опечалените си съграждани в жива форма, загърната в златна роба – най-сетне облечена!

Глава 21

Посещаваме Кашмир

— Сега вече поукрепна и можеш да пътуваш. Ще те придружа до Кашмир – съобщи ми Шри Юктешвар два дни след чудодейното ми изцеление от азиатска холера.

Същата вечер групата ни от шест души отпътува с влака на север. Първата ни спирка бе Симла, царствен град, въздигащ се на трона на хималайските възвишения. Насладихме се на спокойна, безгрижна разходка по стръмните му улици, изпълнени с възхита от великолепните гледки, които се откриваха пред нас.

– Английски ягоди! – надаваше проточен вик възрастна жена, приклекнала в живописния открит пазар на града.

Учителят се поинтересува от странните, дребни червени плодове, после купи цяла кошничка и предложи на Канай и на мен, които се въртяхме неотлъчно край него. Аз опитах една ягода, но бързо я изплюх на земята.

– Учителю, какъв кисел плод! Никога няма да харесам ягодите.

Моят гуру се разсмя:

– Ще ги харесаш, ще ги харесаш – един ден в Америка. Там на вечеря стопанката ще ти ги поднесе със захар и сметана. След като ги размачка с вилица, ти ще ги опиташ и ще кажеш: „Какви вкусни ягоди!". Тогава ще си спомниш този ден в Симла.

(Предсказанието на Шри Юктешвар излетя от ума ми, но се появи отново години по-късно, скоро след като бях пристигнал в Америка. Бях поканен на вечеря в дома на г-жа Алис Т. Хейзи (сестра Йогмата) в Уест Съмървил, Масачузетс. Когато на масата сервираха десерт от ягоди, домакинята взе една вилица, размачка моите ягоди и прибави към тях сметана и захар. „Тези плодове са малко тръпчиви. Мисля, че така ще ви харесат повече", отбеляза тя. Взех една хапка. „Какви вкусни ягоди!", възкликнах аз. В същия миг предсказанието на моя гуру, направено в Симла, изплува от бездънната пещера на паметта ми. Обзе ме дълбоко благоговение, като осъзнах, че настроеният му към Бога ум още тогава беше открил програмата на кармичните събития, странстващи из етера на бъдещето.)

Не след дълго групата ни напусна Симла. Пътуването ни продължи с влак към Равалпинди. Там наехме голямо ландо*, теглено от два коня, с което предприехме седемдневно пътуване до Шринагар, столицата на Кашмир. На втория ден от нашето пътуване на север, пред очите ни се откри истинската необятност на Хималаите. Докато железните колела на каретата скърцаха и напредваха с глух тропот по горещите каменисти пътища, ние гледахме прехласнато сменящите се панорами от планинско величие.

– Учителю – обърна се Ауди към Учителя, – изпитвам такава огромна наслада при вида на тези величествени пейзажи във вашето свято присъствие!

Тези признателни думи на Ауди ме изпълниха с трепетно задоволство – нали минавах за домакин на пътешествието. Шри Юктешвар улови мисълта ми и като се обърна към мен, ми прошепна:

– Не се лаская. Ауди е завладян не толкова от пейзажа, колкото от възможността да ни остави за достатъчно дълго време сами, за да запали една цигара**.

Изгледах го шокиран.

– Учителю – казах тихо аз, – моля ви, не нарушавайте хармонията с тези неприятни думи. Не мога да повярвам, че Ауди копнее за цигара – погледнах с мрачно предчувствие моя привично непримирим гуру.

– Добре, няма да кажа нищо на Ауди – подсмихна се Учителят. – Но скоро сам ще видиш, че щом файтонът спре, той ще потърси сгоден случай да запали една цигара.

---

* Карета със сгъваем покрив. – *Бел. прев.*
** В Индия се счита за проява на неуважение да пушиш в присъствието на по-възрастни или началници.

Каретата ни пристигна в малък кервансарай. Щом поведоха конете на водопой, Ауди попита:

– Учителю, имате ли нещо против след почивката да седна отвън при кочияша и да попътувам там? Искам да подишам малко свеж въздух.

Шри Юктешвар му разреши, а на мен подшушна:

– Иска да дръпне свеж дим, а не свеж въздух.

Нашето ландо продължи шумния си ход по прашните пътища. По едно време очите на Учителя заиграха весело. Той ми нареди:

– Подай си сега главата навън, през вратата и виж какво прави Ауди със свежия въздух.

Направих каквото ми каза, и се дръпнах стъписано назад – нашето момче изпускаше кръгчета цигарен дим. Погледнах виновно към Шри Юктешвар.

– Прав сте както винаги, Учителю. Ауди тъй се е захласнал по панорамите, че не се сдържал и почнал да им прави кадене с цигара! – Навярно кочияшът беше почерпил приятеля ми, защото знаех, че Ауди не носи цигари със себе си от Калкута.

Продължихме по криволичещия път, изпъстрен с гледки на реки, долини, отвесни скали и многобройни планински вериги. Вечер спирахме в някое старинно ханче, където сами си приготвяхме храната. Шри Юктешвар полагаше специални грижи за диетата ми и настояваше да пия сок от див лимон с всяко ядене. Все още бях слаб, но от ден на ден укрепвах, макар че скрибуцащата карета, изглежда, беше направена по-скоро, за да ни предизвиква с неудобствата си.

Радостни предчувствия изпълваха сърцата ни с наближаването на Централен Кашмир – райска земя на лотосови езера, „плаващи градини", къщи корабчета с пъстри балдахини, река Джелум с многобройните си мостове, тучни пасища с ухаенни цветя – и всичко това заградено с венеца на величествените Хималаи.

Влязохме в Шринагар по широка улица, от двете страни на която се издигаха като шпалир високи дървета, сякаш наредени, за да ни приветстват. Настанихме се в една двуетажна странноприемница с панорамен изглед към внушителните възвишения. Чешма нямаше, затова бяхме принудени да си носим вода от близкия кладенец. Лятното време с топли дни и прохладни нощи беше просто идеално.

Административната сграда на центъра майка на Self-Realization Fellowship (Yogoda Satsanga Society of India), основан от Шри Йогананда през 1925 г. на възвишението Маунт Вашингтон в Лос Анджелис

Отправихме се на поклонение в древния шринагарски храм, посветен на Свами Шанкара. Като съгледах обителта, построена на висок планински връх, стремително извисяваща се в небесния лазур, изпаднах в екстатичен транс. Пред мен се появи видение на просторна сграда, разположена на едно възвишение в далечна, непозната страна. Величественият храм „Шанкара" се преобрази в зданието, което години по-късно щеше за стане център майка на Self-Realization Fellowship в Америка. (Когато за първи път посетих Лос Анджелис и видях голямата постройка на билото на Маунт Вашингтон, веднага я разпознах от някогашните си видения в Кашмир и на други места.)

След няколко дни престой в Шринагар поехме към възвисяващия се на две хиляди и шестстотин метра над морското равнище Гулмарг (Планински пътеки от цветя). Там аз за първи път яздих голям кон. Раджендра възседна малък, но бърз, темпераментен кон, в чиито жили течеше по-буйна кръв. Оттам ние дръзнахме да се отправим към стръмния Киланмарг. Пътеката ни водеше през гъста гора, изобилстваща с дървесни гъби, където забулените в мъгла пътечки често криеха опасности. Но малкото добиче на Раджендра не даде и секунда покой на по-големия си събрат, дори и на най-опасните завои. Неуморно, без да се спре за миг, то постоянно напираше, като че не познаваше други радости, освен тази на надпреварата.

Изнурителната ни езда беше възнаградена със спираща дъха гледка. За първи път в този живот съзерцавах във всички посоки, догдето погледът стига, величествените, покрити с вечни преспи Хималаи, чиито хребети, сякаш един върху друг, лежаха като силуети на огромни бели мечки. Очите ми ликуваха във възторг при гледката на безкрайните простори и върхове, гордо изправили ледените си чела към слънчевата небесна синева.

Облечени с палта, аз и моите млади спътници се търкаляхме весело по искрящите бели склонове. По обратния път в далечината пред нас се разстла огромен килим от жълти цветя, пълен контраст на бруленитe от ледените ветрове сурови върхове.

Следващата екскурзия, която предприехме, беше към прочутите Градини на удоволствията на падишах Джахангир – „Шалимар Баг" и „Нишат Баг". Древният дворец в Нишат Баг е построен направо над естествен водопад. Спускайки се от планините, стремителният

Посещаваме Кашмир

ПРИЕМНИЦИТЕ НА ПАРАМАХАНСА ЙОГАНАНДА

(От ляво надясно) Шри Раджарси Джанакананда, духовен водач и президент на Self-Realization Fellowship/Yogoda Satsanga Society of India от 1952 до 1955 година. Шри Дая Мата, духовен водач и president на SRF/YSS от февруари 1955 до 2010 година. Шри Мриналини Мата, настоящ духовен водач и президент на SRF/YSS.

поток, посредством изкуствени приспособления, се насочва към пъстроцветни тераси, откъдето се излива в шадравани, потънали сред омайващи с красотата си цветни лехи. Потокът влиза и в няколко от залите на двореца и накрая в приказни пръски водният стълб стихва в езерцето долу. Просторните градини изобилстват с палитри от всевъзможни багри – буйно цъфнали рози с дузина оттенъци, жасмини, лилии, кученца, трицветни теменуги, лавандула, макове. Няколкото симетрични редици чинари, кипариси и черешови дървета оформят великолепна смарагдовозелена рамка, зад която гордо се издига бялата непристъпност на Хималаите.

Кашмирското грозде се смята за рядък деликатес в Калкута. Раджендра, който си беше обещал истинско пиршество с грозде, щом стигнем Кашмир, остана разочарован, като не видя големи лозови насаждения. От време на време му подмятах шеговити закачки заради неоправданите му очаквания:

– Ох, така се натъпках с грозде, че не мога да вървя! Направо ще се пръсна!

По-късно чухме, че сладкото грозде вирее в изобилие в района на Кабул, западно от Кашмир. Задоволихме се със сладолед от *рабри* (сгъстено мляко) с цели шамфъстъци.

Няколко пъти излязохме на разходка с *шикари* (гондоли) и седнали в сянката на червено избродираните им балдахини, кръстосахме лабиринта на езерото Дал – мрежа от канали, прилична на водна паяжина. Тук човек се диви на многобройните „плаващи градини", направени набързо от трупи и пръст – в първия момент стоиш като омагьосан, гледаш и не можеш да повярваш, че зеленчуци и пъпеши може да виреят насред водната шир! Понякога се случва да мернеш селянин, сметнал, че не му приляга да седи „закотвен" само на едно място, да тегли квадратния си „парцел" към ново местодомуване в езерото, изобилстващо от ръкави.

В тази обвеяна с легенди и предания долина може да се видят събрани на едно място всички земни красоти. Лейди Кашмир е увенчана с корона от царствени планини, стройната ѝ снага е пременена в чудно красиви одеяния от природни форми, шията ѝ е окичена с гирлянди от бисерни езера, а под краката ѝ – мек килим, напоен с дъха на пъстри, ухании билки. По-късно, обикаляйки много далечни страни, разбрах защо Кашмир често бива наричан най-живописното място на земята. Той притежава едновременно очарованието на швейцарските Алпи, на Лох Лоумънд в Шотландия и на изисканите английски езера. Американецът, тръгнал на пътешествие из Кашмир, ще открие тук много неща, напомнящи му за суровото величие на Аляска и връх Пайкс, недалеч от Денвър.

От претендентите за най-живописна красота бих предложил първа награда или на великолепния облик на Сочимилко в Мексико, където небе, планини и тополи се оглеждат в гладката огледална повърхност на безброй канали с подскачащи рибки в тях, или на кашмирските езера, пазени като красиви девици под строгия поглед на Хималаите. Тези две места се открояват в паметта ми като най-прекрасните на света.

Но бях изпълнен с благоговение и когато за първи видях чудесата на националния парк Йелоустоун, Гранд каньон на Колорадо и красотите на Аляска. Йелоустоун е може би единственият регион на земята, където човек може да види толкова много гейзери, изригващи високо във въздуха на равни интервали, с точността на часовник. В този вулканичен регион природата е оставила образец на ранното си творение: горещи серни извори, опалови и сини като сапфири езера, мощни гейзери и свободно скитащи мечки, вълци, бизони и какви ли още не диви зверове. Пътувайки с кола по пътищата на Уайоминг към Девълс Пейнт Пот (Дяволската палитра) с гореща бълбукаща тиня, гледайки клокочещите извори, изригващите гейзери и бълващите пара фонтани, съм склонен да заявя, че Йелоустоун заслужава специална награда за уникалност.

В друг природен парк – Йосемити в Калифорния, древните величествени секвои извисяват огромните си стволове високо към облаците, като естествени зелени катедрали, сътворени с божествено майсторство. И макар на Изток да има чудно красиви водопади, никой не може да се сравни с исполинската мощ и зашеметяваща красота на Ниагара на канадската граница. Мамутската пещера в Кентъки и Карлсбадските понори в Ню Мексико са като вълшебни приказни светове. Дългите сталактити, висящи от сводовете на пещерите, причудливо се отразяват във вирове със студени подземни води, предлагайки ни да надникнем в светове, познати ни само от сънищата.

Повечето от хората в Кашмир, прочути по цял свят с красотата си, са бели като европейци и имат същите черти на лицето и същата скелетна структура. Мнозина имат сини очи и руса коса. Облечени по западен образец, те изглеждат досущ като американци. Студените Хималаи предпазват кашмирците от знойното слънце и запазват светлия им тен. Колкото по̀ на юг към тропическите ширини на Индия слизаме, откриваме, че хората постепенно стават по-тъмни.

След като прекарах няколко щастливи седмици в Кашмир, трябваше да се стягам за връщане в Бенгалия, където ме чакаше есенният семестър в Серампорския колеж. Шри Юктешвар, Канай и Ауди щяха да останат в Шринагар още известно време. Малко преди да отпътувам, Учителят ми намекна, че тялото му ще бъде подложено на страдания в Кашмир.

– Учителю, та вие сте картинка на здраве – възразих аз.

– Има дори вероятност да напусна земята.

– Гуруджи! – паднах в краката му с умоляващ жест. – Моля ви, обещайте ми, че няма да напуснете тялото си сега. Въобще не съм подготвен да продължа без вас.

Шри Юктешвар не каза нищо, но ми се усмихваше тъй състрадателно, че се почувствах успокоен. Тръгнах си неохотно.

„Учителят болен. Състоянието му критично" – тази телеграма от Ауди ме застигна скоро след като се бях върнал в Серампор.

„Учителю – телеграфирах като обезумял на моя гуру, – обещахте да не ме напускате. Моля ви, запазете тялото си, защото и аз ще умра с вас."

„Да бъде, както ти искаш" – това гласеше отговорът на Учителя от Кашмир.

Само няколко дни по-късно пристигна писмо от Ауди, в което ми съобщаваше, че Учителят е оздравял. Когато две седмици по-късно се върна в Серампор, с огорчение установих, че моят гуру е загубил почти половината от обичайното си тегло.

За щастие на своите ученици, Шри Юктешвар изгори много от греховете им в огъня на жестоката си треска в Кашмир. Метафизическият метод на физическо прехвърляне на болестта е известен на много напредналите йоги. Силният човек може да помогне на по-слабия да носи тежкия си товар, а духовният Всечовек е в състояние да намали физическите и умствените страдания на своите ученици, поемайки върху себе си част от кармичното им бреме. Както богаташът се прощава с част от парите си, изплащайки големите дългове на „блудния си син", като по този начин го спасява от неприятните последствия на неговото безразсъдство, така и един Учител с готовност жертва част от телесните си „авоари", за да облекчи страданието на учениците си.*

Прилагайки таен йогически метод, светецът слива ума и астралното си тяло с тези на страдащия индивид, при което болестта се прехвърля изцяло или частично върху неговата телесна форма. Пожънал благодатта на Бог на физическо ниво, Учителят вече не е притеснен за своето тяло. Макар че тялото му поема върху себе си болестта, за да облекчи други хора, умът му си остава чист и незасегнат. Той е щастлив, че може да окаже такава помощ. Постигналият окончателно спасение в Господа наистина усеща, че човешкото му тяло е напълно осъществено. Тогава Учителят го използва така, както намери за най-добре.

Работата на един гуру в света е да облекчава страданията на човечеството. Това той може да прави по различни начини: прилагайки духовни техники, чрез интелектуални съвети, използвайки силната си воля или като прехвърля физически болестта. Макар за него да не представлява никаква трудност да влиза в свръхсъзнанието, за да бъде отвъд обхвата на физическите страдания, понякога, за да даде пример на учениците си, той избира да понесе телесната болка стоически. Поемайки върху себе си болестите на другите, йогът удовлетворява кармичния закон на причината и следствието. Този закон действа с механична и математическа точност и един божествен мъдрец, прилагащ точните научни методи, спокойно може да регулира механизма му.

Духовният закон обаче не винаги изисква Учителят да се подлага на заболяване, когато той иска да изцели другите. Обикновено изцелението става благодарение на познанието на светеца за различните методи на незабавно лечение, без самият той да бъде въвлечен и да пострада от това. В редки случаи обаче Учителят, който иска до голяма степен да ускори еволюцията на учениците си, може доброволно да отработи голяма част от нежеланата им карма в собственото си тяло.

Исус определя себе си като изкупител на греховете на

---

* Много християнски светци, включително Тереза Нойман (виж стр. 452–454), са познавали метафизическото поемане на болестта.

човечеството. С божествените сили*, които е притежавал, никога не би било възможно Христос [Христ (Крист) – 'Помазаник със Светия Дух'] да бъде разпнат, ако той самият съзнателно не беше сътрудничил на финия космически закон на причината и следствието. Така той пое върху себе си следствията на кармата на хората и особено тези на своите ученици. Те се пречистиха и разшириха съзнанието си адекватно, за да приемат Вездесъщото Съзнание, сиреч Светия Дух, Който по-късно ги осени.**

Единствено Себе-осъзналият се Учител може да прехвърли жизнената си сила или да поеме върху собственото си тяло болестите на другите. Обикновеният човек не може да прилага този йогически метод на лечение, нито пък е препоръчително да го прави, защото един нездрав физически инструмент е пречка за божествена медитация. Индуистките свещени писания учат, че приоритетно задължение на човек е да поддържа тялото си в добро здравословно състояние, тъй като в противен случай умът няма да може да остане съсредоточен в набожна концентрация.

Силният ум обаче може да се прехвърли отвъд обхвата на всякакви физически болки и да се установи в Божественото Съзнание. Много светци са пренебрегвали болестите и са благоуспявали в божествените си дирения. Свети Франциск от Асизи, сам страдащ от тежки болести, изцелявал хората и дори е възкресявал мъртви.

Познавах един индийски светец, чието тяло в ранните му години е било покрито с гнойни язви. Той имал толкова остра форма на диабет, че не можел да остане на едно място повече от петнайсет минути. Но духовната му жажда била неудържима. Той се молел: „Господи, няма ли да дойдеш в моя разрушен храм?". Заповядвайки безспирно на волята си по този начин, постепенно

---

* Малко преди да го поведат към разпятието, Христос казва: „Или мислиш, че не мога да се примоля на Отца си, и Той ще ми изпрати още сега повече от дванайсет легиона ангели? Но как ще се сбъднат писанията, че тъй трябва бъде?" (Матей 26:53–54).

** „Но ще приемете сила, кога слезе върху ви Дух Свети и ще ми бъдете свидетели в Йерусалим и в цяла Юдея и Самария, и дори до край земя" (Деяния 1:8). „Когато настана денят Петдесетница, те всички в единомислие бяха заедно. И внезапно биде шум от небето, като че идеше силен вятър, и напълни цялата къща, дето седяха. И явиха им се езици, като че огнени, които се разделяха, и се спряха по един на всекиго от тях. И всички се изпълниха с Дух Свети, и наченаха да говорят на други езици, според както Духът им даваше да изговарят" (Деяния 2:1–4).

светецът стигнал дотам, че можел да седи в поза лотос по осемнайсет часа на ден, погълнат в екстатичен транс. „И в края на третата година – разказа ми по-нататък той – видях Безпределната Светлина в мен. Ликувайки в Нейната Слава, аз забравих за тялото. После забелязах, че Божествената Милост го беше излекувала."

Един исторически случай на изцеление се свързва с името на хан Бабур (1483 – 1530 г.) от династията на Великите моголи, основател на империята Моголски Хиндустан. Синът му Хюмаюн* бил повален от тежка болест и легнал на смъртен одър. Бащата се помолил с отчаяна решимост болестта да дойде върху него, а синът му да бъде пощаден. Хюмаюн оздравял, въпреки че лекарите били изгубили всякаква надежда. Още в същия миг обаче болестта покосила Бабур и той умрял скоропостижно – от същата болест, поразила преди това сина му.

Мнозина си мислят, че един Велик Учител непременно трябва да е здрав и силен като Сандоу**. Но подобно предположение е неоснователно. Болното тяло не е показател, че гуру не притежава божествени сили, както и че неизменното здраве не е непременно индикатор за вътрешно озарение. Иначе казано, външният вид на физическото превозно средство не е правдив критерий за Учител – неговите отличителни качества са не физически, а духовни.

Сред мнозина объркани търсачи на Запад битува схващането, че всеки надарен оратор или писател, изследващ метафизическите въпроси, трябва да е и Учител. Ришите обаче са посочили недвусмисления критерий за Учител: способността на човек да навлиза по своя воля в бездиханно състояние *(сабикалпа самади)* или постоянно да пребъдва в състояние на неизменно ненарушимо блаженство *(нирбикалпа самади)*.*** Единствено чрез тези

---

* Хюмаюн е баща на Акбар Велики. Отначало Акбар преследвал индусите с религиозно настървение, но неочаквано и за самия него, нещата се обърнали. „Когато помъдрях, потънах вдън земята от срам – разказал по-късно той. – Чудеса стават в храмовете на всички религии." Той поръчал да преведат Багавад Гита на персийски, и поканил в двореца си неколцина йезуитски отци от Рим. Макар и спорно, Акбар с много обич приписва на Христос следната сентенция, изсечена на Триумфалната арка на построения в негова чест град Фатепур Сикри: „Исус, синът на Мария, мир нему, е казал: „Животът е един мост – премини по него, но недей да строиш дом там".

** Немски културист и силов атлет (поч. 1925 г.), някога смятан за най-силния човек на земята. – *Бел. изд.*

*** Виж стр. 305 и бел. стр. 305 и 512.

постижения човек може да покаже, че е овладял *мая,* дуалистичната космическа илюзия. Единствено и само това човешко същество може да каже от дълбините на своето осъзнаване: *Екам сат* ('Само Единият съществува').

    Когато има дуалност поради неведение, човек вижда всички неща като отделени от Себе-то – пише Шанкара, великият монист. – Когато познаем всичко като Себе, дори и един атом не се вижда разделен от Себе-то. (...) Щом познанието на Реалността ни изпълни внезапно, не може повече да има плодове на минали действия за отработване поради нереалността на тялото – точно както след събуждане не може да има сънища.

Само Великите Гуру могат да поемат кармата на учениците си. Шри Юктешвар не би минал през страданията в Шринагар*, ако нямаше позволението на Духа в него да помогне на учениците си по този необичаен начин. Малцина са светците, живели някога на земята, надарени с по-фина мъдрост за провеждане на божествените повели от моя изцяло настроен към Бога Учител.

Когато си позволих няколко съчувствени думи по повод измършавялата му фигура, моят гуру ми отвърна весело:

– Това си има и добрите страни. Сега мога да си сложа някои тесни *ганджи* (долни ризи), които не съм носил от години!

Като слушах как звънти смехът на Учителя, неволно си спомних думите на Свети Франциск от Сал: „Светец, който е тъжен, е тъжен светец!".

---

* Шринагар, столицата на Кашмир, е основана през III в. пр.Хр. от император Ашока. В града и околностите му той издигнал петстотин обители, сто от които все още били много добре запазени, когато китайският пилигрим Сюан Цзян посетил Кашмир хиляда години по-късно. Друг китайски пътешественик и пътеписец – живелият през V век Фа-Сиен, виждайки развалините на огромния палат на Ашока в Паталипутра (днешна Патна), възкликнал: „Постройка с такава невероятно красива архитектура и декоративни скулптури може да е дело само на Божията Ръка!".

Глава 22

Отзивчивото сърце на каменната статуя

— Като вярна индийска съпруга аз не искам да се оплаквам от мъжа си. Но копнея един ден той да се откаже от материалистичните си възгледи. Постоянно се присмива на снимките на светци в стаята ми за медитация. Мили братко, дълбоко вярвам, че ти можеш да му помогнеш. Ще го направиш ли?

Рома, най-голямата ми сестра, бе вперила умоляващ поглед в мен. Гостувах ѝ за кратко в дома им в Калкута на улица „Гириш Видяратна Лейн". Молбата ѝ ме трогна, защото в ранните ми години тя упражни силно духовно влияние върху мен и се опита да запълни с любов празнотата, която смъртта на мама остави в семейството.

– Обична сестро, разбира се, че ще направя всичко, което е по силите ми – усмихнах ѝ се ободрително, нетърпелив да разсея унинието, което като буреносен облак беше засенило иначе спокойното и ведро лице на сестра ми.

Рома и аз седнахме за малко и тихо се помолихме за напътствие. Година по-рано сестра ми ме беше помолила да я посветя в *крия йога,* където отбелязваше забележителен напредък.

Внезапно бях озарен от божествено вдъхновение.

– Утре ще посетя храма на Кали в Дакшинесвар – казах ѝ. – Моля те, ела с мен и убеди съпруга си да ни придружи. Чувствам, че сред вибрациите на това свято място Божествената Майка ще докосне сърцето му. Но не му разкривай намеренията ни.

Сестра ми, изпълнена с надежда, се съгласи. На следващата сутрин, за моя радост, забелязах Рома и мъжа й още призори да се стягат за пътуването. Щом файтонът ни затрополи по „Горния околовръстен път" към Дакшинесвар, зет ми Сатиш Чандра Боус взе да се заяса, като ирониризираше духовните учители. Забелязах, че Рома беше затворена в себе си и хлипаше тихо.

– Сестро, усмихни се! Не му доставяй това удоволствие да си мисли, че вземаме на сериозно подигравките му.

– Мукунда, чудя ти се как може да им се възхищаваш на тия шарлатани! – говореше Сатиш. – Че той самият вид на един саду действа отблъскващо. Или ще е сух като скелет, или дебел като слон!

Аз се затресох от смях – реакция, която подразни Сатиш. Той потъна в мрачно, пренебрежително мълчание. При влизането на файтона в района на храма в Дакшинесвар той направи саркастична гримаса.

– Хмм, тази екскурзия май е някакъв план да ме промените?

Обърнах се настрани, без да му отговоря, но той ме хвана за ръката.

– Млади господин Монах – каза той, – гледай да не забравиш да говориш със служителите на храма и да уредиш нещо за обяд. – Сатиш желаеше да си спести каквито и да било разговори със свещениците.

– Сега ще медитирам. А за обяда не се притеснявай – отговорих му троснато. – Божествената Майка си знае работата.

– Не очаквам Божествената Майка да си мръдне и пръста за мен. Но теб ще държа отговорен за храната – закани се Сатиш.

Продължих напред към портика на големия храм „Кали" (Бог в аспекта Му на Майката Природа). Избрах си сенчесто място близо до една колона и седнах в поза лотос. Макар че беше едва към седем часа, утринното слънце скоро щеше да нажежи небето и да замъчи всички с тягостната си жега.

Потопих се в блажен транс и материалният свят бавно избледня пред вътрешния ми взор. Умът ми беше изцяло концентриран върху богинята Кали. Нейната статуя в същия този храм в Дакшинесвар е била обект на специално обожание от великия Учител Шри Рамакришна Парамаханса. В отговор на изстраданите му молби, каменното изваяние често е приемало жива форма и е разговаряло с него.

– Безмълвна Майко от камък – помолих се аз, – Ти си оживявала по молба на Твоя възлюбен обожател Рамакришна. Защо не се вслушаш и в риданията на този копнеещ за Теб твой син!

Горещата жар на сърцето ми се разпали, нараствайки безпределно, като в същото време ме обля един блажен покой. Но когато минаха пет часа и богинята, която визуализирах вътрешно пред духовното си око, не се отзова, аз леко се обезсърчих. Понякога Бог отлага изпълнението на нашите молитви, за да провери вярата ни. Но в крайна сметка Той се явява на упоритите Си обожатели във формата, която им е най-скъпа. Отдаденият християнин вижда Исус, индусът – Кришна, богинята Кали или пък Нарастващата Светлина, ако обожанието му има безличностен характер.

С неохота отворих очи и видях, че точно в този момент един свещеник, следвайки установения обичай, заключваше портите на храма за обедна почивка. Станах от уединеното си място под колонната стреха и се упътих към двора. Каменните му плочи бяха нажежени от обедното слънце и пареха под босите ми крака.

– Божествена Майко – излях мълчаливо болката си, – Ти не ми се яви във видение и сега се криеш в храма зад затворените му порти. А аз дойдох днес, за да отправя специална молитва към Теб да помогнеш на зет ми.

Вътрешната ми молба беше чута на мига. Първо една блажена, прохладна вълна като балсам премина по гърба и под стъпалата ми и прогони лекия дискомфорт там, след което пред изумените ми очи храмът силно се уголеми. Масивните му порти бавно се открехнаха и пред мен изникна каменната фигура на богинята Кали! Постепенно статуята се разшава, превърна се в живо създание – усмихваше ми се и ми кимаше нежно с глава за поздрав! Неописуема радостна тръпка премина по цялото ми тяло като новоземна сила! Като с мистична помпа дъхът ми беше изтеглен от дробовете. Тялото ми стихна в неизразим покой, но не беше инертно.

Последва екстазно разширение на съзнанието. Виждах ясно на няколко километра нататък по протежение на река Ганг вляво от мен и околностите на Дакшинесвар оттатък храма. Стените на всички постройки се мержелееха прозрачни – през тях можех да наблюдавам хората, които се щураха насам-натам по отдалечените ниви и чоплеха земята.

Макар че бях бездиханен и тялото ми остана в някакво странно състояние на тишина и покой, аз можех свободно да движа ръцете и краката си. Няколко минути експериментирах като затварях и отварях очи: и в двата случая виждах отчетливо цялата панорама на Дакшинесвар.

Духовното зрение, също като рентгеновите лъчи, прониква в цялата материя. Божественото око е център навсякъде, периферия – никъде. Докато стоях там, на двора, под знойното слънце, аз отново осъзнах, че в момента, в който човек реши да не бъде повече „блудна" рожба на Бог, отдадена на „разпуснат живот в далечна страна" на външно материално прахосничество – в действителност един сън, нетраен като сапунен мехур, а се потопи в Себе-то, той отново става наследник на вечните царства на своя Баща. Ако хората, живеещи в тясното пространство на своята личност, почувстват потребност да избягат от „действителността", то може ли някое бягство да се сравни с това във вездесъщието?

Докато траеше свещеното изживяване в Дакшинесвар, единствените необичайно уголемени неща бяха храмът и фигурата на богинята. Всичко останало беше в нормалните си размери, макар че и те бяха обгърнати в меко сияещи ореоли – бяло, синьо и пастелни цветове на дъгата. Тялото ми сякаш беше изтъкано от етерна субстанция, готово всеки момент да се откъсне от земята и да левитира. В пълно съзнание за земното си обкръжение, аз се оглеждах наоколо и дори правех крачки, без това да нарушава продължаващото блажено видение.

В този момент зад стените на храма съгледах зет си, който седеше под бодливите клони на свещеното дърво *бел*. Можех без усилия да различа хода на мислите му. Свещената атмосфера на Дакшинесвар го беше въздигнала леко, но в ума си той продължаваше да таи груби мисли към мен. Обърнах се направо към милостивия образ на богинята.

– Божествена Майко – помолих се аз, – няма ли да породиш духовна промяна у съпруга на сестра ми?

Чудно красивата фигура, която до този момент мълчеше, сега проговори:

– Желанието ти ще бъде изпълнено!

Погледнах щастливо към Сатиш. Сякаш инстинктивно доловил, че е задействана някаква духовна сила, той стана ядосано от земята, където беше седнал. Видях го как се затича зад храма. Сумтеше нещо, размахваше юмруци – идеше право към мен.

Всеобхватното видение изчезна. Вече не можех да виждам сияйната слава на богинята. Храмът също изгуби своята прозрачност и възвърна обичайните си размери. Тялото ми премаля под изгарящите лъчи на слънцето и адската задуха. Прибрах се чевръсто под сянката на входния портик, преследван от раздразнения Сатиш. Погледнах часовника си. Показваше един часа – божественото видение беше продължило цял час.

– Ама че си занесен – изломоти зет ми, – от часове ми седиш тука с кръстосани крака и очи. Колко пъти минах покрай тебе, белким се сетиш да се върнеш на земята! Какво ще правим сега с обяда? Ти докато медитираше, те, свещениците, си тръгнаха.

Екзалтацията от присъствието на богинята още не беше ме напуснала. Възкликнах:

– Божествената Майка ще ни нахрани!

– До гуша ми дойде – занарежда Сатиш, – искам най-сетне да видя как твоята Божествена Майка ще ни нахрани, като пропусна да говориш със свещениците!

Още неизрекъл тези думи, един свещеник прекоси двора и дойде право при нас.

– Синко – обърна се той благо към мен, – гледах ведро сияещото ти лице, докато медитираше часове наред. Видях групата ви тази сутрин, като пристигна, и почувствах желание да ви заделя достатъчно храна за обяд. Правилата на храма не позволяват да храним посетители, които не са ни помолили за това предварително, но за вас реших да направя изключение.

Поблагодарих му и погледнах Сатиш право в очите. Той целият се изчерви от срам, наведе очи и потъна в мълчаливо разкаяние. Когато после ни поднесоха обилен обяд, който включваше дори извънсезонни манго, забелязах, че зет ми се храни бавно, нямаше апетит. Беше объркан, отдаден на дълбокомислия.

На връщане, докато пътувахме към Калкута, Сатиш с мек израз на лицето на няколко пъти ме погледна умоляващо. Но от момента, в който свещеникът ненадейно се появи, за да ни покани на обяд, сякаш в отговор на предизвикателните му нападки, той не пророни нито думица.

Следващия следобед посетих сестра ми в дома им. Тя ме поздрави ласкаво:

– Мили братко – извика тя, – истинско чудо! Снощи съпругът

ми плака пред мен. „Любима Деви* – каза ми той, – нямам думи да ти опиша колко съм щастлив, че замисълът на брат ти успя. Аз съм преобразен, нов човек! Ще изкупя всички обиди, които ти нанесох. От тази нощ ще ползваме просторната ни спалня само като място за поклонение, а малката ти стая за медитация ще направим спално помещение. Искрено съжалявам, че се присмивах на брат ти. Заради срамното си поведение аз ще се самонакажа, като не говоря с Мукунда, докато не напредна в духовния път. От днес започвам да търся Божествената Майка с цялото си сърце – и сигурен съм, един ден ще Я намеря!"

Години по-късно (през 1936 г.) посетих Сатиш в Делхи. Зарадвах се изключително много, като видях, че отбелязва сериозен напредък в Себе-осъзнаването. Освен това Божествената Майка го беше благословила с видение. По време на гостуването ми у тях забелязах, че Сатиш тайничко се усамотява и прекарва по-голямата част от нощите в дълбока медитация – въпреки сериозното заболяване, от което страдаше, и ангажиментите в кантората през деня.

Тогава ме споходи мисълта, че земният път на зет ми няма да е продължителен. Рома, изглежда, прочете това по лицето ми.

– Мили братко – каза тя, – както виждаш, мъжът ми е болен, а аз съм здрава. Но искам да знаеш, че като предана индийска съпруга, аз ще съм тази, която ще си отиде първа – скоро аз ще напусна този свят**.

Тези зловещи думи много ме изненадаха, но от друга страна, осъзнавах инстинктивно, че това е горчивата истина. Бях в Америка, когато получих известие, че сестра ми е умряла – осемнайсет месеца след като предрече смъртта си. Най-малкият ми брат Бишну по-късно ми предаде подробностите.

– Рома и Сатиш бяха в Калкута, когато това се случи – разказа ми Бишну. – Сутринта тя облякла сватбената си рокля. Като я видял, Сатиш попитал: „Защо си пременена толкова празнично?". – „Това е последният ден, в който ти служа на тази земя, съпруже" – отговорила му Рома. Минути по-късно тя получила сърдечен

---

* Богиньо, букв. 'сияйна'; от санскритския корен *див* – 'сияя'.

** Индийката вярва, че е признак на духовен напредък, ако умре преди съпруга си. За нея това е своеобразно потвърждение, че му е служила вярно и е „умряла на поста си".

удар. Синът ѝ хукнал навън за помощ, но тя го спряла с думите: „Синко, не ме оставяй сама. Няма смисъл. Преди лекарите да дойдат, аз вече ще съм горе, в скута на моята Божествена Майка". Десет минути по-късно, прегърнала краката на съпруга си в знак на дълбоко уважение, Рома съзнателно напуснала тялото си – щастливо и без да се мъчи.

След смъртта на съпругата си Сатиш се затвори в себе си – продължи Бишну. – Един ден двамата с него гледахме една снимка, от която ни се усмихваше Рома. „Защо се усмихваш? – възкликна изненадващо Сатиш, сякаш пред него стоеше съпругата му от кръв и плът. – Мислиш, че постъпи умно, като си отиде преди мен. Ще видиш, че няма да останеш дълго далеч от мен. Скоро и аз ще дойда при теб."

Макар че по това време Сатиш беше напълно излекуван от болестта си и се радваше на отлично здраве, той почина без видима причина, малко след странната бележка пред снимката.

Така пророчески отминаха обичната ми сестра Рома и нейният съпруг Сатиш, който в Дакшинесвар от обикновен светски човек се преобрази в тих светец.

Глава 23

Получавам университетската си степен

— Виждам, че Вие упорито продължавате да пренебрегвате заданията си по философия. Без съмнение очаквате някаква необременителна „интуиция" да Ви помогне да си вземете изпитите. Аз обаче Ви обещавам, че ако не подходите по-научно към въпроса, лично ще се погрижа Вие да не завършите този учебен курс.

Предупреждението, което професор Д. С. Гошал ми отправи след една от лекциите в Серампорския колеж, си беше страшничко. Не успеех ли да взема писмения семестриален изпит при него, нямаше да бъда допуснат да се явя на държавните изпити. А те се спускаха от Калкутския университет, към чиито филиали се числеше и факултетът на колежа в Серампор. В индийските университети, ако студентът се провали по един предмет на държавните изпити за бакалавърска степен, на следващата година той трябва да се яви наново по *всички* предмети.

Като цяло преподавателите ми в Серампорския колеж се отнасяха към мен с доброжелателност, зад която обаче прозираше някаква забавност. „Религията доста е опиянила Мукунда", чувах ги да подхвърлят на шега. С мнението, което си бяха съставили за мен, те тактично ми спестяваха конфузните сцени, в които почти сигурно бих изпаднал, мъчейки се да отговоря на въпросите им. Навярно си мислеха, че на писмените семестриални изпити аз и бездруго ще отпадна от списъка на кандидатите за бакалавърска степен. Колкото до мнението на моите състуденти за мен, достатъчно е да спомена само прякора, който те ми бяха прикачили: Лудия монах.

За да неутрализирам заплахата от провал по философия при професор Гошал, аз предприех един простичък ход. Когато наближи денят, в който щяха да обявят резултатите от семестриалния изпит, помолих един състудент да ме придружи до кабинета на професора.

– Ела с мен, трябва ми свидетел – казах на другаря си. – Ще бъда много разочарован, ако не успея да надхитря преподавателя.

Когато попитах професор Гошал каква оценка е поставил на писмената ми работа, той поклати глава:

– Вие не сте сред тези, които преминават – обяви тържествено той. И като се разрови в голямата купчина с листи на бюрото си, побърза да добави: – Вашата работа изобщо я няма – неиздържал изпита на общо основание, поради неявяване.

Аз само се усмихнах.

– Господине, аз *бях* там. Може ли аз да прегледам листите?

Поставен натясно, професорът малко неохотно даде съгласието си. Бързо намерих своята работа, по която се бях погрижил да няма никакви идентифициращи знаци, освен номера ми от списъка. Без да подозира, че зад този номер се крие едно име, чиято поява при други обстоятелства автоматично трябваше да задейства в главата му „червената лампичка" за академична опасност, професорът беше дал висока оценка на отговорите ми, въпреки че не бяха подплатени с цитати от учебника.*

Като разбра хитростта ми, той затрещя насреща ми като гръмотевица:

– Абсолютно безсрамен късмет! – и добави с надежда: – Ще видите, ще Ви скъсат на изпитите за бакалавърска степен.

За изпитите по другите предмети ме подготви главно моят скъп приятел и братовчед Прабас Чандра Гош, син на чичо Сарада. Така, с големи мъки, но без да ме скъсат, само на косъм от двойките, аз успях някак си да се промуша през игления уши на

---

* Трябва да призная, че проф. Гошал нямаше никаква вина за обтегнатите ни отношения. Причина за тях бяха по-скоро моите отсъствия от часовете му.

Проф. Гошал е забележителен оратор с обширни философски познания и след години между нас се установи сърдечно разбирателство.

семестриалните изпити.

Ето че след четири години следване в колежа вече имах право да се явя на изпитите на Философския факултет за бакалавърска степен. Обаче не вярвах, че ще успея да се възползвам кой знае колко от тази привилегия. Семестриалните изпити в Серампорския колеж бяха детска игра в сравнение с тежките въпроси, които щяха да бъдат изпратени от Калкутския университет за бакалавърската степен. Заради почти ежедневните ми посещения при любимия Шри Юктешвар нямах никакво време да ходя на лекции в колежа. Там по-скоро моето присъствие, отколкото отсъствие предизвикваше изумените възгласи на моите състуденти.

Рутинната програма, която следвах почти всеки ден, започваше в девет и трийсет сутринта с мятане на велосипеда, след което, разбира се, въртях педалите в посока ашрама. В едната си ръка държах дар за моя гуру – няколко цветя, които откъсвах от градината на пансиона „Панти". Той ме посрещаше с приветлива усмивка и ме канеше на обяд. Аз винаги от сърце приемах поканите му, щастлив, че този ден ще мога да откъсна мислите си от колежа. След часове, прекарани с Шри Юктешвар, през които слушах несравнимия поток на мъдростта му или просто помагах в ашрама, към полунощ аз неохотно поемах обратно към „Панти". Случваше се понякога да остана да прекарам нощта при моя гуру, така щастливо погълнат от разговора с него, че дори не забелязвах кога нощта е разцъфтяла в нова зора.

Една вечер към единайсет часа, докато се обувах*, готвейки се да потегля за пансиона, Учителят ме попита със сериозен вид:

– Кога започват държавните ти изпити?

– След пет дни, Учителю.

– Надявам се да си готов за тях.

Замръзнах на мястото си с едната обувка във въздуха.

– Учителю – възпротивих се аз, – добре знаете, че прекарвах дните си при вас, а не при професорите. Искате да се явя на тези трудни изпити и да разигравам фарс ли?

Очите на Шри Юктешвар се спряха пронизително върху моите.

– Трябва да се явиш – тонът му беше студен и повелителен. – Не бива да даваме повод на баща ти и другите ти роднини да

---

* В Индия е прието ученикът да събува обувките си при влизане в убежище.

Прабас Чандра Гош и Парамаханса Йогананда – Калкута, декември 1919 г. Шри Гош, братовчед на Шри Йогананда, остава негов верен приятел и ученик до края на живота си (1975 г.), служейки като вицепрезидент на Yogoda Satsanga Society of India близо четирийсет години.

те критикуват затова, че предпочиташ живота в ашрама. От тебе искам само да ми обещаеш, че ще се явиш на изпитите. Отговори на въпросите по възможно най-добрия начин.

Неконтролируеми сълзи обляха лицето ми. Чувствах, че заповедта на Учителя е необоснована и че внезапният му интерес беше позакъснял, да не казвам доста позакъснял.

– Ще се явя, щом настоявате – казах аз, хлипайки. – Но нямам никакво време за подготовка. – А на себе си промърморих: „В отговор на въпросите ще изпиша листите от край до край с вашите учения!".

На следващия ден аз се появих в ашрама в обичайния час и с печален израз на лицето поднесох букета си на Шри Юктешвар. Той се засмя на мрачната ми физиономия.

— Мукунда, да те е изоставял някога Господ – на изпит или другаде?

— Не, Учителю – отвърнах аз, сгрян от думите му. Благодарствени спомени потекоха като живителен поток в мен.

— Не мързелът, а изгарящото желание на сърцето ти да постигнеш Бог, ти попречи да преследваш академичните отличия – каза ласкаво моят гуру. И като помълча няколко мига, цитира: „Но първом търсете царството на Бога и Неговата правда, и всичко останало ще ви се придаде"*.

За хиляден път усетих как в присъствието на Учителя огромен товар се смъква от плещите ми. Когато приключихме с ранния обяд, той ми предложи да се върна в „Панти".

— Твоят приятел Ромеш Чандра Дат още ли живее в пансиона?

— Да, Учителю.

— Говори с него. Господ ще го вдъхнови да ти помогне за изпитите.

— Добре, Учителю, само че нямате представа колко е зает Ромеш. Той е отличникът на випуска и изучава и допълнителни предмети.

Учителят отклони възраженията ми:

— Ромеш ще намери време за теб. А сега върви.

Върнах се с колелото в „Панти". Първият човек, когото срещнах в двора на пансиона, беше начетеният Ромеш. За моя изненада, той с готовност откликна на стеснителната ми молба за помощ, сякаш нямаше никакви други ангажименти.

— Естествено! На твое разположение съм. – Той прекара с мен целия следобед и следващите дни, като ме подготвяше по различните предмети.

— Смятам, че голяма част от въпросите на изпита по английска литература ще се въртят около маршрута на Чайлд Харолд – отбеляза той. – Веднага трябва да намерим един атлас.

Бързо изтичах у чичо Сарада и заех един атлас. Ромеш отбеляза

---

* Матей 6:33.

върху картата на Европа местата, посетени от романтичния пътешественик на Байрон.

Около нас се бяха насъбрали няколко състуденти и слушаха обясненията.

– Ромеш те съветва грешно – отбеляза един от тях в края на занимaнието. – Обикновено само петдесет процента от въпросите са за произведенията, а другата половина са за живота на авторите.

Когато обаче на следващия ден се явих на изпита по английска литература, още щом погледнах заглавието на изпитната тема, по бузите ми се стекоха сълзи на благодарност и оросиха листа пред мен. Преподавателят, който ни надзираваше, дойде до чина ми и съчувствено ме попита какво ми е.

– Моят велик гуру предсказа, че Ромеш ще ми помогне – обясних аз. – Погледнете – същите въпроси, които Ромеш предположи, че ще се паднат, сега са на изпитния лист! – и като въздъхнах облекчено, добавих: – Слава Богу, че тази година има малко въпроси за английските автори, чийто живот за мен винаги е бил забулен в дълбока мистерия.

Когато се върнах, пансионът беше огласяван от радостни викове и глъчка, навред цареше необичайна възбуда. Момчетата, които ми се присмиваха, че се осланям на подготовката на Ромеш, сега едва не ме оглушиха с поздравленията си. През седмицата на изпитите аз продължих да ходя при Ромеш, като прекарвах с него колкото се може повече часове. Той формулираше въпросите, които според него щяха да бъдат поставени от професорите. Ден след ден въпросите на Ромеш се появяваха на изпитните листи в почти същия вид – като по поръчка!

Навсякъде из колежа се разнесе новината, че се случва нещо подобно на чудо и че Лудият монах, изглежда, е на път да се увенчае с успех на изпитите. Аз дори не се опитах да скрия фактите за случая. Местните професори бяха безсилни да променят въпросите, които се изпращаха от Калкутския университет.

Една сутрин, размишлявайки над вече положения изпит по английска литература, ме жегна догадката, че съм допуснал сериозна грешка. Някои от въпросите, на които бях отговорил, се състояха от две части, като трябваше да се избере отговор A или B от първата част и C или D от втората. Вместо да отговоря на по един въпрос от всяка секция, аз бях отговорил и на *двата* въпроса в първата секция и по невнимание бях пропуснал втората. Възможно най-високият брой точки, който можех да получа за тази работа, беше трийсет и три – три точки под минимума за преминаване.

Изтичах при Учителя и му излях тревогата си.

– Учителю, направих непростима грешка. Не заслужавам божествените благословии чрез Ромеш. Не съм достоен за тях.

– Горе главата, Мукунда – рече Шри Юктешвар с лек и безгрижен тон. И като посочи синия небесен свод, продължи: – По вероятно е Слънцето и Луната да си сменят местата в Космоса, отколкото ти да не успееш да вземеш твоята степен!

Напуснах ашрама поуспокоен и поразведрен, макар че математически погледнато, беше немислимо да взема изпита. Погледнах един-два пъти загрижено към небето – дневното светило, изглежда, нямаше никакво намерение да се отклонява от обичайната си орбита.

Влизайки в „Панти", дочух един състудент да казва:

– Току-що научих, че тази година за първи път изискуемият минимум по английска литература е снижен.

Влетях в стаята на момчето с такава бясна скорост, че той ме изгледа уплашено. Заразпитвах го трескаво.

– Дългокоси монахо – каза той през смях, – какъв е този внезапен интерес към академичните проблеми? Какво си се развикал в „единайсетия час"? Но повярвайте ми, казвам самата истина – минималният бал току-що е бил снижен на трийсет и три точки.

С няколко радостни скока се намерих в моята стая и паднах на колене. Душата ми се изля в гореща възхвала към Божествения Татко за математическото Му съвършенство.

Всеки път, когато се събирахме с Ромеш, за да ми помага, чувствах осезаемо, че ме изпълва един радостен трепет, сякаш ме водеше една невидима духовна сила. Покрай изпита по бенгалски език, за който не разчитах на помощта на Ромеш, пък се случи нещо знаменателно. Една сутрин, тъкмо излизах от пансиона на път за изпитната зала, чух някой зад мен да ме вика.

– Ромеш те вика – каза другарят ми с нетърпелив тон. – Не се връщай, ще закъснеем.

Без да обръщам внимание на съвета му, аз бързо изтичах обратно.

– Обикновено нашите бенгалски момчета нямат проблеми с изпита по бенгалски – каза ми Ромеш, – но интуицията ми

„надушва", че тази година професорите планират „поголовна сеч" на студенти – решили са да задават въпроси от незадължителната литература. После той набързо нахвърли два случая от живота на Видяшагар, известен бенгалски филантроп от XIX век.

Поблагодарих на Ромеш и бързо подкарах велосипеда към изпитната зала. Изпитната тема по бенгалски беше от две части. Първият въпрос гласеше: „Дайте два примера от благотворителната дейност на Видяшагар"*. Докато пренасях върху белия лист прясно-прясно придобитите си знания, прошепнах няколко благодарствени думи за това, че се бях върнал в последната минута, за да изслушам указанията на Ромеш. Ако не бях се информирал за Видяшагаровите благодеяния (който сега правеше едно и на мен!), нямаше да издържа изпита по бенгалски.

Втората част на въпроса гласеше: „Напишете на бенгалски език есе за живота на човека, който най-много ви вдъхновява в живота". Мили читателю, няма нужда да ти съобщавам кого избрах аз за своята тема. Докато изпълвах страница след страница с възхвали за моя гуру, в себе си се усмихнах на предсказанието, което по-рано бях направил: „Ще изпиша от край до край всички листи с вашите учения!".

Колкото до изпита по философия, аз не чувствах нужда да моля Ромеш за помощ. Доверявайки се на продължителното обучение под ръководството на Шри Юктешвар, аз уверено пренебрегнах и обясненията в учебника. Най-високата оценка, която моите работи изобщо получиха, беше тази по философия. Оценките по всички останали предмети едва-едва покриваха изискуемия минимум.

С радост ви съобщавам, че моят безкористен приятел Ромеш получи високата степен *cum laude* (с похвала), която се дава само на отличници.

Татко цял сияеше от щастие на тържественото връчване на дипломите.

– Не вярвах много, че ще вземеш изпитите, Мукунда – призна си той. – Ти прекарваше почти цялото време с твоя гуру. – Учителят

---

* Точната формулировка на въпроса ми убягва, но помня, че беше тъкмо за онези две благотворителни дейности на Видяшагар, които малко преди това Ромеш ми беше разказал.

Заради ерудицията си пандит Ишвар Чандра е известен в цяла Бенгалия с прозвището *Видяшагар* – 'океан от знание'.

наистина правилно беше доловил мълчаливия упрек на баща ми.

Години наред не бях сигурен дали някога ще доживея деня, в който титлата *бакалавър по хуманитарни и социални науки* ще следва името ми. Рядко използвам това звание, без да се върна назад в спомените си и да поразмишлявам над загадъчните обстоятелства, при които получих този божествен дар. Случва се понякога да чуя хора, завършили висши учебни заведения, да казват, че много малко от назубреното в колежите остава в главите им след дипломирането. Подобни признания донякъде ме утешават заради несъмнения ми академичен дефицит.

На онзи честит юнски ден на 1915 г., когато получих дипломата си от Калкутския университет, аз коленичих в нозете на моя гуру и му благодарих за всички благословии, които се изливаха от неговия* в моя живот.

– Стани, Мукунда – каза умилено той, – Господ просто реши, че ще Му е по-лесно да направи от теб бакалавър, отколкото да сменя местата на Слънцето и Луната!

---

* Силата да влияеш върху умовете на хората и върху хода на събитията, е *вибути* (йогическа сила), упомената в *Йога сутрите* (III:24) на Патанджали, където се обяснява, че тя е резултат от „вселенско съчувствие". Върху *Сутрите* има написани два ценни тома: „Йога системата на Патанджали" *(Yoga-System of Patanjali; Vol.17, Oriental Series, Harvard University)* и „Философията на Йога" *(Yoga Philosophy; Trubner's, London)* с автор С. Н. Дасгупта.

Всички писания заявяват, че Бог е създал човека по Своя всемогъщ образ, и затова хората обикновено свързват контрола над вселенския порядък със свръхестествени сили. В действителност тези сили са вътрешно присъщи и естествено присъстват във всеки човек, който е „възвърнал спомена" за божествения си произход. Будните в Духа, като Шри Юктешвар, са неутрализирали его-принципа *(ахамкара)* и личните желания, които той поражда. Действията на един истински Учител са в естествено съзвучие с *рита* – естествената добродетелност (вселенския ред). По думите на Емерсон: „Великите стават не добродетелни, а Самата Добродетел. В това състояние те познават най-съкровените тайни на творението и Бог е безкрайно доволен".

Всеки просветлен човек може да върши чудеса, защото, подобно на Христа, той вижда действието на фините закони на творението. Но не всички Учители избират да покажат свръхестествените си сили. (Виж бел. стр. 294.) Всеки светец отразява Бога по свой начин – поради наличието на индивидуални особености – нещо съвсем нормално за този свят, където две песъчинки не си приличат.

За озарените светци няма неизменни правила: някои правят чудеса, други – не; някои са бездейни, докато други (като древноиндуистския владетел Джанака и Св. Тереза от Авила) разгръщат мащабна дейност; някои проповядват, пътуват и имат ученици, докато други изживяват живота си тихо и незабелязано, като сенки. На никой светски критик не е дадено да разчете тайнствения свитък на кармата (миналите дела), която разгръва пред всеки светец различен, уникален ръкопис.

Глава 24

Ставам монах в Ордена на свамите

— Учителю, баща ми много иска да заема ръководна длъжност в железницата „Бенгал – Нагпур", но аз отказвам категорично – и като погледнах умоляващо към моя гуру, добавих с надежда:
– Няма ли да ме направите монах в ордена *Свами?*

През изминалите години, за да изпита решимостта ми, той нееднъж беше отхвърлял същата тази молба. Днес обаче той се усмихна мило:

– Добре, утре ще те посветя в свами – и продължи със спокоен тон: – Щастлив съм, че упорстваш в желанието си да станеш монах. Лахири Махашая често казваше: „Ако не поканите Бог да ви гостува през лятото, Той няма да дойде и в зимата на вашия живот".

– Скъпи Учителю, никога не бих се отказал от желанието си да принадлежа като вас самия към ордена *Свами* – усмихнах му се с безгранична обич.

„Нежененият се грижи за Господни работи – как да угоди Господу, а жененият се грижи за светски работи – как да угоди на жената."* Често анализирах живота на мнозина мои приятели, които, след като бяха приели някакво духовно обучение, се женеха. Увлечени във водовъртежа на светските задължения, те забравяха за решимостта си да медитират дълбоко.

За мен обаче беше немислимо да поставям Господ на второ

---
* I Коринтяни 7:32–33.

място* в живота – Властелина на Космоса, Който безмълвно ни обсипва с дарове от живот в живот. Но има един дар, който човек също може да Му предложи в замяна – своята любов. Нея всеки сам решава дали да я задържи или да Му я дари.

Зад невероятното старание, с което Създателят забулва в тайнственост Своето присъствие в атомите на творението, може да се крие само един мотив, единично Негово съкровено желание: да се убеди, че човек ще Го потърси сам, по собствена воля. В какви ли кадифени ръкавици на най-дълбоко смирение не е обличал Той желязната ръка на Своето всемогъщество!

Следващият ден бе един от най-паметните в моя живот. Помня – беше слънчев юлски четвъртък на 1915 г., само няколко седмици след дипломирането ми в колежа. На вътрешния балкон на ашрама в Серампор Учителят потопи един нов плат бяла коприна в охрена боя, традиционния цвят на ордена *Свами*. След като платът изсъхна, моят гуру го нави около мен като монашеска роба.

– Един ден ти ще заминеш на Запад, където хората предпочитат коприната – каза той. – Затова за символ съм ти избрал този копринен плат, а не обичайния от памук.

В Индия, където монасите прегръщат идеала на бедността, свами, облечен в копринена роба, е необичайна гледка. Много йоги обаче носят одежди от коприна, тъй като тя изолира по-добре от памука и не позволява на финните телесни токове да изтекат навън.

– Не си падам по церемониите – отбеляза Шри Юктешвар. – Ще те направя свами по начина *бидват* (без церемония).

Другият начин – *бибидиса* (церемониално посвещение в свами), включва огнена церемония, по време на която се изпълняват символични погребални обреди. На тях се представя как физическото тяло на ученика "умира" и бива погълнато от погребалните пламъци на мъдростта. После на новопокръстения свами се пеят песнопения, като: "Този *атман* е Брама"**, "Ти си Това", "Аз съм Той". Но с присъщата си любов към простотата Шри Юктешвар мина без официални ритуали и просто ме помоли да си избера

---

* "Този, който предлага на Бог второ място в сърцето си, не Му предлага никакво място." – *Ръскин*

** Букв. 'Тази душа е Дух'. Върховният Дух, Нетварният, е абсолютно необусловен (*нети, нети* – 'нито това, нито онова'), но често във *Веданта* бива дефиниран като *Сат-Чит-Ананда* – 'Съществуване-Съзнание-Блаженство'.

ново име.

– Ще ти дам привилегията сам да си го избереш – каза той, като се усмихваше.

– Йогананда* – отговорих аз след кратък размисъл. – Името означава 'блаженство *(ананда)* чрез божествено единение *(йога)*'.

– Така да бъде. От този момент ти оставяш фамилното си име Мукунда Лал Гош и ще бъдеш наричан Йогананда от клона *Гири* на ордена *Свами*.

Когато коленичих пред Шри Юктешвар и за първи път го чух да произнася новото ми име, сърцето ми се преизпълни с такава благодарност! Колко неуморно и с каква любов се беше трудил той, за да може един ден момчето Мукунда да стане монахът Йогананда! Със сърце, преливащо от радост, аз запях няколко стиха от дългия санскритски химн на Господ Шанкара**:

> Аз не съм разум, интелект, его, чувство,
> нито небе, земя, руди.
> Аз съм Той, Аз съм Той, Духът блажен, Аз съм Той!
> Раждане, смърт, каста аз нямам,
> нито майка, баща от плът.
> Аз съм Той, Аз съм Той, Духът блажен, Аз съм Той!
> Отвъд пòлета на въображението – безформен съм
> и във всичко живо аз прониквам.
> Окови не търпя – свободен, вечно свободен.
> Аз съм Той, аз съм Той, Духът блажен, Аз съм Той!

---

* Йогананда е сравнително често срещано име сред свамите.

** Шанкара често е наричан Шанкарачаря; *ачаря* означава 'религиозен учител'. Рождената дата на Шанкара е обект на обичайни спорове между учените. Според някои исторически сведения несравнимият монист е живял в VI в. пр.Хр. Светецът Анандагири е убеден, че е живял в периода 44 – 12 г. пр.Хр., а западните историци отнасят Шанкара към края на VIII и началото на IX в. сл.Хр. Както по всичко личи, имал е афинитет към вечността!

Негово Светейшество Барати Кришна Тирта, тогавашният *Джагадгуру Шри Шанкарачаря* на древния „Говардан Мат" в Пури, посети Америка за три месеца през 1958 г. Това бе първото пътуване на Шанкарачаря на Запад. Тази историческа обиколка се осъществи със спонсорството на Self-Realization Fellowship. *Джагадгуру* говори пред престижни американски университети и участва в дискусия за световен мир с видния историк д-р Арнолд Тойнби.

През 1959 г. Шри Шанкарачаря от Пури прие поканата на Шри Дая Мата (президент на Self-Realization Fellowship от 1955 до 2010 г.) да представлява гуру на Self-Realization Fellowship/Yogoda Satsanga Society of India и да посвети в свами двама монаси на Йогода Сатсанга. Церемонията по посвещението беше отслужена в храма „Шри Юктешвар" в ашрама на Йогода Сатсанга в Пури. – *Бел. изд.*

Всеки свами принадлежи към монашеския орден, който е на голяма почит в Индия от незапомнени времена. След реорганизирането на този орден в настоящия му вид преди много векове от Шанкарачаря, той се оглавява от непрекъсната линия от свети Учители (всеки от които носи титлата *Джагадгуру Шри Шанкарачаря*). Орденът *Свами* обединява около един милион монаси. По право в него влизат само свами, получили посвещение от друг свами. По този начин всеки монах може да проследи духовното си родословие до един общ гуру – Ади (Първия) Шанкарачаря. Те поемат обети за бедност (непривързаност към притежание), целомъдрие и подчинение на духовния авторитет. В много отношения католическите християнски ордени приличат на по-древния орден *Свами*.

В допълнение към новото си име, свами приема и титла, която показва официалната му връзка с едно от десетте подразделения на ордена. Някои от тези *дашанами* ('десет прозвища') са: *Гири* ('планина'), към който принадлежи Свами Шри Юктешвар Гири и следователно и аз, *Шагара* ('океан'), *Барати* ('земя'), *Пури* ('небесна шир'), *Сарасвати* ('мъдрост на природата'), *Тирта* ('място за поклонничество'), *Араня* ('гора').

Монашеското име на един свами, обикновено завършващо на *ананда* ('върховно блаженство'), показва стремежа му към постигане на освобождение посредством конкретен път, състояние или божествено качество – любов, мъдрост, разграничаване, преданост, служене, йога. Прозвището е израз на хармонията с природата.

Идеалът за безкористно служене на цялото човечество и отказът от светски връзки и амбиции подтикват повечето свами да участват активно в хуманитарни и образователни дейности в Индия, а понякога и зад граница. Отхвърляйки всякакви кастови, религиозни, класови, етнически, полови и расови предразсъдъци, монахът свами следва повелите на човешкото братство. Целта му е абсолютно единство с Духа. Пропивайки съзнанието и подсъзнанието си с мисълта „Аз съм Той", той броди вътрешно усмихнат в света, но не е от него. Само така той може да оправдае титлата си *свами* – 'стремящ се към постигане на единение и причастяване със *Сва* (Себе-то)'.

Шри Юктешвар беше и свами, и йоги. Един свами, който официално е монах по силата на връзката си с достопочтения орден,

ШРИ ШАНКАРАЧАРЯ В ЦЕНТЪРА МАЙКА НА SRF/YSS

Шри Джагадгуру Шанкарачаря Барати Кришна Тирта от Пури, Индия, в центъра майка на Self-Realization Fellowship в Лос Анджелис (основан през 1925 г. от Парамаханса Йогананда). През 1958 г. *джагадгуру,* оглавяващ съвета на старейшините на ордена *Свами,* бе на тримесечно посещение в Америка по покана на Self-Realization Fellowship – първото в историята на древния орден пътуване на Шанкарачаря на Запад.

невинаги е йоги. Но всеки, който практикува научна техника за божествено осъзнаване, е йоги. Той може да е женен или неженен, мирянин със светски отговорности или човек, дал религиозен обет.

Свами може да поеме по пътя само на сухия разум и строгото отричане, ако пожелае, докато йогът се ангажира с определени стъпка по стъпка практики, които дисциплинират тялото и ума и постепенно освобождават душата му. Йогът никога не вярва сляпо, а подлага на щателна проверка вярата и емоционалните си подбуди, като практикува изпитана система от йога упражнения, разработена за първи път от древните риши. Във всяка епоха Майка Индия е раждала хора, които, практикувайки предано техниките на йога, са постигали пълно освобождение и са извисявали съзнанието си като Христос.

Като всяка друга наука, йога може да се практикува във всяка страна и епоха. Теорията, която застъпват някои неосведомени автори, че йога е „опасна и неподходяща" за западняците, е напълно погрешна и за голямо съжаление, е попречила на много искрено вярващи да започнат да се занимават с нея и да почувстват върху себе си многобройните й благословии.

Йога е метод за успокояване на природната бурност на мислите, която пречи на хората по света – в еднаква степен, без оглед на националността, да съзрат истинската си природа на Дух. Подобно на живителните слънчеви лъчи, йога е благодат както за народите на Изтока, така и за народите на Запада. Нуждата от йога, науката за контрол над ума, се налага като всеобща потребност, тъй като мислите на повечето хора са неспокойни и своеволни.

Древният риши Патанджали* дефинира йога като „неутрализиране на постоянно менящите се вълни на съзнанието"**. Не-

---

* Приема се, че годината на раждане на Патанджали е неизвестна, макар много изследователи да го отнасят към II в. пр.Хр. Трактатите, които ришите са оставили по множество въпроси, се отличават с такава дълбочина на мисълта и проницателност, че и днес будят удивлението ни. Но за нещастие на историците, мъдреците решили, че е по-добре да не обременяват произведенията си с дати и с печата на своята личност. Знаели са, че краткият им земен престой е мимолетен като искрици от един Вечен Огън, и че Истината е неподвластна на времето, никой няма монопол над нея и принадлежи на всички.

** „Чита врити нирода" (*Йога сутри I:2*), което би могло да се преведе като „спиране на модификациите на ума". *Чита* е обширен термин, с който се обозначава целият

говият кратък, но майсторски труд *Йога сутри* формира една от общо шестте системи на индуистката философия. За разлика от западните философии, във всичките шест индуистки системи* са залегнали не само теоретични, но и практически учения. Индуистките системи не се задоволяват само с детайлно изследване на закономерностите на битието, но отиват по-нататък и формулират шест конкретни дисциплини, целящи окончателно премахване на страданието и постигане на вечно блаженство.

Упанишадите, които се появяват на по-късен етап, предпочитат *Йога сутрите* пред останалите шест философски системи, изтъквайки, че те съдържат най-ефикасните методи за постигане на пряко възприятие на Истината. Благодарение на практическите техники на йога, човек оставя завинаги зад себе си безплодните философски спекулации и се впуска в когнитивно изживяване на Върховната Истина.

Йога системата на Патанджали е известна като *Осморния път***. Първите ѝ степени са: 1) *яма* (нравствено поведение в обществото) и 2) *нияма* (съблюдаване на религиозни правила). *Яма* се изпълнява чрез не-навреждане (не-нараняване) на другите, истинност, не-отнемане на чуждото, себеконтрол и неалчност. Предписанията на *нияма* включват чистота на тялото и ума, доволство при всякакви обстоятелства, самодисциплина, себеизучаване (съзерцание, размишление) и преданост към Бог и гуру.

Следващите степени са: 3) *асана* (правилна поза) – гръбначният стълб трябва да се държи изправен, а тялото устойчиво, в удобна поза за медитация; 4) *пранаяма* (контрол над *праната,* фините жизнени

мисловен процес, включващ панически жизнени сили, *манас* ('низш ум, или сетивно съзнание'), *ахамкара* ('егоистичност') и *буди* ('висш ум, или интуитивен ум'). Под *врити,* букв. 'завихряния', се разбират вълните на мисълта и емоциите, които непрестанно се надигат и стихват в съзнанието на човека. *Нирода* означава 'неутрализация, спиране, контрол'.

* Тези шест ортодоксални (почиващи върху Ведите) системи са *Санкя, Йога, Веданта, Мимамса, Няя* и *Вайшешика.* Склонният към изследвания читател ще са наслади на тънкостта и дълбочината на тези древни трактовки в публикуваната на английски език книга на проф. Сурендранат Дасгупта „История на индийската философия" *(A History of Indian Philosophy; Vol. 1, by Prof. Surendranath Dasgupta, Cambridge University Press).*

** Не бива да се бърка с *Благородния осморен път на будизма* – напътствия за външно и вътрешно балансиран живот: 1) правилни идеали; 2) правилни мисли; 3) правилна реч; 4) правилни постъпки; 5) правилна работа; 6) правилни усилия; 7) правилно помнене [на Себе-то]; 8) правилно пробуждане *(самади).*

токове); 5) *пратяхара* (отдръпване на сетивата от външните обекти).

Последните степени са форми на чиста йога: 6) *дарана* (концентрация, задържане на ума върху една мисъл); 7) *дяна* (медитация); 8) *самади* (свръхсъзнателно изживяване). Този осморен път на Йога води към крайната цел – *кайваля* (абсолютност), при която йогът осъзнава Истината отвъд всякакви интелектуални схващания.

Някой може да попита: „Кое е по-възвишено – пътят на свами или на йоги?" Ако и когато човек се слее в едно с Бог, различията между пътищата изчезват. Багавад Гита обаче изтъква универсалността на йога и казва, че методите ѝ са всеобхватни. Нейните техники не са предназначени само за определени типове хора и темпераменти, като например малцината, които се чувстват привлечени към монашеския живот. Йога не изисква официално обвързване. И тъкмо защото науката йога задоволява универсални потребности, тя е толкова привлекателна за хората.

Йогът може да води светски живот и да изпълнява задълженията си в обществото, но подобно на маслото, плуващо върху водата, той остава на повърхността, без да се смесва с нея – не като неизбитото мляко, което лесно се разводнява от водите на недисциплинираното човечество. Ако човек поддържа умствена невъвлеченост в егоистични желания и играе своята роля в живота като послушен инструмент на Божественото, изпълнението на светските му задължения не би трябвало да го разделя от Бог.

В наше време има множество велики души, живеещи в американски, европейски или други неиндийски тела, които, макар никога да не са чували думи като *йоги* и *свами,* са истински образци на тези термини. Чрез безкористно служене на човечеството, овладяване на страстите и мислите си, всеотдайна любов към Бог или чрез голямата си способност за концентрация, те всъщност са йоги, защото през цялото време са преследвали целта на йога – себеовладяване. Тези хора биха могли да възвисят душите си още повече, ако приемеха обучение в определени научни йога техники, които правят възможно съзнанието и животът на човек да се пробудят в Свръхсъзнателната Реалност.

Някои западни автори се опитват да тълкуват Йога без никога да са я практикували и резултатът често е твърде едностранчив и повърхностен. Но има и доста задълбочени изследвания, които отдават дължимото на Йога. Сред тях се открояват тези на К. Г. Юнг, известния швейцарски психолог:

„Щом един религиозен метод се самопрепоръчва като „научен", той може да бъде сигурен в своята публика на Запад. А йога оправдава тези очаквания – пише д-р Юнг*. – Като оставим настрана чара на новото и магията на полуразбираемото, йога има всички основания да има много привърженици. Тя предлага възможност за контролируемо изживяване и по този начин задоволява научната потребност от „факти". Освен това, със своята широта и дълбочина, достопочтена възраст, доктрина и метод, обхващащи всеки аспект на живота, тя обещава нечувани възможности.

Всяка религиозна или философска практика означава психическа дисциплина, тоест метод на ментална хигиена. Разнообразните, чисто телесни процедури на йога** предлагат наред с това и физиологична хигиена. Те превъзхождат обикновената гимнастика и дихателни упражнения, защото не са просто механично-научни, но и философски по своето съдържание. Тренирайки частите на тялото, тя ги обединява в целостта на Духа, както съвсем ясно може да се види при *пранаяма* упражненията, където *праната* е едновременно и дъхът, и универсалните динамични сили на Космоса. (...)

Йога практиката... не би имала такъв ефект без идеите, на които е базирана йога. Тя съчетава телесното и духовното по един необикновено завършен, цялостен начин.

На Изток, където тези идеи и практики са били развивани и където от хилядолетия съществува една ненарушима традиция, която е създавала и създава необходимата духовна база, йога е, в това аз съм убеден, съвършен и адекватен метод за сливане на тялото и Духа в единна цялост, едно единство, в което не може да има никакво съмнение. Това единство създава психическа почва за интуитивни прозрения, които отвеждат съзнанието в трансцендентното".

Наближава денят, когато Западът също ще започне да гледа

---

* Д-р Юнг участва в Индийския научен конгрес, проведен през 1937 г., на който беше удостоен с почетно звание от Калкутския университет.
** Тук д-р Юнг говори за *хата йога*, специализиран клон от телесни пози и техники за здраве и дълголетие. *Хата* е много полезна и дава впечатляващи физически резултати, но йогите, търсещи духовно освобождение, малко я практикуват.

на вътрешната наука за себеовладяване като на толкова важна, колкото и на външните победи над природата. Атомната ера ще накара умовете на хората да отрезнеят и да се разширят пред вече неоспоримата истина, че материята в действителност е концентрация на енергия. Човешкият ум може и трябва да освободи в себе си енергии, по-мощни от тези в скалите и металите, за да не би материалните атомни гиганти, отприщени отново, да хвърлят света в безумно унищожение. Индиректната полза от загрижеността на човечеството за атомните бомби може да се изрази в нараснал практически интерес към науката йога* – най-разумното противоатомно убежище.

---

* Много неосведомени хора бъркат йога с *хата йога* или пък я свързват с „магически" и мистериозни ритуали за овладяване на свръхестествени сили. Когато обаче учените говорят за йога, те обикновено имат предвид системата, изложена в *Йога сутрите* (известни още като *Афоризмите на Патанджали*): *раджа йога* ('царска йога'). Този трактат съдържа възвишени философски концепции, които са вдъхновявали за коментари най-великите мислители на Индия. Един от тях е озареният Учител Садашивендра (виж бел. стр. 485).

Подобно на останалите пет ортодоксални (почиващи върху Ведите) философски системи, *Йога сутрите* смятат „магията" на нравствената чистота („Десетте Божи заповеди" на *яма* и *нияма*) за задължителна първа стъпка към сериозно философско изследване. Тъкмо тези изисквания пред отделния индивид, които на Запад често биват пренебрегвани, са поддържали през вековете жизнеността на шестте индуистки дисциплини. Космическият ред *(рита)*, който крепи Мирозданието, не е по-различен от нравствените порядки, които управляват човешката съдба. Този, който няма воля да съблюдава вселенските нравствени закони, не е сериозно решен да преследва Истината.

В част III на *Йога сутрите* се говори за различни йогически чудодейни сили *(вибути* и *сиди)*. Истинското познание винаги е равносилно на власт. Пътят на йога се състои от четири етапа, всеки с проява на *вибути*. Постигайки определени сили, йогът знае, че успешно е минал тестовете на един от четирите етапа. Появата на тези способности, които характеризират отделните етапи, са доказателствата в научната структура на системата йога, където никой никого не може да заблуди с „духовния си напредък" – първо представяш доказателствата!

Патанджали предупреждава търсачите, поели по пътя към Бог, че единствената цел трябва да бъде сливането с Духа, а не притежанието на *вибути* – цветята край пътя. Казва им да дирят Вечния Дарител, а не Неговите феноменални дарове. Бог не се открива на онзи, който се задоволява с по-незначителни неща от Него Самия. Затова устременият към Целта йоги не парадира със свръхестествените си сили, за да не би това да събуди у него фалшива гордост и да го отклони от влизане във върховното състояние *кайваля*.

Когато йогът се слее с Безкрайната Цел, той може да реши да демонстрира *вибути* или пък да не го прави – това той преценя сам. Всичките си действия – чудодейни или обикновени, тогава той върши без кармично въвличане. Железните стърготини се привличат само тогава, когато е „жив" магнитът на егото.

Глава 25

Брат ми Ананта
и сестра ми Налини

„Ананта няма да живее още дълго, песъчинките на неговата карма за този живот изтичат."

Тези съдбоносни думи стигнаха до вътрешното ми съзнание като далечно ехо, докато седях една сутрин в дълбока медитация. Намирах се в родния Горакпур, скоро след влизането ми в ордена *Свами*, като гост на най-големия си брат Ананта. За зла участ внезапна болест го прикова на легло и сега аз обичливо го обгрижвах.

Тежестта на тази вътрешна присъда ме изпълни с печал. Не можех да понеса да остана повече в Горакпур и безпомощно да гледам как брат ми си отива. Под неодобрителните погледи на моите роднини аз напуснах Индия с първия възможен кораб. Той обиколи Бирма (Мианмар), прекоси Китайско море и акостира в Япония. Слязох в Кобе, където прекарах само няколко дни. Мъка свиваше сърцето ми и не ми беше до забележителности.

На връщане към Индия корабът ни се отби в Шанхай. Там корабният лекар д-р Мишра ме заведе до няколко магазина за сувенири, където аз избрах различни подаръци за Шри Юктешвар, моето семейство и приятелите ми. За Ананта купих голяма дърворезба от бамбук. Но още щом поех бамбуковия сувенир от ръцете на китайския търговец, аз го изпуснах на пода и изхлипах:

– Подарък за скъпия ми мъртъв брат!

Внезапно озарен свише, виждах как точно в този момент душата му се освобождава и понася към Безкрая. Сувенирът силно се пукна при падането, сякаш за да потвърди верността на откровението. Хлипайки, написах на бамбука: „За обичния ми Ананта, който си отиде".

Моят спътник, докторът, ме наблюдаваше с иронична усмивка.

– Спести си сълзите – отбеляза той. – Защо ги лееш преди да си се убедил, че наистина е умрял?

Корабът ни пристигна в Калкута и аз отново бях придружаван от д-р Мишра. Най-малкият ми брат Бишну ме чакаше на дока.

– Знам, Ананта си отиде от този свят – казах му, преди да успее да изрече и дума. – Моля те, кажи ми, и на доктора тук, кога почина Ананта.

Бишну назова датата. Беше същият ден, в който бях купил сувенирите в Шанхай.

– Да не повярваш!... – възкликна смаяно д-р Мишра. – Слушай, тия неща не ги разправяй много-много, че стигне ли до ушите на професорите, току-виж са ни лепнали още два семестъра „Телепатия" към и бездруго дългия курс по медицина!

Щом влязох вкъщи, баща ми ме прегърна топло.

– Ти се върна – каза нежно той и от очите му се отрониха две едри сълзи.

Никога преди той не беше показвал обичта си към мен по този начин. Макар външно да беше сдържан, под покривалото на неговата сдържаност се криеше топящото се от нежност сърце на майка. Тази двойна роля на родител той играеше във всички семейни дела.

Скоро след смъртта на Ананта по-малката ми сестра Налини беше покосена от тежка болест и едва се върна от оня свят благодарение на божествено изцеление. Преди обаче да ви разкажа историята, ще ви върна за малко в нашето детство.

Като деца отношенията между Налини и мен не бяха от най-цветущите. Аз бях много хилав, тя пък – още по-хилава. Движен от някакъв несъзнателен мотив, чието идентифициране едва ли ще затрудни психолозите, аз често дразнех сестра си заради кльощавия й вид. Тя не оставаше по-назад и ми отвръщаше с типичната за тази крехка възраст безмилостна откровеност. Случваше се понякога майка да се намеси и да сложи край на детските ни препирни, пляскайки ме леко по бузата (като по-препатил!).

След като завърши училище, Налини беше сгодена за

Панчанон Боус – симпатичен млад лекар от Калкута. На уречения ден вдигнаха пищна сватба. Вечерта преди нея аз се присъединих към голяма група роднини, чиито весели извиквания, празничен смях и шеги огласяваха всекидневната на дома ни в Калкута. Младоженецът се беше облегнал на огромна възглавница от златотъкан брокат, а до него седеше Налини. Разкошното *сари** от пурпурна коприна, уви, не можеше напълно да скрие кльощавата й фигура. Аз се прислоних зад възглавницата на новия си зет и му се ухилих приятелски. До деня на сватбената церемония той не беше виждал Налини и чак сега научаваше какво е изтеглил от брачната лотария.

Усещайки симпатията ми, д-р Боус дискретно посочи с очи Налини и ми прошепна:

– Абе какво е това?

– Ами че скелет за вашите изследвания, докторе, какво да е!

С годините семейството ми обикна д-р Боус и го викаше винаги, когато някой вкъщи се разболееше. Ние двамата станахме големи приятели и често се шегувахме и закачахме, като обичайната мишена на нашите закачки беше Налини.

– Тя е рядък медицински случай – отбеляза зет ми един ден пред мен. – Какво ли не сме пробвали със сестра ти – рибено масло ли не щеш, краве масло ли не щеш, бирена мая, мед, риба, месо, яйца, тонизиращи... Нищо не помага. Не слага и грам отгоре – все си е като пръчка.

Няколко дни по-късно посетих дома на семейство Боус. Работата, по която бях отишъл у тях, ми отне само няколко минути и тъкмо си тръгвах, мислейки си, че Налини не ме е забелязала, когато на входната врата чух зад себе си нейния глас – сърдечен, но повелителен.

– Братко, ела тук. Този път няма да те оставя да ми се изплъзнеш. Искам да си поговорим.

– Качих се в нейната стая. За моя изненада, тя беше обляна в сълзи.

– Мило братче – каза тя с тъга в гласа, – да сложим край на старата вражда. – Виждам, че краката ти са здраво стъпили на духовния път. Искам да стана като теб във всяко отношение – и додаде с надежда: – Сега ти изглеждаш заякнал и силен. Ще ми помогнеш ли да стана като теб. Мъжът ми ме отбягва, а аз толкова много го

---

* Изящна рокля, носена от индийските жени.

обичам! Но по-голямото ми желание е да напредна в Богопознанието – дори с цената на мършава* и непривлекателна фигура.

Бях дълбоко трогнат от молбата ѝ. Новото ни приятелство постепенно разцъфтя. Един ден тя ме помоли да я приема за своя ученичка.

– Обучавай ме, както ти искаш. Аз възлагам упованието си на Господа, а не на тонизиращите средства – и като събра колкото лекарства имаше, ги изля в улука пред прозореца.

За да изпитам вярата ѝ, аз я помолих да спре да яде месо, риба и яйца.

След няколко месеца, през които Налини строго съблюдаваше различните указания, които ѝ бях дал, и се придържаше към вегетарианска диета – въпреки многобройните трудности – аз отново я посетих.

– Сестричке, ти съвестно изпълняваш духовните ми предписания. Скоро ще бъдеш възнаградена за това – усмихнах ѝ се закачливо: – Я кажи, колко дебела искаш да станеш? Колкото леля, дето не си е виждала краката от години?

– Неее... Но много бих искала да понапълнея като теб.

Произнесох тържествено:

– По Божията милост, както всякога съм говорил истината, и сега устата ми говорят самата истина.** С божествените благословии от днес тялото ти ще напълнее и след един месец ще тежи колкото моето.

---

* Понеже повечето хора в Индия са слаби, на по-пъничките се гледа с известна благородна завист.

** Индуистките писания заявяват *(Йога сутри II:36)*, че онези, които обичайно говорят истината, развиват способност да материализират думите си. Всичко, което те изричат с пълна убеденост, се случва.

Тъй като цялата Вселена е изтъкана от истина, всички свещени писания възхваляват истината като добродетел и казват, че тя хармонизира живота на отделния човек с безкрайността. Махатма Ганди често е казвал: „Истината е Бог". Той самият през целия си живот винаги се е стремял към съвършената истина в мисълта, речта и делата. През вековете идеалът за *сатя* (истина) е пропил индуисткото общество. Марко Поло разказва, че *брамините* „не изричали лъжа за нищо на света". Един английски съдия в Индия – Уилям Слийман, разказва в своята книга „Пътуването през земите на Авад в 1849 – 1850 година" *(Journey Through Oudh in 1849–50; William Sleeman)* следното: „Гледал съм стотици дела, в които имуществото, свободата и дори животът на човека пред мен зависеха от една малка лъжа и всичко можеше да се обърне в негова полза, но той категорично отказваше да изрече лъжа".

Тези думи извираха от душата ми и скоро те наистина се сбъднаха. След трийсет дни Налини натрупа моите килограми. Тя стана по-закръглена, по-красива и съпругът ѝ за първи път се влюби в нея. Така бракът им, започнал при такива обезсърчаващи обстоятелства, изведнъж засия от щастие.

Като се върнах от Япония научих, че по време на моето отсъствие Налини заболяла от коремен тиф. Бързо изтичах у тях. При вида ѝ, стопила се почти до скелет, останах поразен. Беше в кома.

Зет ми ми разказа:

– Докато умът ѝ още беше ясен, тя често повтаряше: „Ако брат ми Мукунда беше тук, тая участ нямаше да ме сполети". – После добави със сълзи на очи: – Другите доктори и аз самият не виждаме нито лъч надежда. След продължителните пристъпи на тифусната треска, сега има и кървава дизентерия.

Аз преобърнах земята и небето с молитвите си. Наред с това наех една медицинска сестра, англо-индийка, която да ми помага, и приложих върху сестра си различни йога методи на лечение. Кървавата дизентерия изчезна.

Но д-р Боус мрачно клатеше глава:

– Няма повече кръв в организма.

– Ще се оправи – отвърнах твърдо аз. – Само след седем дни от треската няма да има и помен.

Можете да си представите вълнението и радостта ми седмица по-късно, когато Налини отвори очи и ги отправи към мен с обичливо признание. От този ден тя започна бързо да се възстановява. Макар че възвърна обичайното си тегло, един тъжен белег продължаваше да напомня за почти фаталната ѝ болест: краката ѝ бяха парализирани. И индийските, и английските лекари я обявиха за безнадежден инвалид до края на живота ѝ.

Продължителната борба, която водих за живота ѝ с молитви, ме изтощи. Реших да прескоча до Серампор и да помоля Шри Юктешвар за неговата помощ. В очите му се четеше дълбоко съчувствие, докато слушаше разказа ми за ужасното състояние на сестра ми.

– До един месец краката на сестра ти ще се нормализират – и добави: – Нека носи върху кожата си връвчица с висулка от непродупчена двукаратова перла.

Въздъхнах с радостно облекчение и се проснах в нозете му.

– Учителю, вашата дума ми е достатъчна. Но ако настоявате, незабавно ще й купя перлата.

Моят гуру кимна утвърдително:

– Да, купи я – и продължи, като описа точно физическите и умствените характеристики на Налини, която той никога не беше виждал.

– Учителю – попитах го, – това да не е астрологичен анализ? Та вие дори не знаете деня и часа на раждането й.

Шри Юктешвар се усмихна.

– Има една по-дълбока астрология, която не зависи от показанията на календарите и часовниците. Всеки човек е част от Твореца, от Космическия Човек. Освен земно тяло, той има и небесно тяло. Човешките очи виждат физическата форма, но вътрешното око прониква по-надълбоко – до самия център на вселенската структура, от която всяко човешко същество е неделима част.

Аз се върнах в Калкута и купих перлата* на Налини. След месец парализираните й крака бяха напълно излекувани.

Сестра ми ме помоли да предам на своя гуру сърдечните й благодарности. Той изслуша посланието й мълчаливо. Като си вземах довиждане на тръгване, той направи важен коментар:

– Много доктори са казвали на сестра ти, че не може да роди деца. Увери я, че до няколко години ще роди две дъщери.

Няколко години по-късно, за радост на Налини, тя роди моминченце, а след още три години – и втора дъщеря.

---

* Перлите и скъпоценните камъни, както и металите и растенията, когато влязат в пряк досег с човешката кожа, упражняват електромагнитно влияние върху физическите клетки. Това е така, защото човешкото тяло е изградено от въглерод и различни елементи с метални свойства, които се срещат и в растенията, металите и скъпоценните камъни. Откритията на ришите в тези области, без съмнение, ще бъдат потвърдени някой ден от физиолозите. Чувствителното човешко тяло с неговите електромагнитни потоци от жизнена енергия крие много неизследвани тайни.

Макар скъпоценните камъни и металните гривни да имат лечебен ефект върху тялото, това не беше единствената причина Шри Юктешвар да ги препоръчва. Учителите обикновено са скромни и не обичат да се изживяват като големи лечители, защото прекрасно познават истинския лечител: Бог. Затова светците често крият силите, дадени им от Господ. Човек обикновено вярва на това, което вижда. Когато някой дойдеше при моя гуру с молба да го изцели, той го съветваше да носи гривна или скъпоценен камък. С това той целеше, от една страна, да събуди вярата у него, а от друга – да отклони вниманието му от болестта. Тези гривни и скъпоценни камъни, освен изцеляващото електромагнитно действие, което без съмнение имаха, притежаваха и нещо друго – скритите благословии на Учителя.

ШРИ ДАЯ МАТА В БОЖЕСТВЕНО ОБЩЕНИЕ

Шри Дая Мата, президент на Self-Realization Fellowship/Yogoda Satsanga Society of India от 1955 до 2010 година, потопена в дълбока медитация при посещението ѝ в Индия през 1968 г. „Парамаханса Йогананда ни учеше – пише тя – не само с думи и божествен пример, но и чрез научни методи за медитация. Невъзможно е да задоволиш жаждата на душата само с четене на книги за Истината. Човек трябва да пие с пълни шепи от извора на Истината: Бог. *Себе-осъзнаване* означава тъкмо това: непосредствено изживяване на Бог."

Истинска *Майка на милосърдието,* както подсказва името ѝ *(дая* на санскрит означава 'милосърдие', а *мата* – 'майка'), тя изживя живота си под мотото: „Обичай Бог и сподели Неговата любов с всички".

Глава 26

Науката *крия йога*

Науката *крия йога*, споменавана толкова често на тези страници, е получила широко разпространение в съвременна Индия благодарение на Лахири Махашая – гуру на моя гуру. Санскритският корен на думата *крия* е *кри* – 'правя, действам, реагирам'. Същия корен откриваме и в думата *карма* – естествения принцип на причината и следствието. Следователно *крия йога* означава 'единение *(йога)* с Безпределното чрез изпитано свещенодействие, ритуал *(крия)*'. Йогът, който с преданост практикува тази техника за Себе-осъзнаване, постепенно се освобождава от веригата на причинно-следствения еквилибриум.

По силата на някои древни йогически предписания не мога да дам пълно обяснение на *крия йога* в книга, предназначена за широката публика. Точното изпълнение на техниката ще научите от *криябан (крия йоги)* на Self-Realization Fellowship (Yogoda Satsanga Society of India), натоварен със съответните пълномощия*. Тук ще се задоволим с най-общо описание.

Крия йога е прост психо-физиологичен метод, чрез който човешката кръв се освобождава от въглерода и се насища с кислород.

---

* Парамаханса Йогананда оправомощи бъдещия си наследник като президент и духовен глава на неговата общност (Self-Realization Fellowship/Yogoda Satsanga Society of India) да дава инструкции и посвещения в *крия йога* на духовно пригодни последователи или да възлага това да правят ръкоположени свещеници на SRF/YSS. Той също така се погрижи да има един непрекъснат процес на разпространение на науката *крия йога* чрез системата за (само)обучение *Уроци за Себе-осъзнаване/Йогода уроци*, които интересуващите се може да поръчат в центъра майка на SRF в Лос Анджелис (виж стр. 613). – *Бел. изд.*

Атомите на този допълнителен кислород се видоизменят в жизнен поток, който събужда за нов живот мозъка и гръбначните центрове. Спирайки натрупването на венозна кръв, йогът е в състояние да намали или дори да спре разпадането на тъканите (стареенето). Напредналият йоги трансформира клетките на тялото си в чиста енергия. Илия, Исус, Кабир и други пророци от миналото са владеели до съвършенство *крия* или подобна на нея техника, с помощта на която са можели да материализират и дематериализират телата си.

Крия е древна наука. Лахири Махашая я е получил от своя велик гуру Бабаджи, който я преоткрил и изчистил техниката, след като в продължение на много години е била загубена в Тъмната епоха (Ранното средновековие). Бабаджи я нарекъл просто *крия йога*.

„*Крия йога,* която давам на света чрез теб в този XIX век – казал Бабаджи на Лахири Махашая – е възраждане на същото учение, което Кришна преди хилядолетия е дал на Арджуна и което по-късно са практикували Патанджали и Христос, както и Св. Йоан, Св. Павел и други ученици."

Крия йога на два пъти се споменава в Багавад Гита от най-великия индийски пророк Кришна. В една строфа четем: „Принасяйки вдишването в издишването и издишването във вдишването, йогът неутрализира и двете. Така той освобождава *прана* от сърцето си и овладява жизнената сила"*. Интерпретацията е: „Йогът спира процесите на разпад (стареене) в тялото, като се зарежда с допълнително количество *прана* (жизнена сила) чрез стихване дейността на белите дробове и сърцето. Наред с това той спира и измененията, свързани с растежа на тялото, чрез контрол над *апана* (елиминиращия поток). Така, неутрализирайки разпадането и растежа, йогът се научава да контролира жизнената сила".

В друга строфа от Гита четем: „Вечна свобода постига само този съвършен в медитацията *(муни),* който в преследването на Върховната Цел, се оттегля от външния свят чрез съсредоточаване на погледа в точката между веждите и чрез неутрализиране на равните потоци *прана* и *апана,* които текат в ноздрите и дробовете; който контролира своя сетивен ум и интелект; и който е прогонил

---

* Багавад Гита IV:29.

желанието, страха и гнева"*.

Кришна също така разказва**, че именно той в предишно въплъщение, е предал йога на великия посветен Вивасват, а той от своя страна я е дал на Ману***, великия законодател. Той на свой ред обучил Икшваку, Бащата на Индийската слънчева династия на воините. Така, предавана от поколение на поколение, царската йога е била пазена от ришите до идването на материалистичните епохи****. Тогава, поради равнодушието на хората и тайнствеността, в която я забулили жреците, свещеното Знание постепенно станало недостъпно.

Крия йога се споменава на два пъти от древния светец Патанджали, най-изтъкнатия тълкувател на Йога, който пише: *„Крия йога* се състои от телесна дисциплина, умствен контрол и медитация върху *Ом* "*****. Патанджали говори за Бог като за реален космически звук *Ом,* който се чува по време на медитация.****** *Ом* е Съзидателното Слово, бученето на Вибрационния Двигател, „Свидетелят"******* на Божието присъствие. Дори начинаещият в йога скоро може да чуе чудния звук *Ом*. Това блажено духовно изживяване го окуражава, то е неговото уверение, че наистина е в общение с божествените сфери.

---

* Багавад Гита V:27–28. За още обяснения по науката за дишането виж стр. 599 и 601–603.

** Багавад Гита IV:1–2.

*** Древният автор на *Манава Дарма Шастра (Законите на Ману)*. Този кодекс е в основата на канонизираното обичайно право, което и до днес се прилага в Индия.

**** За начало на материалистичните епохи според летоброенето на индуистките свещени писания се счита 3102 г. пр.Хр. В тази година започва последната низходяща *Двапара юга* от Равноденствения цикъл, която съвпада с началото на *Кали юга* по Вселенския цикъл (виж стр. 224–225). Повечето антрополози вярват, че преди 10 000 години човечеството е живяло в примитивната каменна ера, и без да се замислят, отхвърлят като митове широко разпространените предания за изчезнали древни цивилизации в Лемурия, Атлантида, Индия, Китай, Япония, Египет, Мексико и други страни.

***** *Йога сутри* II:1. Под *крия йога* Патанджали разбирал или техниката, на която по-късно учел Бабаджи, или друга, много близка до нея техника. Това, че Патанджали говори за конкретна техника за контрол над жизнената сила, се потвърждава и от афоризма му в *Йога сутри* II:49 (цитиран по-долу).

****** *Йога сутри* I:27.

******* „Тъй казва Амин, верният и истински Свидетел, Начинателят на Божието създание" (Откровение 3:14). „В началото беше Словото, и Словото беше у Бога, и Словото беше Бог. (...) Всичко чрез Него стана (чрез Словото, тоест чрез *Ом)* и без Него не стана нито едно от онова, което е станало" (Йоан 1:1–3). *Ом* от Ведите е станала свещената сричка *Хом* на тибетците, *Амин* на мюсюлманите, *Амен* на египтяните, гърците, римляните, евреите и християните. На староеврейски тя означава 'сигурен, верен'.

Патанджали споменава за втори път *крия* техниката за контрол над жизнената сила по следния начин: „Освобождение може да се постигне с тази *пранаяма*, която разделя потока на вдишването от потока на издишването"*.

Св. Павел е познавал *крия йога* или подобна на нея техника, чрез която е можел да изключва и включва жизнените потоци от и към сетивата. Затова е казвал: *„Всеки ден умирам: това ми е вашата радост, която имам в Христа Исуса, нашия Господ"**. Прилагайки метод, с който отдръпвал всички телесни жизнени сили (които обикновено текат само навън, към сетивния свят, и му придават привидна валидност), Св. Павел ежедневно е изживявал истинско йога единение в „радостта" (блаженството) на Христовото Съзнание. В това извисено блажено състояние той е съзнавал, че е „мъртъв" за илюзорния сетивен свят на *мая*.

В началните състояния на общение с Бог *(сабикалпа самади)* съзнанието на последователя се слива с Космическия Дух (Разум). Жизнената му сила се отдръпва от тялото, което изглежда „мъртво" – външно то е неподвижно и вцепенено. Йогът съзнава напълно, че тялото му е в състояние на преустановена жизненост. С напредване обаче към по-високите духовни състояния *(нирбикалпа самади)*, той общува с Бог без да е необходимо тялото му да застива неподвижно, тоест това той може да прави в обичайното будно състояние, дори сред изискващи внимание светски дела***.

„Крия йога е инструмент, чрез който човешката еволюция може да се ускори – обяснява Шри Юктешвар на своите ученици. – Древните йоги са открили, че тайната на Космическото Съзнание е в тясна връзка с овладяването на дъха. Това е един уникален и безсмъртен принос на Индия към световната съкровищница от знания. Жизнената сила, която обикновено се поглъща

---

* *Йога сутри* II:49.

** I Коринтяни 15:31. Правилният превод е „това е нашата радост, която имаме", а не както обикновено се дава „това ми е вашата радост, която имам". Тук Св. Павел говори за *универсалността* на Христовото Съзнание. (В оригинала Парамаханса Йогананда цитира Библията на крал Джеймс, по-известна като King James Version: "I protest by our rejoicing which I have in Christ Jesus our Lord, *I die daily.*" – *Бел. прев.*)

*** Санскритската дума *бикалпа* означава 'разлика, отлика'. *Сабикалпа* е състояние на *самади* 'с разлика', а *нирбикалпа* – 'без разлика'. Тоест в *сабикалпа самади* медитиращият все още има някакво усещане за обособеност, докато в *нирбикалпа самади* той напълно осъзнава своята тъждественост с Духа.

за поддържане на сърдечната дейност, трябва да се освободи за висши дейности чрез метод на успокояване и стихване на неспирния дъх."

Практикуващият *крия йога* мислено насочва жизнената енергия да циркулира нагоре-надолу около шестте гръбначни центъра (медуларен, цервикален, дорсален, лумбален, сакрален, коксигеален), които кореспондират с дванайсетте астрални зодиакални знака, символичния Космически Човек. Половин минута циркулация на енергията по чувствителния гръбначен стълб, тоест един оборот, предизвиква фин прогрес в еволюцията на човека. Тази половин минута *крия* е равна на една година естествено духовно развитие.

Астралната система на човешките същества с шест (дванайсет по полярност) вътрешни съзвездия, обикалящи около „Слънцето" на всеведущото духовно око, е взаимосвързана с физическото Слънце и дванайсетте зодиакални знака. Така всички хора са под влияние на вътрешна и външна вселена. Древните риши са открили, че земното и небесно обкръжение на човек в серии от дванайсетгодишни цикли го тласкат напред по естествения му път. Свещените писания твърдят, че на човек са му необходими един милион години нормална еволюция, без болести, за да префини мозъка си до такава степен, че да може да отрази Космическото Съзнание.

Хиляда *крии*, изпълнявани за осем часа и половина, дават на практикуващия за един ден еквивалента на хиляда години естествена еволюция: 365 000 години за една календарна година. Така за три години *крия йогът* може да постигне със собствени интелигентни усилия същия резултат, за който на природата ще са ѝ необходими един милион години. Разбира се, по този съкратен път чрез *крия* могат да поемат само високоразвити йоги. Следвайки напътствията на своя гуру, те първо старателно подготвят телата и мозъците си, за да могат да издържат на енергията, която ще се генерира при една такава усилена, интензивна практика.

Начинаещият в *крия* практикува своята йога техника само от четиринайсет до двайсет и четири пъти, два пъти дневно. Много йоги постигат освобождение за шест, дванайсет, двайсет и четири или четирийсет и осем години. Ако йогът умре, преди да е постигнал пълно просветление, той пренася със себе си добрата карма (която е придобил със съвестното практикуване на *крия*) в следващия си живот, където естествено бива тласкан към Безграничната Цел.

Тялото на обикновения човек е като петдесетватова крушка, която не може да поеме милиардите ватове мощност, генерирани при интензивното практикуване на *крия*. Но увеличавайки постепенно и регулярно простата и абсолютно безопасна *крия* практика, с всеки изминал ден човешкото тяло претърпява астрална трансформация и накрая става годно да изрази безкрайните потенции на космическата енергия, която се явява първото материално активно проявление на Духа.

Крия йога няма нищо общо с ненаучните дихателни упражнения, на които учат някои заблудени фанатици. Всеки опит за насилствено задържане на дъха в белите дробове е неестествен и определено неприятен. *Крия* практиката, от друга страна, от самото начало е съпроводена от приятно ободряващо усещане на възраждащ, живителен ефект в гръбнака.

Древната йогическа техника превръща дихането в ум (умствена субстанция). Напредвайки духовно към високите нива, човек познава дишането си като чисто умствен процес, като действие на ума – дишане-сън.

Може да се приведат множество примери за математическата връзка между честотата на дишане на човека и измененията, които настъпват в състоянията на съзнанието му. Човек, чието внимание е изцяло погълнато, като да речем при разнищване на някой заплетен интелектуален казус или сложно физическо изпълнение (например труден акробатичен номер), автоматично започва да диша много бавно. Съсредоточеността на вниманието зависи от бавното дишане, а бързият и неравномерен дъх е неизбежен спътник на вредните емоционални състояния: страх, гняв, страст. Неспокойната маймуна диша с честота трийсет и два пъти в минута, за разлика от човека, който прави средно по осемнайсет дишания в минута. Слонът, костенурката, змията и други твари, известни със своето дълголетие, имат честота на дишане, по-ниска от тази на човека. Гигантската костенурка например, която достига възраст до триста години, диша само четири пъти в минута.

Подмладяващият ефект на съня се дължи на това, че човек временно изключва съзнанието за тялото и дишането си. Спящият човек става йоги. Всяка нощ той несъзнателно изпълнява йогически ритуал – освобождава се от отъждествяването с тялото и слива жизнената си сила с целебните потоци в областта на главния мозък и шестте поддинама, намиращи се в гръбначните центрове. Така, без сам да го знае, спящият бива зареждан от космическата енергия, която поддържа целия живот.

Медитиращият йоги съвсем съзнателно – а не несъзнателно – изпълнява прост, естествен процес, подобно на дълбоко дишащия спящ човек. *Крия йогът* използва техниката си, за да напои и подхрани всички свои физически клетки с нетленна светлина, и така ги поддържа в духовно намагнетизирано състояние. Той по научен път прави дишането ненужно, а не като навлиза (през часовете на практиката) в негативни състояния като сън, несъзнание или смърт.

В хората, които са под властта на *мая,* тоест природния закон, жизнената енергия тече към външния свят и потоците се пропиляват за сетивни удоволствия. Практиката на *крия* обръща посоката на потока – жизнената енергия със силата на мисълта се насочва към вътрешния космос, където се слива с фините гръбначни енергии. Чрез такова подсилване на жизнената сила, тялото и мозъчните клетки на практикуващия биват напоени с духовен еликсир.

Хората, живеещи в хармония с природата и с нейния божествен план – тези, които се хранят със здравословна храна, излагат се достатъчно дълго на слънце, поддържат хармонични мисли и т.н., постигат Себе-осъзнаване (просветление, Обожение) за един милион години. При такива хора за дванайсет години нормален живот, без болести, се постига съвсем леко префиняне на мозъчната структура. С други думи, необходими са един милион обиколки на Земята около Слънцето, за да пречистят те мозъчната си обител до такава степен, че тя да може да отрази Космическото Съзнание (Космическия Разум). *Крия йогът* за разлика от тях, си служи с високоавангардна духовна техника, която му спестява такова продължително внимателно спазване на природните закони.

Прерязвайки нишката на дъха, която обвързва душата с тялото, *крия* удължава живота и разширява съзнанието към безкрайността. Йога техниката слага край на вечното „дърпане на въжето на ума" между оплетените около материята сетива, от една страна, и душата, от друга, и освобождава последователя да унаследи небесното си царство. Тогава той познава, че истинското му същество не е зависимо нито от физическата обвивка, нито от дъха – символ на смъртното поробване на човека от въздуха, от тази стихийна принуда на природата.

Господар на тялото и ума си, *крия йогът* накрая побеждава и „последния враг"* – смъртта.

> Над смъртта властвай в живота бързотечен,
> тя ще умре, а ти ще пребъдваш вечен.**

Самонаблюдението, или „седенето в мълчание", е ненаучен способ насила да се разделят ума и сетивата, свързани помежду си посредством жизнената сила. Съзерцателният ум, който се опитва да се върне в божествеността, постоянно бива теглен навън, към сетивата от жизнените потоци. *Крия,* която контролира ума *директно и непосредствено* чрез жизнената сила, е най-лесният, най-ефективен и най-научен път към Безкрая. За разлика от бавния и несигурен „коларски" път на теологията към Бог, *крия йога* с право може да бъде наречена „директна самолетна линия".

Йогическата наука се основава на емпиричните достижения на всички форми на техники за концентрация и медитация. Йога позволява на духовния търсач да включва и изключва по своя воля потока на жизнената енергия към петте „сетивни телефона" – зрение, слух, обоняние, вкус и осезание. Щом веднъж се научи да изключва сетивата си, йогът спокойно може да обединява ума си с божествените сфери или със света на материята. Жизнената сила вече не може против волята му да го връща към земния план на грубите усещания и неспокойните мисли.

Животът на един напреднал *крия йоги* не се влияе от следствията на миналите му действия, а само от свръхсъзнателните напътствия на душата му. С всяко свръхсъзнателно извисяване във всемъдрата си Душа той губи интерес към бавните еволюционни уроци – добри или лоши, резултат от егоистичните му действия,

---

* „И смъртта, най-последен враг, и тя ще бъде унищожена" (I Коринтяни 15:26). Фактът, че тялото на Парамаханса Йогананда не се разлага, а остава нетленно седмици наред след смъртта му (виж стр. 610) е доказателство, че той е бил съвършен *крия йоги*. Не всички Велики Учители обаче проявяват нетление на тялото, след като напуснат земния план (виж бел. стр. 380). Такива чудеса според индийските свещени писания се случват само с някакво специално предназначение. В случая с Парамахансаджи това „специално предназначение", без съмнение, е да убеди Запада в ефикасността на йога. Йогонандаджи е изпратен от Бабаджи и Шри Юктешвар, за да служи на Запада. Това Парамахансаджи изпълнява до последно – както в живота, така и в смъртта си.
– Бел. изд.

** Шекспир: сонет 146.

защото в утеснението на подобен тягостен напредък със скоростта на охлюв той вече не вижда простор за орловия полет на духа си.

По-прогресивният метод на душевно живеене освобождава боголюбивия йоги. Измъкнал се от его-тъмницата, той диша с пълни гърди въздуха на вездесъщието. На фона на тази свобода „естественият живот" му се вижда като придвижване с робски вериги, при което човек се тътрузи с унизително бавна скорост. Приспособявайки живота си към еволюционния порядък на нещата, човек не може да очаква природата да ускори неговото развитие. Дори да води абсолютно безгрешен живот, спазвайки всички закони на тялото и ума, такъв търсач пак ще трябва да участва в маскарада на прераждания цели един милион години, за да постигне окончателно освобождение.

Следователно телескопичните методи на йога, които освобождават човек от отъждествяването с тялото и ума в полза на душевната идентичност, са за бунтарите, за онези, които се опълчват срещу тези хиляда пъти по хиляда години. Този и бездруго дълъг път, който всеки трябва да извърви, става още по-дълъг за средния човек, който не живее в хармония с природата, а още по-малко в хармония с душата си. Преследвайки безсмислените кьорфишеци на егото, той усложнява ненужно живота си и нарушава хармонията в тялото и мислите си. На него дори два милиона години няма да са му достатъчни, за да постигне освобождение.

Материално мислещият човек рядко или почти никога не осъзнава, че неговото тяло е царство, управлявано от император Душа, възседнал трона на мозъка с помощници регенти в шестте гръбначни центъра, или сфери на съзнание. Тази теокрация се простира над едно многочислено множество от послушни поданици: 27 000 000 000 000 клетки (надарени с непогрешима точност, макар на пръв поглед да изглежда така, сякаш имат „само" автоматичен разум, с чиято помощ изпълняват всички телесни функции, като метаболизъм, растеж, ДНК репликация, делене, синтез на белтъци, разпад) и 50 000 000 базови мисли, емоции и вариации на редуващи се фази в човешкото съзнание в един среднопродължителен живот от шейсет години.

Всеки видим бунт в тялото или ума срещу император Душа, проявяващ се под формата на болест или ирационално поведение, се дължи не на нелоялност сред мирните поданици, а на минала или настояща злоупотреба на човек със своята индивидуалност, и по-точно със своята свободна воля, дадена му едновременно с душата и неотменима навеки.

Отъждествявайки се с тясното его, човек започва да си внушава, че той е този, който мисли, проявява воля, чувства, храносмила, поддържа се жив, като дори за секунда не допуска в размишленията си (а само мъничко би било достатъчно!), че в обикновения си живот той не е нищо повече от една марионетка на миналите си действия (кармата), природата или обкръжението. Всички наши интелектуални реакции, чувства, настроения и навици са просто следствия на минали причини в този или предишен живот. Нашата царствена Душа обаче се издига високо над подобни влияния. Отхвърляйки преходните истини и свободи, напредничавият *крия йоги* отива отвъд цялата тази заблуда и заживява свободен живот на волен Дух, разкъсал робските окови на илюзорното битие. Всички свещени писания заявяват, че човек не е тленно тяло, а жива душа. В лицето на *крия йога* човек намира метода, който доказва истинността на това твърдение на свещените писания.

„Външните ритуали не могат да премахнат невежеството, защото те не стигат до сърцевината на човека, до корените му" – казва Шанкара в своя известен труд „Сто стиха" *(Century of Verses).* – Единствено осъзнатото познание може да премахне невежеството... А то няма как да дойде, докато човек не потърси отговорите на въпросите: „Кой съм аз?", „Как е възникнал този Универсум?", „Кой е неговият Създател?", „Как е възникнала материята?". Тъй като интелектът не може да даде отговор на тези въпроси, ришите са създали йога – техника за духовно търсене.

Мъдрият йоги, отдръпвайки целия си ум, воля и чувства от фалшивото отъждествяване с телесните желания и съединявайки ума си със свръхсъзнателните сили в гръбначните олтари, заживява на този свят според Божия план – без да бъде тласкан от импулсите на миналите или настоящи подбуди на човешко недомислие. Сбъднал върховното си желание, той е на сигурно място – в окончателния пристан на неизчерпаемия блажен Дух!

Обяснявайки безспорната методична ефикасност на йога, Кришна възхвалява научно напредващия йоги със следните думи: „Йогът стои по-високо от дисциплиниращия тялото си аскет, по-високо от следващия пътя на мъдростта *(гяна йога)* или от следващия пътя на действието *(карма йога)*. Затова, о, ученико Арджуна, бъди йоги!"*.

Крия йога е истински „огнен ритуал", често възхваляван в Гита. Отдаденият йоги хвърля всичките си човешки копнежи в монотеистичния огън, който сам запалва за своето освещение в несравнимия Бог. Това е истинската огнена церемония на йога, където всички минали и настоящи въжделения изгарят като масло в огъня на божествената му любов. Накрая той принася в жертва и най-недоловимите следи на човешка лудост. И ето, накрая избухва един последен Божествен Пламък, Който завинаги го пречиства от шлаката. Цялата чувствена плът пада от метафоричните му кости – те се оголват и кармичният му скелет избелява под чистото девствено слънце на мъдростта. Настъпва върховен катарзис: Душата му просиява и той застава чист и невинен пред човека и Създателя.

---

* Багавад Гита VI:46.

Съвременната наука започва да открива невероятния лечебен и подмладяващ ефект на не-дишането върху тялото и ума. Д-р Алван Л. Барак от Нюйоркския медико-хирургически колеж разработва локална терапия, която дава почивка на белите дробове, и връща здравето на много пациенти, страдащи от туберкулоза. При нея след кратък престой в барокамера за изравняване на кислородното налягане [между въздуха в алвеолите и артериалната кръв, което на практика се постига чрез постепенно контролирано намаляване на парциалното налягане] пациентите преустановяват дишането. Обяснението на д-р Барак е поместено в The New York Times на 1 февруари 1947 г. В него се казва: „Ефектът, който спирането на дишането има върху централната нервна система, представлява огромен интерес за нас. Двигателните импулси, протичащи към волевите мускули в крайниците, до такава степен намаляват, че пациентът може с часове да лежи в камерата, без да движи ръцете си или да смени положението си. Щом спонтанното дишане спре, изчезва и желанието за пушене на цигари – това се наблюдава дори при пациенти, свикнали да пушат по две кутии цигари на ден. В много случаи имаме такова пълно отпускане, че няма нужда дори да наглеждаме пациента". През 1951 г. д-р Барак оповести пред обществеността новия си терапевтичен метод, който по думите му „... дава почивка не само на белите дробове, но и на цялото тяло, и както по всичко личи – на ума. Активността на сърцето например се понижи с ⅓. Пациентите спряха да се притесняват и станаха много по-спокойни. Никой от тях не чувства скука".

От тези факти започва да става ясно как е възможно йогите да седят неподвижно дълги периоди, без да изпитват желание, умствено или телесно, за неспокойна дейност. Само в подобен покой душата може да намери обратния път към Бог. И ако на обикновените хора им трябва барокамера, за да изпитат благотворния ефект на не-дишането, то на йогите не им трябва нищо друго, освен *крия йога,* за да породят телесна, умствена и душевна будност.

ЗАПАДНЯК В САМАДИ

През януари 1937 г. на един уединен плаж в Енсинитас, Калифорния, след пет години редовно практикуване на *крия йога* Раджарси Джанакананда (Джеймс Дж. Лин) се сподоби в *самади* (свръхсъзнание) с блаженото лицезрение на Бога: безкрайния Господ като Вътрешна Слава.

„Балансираният живот на г-н Лин ще служи за вдъхновение на много хора", казваше Йогананда. Въпреки огромните си отговорности в светския живот, той намираше време за дълбока всекидневна медитация върху Бог. Проспериращият бизнесмен стана и просветлен *крия йоги*. (Виж стр. 581–582.)

Парамахансаджи често с обич го наричаше Св. Лин, а през 1951 г. му даде монашеското име Раджарси Джанакананда (името на озарения индийски владетел от древността Джанака). Титлата *раджарси* в буквален превод означава 'царски риши' – от *раджа* ('цар') и *рси*, или *риши* ('велик светец').

Глава 27

Основаване на йога училище в Ранчи

— Защо избягваш организационната работа?

Този директен въпрос на Учителя малко ме стресна. Имаше защо – личното ми убеждение по това време беше, че организациите са "гнезда на оси".

– Неблагодарна работа, Учителю – отговорих. – Каквото и да прави или не прави ръководителят, все го критикуват.

– Нима искаш цялата божествена *чана* (каймак) само за себе си? – отвърна моят гуру, като ме изгледа строго. – Щеше ли ти или който и да е друг да може да влиза в общение с Бог чрез йога, ако редица Учители с щедри сърца не бяха предали знанието си на другите? – и като помълча, добави: – Бог е медът, а организациите са кошерите. И двете са необходими. *Формата,* разбира се, е безполезна без Духа, но защо да не почнеш да градиш организационни кошери и да ги пълниш с духовен нектар?

Неговият съвет ме наведе на сериозни размисли. Макар тогава да го оставих без отговор, в гърдите ми започна да се надига едно твърдо решение: „Ще споделя с приятелите си, доколкото позволяват силите ми, освобождаващите истини, които научих в нозете на моя гуру", казах си. „Господи – помолих се аз, – нека Твоята любов огрява навеки светинята на моята преданост и нека да имам сили да събудя тази любов във всички сърца."

Веднъж по някакъв повод, беше още преди да се присъединя към монашеския орден, Шри Юктешвар отбеляза нещо много неочаквано пред мен:

– Колко ще ти липсва една спътница в живота на старини! Не смяташ ли, че като глава на семейство, нагърбвайки се с полезната и отговорна задача да издържаш жена и деца, също би могъл да играеш достойна роля в Божиите очи?

– Гуруджи – погледнах го разтревожено аз, – знаете, че желанието ми в този живот е да имам само Космическата Любима.

Учителят се засмя тъй весело, че всичко ми стана ясно на мига – просто изпитваше вярата ми.

– Запомни – продължи бавно той, – този, който отхвърли обичайните светски задължения, може да оправдае това само като поеме отговорност за много по-голямо семейство.

Идеалът за правилно обучение на децата винаги е бил много скъп на сърцето ми. Ясно виждах незадоволителните резултати на традиционното образование, ориентирано само към развиване на тялото и интелекта. Нравствените и духовни ценности, без чието приемане никой човек не може да постигне щастие, липсваха в програмите на училищата. Реших да основа училище, където малки момчета ще могат да се развиват до достигане на пълна зрялост. Първата си стъпка в тази насока направих със седем деца в Дихика, малко селце в Бенгалия.

Една година по-късно, през 1918 г., благодарение на щедростта на уважаемия Маниндра Чандра Нунди, махараджата на Касимбазар, успях да прехвърля бързо разрастващата се група в Ранчи. Този град се намира в щата Бихар, на около триста километра от Калкута, и е благословен с най-здравословния климат в Индия. Касимбазарският дворец в Ранчи стана център на новата школа, която нарекох Йогода Сатсанга Брамачаря Видялая (Yogoda Satsanga Brahmacharya Vidyalaya)*.

Обучението провеждах по специално изготвена от мен

---

* *Видялая* означава 'училище'. Думата *брамачаря* тук се употребява в смисъл на 'целомъдрие' – първият от общо четирите етапа на ведическия план за човешкия живот: 1) целомъдрен ученик *(брамачари)*; 2) глава на семейство със светски задължения *(грихаста)*; 3) отшелник *(ванапраста)*; 4) обитател на гори, странник, освободен от всякакви земни грижи *(санясѝ)*. Макар този идеален план за живота да не се спазва широко в съвременна Индия, той все още има много предани последователи. Четирите етапа продължават през целия живот и се провеждат под ръководството на гуру.

Още информация за училището „Йогода Сатсанга" се дава в глава 40.

програма за основен и гимназиален курс. Тя включваше селскостопански, индустриални, търговски и академични дисциплини. Верен на образователните идеали на ришите (чиито горски ашрами някога са били средища на светското и духовното пробуждане на индийската младеж), повечето занятия се провеждаха на открито.

Учениците в Ранчи се обучават на йога медитация и на една уникална система за здраве и физическо развитие – *Йогода,* чиито принципи открих през 1916 г.

Осъзнавайки, че човешкото тяло е като електрическа батерия, аз стигнах до заключението, че то може да се зарежда с енергия чрез прякото посредничество на човешката воля. Тъй като никое действие не е възможно без *участие на волята,* човек може да се възползва от този първичен импулс – волята, и да черпи нови сили, без да му се налага да използва обременителни уреди или механични упражнения. Чрез простите йога техники всеки може съзнателно и незабавно да презарежда жизнената си сила (съсредоточена в *медула облонгата)* от неизчерпаемия източник на космична енергия.

Момчетата в Ранчи откликнаха от сърце на *Йогода* обучението и развиха невероятни способности да насочват жизнената сила от една част на тялото към друга и да седят съвършено неподвижно в трудни *асани* (пози)*. Те изпълняваха упражнения, изискващи невероятна сила на тялото и духа, които хвърляха в изумление много корави мъже.

Най-малкият ми брат Бишну Чаран Гош също се присъедини към училището в Ранчи. По-късно той стана известен гимнастик. През 1938 – 1939 г. той, с един от своите ученици, обиколи редица западни страни, демонстрирайки сила и съвършен контрол над мускулите. Професорите в Колумбийския университет в Ню Йорк и в много други университети в Америка и Европа бяха смаяни от силата на духа и тялото.**

Към края на първата година в Ранчи молбите за приемане достигнаха две хиляди. Училището, което по онова време изпълняваше и жилищни функции, можеше да приеме не повече от сто.

---

* В отговор на нарастващия интерес на Запада към *асаните* (йога позите) се появиха множество илюстрирани книги по темата.

** Бишну Чаран Гош почина на 9 юли 1970 г. в Калкута. – *Бел. изд.*

Скоро за желаещите бе организирано и дневно обучение.

Във *видялая* (училището) аз трябваше да поема ролята на баща и майка за малчуганите и да се справям с множество организационни трудности. Често в съзнанието ми изплуваха думите на Христос: „Истина ви казвам: няма човек, който да е оставил къща или братя, или сестри, или майка и баща, или жена и чеда, или ниви заради мене и заради благовестието и да не получи стократно сега, в настоящото време, къщи и братя, и сестри, и майки, и чеда, и ниви заедно с гонения, а в идещия век – живот вечен".*

Шри Юктешвар интерпретираше тези думи по следния начин: „Търсещият Бога, който се отказва от обичайната житейска опитност на брака и грижите за семейството, за да поеме по-голямата отговорност – за човечеството като цяло („стократно сега, в настоящото време, къщи и братя"), върши велико дело, което често е съпроводено с преследване от неправилно разбиращия го свят. Но от друга страна, подобно разширяване на отъждествяването му помага той да преодолее себичността, и му носи божествено задоволство".

Един ден татко пристигна в Ранчи, за да ми даде бащината си благословия, дълго отлагана, защото го бях засегнал, отказвайки позицията, която той ми предлагаше в железопътната компания „Бенгал – Нагпур".

– Сине – каза той, – примирих се с твоя избор в живота. Сърцето ми се пълни с радост, като те гледам сред тези малчугани с греещи от щастие лица. Мястото ти е тук, а не сред сухите сметки и железопътните разписания – той помаха с ръка към една група от десетина деца, които, тичайки весело наоколо, ни следваха по петите. – Аз имам само осем деца – отбеляза той с блеснали очи, – но мога да си представя как се чувстваш ти сред толкова много!

На десетте хектара плодородна земя на училището ученици, преподаватели и аз прекарвахме щастливи часове в градинска работа и други занимания на открито. Имахме си много домашни любимци, в това число и една сърничка, която децата толкова много обичаха, че не можеха да ѝ се нарадват! Аз обичах нежното създание не по-малко от тях и дори му позволявах да спи в стаята ми. С пукването на зората то се изправяше на неукрепналите си

---

* Марк 10:29–30.

крачка и с несигурни стъпки идваше до леглото ми за сутрешна милувка.

Един ден се наложи да отида по работа в Ранчи. Нахраних сърничката по-рано от обичайното и преди да тръгна, заръчах на момчетата да не ѝ дават никаква храна, докато ме няма. Въпреки заръката ми, едно от момчетата дало на сърничката много мляко. Когато се върнах вечерта, ме посрещна тъжната новина: „Сърничката умира от преяждане".

С навлажнени очи взех почти безжизненото тяло на сърничката в скута си. Помолих се жално на Бог да пощади живота ѝ. Часове по-късно малкото създание отвори очи, изправи се на крачетата си и пристъпи един-два пъти немощно. Цялото училище избухна в радостни викове.

Но същата нощ аз получих мъдър урок, който никога няма да забравя. Останах край сърничката до два часа, след което си легнах. Тя ми се яви в съня и ми каза:

– Ти ме задържаш. Моля те, пусни ме да си вървя, пусни ме да си вървя!

– Добре – отговорих насън.

Веднага се събудих и извиках: „Момчета, сърничката умира!". Децата надойдоха при мен стъписани.

Аз се втурнах към ъгъла на стаята, където лежеше сърничката. Тя направи отчаяно усилие да се надигне, но изведнъж се заклати и като залитна към мен, се стропoли безжизнено в краката ми.

Според масовата карма, която управлява и контролира съдбите на животните, животът на сърничката беше изтекъл и тя беше готова да прогресира в по-висша форма. Но дълбоката ми привързаност (която, както осъзнах по-късно, е била егоистична) и горещите ми молитви, са я задържали в ограничената ѝ животинска форма, от която душата ѝ се мъчеше да се освободи. Душата на сърничката отправи молбата си към мен насън, защото без позволение, дадено с много обич, тя или не искаше, или не можеше да се понесе нагоре. Веднага щом дадох съгласието си, тя напусна тялото, което допреди малко крепеше.

Цялата скръб на душата ми се изпари. Осъзнавах за кой ли път, че Бог очаква Неговите рожби да обичат всичко като част от Самия Него, а не да се заблуждават, че всичко свършва със смъртта. Невежият вижда само непреодолимата стена на смъртта, скриваща, сякаш завинаги обичните другари. Но този, който е преодолял привързаността, този, който обича другите като проява на Господа, разбира, че в смъртта скъпите същества само се завръщат за кратка блажена почивка в Него.

Училището в Ранчи, от малко и скромно в началото, се разрасна до школа, която сега е широко известна не само в Бихар, но и в цяла Бенгалия. Много от клоновете на школата се издържат от дарения на хора, ратуващи за увековечаване на образователните идеали на ришите. Процъфтяващи филиали бяха основани в Миднапор и Лаканпур.

Училището в Ранчи, освен че координира дейността на всички училища, поддържа и медицинска служба, която предоставя безплатни лекарства и лекарско обслужване на бедните в района. Броят на лекуваните там надхвърляше осемнайсет хиляди на година. *Видялая* остави отпечатък в състезателните спортове, както и на научното поприще, където много възпитаници на училището в Ранчи по-късно станаха изтъкнати фигури на академичния живот.

През последните три десетилетия училището в Ранчи бе удостоено с посещения от множество видни личности на Изтока и Запада. Един от великите светци, посетили *видялая* в първите години на откриването му бе Свами Пранабананда, бенареския светец с „две тела". Той дойде в Ранчи за няколко дни в 1918 г. Когато Великият Учител видя живописните учебни занимания под дърветата и как привечер моите момчета с часове седят неподвижно в йога медитация, остана дълбоко трогнат.

– Сърцето ми ликува от радост – каза той, – като гледам как идеалите на Лахири Махашая за балансирано обучение на подрастващите са живи в това учебно заведение. Нека благословиите на моя гуру да бъдат с вас.

Едно момченце, което седеше до мен, събра кураж да зададе въпрос на великия йоги:

– Господине, аз ще стана ли монах? Ще посветя ли моя живот само на Бог?

Макар лицето на Свами Пранабананда да бе озарено от тънка усмивка, очите му пронизваха бъдещето.

– Дете – отвърна той, – като пораснеш, те чака хубава невеста. (Момчето в крайна сметка наистина се ожени – въпреки плановете, които от години правеше, да влезе в ордена *Свами*.)

Известно време след посещението на Свами Пранабананда в Ранчи придружих баща ми до къщата в Калкута, където великият йоги беше временно отседнал. Докато крачехме към дома му, в ума ми изплува предсказанието, което Пранабананда ми беше направил преди години: „Ще се видим още веднъж с теб и твоя баща".

Когато влязохме в стаята, великият йоги стана от мястото си и прегърна баща ми с дълбоко уважение.

– Багабати – заговори кротко той, – какво си се угрижил, не виждаш ли, че синът ти се е устремил към Безкрая? – Усетих как се изчервявам при тази похвала пред баща ми. Свами продължи: – Спомняш ли си колко често нашият блажен гуру казваше: *„Банат, банат, бан джай"**. Така че практикувай неспирно *крия йога* и бързо стигни небесните двери.

Тялото на Пранабананда, което излъчваше толкова жизненост и сила при чудната ми първа среща с него в дома му в Бенарес преди години, сега носеше печата на възрастта. Но стойката му беше все така възхитително изправена.

– Свамиджи – попитах аз, като го гледах право в очите, – моля ви, кажете ми, не усещате ли тежестта на годините? Не отслабват ли възприятията на Бог с изнемощяване на тялото?

Лицето му се озари от ангелска усмивка.

– Сега Възлюбеният е с мен повече от всякога – абсолютната му убеденост завладя ума и душата ми. Той продължи: – Аз все така се радвам на две пенсии – едната от Багабати тук, а другата – отгоре. Като посочи с пръст небето, светецът за кратко застина в екстаз, лицето му засия с божествен блясък. Изчерпателен отговор на моя въпрос!

Направи ми впечатление, че в стаята на Пранабананда има много растения и пакети със семена, затова го попитах за тяхното предназначение.

– Напускам Бенарес завинаги – каза той. – Тръгнал съм за Хималаите, където смятам да построя ашрам за моите ученици.

---

* Една от любимите фрази на Лахири Махашая, с която насърчавал учениците си да постоянстват в медитацията. В буквален превод означава: „Правиш, правиш и един ден си го направил". По-свободно тази мисъл би могло да се преведе и като: „Упорстваш, упорстваш – и ето! – един ден неусетно си постигнал Божествената Цел!".

ЦЕНТЪРЪТ „ЙОГОДА САТСАНГА"

Ашрам-центърът на Yogoda Satsanga Society of India в Ранчи е основан от Парамаханса Йогананда през 1918 г. с прехвърлянето на училището за момчета тук. Днес центърът обслужва членовете на YSS и разпространява учението *крия йога* на Парамахансаджи в цяла Индия. В допълнение към духовните си дейности, центърът поддържа няколко образователни институции и диспансер, който оказва безплатни медицински услуги на населението.

Ще посеем тези семена и ще гледаме спанак и други зеленчуци. Моите ученици ще живеят просто и ще прекарват времето си в блажено единение с Бог. Нищо друго не му трябва на човек.

Баща ми попита своя духовен брат кога ще се върне в Калкута.

– Никога вече – отвърна светецът. – Това е годината, в която Лахири Махашая ми каза, че ще напусна любимия Бенарес завинаги и ще отида в Хималаите, където ще захвърля тленната си обвивка.

Очите ми се насълзиха при тези думи. Свами само се усмихваше утешително. Напомняше ми нежно ангелско създание, отпуснало се невинно в скута на Божествената Майка. Бремето на годините не може да засенчи яркия блясък на върховни духовни сили, които един велик йоги притежава. Той е в състояние да поднови тялото си по всяко време. Но обикновено не е загрижен да забави процеса на стареене, а позволява на кармата си да се изчерпи на физически план, използвайки старото си тяло като средство, спестяващо му ценно време, и така избягва отработването на оставащата част от кармата си в ново прераждане.

Месеци по-късно срещнах един стар приятел, Санандан,

който беше от най-близкото обкръжение на Пранабананда.

– Моят божествен гуру си отиде – съобщи ми той, хлипайки. – Той основа ашрам близо до Ришикеш и започна да ни обучава с много любов. Тъкмо когато всичко потръгна и започнахме бързо да напредваме под крилото му, един ден той предложи да нахраним много хора от Ришикеш. Попитах го защо е необходимо да са толкова много. „Това е последната ми празнична церемония", каза той. Не разбрах какво иска да каже с тези загатвания. Пранабанандаджи ни помогна да приготвим много храна. Нахранихме към две хиляди гости. След гощавката, седнал на една висока платформа, той държа вдъхновена реч за Безпределното. Накрая, пред погледите на хилядното множество, той се наведе към мен, както седях до него на подиума, и ми прошепна с необикновена сила: „Санандан, бъди готов. Всеки момент ще захвърля обвивката*". Изтръпнах от уплаха, но бързо се отърсих от първоначалното стъписване и извиках високо: „Учителю, не го правете! Моля ви, не го правете!". Тълпата притихна. Хората взеха да си шушукат, питаха се какво става. Пранабанандаджи ми се усмихна, но погледът му вече се разтваряше във вечността. Той каза: „Не бъди егоистичен и не скърби за мен. Аз дълго служих на всички ви с радост, затова сега се възрадвай и ми пожелай бързо възнасяне. Отивам да се срещна с моя Космически Любим – и шепнешком добави: – Не след дълго ще се прeродя в ново тяло. След като се наслядя на кратка почивка в Безбрежното Блаженство, аз ще се завърна на Земята и ще се присъединя към Бабаджи**. Скоро ще узнаеш кога и къде душата ми се е преродила в ново тяло – при тези думи той отново възкликна: – Санандан, ето, захвърлям обвивката с *втората крия йога****".* После погледна морето от лица пред нас и ги благослови.

---

* Тоест ще напусне тялото си.
** Към гуруто на Лахири Махашая, който още е жив. (Виж глава 33.)
*** Техниката, използвана от Пранабананда, е известна на посветените във високите *крии* на духовния път Self-Realization (Себе-осъзнаване) като *третото посвещение в крия йога*. По времето, когато Пранабананда я е получил от Лахири Махашая, тя е била *втората крия* на йогаватара. *Крия* позволява на последователя, който я е овладял, да напуска и да се завръща в тялото си съзнателно по всяко време. Напредналите йоги използват тази *крия* техника по време на последното излизане от тялото – смъртта, момент, който те, без съмнение, знаят предварително.

Големите йоги „влизат и излизат" през духовното око – праническата звездна „врата" на спасението. Христос казва: „Аз съм вратата: който влезе през Мене, ще се спаси,

И като вдигна поглед нагоре към духовното око, окаменя. Докато обърканото множество си шушукаше, мислейки, че медитира в състояние на екстаз, той вече беше напуснал тленната скиния и потопил душата си в космическата необятност. Учениците докоснаха тялото му, застинало в поза лотос, но то вече не беше топлата плът. Останала бе само скованата студена обвивка – наемателят ѝ се беше изнесъл към вечните брегове.

Когато Санандан свърши разказа си, през ума ми мина мисълта: „Блаженият светец с „две тела" напусна този свят точно толкова драматично, както и живя в него!".

Попитах къде ще се прероди Пранабананда.

– Това е свещена тайна – отвърна Санандан. – Нямам право да я разкривам никому. Може би ще намериш друг начин да разбереш.

Години по-късно научих от Свами Кешабананда*, че няколко години след раждането си в ново тяло Пранабананда отишъл в Бадринараян в Хималаите, където се присъединил към светците от обкръжението на великия Бабаджи.

и ще влиза и ще излиза, и паша ще намира. Крадецът дохожда само за да открадне, убие и погуби. Аз дойдох, за да имат живот, и да го имат изобилно" (Йоан 10:9–10).

* Срещата ми с Кешабананда е описана на стр. 500–504.

Глава 28

Каши, прероден и намерен

— Моля ви, не влизайте навътре. Само ще се топнем няколко пъти в плиткото край брега и излизаме – предупредих моите ученици от Ранчи, с които бях излязъл на поход до едно възвишение на десетина километра от училището. Езерцето пред нас ни подканваше примамливо, но мен нещо ме гнетеше през цялото време. Повечето от момчетата нагазиха във водата и с радостни викове почнаха да се разхлаждат, плискайки се с вода. Ала се намериха и такива, които не устояха на изкушението и влязоха навътре в хладните води. Но още с гмуркането край тях се заизвиха големи водни змии. Разнесоха се отчаяни писъци, пръски захвърчаха на всички страни! Да ги видиш само колко чевръсто се изнасят от езерото!

Стигнахме върха на възвишението, където си направихме хубав пикник сред природата. Аз седнах под едно дърво, наобиколен от момчетата. Като видяха, че съм в опиянението на Духа, те ме обсипаха с въпроси.

– Моля ви, кажете ми, Учителю – попита едно от момчета, – ще ви следвам ли докрай по пътя на себеотречението?

– О, не – отвърнах аз, – ти ще бъдеш насила върнат у дома и по-късно ще се ожениш.

То ме изгледа скептично и разпалено запротестира:

– Само мъртъв могат да ме отведат у дома! (Но след няколко месеца родителите му дойдоха и го прибраха – въпреки сълзите и съпротивата му. Няколко години по-късно той наистина се ожени.)

След като отговорих на много въпроси, към мен се обърна

едно момче на име Каши. То беше на около дванайсет години, прекрасен ученик, когото всички обичаха.

– Учителю – каза той, – каква ще бъде моята съдба?

– Ти скоро ще умреш – една непреодолима сила сякаш насила изтръгна тези прокобни думи от устата ми.

Това неочаквано разкритие шокира и разстрои както мен, така и децата, които се бяха скупчили около нас. Мислено наругах *enfant terrible* в мен и отказах да отговарям на каквито и да било други въпроси.

След като се върнахме в училището, Каши дойде в стаята ми.

– Ако умра, нали ще ме намерите след моето прераждане и ще ме върнете на духовния път? – запита той разхлипан.

Чувствах, че не мога да поема тази трудна окултна отговорност. Каши обаче продължи да ме притиска упорито през следващите седмици. Накрая, виждайки, че момчето е на ръба на отчаянието, аз го утеших:

– Добре – обещах му, – ако Небесният Баща ми помага, ще се опитам да те намеря.

През лятната ваканция аз предприех кратко пътуване. За съжаление, не можех да взема Каши с мен, затова, преди да тръгна, го извиках в моята стая и внимателно го инструктирах да остане сред духовните вибрации на училището и да не го напуска в никакъв случай – колкото и да го увещават. Усещах, че ако не се прибере у дома, ще избегне смъртната опасност, която тегне над него.

Буквално минути след моето заминаване, в Ранчи пристигнал бащата на Каши. От петнайсет дни той се мъчел да пречупи волята на сина си, като му обяснявал, че ако дойде с него в Калкута да види майка си само за четири дни, после пак ще му разреши да се върне. Каши упорито отказвал. Накрая баща му заявил, че ще извика полиция и ще го отведе насила. Заплахата смутила чувствителния Каши, който не искал заради него училището ни да си спечелва скандална слава. Нямало накъде – тръгнал.

Няколко дни по-късно аз се върнах в Ранчи. Като разбрах, че Каши е бил отведен едва ли не насила, побързах да хвана влака за Калкута. Там наех файтон. За моя изненада, още като минахме моста на река Ганг в квартал Ховра, първият човек, когото видях, беше бащата на Каши и други роднини в траурни дрехи. Извиках на кочияша да спре, скочих от файтона и впих гневен поглед в злочестия баща.

– Убиец! – изкрещях му безразсъдно в гнева си. – Ти погуби моето момче.

Бащата вече осъзнаваше фаталната грешка, която беше направил, отвеждайки Каши насила в Калкута. През няколкото дни престой у дома то яло развалена храна, заразило се от холера и умряло.

Любовта ми към Каши и клетвата, която му бях дал да го намеря след смъртта му, ме преследваха ден и нощ. Където и да отидех, лицето му изникваше пред очите ми. Така започнах паметно търсене на Каши – точно както някога на загубената си обична майка.

Чувствах, че след като Бог ме е дарил с разум, аз трябва максимално да го използвам, да впрегна в работа всички свои духовни сили и прилагайки фините астрални закони, да установя местонахождението на момчето. То беше една душа, трептяща от несбъднати желания – една маса от светлина, носеща се някъде сред милионите други сияйни души в астралните области – толкова знаех за него. Но как да се настроя към нея сред толкова много други души от трептяща светлина?

Използвайки тайна йогическа техника, аз започнах да излъчвам любовта си към душата на Каши през „микрофона" на духовното око – вътрешната точка в междувеждието*. Интуитивно чувствах, че Каши скоро ще се завърне на Земята и че ако аз продължавам неспирно да излъчвам моя зов към него, душата му ще откликне. Знаех, че и най-слабият импулс, който Каши ще ми изпрати, ще бъде доловен в нервите на пръстите, ръцете и гръбнака ми.

С ръце, вдигнати високо и разперени като антени, аз често се въртях в кръг, опитвайки се да открия посоката, откъдето вярвах, че ще дойде сигналът на душата на Каши, въплътена в плода на някоя майка. Надявах се да уловя отговора ѝ с „радиото" на моето сърце, настроено на вълна „концентрация".

В продължение на цели шест месеца след смъртта на Каши

---

* Когато човек проецира волята си през точката между веждите, той става своеобразен *радиопредавател* на мисли. А когато чувството (емоционалната му сила) е спокойно концентрирано върху сърцето, той започва да действа като един вид ментален *радиоприемник* за сигнали от други хора – близки и далечни. При телепатия фините мисловни вибрации в ума на даден човек първо се предават по недоловимите трептения на астралния етер, а после по грубия земен етер, където се преобразуват в електромагнитни вълни, които на свой ред се „демодулират" в мисловни вълни в ума на отсрещния човек.

КАШИ
Питомец на училището в Ранчи

аз практикувах тази йога техника с неотслабващо усърдие. Една сутрин, вървейки с няколко приятели през претъпкания калкутски район Боубазар, аз вдигнах ръцете си както обикновено. За първи път имаше отговор! С трепет усещах електрически импулси, протичащи по пръстите и дланите ми с нежно пощипване, подобно на лек сърбеж. Тези потоци се преобразуваха в една завладяваща мисъл, която се просмукваше из недрата на съзнанието ми: „Аз съм Каши, аз съм Каши, ела при мен!".

Мисълта ставаше почти доловима, когато се концентрирах върху приемника на сърцето си. Призивите се чуваха отново и отново, с характерното леко дрезгаво пошепване на Каши.* Хванах ръката на Прокаш Дас, един от моите спътници, и му се усмихнах широко.

---

* Необусловената душа е всеведуща. Душата на Каши беше запечатала спомени с всички характеристики на момчето Каши и имитираше дрезгавия му глас, за да ми помогне да го разпозная.

— Мисля, че открих Каши!

И започнах да се въртя на място, за нескрито забавление на моите приятели и тълпите минувачи. Импулсите протичаха през пръстите ми само когато се обърнех към близката уличка със сполучливото име „Лъкатушна". Астралните потоци изчезваха, когато се обърнех в други посоки.

— Аха – възкликнах аз, – значи душата на Каши трябва да е в утробата на някоя майка, чийто дом е на тази уличка!

Моите спътници и аз тръгнахме към тясната уличка. Усещах как с всяка крачка вибрациите във вдигнатите ми ръце стават по-силни, по-ясно изразени. Сякаш един мощен магнит ме дърпаше към десния край на уличката. Като стигнахме входа на къщата, една неземна сила мина през тялото ми и ме закова на място. Силно развълнуван и притаил дъх от вълнение, почуках на вратата. Усещах, че необичайното ми дирене е към края си.

Вратата отвори една слугиня и ми каза, че господарят ѝ си е у дома. Скоро по стълбите от втория етаж слезе и самият той, като ми се усмихваше въпросително. Чувствах се някак неловко да формулирам въпроса си – колкото уместен, толкова и неуместен.

— Моля да ме простите, господине, но бихте ли ми казали дали Вие и съпругата Ви не очаквате бебе от около шест месеца?*

— Да, очакваме – като видя, че съм отрекъл се от светското

---

* Макар много хора след физическата смърт да остават в астралния свят между петстотин и хиляда години, няма строго правило, което да определя колко точно години трябва да бъде този период между прераждания. (Виж глава 43.) Продължителността на живота във физическото и астралното тяло се предопределя кармично.

Смъртта и дълбокият сън („малката смърт") са необходимости на земното съществуване, които временно освобождават непросветлените човешки същества от оковите на сетивата. Тъй като същностната природа на човек е Дух, в съня и в смъртта у него се събужда споменът за безтелесното му битие.

Индуистките писания поддържат теорията за уравновесяващия закон на карма – действието и противодействието, причината и следствието, „каквото посееш, това и ще пожънеш". В универсалната хармония *(рита)* е заложено всеки човек чрез своите мисли и постъпки да бъде ковач на собствената си съдба. Вселенските енергии, които той самият мъдро или глупаво е задействал, се връщат при него, в началната си точка – подобно на окръжност, която неумолимо се затваря. „Светът изглежда като математическо уравнение, което, както и да го обръщаш, винаги е изравнено. Всяка тайна излиза наяве, всяко престъпление бива разкрито и наказано, всяко добро – възнаградено, всяка несправедливост – възмездена – безмълвно, но сигурно." – *Емерсон, „Равновесие" (Compensation).* Разбирането на карма като закон на справедливостта, лежащ в основата на всички житейски неправди, помага на човек да освободи ума си от негодуванието срещу Бог и хората. (Виж стр. 229–230.)

свами, облечен в традиционната охрена одежда, той учтиво добави: – Кажете ми, моля Ви, откъде са Ви известни тези неща?

Докато слушаше разказа за Каши и обещанието, което му бях дал, той първо остана изненадан, после постепенно повярва.

– Ще ви се роди момченце с по-светъл цвят на кожата – казах му. – То ще има широко лице и „лизнато" на челото. Ще показва забележителна склонност към духовното – бях повече от убеден, че детето, което очакваха, ще прилича на Каши по тези черти.

След време дойдох да видя детенцето. Неговите родители му бяха дали старото име – Каши. Още като младенец то поразително приличаше на моя скъп ученик от Ранчи. Момченцето ме обикна на мига! Привличането от миналото се събуди с удвоена сила!

Години по-късно момчето, вече юноша, ми писа по време на пребиваването ми в Америка. В писмото си то ми разказваше колко горещо копнее да следва пътя на отречението. Насочих го към един хималайски Учител, който прие преродения Каши за свой ученик.

Глава 29

Рабиндранат Тагор и аз обсъждаме образователните си идеали

— Рабиндранат Тагор ни учеше да пеем волно като птиците. Казваше ни, че пеенето е естествена форма на себеизява – обясни ми една сутрин Бола Нат, будно четиринайсетгодишно момче в училището в Ранчи, след моя комплимент по повод мелодичните му изблици. Момчето въобще не чакаше да го подканят, по цял ден извиваше звучния си глас. Преди да дойде при нас, то беше посещавало известното училище на Тагор „Шантиникетан" („Пристан на покоя") в Болпур.

— Песните на Рабиндранат Тагор са на устните ми още от дете – обясних аз на събеседника си. – Всички бенгалци, дори и неуките селяни, носят дълбоко в сърцата си възвишените му стихове и черпят голямо вдъхновение от тях.

Ние с Бола запяхме няколко припева на Тагор, който е написал музиката на хиляди индийски поеми: някои – негови авторски, други – дошли от дълбока древност.

— Срещнах Тагор скоро след като беше удостоен с Нобелова награда за литература – отбелязах аз след кратката ни разпявка. – Исках да го посетя, защото се възхищавах на прямотата и куража, с които поставяше намясто литературните критици – подсмихнах се аз.

Бола ме погледна с любопитство и зачака да му разкажа продължението на историята.

Рабиндранат Тагор и аз обсъждаме образователните си идеали

– Литературоведите сипеха безмилостни критики по Тагор заради нововъведенията му в бенгалската поезия – започнах аз. – Той смесваше класически изразни средства с елементи на устното народно творчество, пренебрегвайки всякакви утвърдени литературни норми, така скъпи на пандитските сърца. В песните си той вплиташе дълбоки философски истини и ги поднасяше в емоционално обагрен план, без много-много да се съобразява с установените литературни канони.

Един влиятелен критик язвително нарекъл Рабиндранат „поетична гугутка, която час по час гука стихове на вестниците срещу една рупия". Тагор си премълчал, но не забравил тази обида. Скоро цялата западна литературна общественост паднала в краката му, след като превел на английски собствения си сборник с поеми „Гитанджали" („Песенни приношения"). В „Шантиникетан" се изсипал цял влак с пандити, за да му поднесат поздравленията си. Сред тях били и някогашните му критици.

Рабиндранат приел гостите си след умишлено дълго закъснение. После изслушал хвалебствията им в стоическо мълчание. Накрая насочил оръдието на тяхната критика срещу самите тях: „Господа, благоуханните почести, с които ме обсипахте, нещо много тежко ги удря тежката миризма на предишните ви оскърбления. Да не би случайно да има някаква връзка между Нобеловата награда, която наскоро получих, и внезапно изостреното ви чувство за преценка? Аз съм същия този поет, който ви разгневи, поднасяйки скромните си цветя в светинята на Бенгалия".

На другия ден хапливите реплики на Тагор излезли във вестниците. Възхищавах се на прямотата на този човек, неподдал се на хипнозата на ласкателството – продължих аз. – Бях представен на Рабиндранат в Калкута от секретаря му г-н Ч. Ф. Андрюс*, облечен в просто бенгалско *доти*. От любов към Тагор той го наричаше свой гурудева.

Рабиндранат ме посрещна радушно. От него се излъчваше аура на обаяние, култура и благородство. На въпроса ми на какво дължи израстването си като поет, той отговори, че е бил повлиян главно от нашите литературни епоси и от трудовете на Видяпати,

---

* Английски писател и публицист, близък приятел на Махатма Ганди. Г-н Андрюс е тачен в Индия заради многобройните му заслуги към приемната страна.

РАБИНДРАНАТ ТАГОР
Вдъхновен поет на Бенгалия и
лауреат на Нобелова награда за литература

известен народен поет от XIV век.

Вдъхновен от тези спомени, аз взех да си подпявам една стара, преработена от Тагор бенгалска песен: „Запали лампата на Твойта любов". Бола поде и радостните ни гласове се разнесоха из двора, докато крачехме бавно надолу.

Някъде две години след основаването на училището в Ранчи аз получих покана от Рабиндранат да го посетя в „Шантиникетан", за да обменим мнения по нашите идеали за възпитанието на децата. Отзовах се с радост. Когато влязох в кабинета на поета, той седеше на бюрото си. И тогава, както и при първата ни среща, през ума ми мина мисълта, че той е един удивителен модел на величествена мъжественост – мечта на всеки художник. Красиво изваяното му лице на благороден патриций беше обрамчено от дълга коса и буйна брада. Големите му топли очи, ангелската усмивка, мелодичният му като флейта глас направо омагьосваха. Добре сложен, висок и сериозен, той съчетаваше почти женска нежност с възхитителна спонтанност на дете. Със своята благост и мекота той бе съвършено олицетворение на идеализираната представа за поет.

Скоро Тагор и аз се увлякохме в оживен разговор за нашите школи. И едната, и другата залагаха на нетрадиционни методи на обучение. Открихме много сходни черти – обучение на открито, простота, широк простор за творческия дух на детето. За разлика от мен обаче Рабиндранат поставяше ударението на литературата и поезията, както и върху себеизявата чрез музика и песни, което вече ми беше направило впечатление при Бола. Децата в „Шантиникетан" съблюдаваха периоди на мълчание, но не им се даваше специално йогическо обучение.

Поетът ме слушаше със затрогващо внимание, докато му обяснявах енергизиращите *Йогода* упражнения и техниките за йога концентрация, които се преподаваха на всички ученици в Ранчи.

После Тагор ми разказа за перипетиите, през които той самият беше минал като ученик.

– Изкарах пети клас и избягах от училище – взе да разказва той, смеейки се. Вече виждах как се е бунтувала чувствителната му поетична душа срещу потискащата, дисциплинираща атмосфера на класната стая. – Ето защо отворих „Шантиникетан" под сенчестите дървета и величествените небеса – продължи той, като хвърли уверен поглед към една малка група, която се занимаваше с нещо в китната градина. – Детето е в естествената си среда сред цветята и пойните птички. Тук то по-лесно може да изрази скритото богатство на индивидуалните си заложби. Истинското образование е не да караш ученика да зубри, да наливаш знания в главата му отвън, а да му помогнеш да извади на повърхността безценните съкровища от мъдрост, които той има вътре в себе си*.

Аз се съгласих и добавих:

– В повечето училища идеалистичните пориви и вроденият инстинкт на детето към героичното погиват от глад под строгата диета на сухите статистики и исторически факти.

Поетът говореше с любов за баща си Девендранат, вдъхновил

---

* „Душата често слиза в различни тела, или както казват индусите, „пътешества през хилядите прераждания на битието"... и няма нищо, за което тя да не е придобила знание. Нищо чудно, че може да си спомни... неща от предишни животи. (...) Отговорите на всички въпроси са в нас, в спомена за „всичко, що ни е казано". – Емерсон, „Избраниците на човечеството" (Representative Men)

начинанието в „Шантиникетан".

– Баща ми ми дари тази плодородна земя, където той вече беше построил дом за гости и храм – сподели ми Рабиндранат. – Започнах моя образователен експеримент тук през 1901 година само с десет момчета. Осемте хиляди паунда, които получих за Нобеловата награда, отидоха за ремонт на училището.

От *Автобиографията* на Тагор-старши, Девендранат, научаваме, че той е бил забележителен човек – надлъж и нашир хората са го знаели като *махариши,* ще рече 'велик мъдрец'. Две години от зрялата си възраст той прекарал в медитация в Хималаите. Неговият баща пък – Дварканат Тагор, бил прочут из цяла Бенгалия с щедрата си дарителска дейност. От славния им род произхожда цяло семейство истински гении. Не само Рабиндранат – всичките му роднини изпъкват с творчески изяви. Неговите племенници Гогонендра и Абаниндра са едни от най-известните художници* на Индия. Братът на Рабиндранат – Двиджендра, е прозорлив философ, обичан дори от птиците и горските твари.

Рабиндранат ме покани да остана да пренощувам в дома за гости. Вечерният здрач галено прегърна училището, от небето повея ведрина и когато над нас една след друга в мрака затрепкаха звездици, нощта откри пред мен вълшебната си картина: беседа на поета на цветната веранда. Топлият му глас се разливаше в тишината на нощта и неговата благост сякаш плавно завъртя назад колелото на историята. Пред очите ми оживя приказно красива сцена от древен ашрам – блажения певец, заобиколен от своите ученици, всички сияещи с ореола на божествената любов. Тагор изплиташе приятелствата си с нишките на хармонията. Чужд на догматизма, той привличаше и покоряваше сърцата с неустоим магнетизъм. Рядко поетично цвете, разцъфнало в Божията градина и привличащо другите с естествения си аромат!

С мелодичния си глас Рабиндранат ни прочете няколко от наскоро съчинените си прекрасни поеми. Повечето от песните и пиесите му, написани за да събудят божествената радост у своите ученици, са създадени в „Шантиникетан". Красотата на

---

* На около шейсет години Рабиндранат открива живописта като нова форма на изява на творческия си гений. Изложби с негови творби бяха показани преди няколко години в някои европейски столици и в Ню Йорк.

стиховете му за мен се крие в изкуството да се обръща към Бог в почти всеки стих, без да споменава Свещеното Име. „Опиянен от блаженството на пеенето – пише той, – аз забравям за себе си и те наричам Свой Приятел – Тебе, Който си моят Господ."

На следващия ден след закуска аз с неохота се сбогувах с поета. Безкрайно съм щастлив, че неговото малко училище днес се е разраснало до международен университет „Висвабарати"*, където студенти от различни страни намират идеална среда за развитие.

> Там, де разумът не знае страх и челото е вдигнато високо,
> там, де знание извечно лее се свободно,
> там, де светът не е разбит на късчета от граници на теснодушие,
> там, де словото на Истината из недрата блика щедро,
> там, де неуморно въжделение към съвършенството ръка протяга
> и бистрото поточе на разума посока не губи
> сред пустинни пясъци на печални мъртвешки навици,
> там, де умът с Тебе към все по-ширна мисъл и действие напредва,
> за този рай на свобода, Татко мой, родината ми нека се пробуди!**

РАБИНДРАНАТ ТАГОР

---

* Обичаният от всички поет почина през 1941 година, но неговият университет „Висвабарати" продължава да процъфтява. През януари 1950 г. шейсет и пет преподаватели и ученици от „Шантиникетан" бяха на десетдневно посещение в училището „Йогода Сатсанга" в Ранчи. Групата беше водена от Шри С. Н. Гошал, ректор на университета „Висвабарати". Гостите зарадваха учениците в Ранчи с драматично изпълнение на красивата поема на Рабиндранат „Пуджарини".

** Из „Гитанджали" (Macmillan Co.). Задълбочено изследване на биографията и творчеството на поета читателят може да намери във „Философията на Рабиндранат Тагор" *(Philosophy of Rabindranath Tagore; Macmillan, 1918)* от авторитетния учен сър С. Радакришан.

Глава 30

Законът на чудесата

Великият писател Лев Толстой* е написал един чудесен разказ – „Тримата отшелници". Неговият приятел Николай Рьорих го преразказва накратко така:

„На един остров живеели трима стари отшелници. Те били толкова скромни и прости, че казвали една-единствена молитва – също толкова проста, колкото и целият им живот: „Ти си Тро̀ица, и ний като Тебе, Господи, сме тройца, помилуй ни!". Но големи чудеса ставали, когато техните уста изричали тази наивна молитва.

Веднъж, пътувайки с кораб, местният епископ** чул за тримата отшелници и недопустимата им молитва и решил да ги посети, за да ги научи на каноничните моления. Той пристигнал на острова с лодка и обяснил на отшелниците, че тяхното прошение е неблагопристойно, след което, макар и с големи мъки, успял да ги научи на една църковна молитва. После епископът се качил на лодката и се върнал на кораба. Вятърът издул платната му и скоро островът се смалил и бавно се изгубил в далечината. По едно време, седейки на палубата, замислен, с поглед взрян в далечината, където някъде

---

* Толстой и Махатма Ганди са споделяли много общи идеали и години наред са водили кореспонденция по въпросите на не-насилието. За ключов момент в учението на Христос Толстой счита „непротивенето на злия човек със зло" (Матей 5:39). Според него на злото човек трябва да се „противи" с единственото логично и ефективно оръжие: добротата и любовта.

** Този разказ очевидно е написан по историческа случка. В бележка на издателя към него се казва, че епископът се е срещнал с тримата отшелници по време на пътуване с кораб от Архангелск до Соловецкия манастир в делтата на р. Двина.

там бил островът с тримата отшелници, той съгледал едно ярко кълбо от лъчиста светлина, което следвало кораба. То бързо ги настигало и когато ги приближило, епископът различил тримата отшелници, които, държейки се за ръцете, тичали с всички сили по вълните да догонят кораба. „Забравихме молитвата, на която ни научихте, и побързахме да Ви догоним – извикали те вкупом, щом видели епископа. – Бихте ли ни я повторили?" Епископът опулил очи от изумление и страх. Като се свъзел, той смирено навел глава: „Мили братя, карайте си както знаете с вашата стара молитва!".

Как тримата светци са вървели по водата?

Как Христос е възкресил разпнатото си тяло?

Как Лахири Махашая и Шри Юктешвар извършваха чудесата си?

Съвременната наука все още няма отговори на тези въпроси, макар че с настъпването на атомната ера светогледът на човечеството рязко се разшири. Думата „невъзможно" все по-рядко се употребява в научния речник.

Древните ведически писания твърдят, че физическият свят е подчинен на един фундаментален закон – закона на *мая*, принципа на относителността и дуалността. Бог, единственият Живот, е Абсолютно Единство, но за да прояви различните, разделени една от друга форми в творението, Той се е наметнал с лъжливо, нереално було. Това илюзорно було е *мая**. Много велики научни открития на съвременността потвърждават това просто съждение на древните риши.

Нютоновият закон за движението е закон на *мая*: „На всяко действие винаги отговаря равно по сила и противоположно по посока противодействие; взаимодействията на всеки две тела са винаги равни по сила и противоположни по посока". Така между действието и противодействието се установява точно равенство. „Невъзможно е да има една-единствена сила. Винаги трябва да има – и има – двойка сили, равни и противоположни."

Всички фундаментални взаимодействия в природата издават произхода си от *мая*. Електричеството например е явление на отблъскване и привличане – неговите електрони и протони са електрически противоположности. Друг пример: атомът, най-малката

---

* Виж бел. стр. 76 и 79.

частица на материята, подобно на самата Земя, е магнит с положителен и отрицателен полюс. Целият свят на явленията се намира под неумолимото господство на полярността. Нито един закон на физиката, химията или която и да е друга наука никога не е бил свободен от присъщите принципи на противоположност и контрастност.

Физиката следователно не може да формулира закони извън *мая* – същностната тъкан и структура на Мирозданието. Нещо повече, самата природа е *мая*. Природните науки по необходимост трябва да боравят с нейната неизбежна същност. Бидейки в своето собствено царство, в „свои води", така да се каже, природата е вечна и неизчерпаема. Учените на бъдещето нямат друг избор, освен да изследват един след друг аспектите на безкрайното ѝ разнообразие. Така науката е в постоянно развитие, в постоянна промяна, без да може да затвори кръга. Тя, без съмнение, е в състояние да открие и обясни законите на вече съществуващия и функциониращ Космос, но е безсилна да стигне до Законодателя и Върховния Управител. Величествените проявления на гравитацията и електричеството отдавна са ни известни, но какво се крие зад тези фундаментални взаимодействия, това никой смъртен не знае*.

От хилядолетия пророците са призовавали човечеството да се издигне над *мая* и да заживее според Божия план. На това издигане над дуалността на творението и на осъзнаването на единството си със Създателя те са гледали като на висша цел. Онези, които все още се лутат в космическата илюзия, трябва да се примирят с нейния същностен закон на полярността: прилив и отлив, възход и падение, ден и нощ, удоволствие и болка, добро и зло, раждане и смърт. Но факт е, че след няколко хиляди човешки прераждания този цикличен кръговрат добива мъчителна монотонност и човек започва да хвърля обнадежден поглед отвъд принудите на *мая*.

Да се смъкне булото на *мая* означава да се проникне в тайната на творението. Само този, който по този начин оголи Вселената,

---

* Маркони, великият изобретател, е направил следното забележително признание за несъстоятелността на науката пред лицето на Абсолюта: „Неспособността на науката да разреши загадката на живота, е абсолютна. Този факт би бил наистина ужасяващ, ако не съществуваше вярата. Тайната на живота без съмнение е най-упоритият проблем, поставян някога пред човешката мисъл".

е истински монотеист. Всичко останало е кланяне на езически идоли. Докато човек остава подвластен на дуалистичната илюзия на природата, неговата богиня ще бъде двуликата *мая*. Той няма да може да познае единния истинен Бог.

Всемирната илюзия *мая* в индивидуален план се проявява като *авидя*, букв. 'незнание, неведение, заблуда'. *Мая*, или *авидя*, никога не може да бъде преодоляна чрез интелектуална убеденост или анализ, а единствено и само чрез постигане на състоянието на върховна осъзнатост *нирбикалпа самади*. Пророците от Стария завет и провидците от всички страни и времена говорят от това състояние на съзнанието.

Езекиил казва: „После ме заведе при портата, при портата, която гледа на изток. И ето, славата на Бог идеше от изток, и гласът Му беше като шум на много води, и земята сияеше от славата Му"*. През божественото око в челото (изток) йогът зарейва съзнанието си във вездесъщността и чува Словото *(Ом)*, божествения звук на „много води" – светлинни трептения, които съставляват единствената Реалност в творението.

Сред милиардите загадки на Космоса най-изумителна е светлината. За разлика от звуковите вълни, чието предаване изисква въздух или друга материална среда, светлинните вълни преминават свободно през вакуума на междузвездното пространство. Дори хипотетичният етер, считан за междупланетен проводник на светлината според Вълновата теория, става излишен, ако се приеме становището на Айнщайн, че възможността за разпространение на светлината се обуславя не от наличието на някаква междузвездна среда, а от геометричните свойства на пространството. От гледна точка и на едната, и на другата хипотеза светлината остава най-фината и свободна от материална зависимост сред всички проявления на природата.

В грандиозните концепции на Айнщайн скоростта на светлината 300 000 км/с доминира цялата Теория на относителността. Той математически доказва, че по отношение на крайния човешки ум единствената константна величина в постоянно променящата се Вселена е скоростта на светлината. От този единствен „абсолют" на светлинната скорост зависят всички останали човешки стандарти

---
* Езекиил 43:1–2.

за време и пространство. Време-пространството вече става относителен и финитен фактор, а не абстрактно-вечен, както доскоро се е смятало. Неговата условна измерителна стойност е валидна само тогава, когато се отнесе към мерилото светлинна скорост.

След като наяве излезе двойствената природа на времето, то също се отказа от някогашните си претенции за неизменност и се присъедини към пространството като относително измерение. С няколко замаха на писалката си Айнщайн прогони от Космоса всякакви фиксирани реалности, освен светлината.

В по-нататъшните си изследвания – в своята Единна теория на полето, великият физик облече в математическа формула законите на гравитацията и електромагнетизма. Редуцирайки космическата структура до вариации на един-единствен закон, Айнщайн се докосна през вековете до ришите, които заявяват, че творението е изтъкано от една-единствена материя: многоликата *мая*.*

Епохалната Теория на относителността създаде математически възможности за изследване на атома, основната градивна частица на материята. Велики учени вече смело твърдят, че атомът е по-скоро енергия, отколкото материя. Нещо повече, те дори признават, че атомната енергия в своята истинска същност е умствена субстанция.

„Неприкритото признание, че физиката се занимава със свят на сенки, е сред най-значимите постижения на науката – пише сър Артър Стенли Едингтън в „Природата на физическия свят" *(The Nature of the Physical World)**. –* Във физическия свят ние наблюдаваме като на рентгенова снимка драмата на ежедневието. Сянката „мой лакът" лежи върху сянката „маса", а сянката „мастило" се носи по сянката „хартия". Всичко е символично и като такова учените физици го изоставят. Тогава се намесва алхимикът Разум, който преобразува символите. (...) И накрая стига до категоричното заключение: субстанцията на видимия свят е субстанция-ум."

---

* Айнщайн е бил убеден, че връзката между законите на електромагнетизма и гравитацията може да се изведе с математическа формула (Единна теория на полето), и към момента на писане на настоящата книга е работел над нея. Той умира и трудът му остава незавършен, но днес много физици споделят Айнщайновото убеждение, че такава връзка ще бъде намерена. – *Бел. изд.*

** Macmillan Company.

С открития неотдавна електронен микроскоп се доказа окончателно светлинната същност на атомите и неизбежната двойственост на природата. The New York Times публикува следното съобщение за възможностите на електронния микроскоп, демонстрирани пред събранието на Американската асоциация за научен прогрес през 1937 година:

> Кристалната структура на волфрама, която досега ни беше позната само косвено чрез рентгеновите лъчи, отчетливо се очерта на флуоресциращия екран с девет атома в тяхното правилно разположение в пространствената решетка – куб с по един атом на всеки връх и един в центъра. Атомите на кристалната решетка на волфрама се появиха върху флуоресциращия екран като точици светлина, подредени в геометрична фигура. На фона на този светлинен кристален куб бомбардиращите молекули на въздуха изглеждаха като танцуващи точици светлина, подобно на слънчеви отблясъци, блещукащи по течаща вода. (...)
>
> Принципът на електронния микроскоп е открит за първи път през 1927 г. от докторите Клинтън Дж. Дейвисън и Лестър Х. Джърмър от Bell Telephone Laboratories в Ню Йорк Сити, които установили, че електронът проявява двойна природа – притежава качества едновременно и на частица, и на вълна*. Вълновите качества доближават електрона по характеристики до светлината, с което те започват търсене на метод за „вакуумиране" на електроните (за да се предотврати отклоняването им поради сблъскване с молекулите на кислорода) по начин, подобен на фокусирането на светлина през лещи.
>
> За откритието на джекил-хайдското свойство на електрона, с което се потвърждава, че цялото царство на физическата природа „води двойствен живот", доктор Дейвисън получи Нобелова награда за физика.

„Потокът на знанието – пише сър Джеймс Джийнс в „Тайнствената Вселена" *(The Mysterious Universe)*** – се насочва към немеханичната реалност. Вселената все повече изглежда като грандиозна мисъл, отколкото като грандиозна машина."

Така науката на XX век век започва да звучи като страница от древните Веди.

Този път не кой да е, а науката ни казва философската истина, че Вселената е нематериална. Нейната основа и вътък е *мая*,

---

* Тоест на материя и енергия.
** Cambridge University Press.

илюзия. Миражите на нейната реалност се изпаряват още щом се подложат на анализ. Когато една по една „сигурните" опори на физическия Космос рухват пред очите му, човек започва смътно да прозира, че се е уповавал на идоли и че е престъпвал Божията заповед: „Да нямаш други богове, освен Мене"*.

В известното уравнение, с което се извежда зависимостта между маса и енергия, Айнщайн доказва, че енергията във всяка материална частица е равна на нейната маса, умножена по квадрата на скоростта на светлината. Освобождаването на атомната енергия става чрез анихилация на материалните частици. „Смъртта" на материята е „раждане" на атомната ера.

Скоростта на светлината е математически стандарт, физична константа, не защото 300 000 км/с е абсолютна стойност, а защото никое материално тяло, чиято маса нараства с нарастването на скоростта му, никога не може да достигне скоростта на светлината. Казано иначе: само материално тяло с безкрайна маса може да се движи със скоростта на светлината.

Тази концепция ни води до закона на чудесата.

Учителите, които са способни да материализират и дематериализират телата си и други обекти, да се придвижват със скоростта на светлината, да си служат със съзидателните слънчеви лъчи, за да извикват на мига видимата форма на желани физически проявления, са изпълнили необходимото условие на Айнщайн: масата им е безкрайна.

Съзнанието на съвършения йоги без усилие се отъждествява не с ограниченото тяло, а с вселенската структура. Гравитацията – без значение дали „силата" на Нютон или Айнщайновата „проява на инерция", е безсилна да *принуди* един Учител да прояви свойството тегло – отличителното гравитационно състояние на всички материални обекти. За този, който се осъзнава като вездесъщ Дух, масата на обитаващото времето и пространството тяло вече не представлява никаква пречка. „Магическите кръгове", в които е затворено съзнанието на обикновения човек, той е вдигнал с вълшебните думи: *Аз съм Той.*

И рече Бог: „Да бъде светлина. И биде светлина"***. С първата

---

* Изход 20:3.
** Битие 1:3.

си заповед в началото на Сътворението на Вселената Бог създава структурния материал: светлината. От лъчите на този нематериален посредник се раждат всички божествени проявления. Поклонници от всички времена, видели Бог, свидетелстват, че Той им се е явил като пламък и светлина. Свети Йоан казва: „Главата и косата Му бяха бели като бяла вълна, като сняг, а очите Му – като огнен пламък; нозете Му приличаха на лъскава мед, като в пещ пречистена, а гласът Му – като шум на много води; и държеше в десницата Си седем звезди, а от устата Му излизаше двуостър меч; лицето Му сияеше, както слънце сияе в силата си"*.

Йогът, който в дълбока медитация слива съзнанието си с Твореца, възприема космическата субстанция като чиста светлина (трептения на жизнена енергия). За него не съществува разлика между светлинни лъчи, съставящи водата, и светлинни лъчи, съставящи земята. Свободен от съзнанието за материя, свободен от трите измерения на пространството, както и от четвъртото измерение – времето, Учителят с лекота мести тялото си от светлина през светлинните лъчи, съставляващи земята, водата, огъня и въздуха.

„Ако твоето око бъде едно, и цялото твое тяло ще бъде *светло.*"** Чрез продължителна концентрация върху освобождаващото духовно око йогът отхвърля всички заблуди около материята и нейната гравитационна тежест. Той вижда Вселената така, както Господ я е създал – единна маса от светлина.

„Оптическите образи – казва д-р Л. Т. Тролънд от Харвард – са построени на същия принцип, както обикновените „полутонови" гравюри, тоест състоят се от недоловими с просто око точици. (...) Чувствителността на ретината е толкова голяма, че зрителното усещане може да бъде предизвикано от сравнително малко на брой подходящи светлинни кванти."

Законът на чудесата може да се прилага от всеки човек, който е осъзнал, че същността на творението е светлина. Един Учител знае как да приложи на практика тези свои божествени знания за светлинните явления, и при нужда проецира мигновено във видимо проявление вездесъщите светлинни атоми. Реалната

---

* Откровение 1:14–16.
** Матей 6:22. (If therefore thine eye be single, thy whole body shall be *full of light.* – Бел. прев.)

форма на проекцията – била тя дърво, лекарство, човешко тяло, се определя от неговото желание, сила на волята и способност за визуализация.

Нощем, влизайки в състоянието на сън-съзнание, човек бяга от лъжовните егоистични ограничения, които през деня го притискат от всички страни. Сънят е един периодично повтарящ се парад на могъществото на ума му. И ето! Пред него се възправят отдавна починали негови приятели, той вижда далечни континенти, оживяват сцени от детството му.

Това свободно, необусловено съзнание, което всички хора изживяват за кратко по време на съня, е обичайно състояние на ума за слелите се с Бог Учители. Чужди на всякакви лични мотиви, такива йоги си служат с дадената им от Създателя творческа воля и пренареждат светлинните атоми на Вселената, за да задоволят всяка искрена молба на преданите Божии поклонници.

„И рече Бог: да сътворим човек по Наш образ и по Наше подобие; и нека владее над морските риби, над небесните птици, над зверовете и добитъка, над цялата земя и над всички влечуги, които пълзят по земята."*

Това е причината, поради която Бог е сътворил човека и творението: да може той да се издигне над *мая*, да стане неин господар и да установи господството си над Космоса.

През 1915 година, скоро след като бях влязъл в ордена *Свами*, получих необикновено видение. То ми помогна да разбера относителността на човешкото съзнание и ясно да съзра единството на Вечната Светлина зад болезнените дуалности на *мая*. Видението ме осени една сутрин, както си седях в малката таванска стая на бащиния дом на ул. „Гарпар Роуд". От месеци в Европа вилнееше Първата световна война. Тъжно размишлявах за огромния брой жертви, който войната вземаше.

Щом затворих очи за медитация, съзнанието ми внезапно бе прехвърлено в тялото на командир на боен кораб. Тътенът на оръдията раздираше въздуха, снарядите летяха между бреговите батареи и корабната артилерия. Водата около нас кипеше. По едно време над нас изсвистя снаряд, удари барутния погреб на кораба и той със заглушителен грохот се разцепи на две. Аз с неколцина

---

* Битие 1:26.

моряци, оцелели след експлозията, едва успях да се спася, хвърляйки се във водата от потъващия кораб.

С разтуптяно сърце се добрах до брега. Но уви! Един заблуден куршум завърши бесния си полет в гърдите ми. Свлякох се на земята, стенейки и гърчейки се в агония. Цялото ми тяло беше парализирано, но все още го усещах, както се усеща изтръпнал крак.

„Ето че тайнствените стъпки на смъртта ме настигнаха" – помислих си. Очите ми гаснеха, издъхвах. След минута от гърдите ми се откърти тежка въздишка и тялото ми замря. Почти бях потънал в безсъзнание, когато изведнъж пак се намерих седнал в поза лотос в стаята си на ул. „Гарпар Роуд"!

Неовладени сълзи обляха лицето ми. Не бях на себе си от щастие! Опипвах се, поглаждах с ръце наново придобитото си притежание – по гърдите ми нямаше никакви дупки от куршуми! Почнах да се клатя напред-назад, да вдишвам и издишвам, за да се уверя, че съм жив. Докато се радвах на себе си, изведнъж съзнанието ми отново бе пренесено в мъртвото тяло на командира на оня кораб на кървавия бряг. Разумът ми съвсем се побърка.

– Господи – помолих се аз, – жив ли съм или съм мъртъв?

Една трептяща ослепителна светлина заля целия хоризонт. Дочух мек гръмовен тътен, който се оформи в думи:

– Какво общо има Светлината с живота и смъртта? По образа на Моята светлина те сътворих Аз. Животът и смъртта са относителни, те принадлежат на космическия сън. Съзри своята несъновна същност! Събуди се, дете мое, събуди се!

Като стъпки към пробуждането на човека Бог вдъхновява учените да откриват – в подходящото време и място, тайните на Неговото творение. Съвременните открития постепенно променят представите на човек за Космоса и той започва да го схваща като разнообразни проявления на единната, водена от Божествен Разум сила – светлината. Чудесата на киното, радиото, телевизията, радара, фотоелектричната клетка – изумителното „електрично око", атомната енергия – всички те се основават на електромагнитния феномен на светлината.

Кинематографията може да възпроизведе всяко чудо. От гледна точка на зрителното възприятие няма свръхестествен феномен, който да убегне на средствата на филмовия монтаж и илюзията. В един филм може да се покаже как прозрачното астрално тяло се издига над грубата физическа форма, как човек върви по вода, възкръсва от мъртвите, обръща естествения ход на живота, играе си с времето и пространството. Специалистът може да монтира кадрите както си пожелае и да постигне оптически чудеса, подобни на тези, които истинният Учител произвежда с реални светлинни лъчи.

Живите светлинни образи от киноекрана много правдоподобно илюстрират процесите, разгръщащи се в творението. Космическият Режисьор е написал свои собствени сценарии на мелодрами и е събрал милиони артистични трупи за грандиозните представления на вековете. От тъмната прожекционна кабина на вечността Той изпраща Своя творящ сноп лъчи през лентата на времето върху екрана на пространството.

Точно както образите на екрана изглеждат реални, но всъщност са само комбинации от светлини и сенки, така и вселенското разнообразие е измамлива привидност. Планетните системи с неизброимите форми на живот на тях не са нищо друго, освен фигури в космическия филм. Временно истинни за възприятията на петте ни сетива, мимолетните сцени се сипят върху човешкото съзнание от безкрайния съзидателен сноп.

Ако зрителите в киносалона погледнат нагоре, ще видят, че всички образи на екрана се създават от един сноп лъчи, който сам по себе си няма нищо общо с образите. Пъстрата вселенска драма по подобен начин се излива от единната бяла светлина на Космическия Източник. С невъобразима креативност Бог снима „гигантска продукция" за Своите деца, където те са и актьори, и зрители в Неговия вселенски филм.

Веднъж влязох в един киносалон да гледам прегледа за военните действия в Европа. На Запад бушуваше Първата световна война. Кинопрегледът представяше кървавите сражения с такъв реализъм, че съкрушен, аз напуснах салона.

– Господи – помолих се аз, – защо позволяваш да се погуби толкова много народ!

За голяма моя изненада получих мигновен отговор под формата на видение за истинските бойни полета в Европа. Кръвопролитните сцени, осеяни с убити и умиращи, далеч надхвърляха по жестокост видяното на кинопрегледа.

– Вгледай се внимателно! – заговори един благ глас на

вътрешното ми съзнание. – Тези сцени, които сега се разиграват във Франция, не са нищо друго, освен игра на светлини и сенки. Един космически филм – точно толкова нереален, колкото и прегледът, който току-що видя – пиеса в пиесата.

Това не утеши сърцето ми. Божият Глас продължи:

– Творението е изтъкано от светлини и сенки, иначе няма как да има картина. Доброто и злото на *мая* трябва да са във вечна надпревара за надмощие. Колко хора щяха да потърсят другия свят, ако на този имаше само непрестанна радост? Без страдание хората едва ли щяха да си спомнят, че са изоставили вечния си Дом. Болката е остен, който ни ръчка, кара ни да си спомним кои сме, а мъдростта ни помага да следваме правия път към изхода. Трагедията на смъртта е нереална. Онзи, който изтръпва от ужас при мисълта за нея, прилича на скудоумен актьор, вживял се до такава степен в ролята си на сцената, че умира от страх, щом по него почнат да стрелят с халосни патрони. Моите синове са деца на Светлината. Те няма вечно да спят в заблудата.

Въпреки че бях чел много обяснения за *мая* в свещените писания, никое от тях не можеше да се сравни с дълбочината на прозрението, което дойде с тези мои лични видения и съпътстващите ги утешителни думи. Осъзнаването на човек се задълбочава неимоверно много, когато неповратимо се убеди, че творението е един необозрим филм и че Реалността е не в него, а отвъд него.

Като привърших с писането на тази глава, аз седнах на леглото си в поза лотос. Стаята ми* беше слабо осветена от двата настолни абажура. Вдигнах очи и забелязах, че таванът е осеян с малки точици, прилични на златисти синапови зрънца, които искряха и потрепваха с блясъка на радий. Милиарди тънки лъчи се сипеха като проливен дъжд и се събираха подобно на връх на молив в прозрачен сноп, който тихо се изливаше върху ми.

В същия миг физическото ми тяло загуби плътността си и стана астрална субстанция. Усетих как леко се издигам над постелята и безтегловното ми тяло се полюшва ту наляво, ту надясно във въздуха. Огледах се наоколо. Мебелите и стените си бяха същите, но светлинният сноп беше толкова наситен, че таванът вече не се виждаше. Бях поразен!

---

* В убежището на Self-Realization Fellowship в Енсинитас, Калифорния. – *Бел. изд.*

– Това е механизмът на космическото кино – гласът идеше от вътрешността на светлината. – Пръскайки своя сноп лъчи върху белия екран на твоите чаршафи, той създава картината на твоето тяло. Виж, твоята форма не е нищо друго, освен светлина!

Погледнах ръцете си и взех да ги движа напред-назад, но не усещах масата им. Завладя ме неизразимо блаженство! Космическият сноп светлина, в чийто връх се разлистваше моето тяло, изглеждаше като божествена репродукция на светлинния сноп, който се излъчваше от прожекционната кабина в киносалона и създаваше образите на екрана.

Дълго след тази случка аз продължих да изживявам филма на моето тяло в слабо осветения киносалон на спалнята. Макар и преди да бях имал много подобни видения, никое от тях не беше толкова удивително! Когато илюзията за моето плътно тяло напълно се изпари и когато осъзнаването ми се задълбочи до такава степен, че да виждам същността на всички предмети като чиста светлина, аз вдигнах очи към трептящия поток жизнетрони и заговорих умолително:

– Божествена Светлина, моля Те, изтегли в Себе Си този скромен телесен образ – като Илия, който е бил издигнат в небето на огнена колесница от вихрушка.*

---

* II Царе 2:11/IV Царе 2:11.

Обикновено за „чудо" се приема сила или явление, което не може да се обясни с природните закони, защото е отвъд тяхната власт. Но всички явления в нашата прецизно функционираща Вселена са подчинени на закони и могат да се обяснят с тях. Така наречените чудодейни сили на Великите Учители са естествен резултат от точното познаване на фините закони, действащи във вътрешния космос на съзнанието.

Затова „чудеса" в точния смисъл на думата няма, с изключение на чудото на самия живот, разбиран в най-всеобхватния му смисъл. Това, че всеки един от нас е затворен в едно сложно организирано тяло и спуснат на една Земя, въртяща се в космическото пространство сред милионите, милиардите звезди и небесни тела – какво по-обикновено и същевременно по-чудодейно от това?

Велики пророци като Христос и Лахири Махашая обикновено извършват много чудеса. Такива Учители идват, за да изпълнят някаква трудна, мащабна духовна мисия в името на човечеството. Подпомагането на изпадналите в беда хора с помощта на чудеса, изглежда, е част от тяхната мисия. (Виж бел. стр. 284.) Често, за да изцелят неизлечимо болни или за да разрешат неразрешими човешки проблеми, те издават божествени заповеди. Когато Христос бил помолен от царския чиновник да изцели умиращия му син в Капернаум, той му отговорил с хладна усмивка: „Ако не видите личби и чудеса, никак няма да повярвате". Но после добавил: „Иди си, синът ти е жив" (Йоан 4:46–54).

Молбата ми, изглежда, беше доста стряскаща – снопът лъчи изчезна моментално. Тялото ми възвърна нормалното си тегло и потъна в леглото. Рояците ослепителни светлинки по тавана примигнаха и изчезнаха. Явно времето ми да напусна тази земя още не беше дошло.

– Освен това – разсъдих философски аз – пророк Илия едва ли ще хареса моята самонадеяност!

В тази глава аз давам ведическото обяснение за *мая*, магическата сила на илюзията, която лежи в основата на природните сили. Западната наука вече откри, че атомната „материя" е просмукана от „магията" на нереалността. Но не само природата, човек (в неговия смъртен аспект) също е подвластен на *мая*: принципа на относителността, контраста, дуалността, противоположните състояния.

Не бива да си въобразяваме обаче, че само ришите са разбирали истината за *мая*. Пророците от Стария завет наричат *мая* с името *сатана*, букв. 'неприятелят' на библейски иврит. В гръцкия Нов завет като еквивалент на сатана се използва diabolos ('дявол'). Сатаната, или *мая*, е космическият магьосник, който произвежда многообразието от форми, за да скрие Единосъщата Безформена Истина. В Божия план и пиеса *(лила)* единствената функция на сатаната, или *мая*, е да се опитва да отклони човек от Духа към материята, от Реалността към нереалността.

Христос описва *мая* метафорично като дявол, човекоубиец и лъжец: „Ваш баща е дяволът и вие искате да изпълнявате похотите на баща си. Той си беше поначало човекоубиец и не устоя в Истината, понеже в него няма Истина. Когато говори лъжа, своето говори, защото е лъжец и баща на лъжата" (Йоан 8:44).

„Който прави грях, от дявола е, защото поначало дяволът съгрешава. Затова се яви Син Божий, за да съсипе делата на дявола" (I Йоан 3:8). Когато обаче просияе Христовото Съзнание в човека, той без усилия, спонтанно разрушава илюзията, сиреч „делата на дявола".

Мая съществува „поначало", тъй като е структурно втъкана и неотделима от света на природните сили. Те постоянно се променят като антитеза на Божествената Неизменност.

Глава 31

Разговор със светата Майка

— Почитаема Майко, като младенец аз съм бил кръстен от вашия съпруг пророк. Той беше гуру на моите родители и на моя собствен гуру Шри Юктешварджи. Ще ме удостоите ли с привилегията да ми разкажете нещичко за вашия свят живот?

С тези думи аз се представих на Шримати Каши Мони, спътница в живота на Лахири Махашая. Използвах малкото време, което имах при престоя си в Бенарес, за да сбъдна едно желание, което отдавна таях в сърцето си — да посетя достопочтената дама.

Тя ме прие любезно в дома на фамилията Лахири, намиращ се в бенареския район Гарудешвар Мохула. Макар и на възраст, тя цъфтеше като лотос и от нея лъхаше духовно ухание. Беше средна на ръст, със светла кожа, тънка шия и големи, бляскави очи.

— Сине, винаги си добре дошъл тук. Да се качим горе.

Каши Мони ме поведе към една малка стаичка, където за известно време беше живяла със съпруга си. Изпълнен с гордост от високата чест, която ми се оказва, аз престъпих прага на брачния чертог, където безподобният Учител беше благоволил да участва в човешката драма на съпружеския живот. Благата дама направи знак с ръка да седна на една възглавничка до нея.

— Дълги години аз не знаех нищо за духовния ръст на моя съпруг — започна тя. — Една нощ тук, в тази стая, където сме сега, сънувах много жив сън. Над главата ми се носеха славни ангели с невъобразима грациозност. Гледката беше толкова реална, че се пробудих още в същия миг. Но странно – стаята беше обгърната в ослепителна светлина!

Съпругът ми, в поза лотос, левитираше в центъра на стаята, заобиколен от ангели, които му се покланяха със смирено достойнство и допрени длани.

Безкрайно удивена, аз стоях и гледах, без да откъсвам очи, убедена, че още сънувам. „Жено – каза Лахири Махашая, – не сънуваш. Събуди се завинаги от своя сън." После бавно се спусна на пода. Аз се проснах в нозете му и извиках: „Учителю, покланям се пред теб хиляди пъти! Ще ми простиш ли, че те смятах за свой съпруг? Умирам от срам при мисълта, че толкова дълго съм спала в невежество до божествено просветлен човек. От тази нощ ти вече не си мой съпруг, а мой гуру. Ще приемеш ли незначителната ми персона за своя ученичка?"*. Учителят ласкаво ме докосна: „Свещена душа, изправи се. Приета си – и като посочи към ангелите, продължи: – Поклони се, моля те, поотделно на всеки един от тези славни светии". След като свърших със смиреното си преклонение, ангелските гласове запяха като хор от древно писание: „Спътнице на Божествения, благословена бъди. Приеми нашите поздравления". Те се поклониха в краката ми и изведнъж сияйните им форми изчезнаха. В стаята отново зацари мрак.

Моят гуру ми предложи да ме посвети в *крия йога.* „С радост – отвърнах аз. – Съжалявам, че не съм получила тази благословия по-рано в живота си." Лахири Махашая се усмихна утешително: „Не му беше дошло времето. Но аз безмълвно ти помагах и ти отработи по-голямата част от кармата си. Сега имаш и желание, и готовност". При тези думи той докосна челото ми. Появи се огромна светлинна маса, въртяща се подобно на водовъртеж. Сиянието постепенно се оформи в опаловосиньо духовно око, окръжено от златен пръстен, в чийто център блещукаше бяла петолъчна звезда. „Проникни със съзнанието си през тази звезда в царството на Безкрая" – в гласа на моя гуру се долавяше нова нотка, мека като далечна музика. Видения се разбиваха едно след друго като океански прибой по бреговете на Душата ми. Панорамните сфери накрая се разтвориха в океан от блаженство! Аз замрях в наслада сред

---

* Тук човек неволно се сеща за стиха на Милтън: „Единствено за Бога той, а тя – за Бога в него".

прииждащите вълни на върховно щастие! Когато часове по-късно се върнах в съзнание за този свят, Учителят ме посвети в *крия йога*.

От тази нощ насетне Лахири Махашая никога повече не спа в моята стая. Всъщност не само в моята стая – той вече изобщо не спеше – и денем, и нощем оставаше в предната стая на долния етаж, заобиколен от учениците си.

Знатната дама потъна в мълчание. Съзнавайки уникалността на връзката ѝ с върховния йоги, аз се осмелих да я помоля за още спомени.

– Синко, ти нямаш насищане... Добре де, ще ти разкажа още една случка – тя се усмихна свенливо и продължи: – Ще ти призная един грях, който извърших спрямо моя съпруг и гуру. Няколко месеца след моето посвещение аз започнах да се чувствам изоставена и пренебрегната. Една сутрин Лахири Махашая влезе в тази стая – търсеше нещо. Аз тръгнах подире му и в заблудата си се нахвърлих срещу него със сурови упреци: „Ти прекарваш цялото си време с учениците. Ами задълженията към жена ти и децата? Да беше се поинтересувал как свързваме двата края". Учителят спря погледа си известно време върху мен и както ме гледаше изведнъж изчезна – пропадна вдън земя! Онемях от уплаха! В същия миг чух глас, който отекваше във всяка част на стаята: „Аз съм нищо, не виждаш ли? Как може нищото да те осигури материално?". Аз проплаках: „Гуруджи, моля ви, хиляди пъти ви моля, простете ми! Моите грешни очи вече не ви виждат. Моля ви, покажете се в свещената си форма". – „Аз съм тук" – отговорът идеше отгоре. Погледнах натам и видях Учителя да се материализира във въздуха – главата му опираше тавана, а очите му грееха като ослепителни пламъци. Той се спусна бавно на пода и аз, обезумяла от страх, се хвърлих в нозете му и заридах. Тогава той ми каза така: „Жено, търси божественото богатство, а не дрънкулките на този свят. Като придобиеш вътрешното съкровище, ще имаш всичко, от което имаш нужда във външния си живот – после добави: – Един от моите духовни синове ще се погрижи за теб". Естествено, думите на моя гуру се сбъднаха. Един ученик остави значителна сума на семейството ни.

Поблагодарих на Каши Мони, че сподели с мене тези свои чудни преживявания.* На следния ден аз отново посетих дома ѝ,

---

* Почитаемата Майка почина в Бенарес на 25 март 1930 г.

но този път, за да се насладя на няколкочасова философска беседа с Тинкури и Дукури Лахири. Тези двама свети синове на великия йоги на Индия също бяха поели по славните стъпки на баща си. И двамата бяха светлокожи, високи, снажни, с избуяли бради, с меки, мелодични гласове и някакъв старомоден чар в маниерите.

Каши Мони не беше единствената жена, която Лахири Махашая беше приел за своя ученичка. Той имаше стотици други ученички, в това число и моята майка. Една *чела* (ученичка) веднъж помолила гуру за негова снимка. Той ѝ дал една, като отбелязал: „Ако вярваш, че тази снимка те пази, тя наистина ще те пази, в противен случай – това е просто една снимка".

Няколко дни по-късно тази жена и снахата на Лахири Махашая седели на масата и вглъбено изучавали Багавад Гита. Срещу тях на стената била окачена снимката на Лахири Махашая. Неочаквано навън завилняла силна гръмотевична буря. „Лахири Махашая, закриляй ни!" – извикали жените и се поклонили пред снимката. В следващия миг затрещяло и мълния ударила книгата пред тях, но двете поклоннички останали невредими. „Сякаш някой ме наметна с ледена плащеница и ме предпази от изгарящата вълна" – разказала по-късно едната *чела*.

Лахири Махашая извършил други две чудеса за една своя последователка на име Абоя. Един ден тя и нейният съпруг, калкутски адвокат, тръгнали да посетят своя гуру в Бенарес. Само че движението било натоварено и файтонът им закъснял. Когато накрая пристигнали на калкутската централна гара Ховра, те само чули свирката на влака, който потеглял.

Въпреки това Абоя спокойно се наредила пред касата за билети и тихо се помолила: „Лахири Махашая, умолявам те, спри влака! Не мога да понеса тази мъка да не те видя още днес".

Влакът пуфкал, колелата му се въртели, но не помръдвал от мястото си. Машинистът и пътниците, недоумяващи, слезли на перона да видят това чудо. През това време в гарата пред гишето се случило нещо много необичайно: един кондуктор англичанин се приближил до Абоя и нейния съпруг и им предложил услугите си. „Бабу – казал той, – дайте ми парите – аз ще ви купя билетите, а вие през това време се качвайте на влака."

Щом двойката заела местата си и получила билетите от кондуктора, влакът бавно потеглил. Машинистът и пътниците панически се покатерили по местата си, без да разберат нито защо влакът тръгнал, нито какво го задържало на едно място.

С пристигането си в дома на Лахири Махашая в Бенарес, Абоя тихичко коленичила пред Учителя и понечила да докосне нозете му. „Дай си широко сърце, Абоя – рекъл ѝ той. – Колко обичаш да ме безпокоиш за нищо и никакво! Сякаш не можеше да дойдеш със следващия влак!"

Абоя имала още едно незабравимо посещение при Лахири Махашая. Този път тя искала застъпничеството му не за влак, а за „щъркела".

„Моля ви, благословете ме, та деветото ми дете да може да живее – казала тя. – Родих осем бебета и всички те умряха скоро след раждането." Учителят се усмихнал съчувствено: „Детето, което очакваш, ще живее. Моля те, спазвай внимателно указанията ми. Бебето, момиченце, ще се роди през нощта. Погрижи се маслената лампа да гори до зори. Гледай само да не заспиш и да не угасне лампата".

Абоя наистина родила момиченце. То се появило на бял свят през нощта – точно както бил предсказал всеведущият гуру. Родилката наредила на бабата (акушерката) да поддържа достатъчно масло в лампата. Двете жени издържали спешното „нощно бдение" до ранни зори, но накрая умората ги победила и те се унесли в дрямка. Тъкмо когато маслото в лампата свършвало и пламъкът примигвал безсилно, се чуло щракване на резето и вратата на спалнята се отворила с трясък. Стреснати, двете жени се пробудили. Пред изумените им погледи стояла фигурата на Лахири Махашая. „Абоя, лампата!" – казал той, като посочил гаснещия светилник. Бабата скочила и долляла масло. Веднага щом лампата пак засветила ярко, Учителят изчезнал. Вратата се затворила тихо след него и една невидима ръка пак бутнала резето.

Деветото дете на Абоя оживяло. Когато през 1935 г. се поинтересувах за него, ми казаха, че е уважавана дама.

Един от учениците на Лахири Махашая, почитаемият Кали Кумар Рой, ми разказа още много удивителни подробности от живота си с Учителя.

– Навремето аз често гостувах в дома му в Бенарес за по няколко седмици – започна Рой. – В тишината на нощта при него се стичаха много свети *данда* свами*, за да поседят в нозете му. Понякога говореха за медитация, друг път обсъждаха философски въпроси. Призори високите гости си тръгваха. Именно по време на тези посещения разбрах, че Лахири Махашая никога не спи.

През първите години от приятелството ми с Учителя срещах сериозна съпротива от страна на работодателя ми – продължи Рой. – Той тънеше в материализъм. „Не ща религиозни фанатици сред персонала си! – нареждаше презрително той. – Ако някой път срещна твоя гуру шарлатанин, така ще го наредя, че ще ме запомни за цял живот!"

Тази тревожна заплаха обаче ни най-малко не наруши обичайната ми програма. Аз продължих да прекарвам почти всяка вечер в присъствието на моя гуру. Една нощ работодателят ми дойде с мен и безцеремонно нахълта в гостната. Той без съмнение възнамеряваше да изприказва всичко онова, което беше намислил. Но още със сядането, Лахири Махашая се обърна към групата от дванайсет ученици: „Искате ли да видите една картина?". Кимнахме утвърдително. Той ни помоли да затъмним стаята. „Застанете един зад друг в кръг – каза той – и закрийте с ръце очите на другаря си пред вас." Не се изненадах особено, като видях моя работодател, който, макар и неохотно, също последва указанията на Учителя. След няколко минути Лахири Махашая ни попита какво виждаме. „Учителю – отговорих аз, – пред очите ми се появи една красива жена. Тя носи *сари*, обшито с червени ширити и стои край висока бегония." Останалите ученици направиха същото описание. Учителят се обърна към моя работодател: „Да познавате отнякъде тази жена?". – „Да – по лицето му премина сянка – явно се бореше с емоции, нови за неговата природа. – С цялата си глупост аз харчех парите си по нея, макар че си имам добра съпруга. Срамувам се, като си помисля за какво дойдох тук. Ще ми простите ли и ще ме приемете ли за Ваш ученик?" – „Ако водиш нравствен живот в продължение на шест месеца, ще те приема – отвърна Учителят и добави: – Иначе не мога да те посветя." Три месеца моят

---

* Членове на монашески орден, които ритуално носят *данда* ('бамбукова тояга') като символ на *Брама данда* ('тоягата на Брама'), която в човека се явява гръбначният стълб. Пробуждането на седемте гръбначномозъчни центъра представлява истинският път към безкрайността.

работодател се въздържаше от съблазънта, но после пак възобнови връзката си с жената. Два месеца по-късно той почина. Тогава разбрах завоалираното пророчество на моя гуру, че този човек има малки шансове да бъде посветен.

Лахири Махашая имал един прочут приятел – Трайланга Свами, за когото се смятало, че е на повече от триста години. Двамата йоги често седели заедно в медитация. Славата на Трайланга била толкова голяма, че трудно би се намерил индус, който да се усъмни в истинността на невероятните чудеса, които той извършвал. Ако сега Христос се върнеше на земята и тръгнеше из улиците на Ню Йорк, демонстрирайки божествени чудеса, това щеше да събуди у хората точно такова удивление, каквото преди десетилетия е будел Трайланга, вървейки по претъпканите улици на Бенарес. Той е бил един от *сидите* (съвършените същества), които като цимент са споявали фундамента на индийския духовен живот срещу ерозията на времето.

Неведнъж се случвало да видят монаха да пие смъртоносни отрови без каквито и да било вредни последствия. Хиляди хора, някои от които все още живи, са виждали Трайланга да се носи надолу по течението на Ганг – дни наред да седи на повърхността на водата или да остава скрит задълго под вълните. Обичайна гледка на мястото за ритуално къпане Маникарника Гат било неподвижното тяло на свами, проснато голо върху нажежените каменни плочи под немилостивото индийско слънце.

С тези си подвизи Трайланга искал да покаже на хората, че освен познатия им живот има и един друг, съвършено различен живот, който не зависи от кислорода и обичайните условия и предпазни мерки. Без значение дали Великият Учител се намирал под, или над водата, или предизвиквал с тялото си изгарящите слънчеви лъчи, той всеки път доказвал, че живее благодарение на божественото съзнание. Смъртта нямала власт над него.

Славният йоги бил развит не само духовно, но и физически – тежал над триста паунда (136 кг): по един паунд за всяка година от живота му! И понеже се хранел съвсем рядко, загадката около него ставала още по-загадъчна. Един Учител обаче може с лекота да пренебрегне обичайните закони на здравето, ако има особена причина за това, често твърде фина и известна само нему.

Великите светци, които са се пробудили от космическия сън

на *мая* и осъзнават този свят като идея на Божествения Разум, могат да правят каквото си пожелаят с тялото, знаейки, че то е просто една манипулируема форма от сгъстена и застинала енергия. Макар физиците днес да разбират, че материята не е нищо повече от замръзнала енергия, те все още са далеч от постиженията на просветлените Учители, защото в областта на контрола над материята последните са извървели победоносно пътя от теория към практика.

Трайланга винаги ходел гол, както го е майка родила. Това, разбира се, скоро привлякло зоркия поглед на бенареската полиция. Тя тактично го предупредила, че така не е редно, не бива... Той обаче като че ли въобще не чул предупреждението им – нито това, нито следващите. Накрая полицията разбрала, че си има работа с „трудно" дете. Естествен и невинен като древния си праотец Адам в райската градина, монахът изобщо не съзнавал голотата си. Полицията обаче добре съзнавала това и без да се церемони, го тикнала в тъмница, надявайки се тази „превъзпитателна мярка" да го вразуми. Но за почуда на всички скоро грамадното туловище на Трайланга било видяно да върви с тежки стъпки по покрива на затвора. Килията му, здраво заключена, с нищо не подсказвала как е могъл да се измъкне оттам.

Обезкуражените служители на реда го върнали обратно в килията му и този път дори поставили стража пред нея. Но силата пак отстъпила пред правдата: скоро Великият Учител отново бил видян да си крачи нехайно по покрива, сякаш е на разходка и няма едничка грижа на света.

За никого не е тайна, че богинята на правосъдието носи превръзка на очите си. В случая с Трайланга надхитрените блюстители на реда просто последвали примера ѝ.

Великият йоги спазвал мълчание почти през цялото време.* Въпреки закръгленото си лице и огромния като бъчва стомах, Трайланга се хранел рядко. След седмици без храна той прекъсвал поста си с няколко гърнета кисело мляко, което последователите му предлагали. Веднъж един скептик решил да изобличи

---

* Той е бил *муни* ('монах'), спазващ *мауна* ('духовно мълчание, свещенобезмълвие'). Санскритският корен *муни* е родствен на гръцката дума *монос*, която означава 'сам, самостоен, самостоятелен'. От нея произлизат английските думи *монах* и *монизъм*.

Трайланга като шарлатанин и му поднесъл голямо ведро с вар – от оная, с която белосват стените. „Скъпи Учителю – казал материалистът с престорена любезност – донесъл съм ви това квасено мляко. Пийнете си." Трайланга, без да му мисли, пресушил до дъно съда с изгарящия варов разтвор. След няколко мига злосторникът се свлякъл на земята и взел да се гърчи от болки. „Помощ, свами, помощ! – закрещял той. – Горя! Простете ми! Голям грях сторих!" Великият йоги нарушил обичайното си мълчание: „Безбожнико, не знаеше ли, като ми предлагаше отровата, че моят и твоят живот са едно. Ако не осъзнаваш, че Бог присъства в моя стомах, така, както присъства във всеки атом на творението, варта щеше да ме убие. Сега, като разбра как действа законът на божествения бумеранг, повече никога недей да погаждаш другиму подобни номера". Грешникът, излекуван от думите на Трайланга, се измъкнал като сянка – ни жив, ни мъртъв, едва крепейки се на краката си.

Прехвърлянето на болката станало не защото Учителят употребил воля, а поради това, че се е задействал законът на справедливостта*, който поддържа равновесието във всички кътчета на Вселената, чак до най-отдалечените пулсиращи звезди. При Богоосъзнатите хора като Трайланга божественият закон се задейства мигновено, защото те са неутрализирали завинаги насрещните течения на егото.

Вярата в автоматичното възстановяване на справедливостта (често неочаквано и изненадващо бързо, както в случая с Трайланга и скептика) смекчава болката от човешката неправда. „На Мене принадлежи възмездието, Аз ще сторя въздаяние, казва Господ."** Кому е нужна човешката намеса, когато Вселената така добре се е погрижила всяка неправда да бъде възмездена?

Притъпените умове се съмняват в съществуването на Божия справедливост, любов, всемъдрост, безсмъртие. „Празни догадки от писанията!", казват те. Но тези безчувствени хора със закоравели сърца и с още непрояснено съзнание, които не изпитват

---

* Виж II Царе 2:19–24/IV Царе 2:19–24. След като Елисей извършил чудо, „изцелявайки водата" край Йерихон, група деца му се присмели. „Тогава излязоха от дъбравата две мечки и разкъсаха от тях четирийсет и две деца."
** Римляни 12:19.

Разговор със светата Майка

Йогинята (на англ. *йогини* – 'жена йоги') Шанкари Маи Джиу – единственият жив ученик на Трайланга Свами. Тук тя е (с трима представители на училището „Йогода Сатсанга" в Ранчи) на *Кумба Мела* в Хардвар през 1938 г. Тогава йогинята е била на 112 години.

никакво благоговение пред удивителния космически спектакъл, който се разгръща пред очите им, задействат в собствения си живот поредица от дисхармонични събития, които в крайна сметка ги тласкат да потърсят мъдростта.

За всемогъщието на духовния закон говори Исус при триумфалното си влизане в Йерусалим. Докато учениците и множеството викат и ликуват от радост, „велегласно славейки Бога за всичките Му велики чудеса: благословен Царят, който иде в име Господне! Мир на небето и слава във висините!", някои от фарисеите измежду народа се оплакват от неблагопристойното зрелище. „Учителю – протестират те, – смъмри учениците си."

Но Исус им отговаря, че „ако тия млъкнат, то камъните ще завикат"*.

---
* Лука 19:37–40.

С това порицание към фарисеите Исус дава да се разбере, че Божията справедливост не е абстракция и че този, който е осенен от духа на Божия мир, дори и езикът му да бъде изтръгнат, пак ще върне правдата, защото вътрешният му глас ще разтърси недрата на творението, самия вселенски порядък.

„Мислите, че можете да заставите човека, обладан от Божия мир, да млъкне? – е искал да им каже Христос. – Или може би се надявате да заглушите гласа на Самия Бог, Чиято слава и вездесъщие биват възхвалявани дори от камъните? Да не искате да забраня на хората си да празнуват и да се веселят, възхвалявайки „мира небесен"? Или намеквате, че е редно да се събират на тълпи само преди война, за да крещят неистово, размахвайки оръжия? Горко ви тогава, о, фарисеи, защото светът ще бъде разтърсен из основи и честните хора, и камъните, и земята, и водата, и огънят, и въздухът – всичко – ще се надигне срещу вас и ще възстановят божествената хармония в творението."

Милостта на помазания със Светия Дух йоги Трайланга докоснала веднъж и моя *седжо мама* ('вуйчо'). Една сутрин той видял Учителя сред тълпа поклонници на един бенарески *гат*. Пробил си път до него и смирено докоснал нозете му. За изненада на вуйчо ми, още в същия миг бил излекуван от една мъчителна хронична болест.*

Единственият известен жив ученик на великия йоги е жена – Шанкари Маи Джиу**. Тя е дъщеря на един от учениците на Трайланга и е била обучена от свами още от най-ранно детство. После в продължение на четирийсет години е живяла в усамотени хималайски пещери край Бадринат, Кедарнат, Амарнат и Пасупатинат. Тази *брамачарини* ('жена аскет') е родена през 1826 г. и отдавна е прехвърлила стоте. Външният й вид обаче не издава възрастта й – запазила е черната си коса, блестящите бели зъби и удивителната си енергия. Тя излиза от уединението си през няколко години, за да участва в периодично провежданите *мели*

---

* Животът на Трайланга и другите Велики Учители ни напомнят думите на Исус: „И тия личби ще придружават повярвалите: с името Ми (Христовото Съзнание) ще изгонват бесове, ще говорят нови езици; ще хващат змии, и ако изпият нещо смъртоносно, то никак няма да ги повреди; на болни ще възлагат ръце и те ще оздравяват" (Марк 16:17–18).

** Бенгалска версия на суфикса *джи*, с който се засвидетелства уважение.

(религиозни събори).

Святата жена често посещавала Лахири Махашая. Тя ми разказа, че един ден в калкутския район Баракпор, докато седяла до Лахири Махашая, неговият велик гуру Бабаджи тихичко влязъл в стаята и разговарял с двамата. „Дрехите на безсмъртния Учител бяха мокри – спомни си тя, – сякаш идваше от къпане в реката. Той ме благослови и ми даде няколко духовни съвета."

При друг случай в Бенарес нейният Учител Трайланга отново нарушил обичайното си мълчание, за да засвидетелства публично почитта и уважението си към Лахири Махашая. Един от учениците на Трайланга изразил своето недоумение: „Учителю, защо вие, който сте свами, отрекъл се от всичко земно, показвате такова уважение към семейния?". Трайланга му се усмихнал: „Синко, Лахири Махашая е като божествено коте, което остава там, където го сложи Космическата Майка. Освен че добросъвестно изигра ролята си на мирянин в този живот, той постигна и онази върховна Себе-реализация, заради която аз се отрекох от всичко – дори и от набедрената си препаска!"."

Глава 32

Рама възкресен от мъртвите

— Един човек на име Лазар боледуваше. (...) Като чу това, Исус рече: тая болест не е за умиране, а за слава Божия, за да се прослави чрез нея Син Божий.*

Беше слънчева сутрин. Шри Юктешвар тълкуваше християнското Свето писание на балкона на серампорската си обител. Освен неколцината ученици на Учителя, там бях и аз с малка група мои възпитаници от Ранчи.

В този откъс Исус нарича себе си Син Божий. Но при все че той е бил напълно „съединен" с Бога, тук думите му имат по-дълбок, безличностен смисъл – обясняваше моят гуру. – Синът Божий е Христ-ът (Крист-ът), сиреч Божественото Съзнание в човека. Никой *смъртен* не може да слави Бога. Единствената почит, която човек може да оказва на Създателя си, е да Го търси, да търси изживяване на единение с Него – не можеш да славиш абстракция, която не познаваш. „Славата" (нимбата) около главата на светците е символично свидетелство за *способността* им да отдават божествена почит.

Шри Юктешвар продължи да чете чудната история за възкресението на Лазар. Като свърши, Учителят потъна в продължително мълчание, а свещената книга остана отворена на коленете му.

— Аз също имах привилегията да видя подобно чудо – проговори

---
* Йоан 11:1–4.

най-накрая моят гуру с тържествена нотка в гласа. – Лахири Махашая възкреси един мой приятел от мъртвите.

Лицата на момчетата край мен светнаха в очакване. И аз като тях изпитвах не по-малко момчешки възторг и наслада не само от философските тълкувания, но и от всяка история, която можех да чуя от устата на Шри Юктешвар за чудните му преживявания с неговия гуру.

– Имах един приятел – Рама. С него бяхме неразделни – започна Учителят. – Той беше по-стеснителен и по-затворен и предпочиташе да посещава нашия гуру Лахири Махашая само в часовете след полунощ, когато тълпите посетители от деня се разотиваха. Понеже с Рама бяхме големи приятели, той ми доверяваше много от дълбоките си духовни изживявания. Бях нещо като духовен отдушник за него. За мен пък той беше идеалният другар – черпех вдъхновение от общуването с него – моят гуру се вглъби в спомените си. – Но неочаквано вярата на Рама бе подложена на сурово изпитание – продължи Шри Юктешвар. – Зарази се от азиатска холера. Понеже Учителят никога не възразяваше против намесата на лекарите при сериозни заболявания, извикаха двама специалисти. Докато те трескаво се бореха за живота му, аз се молех дълбоко на Лахири Махашая за помощ. Накрая изтичах в дома му и хлипайки, му разказах случилото се. „Докторите лекуват Рама. Той ще се оправи", усмихна се весело моят гуру. Това поуспокои душата ми. Но когато се върнах, приятелят ми лежеше неподвижно в постелята си, като болник в предсмъртния си час – пребледнял, едвам дишаше, животът в него гаснеше бавно. „Да живее най-много още един-два часа", каза един от лекарите с отчаян израз. Аз пак хукнах при Лахири Махашая. „Докторите са съвестни хора. Сигурен съм, ще вдигнат Рама на крака", отпрати ме безгрижно Учителят.

Като се върнах в дома на Рама, двамата доктори си бяха отишли. Единият ми беше оставил бележка: „Направихме каквото можахме, но случаят е безнадежден". Погледнах приятеля си – болезнено изпитото му лице наистина носеше прокобния знак на приближаващата смърт. Искаше ми се да вярвам, че думите на Лахири Махашая ще се сбъднат, но гледката на бързо угасващия живот на Рама не спираше да ми повтаря: „Край, всичко свърши...". Люшкан между вълните на вярата и съмнението, аз помагах на приятеля си с каквото мога. По едно време той се надигна и със сетни сили промълви: „Юктешвар, тичай при Учителя и му обади, че съм напуснал този свят. Помоли го да благослови тялото ми преди последния ритуал".

С тези думи Рама изпусна тежка въздишка и предаде Богу дух.*
Плаках цял час, приседнал в единия край на одъра му. „Ето че сетния му час удари – казах си – и той, който всякога обичаше спокойствието и тишината, се пресели завинаги в покоя на вечните селения на смъртта." В стаята влезе друг ученик и аз го помолих да остане да бди край него, докато се върна. Изпълнен с покруса, аз се довлякох като сънен до моя гуру. „Как е Рама сега?" – лицето на Лахири Махашая се разливаше в усмивка. „Учителю, скоро ще видите – изтърсих аз съкрушен. – След няколко часа, като изпращат тялото му към мястото за кремиране, ще видите." Свлякох се на земята и заридах, оплаквайки го. „Юктешвар, овладей се. Седни спокойно и медитирай." Моят гуру се оттегли в *самади*.

Следобедът и нощта преминаха в гробна тишина. Аз се мъчех да запазя присъствие на духа, но напразно. Призори Лахири Махашая отправи към мен утешителен поглед. „Виждам, че още си разстроен. Защо не ми обясни вчера, че очакваш от мен да окажа осезаема помощ на Рама под формата на някое лекарство? – Учителят посочи с очи към една куповидна лампа със сурово рициново масло. – Налей едно шишенце масло от тази лампа и капни седем капки в устата на Рама." Аз възразих: „Учителю, та той е мъртъв от вчера по обед. Защо ми е туй масло сега?". – „Нищо, прави каквото ти казвам" – ведрото настроение на моя гуру беше неразбираемо за мен. Покрусеното ми сърце още оплакваше тежката загуба.

Отлях малко масло и поех към дома на Рама, където вкочанения труп на приятеля ми лежеше в прегръдката на смъртта. Без да обръщам внимание на мъртвешкия му вид, аз отворих устните му с десния си показалец и помагайки си с корка, успях с лявата ръка да налея маслото капка по капка през стиснатите му зъби. Щом седмата капка докосна студените устни, Рама изведнъж силно потръпна. Мускулите от главата до петите му се изопнаха и той като по чудо се изправи. „Видях Лахири Махашая, обгърнат в ярка светлина! – извика той. – Грееше като слънце. Заповяда ми да стана и

---

* Жертвите на холерата често са в пълно съзнание и контактни до момента на смъртта.

да забравя съня си. Каза двамата с теб веднага да отидем при него."

Гледах като поразен и не знаех да вярвам ли, да не вярвам ли на очите си: след това смъртоносно преживяване Рама се облече и се затича с мен към дома на нашия гуру! Там той се просна пред Лахири Махашая, облян в сълзи на благодарност. Учителят преливаше от веселост. Очите му заиграха закачливо и като се обърна към мен, рече: „Юктешвар, от сега нататък май няма да се разделяш с шишенцето с рицинова масло. Като видиш мъртвец, даваш му няколко капки, и ето – отново е на крака. Има си хас седем капки да не могат да спрат Яма*". – „Гуруджи, вие ми се присмивате. Нищо не разбирам. Моля ви, обяснете ми къде е грешката ми." – „Два пъти ти казах, че Рама ще оздравее, но ти не ми вярваше напълно – обясни Лахири Махашая. – Не ти казах докторите ще го „излекуват", а само че го „лекуват". Аз не се меся в работата на лекарите – те също трябва да си изкарват хляба, нали? – и с глас, трепещ от радост, моят гуру добави: – Винаги знай, че всесилният *Параматман*** може да изцели всекиго – и с доктор, и без доктор." – „Разбирам грешката си – отвърнах унило аз. – Вече знам, че само една дума от вашата уста – и целият Космос ви слуша."

Когато Шри Юктешвар свърши удивителния си разказ, едно от моите момчета от Ранчи му зададе един по детски наивен въпрос: „Учителю – каза то, – защо вашият гуру е дал рицинова масло?". – „Синко, самото рицинова масло нямаше връзка с изцелението. Но понеже аз очаквах нещо материално, Лахири Махашая избра намиращото се наблизо масло като обективен символ, с който да засили вярата у мен. Учителят допусна Рама да умре, защото аз се съмнявах. Но от друга страна, божественият гуру знаеше, тъй като преди това беше обещал, че ученикът ще оздравее, че нищо не може да попречи на изцелението, дори ако трябва да изцели Рама, докато е в биологична смърт – състояние, което обикновено е окончателно, необратимо!"

Шри Юктешвар освободи малката група, а на мен кимна да седна до нозете му, на едно сгънато одеяло. „Йогананда – заговори той с необичайна сериозност, – от самото си раждане ти винаги си

---

* Яма – бог на смъртта.
** Букв. 'Върховна Душа'.

ЛАХИРИ МАХАШАЯ

„Аз съм Дух. Може ли твоята камера да заснеме вездесъщото Невидимо?" След няколко неуспешни опита на фотографа да запечата образа на Лахири Махашая на плàката, *йогаватарът* най-накрая дал съгласието си да заснемат „телесния му храм". „Доколкото ми е известно, Учителят никога не е позирал за друга снимка", пише Йоганандаджи. (Виж стр. 42.)

бил заобиколен от преки ученици на Лахири Махашая. Великият Учител живя възвишения си живот в частично уединение и твърдо отказваше на последователите си да изграждат организация около учението му. Той обаче направи едно важно предсказание: „Около петдесет години след като напусна тази земя – каза той – моят живот ще бъде описан поради големия интерес, който Западът ще почне да проявява към йога. Посланието на йога ще обиколи земното кълбо и ще положи основите на едно ново братство между хората – на една дружба, която ще почива върху непосредственото възприятие на Единия Отец – Шри Юктешвар замълча за момент, после продължи: Сине мой, Йогананда, ти трябва да свършиш своята работа и да разпространиш това послание, като опишеш светия му живот".

Лахири Махашая напусна тленната си форма през 1895 г. Петдесетте години, за които той говореше, се навършиха през 1945-а – годината, в която аз завърших настоящата книга! Не мога да подмина и друго поразително съвпадение: 1945 година възвести началото на една нова ера – тази на революционните атомни енергии. Всички мислещи хора, както никога досега, са обединени в търсенето на разрешение на неотложния въпрос за мира и братството, защото човечеството разбра, че продължителното използване на физическа сила ще унищожи всички, заедно с проблемите им.

Цивилизации са изчезвали безследно в хода на историята, бомби са унищожавали сътвореното от човешки ръце, но Слънцето неотклонно следва орбитата си, звездите продължават неизменното си бдение. Космическият закон не може да бъде отменен, нито променен, затова е добре човек да заживее в хармония с него. Космосът, въпреки всемогъществото си, никога не използва опустошителна мощ. Слънцето кротко се оттегля в небесата и оставя звездите да се порадват на своята нощна власт. Защо тогава ние хората дрънкаме оръжие? Ще ни донесе ли това мир? – Не. Не жестокостта, а доброжелателството крепи вселенските устои. Едно човечество, живеещо в мир, ще познае дълговечните плодове на победата, по-сладки от всички онези завоевания, добити от напоената с кръв почва.

Най-ефективното Общество на народите* е обществото от човешки сърца. Любовта и съчувствието към всички същества на земята, мъдрата проницателност, толкова нужни за излекуване на раните на нашата планета Земя, не могат да потекат от интелектуалното зачитане на човешките различия, а от знанието за единството на хората на най-висше равнище – родство с Бог. Затова нека йога, науката за лично единение с Божественото, стигне до всички хора във всички страни, за да се сбъдне най-възвишеният и най-чист човешки идеал – мир чрез братство.

---

* Известно още като Лига на нациите, предшественика на ООН. – *Бел. прев.*

Макар индийската цивилизация да е сред най-древните в света, малко историци са се замисляли над факта, че изкуството ѝ да оцелява, съвсем не е случайност, а логично следствие от онази преданост към вечните ценности, които Индия е предлагала посредством най-извисените си мъже и жени във всяко поколение. С акцента си върху Абсолютното Битие, със своята непреходност пред лицето на вековете (могат ли педантичните учени наистина да ни кажат колко са на брой?) Индия е дала най-стойностния отговор на човечеството срещу предизвикателствата на времето.

Библейският разказ за молбата на Авраам към Господ* да пощади Содом, ако в него се намерят десет праведници, и Божият отговор: „Няма да го погубя заради десетте", придобиват нов смисъл в светлината на индийския „модел за спасение" от потъване в забвение. Няма ги империите на могъщите нации, вещи в изкуството на водене на войни, няма ги някогашните съвременници на Индия: Древен Египет, Вавилон, Гърция, Рим.

Отговорът на Господ ясно показва, че бъдещето ни зависи не от материалните постижения, а от шедьоврите на човешкия дух.

Нека в този XX век, на два пъти потопен в кръв, преди още да бъде преполовен, бъде чуто божественото послание: народ, който съумее да даде на света десет човеци, достойни в очите на Неподкупния Съдник, няма да изчезне.

Индия, която е пропита от тази истина, се е доказала, като е устоявала на хилядите уловки на времето. Век след век просветлени Учители са освещавали с присъствието си земите ѝ. Съвременни подобни на Христа мъдреци като Лахири Махашая и Шри Юктешвар са отправяли възвания към народа той да се обърне към йога, науката за постигане на Бог, като жизненоважна за щастието на човека и бъднините на всяка нация.

За живота и универсалното учение на Лахири Махашая почти няма оставени писмени източници, а в малкото, които намираме, информацията е твърде оскъдна.** През последните три десетилетия в Индия, Америка и Европа аз срещнах много хора,

---

* Битие 18:23–32.
** През 1941 г. на бенгалски език излезе кратък биографичен очерк от Свами Сатянанда под заглавие „Шри Шри Шяма Чаран Лахири Махашая". От нейните страници съм превел няколко откъса за живота на Лахири Махашая.

проявяващи жив, искрен интерес към неговото освобождаващо йога послание. Затова сега – точно както е предсказал Лахири Махашая, е дошло времето да се опише и разпространи житието му на Запад, където малко се знае за великите съвременни йоги.

Лахири Махашая е роден на 30 септември 1828 година в набожно семейство на *брамини* с древно родословие. Родното му място е село Гурни, намиращо се в околия Надя, недалеч от Кришнанагар, Бенгалия. Той е бил единственият син на Муктакаши, втората съпруга на почитания от всички Гаур Мохан Лахири (чиято първа съпруга, след раждането на трима синове, умряла по време на поклонническо пътуване). Майката на момчето починала още през детството му. За нея не се знае почти нищо, освен показателния факт, че е била пламенна поклонничка на Господ Шива*, Когото свещените писания определят като цар на йогите.

Момчето, чието пълно име е Шяма Чаран Лахири, прекарало детските си години в родовия дом в Гурни. Още на три-четири годинки често можело да бъде видяно да седи в йога пози, заровено цялото в пясъка и само главата му да се подава.

Имението на рода Лахири било разрушено през зимата на 1833 година, когато близката река Джаланги излязла от коритото

---

* Един от аспектите на Триединното Божество: Брама-Вишну-Шива, чиито дейности във Вселената са съответно: създаване, запазване и разрушаване-обновяване. Шива (понякога се произнася Сива), представен в митологията като Господ на отречените, се явява на своите поклонници във видения, разкриващи различни Негови страни: като Махадева – Аскета със сплъстените коси, или Натараджа – Космическия Танцьор.

На мнозина им е трудно да си представят Господ като Шива (Разрушител). Пуспаданта, поклонник на Шива, пита жално в своя религиозен химн *Махимнастава*: „Защо си сътворил световете, щом като ще ги разрушаваш?". Една станца от *Махимнастава* (в превод на Артър Авалон) гласи:

„Под стъпките на Твоя танц уплаши се Земята до смърт.
Дорде ръце кършеше, здрави като жезъл стоманен,
звездите в ефира пръснаха се в бяг.
Шибани от Твойте спуснати коси, небесата се завихриха.
А как чудно танцуваше!
Но да обърнеш светове с главата надолу, за да ги спасиш...
Що за тайнство е това?"

Накрая древният поет поставя заключителните акорди:

„Голяма бездна зее между моя ум убоги
(малко разбира той и не е свикнал да понася болка)
и Твойта Всевечна Слава, надминаваща всякакви представи!"

си и потекла към дълбоките води на Ганг. Един от храмовете на Шива, издигнат от фамилията, бил отнесен от реката заедно с къщата. Ревностен поклонник обаче успял да спаси каменната статуя на Господ Шива от буйните води и я поставил в нов храм, известен днес като светилището „Гурни Шива".

Гаур Мохан и семейството му напуснали Гурни и се заселили в Бенарес, където бащата още с пристигането си издигнал храм, посветен на Шива. Той управлявал дома си според ведическите предписания, с редовно съблюдаване на церемониални богослужения, актове на благотворителност, изучаване на писанията. Но бидейки справедлив и непредубеден, той не пренебрегнал и прогресивните влияния на съвременните идеи.

Като момче Лахири вземал уроци по хинди и урду в учебни групи в Бенарес. Посещавал и училището на Джой Нараян Гошал, където изучавал санскрит, бенгалски, френски и английски. Младият йоги се заел усърдно да изучава Ведите и с голям интерес слушал дискусиите на начетените *брамини* върху свещените текстове, сред които се откроявал един *марата* по народност пандит на име Наг-Бата.

Шяма Чаран бил добър, честен и решителен младеж, обичан от всички свои другари. Имал добре сложено, здраво и силно тяло. Изпъквал в плуването и в редица други физически дейности, изискващи похватност.

През 1846 г. Шяма Чаран Лахири се оженил за Шримати Каши Мони, дъщеря на Шри Дебнараян Санял. Образцова индийска съпруга, Каши Мони жизнерадостно изпълнявала домашните си задължения, както и традиционните си задачи на стопанка, включващи посрещането на гостите и бедните. Съюзът им бил благословен с двама свети синове – Тинкури и Дукури, и с две дъщери. През 1851 година, на двайсет и три годишна възраст, Лахири Махашая поел поста счетоводител във Военноинженерната служба към британските власти. За отличната си служба той бил многократно повишаван. Така в Божиите очи той бил не само Учител, но и образцов служител с блестяща кариера в малката човешка драма със скромната роля, отредена му в света.

По различно време Инженерното отделение прехвърляло Лахири Махашая в службите си в Газипур, Мирджапур, Наини Тал, Данапур и Бенарес. След смъртта на баща си младият мъж поел отговорност за членовете на цялото семейство, а по-късно им закупил и къщата в тихия бенарески район Гарудешвар Мохула.

На трийсет и третата година от живота на Лахири Махашая* се изпълнил предопределеният замисъл, заради който той отново бил въплътен в човешка форма – недалеч от Раникет в Хималаите той срещнал своя велик гуру Бабаджи, който го посветил в *крия йога*.

Това било знаменателно събитие на само за Лахири Махашая, но и за целия човешки род. Загубеното, отдавна изчезнало висше изкуство йога отново видяло бял свят.

Както в легендата от индуистката *Пурана,* водите на Ганг** заприиждали от небесата към земята, предлагайки студената си божествена благодат на умиращия от жажда поклонник Багират, така и животворящото небесно поточе *крия йога* бликнало от непристъпните твърдини на Хималаите и тихо зашумоляло към пресъхналите убежища на хората.

---

* Санскритската религиозна титла *махашая* означава 'велик ум'.

** Водите на майката кърмилница Ганга, свещената река на индусите, извират от една ледена пещера сред вечните снегове и тишина на Хималаите. През вековете хиляди светци щастливо са се установявали да живеят край Ганг, и са оставили по бреговете й благословена аура. (Виж бел. стр. 254.)

Едно изключително, може би уникално свойство на река Ганг е невъзможността тя да бъде замърсена. Неизменната й стерилност не позволява в нея да живеят бактерии. Милиони индуси ежедневно използват водите й за къпане и пиене, без от това да произтичат вредни последствия. Този факт поставил съвременните учени пред голяма загадка. Един от тях, д-р Джон Хауард Нортроп, лауреат на Нобелова награда за химия през 1946 година, неотдавна отбеляза: „Известно ни е, че Ганг е силно замърсена. Индусите обаче продължават да пият от нея, да се къпят във водите й, и както по всичко личи, това въобще не им навреждa – после добавя с надежда: – Изглежда, бактериофаг (вирус, който „изяжда" бактериите) поддържа реката стерилна".

Ведите ни учат да храним благоговейни чувства към силите на природата. Затова не бива да ни учудва фактът, че набожният индус прекрасно разбира славословието на Свети Франциск Асизки: „Хвала Тебе, мой Господи, за сестра Вода, която е толкова полезна, смирена, девствена и скъпоценна".

Глава 33

Бабаджи – Месията на съвременна Индия

Стръмните зъбери на Северните Хималаи край Бадринараян и до днес са благословени с живото присъствие на Бабаджи, гуру на Лахири Махашая. Живеещият в уединение Учител е запазил физическата си форма за векове, а може би и за хилядолетия. Безсмъртният Бабаджи е *аватар*. Тази санскритска дума означава 'слизане'; корените ѝ са *ава* – 'надолу', и *три* – 'минавам'. В индуистките писания с *аватар* се обозначава низхождането на Божественото в плът.

„Извисеното духовно състояние на Бабаджи е отвъд човешките представи – обясняваше ми Шри Юктешвар. – Късото и замъглено човешко зрение не може да различи трансцендентната му звезда. Напразни са и усилията да се обрисува духовната му висота. Тя е невъобразима."

Упанишадите щателно са класифицирали всеки стадий на духовно израстване. *Сида* ('съвършено същество') се развива от началното състояние *дживанмукта* ('освободен приживе') през последващото *парамукта* ('върховно свободен' – пълна власт над смъртта). Последният напълно се е избавил от робската зависимост на *мая* и колелото на превъплъщенията. Затова той рядко се връща във физическо тяло, а ако го направи, трябва да е аватар – божествен посредник, дошъл да излее небесните си благословии върху света. Аватарът не е подвластен на вселенските закони. Чистото му тяло се вижда като светлинен образ и той не е обременен от никакви дългове към природата.

За случайния наблюдател няма нищо необичайно във формата на един аватар, но понякога той не хвърля сянка и не оставя следи по земята. Това са важни външни доказателства за вътрешната освободеност от мрака и материалната зависимост. Само такъв Богочовек познава Истината зад относителностите на живота и смъртта. Омар Хайям, толкова материалистично разбиран, пее за такъв освободен човек в безсмъртните си откровения в *Рубайят*:

> Ах, Луна Пълнолика на мойта сладка забрава,
> виж, луната небесна изплува и пак ме задява!
> И пак със изгрева си с позлата тя ме обсипва
> в градината стара – напразно ме тя обожава!

„Луната Пълнолика на сладката забрава" е Бог, вечната Полярна Звезда, неизменна и неподвижна. „Луната небесна [която] изплува и пак ме задява" е външният Космос, подчинен на закона на двойствеността, на периодично повтарящите се явления. Благодарение на постигнатото висше състояние на Себе-осъзнаване, персийският провидец още приживе се е освободил от принудителните завръщания в дуалността на земята – „в градината стара" на превъплъщенията в природата *(мая)*. „И пак със изгрева си с позлата тя ме обсипва в градината стара – напразно ме тя обожава!"* Как ли ще е огорчена външната Вселена, откривайки, че този, който някога ѝ е принадлежал, е избягал безвъзвратно в блаженството на Неизменния Дух!

Христос изразява свободата си по друг начин: „Тогава един книжник се приближи до него и му рече: Учителю, ще вървя след тебе, където и да идеш. А Исус му каза: лисиците си имат леговища, а небесните птици – гнезда; а Син Човеческий няма де глава да подслони"**.

И наистина, къде другаде да следваш вездесъщия Христ ('Божи Помазаник'), освен във всеобемащия Дух?

Кришна, Рама, Буда и Патанджали са древни аватари на Индия. Значителна по обем поетична литература намираме на тамилски език за един друг аватар – Агастя, живял в Южна Индия. Той е извършил редица чудеса през столетията преди и след началото

---

* По английския превод на Едуард Фицджералд.
** Матей 8:19–20.

на християнското летоброене. За него се вярва, че е запазил физическата си форма до днес.

Мисията на Бабаджи в Индия е да подпомага пророците в провеждането на Божия план. Така той отговаря на класификацията на свещените писания за *махаватар* ('велик аватар'). По думите му, той е дал йога посвещение на Шанкара*, реорганизатора на ордена *Свами,* както и на Кабир, прочутия Учител от Средновековието. Главният му ученик през XIX век, както знаем, е Лахири Махашая, възродител на загубеното изкуство *крия.*

Бабаджи е в постоянно общение с Христа. Заедно те изпращат спасителни вибрации към човечеството и са планирали духовната техника за избавление, съответстваща на нуждите на настоящата епоха. Мисията на тези двама напълно просветлени Учители – единия в тяло, а другия извън, е да пробудят духовно народите по земята, така че хората завинаги да се отърсят от бича на войните, расовите предразсъдъци, религиозния фанатизъм и злото на връщащия се като бумеранг материализъм. Бабаджи е добре запознат със съвременните тенденции, и особено с въздействието и объркания характер на западната цивилизация, и осъзнава необходимостта от разпространение на себеосвобождаващите техники на йога както на Запад, така и на Изток.

Това, че няма исторически сведения за Бабаджи, не бива да ни изненадва. Великият Гуру не се е показвал открито на хората през нито един век. Евтиният блясък на публичността няма място в хилядолетните му планове. Също като своя Създател – безсловесната Енергия, Бабаджи действа скромно оттеглен от света.

Великите пророци, като Христос и Кришна, идват на Земята със специална мисия и си отиват веднага щом тя приключи. Други аватари, като Бабаджи, се заемат с дело, свързано по-скоро с бавния еволюционен прогрес на човечеството през вековете, отколкото с някакво изключително епохално събитие. Такива Учители винаги остават скрити за любопитните погледи на тълпите и притежават способността да стават невидими. Поради тези причини,

---

* Шанкара, чийто гуру според историческите сведения е Говинда Джати, е получил посвещение в *крия йога* от Бабаджи в Бенарес. Бабаджи е разказал за това събитие на учениците си Лахири Махашая и Свами Кебалананда и им съобщил много интересни подробности за срещата си с великия монист.

както и поради факта, че те обикновено инструктират последователите си да не разгласяват нищо за тях, редица великани на духа живеят в пълна неизвестност за света. Ако с тези няколко факта, които сега съобщавам на страниците на книга за широката публика, аз открехвам леко завесата около живота на Бабаджи, то е, защото той самият намира това за подходящо и навременно.

За голямо разочарование на летописците, до ден днешен не са открити никакви конкретни факти за семейството и родното място на Бабаджи. Обикновено той говори хинди, но разговаря свободно на всеки друг език. Приел е простото име Бабаджи ('почитаем Баща'). Други титли на уважение, дадени му от учениците на Лахири Махашая, са: Махамуни Бабаджи Махарадж ('преблажен Учител'), Маха Йоги ('велик йоги'), Трамбак Баба и Шива Баба (титли на аватари на Шива). Както се вижда, просветленият Учител добре се е погрижил да запълни празнотата от липса на фамилно име с множество титли!

„Винаги когато някой поклонник с благоговение произнася името на Бабаджи – казва Лахири Махашая – той мигновено привлича върху себе си духовна благословия."

Годините не са оставили никакви следи по тялото на безсмъртния гуру – той изглежда като младеж на не повече от двайсет и пет години. Светлокож, със среден ръст и тегло, от красивото и силно тяло на Бабаджи се излъчва видимо меко сияние. Тъмните му очи гледат спокойно и нежно, а дългите му бляскави коси имат медночервеникав цвят. Понякога лицето на Бабаджи прилича на това на Лахири Махашая. Приликата е толкова поразителна, че в зрялата си възраст Лахири Махашая е можел да бъде взет за баща на младоликия Бабаджи.

Свами Кебалананда, моят свят преподавател по санскрит, е прекарал известно време с Бабаджи* в Хималаите.

– Несравнимият Учител и групата му често правят преходи в планината – разказа ми Кебалананда. – В малката му дружина влизат и двама доста напреднали американски ученици. Като престоят

---

* *Бабаджи* ('почитаем Баща') е често срещана титла в Индия. Там с нея се обръщат към всички уважавани учители. Никой от тях обаче не е Махаватар Бабаджи, гуруто на Лахири Махашая. За съществуването на *махаватара* широката публика научи за първи път през 1946 г. от страниците на *Автобиография на един йоги*.

известно време на някое място, той казва: *Дера данда утао* (Тоягите на рамо – вдигаме лагер). Обикновено носи *данда* (бамбукова тояга). Думите му са сигнал за незабавно прехвърляне на друго място. Той обаче невинаги прибягва до този метод на астрално пътуване. Понякога се случва да вървят пеша от връх на връх.

Бабаджи може да бъде видян или разпознат от околните само ако той пожелае това. Казват, че се е появявал в леко различаващи се форми пред множество свои последователи – понякога с брада и мустаци, друг път – без. Макар нетленното му тяло да няма нужда от храна, понякога от учтивост към учениците, които го посещават, той похапва плодове, мляко с ориз, пречистено масло.

Знам две удивителни случки от живота на Бабаджи – продължи Кебалананда. – Една нощ учениците му, сред тях и аз, бяхме насядали около голям огън, запален за свещена ведическа церемония. Бяхме се умълчали, загледани в играта на пламъка, когато гуру изненадващо грабна от огъня една недогоряла главня и жегна по голото рамо един *чела*. „Учителю, това е жестоко!", възнегодува седящият наблизо Лахири Махашая. „Може би предпочиташ да стане на въглен пред очите ти според тежестта на миналата му карма? – отвърна Бабаджи и като положи изцеляващата си длан върху обгореното рамо на *чела,* каза: – Тази нощ аз те освободих от мъчителна смърт. Кармичният закон беше удовлетворен чрез краткотрайната болка, която ти понесе."

Друг път планинската тишина, на която се наслаждавала святата група на Бабаджи, била нарушена от появата на някакъв странник, който с удивителна ловкост се бил покатерил на непристъпната скална издатина, досами лагера на гуру. „Господине, вие трябва да сте Великият Бабаджи – лицето на човека грейнало от неизразимо благоговение. – От месеци ден и нощ ви издирвам сред тези чукари. Умолявам ви, приемете ме за ваш ученик." Като видял, че Великият Гуру мълчи, човекът посочил пропастта до краката си. „Ако ми откажете, ще се хвърля от тази канара. Животът за мен няма никакъв смисъл, ако не мога да ви спечеля за свой водач към Бога." – „Скачай тогава – казал хладно Бабаджи. – Не мога да те приема на това ниво от твоето развитие." Мъжът, без за миг да се замисли, скочил в пропастта. Бабаджи наредил на шокираните си ученици да донесат трупа. Като се върнали с размазаното тяло, Учителят положил ръка върху мъртвеца и – о, чудо!

– той отворил очи и смирено се поклонил в нозете на всемогъщия гуру. „Сега вече си готов за ученичество – казал Бабаджи, като спрял любящия си поглед върху възкръсналия *чела*. – Ти смело издържа трудното изпитание.* Смъртта вече не ще те докосне. Сега ти си един от нашия безсмъртен кръг." После изрекъл обичайните думи за потегляне: *Дера данда утао,* и цялата група изчезнала от планината.

Аватарът живее във вездесъщия Дух. Него не го хваща „обратнопропорционално на квадрата от разстоянието" (законът на Нютон за всеобщото привличане). Следователно само една причина би могла да мотивира Бабаджи да запазва физическата си форма век след век: желанието да даде на човечеството реален пример за собствените му възможности. Ако на човек не му се даде шанс да зърне Божественото в плът, твърде вероятно е той да продължи да живее под тежкото потисничество на илюзията *мая*, заблуждавайки се, че няма победа над смъртта.

Исус от самото начало е знаел развоя на целия си живот. Той се е подложил на всички страдания не поради някаква кармична принуда, а единствено, за да тласне към Духа склонните към съзерцателност човешки същества. Съответно четиримата свети апостоли – Матей, Марк, Лука и Йоан, са записали великата драма за благото на идните поколения.

За Бабаджи също не съществуват относителности като минало, настояще и бъдеще. И той като Исус от самото начало е знаел всички фази на своя живот. Но, напасвайки се към ограниченото разбиране на хората, той се е постарал да изиграе редица сцени от божествения си живот пред очите на един или повече свидетели. Тъкмо такъв е и случаят с един от учениците на Лахири Махашая, който присъствал на срещата, на която Бабаджи възвестил телесното си безсмъртие. Той дал това обещание пред Рам Гопал Музумдар, за да може чрез него посланието да стигне до всички търсещи сърца. Великите Учители казват това, което имат да кажат, и участват в привидно естествения ход на събитията само за

---

* Това е бил тест за послушание. Просветленият Учител наредил на човека да скочи, и той се хвърлил в пропастта, без да му трепне окото. Колебанието би поставило под въпрос неговото твърдение, че животът му без водачеството на Бабаджи не струва, и така би се доказало, че не вярва напълно на гуру. Затова, колкото и драстичен и необичаен да изглежда този тест, той е бил идеалният при дадените обстоятелства.

Автобиография на един йоги

благото на хората, както казва и Христос: „Отче, благодаря Ти, че ме послуша. Аз знаех, че Ти винаги ме слушаш; но *това казах заради народа, който стои наоколо,* за да повярват, че Ти си ме пратил"*.

По време на гостуването ми на Рам Гопал (Вечно будния светец**) в Ранбаджпур, той ми разказа удивителната история на своята първа среща с Бабаджи.

– От време на време напусках уединената си пещера, за да поседя в нозете на Лахири Махашая в Бенарес – започна разказа си Рам Гопал. – Веднъж, беше към полунощ, докато седях и тихо медитирах с група негови ученици, Учителят ми отправи изненадваща молба: „Рам Гопал – каза той, – незабавно отиди при *гата* Дашасвамед".

Скоро бях на мястото. Наоколо – пустота и глухота. Нощта беше осветена от луната и хилядите трепкащи звезди. Седнах и търпеливо зачаках. По едно време една голяма каменна плоча до краката ми се размърда и бавно се надигна. Под нея зейна подземна пещера. Плочата застана неподвижно във въздуха, сякаш държана от някаква свръхземна сила и от пещерата бавно се показа забулена, приказно красива жена. Тя се издигна високо във въздуха, обгърната в мек ореол, след което плавно се спусна пред мен и застана неподвижно, цялата топяща се в екстаз. Накрая се разшава и заговори с благ ангелски глас: „Аз съм Матаджи***, сестрата на Бабаджи. Помолих брат ми и Лахири Махашая да дойдат в пещерата, за да обсъдим един много важен въпрос". В това време видях над Ганг да прелита една мъглива светлина. Странното сияние се отразяваше в мътните води и се носеше към нас с шеметна бързина. Когато ни наближи, изведнъж блесна ослепителна светкавица, удари до Матаджи и мигновено се сгъсти в човешката форма на Лахири Махашая. Той се поклони смирено в нозете на светицата. Преди да успея да се съвзема от объркването, съгледах откъм небето към нас вихром да се задава друго тайнствено

---

* Йоан 11:41–42.

** Вездесъщият йоги, чието духовно око беше регистрирало, че пропуснах да се поклоня в таракешварския храм (глава 13).

*** 'Света Майка'. И Матаджи като брат си от векове живее в настоящото си тяло и е почти толкова духовно извисена, колкото и той. Потопена в екстаз, тя обитава тайна подземна пещера край *гата* Дашасвамед.

светлинно кълбо. Огнената вихрушка се стрелна надолу, преряза небето с огнена черта и избухна до нас – от пламъците се материализира формата на красив младеж. Веднага разпознах Бабаджи. Той поразително приличаше на Лахири Махашая, но изглеждаше доста по-млад от своя ученик. Имаше дълга, бляскава коса.

Лахири Махашая, Матаджи и аз коленичихме в нозете на Върховния Гуру. Неземно усещане за славно блаженство мина през всяка фибра на моето същество, докато докосвах божествената плът! „Благословена сестро – рече Бабаджи, – смятам да захвърля телесната си форма и да се потопя в Безкрайния Поток." – „Предусещах това, възлюбени Учителю. Искаше ми се да го обсъдим тази нощ. Защо трябва да напускаш тялото си?" – славната жена го гледаше умоляващо. „Каква разлика има дали ще нося видима, или невидима вълна в океана на моя Дух?" Матаджи му отвърна със странно бързо, почти светкавично остроумие: „Безсмъртни Гуру, ако няма разлика, тогава, моля те, никога не напускай своята форма".* Бабаджи се замисли за миг и произнесе тържествено: „Така да бъде! Никога няма да напускам физическото си тяло. То ще е видимо винаги поне за малък брой хора на тази земя. Господ изрече Своята воля през твоите уста".

Докато слушах със страхопочитание разговора между тези славни същества, Великият Гуру се обърна към мен с благ жест: „Не бой се, Рам Гопал – каза той, – ти си благословен да бъдеш свидетел на тази сцена на безсмъртно обещание".

Гласът на Бабаджи отзвуча като сладка мелодия, неговата форма и тази на Лахири Махашая се издигнаха бавно във въздуха и леко се понесоха над Ганг. Телата им, обгърнати в ореол на ослепителна светлина, се смалиха в далечината и се изгубиха в нощното небе. Формата на Матаджи се понесе към пещерата и се спусна в нея. Каменната плоча хлопна на гърлото на пещерата, сякаш пусната от невидими исполински ръце.

Безкрайно въодушевен, аз поех обратно към дома на Лахири Махашая. Когато в ранни зори се поклоних пред него, моят гуру ми се усмихна с разбиране. „Радвам се за тебе, Рам Гопал – каза

---

* Тази случка много напомня една друга – с Талес. Великият гръцки философ учел, че няма разлика между живота и смъртта. Един критик му опонирал: „Защо тогава не вземете да умрете?". – „Ами, защото няма да има разлика" – отговорил му Талес.

той. – Желанието ти да се срещнеш с Бабаджи и Матаджи, което толкова често изразяваше пред мен, най-накрая се сбъдна по чудодеен начин."

Побързах да разпитам братята си, от които научих, че след моето излизане в полунощ Лахири Махашая не е помръдвал от мястото си. „След като ти тръгна за *гата* Дашасвамед, той изнесе прекрасна беседа за безсмъртието" – осведоми ме един *чела*. За първи път напълно осъзнах дълбоката истина в стиховете от свещените писания, че човекът на Себе-реализацията може да се появи на различни места в две или повече тела по едно и също време.

По-късно Лахири Махашая ми обясни още много метафизични страни на скрития Божи план за тази Земя – завърши Рам Гопал. – Бабаджи е удостоен от Бог с вечната съдба да остане в плът на тази Земя до края на настоящия световен цикъл. Векове ще идват и ще си отиват, но безсмъртният Учител* ще продължи да наблюдава драмата на столетията, като бди над човечеството на тази земна сцена на съществуване.

---

* „Истина, истина ви казвам: който опази Словото Ми (остане непрекъснато в Христово Съзнание), няма да види смърт довека" (Йоан 8:51).

С тези думи Исус няма предвид безсмъртен живот във физическото тяло – такъв монотонен затворнически живот не би си пожелал дори „грешник", камо ли светец! Христос говори за озарения човек, който се е събудил от смъртния транс на невежеството и живее Вечния Живот. (Виж глава 43.)

Същинската природа на човека е безформен вездесъщ Дух. Принудителното, или кармично въплъщение, е резултат от *авидя* ('невежество'). Индуистките свещени писания учат, че раждането и смъртта са проявления на *мая,* космическата заблуда. Затова раждането и смъртта имат смисъл само в света на относителността.

Бабаджи не е ограничен във физическото си тяло или на тази планета, а по Божията воля изпълнява специална мисия за Земята.

Великите Учители, като Свами Пранабананда (виж стр. 323), които се връщат на Земята в ново тяло, го правят поради причини, известни само на тях. Техните превъплъщения на тази планета не са продиктувани от строгите рестрикции на кармата. Подобни доброволни низхождания се наричат *вютана,* ще рече 'завръщане към земния живот, след като *мая* е престанала да ги заблуждава'.

Независимо от начина, по който един напълно установен в Бога Учител напуска тялото си – обикновено или свръхестествено, той е в състояние да го възкреси и пак да се появи пред очите на земните жители. Материализирането на атомите на тялото едва ли може да затрудни онзи, който е станал едно с Твореца на безчетните слънчеви системи.

„Затова ме люби Отец, защото аз давам живота си, за да го взема пак – възвести Христос. – Никой не ми го отнема, но аз от себе си го давам. Имам право да го дам, и имам право пак да го взема. Тази заповед получих от Отца Си" (Йоан 10:17–18).

БАБАДЖИ
Махаватар ('Божие въплъщение') и
гуру на Лахири Махашая

Йогананджаджи помогнал на един художник да нарисува този максимално автентичен портрет на Хрѝста (Месията) на съвременна Индия.

Махаватар Бабаджи никога не е давал на учениците си каквито и да било ограничаващи факти около датата и мястото си на раждане. За него се знае само, че от векове живее сред хималайските снегове.

„Винаги когато някой поклонник с благоговение произнася името на Бабаджи – казва Лахири Махашая – той мигновено привлича върху себе си духовна благословия."

Глава 34

Материализиране на дворец в Хималаите

— Първата среща на Бабаджи с Лахири Махашая е много увлекателна история, една от малкото, които ни дават възможност да надникнем в живота на безсмъртния гуру – с тези думи преди години Свами Кебалананда ме въвлече в чудния си разказ. Когато го чух за първи път, бях буквално омагьосан. И след това се случваше да помоля моя благ преподавател по санскрит да ми повтори и приповтори историята, която по-късно с почти същите думи ми разказа и Шри Юктешвар. Нямаше никакво съмнение: двамата ученици на Лахири Махашая бяха чули славния разказ от устата на своя гуру.

— Срещнах Бабаджи за първи път на трийсет и три години – беше разказал Лахири Махашая. – През есента на 1861 г. бях прехвърлен в Данапур като счетоводител във Военноинженерната служба към британските власти. Една сутрин началникът ме извика и каза: „Лахири имаме телеграма от управлението. Заминаваш за Раникет. Ще работиш в новото военно поделение*, което се строи".

Взех един прислужник и потеглихме на 800-километровото пътуване. След трийсет дни по пътищата файтонът ни пристигна

---

* По-късно преустроено във военен санаториум. Към 1861 г. британските власти вече бяха изградили телеграфна мрежа в Индия.

в живописния хималайски град Раникет*.

Работата в службата не беше обременителна – оставаше ми много свободно време и аз често се скитах по величествените хълмове. До мен достигна слух, че велики светци благославят с присъствието си този район. Почувствах силно желание да ги видя. Един ранен следобед, докато си бродех по баирите, чух далечен глас, който ме викаше по име. Трепнах от изненада! Заизкачвах се с енергична стъпка нагоре по планината Дронгири. Обзе ме лека тревога при мисълта, че може да изгубя пътеката и да не успея да се прибера, преди джунглата да потъне в мрак.

Накрая стигнах до една поляна, която околовръст беше осеяна със скални пещери. Там, на една каменна тераса пред една от тях, стоеше усмихнат младеж, който ми махаше с ръка за поздрав. С изненада забелязах, че като изключим медния цвят на косата му, той забележително прилича на мен.

– Лахири**, ти дойде! – обърна се ласкаво светецът към мен на хинди. – Ела, почини си тук, в тази пещера. Аз бях този, който те викаше преди малко.

Влязох в малка подредена пещера, в която имаше няколко вълнени одеяла и *камандалу* (делви за вода).

– Лахири, помниш ли това място? – попита йогът, като посочи едно сгънато одеяло в ъгъла.

– Не, господине – отвърнах аз и леко зашеметен от странността на това приключение, побързах да добавя: – Трябва да тръгна, преди да е паднала нощта. Утре ме чака работа в службата.

Тогава тайнственият светец отбеляза на английски:

– Службата е направена за тебе, а не ти за службата.

Онемях от изненада! Този горски аскет не само че говореше

---

* Раникет се намира в околия Алмора и е разположен в подножието на Нанда Деви, един от най-високите хималайски върхове (7821 м).

** В действителност Бабаджи се е обърнал към него с „Гангадар" – името на Лахири Махашая от предишното му въплъщение. *Гангадар,* букв. 'този, който укротява Ганга, река Ганг', е едно от имената на Господ Шива. Според легендата от *Пураните* свещената река Ганга се е изляла от небето със страшна сила и понеже земята не можела да устои на мощта на водната стихия, се намесил Господ Шива. Той спрял водите на Ганг в сплъстените си коси, откъдето реката, вече укротена, се понесла тихо и равно към низините. Метафизичното значение на *Гангадар* е 'този, който е постигнал контрол над реката на жизнения поток в гръбнака'.

английски, но отгоре на това и перифразираше думите на Христа!*

– Виждам, че телеграмата ми е свършила работа. – Тази бележка ми се стори странна. Помолих го да ми обясни.

– Говоря за телеграмата, която те извика в този отдалечен край. Аз бях този, който тихичко внуши на ума на твоя началник да те прехвърли в Раникет. Когато чувстваш единството си с цялото човечество, всички умове стават ретранслатори и можеш да ги използваш за препредаване на сигнали. После кротко добави: – Лахири, няма как да не познаваш тази пещера?

Като видя, че съм объркан и не знам какво да му отговоря, светецът се приближи до мен и леко ме чукна по челото. При този магнетичен досег в мозъка ми нахлу един удивителен ефирен поток, който като топъл повей сгря сладките семена-спомени от предишния ми живот, и те нежно покълнаха.

– Спомням си! – извиках с глас, задавян от радостно вълнение. – Вие сте моят гуру Бабаджи, който винаги ми е принадлежал! Ето, виждам сцените от миналото. Всичко оживява пред очите ми. Тук в тази пещера аз прекарах много години от последното си прераждане! – светите спомени завладяха изцяло съзнанието ми и аз със сълзи на очи прегърнах нозете на моя Учител.

– Повече от три десетилетия те чакам да се върнеш при мен – гласът на Бабаджи звънтеше от божествена любов. – Ти незабелязано се измъкна и изчезна сред бурните вълни на живота отвъд смъртта. Магическата пръчица на твоята карма те докосна и ти изчезна. Тогава ти ме изгуби от погледа си, ала аз никога не съм те губил от своя. Преследвах те в лъчистото астрално море, където се носят славните ангели небесни. Следвах те през мрак и светлина, през бури и катаклизми и бдях над теб като орлица над пиленцето си. Докато живееше в майчината утроба, после, като се появи на бял свят – погледът ми всякога беше върху теб. Аз бях този, който като невидима сянка бдеше край теб, когато ти, още дете, седнал в поза лотос, зариваше крехкото си тяло под пясъците на Гурни. Търпеливо, месец след месец, година след година аз те наблюдавах в очакване на този славен ден. Ето, ти най-после си при мен! Ето я твоята обична пещера – чиста и спретната, готова за теб. Ето я и твоята осветена *асана*-постелка, на която не пропускаше ден да не седнеш, за да изпълниш разширяващото си

---

* „Съботата е направена за човека, а не човек за съботата" (Марк 2:27).

сърце с Бог. Ето я твоята купа, от която често пиеше нектара, който ти приготвях. Виж как съм излъскал медната съдина, за да може един ден пак да пиеш от нея. Дете мило, сега разбираш ли?

– Мой гуру, вие... не знам какво да кажа!... – промълвих аз, запъвайки се от вълнение. – Кой е чувал за такава безсмъртна любов! – очите ми дълго и възторжено поглъщаха моето вечно съкровище – гуру в живота и смъртта.

– Лахири, имаш нужда от пречистване. Изпий маслото в това тасче и полегни край реката. „Практичната мъдрост на Бабаджи отново в действие!" – казах си, усмихвайки се приветливо на спомените от миналото, които пак се занизаха през ума ми.

Изпих маслото и слязох долу. Мразовитата хималайска нощ се беше вече спуснала, ала аз не усещах никакъв студ – в мен запулсира една топла новоземна благодат, която, разширявайки се на блажени вълни, сгряваше тялото ми с чудното си действие. Обзе ме удивление! Дали пък незнайното масло не беше субстрат на космическа топлина?

Реката шумеше и се надвикваше с вятъра, който режеше все по-остро със силните си пориви. Ледените води на река Гогаш от време на време плисваха тялото ми, изтегнато на каменистия бряг. Наблизо се чуваше рев на тигри, но в сърцето ми нямаше и следа от страх – новогенерираната лъчиста енергия ми даваше увереност за абсолютна неуязвимост. Няколко часа минаха като мигове, в които далечни спомени от друг живот се вплитаха като ярки нишки в красивите мотиви на срещата ми с моя божествен гуру.

Самотният ми унес бе прекъснат от шум на приближаващи стъпки. В тъмнината една мъжка ръка ми помогна да се изправя, после ми подаде сухи дрехи.

– Ела, братко – подкани ме кротко спътникът ми. – Учителят те очаква. – Той ме поведе през гората по една крива пътека. На едно място тя направи завой и тъмната нощ внезапно се озари от неподвижна сребърна светлина.

– Изгрева на слънцето? – попитах учудено аз. – Че толкова ли бързо мина нощта?

– Още е полунощ – усмихна се мило моят водач. – Сиянието, което виждаш в далечината, е от златния дворец, който несравнимият Бабаджи материализира тази нощ за теб. В далечното минало ти веднъж си пожела да се полюбуваш на красив дворец. Сега

ПЕЩЕРАТА НА БАБАДЖИ В ХИМАЛАИТЕ
Намира се близо до Раникет и от време на време е обитавана от Махаватар Бабаджи. Внукът на Лахири Махашая – Ананда Мохан Лахири *(в бяло)*, с трима други последователи, снимани за спомен при посещението си на това свято място.

нашият Учител изпълнява това твое желание, с което те освобождава от последната ти кармична обвързаност*. – И като помълча, добави: – Великолепният дворец тази нощ ще бъде сцена на твоето посвещение в *крия йога*. Виж, всички твои братя са се събрали и с грейнали от радост лица подпяват хвалебствени химни в очакване да те приветстват по случай края на твоето изгнание.

Пред нас като ярко слънце блестеше величествен дворец от чисто злато. Обсипан с безброй скъпоценни камъни, потънал сред

---
* Кармичният закон изисква всички човешки желания да бъдат угасени. Затова недуховните щения са вериги, които оковават човек към колелото на преражданията.

райски градини, които се оглеждаха в тихите, замислени води на езерцата – величествена, грандиозна гледка – истински празник за очите! Високите му златни арки бяха изкусно декорирани с всевъзможни растителни мотиви, сложни фигури и най-чудновати плетеници с инкрустации от едри диаманти, сапфири и смарагди. Милолики ангелски същества сновяха насам-натам и се усмихваха благо от двете страни на портите, обковани изобилно с червени блескави рубини.

Последвах спътника си в просторна приемна. Из въздуха се носеше нежното ухание на тамян и рози. Лампите напояваха въздуха с меката си светлина, която се разливаше в чуден спектакъл от пищни пъстроцветни сияния. Тук-там малки групи ученици, някои светлокожи, други тъмнокожи, припяваха вглъбено с мелодичните си гласове или седяха мълчаливо в медитативна поза, потопени във вътрешен мир. Трепетна радост изпълваше атмосферата!

– Наслади се на изящното великолепие на този дворец, който Бабаджи създаде специално в твоя чест – отбеляза моят водач, усмихвайки се с разбиране на моите възклицания на почуда и възхищение.

– Братко – казах аз, – красотата на това творение надхвърля границите на човешкото въображение. Моля те, обясни ми тайната на неговия произход.

– С удоволствие – в черните очи на моя спътник заблещукаха мъдри искрици. – Няма нищо необяснимо в тази материализация. Целият Космос е проецирана мисъл на Създателя. Твърдата буца Земя, плаваща в Космоса, е Божие съновидение. Бог е направил всички неща от Своя ум – също както, когато в сън-съзнание човек възпроизвежда и оживява творението с тварите в него.

Господ първо е създал Земята като идея. После ѝ е вдъхнал живот. Появили се атомната енергия и материята. После Той споил земните атоми и така се появило твърдото небесно тяло. Бог крепи в единна цялост всичките му молекули чрез волята Си. Ако той я отдръпнеше, всички земни атоми отново биха се разпаднали на енергия. Атомната енергия би се върнала в своя Източник: Съзнанието. Земята идея би изчезнала от така наречения обективен план на съществуването.

Субстанцията на съновидението се държи в материализация от подсъзнателната мисъл на сънуващия. Когато спойващата мисъл мине в будност, сънят с неговите елементи се разпада.

Затваряйки очите си, човек създава съновно творение, което след събуждане той без усилие дематериализира. Така той следва божествения архетип. По същия начин, когато се събуди в Космическо Съзнание, той без никакви усилия дематериализира илюзията за вселенския сън.

Бидейки в настройка с безкрайната Всепостигаща Воля, Бабаджи може да заповяда на елементните атоми да се комбинират и да се проявят в коя да е форма. Този златен дворец, появил се на бял свят в миг, е реален точно толкова, колкото и Земята. Бабаджи създаде този прекрасен палат от своя ум и крепи целостта на атомите му чрез силата на своята воля, така, както Божията мисъл създаде Земята и волята Му крепи нейната цялост. – И накрая добави: – Щом тази постройка изпълни предназначението си, Бабаджи ще я дематериализира.

Като видя, че потънах в благоговейно мълчание, моят водач махна широко с ръка, сочейки наоколо:

– Този трептящ дворец, щедро украсен със скъпоценни камъни, не е построен с човешки усилия. Неговите злата и скъпоценности не са добити с пот на челото в планинските мини. Но както виждаш, стои здраво и не помръдва от мястото си – изумително предизвикателство към архитектурната мисъл*. Всеки, който се осъзнае като син на Бога, както е направил Бабаджи, може да постигне всяка цел с безкрайните сили, скрити в него. Както обикновеният камък крие в себе си гигантски атомни енергии**, така и най-незначителният сред смъртните е електроцентрала на божественост.

Мъдрецът взе от близката маса една изящна ваза, по чиято дръжка блещукаха диаманти.

– Нашият Велик Гуру създаде този дворец, като кристализира безброй свободни космически лъчи – продължи той. – Пипни тази ваза и диамантите ѝ. Тя ще издържи всякакви тестове за сетивна реалност.

Вгледах се внимателно във вазата. Скъпоценните ѝ камъни

---

* „Какво е чудото? – То е укор, то е няма сатира към човечеството." – *Едуард Йънг, „Нощни мисли" (Night Thoughts)*

** Теорията на атомната структура на материята е изложена в древните индийски трактати *Вайшешика* и *Няя*. „Необятни светове се простират в кухините на всеки атом, многообразни като корпускуларните частици в слънчев лъч." – *Йога Васища*

наистина бяха достойни за кралска колекция. После прокарах ръка по стените на залата – масивно чисто злато. Изпълни ме чувство на дълбоко удовлетворение! В същия миг усетих как едно желание от минали прераждания, спотайващо се в подсъзнанието ми, бавно угасна.

Моят благороден спътник ме поведе през изящни арки, коридори и дълги анфилади от сияещи просторни зали, пищно обзаведени с мебели в стила на императорските дворци. Накрая влязохме в една огромна зала. В центъра ѝ се издигаше златен трон, инкрустиран със скъпоценни камъни, от които се лееше ослепителна симфония от багри. На него в поза лотос седеше Върховният Бабаджи. Коленичих на блестящия под в нозете му.

– Лахири, още ли се наслаждаваш на съновното си желание за златен дворец? – очите на моя гуру искряха като сапфирите на трона. – Събуди се! Скоро всичките ти земни желания ще бъдат утолени завинаги – и като прошепна някакви тайнствени слова за благослов, рече: – А сега, синко, изправи се и приеми посвещение в царството на Бога чрез *крия йога*.

Бабаджи протегна десницата си. Избухна *хома* (жертвен огън) сред венец от плодове и цветя. Аз получих освобождаващата йога техника пред този пламтящ олтар.

Ритуалите приключиха в ранни зори. Аз се топях от екстаз и не чувствах нужда от сън. Заскитах се из залите на двореца, пълни със съкровища и изящни произведения на изкуството. Залисан в техните пленяващи хубости, аз неусетно се озовах в градините. Забелязах, че там, където те свършваха, започваха грубите скали с пещерите и скалните тераси от предния ден. Но кой би си помислил тогава, че тук ще кацне такъв необикновен съсед – сияен дворец с омайни цветни тераси!

Върнах се в двореца, който блестеше като приказно творение на студеното хималайско слънце, и потърсих Учителя. Той още седеше на трона, заобиколен от множество тихи, вглъбени в себе си ученици.

– Лахири, гладен си – каза бащински Бабаджи и добави: – Затвори очи.

Когато отново ги отворих, от чудния дворец и градините нямаше и следа. Моето тяло и формите на Бабаджи и учениците му седяха на голата земя, точно на мястото на изчезналия дворец, недалеч от входовете на осветените от слънцето скални пещери.

Спомних си думите на моя водач, който беше казал, че дворецът ще се дематериализира, а атомите му ще се освободят и върнат в мисълта субстанция, откъдето бяха извлечени. Застинал от смайване, аз отправих доверчив поглед към моя гуру. „Какво ли още ме очаква в ден като днешния, в който се случват толкова невероятни неща!" – мислех си.

– Дворецът изпълни предназначението си – обясни Бабаджи и като се наведе, взе един глинен съд от земята. – Пъхни си ръката вътре и вземи каквото искаш за ядене.

Щом докоснах широката празна паница, тя на мига се изпълни с топли *лучи,* къри и сладкиши. Докато си похапвах, забелязах, че паницата постоянно се допълва. Като свърших с яденето, се огледах за вода. Моят гуру посочи паницата пред мен. Обърнах глава и що да видя – храната беше изчезнала, а на нейно място вътре се плискаше бистра водица!

– Малцина са смъртните, които знаят, че в царството на Бога се изпълняват и земни желания – отбеляза Бабаджи. – Божествената област се простира и над земята, но последната, бидейки илюзорна по природа, не съдържа в себе си есенцията на Реалността.

– Обични гуру, снощи вие ми показахте връзката между прелестите на небето и земята! – усмихнах се на спомена за изчезналия дворец. – Едва ли обикновен йоги някога е получавал посвещение във величествените мистерии на Духа в по-впечатляваща и изискана атмосфера!

Стоях до него, спокойно загледан в пълния контраст с предишната сцена – сухата, напукана земя, синия небесен купол, пещерите с примитивния приют. Светците около мен се усмихваха благо и тъй хубаво се вписваха в тази природна картина, че имах усещането, че се намирам в някой благолепен храм с ангели.

Същия следобед седнах на постелката си, осветена от дълбоки духовни изживявания в предишни животи. Моят божествен гуру се приближи до мен и положи ръка над главата ми. Изпаднах в *нирбикалпа самади* и пребъдвах в блаженството му неспирно в продължение на седем дни. Прекосявайки най-горните слоеве на „атмосферата" на свръхсъзнанието, накрая аз проникнах в нетленните царства на Реалността. Всички илюзорни ограничения изчезнаха. Душата ми се установи с цялата си пълнота на олтара на Космическия Дух.

На осмия ден аз паднах в нозете на моя гуру и го замолих да ме остави завинаги при себе си в свещената пустош.

– Синко – заговори Бабаджи, като ме прегърна бащински, – в това прераждане ти е писано да изиграеш ролята си пред очите на многолюдните тълпи. Предрождено благословен с много животи на уединена медитация, сега ти трябва да се смесиш със света на хората.

Дълбок смисъл се крие във факта, че този път ти ме срещна, след като вече беше станал женен мъж със сериозни отговорности към семейството и службата. Трябва да забравиш мисълта за присъединяване към нашата тайна дружина в Хималаите. Този път трябва да изживееш живота си в големия град, сред хората – на тях трябва да служиш и да демонстрираш с примера си, че човек може да бъде идеален йоги и като глава на семейство.

Зовът на много объркани мъже и жени не остана нечут от Великите Учители – продължи той. – Ти си избран съсъд на Божия промисъл, който ще занесе духовна утеха чрез *крия йога* на много искрени търсачи. Ти, който си мирянин и глава на семейство, ще влееш нова надежда в сърцата на милионите, поели бремето на семейните и професионалните задължения. Трябва да им помогнеш да разберат, че пред семейния човек няма никакви пречки и че той също може да изкачи върховете на йогическите постижения. Макар и в света, истинният йоги, който съвестно изпълнява задълженията си – без личен мотив или привързаност – напредва по сигурния път на просветлението.

Нищо вече не може да те накара да напускаш света, защото вътрешно ти разтрогна всички кармични обвързаности. Но при все че ти вече не си от този свят, трябва да останеш да живееш в него. Пред тебе има още много години, през които съвестно трябва да изпълняваш своите семейни, служебни, граждански и духовни задължения. Един светъл живителен лъч на божествена надежда ще докосне съсухрените сърца на миряните, като видят от твоя балансиран живот, че освобождението зависи не от външното, а от вътрешното отречение.

Колко далечни ми се струваха семейството, службата, светът, докато слушах погълнато моя гуру във високата хималайска пустош! Но думите му отекваха в душата ми със стоманен звън на непоклатима истина и аз покорно се съгласих да напусна този блажен пристан на покоя. Бабаджи ме посвети в строгите древни правила за предаване на йога изкуството от гуру на ученик.

– Дарявай ключа *крия* само на достойни *чела* – настави Бабаджи. – Този, който искрено е решил да търси Бог, заслужава да познае най-дълбоките тайни на живота чрез науката медитация.

– Ангелски гуру, вие вече сте направил такава огромна услуга на човечеството, като сте възкресили загубеното изкуство *крия*. Няма ли да увеличите тази облага, като смекчите строгите изисквания за ученичество? – очите ми гледаха умоляващо Бабаджи. – Моля ви, позволете ми да давам *крия* на всички искрени търсачи, макар в началото да не могат да дадат обет за пълно вътрешно отречение. Изтерзаните миряни по света, преследвани от тройното страдание*, имат нужда от особено насърчение – те може никога да не поемат по пътя на освобождението, ако не получат посвещение в *крия*.

– Тъй да бъде. Божествената воля се изрази през твоите уста. Давай *крия* на всички, които смирено те помолят за помощ – отвърна милостивият гуру.**

---

* Физически, психически и духовни страдания, проявяващи се съответно като болести, психическа неуравновесеност (комплекси) и неведение за душата.

** Бабаджи първо дал разрешение само на Лахири Махашая да учи другите на *крия йога*. После *йогаватарът* помолил някои негови ученици също да имат това право. Бабаджи отново дал съгласието си, но повелил в бъдеще това да са силно напреднали по пътя *крия* ученици, имащи изричните пълномощия на Лахири Махашая или на каналите, прокарани от упълномощените ученици на *йогаватара*. Бабаджи благосклонно обещал да поеме отговорност – живот след живот – за духовното благополучие на всички верни и предани *крия йоги*, посветени по надлежния ред от упълномощени учители по *крия*.

Посветените в *крия йога* от Self-Realization Fellowship и Yogoda Satsanga Society of India задължително дават обет, че няма да разкриват никому *крия* техниката. По този начин простата, но точна като изпълнение техника се предпазва от изменения и изкривявания от неупълномощени учители и остава в автентичния си, чист вид.

Бабаджи вдигнал древните рестрикции за аскетизъм и отречение, за да може масите да се възползват от *крия йога*, но от друга страна, той задължил Лахири Махашая и всички потомци от неговата духовна линия (линията от гуру на SRF-YSS) да налагат на помолилите ги за посвещение период на предварително духовно обучение като подготовка за практикуването на *крия йога*. Практикуването на високата техника *крия* е несъвместима с безсистемен духовен живот. *Крия йога* е повече от медитационна техника – тя е начин на живот. Това предполага спазване от страна на посветения на определена духовна дисциплина и съобразяване с определени предписания. Self-Realization Fellowship и Yogoda Satsanga Society of India следят за спазването на тези указания, спуснати от Бабаджи, Лахири Махашая, Шри Юктешвар и Парамаханса Йогананда. *Хон(г) – Со* и *Ом* техниките, преподавани в *Уроци на SRF/YSS*, а така също и от оправомощени представители на SRF/YSS като предварителна стъпка към *крия йога*,

След кратко мълчание Бабаджи добави:

– Повтаряй на всеки новопокръстен ученик величественото обещание от Багавад Гита*: *Свалпамапяшя дармашя траяте махато баят* (Дори и малко практикуване на тази *дарма* 'религиозен ритуал, свещенодействие' ще ви спаси от зловещи страхове – *махато баят* 'колосалните страдания, съпътстващи повтарящите се цикли на раждането и смъртта').

Когато на следващата сутрин коленичих в нозете на моя гуру за прощална благословия, той усети дълбокото ми нежелание да се разделя с него.

– За нас няма раздяла, мило мое дете – каза той, като докосна нежно рамото ми. – Където и да си, винаги щом ме повикаш, аз на мига ще дойда при теб.

Утешен от това чудно обещание и обогатен с преоткритото златно съкровище на Божията мъдрост, аз се спуснах надолу по планината. В службата бях посрещнат с радостни възгласи от колегите, които от десет дни ме смятали за загубен в хималайските джунгли. Скоро от управлението пристигна писмо. То гласеше: „Лахири да се върне в кантората в Данапур. Прехвърлянето му в Раникет е станало по погрешка. Друг служител е трябвало да заеме поста".

Усмихнах се на невидимите насрещни течения, които ме бяха отклонили от житейския ми път и завлекли чак тук, в този далечен край на Индия.

Преди да се върна в Данапур**, останах да погостувам на едно бенгалско семейство в Морадабад. Дойдоха шестима приятели да ме поздравят. Седнахме да се видим, да си поговорим. По едно време аз насочих разговора към духовни теми. Като стана дума за свети личности, домакинът ми отбеляза мрачно:

– Светци в днешно време в Индия вече не се намират!

– Бабу – възразих дружелюбно аз, – недей така, в тази страна все още има Велики Учители!

Душата ми се вълнуваше от сладък трепет и в изблик на екзалтация реших, че трябва да им разкажа за чудното си изживяване в

са неразделна част от системата *крия йога*. Тези техники имат мощен ефект за издигане на съзнанието в свръхсъзнание и за освобождаване на душата от оковите. – *Бел. изд.*

* Глава II, стих 40.

** Град близо до Бенарес.

Хималаите. Докато разправях, малката група ме слушаше, учтиво прикривайки недоверието си.

– Лахири – рече утешително единият от мъжете – горе в планината въздухът е рядък. Мозъкът ти, изглежда, се е претоварил от липса на кислород. Това са някакви халюцинации.

Обзет от силно въодушевление, аз малко лекомислено заявих:

– Ако го повикам, моят гуру на момента ще се появи в тази стая.

Очите на всички светнаха от интерес. Кой не би искал да види подобен свръхестествен феномен? Малко неохотно аз помолих да ми дадат тиха стая и две нови вълнени одеяла.

– Учителят ще се материализира от етера – казах им. – Вие чакайте отвън и пазете тишина. След малко ще ви повикам.

Потънах в медитативно състояние и смирено призовах моя гуру. Не след дълго тъмната стая се озари от меко сияние, сред което се открои лъчистата фигура на Бабаджи.

– Лахири, викаш ме за такава дреболия!? – Учителят ме гледаше строго. – Истината е за сериозните търсачи, не за хора, които се интересуват от празно любопитство. Лесно е да повярваш, когато видиш нещо с очите си – тогава не се налага да търсиш с душата си. Свръхсетивната Истина заслужава да открият онези, които надмогнат природния си материалистичен скептицизъм – и добави сериозно: – Тръгвам!

Паднах в нозете му и горещо го замолих:

– Свещени гуру, осъзнавам сериозността на грешката си. Моля ви смирено за прошка. Осмелих се да ви призова само защото исках да събудя вярата у тези духовно ослепени умове. Вие толкова благосклонно се отзовахте на молбата ми, моля ви, не си отивайте, без да дадете благословията си на моите приятели. Може и да не вярват, но те проявиха желание да проверят истинността на странните ми твърдения.

– Добре, ще остана малко. Дал си обещание на приятелите си – лицето на Бабаджи се смекчи, но добави твърдо: – Синко, занапред ще идвам винаги когато имаш нужда от мен – не всеки път, когато ме викаш.*

---

* По пътя към безкрайността дори озарени Учители като Лахири Махашая понякога може да проявят излишна ревност и да се наложи да бъдат дисциплинирани. В Багавад Гита срещаме не един и два пасажа, където божественият гуру Кришна

Станах и отворих вратата. Малката група беше притаила дъх и чакаше в напрегнато мълчание. Като видяха сияйната фигура на одеялото пред тях, те току опулиха очи.

– Това е масова хипноза! – изсмя се един от мъжете. – Няма как да е влязъл в стаята, без да го видим!

Бабаджи пристъпи няколко крачки към тях, и усмихвайки се направи знак на всеки да докосне топлата плът. Съмненията им се разсеяха моментално. Приятелите ми се проснаха на пода в благоговейно разкаяние.

– Кажете да приготвят *халва** – помоли Бабаджи. Знаех си, че го прави, за да убеди групата още повече във физическата си реалност. Докато кашата се вареше на огъня, божественият гуру подхвана непринуден разговор. Гласът му падаше с пророческа сила в сърцата, словата му увличаха и той, също както някога Христос, породи нечувана духовна трансформация у моите приятели – живеещият в сърцата им безбожен Савел за броени минути се превърна набожен апостол Павел! След като похапнахме, Бабаджи ни благослови поотделно. Изведнъж блесна светкавица и пред изумените ни очи електронните елементи, съставящи тялото на Бабаджи, мигновено почнаха да се разпадат, пръскайки се навред на малки частици, които накрая се изпариха като мъглива светлина. Настроената към Бога воля на Учителя, която крепеше атомите на етера в единна цялост като неговото тяло, се отдръпна и в същия миг трилионите фини животронни искрици изчезнаха в Безкрайния Източник.

– Със собствените си очи видях победителя на смъртта! – заговори с треперещ от дълбоко благоговение глас един от групата на име Майтра**. Лицето му светеше с божествената радост на пробуждането. – Върховният Гуру си играе с времето и пространството както детето си играе със сапунени мехури. Видях Този,

---

укорява най-издигнатия си ученик – воина Арджуна.

* Грис халва. – *Бел. прев.*

** По-късно известен като Майтра Махашая. Той постига много висока степен на святост в Себе-осъзнаването. С Майтра Махашая се запознах малко след като бях завършил гимназията. По това време той посещаваше обителта „Махамандал" в Бенарес, където живеех и се обучавах аз. Именно тогава той ми разказа за материализацията на Бабаджи пред групата в Моралабад. „В резултат на това чудо – обясни ми Майтра Махашая – аз станах пожизнен ученик на Лахири Махашая."

Който държи ключовете за небето и земята!

– Скоро след това се върнах в Данапур – завърши разказа си Лахири Махашая. – Здраво закотвен в Духа, аз поднових многобройните си семейни и служебни задължения.

Лахири Махашая е разказал на Свами Кебалананда и Шри Юктешвар за още една своя среща с Бабаджи. Случаят е един от многото, при които Върховният Гуру изпълнява обещанието си: „Ще идвам винаги когато имаш нужда от мен".

– Това се случи по време на една *Кумба Мела* в Алахабад – беше разказал Лахири Махашая на своите ученици. – От службата имах кратка отпуска и реших да отида там. Докато се разхождах сред тълпите монаси и саду, дошли от близо и далеч, за да участват в свещения фестивал, забелязах един посипан с пепел аскет, който държеше в ръката си паничка за подаяния. Споходи ме мисълта, че има нещо лицемерно в поведението на този човек – носеше външните символи на отречението, пък не беше изпълнен с благодатта на Светия Дух.

Тъкмо подминах аскета и пред смаяния ми поглед се изпречи Бабаджи! Беше клекнал пред един отшелник със сплъстени коси.

– Гуруджи! – извиках аз и се спуснах към него. – Учителю, какво правите тук?

– Мия нозете на този отреченик, а после ще измия и съдините му – Бабаджи ми се усмихваше като малко дете.

Веднага разбрах мекия му намек: искаше да каже, че не бива да осъждам никого, а да виждам Господа, обитаващ в еднаква степен във всички телесни храмове – и прости, и знатни.

Накрая Великият Гуру добави:

– Служейки и на мъдрия, и на невежия саду, аз се уча на най-великата сред Богоугодните добродетели – смирението.*

---

* „Който е като Господа, Бога наш, Който, *макар* тронът Му и да е във висините, *пак* се снижава да преглежда небето и земята" (Псалми 113:5–6/Псалми 112:5–6). „Защото който превъзнесе себе си, ще падне; а който се смири, ще бъде въздигнат" (Матей 23:12).

Да смириш егото, или лъжесебе-то, означава да преоткриеш извечната си идентичност.

Глава 35

Животът на Лахири Махашая подобен на живота на Христа

„Остави сега, защото тъй нам подобава да изпълним всяка правда."* С тези думи Исус възпира Йоан Кръстител, при когото е дошъл да се кръсти, и отдава дължимото на своя гуру, признавайки по този начин божествените му права.

След почтително изследване на Библията от източно гледище** и опирайки се на собствените си интуитивни прозрения, аз съм убеден, че Йоан Кръстител в минали животи е бил гуру на Христа. Редица пасажи в Библията загатват, че в последното си прераждане Йоан е бил Илия, а Исус – неговият ученик Елисей***.

В самия край на Стария завет има едно пророчество, което възвестява новите въплъщения на Илия и Елисей: „Ето, аз ще

---

* Матей 3:15.

** Много библейски пасажи потвърждават, че навремето хората са разбирали и приемали закона на прераждането. Този закон с неговите цикли дава по-разумно обяснение на различните еволюционни състояния на хората от широко застъпената западна теория, според която нещото (съзнанието за его-личността) произлизало от Нищото, съществувало трийсет – деветдесет години, преминавайки през различните степени на жизнена активност, и накрая пак се завръщало в Първичната Пустота. Как ли доволно би потрил ръце средновековният схоластик, чувайки за сериозната работа, която се отваря за него покрай „бездънната" природа на подобна Пустота!

*** В Стария завет тези имена се изписват съответно Elijah (Илия) и Elisha (Елиса). Гръцките преводачи са ги транскрибирали Elias (Илияс) и Eliseus (Елисеус) и в Новия завет (на англоезичните Библии – *бел. прев.*) те се появяват в тези променени форми.

пратя при вас пророка Илия, преди да настъпи денят Господен – велик и страшен"*. Така Йоан (в предишно въплъщение Илия), изпратен „преди да дойде Господ", е бил роден малко по-рано, за да бъде предвестник на Христа. На баща му Захарий се явил ангел, който го уверил, че бъдещият му син Йоан ще е не кой да е, а самият Илия.

„Тогава му се яви ангел Господен, изправен отдясно на кадилния жертвеник, и Захария, като го видя, смути се, и страх го обзе. А ангелът му рече: не бой се, Захарие, понеже твоята молитва биде чута, и жена ти Елисавета ще ти роди син, и ще го наречеш с името Йоан; и ще имаш радост и веселие, и мнозина ще се зарадват за раждането му; защото той ще бъде велик пред Господа; няма да пие вино и сикер, и ще се изпълни с Духа Свети още от утробата на майка си; и мнозина синове Израилеви ще обърне към техния Господ Бог; и ще върви пред Него** *в духа и силата на Илия*, за да обърне сърцата на бащите към чедата, и непокорните към разума на праведните, та да приготви Господу народ съвършен."***

Исус на два пъти недвусмислено сочи, че Йоан е прероденият Илия: „Но казвам ви, че Илия вече дойде и го не познаха, а сториха му, каквото си искаха; тъй и Син Човечески ще пострада от тях. Тогава учениците разбраха, че той им говори за Йоана Кръстителя"****. Друг път Исус казва: „Защото всички пророци и законът пророкуваха до Йоана. И ако искате да го приемете, той е Илия, който имаше да дойде"*****.

Когато Йоан отрича, че е Илия******, той има предвид, че бидейки в скромното одеяние на тялото на Йоан, този път нему не е съдено да играе възвишената роля на великия някога гуру Илия. В предишното си въплъщение той е предал „кожуха" на своята слава и духовно изобилие на своя ученик Елисей. „И когато преминаха, Илия каза на Елисея: Искай какво да ти сторя,

---

* Малахи 4:5.
** Сиреч пред Господа.
*** Лука 1:11–17.
**** Матей 17:12–13.
***** Матей 11:13–14.
****** Йоан 1:21.

преди да бъда взет от тебе. Елисей отговори: Духът, Който е в тебе, да бъде двойно върху мене. А той каза: мъчно нещо искаш; но ако видиш как ще бъда взет от тебе, тъй ще бъде; ако ли не видиш, няма да бъде. И както вървяха и се разговаряха по пътя, изведнъж се яви огнена колесница и огнени коне и ги разделиха един от друг, и Илия се понесе във вихрушка към небето. А Елисей, като гледаше, извика: Татко мой, татко мой, колесница Израилева и конница негова! И го не видя повече. И хвана дрехите си, та ги раздра на две. И като вдигна *кожуха,* който бе паднал от Илия, върна се и застана на брега на Йордан. Удари с него по водата и рече: Къде е Господ, Илиевия Бог? И като удари и той водата, тя се раздели на едната и на другата страна, и Елисей премина."*

Тук ролите се обръщат, защото вече не е необходимо Илия-Йоан да е явен гуру на Елисей-Исус, който междувременно е просиял в пълната слава на божествеността.

Когато Христос се преобразява на планината**, той съзира именно своя гуру Илия заедно с Мойсей. А в сетния си час на кръста Исус вика с висок глас: *„Или, Или, лама сабактани?* Сиреч Боже мой, Боже мой, защо си ме оставил? Някои от стоящите там, като чуха, думаха: Той вика Илия. И веднага един от тях се завтече, взе гъба, натопи я в оцет и като я надяна на тръст, даваше му да пие. Други пък думаха: чакай да видим, дали ще дойде Илия да го избави"***.

Същата извънвремева връзка между гуру и ученик, която е съществувала между Йоан и Исус, е свързвала и Бабаджи с Лахири Махашая. Със загрижеността на нежен баща безсмъртният гуру прекосил бездънни падини с шеметни водовъртежи, бушуващи в пространството между последното и сегашното въплъщение на своя *чела,* за да насочва стъпките на детето, а после и мъжа Лахири Махашая. Едва след като ученикът му навършил трийсет и три години, Бабаджи решил, че е назрял моментът отново да облекат във видима форма никога непрекъсваната връзка между тях.

---

* II Царе 2:9–14/IV Царе 2:9–14.
** Матей 17:3.
*** Матей 27:46–49.

След кратката им среща в Раникет, безкористният гуру не задържал обичния Лахири Махашая при себе си, а му дал благословията си и го изпратил да изпълни световната мисия, за която бил призован. „Синко, ще идвам винаги когато имаш нужда от мен." Кой влюбен сред смъртните може да даде подобно вечно обещание, и по-важното – да го изпълни?

Така през 1861 г. в един тих квартал на Бенарес, далеч от любопитните погледи на хората, започнало голямо духовно възраждане. И както уханието на цветето не може да се потисне, така и светостта на Лахири Махашая, живеещ тихо и скромно като глава на семейство, не можела да остане скрита дълго време. Скоро от всички краища на Индия започнали да се стичат поклонници, подобно на пчели, привлечени от аромата и сладостта на божествения нектар на освободения Учител.

Английският началник на Лахири Махашая бил един от първите, който забелязал странната трансцендентна промяна у своя служител и започнал ласкаво да го нарича „Блажения Бабу".

– Господине, виждате ми се угрижен. Какво се е случило? – попитал съчувствено Лахири Махашая една сутрин своя началник.

– Съпругата ми в Англия е в критично състояние. Ще се побъркам от тревога!

– Сега ще разбера нещо за нея – Лахири Махашая излязъл от стаята и се усамотил за малко. Като се върнал, на лицето му греела утешителна усмивка.

– Съпругата ви се нормализира. В момента тя ви пише писмо – и всеведущият йоги цитирал откъси от посланието ѝ.

– Блажени Бабу, вече знам, че вие не сте обикновен човек. Но не мога да повярвам, че със силата на волята си вие преодолявате времето и пространството!

Обещаното писмо накрая пристигнало. Изуменият началник открил, че то носи не само добрата новина за оздравяването на съпругата му, но и същите фрази, които седмици по-рано Великият Учител бил изрекъл.

Няколко месеца по-късно в Индия пристигнала и самата съпруга. Когато срещнала Лахири Махашая, тя се вторачила благоговейно в него.

– Господине – казала тя, – преди месеци на болничното си легло в Лондон видях вашия образ, увенчан с ореол на славна

ЛАХИРИ МАХАШАЯ
(1828 – 1895)

Йогаватар ('въплъщение на йога'), ученик на Бабаджи, гуру на Шри Юктешвар и възродител на древната наука *крия йога* в съвременна Индия

светлина. Още в същия миг бях напълно излекувана! Скоро след това можех да предприема и дългото презокеанско пътуване до Индия.

Ден след ден блаженият гуру посвещавал по един-двама от последователите си в *крия йога*. Освен тези духовни задължения и отговорността към службата и семейството, Великият Учител проявявал и възторжен интерес към образованието. Той организирал множество учебни групи и изиграл активна роля за разрастването на голямата гимназия в бенареския район Бенгалитола. На седмичните събирания, по-късно наричани „Гита сбирки", гуру тълкувал свещените писания на много пламенни търсачи на Истината.

Тази многостранна дейност на Лахири Махашая била красноречивият му отговор на баналния въпрос: „Откъде време за предана медитация, ако човек е затрупан със служебни и обществени задължения?". Хармонично балансираният живот на великия гуру, който също като тях е трябвало да се грижи за семейството си, вдъхновил хиляди мъже и жени. С една обикновена заплата, но бидейки пестелив, скромен и достъпен за всички, Учителят щастливо следвал пътя на дисциплинирания светски живот.

Макар възкачен на трона до самия Върховен Владетел, Лахири Махашая показвал уважение към всички хора, без оглед на достойнствата им. Когато последователите му го поздравявали, той на свой ред също им се покланял. Със смирението на дете Учителят често докосвал нозете на другите, но рядко позволявал те да му оказват подобна почит, макар такова преклонение пред гуру да е древен източен обичай.

Забележителен е фактът, че Лахири Махашая давал *крия* посвещение на хора от всякакви религии. Сред най-напредналите му ученици е имало не само изповядващи индуизма, но и мюсюлмани и християни. Монисти и дуалисти, последователи на различни религии и религиозни течения, както и такива без установена религиозна принадлежност, били приемани непредубедено и обучавани от универсалния гуру. Един от най-издигнатите му *чела* бил Абдул Гафур Хан, мюсюлманин. Голям кураж се е искало да се опълчиш срещу суровите кастови предразсъдъци на времето, но Лахири Махашая не спирал да се бори въпреки принадлежността си към най-високата *браминска* каста. Хора от всички социални слоеве намирали подслон под вездесъщите криле на Учителя. Подобно на други Боговдъхновени пророци, Лахири Махашая вливал нова надежда в наранените сърца на отритнатите и пренебрегнатите от обществото.

„Помнете: вие не принадлежите никому и никой не ви принадлежи. Не забравяйте, че някой ден внезапно ще трябва да напуснете този свят, така че познайте Бог сега – обяснявал великият гуру на учениците си. – Пригответе се за предстоящото следсмъртно астрално пътешествие, като не пропускате ден, без да се възнесете на балона на божествените възприятия. Илюзията ви кара да се възприемате като солидна маса от плът и кокали, която в най-добрия случай е гнездо на тревоги.* Медитирайте непрестанно, за да можете час по-скоро да се съзрете като Безкрайната Същност, свободна от всякакви форми на нещастие. Престанете да бъдете затворник на тялото, а използвайки тайния ключ на *крия*, се върнете в свободата на Духа."

Учителят насърчавал разнородните си ученици да се придържат към добрите дисциплиниращи традиции на собствените си религии. Лахири Махашая първо подчертавал всеобхватния характер на *крия йога* като практична техника за освобождение, а след това давал свобода на своите *чела* да се изразяват в живота съобразно средата и традициите, в които са възпитани.

„Мюсюлманинът трябва да извършва *намаз*** пет пъти на ден – казвал Учителят. – Индусът трябва няколко пъти на ден да сяда и да медитира. Християнинът – да коленичи няколко пъти и да се моли, а след това да чете Библията."

С мъдра проницателност гуру насочвал последователите си към пътя на *бакти йога* ('йога на предаността'), *карма йога* ('йога на действието'), *гяна йога* ('йога на мъдростта') или *раджа йога* ('царска, завършена йога') според индивидуалните наклонности на всеки. Колкото до желаещите да положат официален обет за монашество, Учителят не давал лесно съгласието си, а винаги ги предупреждавал добре да размислят, преди да поемат по суровия и стръмен път на монашеския живот.

---

* „Колко многолика е смъртта в телата ни! Нищо няма в тях – само смърт." – *Мартин Лутер, „Беседи на масата" (Table-Talk)*
** Основната молитва на мюсюлманите, повтаряна пет пъти на ден.

Великият гуру учел последователите си да избягват теоретичните дискусии върху писанията.

– Мъдър е този, който се посвещава на свръхосъзнаване, а не само на четене и осъзнаване на древните откровения – казвал той. – Разрешете всичките си проблеми чрез медитация.* Заменете безплодното мъдруване с реално Богообщение.

Изчистете реката на мислите си от догматичните теологични наноси и пуснете там да потекат свежите лековити води на непосредственото възприятие. Настройте се към живия Вътрешен Водач и божественият Му глас ще ви даде отговор на всяка житейска дилема. Макар изобретателността на човек да се забърква в проблеми да изглежда неизчерпаема, Безпределният Благодетел е не по-малко находчив.

Вездесъщието на Учителя се проявило един ден пред група негови ученици, които слушали тълкуванията му на Багавад Гита. Докато обяснявал значението на *Кутаста Чайтаня* (Христовото Съзнание) в цялото вибрационно творение, Лахири Махашая внезапно почнал да се задъхва, сякаш се задушава от липса на въздух, и да вика:

– Потъвам, потъвам в телата на много души край бреговете на Япония!

На следващата сутрин учениците му прочели във вестниците новината за смъртта на много хора, чийто кораб потънал предния ден край Япония.

Много ученици на Лахири Махашая, макар живеещи в отдалечени краища на Индия, усещали неговото живо, закрилящо присъствие.

– Аз винаги съм с тези, които практикуват *крия* – утешавал той своите *чела*, които нямали възможност да останат край него – и ще ви водя към Космическия Дом чрез разширяващото се възприятие на вашите души.

Шри Бупендра Нат Санял**, издигнат ученик на великия гуру, разказал как като младеж през 1892 г. нямал възможност да отиде до Бенарес, и се помолил на Учителя за духовни наставления.

---

* „Търси Истината в медитация, а не в мухлясалите книги. Ако искаш да видиш луната, гледай небето, не езерото." – *Персийска поговорка*

** Шри Санял почина през 1962 година. – *Бел. изд.*

Лахири Махашая му се явил в съня и му дал *дикша* (посвещение). По-късно момчето отишло в Бенарес и помолило гуру за *дикша*.

– Аз вече те посветих насън – отвърнал му Лахири Махашая.

Ако ученикът пренебрегнел някое от светските си задължения, Учителят кротко го поправял и дисциплинирал.

– Думите на Лахири Махашая бяха лековити като балсам – дори когато беше принуден да посочи открито грешките на своя *чела* – сподели ми веднъж Шри Юктешвар. И добави с плачевна физиономия: – Не познавам ученик, който да не е опитал пастирската тояга на нашия благ Учител.

Едва сдържайки смеха си, аз с ръка на сърцето уверих моя гуру, че, остри или не, неговите думи винаги са били музика за моите уши.

Лахири Махашая грижливо степенувал *крия* в четири прогресиращи посвещения*. Трите по-високи техники той давал само след като последователят покажел явен духовен напредък. Един ден някакъв *чела*, убеден, че не е оценен по достойнство, надал недоволен глас:

– Учителю, аз определено съм готов за *второто посвещение*.

– В този момент вратата се полуотворила и там се показал един скромен ученик – Бринда Багат. Той бил бенарески пощальон.

– Ела, Бринда, седни тука до мен – великият гуру му се усмихнал с бащина топлота. – Кажи ми, готов ли си са *втората крия*?

Малкият пощальон събрал ръце в умоляващ жест.

– Гурудева – казал той разтревожен, – моля ви, не искам повече посвещения! Как ще усвоя по-високата техника? Днес аз дойдох за вашите благословии, защото *първата крия* ме изпълни с такова божествено опиянение, че не мога да разнасям писмата!

– Бринда вече плува в океана на Духа – при тези думи на Лахири Махашая другият ученик навел засрамено глава.

– Учителю – казал той, – разбирам, че се държах като мързелив работник, на който сечивата му са виновни.

Скромният пощальон, макар и неук, след време до такава степен развил вътрешното си виждане чрез *крия*, че от време на време го търсели учени, за да им тълкува заплетени строфи в

---

* *Крия йога* има много вариации. От тях Лахири Махашая използвал само четири основни техники – тези с най-висока практическа стойност.

свещените писания. Необразованият, но чист и невинен като ангел Бринда си спечелил име в средите на учените пандити.

Освен многобройните бенарески ученици на Лахири Махашая, при него идвали и стотици други от далечни краища на Индия. Самият той няколко пъти пътувал до Бенгалия, за да посети тъстовете на двамата си сина. Така, благословена от неговото присъствие, Бенгалия заприличала на пчелна пита, осеяна с „килийки" от малки групи по *крия*. Особено в околиите Кришнанагар и Бишнупур много тихи последователи до ден днешен поддържат невидимия поток на духовната медитация.

Сред многото светци, получили *крия* от Лахири Махашая, заслужава да се спомене знаменития Свами Баскарананда Сарасвати от Бенарес, както и високо издигнатия аскет от Деогар Балананда Брамачари. Известно време Лахири Махашая бил частен учител на сина на махараджа Ишвари Нараян Сина Бахадур от Бенарес. Пленени от светостта на Учителя, махараджата и синът му го помолили за *крия* посвещение. Също то сторил и махараджа Джотиндра Мохан Такур.

Множество ученици на Лахири Махашая с влиятелни позиции в обществото неведнъж изявявали желание да разширят кръга на практикуващите *крия* чрез публичност. Гуру отказал да им даде разрешение. Един *чела*, придворен лекар на управника на Бенарес, предприел организирани действия за разпространяване името на Учителя като Каши Баба (Блажения от Бенарес).* И този път гуру отказал.

– Нека уханието на цветето *крия* се разнася от само себе си – казвал той. – Семената на *крия* ще пуснат корени в почвата на духовно плодородните сърца.

Макар Великият Учител да не възприел модерната система на преподаване чрез организация или книгопечатане, той е знаел, че неговото послание ще расте, ще настъпва, ще умножава силата си и като приливна вълна накрая ще залее бреговете на човешките умове. Променените и пречистени животи на последователите му са доказателство за непреходната, вечна жизненост на *крия*.

---

* Други титли, дадени на Лахири Махашая от учениците му са: *йогибар* ('най-велик йоги'), *йогирадж* ('цар на йогите') и *мунибар* ('най-велик светец'). Към тях аз добавям *йогаватар* ('въплъщение на йога').

ПАНЧАНОН БАТАЧАРЯ
Ученик на Лахири Махашая

През 1886 година, двайсет и пет години след посвещението си в Раникет, Лахири Махашая излязъл в пенсия.* Сега, когато вече станал достъпен и през деня, броят на посещаващите го ученици започнал бързо да нараства. Великият гуру, заключен спокойно в поза лотос, седял мълчаливо през повечето време. Той рядко напускал малката дневна, дори за разходка или за да отиде до някое друго помещение на къщата. Един нескончаем поток от *чела* се нижел тихо за *даршан* (свещен поглед) от гуру всеки ден.

---

* Той има общо трийсет и пет години служба само в един отдел на британските власти.

За изумление на всички посетители, обичайното физиологично състояние на Лахири Махашая проявявало свръхчовешки признаци, като бездиханност, неспирно будуване, спиране на пулса и сърцето, спокойни, немигащи с часове очи и дълбока аура на мир. Никой посетител не си тръгвал, без да бъде възвисен духовно. Всички знаели, че са получили мълчаливата благословия на истински Божи човек.

Когато му дошло времето, Учителят разрешил на своя ученик Панчанон Батачаря да основе йога център в Калкута – „Арийска мисия". Центърът приготвял и разпространявал йогически лекарства от билки* и пуснал първите евтини бенгалски издания на Багавад Гита. *Гита на Арийската мисия* на хинди и бенгалски намерила своя път към сърцата на читателите в хиляди домове.

В съответствие с древния обичай, Учителят предписвал масло от дървото *нийм*** за лечение на различни болести. Щом гуру помолел някой ученик да му извлече маслото, той лесно се справял със задачата. Но на своя глава, той срещал странни трудности – в процеса на получаване на извлека почти цялата течност се изпарявала. Очевидно благословията на Учителя била задължителната съставка.

Към края на тази глава съм поместил факсимиле на почерка и подписа на Лахири Махашая на бенгалски. Това са редове от едно негово писмо до *чела,* в което Великият Учител тълкува санскритски стих: „Този, който е постигнал такова състояние на покой, при което клепачите не мигат, е овладял *самбаби мудра****". *(Подписът*

---

* Индуистките медицински трактати се наричат *Аюрведа*. Ведическите лекари са използвали прецизни хирургически инструменти, прилагали са пластична хирургия, знаели са как да неутрализират ефектите на отровните газове, извършвали са цезарово сечение и трепанация на черепа, били са вещи в потенцирането действието на лекарствата. Хипократ (IV в. пр.Хр.) е заимствал голяма част от своята „Материя медика" от индуистки източници.

** Източноиндийско дърво *маргоза*. Неговата ценност за медицината вече започна да се признава и на Запад, където горчивата кора на дървото *нийм* се използва като тонизиращо средство, а маслото, добивано от семената и плодовете му, се прилага при проказа и други болести.

*** *Самбаби мудра* означава 'фиксиране на погледа в точката между веждите'. Когато йогът достигне определена степен на умствен покой, клепачите му спират да мигат – той бива погълнат от вътрешния свят.

Мудрата ('символът') обикновено е ритуален жест с пръстите и ръцете. Много *мудри* произвеждат спокойствие чрез стимулиране на определени нерви. Древните индуистки

е в долния ляв ъгъл: „Шри Шяма Чаран Дева Шарман".)

Самият Лахири Махашая, подобно на много други велики пророци, не е писал книги, но е обучил множество ученици, докато им тълкувал писанията. Моят скъп приятел Шри Ананда Мохан Лахири, един от по-младите внуци на Учителя, е написал следното:

> Четейки Багавад Гита и някои части на епоса *Махабхарата*, понякога се натъкваме на заплетени, сложни пасажи *(вяс-кути)*. Ако не се опитаме да „развържем" тези „заплетени възли", ще имаме само митични истории с ексцентричен привкус, които лесно подвеждат. Оставим ли ги без обяснение, губим цяла една наука, която Индия е опазила със свръхчовешко търпение след хиляди години на търсения и експерименти.*
>
> Лахири Махашая изчисти от алегориите и изкара на светло религиозната наука, майсторски скрита зад загадките на метафорите в свещените писания. Край на догадките, край на неразбираемата игра на думи! Учителят доказа, че безсмислените на пръв поглед формули на ведическите богослужения са пълни с научен смисъл.
>
> Знаем, че човек е склонен да се предаде на разрушителните страсти, но последните бързо губят позиции, когато първите проблясъци на зората на превъзхождащото вечно блаженство огреят съзнанието му чрез *крия йога*. Тук отхвърлянето, отрицанието на нишата природа протича паралелно с приемането, изживяването на блаженството. Без подобно успоредно развитие, нравствените максими, построени върху забрани, нямат голяма полза.
>
> Зад всички проявления във видимия свят е Безкрайното – Океанът от енергия. Прекомерното желание за светска дейност убива чувството за духовно благоговение. Увлечени от постиженията на

трактати щателно са класифицирали *надите* (мрежа от 72 000 психоенергийни канала в тялото) и връзката им с ума. Така *мудрите*, които се изпълняват при богослужения и йога упражнения, почиват на научна основа. Подробно описание на езика на *мудрите* намираме също в иконографията и ритуалните индийски танци.

* „На множество печати, открити напоследък при разкопки на археологически обекти в долината на р. Инд, датирани към III хил. пр.Хр., може да се видят фигури, изобразяващи хора в медитативни пози, които и днес се прилагат в системата йога. С това се потвърждава предположението, че наченки на йога е имало още по онова време. Така че можем не без основание да заключим, че систематичното самонаблюдение с помощта на изпитани научни методи се практикува в Индия от пет хиляди години." – *Професор У. Норман Браун, из „Бюлетин на Американския съвет на научните дружества", Вашингтон, окръг Колумбия (Bulletin of the American Council of Learned Societies, Washington, D.C.)*

Индуистките свещени писания свидетелстват, че науката йога е била позната в Индия от много повече хилядолетия.

съвременната наука, ние използваме силите на природата, но не разбираме Големия Живот, скрит зад всевъзможните имена и форми. Фамилиарността с природата поражда презрение към съкровените й тайни. Отношенията ни с нея все повече придобиват търговски характер. Ние, така да се каже, я чоплим, нищим, за да открием още начини да я принуждаваме да служи по-добре на нашите цели – да извличаме нейните енергии, чийто Източник остава неразгадан. В науката взаимоотношенията ни с природата са като между арогантен господар и слуга, а във философски смисъл природата прилича на задържан на подсъдимата скамейка. Ние я подлагаме на кръстосан разпит, предизвикваме я, претегляме показанията й на „фините" човешки везни, които обаче се оказват недостатъчно фини, за да претеглят невидимото.

От друга страна, когато Себе-то е в общение с Висшата Сила, природата автоматично се подчинява на волята на човека – при това без натиск, без никакво усилие. Тази власт над природата неразбиращите материалисти наричат „чудо".

С примера на своя живот Лахири Махашая промени погрешната представа, че йога е мистична практика. Въпреки резервираността на природните науки, човек може чрез *крия йога* да си възвърне изконната връзка с природата и да усети благоговение пред всички явления в живота* – били те мистични, или обикновени. Нека не забравяме, че много неща, които бяха необясними допреди хиляда години, вече не са. А това, което днес наричаме мистериозно, само след няколко години може да се окаже нещо не чак толкова мистериозно.

Науката *крия йога* е вечна. Тя е точна като математиката – като простите правила на събирането и изваждането. Законът на *крия* не може да се унищожи. Изгорете всички книги по математика и ще видите, че логически мислещите хора пак ще открият тези истини. Същото е и с йога: дори всички книги за йога да бъдат забранени, принципите й ще бъдат разбулени отново, щом се появи мъдрец с чиста преданост и следователно – чисто знание.

Както Бабаджи е сред най-великите аватари – *махаватар*, Шри Юктешвар с право може да бъде наречен *гянаватар* ('въплъщение на мъдростта'), а Лахири Махашая – *йогаватар* ('въплъщение на йога').**

---

* „Човек, който не се учудва, който привично не се учудва и прекланя пред нищо, дори да е президент на стотици Кралски дружества и да има в главата си информацията на стотици лаборатории и обсерватории, не е нищо повече от чифт очила, зад които няма очи." – *Карлайл, „Сартор Резартус" (Sartor Resartus)*

** Шри Юктешвар определял своя *чела* Парамаханса Йогананда като 'въплъщение на божествената любов'. След края на земния живот на Парамахансаджи неговият

Животът на Лахири Махашая подобен на живота на Христа

Великият Учител издигаше духовното ниво на хората както в качествено, така и в количествено отношение. Със способността си да извисява учениците от близкото си обкръжение до ранга на Христа и да разпространява истините сред масите, Лахири Махашая се нарежда сред Спасителите на човечеството.

Неговата уникалност като пророк е в практическия акцент върху един определен метод – *крия*, отваряйки за първи път вратите на йога свободата за всички хора. Като оставим настрана чудесата в собствения му живот, *йогаватарът* със сигурност достигна зенита на всички чудеса, свеждайки древната сложност на йога до ефективна простота, достъпна за всеки.

По отношение на чудесата Лахири Махашая често казвал: „Действието на невидимите закони, непознати на масите, не бива публично да се разисква или огласява, без първо добре да се прецени въздействието им". Ако на тези страници аз като че ли пренебрегвам предупреждението му, то е, защото имам вътрешното му съгласие. И все пак, докато документирах живота на Бабаджи, Лахири Махашая и Шри Юктешвар, аз прецених, че има чудеса, които е по-добре да бъдат премълчани. Пък и едва ли щях да мога да ги включа в тази книга, без да изпиша цял том допълнителни обяснения върху тази наистина сложна материя.

Като йоги и глава на семейство Лахири Махашая постави във фокуса на вниманието едно практично послание, съобразено с нуждите на днешния свят. Отличните стопански и религиозни условия на Древна Индия отдавна ги няма. Затова Великият Учител не насърчаваше стария идеал за йоги като скитащ аскет с просяшка паничка. Вместо това той наблягаше на предимствата на йоги, който практикува йога в уединението на дома си и изкарва сам прехраната си, без да е в тежест на едно общество, което и без друго е обременено с немалко налози. Към този съвет Лахири Махашая добави и окуражаващата сила на собствения пример. Той беше модел за чудесно интегриран в обществото йоги. Неговият начин на живот, както бе планирал самият Бабаджи, трябваше да служи за образец на всички устремени към Целта йоги – както на Изток, така и на Запад.

изтъкнат ученик и духовен приемник Раджарси Джанакананда (Джеймс Дж. Лин) официално му даде титлата *премаватар* ('въплъщение на любовта'). – *Бел. изд.*

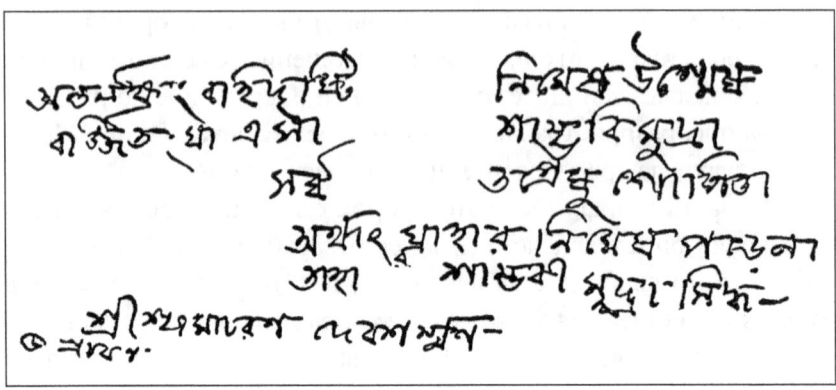

Нова надежда за новите поколения! „Божественото единение – възвестил *йогаватарът* – е възможно чрез лични усилия и не зависи нито от теологичните вярвания, нито от своеволието на някакъв Космически Диктатор."

Служейки си с ключа *крия,* хора, които не могат да повярват в божествеността на другите, накрая ще съзрат пълната божественост на самите себе си.

Глава 36

Интересът на Бабаджи към Запада

— Учителю, срещал ли сте някога Бабаджи?

Беше тиха лятна вечер. Бях в Серампор. Шри Юктешвар и аз седяхме на балкона на ашрама на втория етаж, а едрите тропически звезди блещукаха над главите ни.

– Да – Учителят се усмихна на директния ми въпрос, очите му блеснаха от благоговение. – Три пъти бях благословен да видя безсмъртния гуру. Първата ни среща беше в Алахабад на една *Кумба Мела*.

Големите религиозни събори, провеждани в Индия от незапомнени времена, са известни като *Кумба Мела*. Благодарение на тях духовните цели постоянно са били пред погледа на масите. Милиони набожни индуси се събират на всеки дванайсет години, за да се срещнат с хиляди саду, йоги, свами и аскети от различни духовни традиции. Много от тях са отшелници, които никога не напускат уединените си пещери, освен за да участват в *мелите**, където дават благословиите си на миряните, мъже и жени.

— По времето, когато срещнах Бабаджи, аз още не бях свами – продължи Шри Юктешвар. – Но бях вече получил посвещение в *крия* от Лахири Махашая. Той ме посъвества да посетя *мелата*, която щеше да се проведе през януари 1894 г. в Алахабад. Първата ми *Кумба* в живота! Чувствах се леко зашеметен сред виковете,

---
* Виж бел. стр. 495.

глъчката и необичайната възбуда на това гъмжило от хора. Вървях и се оглеждах наоколо с търсещ поглед, но не можах да видя озарено лице на Учител. Тогава, докато си пробивах път сред многолюдните тълпи край моста на Ганг, забелязах един познат с протегната просяшка паничка.

„Нищо особено... събор като събор – врява, просяци... – мислех си разочаровано. – Дали пък западните учени, които търпеливо разширяват областта на познанието за благото на човечеството, не са по-скъпи на Бог от тези лентяи, които уж се занимават с религия, а само за милостиня мислят."

В този момент пред мен се спря един висок *санаяси* и ведрият му глас ме откъсна от размишленията ми за социална реформа. „Господине – каза той, – един светец ви вика." – „Кой е той?" – „Елате и вижте сам."

Последвах колебливо лаконичния му съвет и скоро се озовах пред голямо дърво, чиито сенчести клони бяха подслонили един гуру с обаятелна група ученици. Като се приближих до него, Учителят – една необикновено ярка фигура с искрящи тъмни очи, се надигна и ме прегърна. „Добре дошъл, свамиджи" – приветства ме ласкаво той. „Господине – отвърнах му аз, като натъртих – аз *не* съм свами." – „Тези, на които по Божията воля давам титлата *свами*, никога не я отхвърлят." Светецът говореше просто, но думите му бяха пропити с дълбока истинност. В същия миг бях погълнат от вълна на духовна благословия. Усмихнах се в себе си на неочакваното ми издигане по стълбицата на древния монашески орден* и се поклоних в нозете на славното ангелско същество в човешка форма, удостоило ме с тази чест.

Бабаджи (без съмнение това бе той) ми кимна да седна до него под дървото. Беше силен, млад, приличаше на Лахири Махашая. Но странно – приликата никак не ме впечатли, макар често да бях чувал, че двамата Учители си приличат като две капки вода. (Бабаджи притежава сила, която му позволява да блокира зараждането на нежелана мисъл в ума на даден човек.) Очевидно Великият Гуру желаеше да съм напълно естествен в негово присъствие, а това нямаше как да стане, ако знаех кой е – най-малкото, защото

---

* Шри Юктешвар по-късно е бил официално приет в ордена *Свами* от *маханта* (главния духовник) на Буд Гая в Бихар.

щях да бъда изпълнен с огромно страхопочитание. „Какво мислиш за тази *Кумба Мела?*" – попита ме той. „Разочарован съм, господине – казах аз, но побързах да се поправя: – *Бях* разочарован – до момента, в който ви срещнах. Светците и това човешко стълпотворение някак не си пасват." – „Чедо – каза Учителят, макар да бях два пъти на неговите години, – заради грешките на мнозинството не съди цялото. Всичко на тази земя е от смесено естество – като сместа от пясък и захар. Бъди като мъдрата мравка, която отбира само захарните кристали и не се докосва до песъчинките. Макар мнозина от тези саду тук все още да бродят из джунглата на заблудата, тази *мела* е благословена и от неколцина светци, изпълнени със Светия Дух."

Тези думи ме върнаха към срещата с блажения Учител, който сега стоеше пред мен, и аз бързо се съгласих. „Господине – отбелязах аз, – мислех си за учените на Запада, които са много по-напред по интелигентност от повечето хора тук, живеят в далечна Европа и Америка, изповядват различни религии, но не знаят нищо за истинския смисъл на нашите *мели*. Тези хора според мен ще имат огромна полза от срещите с Учителите на Индия. Но въпреки високите си интелектуални постижения, много от западняците са обречени да изживеят живота си в груб материализъм. Други известни учени и философи пък не признават същностното единство на религиите. Религиозните им убеждения се издигат между нас като непреодолими бариери и застрашават да ни държат разделени завинаги." На лицето на Бабаджи грейна одобрителна усмивка: „Вече забелязах, че си еднакво загрижен както за Запада, така и за Изтока. Усещам терзанията на сърцето ти – толкова широко, че не може да състрадава само на едните, затова те извиках тук – той замълча за миг и продължи: – Изтокът и Западът трябва да трасират един златен среден път, който да съчетава деятелност с духовност. Индия има да научи много от Запада в материално отношение. В замяна пък Индия може да предложи универсалните си методи, които ще позволят на Запада да построи религиозните си вярвания върху непоклатимата основа на йогическата наука. – Той направи пауза, след което продължи: – На теб, свамиджи, ти предстои да изиграеш важна роля в предстоящия хармоничен обмен между двете полукълба. След няколко години ще ти пратя ученик, когото да обучиш да разпространи йога на Запад. Вибрациите на много търсещи Бога души оттам ме заливат като потоп. Виждам потенциални светци в Америка и Европа, които само чакат да бъдат събудени".

На това място в разказа си Шри Юктешвар замълча и спря погледа си продължително върху мен:

– Сине мой – каза той, усмихвайки се на лунната светлина, – ти си този ученик, когото преди години Бабаджи обеща да ми изпрати.

Душата ми се възрадва, като разбрах, че Бабаджи беше насочвал стъпките ми към Шри Юктешвар, но ми беше трудно да си се представя в далечния Запад – на хиляди километри от обичния гуру и от мекия покой на ашрама.

– Тогава Бабаджи заговори за Багавад Гита – продължи Шри Юктешвар. – За моя изненада той отправи няколко похвални думи към мен, с които ми даде да разбера, че знае за направените от мен тълкувания на няколко глави от Гитата. „Искам да те помоля, свамиджи, да се заемеш с още една задача – каза Великият Учител. – Ще напишеш ли малка книга за скритата хармония между християнските и индуистките свещени писания? Единството на техните основополагащи принципи сега е замъглено от сектантските различия между хората. Покажи с паралел от цитати от Библията и от индуистките свещени писания, че вдъхновените синове на Бога са говорили едни и същи истини." – „*Махарадж** – погледнах го неуверено аз, – това е много отговорна задача! Дали ще мога да се справя?" Бабаджи се засмя тихо: „Синко, защо се съмняваш? – каза уверено той. – *Чия* е цялата тази работа и *Кой* е Извършителят на всички дела? Щом Господ каже през моите уста, че нещо ще стане, то непременно става".

Приех благословиите на светеца и се съгласих да напиша книгата. Когато наближи часът за раздяла, аз се надигнах неохотно от меката постелка от листа, върху които бях седнал. „Посещаваш Лахири, нали? – поинтересува се Учителят. – Той е велика душа! Разкажи му за нашата среща." После ми предаде послание за Лахири Махашая. Като му се поклоних смирено на прощаване, светецът ми се усмихна благо: „Като приключиш с книгата, ще те навестя – обеща ми той. – Хайде, остани си със здраве, скоро пак

---

* 'Велик цар' – титла, изразяваща респект.

ще се видим".

На следващия ден аз се качих на влака за Бенарес и напуснах Алахабад. Още с пристигането си в дома на моя гуру, аз на един дъх му разказах историята за чудния светец на *Кумба Мела*. "Казваш, не можа да го познаеш? – очите на Лахири Махашая искряха от смях. – Не си могъл, защото той те е възпрял. Моят несравним гуру, Небесният Бабаджи!" – "Бабаджи?! – повторих аз и усетих как през снагата ми мина благоговеен трепет. – Христ-ът Бабаджи! Невидимо-видимият Спасител Бабаджи! О, само да можех да върна миналото и още веднъж да бъда в святото му присъствие, да докосна лотосовите му нозе!" Лахири Махашая ме погледна утешително: "Не тъжи, нали ти е обещал, че ще се видите отново". Продължих: "Гурудева, Божественият Учител ме помоли да ви предам нещо: "Съобщи на Лахири – каза той, – че запасите му от енергия за този живот намаляват, почти са на изчерпване".

При тези загадъчни думи тялото на Лахири Махашая потрепна, сякаш поразено от мълния. В миг всичко около него потъна в тишина. Усмихнатото му лице помръкна и доби студено изражение. Тялото му пребледня и се вцепени като дървена статуя. Бях разтревожен и объркан. Никога през живота си не бях виждал тази жизнерадостна душа толкова ужасно сериозна. Останалите ученици в стаята го гледаха втренчено в очакване.

Три часа минаха в мълчание. После лицето на Лахири Махашая доби обичайното ведро, слънчево изражение и той пак заговори ласкаво на своите *чела*. Всички въздъхнаха облекчено.

По реакцията на моя Учител разбрах, че посланието на Бабаджи е непогрешим сигнал, че на Лахири Махашая скоро му предстои да напусне тялото си. Величавата тишина около него ясно говореше какво става в душата му: той на мига се овладя, преряза и последната нишка на привързаност към материалния свят и се оттегли още по-навътре във вечната си идентичност, в Духа. Колкото до бележката на Бабаджи, тя беше неговият начин да му каже: "Ще бъда вечно с теб".

Макар Велики Учители като Бабаджи и Лахири Махашая да бяха всеведущи и да нямаха нужда от мен или други проводници, за да общуват помежду си, те от любов към хората често слизаха на тяхното ниво и приемаха да играят някаква роля в човешката драма. Понякога за да предадат пророчествата си, те прибягваха до „помощта" на вестители, за да може изпълнението на техните думи да вдъхне по-голяма божествена вяра и да увлече по-широк кръг от хора, научили по-късно за случката.

– Скоро аз напуснах Бенарес и с връщането си в Серампор се захванах с книгата, за която ме беше помолил Бабаджи – продължи Шри Юктешвар. – Едва-що започнал, и ме озари вдъхновение да напиша ода за моя безсмъртен гуру. Мелодичните стихове се изляха под перото ми сякаш от само себе си, макар никога преди да не бях правил опити да пиша санскритска поезия.

Дни наред в тишината на нощта аз съпоставях Библията и свещените писания на *Санатана Дарма**, като цитирах думите на блажения Господ Исус и показвах, че неговото учение и откровенията на Ведите по същество са едно и също. Благодарение на милостта на моя *парамгуру**** книгата ми „Свещената наука"*** бе завършена за сравнително кратко време.

На сутринта след като приключих с литературните си усилия, аз се спуснах към Рай Гат да се изкъпя в Ганг – продължи Учителят. – *Гатът* беше пуст. Поседях известно време и се наслаждавах на покоя и тишината под топлите утринни лъчи. После се потопих няколко пъти в блещукащите води и поех към къщи.

---

* Букв. 'вечната религия' – название, дадено на структурния център на ведическите учения. С времето *Санатана Дарма* станало *индуизъм*, защото гърците начело с Александър Македонски при нахлуването си в Северозападна Индия нарекли хората, живеещи по бреговете на река Инд, *индуси (индуисти)*. Оттук думата *индуист*, в тесния смисъл, се отнася само до последователите на *Санатана Дарма*, тоест на индуизма. Терминът *индийци*, за разлика от него, обединява индуисти, мюсюлмани и други религиозни общности на индийските територии.

Древното име на Индия е *Арияварта*, букв. 'земи на арийци'. Санскритският корен на *ария* означава 'достоен, свят, благороден'. Неправилната етнографска употреба на думата *арийци (арийски)* на по-късен етап за обозначаване на физически, а не духовни характеристики, предизвикала ироничната реакция на известния ориенталист Макс Мюлер: „За мен етнолог, който говори за арийска раса, арийска кръв, арийски очи или коса е точно толкова смешен, колкото и лингвист, който говори за долихоцефален речник (речник с тесен и дълъг череп) или брахицефална граматика (граматика с широк и къс череп)".

** *Парамгуру* ще рече 'гуру на собствения гуру'. Така Бабаджи, който е *гуру* на Лахири Махашая, е *парамгуру* за Шри Юктешвар.

Махаватар Бабаджи е Върховен Гуру в индийската линия от Учители, поели отговорност за духовното благоуспяване на всички членове на SRF/YSS, практикуващи с вярност *крия йога*.

*** Издадена от Self-Realization Fellowship, Лос Анджелис, Калифорния, под оригиналното английско заглавие *The Holy Science*.

Навред цареше тишина, която се нарушаваше само от шляпането на прогизналите ми дрехи при всяка крачка. Тъкмо подминах едно голямо баняново (смокиново) дърво край речния бряг, и изведнъж усетих силен импулс, който ме подтикна да извърна глава назад. Там, под сянката на баняна, заобиколен от неколцина ученици, седеше великият Бабаджи! „Привет, свамиджи! – отекна благият глас на Учителя, сякаш за да ме увери, че не сънувам. – Виждам, че си завършил книгата. Както обещах, дойдох да ти благодаря." С разтуптяно сърце аз се проснах в нозете му. „Парамгуруджи – замолих го аз, – няма ли с вашите *чела* да почетете с присъствието си моя дом? Съвсем наблизо е." Върховният Гуру отклони молбата ми с усмивка: „Не, дете – каза той, – по̀ ни харесва под сянката на дърветата. Тук е приятно и спокойно." Аз вперих умоляващ поглед в него: „Моля ви, почакайте малко, Учителю. Ей сега се връщам със специални сладкиши"*.

Когато след няколко минути се върнах с чиния лакомства, небесната група я нямаше под дебелата сянка на величественото баняново дърво. Претърсих целия *гат,* но в сърцето си знаех, че малката група е отлетяла на ефирните си криле. Това дълбоко ме нарани. „Ако пак го срещна Бабаджи, няма да му продумам – казах си. – Не беше никак учтиво от негова страна да си тръгва така внезапно."

Това, разбира се, беше гняв от любов и нищо повече. Няколко месеца по-късно посетих Лахири Махашая в Бенарес. Като ме видя да влизам в гостната, моят гуру ми се усмихна приветливо. „Добре дошъл, Юктешвар – каза той. – Срещна ли преди малко Бабаджи, като излизаше от стаята ми?" – „Ами, не..." – отговорих изненадано. „Ела тука" – Лахири Махашая ме докосна леко по челото. В същия миг до вратата съзрях да разцъфва като прелестен лотос сияйната форма на Бабаджи.

Тогава аз си спомних старата рана и не му се поклоних. Лахири Махашая ме изгледа учудено.

Божественият гуру впи в мен красивите си бездънни очи: „Сърдиш ми се?". – „Как да не ви се сърдя! – отвърнах му с обидено сърце. – Появявате се изневиделица с тайнствената си група, после изчезвате като дим, без да ми се обадите." Бабаджи се засмя

---

* В Индия се счита за неуважение да не предложиш нещо за почерпка на гуру.

кротко: „Казах само, че ще се видим, но не и колко дълго ще остана. Ти беше толкова развълнуван, че повярвай ми, изблиците на неспокойните ти мисли щяха всеки момент да възпламенят нажежения до краен предел етер".

Това обяснение, макар да не щадеше егото, поуспокои душата ми. Коленичих в нозете му. Върховният Гуру ме потупа сърдечно по рамото. „Чедо, трябва да медитираш повече – каза той. – Духовното ти зрение още не е достатъчно силно – не можа да ме видиш, докато се криех зад слънчевата светлина" – и с глас, разливащ се нежно като небесна флейта, Бабаджи изчезна в тайнственото сияние.

Това беше едно от последните ми посещения в Бенарес при моя гуру – завърши разказа си Шри Юктешвар. – Точно както предрече Бабаджи на *Кумба Мела,* въплъщението на Лахири Махашая като мирянин и глава на семейство вървеше към своя край. През лятото на 1895 г. на гърба на иначе здравото му тяло се появи малък цирей. Той се противопостави и не даде да го отстранят по хирургичен път – отработваше в тялото си лошата карма на неколцина свои ученици. Накрая някои негови *чела* станаха много настоятелни. Тогава Учителят отбеляза загадъчно: „Тялото трябва да намери причина да си отиде. Правете каквото смятате за добре".

Скоро след това безподобният гуру напусна тялото си в Бенарес. Вече няма нужда да го търся в малката дневна. Открих, че всеки ден от живота ми е благословен от вездесъщото му водителство.

Години по-късно от устните на Свами Кешабананда*, негов напреднал ученик, чух още удивителни подробности за земния край на Лахири Махашая.

– Няколко дни преди моят гуру да напусне тялото си – разказа ми Кешабананда, – той се материализира пред мен, докато си седях в убежището в Хардвар. „Идвай веднага в Бенарес!", каза той и изчезна.

Без да губя време, аз хванах влака за Бенарес. В дома на моя гуру се бяха събрали множество ученици. Този ден** Учителят с часове тълкува Гитата. Накрая той обяви простичко: „Отивам си у Дома".

---

* Посещението ми в ашрама на Кешабананда е описано на стр. 501–504.

** Датата, на която Лахири Махашая е напуснал тялото си, е 26 септември 1895 година. Само след няколко дни (на 30 септември) той е щял да навърши 67 години.

При тези думи сякаш някакъв бент от горест се разкъса в сърцата ни и отприщи реки от сподавени ридания. „Не скърбете, аз ще се върна" – каза Лахири Махашая и като стана от мястото си, се завъртя три пъти в кръг, след което седна в поза лотос с лице на север и славно навлезе в *махасамади*.*

Божественото тяло на Лахири Махашая, толкова скъпо на последователите му, беше кремирано с тържествени ритуали, отслужвани за миряни, на Маникарника Гат край свещената река Ганг – продължи Кешабананда. – На следващия ден в десет часа сутринта, докато все още бях в Бенарес, стаята ми изведнъж се изпълни с неизказано ярка светлина. И какво да видя! – пред мен от плът и кръв стоеше формата на Лахири Махашая. Тя изглеждаше точно като старото му тяло, с тази разлика, че беше по-млада и по-сияйна. „Кешабананда – заговори божественият гуру, – аз съм! От разпадналите се атоми на кремираното ми тяло възкресих тази нова форма. Работата ми сред миряните приключи, но не напускам окончателно Земята. Оттук насетне ще бъда известно време с Бабаджи в Хималаите, а после в Космоса."

После небесният Учител ме благослови с няколко думи и изчезна. Чудно вдъхновение изпълни сърцето ми. Бях възвисен в Духа също като учениците на Христос и Кабир**, видели живия си

---

* Тройното завъртане и обръщането на север са част от ведически ритуал, използван от Учителите, които знаят предварително кога ще удари сетният час на физическото тяло. Последната медитация, по време на която Учителят се слива с космическия звук *Ом*, се нарича *махасамади*, ще рече 'велико самади'.

** Кабир е велик светец от XVI век с многобройни последователи както сред индусите, така и сред мюсюлманите. Когато починал, учениците му се скарали как да го погребат. Огорчен, Учителят се събудил от последния си сън и им дал указания: „Половината от мощите ми погребете по мюсюлмански обичай, а другата половина кремирайте, както повелява индуисткото тайнство". После изчезнал. Щом учениците махнали савана, в който било повито тялото му, вътре намерили само наръч красиви цветя. Половината от тях мюсюлманите послушно погребали в Магар, където и до днес има негово светилище, а другата половина била кремирана с индуистки церемонии в Бенарес. На това място днес се издига храмът „Кабир Чеура", който привлича огромни тълпи поклонници.

В младежките си години Кабир имал двама ученици, които много държали да получат подробни интелектуални напътствия за следване на мистичния път. Учителят им отговорил просто:

Та пътят значи разстояние!
Обикнете ли Бог веднъж,
в беди и радост, и в страдание

гуру след физическата му смърт.

Върнах се в уединеното си убежище в Хардвар – продължи Кешабананда, – носейки със себе си прах от светите мощи на Лахири Махашая. Знаех си, че е избягал от пространствено-времевата клетка и сега като волнокрил орел на вездесъщието се рее из висините на Духа. Но сърцето ми имаше нужда от утеха, затова съхраних частица от светия му прах.

Друг ученик, благословен да види възкръсналия гуру, е бил светецът Панчанон Батачаря*. Аз го посетих в дома му в Калкута и с голяма наслада изслушах разказа му за годините, прекарани с Учителя. Накрая той завърши с най-чудното нещо, което му се беше случвало в живота:

– Тук, в Калкута – каза Панчанон – в десет часа сутринта на другия ден след кремацията му, Лахири Махашая се появи пред мен в цялата си сияйна слава!

Свами Пранабананда (Светеца с две тела) също ми повери подробности за своето божествено изживяване. При посещението му в нашето училище в Ранчи Пранабананда ми разказа следното:

– Няколко дни преди Лахири Махашая да напусне тялото си аз получих от него писмо, в което ме молеше веднага да отида в Бенарес. Аз обаче бях сериозно възпрепятстван и не можах да тръгна веднага. Към десет часа сутринта, тъкмо когато се канех да тръгвам за Бенарес, една огромна радост заля душата ми! В стаята пред мен изникна сияйната фигура на моя гуру. „Няма защо да бързаш за Бенарес – каза Лахири Махашая, като се усмихваше благо. – Вече няма да ме намериш там."

В мига, в който смисълът на думите му стигна до мен, аз проплаках с покъртено сърце, вярвайки, че го виждам само във видение.

Учителят се приближи до мен и спря очите си утешително срещу моите. „Ела, пипни ме – каза той. – Аз съм жив, както винаги. Не ме оплаквай. Нали съм с теб във вечността."

край вас ще бъде само Път!
(Защото смешно е – едва ли не! –
да молят рибите за дъжд.)

* Виж стр. 407–408. В едно имение, простиращо се на седем хектара в Деогар, щата Бихар, Панчанон издигнал храм на Шива, в който като икона светиня се пази маслен портрет на Лахири Махашая. – *Бел. изд.*

Така от устата на тези трима извисени ученици светът научи чудната истина: в десет часа сутринта, ден след като тялото на Лахири Махашая бе погълнато от пламъците, възкръсналият Учител, в живо, но преобразено тяло се появил пред трима свои ученици, всеки от които в различен град.

„А щом това тленно тяло се облече в нетление, и това смъртното тяло се облече в безсмъртие, тогава ще се сбъдне думата написана: „смъртта биде погълната с победа". Де ти е, смърте, жилото? Де ти е, аде, победата?"*

---

* I Коринтяни 15:54–55. „Що? Нима вие за невероятно смятате, че Бог възкресява мъртви?" (Деяния 26:8).

Глава 37

Отивам в Америка

— Америка! Тези хора положително са американци! – мина ми през ума, когато панорама на западни лица* като на забавен кадър се изниза пред вътрешния ми взор.

Потънал в медитация, аз седях зад камара прашни кашони в склада на училището в Ранчи**. В онези години на усилна работа с малчуганите не беше никак лесно да си намериш уединено място за медитация!

Видението продължи. Огромното множество хора, вперили жадни погледи в мен, премина през съзнанието ми, подобно на статисти през снимачна площадка.

В този момент някой отвори вратата на склада. Както винаги, едно от момчетата бе открило скривалището ми.

– Ела тук, Бимал – викнах му весело. – Имам новина за вас: Господ ме вика в Америка!

– В Америка?! – момчето повтори думите ми с тон, сякаш бях казал „на Луната".

– Да! Отивам да открия Америка, като Колумб. Нали съм ви разказвал – той е открил Индия. Между нашите две страни със сигурност има кармична връзка!

Бимал хвръкна навън и скоро цялото училище беше осведомено от двукракия вестник.

---

* Много от тези лица аз по-късно видях на Запад и веднага ги разпознах.
** През 1995 година по повод 75-ата годишнина от идването на Парамаханса Йогананда в Америка в Ранчи бе осветен прекрасен *смрити мандир* (мемориален храм). Той се намира на мястото на някогашния склад, където Парамахансаджи получил видението. – *Бел. изд.*

Събрах недоумяващите преподаватели и им поверих ръководството на училището.

– Не се съмнявам, че образователните идеали на Лахири Махашая ще бъдат вашата пътеводна звезда – казах им. – Ще ви пиша често. Ако е по Божията воля, някой ден ще се върна.

Сълзи напираха в очите ми, когато хвърлих последен поглед към момчуряците и слънчевите поляни на Ранчи. Знаех си, че тук завършва един етап от живота ми. Оттук насетне щях да живея в далечни страни.

Няколко часа след видението вече пътувах с влака за Калкута. На следващия ден получих покана за участие в Международния конгрес на религиозните либерали в Америка като делегат на Индия. Той щеше да се проведе същата година в Бостън под егидата на Американската унитарианска асоциация.

Главата ми беше като замаяна. Потърсих Шри Юктешвар в Серампор.

– Гуруджи, току-що получих покана да говоря пред един религиозен конгрес в Америка. Да отида ли?

– Всички врати са отворени пред тебе – отговори простичко Учителят. – Или сега, или никога.

– Но, Учителю – възкликнах ужасен, – какво разбирам аз от публични речи! Та аз почти нямам опит в изнасянето на лекции, още повече на английски.

– Английски или неанглийски, думите ти за йога ще бъдат чути на Запад.

Засмях се.

– Е, скъпи гуруджи, не вярвам американците да тръгнат да учат бенгалски! Моля ви, благословете ме да преборя трудностите на английския.*

Като съобщих новината на баща си, той остана като закован на мястото си, смаян и объркан. За него Америка беше невероятно далечна страна. Освен това, изглежда, се опасяваше, че никога няма да ме види повече.

– И как смяташ да отидеш? – попита ме студено той. – Кой ще те финансира?

До този ден той с много обич осигуряваше средствата за

---

* С Шри Юктешвар обикновено си говорехме на бенгалски.

моето обучение и за целия ми живот и без съмнение с този въпрос очакваше да осуети плановете ми.

– Господ ще се погрижи за средствата – този отговор събуди в паметта ми спомена за един друг отговор, който преди години бях дал на Ананта в Агра. И без много заобикалки добавих: – Татко, може би Бог ще ти внуши да ми помогнеш.

– Не, никога! – отговори той с жален глас, в който една струна сякаш всеки момент щеше да заплаче.

Можете да си представите реакцията ми на другия ден, когато баща ми дойде при мен и изненадващо ми връчи чек за голяма сума.

– Давам ти тези пари – каза той – не като баща, а като верен ученик на Лахири Махашая. Върви в далечна Америка и разпространи универсалното, надрелигиозно учение *крия йога*.

Бях безкрайно трогнат от безкористния дух на татко, който успя някак си да загърби бащинския си инстинкт. Изглежда, през изминалата нощ го бе осенило прозрение или може би някой му беше внушил, че пътуването ми в чужбина не е продиктувано от делнични мотиви.

– Може би няма да се видим повече в този живот – каза тъжно баща ми, който тогава беше на шейсет и седем години.

Една интуитивна убеденост ме подтикна да му отговоря:

– Господ непременно ще ни събере още веднъж.

Денят, в който щях да напусна Учителя и родината и да отплавам за незнайните брегове на Америка, наближаваше, а с него нарастваха и тревогите ми. Бях чувал не една и две истории за „материалистичния Запад" – един твърде различен свят от моята Индия, пропита от вековна аура на светци.

„За да оцелее сред ветрищата на Запада – мислех си аз – един източен Учител трябва да бъде по-издръжлив от онзи, които отива да живее в суровите условия на хималайската пустош!"

Рано една сутрин аз започнах да се моля, твърдо решен да не спирам, до смърт, ако трябва, докато не чуя гласа на Бог. Исках Неговата благословия и уверение, че няма да се изгубя в мъглите на съвременния утилитаризъм. Сърцето ми желаеше и беше готово да тръгне за Америка, но по-голямото ми желание бе първо да получа Божията утеха и съгласие.

Аз се молех, молех се с часове, потискайки риданията си, но отговор не идеше. Към обяд молитвите ми достигнаха кулминацията си. Напрежението, нагнетявано от мъката и терзанията на душата ми, растеше. По едно време почна да ми се вие свят. Имах чувството, че ако събера сили и направя един последен отчаян опит да Го призова, мозъкът ми ще се пръсне.

Точно в този момент на вратата на дома ми на „Гарпар Роуд" се почука. Отворих очи и видях пред мен да стои младеж в прости одежди на отреченик. Той влезе вътре.

„Трябва да е Бабаджи!" – помислих си зашеметен, защото мъжът пред мен по всичко приличаше на Лахири Махашая на младини.

С мелодичния си хинди той отговори направо на мисълта ми:

– Да, аз съм Бабаджи. Нашият Небесен Баща чу молитвата ти и ми нареди да ти се явя, за да ти предам това: „Следвай повелята на твоя гуру и отиди в Америка. Не бой се, ще бъдеш закрилян".

Потънахме в интензивна тишина. После Бабаджи продължи:

– Ти си този, когото избрах да разпространи посланието на *крия йога* на Запад. Преди време аз срещнах твоя гуру Юктешвар на *Кумба Мела* и му казах, че ще му пратя ученик, когото да обучи. Ти си този ученик.

Стоях като онемял, затаил дъх от благоговение пред величественото му присъствие. Бях дълбоко трогнат да чуя от устата на безсмъртния гуру, че той бе водил стъпките ми към Шри Юктешвар. Проснах се в нозете му. Той мило ме вдигна и ми разказа много неща за моя живот. После ми даде няколко лични съвета и изрече няколко тайни пророчества.

– *Крия йога,* научната техника за Обожение – завърши тържествено той – накрая ще се разпространи във всички страни и ще спомогне за хармонизирането на нациите чрез лично свръхсъзнателно възприятие на Безкрайния Баща.

После Учителят спря очите си срещу моите и огромната сила, която се излъчваше от тях, се изля като могъщ поток в душата ми и така я наелектризира, че за няколко мига изживях Космическото му Съзнание!

> Дори хиляди слънца едновременно
> сред небето да бяха изгрели,
> със своя блясък пак би ги засенчил
> Този сияен Върховен Атман.*

---

* Багавад Гита XI:12 (по превода на сър Едвин Арнолд).

Автобиография на един йоги

ПАРАМАХАНСА ЙОГАНАНДА
(паспортна снимка, направена в Калкута през 1920 г.)

Отивам в Америка

Неколцина от делегатите на Международния конгрес на религиозните либерали, на който Йогонандаджи изнася първата си реч в Америка – Бостън, Масачузетс, октомври 1920 г. *(от ляво надясно):* Негово Преподобие Т. Р. Уилямс, проф. С. Ушигазаки, Негово Преподобие Джейбъз Т. Съндърланд, Шри Йогананда и Негово Преподобие Ч. У. Уенд.

Малко след това Бабаджи се отправи към вратата, отбелязвайки:

– Не се опитвай да ме следваш. Няма да можеш.

– Моля ви, Бабаджи, не си отивайте – извиках няколко пъти след него. – Вземете ме със себе си!

Той отвърна:

– Не сега, друг път.

Аз обаче бях толкова развълнуван, че не обърнах внимание на предупреждението му. Опитах се да го последвам, но с изненада открих, че не мога да помръдна краката си. Бабаджи ми хвърли последен любящ поглед от вратата. Моите очи бяха приковани в него с копнеж и го поглъщаха цял, когато той вдигна ръка за благословия и бавно се отдалечи.

Няколко минути по-късно краката ми отново олекнаха. Седнах и се потопих в дълбока медитация. Душата ми се изля в дълга, гореща благодарност към Бог не само за това, че се отзова

Йоганандаджи в каютата на парахода на път за Аляска по време на лекционна обиколка из континента, 1924 г.

на молитвата ми, но и за благословията да ме срещне с Бабаджи. Цялото ми тяло беше като окъпано в Духа от съприкосновението с древния вечно млад Учител. Отдавна таях горещото желание да го зърна.

До този час аз никога никому не съм разказвал историята на срещата си с Бабаджи. Дълго я пазих в сърцето си като най-съкровения спомен от моите човешки преживявания. Но ме осени мисълта, че читателите на тази автобиография ще бъдат по-склонни да повярват в реалността на уединения Бабаджи и интереса му към света, ако им разкажа, че съм го видял със собствените си очи. Помогнах на един художник да нарисува за тази книга максимално

Отивам в Америка

ЗА 32 ГОДИНИ НА ЗАПАД ВЕЛИКИЯТ ГУРУ ПОСВЕЩАВА В ЙОГА ПОВЕЧЕ ОТ 100 000 УЧЕНИЦИ

Йогананджи на подиума изнася лекция – Денвър, Колорадо, 1924 г. Той проповядва йога пред огромни аудитории в най-големите зали на стотици градове. Наред с това пише книги, подготвя *Уроци* за домашно изучаване, основава монашески центрове за обучение на йога учители, с което си гарантира продължаването на световната мисия, възложена му от Махаватар Бабаджи.

ПАРАМАХАНСА ЙОГАНАНДА В ЛОСАНДЖЕЛИСКАТА ФИЛХАРМОНИЯ

The Los Angeles Times в броя си от 28 януари 1925 г. пише: „Филхармонията този път представя необичаен спектакъл. Много преди обявения начален час огромната зала с капацитет 3000 души е препълнена до краен предел. Всички са в очакване на Свами Йогананда – индус, дошъл да проповядва същината на Христовото учение в сърцето на християнската общност".

Отивам в Америка

С помощта на щедри ученици през 1925 г. Шри Йогананда закупува това имение на Маунт Вашингтон. Още преди да е приключила сделката, той провежда в двора му първата служба (Великденска служба по посрещане на изгрева). Скоро след това имението става главен център на световното му братство.

автентичен портрет на Хрѝста (Помазаника) на съвременна Индия.

Навечерието преди отпътуването ми за Съединените щати прекарах в святото присъствие на Шри Юктешвар.

– Забрави, че си роден като индус, но от друга страна, не възприемай всички порядки на американците. Вземи най-доброто от двата народа – каза той с присъщия си спокоен тон на мъдрец. – Бъди себе си: дете на Бога. Търси и попивай най-добрите качества на всички твои братя, пръснати по земното кълбо като различните раси.

После той ме благослови:

– Всички търсачи на Бог, които дойдат при теб с вяра, ще получат помощ. Щом ги погледнеш, духовният поток, изливащ се от очите ти, ще нахлуе в техните мозъци и ще промени материалистичните им навици, ще ги направи по-осъзнати за Бог – и усмихвайки се, добави: – Съдбата те е орисала да привличаш като магнит искрени души. Където и да отидеш, дори и насред пустошта, винаги ще намираш приятели.

Парамаханса Йогананда полага цветя в криптата на Джордж Вашингтон в имението „Маунт Върнън", Вирджиния, 22 февруари 1927 г.

И двете благословии на Шри Юктешвар се сбъднаха, и то как!

Дойдох в Америка без никого, без нито един приятел, а намерих хиляди, готови да приемат вечното учение за душата.

Напуснах Индия през август 1920 г. на борда на „Спарта", първия пътнически кораб, отплавал за Америка след края на Първата световна война. И досега ми е чудно как се извъртяха нещата, че се сдобих с билет, въпреки многобройните бюрократични пречки около признаването на паспорта ми!

По време на двумесечното пътуване един от спътниците ми научил, че съм индийският делегат на Бостънския конгрес.

– Свами Йогананда – обърна се той към мен с оня особен

ПАРАМАХАНСА ЙОГАНАНДА В БЕЛИЯ ДОМ
Парамаханса Йогананда и г-н Джон Балфур на излизане от Белия дом след посещението му при президента Калвин Кулидж-младши *(последният ги изпраща с поглед от прозореца)*.
The Washington Herald в броя си от 25 януари 1927 г. съобщава: „Свами Йогананда беше посрещнат с видимо задоволство от г-н Кулидж, който му каза, че е чел много неща за него. Това е първият случай в историята на Индия, когато свами бива официално приет от президент".

акцент, с който по-късно щях да чувам американците да произнасят името ми, – бихте ли бил така любезен да изнесете една беседа пред пасажерите идния четвъртък вечерта. Мисля, че всички ще имаме полза от една сказка на тема „Битката на живота и как да я водим успешно".

Добре, само че аз самият първо трябваше да се оправям с битката в моя собствен живот, установих в сряда. Мъчейки се отчаяно да организирам идеите си в беседа на английски, накрая аз зарязах всякаква подготовка. Мислите ми, подобно на диво жребче, дърпащо се от седло, отказваха да се съобразяват с правилата на английската граматика. Но уповавайки се на уверенията на Учителя, още свежи в главата ми, в четвъртък аз се появих пред моята публика в салона на парахода. Само че красноречието нямаше никакво намерение да се излее върху езика ми. И аз стоях там, пред насъбралото се множество, без да мога да кажа и думичка. След изпитание по търпеливост, траяло цели десет минути, аудиторията разбра затруднението ми и взе да се подсмихва и шушука.

На мен обаче никак не ми беше до смях в момента. Изпълнен с негодувание, аз отправих мълчалива молитва към Учителя.

„*Можеш! Говори!*" – отекна още в същия миг гласът му в съзнанието ми.

Мислите ми моментално се сприятелиха с английския език и потекоха. Четирийсет и пет минути по-късно слушателите продължаваха да слушат с притаен дъх. Тази беседа ми спечели множество покани за лекции пред различни групи в Америка.

Само не ме питайте какво съм говорил, защото и думичка не мога да си спомня от беседата. Следващите дни аз дискретно поразпитах тук-там и от неколцина пасажери научих: „Вие изнесохте вдъхновяваща и трогателна беседа на безупречен английски". Като чух тази радостна новина, аз смирено поблагодарих на моя гуру за навременната му помощ, осъзнавайки за кой ли път, че той е всякога с мен, въпреки бариерите, които времето и пространството се мъчат да поставят между нас.

От време на време през остатъка от презокеанското ми пътуване ме обземаше неспокойствие при мисълта за предстоящото изпитание – лекция на английски пред Бостънския конгрес. „Господи – помолих се горещо, – бъди Ти единственият извор на цялото ми вдъхновение!"

„Спарта" влезе в пристанището на Бостън в края на септември. На 6 октомври 1920 г. аз държах речта си пред конгреса – първата ми реч в Америка. Тя беше приета радушно. Въздъхнах с облекчение. Почетният секретар на Американската унитарианска асоциация е написал следния коментар в публикувания доклад[*] за работата на конгреса:

„Свами Йогананда, делегат от ашрама „Брамачаря" в Ранчи, предаде на конгреса приветствията на своето общество и на свободен английски с огнени думи говорѝ по философската тема „Религията като наука"[**], която по-късно беше отпечатана под

---

[*] *New Pilgrimages of the Spirit* (Boston; Beacon Press, 1921).

[**] Издадена от Self-Realization Fellowship под оригиналното английско заглавие *The Science of Religion*.

С президента на Мексико Негово Превъзходителство Емилио Портес Хил – домакин на Йогананда при посещението му в Мексико Сити през 1929 г.

Парамахансаджи медитира на лодка в езерото Сочимилко – Мексико, 1929 г.

формата на памфлет за широката публика. Религията, твърди той, в същината си е универсална и в този смисъл тя е само една. Ние не можем да универсализираме обичаите и установените практики на отделните религии, но общият елемент на религиите може и трябва да бъде универсализиран, след което бихме могли да помолим всички еднакво да го следват и спазват".

Благодарение на щедрия чек на баща ми можах да остана в Америка и след конгреса. Прекарах три щастливи години, живеейки скромно в Бостън, където изнасях беседи, обучавах групи и написах книга с мистична поезия „Песни на душата"* с предговор от д-р Фредерик Б. Робинсън, директор на Нюйоркския колеж.

През 1924 г. предприех обиколка на Америка, по време на която говорих пред хиляди в по-големите градове. Тя завърши в Сиатъл, откъдето с параход се отправих на почивка в красивата Аляска.

С помощта на великодушни ученици в края на 1925 г. закупих едно имение на възвишението Маунт Вашингтон, в един от кварталите на Лос Анджелис, където основах духовен център майка. Сградата е същата, която бях видял преди години във видението си в Кашмир. Побързах да изпратя на Шри Юктешвар снимки на тези далечни американски дейности. Той ми отговори с картичка на бенгалски, която превеждам тук:

11 август 1926 г.

О, Йогананда, дете на моето сърце!

Не мога да намеря думи да изразя радостта, която изпълва живота ми, като гледам снимките на твоята школа и ученици. Разтапям се от щастие при вида на твоите ученици по йога от различните градове.

Като слушам за твоите методи на утвърждаване чрез песнопения, изцеляващи вибрации и божествено изцеляващи молитви, сърцето ми прелива от благодарност.

Като гледам портата, извиващия се нагоре към върха планински път и красивите пейзажи, които се разстилат пред очите от Маунт Вашингтон, копнея да зърна всичко това със собствените си очи.

Тук всичко върви добре. По милостта на Господа, пребъдвай вечно в блаженство.

Шри Юктешвар Гири

---

* Издадена от Self-Realization Fellowship под оригиналното английско заглавие *Songs of the Soul*. Д-р Робинсън и съпругата му посетиха Индия през 1939 г. и бяха почетни гости на една сбирка на Йогода Сатсанга.

Занизаха се години. Аз изнасях лекции във всяко кътче на новата си родина, говорех пред стотици клубове, колежи, църкви и групи от всякакви деноминации. Между 1920 и 1930 г. десетки хиляди американци бяха обучени в йога. На всички тях аз посветих нова книга с молитви и душевни мисли – „Шепоти от вечността"*, с предговор от мадам Амелита Гали-Курчи.

Понякога (обикновено на първо число на месеца, когато идваха сметките за духовния център Self-Realization Fellowship на Маунт Вашингтон) аз с носталгия си спомнях простия покой на Индия. Но от друга страна, виждах как с всеки изминал ден се задълбочава разбирателството между Изтока и Запада, и душата ми ликуваше от радост.

Джордж Вашингтон, Бащата на американците, който неведнъж е чувствал Божието водителство в живота си, е изрекъл (в своето знаменателно „Прощално обръщение към нацията") следните вдъхновяващи слова:

„Една свободна, просветена и в недалечно бъдеще велика нация, която заслужава да води човечеството със своя непознат досега пример за благородство в лицето на своите хора, винаги водени от силно чувство за справедливост и човеколюбие. Кой може да се съмнява, че в хода на времето и събитията плодовете на подобен план ще са много по-изобилни от временните изгоди, които може да бъдат и загубени, ако се придържаме постоянно към тях? Нима Божият Пръст не е свързал трайното благоденствие на една нация с нейните добродетели?".

ВЪЗХВАЛА НА АМЕРИКА
Уолт Уитман
(Из „Ти, Майко, с твоите равноправни синове и дъщери")

Виждам теб и твоето светло бъдеще.
Виждам твоето растящо здравомислещо потомство от достойни мъже и жени с нравствени и духовни гиганти на изток, запад, север, юг.
Виждам твоето нравствено богатство и цивилизация

---

* Издадена от Self-Realization Fellowship под оригиналното английско заглавие *Whispers from Eternity*.

(които далеч надминават твоята горда материална цивилизация).
Виждам твоето вседаряващо, всеобхватно Обожение – не една Библия, не един Спасител...
Безчет са твоите Спасители, скрити в теб, нямащи равни на себе си, божествени...
Виждам! И ето моето пророчество: Един ден те ще дойдат – със сигурност ще дойдат!

Глава 38

Лутър Бърбанк – светец сред рози

— Тайната на създаването на културни сортове, освен научните знания, е любовта – Лутър Бърбанк изрече тази мъдрост, докато вървях край него в градината му в Санта Роза, Калифорния. Спряхме се до една леха с ядливи кактуси.

Докато експериментирах по създаването на кактуси без бодли – продължи той – аз често им говорех на растенията, за да породя вибрации на любов. „Няма от какво да се страхувате – успокоявах ги аз, – вашите защитни бодли не са ви нужни. Аз съм всякога до вас и ще ви пазя." Така постепенно се появи облагородена разновидност на това полезно пустинно растение – без бодли.

Бях очарован от това малко чудо.

— Моля ви, драги Лутър, дайте ми няколко кактусови листа. Искам да ги посадя в моята градина на Маунт Вашингтон.

Един работник, който стоеше наблизо, понечи да отчупи няколко листа, но Бърбанк го спря.

— Чакай, аз сам ще ги избера за свами. – След малко ми подаде три листа за разсаждане, които по-късно посадих. За моя радост те се хванаха и от тях се развъди цяла плантация.

Великият специалист по градинарство ми разказа, че първата му по-забележителна победа бил огромният картоф, носещ днес неговото име. С неуморимостта на гений той продължил да дарява света със стотици хибриди на подобрени разновидности – новите му сортове домати, царевица, тикви, череши, сливи, голи праскови, ягоди, малини, боровинки, макове, лилии, рози – всички, носещи името „Бърбанк".

Лутър ме заведе при прочутото си орехово дърво, с което беше доказал, че естествената еволюция може значително да се ускори. Аз насочих фотоапарата.

– Само за шестнайсет години – обясни той – този орех започна да дава пълна реколта. Ако не бях помогнал на природата, тя трябваше да чака цели трийсет и две години.

В този момент, лудувайки с кучето, в градината дотича малката осиновена дъщеричка на Лутър.

– Тя е моето човешко растение – Лутър ѝ помаха с бащина топлота. – Днес аз виждам човечеството като едно голямо растение, което за своето висше осъществяване се нуждае само от любов, естествените благословии на майката природа и интелигентно кръстосване и подбор. През годините съм наблюдавал такъв чуден прогрес в еволюцията на растенията, че гледам в бъдещето с огромен оптимизъм. С оптимизъм, защото съм убеден, че ако децата, бъдещето на света, бъдат приучени на принципите на простото и рационално живеене, ще се радват на здрав и щастлив живот. Ние трябва да се върнем към природата и Бог!

– Лутър, в моето училище в Ранчи със занятия на открито и атмосфера на радост и простота много ще ви хареса!

Думите ми докоснаха най-чувствителната струна в сърцето на Бърбанк – възпитанието на децата. Той ме обсипа с куп въпроси. От дълбоките му ведри очи струеше жив интерес.

– Свамиджи – рече накрая той, – училища като вашето са единствената надежда за наближаващия милениум. Аз съм радетел за нова образователна система, защото настоящата е откъсната от природата и задушава цялата индивидуалност на детето. С вас съм с цялото си сърце и душа в прокарването на вашите идеи за образование в реалния живот.

На тръгване благият мъдрец ми подари една малка книга, която собственоръчно подписа пред мен.*

---

* Бърбанк ми подари още своя снимка с автограф. Пазя я като скъп спомен – също като оня индийски търговец навремето, който копнеел за снимка на Линкълн. Индиецът бил в Америка по време на Гражданската война и толкова се възхищавал на Линкълн, че не искал да се върне в Индия, без да се сдобие с портрет на Великия освободител. Търговецът бил толкова упорит в желанието си, че застанал на прага

— Това е книгата ми „Обучение на човешкото растение"* – каза той. — Нови методи на обучение са нужни в днешно време – безстрашни експерименти. Често само най-дръзките опити успяват да изтръгнат най-добрите качества на плодовете и цветята. По същия начин, новаторските начинания в обучението на децата трябва да станат по-многобройни, по-смели.

Същата вечер прочетох книжката му с голям интерес. С поглед, далечно взрян в славното бъдеще на човешкия род, той пише: „Най-упоритото живо същество на този свят, което най-трудно може да бъде „обърнато", е едно растение, веднъж свикнало с определени навици. (...) Нека не забравяме, че то е съхранило своята индивидуалност през всичките векове и може би сега пред нас стои екземпляр, чието развитие може да се проследи назад в еоните – от самото зараждане на живота в скалите до наши дни, като през всичките тези дълги периоди от време то никога не е претърпявало значителни изменения. Нали не си мислите, че след всички тези векове, в които животът му се е повтарял многократно, растението не е развило волята, така да го кажем, за безподобна упоритост? И наистина, има растения, като някои палми например, които са толкова устойчиви и неподатливи на влияние, че няма човешка сила, която да е успяла да ги промени. Човешката воля е слаба в сравнение с волята на растенията. Но вижте как тази вековна упоритост се пречупва, когато се слее с нов живот, постигайки чрез кръстосването пълна, коренна промяна в живота му. И тогава, когато промяната стане факт, затвърдете постигнатото в поколенията чрез търпеливо наблюдение и подбор. И новото растение ще заживее поновому, без да се връща към стария си живот, а твърдата му воля – пречупена и вкарана в ново русло завинаги".

— А какво да кажем за такова чувствително и податливо нещо като природата на детето? Там проблемът е далеч по-лесен.

Магнетично привличан от този велик американец, аз го посещавах отново и отново. Една сутрин пристигнах точно когато

на дома му и категорично отказвал да си тръгне, докато не получи своето. Накрая удивеният президент разбрал, че не може да излезе на глава с него и му разрешил да ангажира известния нюйоркски художник Даниел Хънтингтън, на когото да позира за портрета. Щом портретът бил завършен, индиецът го грабнал и отнесъл триумфално в Калкута.

* New York: Century Co., 1922.

пощальонът влизаше в кабинета му, за да му връчи писмата – цял куп писма. Пишеха му градинари от всички краища на света.

– Свамиджи, вашето идване е точно извинението, което ми трябваше, за да изляза в градината – каза весело Лутър, като дръпна едно голямо чекмедже, в което имаше стотици туристически диплянки и брошури.

Виждате ли – продължи той, – така пътешествам аз. Зает от зори до здрач с моите растения и кореспонденция, аз задоволявам копнежа си по странство, като от време на време разглеждам тези картички.

Моята кола ни чакаше пред портата. С Лутър се спуснахме по улиците на градчето, от чиито китни слънчеви градини ни се усмихваха собствените му сортове рози „Санта Роза", „Пийчблоу", „Бърбанк".

Великият учен получи посвещение в *крия* при едно от предишните ми посещения.

– Практикувам техниката от все сърце, свамиджи – каза той. След като ми зададе много задълбочени въпроси за различните аспекти на йога, Лутър отбеляза дълбокомислено:

– Изтокът наистина притежава огромни запаси от знание, които Западът тепърва започва да изследва.*

Съкровеното общуване с природата, която бе разкрила за него много от ревниво пазените си тайни, беше изпълнила Бърбанк с безгранично духовно благоговение.

– Понякога се усещам много близо до Висшата Сила – повери ми свенливо той. Чувствителното му, красиво лице се озари от спомени. – Тогава съм в състояние да изцелявам болни хора край себе си, а също и много боледуващи растения.

После ми разказа за майка си, искрена християнка:

– Много пъти след смъртта ѝ съм бил благословен да ми се яви във видение и да говори с мен.

---

* Д-р Джулиан Хъксли, известен английски биолог и генерален директор на ЮНЕСКО, неотдавна заяви, че учените на Запада трябва „да проучат източните техники" за навлизане в състояние на транс и за контрол над дишането. *„Какво се случва и как се случва?"*, казва той. В комюнике на Associated Press, разпространено в Лондон на 21 август 1948 г., се изтъква: „Д-р Хъксли посвещава новата Световна федерация за ментално здраве добре да изучи мистичните учения на Изтока. Той прикани психолозите да изследват научно тези мистични учения, и ги увери, че ако това се случи, ще направят огромна крачка напред в своите научни области".

С неохота поехме обратно към дома му и стотиците писма, които го очакваха.

– Лутър – казах му, – от следващия месец започвам издаването на списание, в което ще представям духовните дарове на Изтока и Запада. Моля ви, помогнете ми да му избера хубаво име.

Обсъждахме известно време различни заглавия и накрая се спряхме на „Изток – Запад" *(East-West)**. После Бърбанк отново ме покани в кабинета си, където ми подаде една своя статия – „Наука и цивилизация".

– Това ще го пуснем в първия брой на „Изток – Запад" – казах с благодарност.

Постепенно нашето приятелство се задълбочи и аз започнах да наричам Бърбанк „моя американски светец". „Ето истински човек – перифразирах аз, – у когото няма лукавство."** Сърцето му бе широко, необятно – отдавна му бяха познати смирението, дълготърпението, саможертвата. Малкият му дом, потънал сред рози, беше аскетично прост. Той разбираше безсмислието на лукса и радостта от малкото притежания. Скромността, с която носеше научната си слава, ми напомняше за дърво, превито под тежестта на узрелите плодове. Само безплодните дървета вирят глава в празно самохвалство.

Бях в Ню Йорк, когато през 1926 г. моят скъп приятел си отиде от този свят. Облян в сълзи, си мислех: „О, с радост бих извървял целия път от тук до Санта Роза, само да мога да го зърна още веднъж!". Затворих се в стаята си и следващите двайсет и четири часа прекарах в усамотение, далеч от секретари и посетители.

На другия ден отслужих ведически помен пред един голям портрет на Лутър. Група мои американски ученици, облечени в индуистки церемониални одежди, пееха древни религиозни химни, докато поднасяхме цветя, вода и огън – символи на телесните елементи и тяхното завръщане в Безкрайния Източник.

Макар телесната форма на Бърбанк да лежи в Санта Роза, под един ливански кедър, посаден от самия него в градината му преди години, за мен душата му живее във всяко невинно цвете, цъфнало край пътя. Оттеглен за известно време в Необятния Дух

---

* През 1948 г. преименувано на „Себе-осъзнаване" *(Self-Realization).*
** Йоан 1:47.

ЛУТЪР БЪРБАНК
Санта Роза, Калифорния,
САЩ

22 декември 1924 г.

Изпитах системата *Йогода* (Yogoda) на Свами Йогананда и по мое мнение тя е идеална за трениране и хармонизиране на физическата, менталната и духовната природа на човека. Целта на свами е да основе по целия свят училища „Как да живеем" (How-to-Live schools), в които образованието няма да се ограничава само с интелектуално развитие, но ще включва и упражняване на тялото, волята и чувствата.

Чрез системата *Йогода* за физическо, умствено и духовно разгръщане, основаваща се на прости научни методи за концентрация и медитация, повечето от сложните проблеми на живота могат да бъдат разрешени и мирът и добруването да възтържествуват на земята. Идеята на свами за правилно обучение почива изключително на здрав разум и е лишена от какъвто и да е мистицизъм и непрактичност, в противен случай не би получила моето одобрение.

Радвам се, че ми е предоставена възможността с цялото си сърце да се присъединя към свами в апела му за международни училища и школи по изкуството на правилния начин на живот, които, щом веднъж разгърнат духовна дейност, ще подготвят почвата – по-добре от всичко друго, което познавам – за наставането на Хилядагодишното царуване на Христа.

ЛУТЪР БЪРБАНК И ПАРАМАХАНСА ЙОГАНАНДА –
Санта Роза, Калифорния, 1924 г.

на природата, не е ли Лутър, който ни шепне нежно и гали косите ни с тихия ветрец! Не иде ли Лутър с тихите стъпки на зората!

Днес името му е навлязло широко в речника на хората. Причислявайки *бърбанк* към преходните глаголи, Webster's New International Dictionary го дефинира по следния начин: 'кръстосвам, присаждам (растение)'. Оттук, образно – 'подобрявам нещо (напр. процес или институция) чрез селекция на добрите качества и отстраняване на лошите, или чрез добавяне на добри такива'.

„Мили Бърбанк – проплаках аз, след като прочетох определението, – сега самото ти име е синоним на доброта!"

Глава 39

Католическият стигматик Тереза Нойман

„Върни се в Индия. Аз търпеливо те чакам петнайсет години. Скоро ще изплувам от тялото си и ще поема към сияйните селения. Йогананда, ела!" – гласът на Шри Юктешвар отекна тревожно във вътрешното ми съзнание, докато медитирах в главния център на Маунт Вашингтон. Прекосявайки петнайсет хиляди километра за миг, известието му ме прониза като мълния.

Петнайсет години! Да, вече беше 1935 г. Минали бяха петнайсет години в разпространение на учението на моя гуру и сега той ме викаше при себе си.

Малко по-късно аз разказах преживяването си на един скъп приятел – Джеймс Лин. Неговото духовно развитие чрез ежедневно практикуване на *крия йога* бе толкова забележително, че аз често го наричах Свети Лин. Щастие изпълваше душата ми при мисълта аз него и редица други западняци, които сбъдваха пророчеството на Бабаджи, че Западът, следвайки древния йогически път, също ще се сдобие със светци с истинско Себе-осъзнаване.

Г-н Лин настоя да направи дарение за моето пътуване. След като финансовият проблем вече беше разрешен, аз започнах да планирам пътуването за Индия през Европа. През март 1935 г. според законите на щата Калифорния аз учредих Self-Realization Fellowship като безсрочно дружество с идеална цел. На Self-Realization Fellowship аз дарих всичките си притежания, включително и правата върху всички мои трудове. Като повечето религиозни и образователни институции, Self-Realization Fellowship също се издържа с помощи и дарения от членове и симпатизанти.

– Ще се върна – казах на учениците си. – Никога няма да забравя Америка.

На прощалното тържество, организирано в моя чест в Лос Анджелис от скъпите ми приятели, аз дълго гледах лицата им и с благодарност си мислех: „Господи, на този, който Те помни като Дарителя на всички дарове, никога не му липсва сладостта на човешкото приятелство".

Отплавах от Ню Йорк на 9 юни 1935 г. на борда на „Европа". Придружаваха ме двама ученици: секретарят ми Клерънс Ричард Райт и една възрастна дама от Синсинати, г-ца Ети Блеч. Няколко дни се наслаждавахме на тишина и спокойствие сред необятната водна шир на Атлантика – приятен контраст на последните забързани седмици на приготовления. Но удоволствието ни не трая дълго – бързата скорост на съвременните параходи си има и някои нежелани страни!

Като всяка група любопитни туристи и ние още с пристигането си се заскитахме из Стария град на огромния Лондон. На следващия ден бях поканен да говоря пред едно голямо събрание в „Какстън Хол", където бях представен на лондонската публика от сър Франсис Йънгхъзбанд.

Групата ни прекара един приятен ден на гости на сър Хари Лодър в имението му в Шотландия. Няколко дни по-късно малката ни група прекоси Ламанша и стъпи на Стария континент – предстоеше ни поклонническо пътуване до Бавария. Чувствах, че това е единственият ми шанс да посетя великия католически мистик Тереза Нойман от Конерсройт.

Няколко години преди това бях прочел удивителни неща за Тереза. Информацията в статията гласеше следното:

> 1) Тереза, родена на Разпети петък през 1898 г., пострадала при нещастен случай на 20-годишна възраст, в резултат на което ослепяла и се парализирала.
>
> 2) Благодарение на молитвите, които отправяла към Света Тереза от Лизьо (Малкото цвете), през 1923 г. тя по чудодеен начин възвърнала зрението си. По-късно и парализираните крака на Тереза Нойман били мигновено изцелени.
>
> 3) От 1923 г. Тереза напълно се въздържала от храна и течности, с изключение на малка осветена нафора, приемана ежедневно.

4) Стигмата, или свещените рани на Христос, се появили за първи път през 1926 г. по главата, гърдите, ръцете и краката на Тереза. Оттогава насам всеки петък* тя преминавала през мъките Христови, изстрадвайки със собственото си тяло историческата му предсмъртна агония.

5) Тереза, която обикновено говори простия немски диалект на своето село, по време на петъчните си трансове изричала фрази, които учените идентифицирали като древен арамейски. На определени места във видението си тя говорела на библейски иврит или на гръцки.

6) С разрешението на Църквата Тереза няколко пъти се е подлагала на щателни научни наблюдения. Д-р Фриц Герлих, редактор на протестантски немски вестник, заминал за Конерсройт, решен да „разобличи католическата измама", но приключил с почтително описание на житието ѝ.

Както винаги, без значение дали на Изток или на Запад, аз горях от желание да се срещна със святия човек. Радостни вълни се надигаха в мен, когато на 16 юли малката ни група влезе в старинното село Конерсройт. Баварските селяни ни наобиколиха и проявиха жив интерес към нашия форд (докаран с нас от Америка) и към разноликата му група – американски младеж, възрастна жена и смугъл ориенталец с маслинен цвят на кожата и дълга коса, подпъхната под яката на палтото му.

Но, уви – малката къща на Тереза, чиста и спретната, с прост кладенец, обрасъл с цъфнал здравец, ни гледаше смълчана и заключена. Съседите и пощальонът на селото, който мина покрай нас, не можаха да ни дадат никаква информация къде може да е. Плисна дъжд и моите спътници предложиха да си тръгваме.

– Дума да не става – заупорствах аз, – не мърдам от тук, докато не намеря диря, която да ни отведе при Тереза!

Два часа по-късно ние все така си седяхме в колата, а унилият дъжд продължаваше неспирно да барабани по покрива му.

---

* В годините след войната Тереза спряла да преживява Христовите мъки всеки петък, а само на по-големи религиозни празници. За живота ѝ са написани доста книги, сред които: „Тереза Нойман: стигматик на нашето съвремие" *(Therese Neumann: A Stigmatist of Our Day)* и „Нови хроники за живота на Тереза Нойман" *(Further Chronicles of Therese Neumann)*, и двете написани от Фридрих Ритер фон Лама; „Автобиография на Тереза Нойман" *(The Story of Therese Neumann)* от А. П. Шимберг (1947), всички издадени от Bruce Pub. Co., Milwaukee, Wisconsin; както и „Тереза Нойман" от Йохан Щайнер, издателство Alba House, Staten Island, N.Y.

– Господи – въздъхнах жално, – защо ме доведе дотук като от нея няма и следа?

В този момент край нас се спря един мъж, който говореше английски и любезно ни предложи помощта си.

– Не съм много сигурен – заобяснява той, – но Тереза често гостува на проф. Франц Вуц, преподавател по чужди езици в университета в Айхщет, на стотина километра оттук.

На другата сутрин се отправихме с автомобила към тихото градче Айхщет. Д-р Вуц ни посрещна сърдечно в дома си.

– Да, Тереза е тук – каза той и веднага прати човек да я извести за посетителите.

Скоро пратеникът се върна с отговора ѝ: „Въпреки че епископът ме е помолил да не се срещам с никого, без негово разрешение, ще приема Божия човек от Индия".

Дълбоко трогнат от тези думи, аз последвах д-р Вуц нагоре по стълбите към дневната. Почти веднага на вратата се появи и самата Тереза. От нея се излъчваше аура на мир и радост. Носеше черна престилка и беше забрадена със снежнобяла кърпа. Тя беше на трийсет и седем години, но изглеждаше много по-млада – от нея лъхаше детска свежест и чар. Здрава, добре сложена, с румени бузи, усмихната – ето я пред нас светицата, която не се храни!

Тереза ме поздрави с мило ръкостискане. Със сияещи от щастие лица, ние се усмихнахме един на друг и тиха радост изпълни душите ни. Усещахме, че ни свързва любовта към Бог.

Д-р Вуц любезно предложи да бъде наш преводач. Докато се настанявахме, забелязах, че Тереза на няколко пъти ме изгледа с наивно любопитство – явно индийците не бяха често срещана гледка в Бавария.

– Наистина ли никога не ядете? – исках да чуя отговора от нейните уста.

– Не, никога – освен една хостия* в шест часа всяка сутрин.

– Колко голяма е хостията?

– Тънка като лист хартия и с големината на монета – и додаде: – Вземам я заради нейната святост. Ако не е осветена, не мога да я погълна.

---

* Печена тънка кора от безквасно тесто, вземана от католиците при *евхаристия* (свето причастие).

– Вие несъмнено не бихте могла да живеете само с това цели дванайсет години?

– Аз живея благодарение на Божията Светлина.

Какъв прост, по айнщайновски прост отговор!

– Виждам, че осъзнавате как енергията се влива в тялото ви от етера, слънцето и въздуха.

Лека усмивка огря лицето й.

– Толкова се радвам, че вие разбирате как живея.

– Вашият свят живот е ежедневна демонстрация на истината, изречена от Христос: „Не само с хляб ще живее човек, а с всяко Слово, което се излива от Божиите уста"*.

Тя отново се усмихна на моето обяснение.

– Така е наистина. Една от причините, поради които аз съм тук, на тази земя днес, е да покажа, че човек може да живее и чрез невидимата Божия Светлина, а не само чрез храна.

– А можете ли да научите и другите да живеят без храна?

Този въпрос леко я стресна.

– Не мога да го сторя. Бог не желае това.

Погледът ми се спря на нейните силни грациозни ръце. Тереза забеляза това и ги протегна, за да ми покаже скоро заздравелите квадратни рани по опакото на дланите си. После ги обърна – по дланите й също имаше рани. Те бяха по-малки, прилични на лунен сърп, прясно зараснали. Всяка рана минаваше право през ръката. При вида им в съзнанието ми с отчетлива яснота изникнаха големи, квадратни железни гвоздеи със заоблени като лунен сърп глави, които все още

---

* Матей 4:4. Батерията на човешкото тяло се поддържа не само с груба храна (хляб), но и с трептяща космическа енергия (Словото, тоест *Ом*). Невидимата енергия се влива в човешкото тяло през шлюза на продълговатия мозък *(medulla oblongata)*. Този шести телесен център се намира в тила над петте гръбначни *чакри* (санскритско наименование за чекръци, енергийни колела, или центрове на излъчваща се жизнена сила).

Медулата, главният вход, през който тялото се снабдява с универсална жизнена енергия *(Ом),* е директно свързана и диаметрално противоположна на центъра на Христово Съзнание *(Кутаста)* в „третото" (единното) око между веждите – седалище на човешката воля. Постъпвайки в тялото, космическата енергия се складира в седмия център – в мозъка, който е резервоар на безгранични възможности (упоменат във Ведите като „хилядолистен лотос на светлина"). В Библията *Ом* е наричан „Свети Дух" – невидима жизнена сила, която божествено крепи цялото творение. „Или не знаете, че тялото ви е храм на Светия Дух, Който живее във вас и Когото имате от Бога, и че не принадлежите на себе си?" (I Коринтяни 6:19).

се използват на Изток, но не си спомням да съм виждал на Запад.

Светицата ми разказа някои неща за седмичните си трансове. Накрая завърши:

– Като безпомощен свидетел аз наблюдавам мъките Христови.

– Всяка седмица от четвъртък полунощ до един часа по пладне в петък раните ѝ се отварят и кървят, при което тя губи пет килограма от обичайните си петдесет и пет. Въпреки непоносимите болки, с които изкупва своята състрадателна любов, Тереза с радост очаква тези седмични видения на Господа.

Веднага осъзнах, че чрез нейния необикновен живот Бог иска да увери християните в историческата автентичност на Исусовия живот и на разпването му на кръста, както е записано в Новия завет, и да покаже по един драматичен начин вечно живата връзка между галилейския Учител и неговите последователи.

Проф. Вуц също сподели някои свои преживявания със светицата.

– С групичката ни, в която влиза и Тереза, често си правим няколкодневни екскурзии из страната – разглеждаме забележителности – подхвана той. – Контрастът е поразителен – всички ние хапваме по три пъти на ден, докато Тереза не слага нищо в устата си. При все това тя е свежа като роза, без никакви признаци на умора. Всеки път, когато ни налегне гладът и почнем да се озъртаме за крайпътна гостилница, Тереза само се усмихва весело.

Професорът продължи с някои интересни физиологични подробности:

– Понеже Тереза не приема храна, стомахът ѝ се е смалил. Тя не отделя екскрети, но потните ѝ жлези функционират нормално. Кожата ѝ е винаги здрава и мека.

На тръгване аз изразих пред Тереза желание да присъствам на нейния транс.

– Добре, заповядайте в Конерсройт идния петък – каза мило тя. – Епископът ще ви издаде разрешение. Много се радвам, че ме намерихте в Айхщет.

Тереза сърдечно ми стисна ръката за довиждане много пъти и изпроводи групата ни до портата. Г-н Райт се качи в колата и пусна радиото. Светицата го заразглежда, като от време на време кимаше възторжено с глава. Скоро около нас се насъбра такава голяма тълпа малчугани, че Тереза побърза да се прибере в къщата.

ТЕРЕЗА НОЙМАН, К. РИЧАРД РАЙТ И ШРИ ЙОГАНАНДА –
Айхщет, Бавария, 17 юли 1935 г.

Малко по-късно я видяхме да надзърта през прозореца и да ни маха с ръка като дете.

На следващия ден разговаряхме с двамата братя на Тереза, много любезни и дружелюбни германци, от които научихме, че светицата спи само по един-два часа през нощта. Въпреки множеството рани по тялото си, тя е дейна и пълна с енергия. Разкриха ни още, че обича птиците, грижи се за аквариум с рибки и често работи в градината си. Води обширна кореспонденция – пишат ѝ набожни католици, които я молят за нейните молитви и благословии за изцеление. Много от тях тя е излекувала от тежки болести.

Брат ѝ Фердинанд, който тогава беше на двайсет и три години, обясни, че Тереза притежава силата чрез молитви да прехвърля и отработва в собственото си тяло болестите на другите. Въздържането на светицата от храна датира от времето, когато се молела за болното гърло на някакъв младеж от нейната епархия, на когото му предстояло да бъде ръкоположен в свещенически сан. В деня, в който болестта му минала на нейното гърло, тя спряла да приема каквато и да е храна.

В четвъртък следобед групата ни пое към дома на епископа. Той ме измери с любопитен поглед, загледа се в дългите ми свободно падащи коси с известна изненада, след което с готовност ни издаде разрешението. Такса нямаше – правилото, въведено от Църквата, целеше единствено да предпази Тереза от твърде голям наплив на любопитни туристи, които в предишни години прииждали в Конерсройт с хиляди в петъчните дни.

Пристигнахме в селото в петък сутринта към девет и половина. Направи ми впечатление, че единия скат на покрива на малката едноетажна къща на Тереза е с големи прозорци за обилна светлина. За наша радост вратите този път не бяха заключени, а широко и гостоприемно отворени. Присъединихме се към една група от двайсетина посетители с пропуски в ръцете. Мнозина от тях бяха дошли от далечни краища, за да видят мистичния транс.

Тереза издържа първата ми проверка в дома на професора, познавайки интуитивно, че съм дошъл да я видя от духовни подбуди, а не за да задоволя злободневно любопитство.

Втората ми проверка се състоеше в следното: малко преди да се кача горе в стаята ѝ, аз навлязох в състояние на йогически транс, за да съм в телепатична и „телевизионна" връзка с нея. Пристъпих в стаичката, пълна с посетители. Тя лежеше на леглото в бяла роба. Аз и г-н Райт, плътно зад мен, застинахме до прага, поразени от страховитото зрелище.

Кръвта течеше на широки около два сантиметра неспирни струи от долните клепачи на Тереза. Погледът ѝ беше насочен нагоре към духовното око в центъра на челото. Кърпата, увита около главата ѝ, беше пропита с кръв от стигмите на трънения венец, а бялата ѝ одежда над сърцето бе изплескана с червени петна от раната между ребрата, където тялото на Христос преди векове беше получило последното унижение – копието, забито от римския стотник.

Ръцете на Тереза бяха протегнати в майчински умоляващ жест. Лицето ѝ имаше изражение на сияеща от божественост мъченица. Тя изглеждаше по-слаба, сякаш претърпяла фино вътрешно и външно преображение. С леко треперещи устни тя мълвеше неразбираеми слова на някакъв чужд език на хората, които виждаше пред свръхсъзнателния си взор.

Понеже вътрешно аз бях в настройка с нея, започнах да

виждам сцените от нейното видение. Тя виждаше Исус, който носеше тежкия кръст под присмеха на множеството.* Изведнъж тя рязко надигна глава, ужасена: Божият Син се свлече на земята под жестоката тежест. Видението изчезна. Изтощена от горещо състрадание, Тереза потъна тежко във възглавницата.

В този момент зад мен нещо изтрополя и силно тупна на пода. Обърнах глава за секунда и видях двама мъже да изнасят един, който беше изпаднал в несвяст. Но понеже излизам от дълбоко свръхсъзнателно състояние, не можах веднага да разпозная човека. Отново приковах очи върху лицето на Тереза, смъртно бледо под струйките кръв, но вече спокойно, излъчващо чистота и святост. По-късно хвърлих поглед зад мен и видях г-н Райт да притиска с ръка бузата си. От нея се процеждаше тънка струйка кръв.

– Дик** – попитах тревожно, – ти ли припадна?

– Да, прилоша ми от ужасното зрелище.

– Не ти липсва кураж, щом си се върнал да гледаш – казах утешително.

Сещайки се за опашката от търпеливо чакащи поклонници, която се извиваше пред вратата, аз и г-н Райт мълчаливо се сбогувахме с Тереза и напуснахме святото ѝ присъствие.***

На следващия ден малката ни група продължи на юг, благодарни, че не сме зависими от влакове, а можем да спрем форда където си поискаме из провинцията. Наслаждавахме се на всяка минута от нашата обиколка в Германия, Холандия, Франция и Швейцарските Алпи. В Италия се отбихме специално до Асизи, за да почетем апостола на смирението Свети Франциск. Европейското ни пътуване завърши в Гърция, където разгледахме

---

* През часовете преди моето пристигане Тереза вече беше преминала през много видения от последните дни на Христовия живот. Нейният транс обикновено започва със сцени от събитията след Тайната вечеря и завършва със смъртта на Исус на кръста, а понякога и с полагането на тялото му в гробницата.

** Умалително-гальовна форма на Ричард. – *Бел. прев.*

*** В комюнике, огласено на 26 март 1948 г. в Германия и цитирано от осведомителна агенция International News Service, се казва: „Тазгодишният Велики петък отново завари една германска селянка на легло – по главата, ръцете и раменете ѝ се отвориха кръвотечащи рани, също като раните на Христос, причинени някога от гвоздеите на кръста и тръненият венец. Хиляди изпълнени със страхопочитание германци и американци мълчаливо изчакаха реда си, за да се поклонят пред Тереза Нойман".

Великият стигматик почина в Конерсройт на 18 септември 1962 г. – *Бел. изд.*

атинските храмове и посетихме затвора, в който благородния Сократ* бил осъден да изпие чашата с отрова. Човек се изпълва с възхищение от таланта и художественото майсторство, с което древните гърци навсякъде са претворили бляновете си в алабастър.

После се качихме на кораб, прекосихме слънчевото Средиземно море и слязохме в Палестина. С всеки изминал ден от странстванията ни по Светите земи аз все повече се убеждавах в ценността на поклонничеството. За този, който е събудил духовните си сетива, духът на Христос пронизва цяла Палестина. Изпълнен с дълбоко благоговение, аз вървях по стъпките му във Витлеем, местността Гетсимания, Голгота, свещената Маслинена планина, покрай река Йордан и Галилейското езеро.

Малката ни група посети Яслите, дърводелската работилница на Йосиф, гробницата на Лазар, къщата на Марта и Мария, залата на Тайната вечеря. Древността се разгърна и оживя пред очите ми – сцена след сцена аз гледах божествената драма, която Христос някога беше изиграл, за да остане записана със златни букви във вечността.

Продължихме към Египет с модерния Кайро и древните пирамиди. С кораб надолу по тясното Червено море, после прекосихме обширното Арабско море и ето – в далечината пред нас се синее Индия!

---

* В едно от съчиненията си Евсевий Кесарийски преразказва следната интересна среща между Сократ и някакъв индийски мъдрец, описана от музиканта Аристоксен: „Един индус срещнал Сократ в Атина и го запитал какво преследва неговата философия. Сократ му отговорил, че неговата философия се опитва да проникне в сърцевината на човешките феномени. Като чул това, индусът избухнал в смях: „Как може човек да изследва човешките феномени, като не познава божествените?".

Идеалът на древните гърци, срещнал широк отзвук в западните философии, приканва: „Човече, познай себе си!". Индусът обаче би го казал другояче: „Човече, познай твоето Себе!". Знаменитата сентенция на Декарт „Мисля, следователно съществувам" не е философски издържана, защото разумът не е в състояние да проникне до най-дълбоката същност на човека. Човешкият ум, също като света на проявленията, които са обект на неговото познание, е в постоянна промяна, следователно не може да претендира за цялостност и да изведе философски обосновано заключение. Крайната цел е не да се удовлетвори интелектът. Влюбените в Бог са истинските търсачи на *видя*, на неизменна истина. Всичко останало е *авидя*, относително познание.

Глава 40

Завръщам се в Индия

С благодарност вдишвах благословения въздух на Индия, когато на 22 август 1935 г. корабът ни „Раджпутана" хвърли котва в огромното пристанище на Бомбай. Още със стъпването си на индийска земя вече предвкусвах какво ме чака през следващите година и няколко месеца – дълги дни с натоварени графици, безброй ангажименти, срещи, пътувания... На дока се бяха събрали много приятели, нетърпеливи да ни приветстват с добре дошли и да ни окичат с цветни гирлянди. Скоро след настаняването ни в хотел „Тадж Махал", апартаментът ни беше обсаден от репортери и фотографи.

Бомбай беше нов, непознат за мене град. Той ми се видя съвременен, кипящ от живот, с много западни нововъведения. Палми извисяваха снаги от двете страни на широки булеварди, зад които държавни постройки се съревноваваха по красота и величие с древни храмове. За разглеждане на забележителности обаче почти нямаше време – аз горях от нетърпение час по-скоро да видя обичния ми гуру и всички скъпи на сърцето ми хора. Натоварихме форда на товарен вагон и ето ни всички във влака, носим се на изток – към Калкута.*

На гара Ховра се беше събрала такава огромна тълпа посрещачи, че дълго не можахме да слезем на перона. Те бяха оглавявани от

---

* Прекъснахме пътуването си в Централните провинции, на половината път през субконтинента, за да се срещнем с Махатма Ганди във Варда. Тези дни съм описал в глава 44.

ШРИ ЮКТЕШВАР И ЙОГАНАНДАДЖИ – Калкута, 1935 г.

„Заради непретенциозния вид и държание на моя гуру само малцина от съвременниците му разпознаха в него Свръхчовека – разказва Шри Йогананда. – Макар роден смъртен като всички останали, Шри Юктешвар отдавна беше постигнал единосъщие с Владетеля на времето и пространството. Човешкото и божественото у него се сливаха в едно. Осъзнах, че за него не съществува разделителна линия между тях и че тя е само в главите на духовно непредприемчивите хора."

младия махараджа на Касимбазар и най-малкия ми брат Бишну. Да си призная, не бях подготвен за такъв горещ и внушителен прием!

Под радостните звуци на барабани и раковини г-ца Блеч, г-н Райт и аз, всички окичени от главата до петите с цветни гирлянди и следвани от шествие от автомобили и мотоциклети, бавно си пробихме път към бащиния дом.

Моят родител, видимо поостарял, ме прегърна така, сякаш се бях върнал от мъртвите. После дълго се гледахме в очите, без да продумаме нищо от радост. Братя и сестри, чичовци и вуйчовци, лели и вуйни, братовчеди, ученици, стари приятели – всички ме бяха наобиколили и никой не остана със сухи очи. И макар тази трогателна сцена отдавна да е в архивите на паметта, за мен тя продължава да е жива, запечатана завинаги в сърцето ми. Колкото до срещата ми с Шри Юктешвар, думите са безсилни! Ще се задоволим с описанието, направено от моя секретар:

> Днес, изпълнен с най-възвишени очаквания, аз закарах Йогананджи в Серампор – пише г-н Райт в дневника си. – Минахме по една улица със закусвални, дюкянчета и бакалници, в които имаше някакъв особен старовремски чар – едно от тях любимо място за похапване на Йогананджи от времето на студентските му години. Накрая навлязохме в тясна уличка, оградена от двете страни със стени. Веднага след нея завихме наляво и ето – пред нас се издига двуетажният тухлен ашрам на Учителя с надвесени от горния етаж балкони с перила от ковано желязо. Наоколо владее покой и уединение.
>
> С тържествена смиреност аз последвах Йогананджи в двора на обителта, ограден околовръст със стени. С разтуптени от радост сърца се заизкачвахме нагоре по едни стари циментови стъпала, изтъркани, без съмнение, от нозете на безчет търсачи на Истината. Напрежението нарастваше с всяко изкачено стъпало. В този момент горе на площадката бавно се появи великият Свами Шри Юктешварджи и застана в благородна поза на мъдрец.
>
> Душата ми притихна, усетила благословиите на сублимното му присъствие. Очите ми овлажняха и замъглиха жадния ми взор, когато Йогананджи пристъпи, падна на колене и смирено склони глава, за да излее горещите благодарности и приветствия на душата си, докосвайки с ръка първо нозете на своя гуру, а после със смирен жест и своето чело. След това той се изправи и се намери в обятията на Шри Юктешвар – той го притисна силно към себе си, топло потупвайки го ту по гърба, ту по раменете.
>
> Известно време двамата не пророниха дума. Наситените им чувства говореха на безмълвния език на душата. А как блестяха очите

им! Колко, колко любов и топлина имаше в тях! Една нежна вибрация премина като вълна през тихия двор и дори слънцето внезапно надникна през облаците, за да добави още величествен блясък.

Ето че дойде и моят ред да поздравя Учителя. Изпълнен с неизразима любов и благодарност, аз коленичих пред него и докосвайки загрубелите му от дългогодишно безкористно служене нозе, получих неговата благословия. После станах и погледът ми срещна неговите красиви очи – дълбоки, вглъбени, искрящи от радост.

Влязохме във всекидневната с големия балкон, който първо привлича погледа, като влизаш откъм улицата. Учителят седна на една постелка върху циментовия под, подпрян на едно ниско, овехтяло канапе зад нея. Ние с Йоганандаджи се настанихме удобно край нозете на гуру, върху една тръстикова рогозка, облегнати на оранжеви възглавници.

Аз напрягах внимание и се мъчех, но уви – безуспешно, да доловя посоката на разговора между двамата свами (с изненада открих, че когато са заедно, си говорят на бенгалски, макар Свамиджи Махарадж, както го наричат тук, да владее английски и често да го ползва). Но не беше никак трудно да усетиш светостта на Великия – тя лъхаше от всяка блажена усмивка, от всяко весело пламъче в очите. Думите му, весели и на моменти сериозни, се отсичаха ясно и отчетливо от устата му с категоричността на мъдрец – той знае, че знае, защото познава Бог. Дълбоката мъдрост на Учителя, неговата решимост и твърда увереност бяха видни във всяко движение.

Той носеше обикновено *доти* и риза, някога в наситен охрен цвят, но вече излинели от времето. Изучавайки го почтително от време на време, забелязах, че той е висок, с атлетично тяло, калено в изпитанията и саможертвите на отречението. Осанката му е внушителна. В стъпката му има достойнство, върви изправен. Из гърдите му извира весел и гръмлив смях, който кара цялото му тяло да се тресе и раздрусва.

Аскетичното му лице се врязва завинаги в паметта с божествената сила, която излъчва. Косата му, разделена по средата, е сребриста над челото, а надолу преминава в сребристозлатиста до сребристочерна, падайки на кичури по раменете. Брадата и мустаците му са оредели, сякаш за да подчертаят чертите на лицето му. Челото му е високо, главата гордо вирната, сякаш готова всеки момент да щурмува небесата. Около тъмните му очи трепти ореол от неземни синкави кръгове. Има кокалест нос, с който се забавлява в моменти на бездействие, потривайки и почесвайки го като дете. Докато мълчи, устните му очертават строга линия, но по тях се прокрадва нежна усмивка.

Всичко в поовехтялата стая навежда на мисълта за непривързаността на стопанина ѝ към материалните удобства. По избелелите и поолющени от времето стени на правоъгълната стая личат ивици от

Автобиография на един йоги

Балконът (който служел за трапезария) на втория етаж в убежището на Шри Юктешвар в Серампор, 1935 г. Шри Йогананда *(в средата)* седи в краката на своя гуру *(прав, вдясно)*.

предишна синя боя. На една от стените виси безподобният портрет на Лахири Махашая, окичен с любов с проста гирлянда. Има и една стара фотография, от която ни гледа Йоганандаджи, сниман скоро след пристигането си на Конгреса на религиите в Бостън заедно с другите делегати.

Има някакъв особен чар в това как ново и старо си съжителстват в това помещение. Тежкият полилей с кристални висулки и свещници, провиснал от тавана, бе покрит с паяжина от дълга неупотреба, а на стената беше закачен нов календар в ярки цветове. Въздухът в стаята е наситен с покой и щастие.

Иззад балкона кокосови палми извисяват стройните си снаги над убежището, закриляйки го с короните си като безмълвни пазители на светиня.

Само едно приплясване с ръце, и още преди да е свършил пред

Завръщам се в Индия

ПАРАМАХАНСА ЙОГАНАНДА

Тази снимка е правена на 13 декември 1935 г. в Дамодар, Индия, при посещението на първото училище за момчета, основано от него край близкото село Дихика през 1917 г. Виждаме го да медитира пред входа на полуразрушената кула, някога любим кът за усамотяване.

Учителя вече стои някой малък ученик в очакване на указанията му. Един от тях – слабо момче на име Прафула*, с дълга черна коса, искрящи черни очи и божествена усмивка, която на пада от лицето му. Всеки път щом повдигне крайчеца на устните си, като звезди и лунен сърп, наизскочили в здрача, в очите му заблестяват хиляди весели пламъчета.

Радостта на Свами Шри Юктешварджи, както по всичко личи, е огромна от завръщането на неговата издънка (и видимо проявява известно любопитство към моя милост – издънката на собствената му издънка). Но мъдростта, която е доминираща в природата на Великия, не му дава да изрази чувствата си външно.

---

* Прафула е същото момче, което е било с Учителя, когато срещу тях изпълзяла кобрата.

С тържествено шествие всяка година през месец март учители и ученици отбелязват деня на основаването на училището в Ранчи, 1938 г.

Възпитаници на училището за момчета „Йогода Сатсанга" – Ранчи, 1970 г. В съответствие с образователните идеали на Йоганандаджи, повечето занятия се провеждат на открито. Наред с йога обучение, тук момчетата получават общообразователна и професионална подготовка.

Шри Йогананда *(в средата)* със секретаря си К. Ричард Райт *(вдясно, седнал)* в Ранчи, 17 юли 1936 г. Двамата са заобиколени от учители и ученици от училището на Шри Йогананда за момичета от коренното население.

Шри Йогананда с учители и ученици от училището за момчета „Йогода Сатсанга" в Ранчи, 1936 г. Училището, което първоначално се е намирало край село Дихика (Бенгалия), се премества тук през 1918 г. благодарение на щедростта на махараджата на Касимбазар.

Йогонандаджи му поднесе своите подаръци, както изисква обичаят, когато ученик се завърне при своя гуру. По-късно седнахме и похапнахме обикновена, но вкусно приготвена храна, състояща се от зеленчуци и ориз. Шри Юктешварджи остана доволен, като видя, че се придържам към редица индийски обичаи, като яденето с ръце например.

Разговорът продължи часове, през което време хвърчаха бенгалски фрази и се разменяха ласкави усмивки и радостни погледи. Накрая ние се поклонихме в нозете на Шри Юктешвар и се сбогувахме с *пранам**. Обогатени с незабравимия спомен за свещената среща, ние се качихме в колата и се върнахме в Калкута. Макар тук да пиша главно за моите външни впечатления от Учителя, аз през цялото време съзнавах пълнотата на неговата духовна слава. Аз се докоснах до духовната му сила и завинаги ще запазя това чувство в сърцето си като божествена благословия.

От Америка, Европа и Палестина бях донесъл много подаръци за Шри Юктешвар. Той ги прие с усмивка, но сдържано, без да отбележи нищо. За себе си в Германия бях купил комбиниран чадър-бастун, който след пристигането си в Индия реших да подаря на Учителя.

– Този подарък е особено ценен за мен! – отбеляза противно на природата си моят сдържан гуру, като спря очите си към мен с топла признателност и разбиране. И наистина, всеки път, когато искаше да покаже някой от моите подаръци на посетителите, той винаги посягаше към бастуна.

– Учителю, моля ви, разрешете ми да купя нов килим за всекидневната ви – помолих го един ден, защото бях забелязал, че този, върху който е постлана тигровата му кожа, е изпокъсан.

– Добре, щом искаш – отвърна със спокоен и вежлив тон моят гуру. – Виж моята тигрова постелка си е чиста и спретната. Тук се простира моето малко царство. Извън него е широкият свят, който го интересува само външното.

При тези думи мисълта ми ме отнесе назад във времето, в годините на обучение в ашрама: ето ме – аз пак съм младият послушник, ежедневно пречистван в огъня на строгата му дисциплина!

---

* Букв. 'пълен поздрав'. Идва от санскритския корен *нам* – 'приветствам, покланям се', и представката *пра* – 'напълно, доземи'. Този *пранам* се отправя главно към монаси и други уважавани личности.

Веднага щом ми се удаде възможност да се откъсна от Серампор и Калкута, с г-н Райт поехме към Ранчи. А там – какъв горещ прием, какви трогателни овации! Със сълзи на очи прегърнах учителите, които през времето на моето петнайсетгодишно отсъствие с цената на много лишения бяха държали високо като свято знаме идеалите на училището. Греещите от радост лица и щастливите усмивки на възпитаниците и приходящите за дневно обучение говореха красноречиво за грижовното отношение на училищното настоятелство и за признателността им за йога обучението, което получаваха.

Но, уви – картината имаше и друга страна. Училището изнемогваше заради остър недостиг на финансови средства. Уважаемият Маниндра Чандра Нунди, старият махараджа, в чийто касимбазарски дворец сега се помещаваше училището и който ни помагаше с щедри дарения, беше починал. Много от звената на училището, които предоставяха безплатни социални грижи, също бяха сериозно пострадали поради липса на достатъчно обществена подкрепа.

Аз обаче не бях прекарал толкова години в Америка, без да науча нищо от практичната ѝ мъдрост, от неустрашимия ѝ дух пред трудностите. Останах една седмица в Ранчи, запретнах ръкави и се заех с най-наболелите проблеми. После заминах за Калкута, където се срещнах с много видни личности и образователни дейци, проведох дълъг разговор с младия махараджа на Касимбазар, отправих призив за финансова помощ към баща ми и ето че разклатените основи на училището в Ранчи взеха да поукрепват. Много мои американски ученици също се отзоваха с дарения в критичния момент.

Само няколко месеца след моето пристигане в Индия, за моя огромна радост, училището в Ранчи получи и официален статут. Сбъдна се съкровената ми мечта за постоянно действащ йога център с образователни функции. Тя ме окриляше още от времето, когато тръгнах по този път с група от седем деца през 1917 г.

Училището „Йогода Сатсанга Брамачаря Видялая" провежда всички свои занимания – от основния до гимназиалния курс, на открито. Учениците, живеещи в общежитието на училището, както и приходящите, получават наред с всичко останало и професионална подготовка.

„ЙОГОДА МАТ“, ДАКШИНЕСВАР, ИНДИЯ

Оттук се координира дейността на всички центрове и групи на Yogoda Satsanga Society of India. Центърът се намира на брега на р. Ганг, недалеч от Калкута. Основан е от Парамаханса Йогананда през 1939 г.

Възпитаниците вземат непосредствено участие в организиране дейностите на училищния живот чрез ученически комитети за самоуправление. Още в началото на кариерата ми като педагог бях забелязал, че същите тези деца, които с пакости и разни номера се опитват да надхитрят учителя и видимо изпитват наслада от това, охотно приемат дисциплиниращите правила, наложени им от връстниците. Аз самият, който никога не съм бил примерен ученик, се отнасях с разбиране към момчешките лудории и проблеми.

Спортът и игрите са широко застъпени в програмата на училището. Игрищата ехтят от радостните викове и глъчка на момчетата, играещи хокей на трева и футбол. Много призови купи

Шри Йоганандаджи на разходка със сал по течението на р. Ямуна, 1935 г. На заден план се вижда Матура – свещен град, който се свързва с рождението и детството на Багаван Кришна. *(От центъра надясно, седнали)* Дъщерята на Ананта Лал Гош (по-големият брат на Шри Йогананда), Сананда Лал Гош (по-малкият брат на Йоганандаджи) и Клерънс Ричард Райт.

и медали, спечелени в различни турнири и състезания, красят витрините на училището в Ранчи. Но различното в Ранчи е, че наред с всичко друго, на възпитаниците се преподава и *Йогода* метод за презареждане на мускулите чрез волева сила: мислено насочване на жизнената енергия към различните части на тялото. Те изучават *асани* (пози), както и работа с меч и *лати* (тояга), като част от тренировките по бойни изкуства. Благодарение на обучението по оказване на първа помощ учениците от Ранчи са сред първите редици на помагащите на пострадали при природни бедствия в своите райони. Момчетата работят в градините и сами си отглеждат зеленчуци.

На местните племена от провинцията – *коли, сантали* и *мундаи,* на занятия, провеждани на хинди, се дават уроци по предметите от основното училище, а в близките села се провежда специално обучение за момичета.

Уникалното в учебния план на Ранчи е посвещението в *крия йога*. Момчетата не пропускат нито един ден, без да практикуват духовните си упражнения, рецитират Гитата и чрез наставления и личен пример се поучават на добродетели като простота, саможертва, почтеност и истинност. Посочва им се, че злото в крайна сметка води до нещастие, а добрите дела пораждат истинско щастие. Злото много точно бива сравнявано с отровен мед – съблазнителен, но смъртоносен.

Техниките за концентрация, които се преподават за преодоляване на неспокойствието на ума и тялото, са дали удивителни резултати. В Ранчи е нещо съвсем естествено да видиш такава една трогателна картина: тялото на девет-десетгодишно момче, седящо с часове, без да помръдва, с немигащи очи, насочени нагоре към духовното око.

В овощната градина има храм на Шива със статуя на блажения Учител Лахири Махашая. Тук, под купола на сенчестите мангови дървета, се отправят молитви и се изучават свещените писания.

Лечебницата „Йогода Сатсанга Севашрам" („Служение на ближния") в имението Ранчи предлага безплатна хирургическа и медицинска помощ на хиляди бедни индийци.

Ранчи се намира на 600 м надморска височина, а климатът му е мек и лишен от контрасти. На площ от десет хектара, край едно езеро, идеално място за разхлаждане в летните жеги, е разположена една от най-живописните частни овощни градини в Индия – над петстотин плодни дръвчета: манго, финикови палми, гуава, личи, хлебни дървета.

Библиотеката на Ранчи разполага с множество списания и около хиляда тома на английски и бенгалски, дарения от Запада и Изтока. Сред тях изпъква колекцията със свещени писания на всички световни религии. В добре подреден музей са изложени редки минерали, археологически, геоложки и антропологически експонати – в по-голямата си част мои находки, на които съм попадал по време на странстванията ми по широкия Божи свят.*

Междувременно врати отвориха и процъфтяват две посестрими на училището в Ранчи – гимназии с йога обучение и общежития към тях. Това са „Йогода Сатсанга Видяпит" – училище за момчета в Лаканпур, щата Западна Бенгалия; и гимназия с ашрам в Еджмаличак, околия Миднапор, Бенгалия.**

Внушителен ашрам „Йогода Мат" в Дакшинесвар, на самия бряг на Ганг, бе осветен през 1939 г. Разположено само на няколко километра северно от Калкута, убежището е оазис на тишина и спокойствие, духовен пристан за жителите на големия град.

Дакшинесварският *мат* координира дейността на всички училища, центрове, убежища на Yogoda Satsanga Society, пръснати из различните провинции на Индия. Yogoda Satsanga Society of India е с правен статут на юридическо лице, равноправен партньор на Международния духовен център Self-Realization Fellowship в Лос Анджелис, Калифорния. Дейностите на Йогода Сатсанга*** включ-

---

* В Америка също има подобен музей с експонати, събрани от Парамаханса Йогананда. Той се намира в светилището „Лейк Шрайн" (Градини за съзерцание на Self-Realization Fellowship) в Пасифик Палисейдс, Калифорния. – *Бел. изд.*

** Това ядро по-късно се разрасна и сега включва множество процъфтяващи YSS образователни институции за момчета и момичета в различни части на Индия. Обучението в тях обхваща всички нива – от основно училище до колеж.

*** *Йогода* идва от *йога* – 'единение, хармония' и *да* – 'това, което дава, придава'. *Сатсанга* е съставена от *Сат* – 'Истина' и *санга* – 'дружба'.

Йогода е дума, въведена от Парамаханса Йогананда през 1916 г., когато той открива принципите на презареждане на човешкото тяло с енергия от Космическия Първоизточник. (Виж стр. 316.)

Шри Юктешвар нарекъл своята мрежа от убежища *Сатсанга* ('дружба с Истината'). Йогананджи като негов ученик и продължител на делото му, естествено, запазва това име. Yogoda Satsanga Society of India е сдружение с нестопанска цел, учредено за неопределен срок. Под това име Йогананджи официално регистрира своето

ват издаване на тримесечното списание „Йогода" и изпращане през две седмици на уроци на ученици, живеещи на територията на Индия. Тези уроци дават подробни инструкции по техниките на Self-Realization Fellowship за енергизиране, концентрация и медитация. Тяхното предано практикуване е необходимата основа за посвещение в *крия йога,* което се дава в следващи уроци на ученици, развили съответните духовни качества.

Многостранната образователна, религиозна и хуманитарна дейност на Йогода Сатсанга би била немислима без неуморното служение на многобройни учители и сътрудници. Не бих могъл да изредя имената им, защото те са толкова много. Но в сърцето ми за всеки един от тях има специално място!

Г-н Райт завърза сърдечни приятелства с момчетата в Ранчи. Облечен в просто *доти,* той живя известно време сред тях. В Бомбай, Ранчи, Калкута, Серампор – навсякъде, където отидехме, литературната дарба на моя секретар ни осигуряваше живописно документиране на преживяванията ни в дневника му. Една вечер го попитах:

– Дик, какво е впечатлението ти от Индия?

– Мир – каза замислено той. – Аурата на нацията е мир.

дело и фондации в Индия, чието административно управление е поверено на борд на директори в „Йогода Мат", Дакшинесвар, Западна Бенгалия. Много YSS центрове за медитация сега процъфтяват в различни части на Индия.

На Запад Йоганандаджи регистрира своята общност като юридически субект, превеждайки го на английски като Self-Realization Fellowship. Настоящият президент на Yogoda Satsanga Society of India/Self-Realization Fellowship е Шри Мриналини Мата. – *Бел. изд.*

Глава 41

Идилия в Южна Индия

— Дик, ти си първият западняк, на когото разрешиха да влезе в тази светиня. Много други са се опитвали, но напразно – г-н Райт ме изгледа изненадано, но само след миг на лицето му светна доволна усмивка.

Излизахме от красивия храм „Чамунди", издигащ се на един от хълмовете край град Майсор в южната част на Индия. Бяхме влезли вътре, за да се поклоним пред златния и сребърен олтар на богинята Чамунди – покровителка на рода на владетеля на княжество Майсор.

– За спомен от тази висока чест – каза г-н Райт, внимателно увивайки в кърпичка няколко розови листенца – ще си ги запазя тези цветчета, благословени от свещеника с розова вода.

През месец ноември на 1935 г. моят спътник и аз* гостувахме на Майсорското княжество. Наследникът на махараджата** Негово Височество юварадж Шри Кантирава Нарасимараджа Вадияр ни беше поканил да погостуваме на неговото просветено и напредничаво княжество.

През изминалите две седмици аз говорих пред хиляди граждани, ученици и студенти в градския съвет на Майсор Сити, в колежа на махараджата, в Медицинския университет, както и на три многолюдни срещи в Бангалор – в Националната гимназия, в Полувисшия институт и в градския съвет „Чети", където се

---
* Г-ца Блеч остана в Калкута при моите роднини.
** Махараджа Шри Кришна Раджендра Вадияр IV.

събраха три хиляди души.

Доколко жадната публика успя да почувства духа на Америка от възторжените картини, които им рисувах – това не знам, но едно беше сигурно: винаги когато говорех за взаимната полза от обмена на най-високите постижения на Изтока и Запада, аплодисментите на множеството бяха най-бурни и нестихващи.

Скоро срещите приключиха и ние с г-н Райт се отдадохме на заслужена почивка в покоя и тишината на тропиците. Ето как моят секретар е описал в пътния си дневник впечатленията си от Майсор:

> Прехласнати и онемели от възторг, почти забравили за себе си, ние стоим пред вечно променящото се платно на Бога, прострялo се по небесната твърд, и дълго поглъщаме с очи тези неземни хубости – единствено Неговият досег може да сътвори животрептящи багри, които да преливат от толкова свежест! Тази жизненост на цветовете се губи, когато човек се опита да ги наподоби с бои, защото Господ прибягва до по-прост и ефективен посредник – не маслени, не акварелни бои, а лъчи от светлина, чиста светлина. Тук направи щрих с напоената Си в светлина четка и снопът лъчи тутакси се обагри в червеникаво. Там погали платното с няколко замаха на четката си, сякаш „разнася" багрите, и ето ги – вече преливат в оранжево, в златисто... После вземе тънка четчица и с върха ѝ докосне облаците, сякаш за да им вдъхне още живот. В същия миг ги пронижат сноп лъчи в пурпурни оттенъци, които бавно почват да се размиват, оставяйки след себе си сладкоструйни следи, които бавно губят кървав багрец. И така – всяка сутрин, всяка вечер, отново и отново, без да знае умора Той продължава вечната си игра – постоянно променящ се, вечно нов, вечно свеж... Нищо никога не се повтаря при Него – нито тоновете, нито багрите. Несравнима е тази индийска магия на прехода от ден в нощ и пак в ден! Понякога имаш чувството, че Бог е взел всички багри от Своята палитра и с един мощен замах ги е пръснал по небесния свод като в приказен калейдоскоп, а после тихо завъртял дните...
>
> А каква феерия от багри на здрачаване при посещението ни на огромния язовир „Кришнараджа Сагар"*, на двайсет километра от Майсор Сити! Ние с Йоганандаджи се качихме на един микробус, който си имаше нещо като „подвижен акумулатор" – момче с манивела, под чиито похватни ръце моторът скоро заръмжа и ние потеглихме по един равен прашен път точно когато слънцето, червено, огнено, прилично на презрял домат, бавно захождаше зад хоризонта.

---

* Строителството му е завършено през 1930 г. Проектиран е като напоителен язовир за района на Майсор Сити, който се слави със своята коприна, сапуни и масло от сандалово дърво.

Идилия в Южна Индия

Пътят се виеше покрай неизменно присъстващите правоъгълни оризови ниви, по едно време навлязохме в една прохладна горичка със сенчести банянови дървета, после се промушихме между стройни кокосови палми и накрая бавно запълзяхме към върха на хълма. Почти навсякъде растителността беше гъста и буйна като в джунгла. Превалихме билото и пред нас с цялото си величие се ширна завладяваща гледка на огромно изкуствено езеро, в чиито води се оглеждаха звездите и приличните на ресници снаги на палмите и други дървета край язовира, опасан от редици с електрически стълбове и чудно красиви терасовидни градини, сякаш накацали една върху друга.

А как да останеш равнодушен пред смайващия сетивата спектакъл, който се разиграваше в подножието на язовирната стена! Пъстроцветни лъчи танцуваха по кипящата водна маса, която бълваше подобно на гейзери от ярки, преливащи в различни оттенъци мастила – разкошни сини, червени, зелени, жълти водопади, сякаш величествени каменни слонове се пръскаха един друг с хоботите. Язовирът (чиито колоритни преливници ми напомнят фонтаните на Световното изложение в Чикаго през 1933 г.) изпъква с модерната си архитектура в тези древни земи на оризови поля и прости люде. Навсякъде, където отидехме, индийците ни оказваха такъв горещ прием, че не на шега взех да се притеснявам, че няма да е по силите ми да върна Йоганандаджи в Америка.

Друга рядка привилегия – първата ми езда на слон. Вчера юварджата ни покани в летния си дворец да поездим един от неговите слонове – грамадно животно! С помощта на специална стълба аз се покатерих на *ховда* (седлото), което представлява нещо като кош, облечен в копринени възглавки. После се започна едно клатушкане, едно подмятане и подрусване, силно накланяне при всяко влизане в деретата – толкова бях развълнуван, че не ми остана време за притеснения и възклицания – само мълчах и гледах, здраво вкопчен в скъпия си живот!

Южна Индия, богата на исторически и археологически реликви, е страна с особен чар. На север от Майсор е живописното Хайдарабадско плато, разсечено от пълноводната река Годавари. Обширни плодородни долини, подкупващи с красотата си Нилгири (Сини планини), голи хълмове от варовик и гранит. Хайдарабад има дълга, изпъстрена с много интересни събития история, която започва преди три хилядолетия с династията Андра. После се възцаряват индуистките династии, които управляват до 1294 г., когато земите им попадат под мюсюлманско владичество.

Най-изумителните произведения на архитектурата, скулптурата и живописта в цяла Индия се намират в Хайдарабад, в древните пещерни храмове в Елора и Аджанта. „Кайласа" в Елора е огромен, монолитен храмов комплекс, където могат да се видят скулптури и барелефи на богове, хора и животни, които по размерите и съвършенството си напомнят ненадминатите произведения на Микеланджело. Аджанта представлява комплекс от двайсет и пет манастира и пет катедрали – сводовете на всички скални зали са подпирани от огромни, красиво изваяни колони, изписани с невероятни фрески, дело на незнайни стенописци и скулптори, увековечили своя творчески гений за поколенията.

Перлите на Хайдарабад Сити са престижният университет „Османия" и внушителната джамия „Мека Масджид", побираща десет хиляди богомолци.

Княжество Майсор със средна надморска височина 900 м изобилства от гъсти тропически гори – обиталища на диви слонове, бизони, мечки, пантери, тигри. Двата му главни града – Бангалор и Майсор, са чисти и приветливи, с много красиви паркове и градинки.

Архитектурата и скулптурата на Майсор изживяват истински „златен век" между XI и XV в., при управлението на индуистките династии. Храмът в Белур, един шедьовър от XI в., завършен по време на управлението на крал Вишнувардана, няма равен на себе си в света по изящност на детайлите и пищност на художествените образи.

Скалните едикти, намерени в Северен Майсор, се датират към III в. пр.Хр. и хвърлят светлина върху управлението на император Ашока Велики*, чиято огромна империя някога се е простирала над Индия, Афганистан и Балуджистан. „Изсечените върху камък правно-религиозни декрети" на Ашока на различни диалекти свидетелстват за нивото на образованост по онова време. Едикт XIII осъжда войната: „Не считайте никоя друга победа за истинска, освен тази в духовността". Едикт X заявява, че истинската слава на краля трябва да се измерва само по това колко напреднали в

---

* Император Ашока изградил на различни места в Индия 84 000 религиозни *ступи* (светилища), от които днес са запазени само четиринайсет скални едикта и десет каменни колони. Всяка колона е шедьовър на инженерната мисъл, архитектурата и скулптурата. Пак по негово време се разгръща мащабна строителна дейност – построени са много водохранилища, язовири, напоителни съоръжения, широки сенчести пътища с ханчета за пътниците, далечен първообраз на днешните магистрали, както и ботанически градини за възстановяване, лечебници за хора и животни.

Идилия в Южна Индия

нравствеността са поданиците му. Едикт XI определя като „истински дар" не благата, а благото да „посяваш" Истината. С едикт VI обичният император приканва своите поданици да обсъждат с него обществените дела „по всяко време на деня и нощта", добавяйки, че така той ще сподели отговорностите си на император и „ангажиментите, които е поел към съгражданите си".

Ашока е внук на страшния Чандрагупта Маурия, който разбива гарнизоните на Александър Велики след оттеглянето му от Индия и който през 305 г. пр.Хр. нанася поражение на предвожданата от Селевк македонска армия. Скоро след това Чандрагупта приел в двореца си в Паталипутра* гръцкия пратеник Мегастен, чиито пътеписи рисуват една щастлива и процъфтяваща по онова време Индия.

През 298 г. пр.Хр. могъщият Чандрагупта предава управлението на Индия на сина си и се заселва в Южна Индия, където прекарва последните дванайсет години от живота си като беден аскет в търсене на Себе-познание. Скалната пещера край Шраванабелагола, обитавана някога от него, сега е една от светините на Майсор. В същия район се намира и най-голямата каменна статуя в света, изваяна от огромен монолитен блок от джайнисти през 983 г. сл.Хр. в прослава на мъдреца Гоматешвара.

Гръцките хроникьори, придружавали Александър Македонски в похода му по тези земи, са ни оставили подробно описание на множество интересни случки. Поставяйки си амбициозната задача да освети живота в Древна Индия, д-р Дж. У. Маккриндъл превежда историческите записи на Ариан, Диодор, Плутарх и географа Страбон.** Нашествието на Александър Велики в Индия в крайна сметка завършва с неуспех, но има едно нещо в неговата личност, което заслужава възхищение. И това е: дълбокият интерес, който пълководецът проявявал към индуистката философия, йогите и

---

* Паталипутра (днешният град Патна) има удивителна история. Господ Буда посетил селището в VI в. пр.Хр., когато още било малко укрепление, и направил следното предсказание: „Тук ще почнат да се заселват арийци, ще спират търговски кервани и от Паталипутра постепенно ще израсне голям град с тържище, където ще се разменят най-различни стоки" *(Махапаринирбана сутра)*. Два века по-късно Паталипутра става столица на управляваната от Чандрагупта Маурия огромна империя. При неговия внук Ашока метрополисът се разраства още повече и изживява небивал разцвет. (Виж стр. 28–29.)

** Събрани в шесттомното издание „Древна Индия" *(Ancient India; Calkutta: Chuckervertty, Chatterjee & Co., 15 College Square; 1879, преиздадено през 1927 г.).*

светците, които от време на време срещал и чиято компания жадно търсел. Скоро след пристигането си в Таксила, Северна Индия, той изпратил Онесикрит (ученик от елинската школа на Диоген) да му доведе великия таксилски *саняси* Дандамис.

– Мир Вам, о, *брамински* учителю! – поздравил Онесикрит, след като открил Дандамис в горското му убежище. – Синът на всемогъщия бог Зевс – Александър, върховен господар на всички народи, Ви моли да отидете при него. Ако се съгласите, ще Ви възнагради щедро, ако ли не – ще Ви отсече главата!

Йогът изслушал спокойно тази нагла покана, без дори да надигне глава от ложето си от шума.

– Аз също съм син на Зевс, щом като и Александър е такъв – рекъл му той. – Не му ща нищо на твоя Александър, така му кажи – аз съм щастлив с това, което имам. Ала виждам, че той скита с хората си по море и суша и гони вятъра, и митарствата му не носят мир на душата му.

Кажи му още, че Бог, Върховният Повелител, никога не се замесва в неправди, а е Творец на светлина, мир, живот, вода, човешки тела и души. Той приема всички хора, когато смъртта освободи душите им, и ги отървава завинаги от лошите им болести. Това е Богът, Когото аз почитам – Той ненавижда кръвопролитията и не разпалва вражди.

Александър не е Бог, защото ще вкуси смъртта – продължил мъдрецът с кротка насмешка. – Как може такъв като него да бъде „господар на света", след като нито веднъж не е сядал на трона на вътрешното царство. Та той още не е влизал в Хадес приживе, нито познава пътя на слънцето, което огрява необятните пространства над тази земя. Повечето народи дори не са чували името му!

След тази хоканица – несъмнено най-язвителната, отправяна някога към „господаря на света", мъдрецът иронично добавил:

– Ако Александър още не се е наситил на завоевания, нека прекоси река Ганг. Там той ще намери страна, способна да изхрани всичките му войски.*

---

* Нито Александър, нито някой от пълководците му се осмелили да преминат оттатък Ганг. След решителния отпор, който срещнали на северозапад, в дезорганизираната македонска армия избухнали метежи и бунтове и Александър бил принуден да спре марша си. Той напуснал Индия и продължил да търси завоевания в Персия.

Защо ми са тия дарове на Александър – за мен те не значат нищо – продължил Дандамис. – Нещата, които аз ценя и имат някаква стойност в моя живот, са дърветата, които ми дават подслон, цъфтящите храсти, които са моята храна всеки ден, водата, която утолява жаждата ми. Добитите с алчност богатства погубват хората, които ги притежават, защото само увеличават мъката и грижите им, които и без това са участ на непросветлените люде.

Виж ме мене – аз си лягам спокойно на това легло от листа и понеже нямам съкровища, над които да треперя, затварям очи и спокойно заспивам. Ако обаче притежавах някакви светски дрънкулки, те щяха да пропъдят съня ми. Земята ми дава всичко, от което имам нужда – също като майката, която кърми детето си с мляко. За разлика от него, аз мога да си скитам волно, необременен от нищо материално.

Александър може да отсече главата ми, но не може да унищожи душата ми. Устата ми, вкочанена, и тялото ми, прилично на стара, износена дреха, ще паднат безмълвни на земята, откъдето са били взети елементите му, и той ще види това, и аз ще го видя, защото аз не съм тялото, а Дух. И като такъв, ще се възнеса в Бога. Той е облякъл всички ни в плът и ни е спуснал на тази земя, за да ни изпита, да види дали докато сме тук, долу на земята, ще живеем според Неговите закони. Но когато дойде време да напуснем този свят, Той ще ни потърси сметка. Той е Съдникът на всички грехове: стенанията на угнетените ще пищят в ушите на угнетителите.

Александър може да плаши ония, дето ламтят за богатства и треперят пред смъртта. Срещу *брамините* неговите оръжия не струват: ние нито ламтим за злато, нито се боим от смъртта. Върни се при твоя Александър и му предай: Дандамис не ти ще даровете и няма никакво намерение да идва при тебе. Ако ти искаш нещо от Дандамис, сам отиди при него.

Онесикрит предал дума по дума посланието. Александър го изслушал много внимателно и „почувствал по-силно желание от всякога да се срещне с този Дандамис, който, въпреки че бил стар и гол, се държал с него така, сякаш го превъзхожда – човека, пред когото цели народи покорно скланяли глава".

Веднъж Александър поканил в Таксила група *брамински* аскети, прочути с умението си да дават дълбокомислени отговори на философски въпроси. Словесната схватка е описана от Плутарх. Въпросите формулирал лично Александър:

– Кои са по-многобройни: живите или мъртвите?

– Живите, защото мъртви няма.

– Кое ражда по-едри животни: морето или сушата?

– Сушата, защото морето е само малка част от сушата.

– Кое животно е най-умно?

– Онова, което човек още не познава. (Човек се бои от неизвестността.)

– Кое се е появило първо: денят или нощта?

– Денят изпреварил нощта с един ден. – При този отговор Александър го изгледал в недоумение. *Браминът* добавил: – Невъзможните въпроси изискват невъзможни отговори.

– Как човек може да направи така, че да бъде най-обичан?

– Най-обичан ще бъдеш, ако въпреки могъществото си не вселяваш страх у никого.

– Как може човек да стане бог?*

– Като прави това, което е невъзможно за човеците.

– Кой е по-силен: животът или смъртта?

– Животът, защото той понася толкова много злини.

Оттегляйки се от Индия, Александър взел със себе си един истински йоги за свой Учител. Този човек бил Каляна (Свами Сфинес), когото гърците наричали Каланос. Мъдрецът придружил Александър до Персия. В уречен ден в Суза, Персия, Каланос напуснал старото си тяло, като се покачил на горящите дърва на погребалната клада и без никакъв страх от болка и смърт седнал насред пламъците пред очите на втрещената македонска армия. Той дори не трепнал, когато буйните пламъци заобгръщали тялото му. Преди да се отправи към кремацията си Каланос се сбогувал с всички свои приятели, но отказал да си вземе сбогом с Александър, на когото индийският мъдрец просто казал:

– С тебе ще се видим по-късно във Вавилон.

Александър напуснал Персия и година по-късно умрял във Вавилон. Пророчеството на индийския гуру било неговият начин да каже: „С теб сме в живота и в смъртта".

---

* От този въпрос можем да заключим, че „синът на Зевс" от време на време е изпитвал съмнения относно това дали е постигнал съвършенството.

Идилия в Южна Индия

Гръцките историци са ни оставили живи и вдъхновяващи картини на индийското общество. Индийският закон, разказва Флавий Ариан, закриля хората от посегателства, като повелява: „Никой при никакви обстоятелства не може да бъде роб на другиго. Всеки има пълно право да се наслаждава на свободата си, като е длъжен да зачита и правото на свобода на останалите"*.

„Индусите – гласи друг текст – нито дават пари с лихва, нито вземат пари назаем. В тяхното общество няма да срещнеш такова нещо, като индус да измами друг индус или самият той да стане жертва на измама. Затова те нито сключват договори, нито изискват гаранции." Казват ни още, че лечението при тях се провежда с прости и естествени средства. „Лечебният ефект се постига чрез регулиране на храненето, а не за сметка на използването на лекарства. Най-ценени са мехлемите и лапите. На всичко останало се гледа, повече или по-малко, като на носещо вреда на здравето с вторичното си действие." Участието във войни се ограничава само до *кшатриите* (кастата на воините). Ако при настъпление врагът плени земеделец, докато работи на нивата си, не бива да му причинява зло, защото на хората от тази класа се гледа като на създатели на обществени блага и следва да са под закрилата му. Земята не се опустошава, а се запазва – тя продължава да дава реколта, с което се обезпечава изхранването на населението и му се гарантира нормален живот.

Религиозните храмове, които срещаме на всяка крачка из Майсор, постоянно ни напомнят за великите светци на Южна Индия. Един от тези Учители – Таюманавар, ни е завещал следната предизвикателна поема:

> Ти можеш слона див да подчиниш,
> лъв да яздиш, с кобра да играеш,

---

* Всички гръцки наблюдатели сочат, че робството в Индия е непознато явление – нещо, по което тази страна коренно се различава по структура от елинското общество.

В книгата си „Съзидателна Индия" *(Creative India; Lahore: Motilal Banarsi Dass, Publishers, 1937, стр.714)* проф. Беной Кумар Саркар с четката на художник рисува детайлна картина на древните и съвременните индийски постижения и ценности в стопанския и политическия живот, в литературата, изкуствата и социалната философия.

Друга ценна книга на тази тематика е „Индийската култура през вековете" *(Indian Culture Through the Ages; New York: Longmans, Green & Co.)* с автор С. В. Венкатешвара.

> на тигъра и мечката да сложиш ти юзда,
> с алхимия на дълголетието еликсира да откриеш.
> Космоса инкогнито да бродиш можеш,
> да подчиниш самите божества,
> вечно млад живота ти да яздиш,
> да ходиш по вода, с огъня да правиш чудеса.
> Но можеш ли най-трудното да сториш,
> и най-доброто при това?
> Ти своя ум да овладееш
> и Бог да следваш след това.

В красивите и плодородни земи на княжество Траванкор, в най-южната част на Индия, където движението се осъществява по реки и канали, махараджата, следвайки установените от предците му традиции, всяка година участва в церемонии за изкупление на греховете, навлечени на княжеството му от неговите предшественици чрез войни и насилствено анексиране в далечното минало на няколко държавици към Траванкор. В продължение на петдесет и шест дни всяка година махараджата посещава храма три пъти дневно и слуша ведически химни и рецитации. Церемонията по изкуплението завършва с *лакшадипам* (празнично осветяване на храма със сто хиляди светлинки).

В управляваната от британци провинция Мадрас на югоизточния бряг на Индия влизат равният, пръснат на обширна територия крайморски град Мадрас (днешен Ченай) и Канчипурам – Златния град, столицата на династията Палава, чиито владетели са управлявали през първите векове от християнската ера. В наши дни идеалите на Махатма Ганди за не-насилие са пуснали здрави корени в Мадраското генерал-губернаторство – навсякъде може да видите привърженици на тази идея с отличителните бели шапки „Ганди". Особено на юг Махатма провел редица важни храмови реформи за приобщаване на дамгосаните от съдбата „отхвърлени"*, както и редица други реформи в кастовата система.

Кастовата система във вида, в който първоначално е била формулирана от великия законодател Ману, е будела уважение. Той ясно виждал, че хората се различават по естественото си еволюционно развитие и ги е категоризирал в четири големи социални

---

* Най-низшата каста в Южна Индия. Наричали ги още „извънкастови" (или „подкастови"). Другото им име е парии – бедни, безправни хора. – *Бел. прев.*

групи: *шудри* – такива, които принасят полза на обществото с физически труд; *вайшии* – хора, които са надарени с практичен ум и намират реализация в земеделието, търговията, предприемачеството и изобщо във всички сфери на деловия живот (еснафи, занаятчии, земеделци, търговци); *кшатрии* – такива, които имат управленчески, ръководни и воински качества (управници и воини); *брамини* – такива, които имат съзерцателна природа и са духовно вдъхновени и вдъхновяващи. *Махабхарата* заявява: „Нито раждането, нито някакви тайнства, нито учеността, нито потеклото могат да кажат дали даден човек е „дважди роден", сиреч *брамин*. Решаващи са единствено и само характерът и поведението на индивида"*.

Ману учел хората да се отнасят с уважение към мъдрите,

---

* „Принадлежността към някоя от тези четири касти първоначално се определяла не според произхода, а според естествените наклонности, които даден човек показвал, докато преследвал целите в живота си – пише Тара Мата в една статия в януарското издание на списание „Изток – Запад" от 1935 г. – Тази цел при различните хора е различна: 1) *кама* – желание, активен сетивен живот *(ниво шудра)*; 2) *арта* – печалба, осъществяване, но и контролиране на желанията *(ниво вайшия)*; 3) *дарма* – себедисциплина, живот на отговорност и праведност *(ниво кшатрия)*; 4) *мокша* – освобождение, живот на духовност и следване на религиозно учение *(ниво брамин)*. Тези четири касти служат на хората главно чрез: 1) тялото; 2) ума; 3) силната воля; 4) духа.

Горните четири нива кореспондират с вечните *гуни* (природни качества): *тамас, раджас* и *сатва,* съответно инертност, активност и разширение; или маса, енергия и съзнание. Четирите природни касти са белязани от четирите гуни, както следва: 1) *тамас* – с неведение; 2) *тамас-раджас* – с комбинация от неведение и активност; 3) *раджас-сатва* – с комбинация от праведност и просветление; 4) *сатва* – с просветление. Така природата е белязала всеки човек със собствена каста според преобладаващата в него една или друга *гуна,* или комбинация от две *гуни.* Разбира се, трите *гуни* присъстват във всеки индивид в различно съотношение. Гуру може правилно да определи „кастата" и еволюционния статус на даден човек.

Всъщност като се замисли човек, всеки народ или племе по света, макар на теория да не приема кастовата система, в реалния живот си има нещо като неписани „кастови" закони, които съблюдава. В по-свободните общества, или в така наречените либерални общества, и особено там, където се сключват бракове между представители на двете крайни касти по природния признак, расата се топи и постепенно изчезва. *Пурана Самита* сравнява потомците на такъв съюз с безплодна кръстоска – като катъра, който не може да се възпроизведе. Изкуствените популации в крайна сметка са обречени на гибел. Историята изобилства с примери за велики раси, които вече нямат живи представители на земята. Неслучайно най-дълбокомислените умове на Индия виждат в кастовата система стожер и страж на нравствените устои на даден народ. Благодарение на нея Индия благополучно е минала през хилядолетните превратности на съдбата, за разлика от много други древни народи, които отдавна са в небитието."

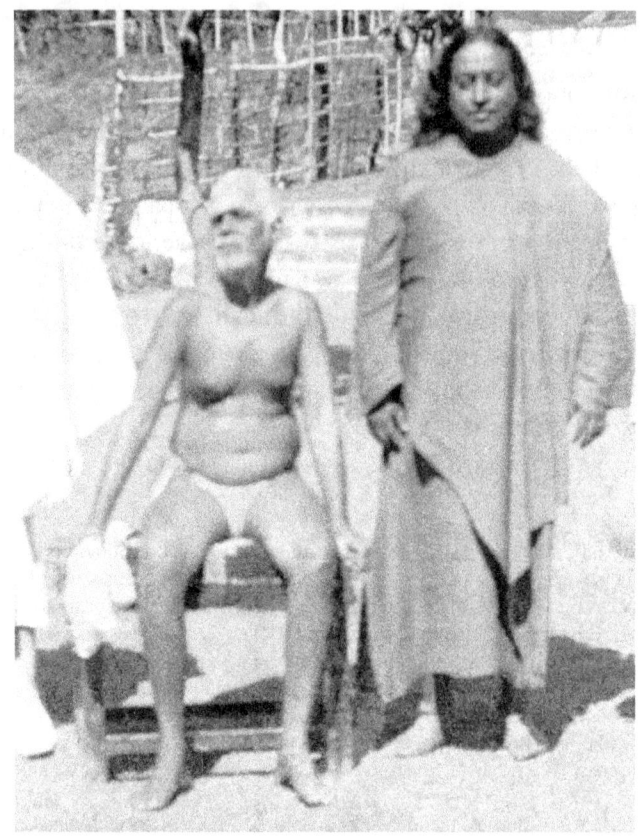

Рамана Махарши и Парамаханса Йогананда в ашрама на Шри Рамана на свещения хълм Аруначала

добродетелните, възрастните, знатните и на последно място – към състоятелните. На богаташите във Ведическа Индия не се гледало с добро око и дори били заклеймявани, ако само трупали пари, без да заделят за благотворителност. На скъперниците се отреждало най-ниското стъпало в обществената йерархия.

Голямото зло обаче дошло, когато с вековете кастовата система загубила гъвкавостта си и принадлежността към някоя от социалните групи започнала да се предава по наследство. Индия, която от 1947 г. е независима, напредва бавно, но сигурно по пътя на възстановяването на древните кастови ценности, основаващи се единствено на природните наклонности на човек, а не на произхода му. Всяка нация има някаква натрупана карма, която трябва да отработи. Индия не е изключение. Със своя търсещ и непримирим дух тя многократно е доказвала, че може да се справи с предизвикателството на кастовата реформа.

Толкова очарователна е Южна Индия, толкова омайна, че ние с г-н Райт се замечтахме за продължение на тази идилия! Но времето, този неумолим съдник, не ни даде никаква любезна отсрочка. Скоро бях включен в списъка на ораторите, които щяха да държат реч пред Заключителната сесия на Индийския философски конгрес в Калкутския университет. Преди да отпътуваме от Майсор, имах приятна беседа със сър Ч. В. Раман, президент на Индийската академия на науките и блестящ индийски физик, удостоен през 1930 г. с Нобелова награда за физика за важното му откритие „нееластична дифузия на светлината", наречено по-късно „ефект на Раман".

Помахахме неохотно с ръка за довиждане на тълпата мадраски ученици, студенти и приятели, дошли да ни изпратят, и с г-н Райт поехме на север. По пътя спряхме пред едно малко светилище, построено в памет на Садашива Браман*, чийто земен път, осветил XVIII век, изобилства от чудеса. По-голямото светилище на Садашива, издигнато в Нерур от раджата на Пудукотай, привлича много поклонници. С името му се свързват многобройни божествени изцеления. Всеки новокоронясан владетел на Пудукотай следва традицията на своите предшественици и спазва като свещен завет религиозните указания, оставени от Садашива през 1750 г. на управляващия по онова време принц.

В селата на Южна Индия още се разказват легенди за обичания от всички, напълно просветлен Учител Садашива. Един ден, както си седял на брега на река Кавери, потопен *в самади,* внезапно се появила приливна вълна и го отнесла. Няколко селяни, които били наблизо, видели това с очите си. Седмици по-късно същите селяни се натъкнали на тялото му, затрупано от наноси от пясък и тиня, недалеч от Кодумуди, околия Коимбатор. Когато лопатата на един от тях „ударила" на тялото му, светецът станал, отърсил се и бързо се отдалечил.

---

* Официалната титла, с която е подписвал книгите си (коментари върху *Йога сутрите* на Патанджали и *Брама сутрите)* е Свами Шри Садашивендра Сарасвати. Той се ползва с голямо уважение сред съвременните индийски философи.
Шанкарачаря на „Шрингери Мат" Негово Светейшество Шри Сакхидананда Шивабинава Нарасима Барати е написал вдъхновяваща ода в негова чест.

Садашива станал *муни* (безмълвник) след като веднъж неговият гуру го укорил за това, че във философски спор накарал по-възрастен от него учен, последовател на традицията *Веданта*, да се изчерви от срам.

– Ти, момко, кога ще се научиш да мълчиш? – сгълчал го галено неговият гуру.

– С вашата благословия – още от тази минута.

Гуру на Садашива бил Свами Шри Парамашивендра Сарасвати, авторът на „Дахаравидя Пракашика" и на задълбочените коментари върху *Утара Гита*. Някакви миряни, с обидено благонравие, задето опиянениятот Бог Садашива често можел да бъде видян да танцува по улиците „без да спазва благоприличие", се оплакали на неговия гуру:

– Садашива съвсем се е чалнал!

Парамашивендра обаче само се усмихнал весело и възкликнал:

– Ех, да можеше и другите да имат неговата лудост!

Животът на Садашива е белязан с много чудни намеси на Божията Ръка. Макар на пръв поглед да изглежда така, сякаш този свят е пълен с неправда, животът на Божиите избраници често изобилства със свидетелства, които доказват, че щом реши, Господ може на мига да възстанови правдата. Една нощ Садашива, вървейки като пиян в *самади*, решил да поседне край хамбара на някакъв богат земеделец. Ратаите, които дебнели за крадци, тутакси наизскочили и размахали тоягите си срещу светеца. И – о, небеса! – ръцете им се вкаменили. Като статуи, с високо вдигнати във въздуха ръце, триото замръзнало около светеца – като „жива картинка", да му прави „няма компания". И така чак до зори, когато Садашива пак поел по пътя си.

Веднъж пък надзирателят на някаква група работници, които носели дърва, решил, че трябва, против волята му, да впрегне в работа и Великия Учител, когото случайно срещнали край пътя. Светецът преглътнал тази обида и кротко се подчинил. Нарамил той един товар дърва и тръгнал с останалите. Когато обаче стигнали до мястото, където трябвало да ги разтоварят, се случило нещо много странно. В мига, в който Садашива изсипал дървата върху камарата, тя лумнала в пламъци.

Садашива, също като Трайланга Свами, и зиме, и лете ходел съвсем гол. Една сутрин йогът по погрешка нахълтал в шатрата на някакъв мюсюлмански племенен вожд. Жените му се разпищели и разбягали подплашено. Миг по-късно воинът бил вътре, усмихвал се зловещо и като размахал сабята си, с един удар отсякъл ръката на Садашива. Учителят обаче си тръгнал най-спокойно, сякаш нищо не се било случило. Изпълнен със страхопочитание и измъчван от угризения, мюсюлманинът вдигнал ръката от земята и тръгнал да догони Садашива. Като го настигнал, йогът взел ръката и спокойно я прилепил към кървящото рамо. Като видял това, мюсюлманинът смирено паднал на колене и помолил за духовно наставление. Тогава Садашива написал на пясъка с пръст:

„Не прави това, което искаш; тогава ще можеш да правиш каквото си поискаш".

Чак когато се извисил в Духа, мюсюлманинът разбрал, че парадоксалният на пръв поглед някогашен съвет на Садашива не било нищо друго, освен пътеводител към душевна свобода чрез овладяване на егото. Такава огромна преобразяваща сила имало в онези няколко думи, че воинът станал образцов ученик и се отказал завинаги от предишния си начин на живот.

Веднъж някакви селски дечурлига се примолили на Садашива да ги заведе на прочутия религиозен фестивал, който се провежда в Мадурай, на 250 км от тяхното село. Йогът направил знак на малчуганите да се долепят до тялото му. И, о, чудо! – още в същия миг цялата група се озовала в Мадурай. Децата се заскитали щастливо сред тълпите поклонници. Няколко часа по-късно йогът върнал своите малки повереници у дома по същия прост метод на телетранспортиране. Изумените родители слушали живите разкази на децата си за религиозната процесия със статуи и образи на божества, при това забелязали, че децата им носели със себе си торбички с бонбони от Мадурай.

Но както често се случва в подобни случаи, намерил се един недоверчив младеж, който иронично се присмял на светеца и историята. Той изчакал удобния случай и на следващия религиозен фестивал, този път в Шрирангам, решил да изпита Садашива.

– Учителю – казал той подигравателно, – защо не вземете да ме закарате и мене на празника – като ония деца, дето сте взели с вас в Мадурай?

Садашива кротко склонил. Момчето тутакси се намерило в далечния град, сред тълпите народ. Но уви, този път Садашива бил приготвил и изненада! Когато момчето поискало да се върне, от светеца нямало и следа. Сигурно вече се досещате какво се е случило по-нататък. Изтощено и съсипано от път, то се довлякло до къщи по най-древния и прозаичен начин – с кракомобил!

Преди да напуснем Южна Индия г-н Райт и аз направихме поклонническо пътуване до свещения хълм Аруначала край Тируванамалай, за да се срещнем с Шри Рамана Махарши. Пристигнахме в ашрама му, където светецът ни посрещна много радушно. Побеседвахме известно време, след което ни покани да разгледаме купчина списания „Изток – Запад" *(East-West)*. През часовете, които прекарахме с него и учениците му, той мълчеше през повечето време, а благото му лице сияеше от божествена любов и мъдрост.

За да може страдащото човечество да си възвърне забравеното състояние на божествено съвършенство Шри Рамана учи, че хората трябва постоянно да си задават въпроса: „Кой съм аз?" – въпроса на въпросите. Отхвърляйки безпристрастно мисъл след мисъл, последователят скоро открива, че той отива все по-навътре, все по-надълбоко – към истинската си същност, към Себе-то. И тогава отклоняващите вниманието мисли спират да го спохождат. Озареният риши на Южна Индия ни е завещал:

> Дуалности, трибожия – Сила една ги крепи,
> няма съществуване без Крепител за тях.
> А Него потърсиш ли – разпадат се, чезнат...
> Тогава лице в лице с Истината оставаш,
> Която неизменен те прави навеки!

Свами Шри Юктешвар и Парамаханса Йогананда на религиозна процесия – Калкута, 1935 г. Двата санскритски стиха на знамето гласят: *(горе)* „Следвай пътя на просветлените", *(долу, думи на Свами Шанкара)* „Дори само няколко минути сред вибрациите на божествено озарена личност могат да спасят човека".

Глава 42

Последни дни с моя гуру

— Гуруджи, радвам се, че ви намирам сам тази сутрин – подхванах аз с пристигането си в серампорския ашрам. В ръката си държах дар от плодове и уханни рози, които поднесох на моя гуру. Шри Юктешвар ме изгледа кротко.

— Какво ще ме питаш? – Учителят се заозърта в стаята, сякаш искаше да избегне разговора.

— Гуруджи, дойдох при вас като гимназист, а вече съм зрял мъж, дори някой и друг бял косъм имам на главата. Знаете ли, че от първия час до ден днешен, макар през цялото време да бях обграден от мълчаливата ви любов, устата ви само веднъж, на първата ни среща, е изричала: „Обичам те!" – погледнах умоляващо към него.

Учителят наведе очи.

— Йогананда, нужно ли е да обличам в студени думи топлите чувства, които тая към теб в сърцето си?

— Гуруджи, аз знам, че ме обичате, но смъртните ми уши копнеят да го чуят поне още веднъж.

— Да бъде както искаш. По време на съпружеския си живот аз много исках да имам син, когото да обуча в йога. Но когато ти дойде в живота ми, душата ми намери утеха. В теб аз намерих своя син – две сълзи блеснаха в очите на Шри Юктешвар. – Йогананда, обичам те завинаги!

— Вашият отговор е паспортът ми за небесата! – сякаш камък падна от сърцето ми при тези негови думи. Знаех, че е сдържан и резервиран, но понякога неговото мълчание ме озадачаваше. В такива моменти си мислех, че не съм успял напълно да го

Последният празник на Зимното слънцестоене, в който участва Шри Юктешвар – декември 1935 г. Авторът седи до своя велик гуру (*в средата*), на масата в двора на серампорския му ашрам. В тази обител минава по-голямата част от 10-годишното духовно обучение на Парамаханса Йогананда под ръководството на Шри Юктешварджи.

Шри Йогананда (*в средата, в тъмната роба*) със свои ученици по *крия йога* след клас по *Йогода* (Себе-осъзнаване) в бащиния му дом в Калкута, 1935 г. Заради големия брой присъстващи се наложило занимането да се проведе на намиращата се в съседство гимнастическа площадка на най-малкия брат на Йогананджи Бишну Гош, известен гимнастик.

удовлетворя. У него имаше нещо неразгадаемо, нещо далечно, неземно – той беше същество „не от мира сего". Като че невидим щит го отделяше от всичко наоколо и не позволяваше на никой да проникне до дълбочината на душата му. Потопен в този свой дълбинен свят на вечна тишина и покой – много под пределните дълбочини на променливия външен свят, с чиито дребни мащаби отдавна не боравеше, той наблюдаваше живота с очите на безпристрастен космически наблюдател.

Няколко дни по-късно говорих пред голяма публика в „Албърт Хол" в Калкута. Шри Юктешвар се съгласи да заеме място на подиума като почетен гост, заедно с махараджата на Сантош и кмета на Калкута. Учителят подмина без коментар речта ми, но докато говорех, от време на време хвърлях по един бърз поглед към него и трябва да отбележа – изглеждаше доволен.

Последва беседа пред възпитаниците на Серампорския колеж. Застанах пред тях и с жаден поглед обгърнах някогашните си приятели от студентските години. В мига, в който очите им срещнаха очите на техния „луд монах", сълзи на радост бликнаха в тях и без свян обляха лицата ни. Моят сладкодумен професор по философия д-р Гошал дойде на подиума и ме поздрави – алхимикът Време отдавна беше изгладил разногласията от миналото.

В края на декември в серампорския ашрам се отбелязваше празникът на Зимното слънцестоене. Както винаги, се бяха събрали ученици на Шри Юктешвар от близо и далеч. Екнаха набожни *санкиртани*, въздухът се изпълни със соловите изпълнения на ангелогласния Кристо-да, после – празнична вечеря, поднесена от младите ученици, които днес прислужваха. А накрая – дълбоко трогателната беседа на Учителя под звездите в препълнения двор на ашрама – ах, спомени, спомени!... Мили празници на радостта! Тази нощ обаче се очертаваше да бъде малко по-различна.

– Йогананда, какво ще кажеш за една реч пред гостите – на английски! – в очите на Учителя проблеснаха игриви пламъчета при тази доста необичайна молба. Какво беше това? Тънък намек, че знае за „потенето" преди първата ми беседа на английски на борда на кораба. Аз, разбира се, разказах историята на събратята си и завърших с гореща възхвала на моя гуру:

– Неговото изменно водителство бе с мен не само на парахода – казах в заключение, – но и всеки Божи ден през тези петнайсет години, които прекарах в необятната и гостоприемна Америка.

След като гостите се разотидоха, Шри Юктешвар ме извика в същата спалня, където само веднъж след подобен празник ми беше оказана високата чест да спя на неговото легло. Тази нощ моят гуру беше вглъбен, а учениците му бяха насядали в нозете му в полукръг.

– Йогананда, смяташ вече да тръгваш за Калкута ли? Моля те, отбий се насам утре по някое време да се видим. Имам да ти казвам някои неща.

На следващия ден с няколко прости думи за благослов Шри Юктешвар ми даде втора монашеска титла – *парамаханса**.

– Сега тази титла официално измества предишната *свами* – каза той, когато коленичих пред него. Усмихнах се на мисълта как ли ще си кълчат езика моите американски ученици, докато се мъчат да произнесат новата ми титла *парамахансаджи***.

С това моята задача на земята се изчерпи. Ти трябва да продължиш оттук насетне. – Учителят говореше меко, в очите му се четеше спокойствие и умиление. Сърцето ми заби силно от предчувствие за страшно изпитание.

Моля те, прати някой да поеме ашрама в Пури – продължи той. – Оставям всичко в твои ръце. Ти ще можеш успешно да отведеш ладията на твоя живот и тази на организацията до божествените брегове.

Облян в сълзи, аз прегърнах нозете му. Той ме изправи и ласкаво ме благослови.

На следващия ден аз извиках от Ранчи Свами Себананда и го пратих в Пури да поеме ашрама. По-късно моят гуру обсъди с мен формалностите около завещаването на имота си – искаше законово всичко да бъде уредено както трябва, за да не се стига

---

* Букв. *парама* – 'върховен' и *ханса* – 'лебед'. В индуистката митология Брама (Създателят) е изобразяван на крилете на бял лебед, който го възнася към горните небеса. Смята се, че свещеният бял лебед *ханса* притежава мъдрост, която му позволява да извлича млякото от сместа от мляко и вода и поради това е смятан за символ на духовно разграничение.

Ахан – Са или *Хан – Са* (произнася се *Хон(г) – Со)* в буквален превод означава 'Аз съм Той'. Тези две мощни санскритски срички имат вибрационна връзка с вдишването и издишването. Така с всеки дъх човек несъзнателно утвърждава истината за своето същество: *Аз съм Той!*

** Те обикновено заобикаляха тази трудност и се обръщаха към мен с „Учителю".

до съдебни спорове с роднините, ако някой решеше да заведе иск срещу нас относно правата върху собствеността на двата ашрама, както и на останалите имоти, които, както подчерта той, желаеше да се използват единствено и само за благото на хората.

– Тия дни Учителят се канеше да посети Кидерпор. Подготвили бяхме всичко за пътуването, но той се отказа – отбеляза един следобед пред мен брат Амулая Бабу. Студени тръпки ме полазиха от неясно предчувствие. На настоятелните ми запитвания Шри Юктешвар отвърна само: „Няма вече да ходя в Кидерпор" и за миг потрепна като уплашено дете.

(„Привързаността към телесното жилище е заложена в самата ни природа* и съществува в минимална степен дори при великите светци" – пише Патанджали. В някои от беседите, в които ни обясняваше какво усеща човек при смъртта, гуру понякога подхвърляше: „Също като птичето, държано дълго време затворено в клетка – изведнъж вратичката пред теб се отваря и сърцето ти потрепва, колебаеш се за миг, преди да напуснеш дома".)

– Гуруджи – захлипах аз, – умолявам ви, не говорете така! Никога не изричайте тези думи пред мен!

Лицето на Шри Юктешвар се отпусна в тиха усмивка. И макар да беше пред осемдесет и първия си рожден ден, от него се излъчваше здраве и сила.

Сгрявана ден след ден от нежните лъчи на моя гуру, душата ми продължи своя празник и аз постепенно изпъдих от сърцето си всякакви мисли за края на земния му път.

– Учителю, *Кумба Мела* ще е този месец в Алахабад – казах аз, като му посочих датите на *мелата* в един бенгалски алманах**.

---

* Тоест заложено в нас предрождено, от незапомнени времена, чрез повтарящите се преживявания на смъртта в миналото. Това гласи един пасаж от *Йога сутрите* (II:9) на Патанджали.

** Религиозните *мели* (събори) се споменават в древната *Махабхарата*. Китайският пътешественик Сюан Цзян е оставил описание на многолюдна *Кумба Мела*, проведена през 644 г. сл.Хр. в Алахабад. Обикновената (четвърт) *Кумба Мела* се провежда на всеки три години последователно в Хардвар, Алахабад, Нашик и Уджаин, като дванайсетгодишният цикъл се затваря в Хардвар. Освен това всеки град прави *Арда Кумба* (половин *Кумба Мела*) на шестата година след своята (четвърт) *Кумба Мела*. Така на всеки три години в различни градове се провеждат *Кумба Мела* и *Арда Мела*.

Сюан Цзян разказва, че Харша, владетелят на Северна Индия, раздал на монасите и поклонниците на *Кумба Мела* всичко събрано в хазната му за последните пет години и се върнал в двореца си без пукната пара. На изпращането на Сюан Цзян

— Наистина ли искаш да отидеш?

Аз не долових нежеланието на Шри Юктешвар да го напускам, и продължих:

— Веднъж вие сте видели благословения Бабаджи на една *Кумба* в Алахабад. Може би и аз ще имам късмета да го срещна този път.

— Не мисля, че ще го срещнеш там — моят гуру потъна в мълчание. Не искаше да пречи на плановете ми.

На другия ден, докато малката ни групичка се стягаше за Алахабад, Учителят дойде при мен и кротко ме благослови, както обикновено. И този път Бог добре си свърши работата: въпреки нееднократните намеци на Шри Юктешвар за наближаващия му край, съзнанието ми остана забулено в някаква мъгла на забвение — аз не разбрах, че с тази благословия гуру всъщност се прощава с мен завинаги. Отпътувах. Очевидно и този път Бог е искал да ми спести преживяването да бъда безпомощен свидетел на това как моят любим гуру си отива. В живота ми винаги се случваше така, че на смъртта на най-обичните ми хора състрадателният Господ нареждаше така нещата, че аз да бъда далеч от тях.*

Групата ни пристигна на *Кумба Мела* на 23 януари 1936 г. Пред нас — огромно гъмжило от близо два милиона души, пълзящи на талази във всички посоки — внушителна, поразителна гледка! Отличителна черта на индийския народ е благоговението, с което всички — до най-бедния сиромах, се прекланят пред Духа, както и дълбокото уважение, което хранят към монасите и саду, отказали се от светското, за да търсят божествено упование. Разбира се, сред тях се намират и самозванци и неискрени люде, но заради малцината, които заливат страната с божествените си благословии, Индия почита всички наравно. Западняците, които бяха дошли да видят това огромно човешко стълпотворение, усетиха както никъде другаде пулса на нацията — духовната жажда, която е вливала енергия в жилите на Индия, за да устои на всички удари на съдбата.

Първия ден само вървяхме и се оглеждахме в неспирните

за Китай Харша поискал да го дари със скъпоценности и злато, но вместо това пътешественикът предпочел да вземе със себе си 657 религиозни манускрипта, които за него имали по-голяма стойност.

* Не присъствах на смъртта на майка ми, на по-големия ми брат Ананта, на по-голямата ми сестра Рома, на Учителя, на баща ми и много други най-скъпи на сърцето ми хора. (Баща ми се помина в Калкута през 1942 г. на осемдесет и девет годишна възраст.)

Последни дни с моя гуру

Свами Кришнананда на *Кумба Мела* в Алахабад през 1936 г. с опитомената си лъвица вегетарианка, която реве *Ом* с дълбок, плътен глас

човешки потоци като зашеметени. Хиляди поклонници „отмиваха" греховете си в свещената Ганг, *брамини* извършваха тържествени ритуали, недалеч от тях вярващи в тихо смирение оставяха дарове в прашните крака на мълчаливи *саняси*, по-натам бавно се нижеха безкрайни върволици от слонове и коне, наметнати с пъстри чулове, кротко преживящи раджпутански камили, следвани от чудноват парад от голи саду, които пъплеха като мравки нанякъде, размахвайки своите златни и сребърни скиптри и триъгълни пряпорци от копринено кадифе.

Отшелници само по набедрена препаска седяха тихо на малки групи. Телата им бяха намазани с пепел за предпазване от жега и студ. На челата им се виждаше символът на духовното око – голяма кафяво-червена точка от паста от сандалово дърво. Гологлави свами в охрени роби и с бамбукови тояги и панички за подаяния в ръце, с лица, сияещи от божествена радост, сновяха насам-натам сред тълпите или водеха философски беседи с учениците.

Друга живописна гледка представляваха набожните *саду**, насядали тук-там под дърветата край накладени огньове, със сплетени и навити на кълбо коси. Някои от тях, с бради по няколко педи, намотани и вързани на възел. Те седяха в тихо съзерцание или протегнали ръце, даваха благословиите си на преминаващите тълпи – просяци, махараджи, възседнали своите пищно украсени слонове, жени в пъстри *сарита* с подрънкващи гривни по ръцете и краката, *факири* с тънки ръце, гротескно издигнати към небето, *брамачари,* нарамили своите подлакътници за медитация, смирени мъдреци, чиито тържествуващи лица издаваха блаженството на душите им. Над цялата тази глъчка неспирно се разнасяше набожният ек на храмови камбани.

На втория ден от *мелата* аз и моите спътници посетихме различни ашрами и временни постройки, където с *пранам* се поклонихме пред светите личности там. В един от тях се срещнахме с главата на клона *Гири* на ордена *Свами* – сух, аскетичен монах с усмихнато лице и огнени очи. След като ни даде благословията си, групата ни се отправи към убежището на един гуру, който от девет години спазваше обет за мълчание и стриктна плодова диета. На нещо като подиум в преддверието на ашрама седеше сляп саду на име Праджна Чакшу**, за когото ни казаха, че е ненадминат познавач на *Шастрите,* дълбоко почитан от всички религиозни общности в Индия.

Там аз изнесох кратка беседа на хинди върху *Веданта,* след което групата ни напусна тишината на убежището, за да поздрави наблизо отседналия Свами Кришнананда – красив, снажен монах

---

* Стотиците хиляди индийски саду се ръководят от седемчленен изпълнителен комитет, отговарящ за седем големи региона в Индия. Настоящият му *махамандалешвар* (президент) е Джойендра Пури. Този свят човек е толкова сдържан, че често пъти речите му се изчерпват с три думи: „Истина, Любов, Работа!". Във всеки случай – немалка реч!

** Титла, която буквално означава 'виждащ с интелекта си' (за човек, който няма физическо зрение).

с румено лице и плещи като планина. Край него в краката му се бе изтегнала опитомената му лъвица. Покорена от духовния чар на монаха – а не, убеден съм, от здравата му физика! – тази царствена обитателка на джунглата отказваше месото, но затова пък си хапваше доволно ориз и мляко. Свами бе научил бежовия звяр да реве *Ом* с дълбок плътен глас – набожна котка!

Следващата ни среща – разговор с начетен млад саду, е описана чудесно в пътния дневник на г-н Райт:

> Фордът ни пълзи като змия между тълпите с народ, прекосява Ганг по един скърцащ понтонен мост в един от плитките му участъци, след което по един прашен и криволичещ междуселски път продължаваме нататък. По някое време пътят се спуска успоредно на речния бряг, Йоганандаджи ми сочи едно място и обяснява, че там, до брега е станала срещата между Бабаджи и Шри Юктешвар. Малко по-късно слизаме от колата, вървим известно време по една пътека през пясъчните дюни и сгъстяващия се дим от огньовете на набожните саду и стигаме нещо като паланка с примитивни колиби, направени от плет и измазани с кал. Спираме пред едно от тези временни жилища с тесен вход, колкото да се промуши човек – подслонът на Кара Патри, млад странстващ саду, известен с изключителния си интелект. Занадничаме през "вратата", и ето го – седнал право срещу нас, с кръстосани крака върху купчина слама, наметнат с единствената си одежда (впрочем и единствено притежание) – охрен плат, надиплен върху раменете му.
>
> Каква искрена усмивка се изписа на божествения му лик, като ни видя да влизаме в колибата му "на четири крака", като бебетата, нетърпеливи да се поклоним с *пранам* в нозете му! Газената лампа до входа трепкаше безсилно и хвърляше причудливи отблясъци по плетените стени. Лицето му, и особено очите и красивите му зъби, блестяха и сияеха. Макар да не разбирах хинди, изражението му говореше ясно – той целият преливаше от любов, възторг и духовна слава! Нямаше никакво съмнение – срещу нас стоеше духовен исполин!
>
> Обзе ме такъв копнеж по щастливия му, необвързан с материалния свят живот: не мисли нито за дрехи, нито за храна; никога не проси и едва ли някога ще подложи ръка за просия; не се докосва до готвено, освен ако не реши да направи изключение; не мисли за пари – дори цвета им не познава; никога не се запасява със стоки; уповава се единствено и само на Бог; не гони разписания, графици, влакове, автобуси; броди волно по бреговете на свещените реки и никога не се задържа на едно място повече от седмица, за да избегне появата на привързаност.
>
> Каква скромна душа! С невероятни познания по Ведите, притежаващ степен *магистър на хуманитарните науки* и титлата *шастри*

(доктор на свещените писания), присъдени му от Бенареския университет за огромните заслуги. Едно възвишено чувство нахлу в душата ми, докато се разполагахме в нозете му. Ето че се сбъдна желанието ми да опозная отблизо истинската Древна Индия – пред мен от кръв и плът стоеше един истинен представител на тази страна на духовни гиганти!

Аз заразпитвах Кара Патри за живота му на странник.
– Нямате ли допълнителни дрехи за зимата?
– Не, това ми стига.
– Не носите ли някакви книги със себе си?
– Не. На хората, които искат да ме чуят, аз цитирам по памет.
– А какво още правите?
– Скитам край Ганг.

При тези спокойни думи ме обзе неудържим копнеж по простотата на живота му. Но си спомних Америка и всичките отговорности, които лежаха на плещите ми, и като размислих тъжно за момент, си казах:

„Не, Йогананда, в този живот не ти е писано да странстваш край Ганг".

След като саду сподели с мен някои свои духовни прозрения, аз не можах да се сдържа да не го попитам:
– Вие тези знания от свещените книги ли ги черпите, или от вътрешните си изживявания?
– И от книгите, и от изживяванията си – отговори с добродушна усмивка той.

Известно време поседяхме щастливо в съзерцателна тишина. Сбогувахме се със светеца и докато се отдалечавахме, казах на г-н Райт:
– Той е цар, който седи на трон от златна слама.

Вечеряхме в района на *мелата* – точно под звездите! Вместо чинии имаше палмови листа, захванати с клечки! Миенето на посуда в Индия е сведено до минимум!

Още два дни на пленителната *Кумба*, после – по бреговете на река Ямуна в северозападна посока към Агра. И ето ме отново пред Тадж Махал! Отново го поглъщам с очи, а в паметта ми до мен стои Джитендра, вперил благоговеен поглед към „мечтата, оживяла в мрамор". Следващата ни цел – ашрамът на Свами Кешабананда в Бриндабан.

Това, което ме водеше при Кешабананда, бе настоящата книга.

Молбата на Шри Юктешвар да опиша светия живот на Лахири Махашая не спираше да отеква в ушите ми. По време на престоя си в Индия аз използвах всяка възможност да посещавам преки ученици и роднини на *йогаватара*. В пространните записки, които си водех, аз документирах разговорите между тях, сверявах факти и дати, събирах снимков материал, стари писма, документи. Скоро папката „Лахири Махашая" набъбна. Чак сега започнах да си давам сметка каква усилна работа ми предстои по книгата. Помолих се на Бог да ми помага да се справя подобаващо с ролята си на биограф на несравнимия гуру. Не бяха малко учениците му, които (донякъде с право) се опасяваха, че едно житиеописание на Учителя ще принизи божествените му достойнства или пък ще даде повод за погрешни интерпретации.

– Пламтящият живот на това божествено въплъщение трудно може да се опише със студените думи – отбеляза веднъж пред мен Панчанон Батачаря.

Други близки ученици също предпочитаха да запазят *йогаватара* в сърцата си като свой безсмъртен наставник. Аз обаче помнех пророчеството на Лахири Махашая за интереса към неговата биография и не жалех сили – събирах факти, обобщавах ги, сглобявах цялата картина.

Свами Кешабананда посрещна със сърдечна усмивка групата ни в ашрама си „Катаяни Пийт" в Бриндабан – внушителна тухлена постройка с масивни черни колони, потънала сред китни градини. Без да се бави той вежливо ни покани в гостната, украсявана от голям портрет на Лахири Махашая. Свами наближаваше деветдесетте, но от мускулестото му тяло се излъчваше сила и здраве. С дълги коси и бяла като сняг брада, с искрящи от радост очи – същински свети отец. Казах му, че искам да спомена името му в книгата, която се каня да напиша за великите индийски Учители.

– Бихте ли ми разказали нещо за вашия живот – усмихнах му се умоляващо. Знаех, че йоги от неговия ранг обикновено не обичат да говорят за себе си.

Кешабананда направи смирен жест.

– Всъщност няма кой знае какво за разказване. На практика целият ми живот мина в хималайската пустош, като сменях една недостъпна пещера с друга. Известно време в Хардвар водех

Свами Кешабананда *(прав, вляво),* 90-годишен ученик на Лахири Махашая, Йоганандаджи и секретарят му К. Ричард Райт в ашрама на Кешабананда в Бриндабан, 1936 г.

малък ашрам, обкръжен от всички страни от вековен лес. Беше тихо, спокойно местенце, малко посещавано от пътници, заради славата, която си беше спечелило – знаеха го като развъдник на кобри – Кешабананда се засмя тихо. – Сетне Ганг придойде и отнесе убежището ведно с кобрите. Тогава с помощта на учениците си построих този ашрам в Бриндабан.

Един от групата ни попита свами не се ли е страхувал от хималайските тигри.

Кешабананда поклати глава:

– На онези високи духовни нива – каза той – дивите зверове не те закачат. Само веднъж в джунглата ми се случи да срещна тигър очи в очи. Изненадата изтръгна от гърдите ми внезапен вик, при което животното застина като вкаменено – монахът пак се усмихна на спомените си.*

Понякога напусках пещерата си, за да посетя моя гуру в Бенарес. Той често се шегуваше с мен заради непрестанните ми странствания из хималайската пустош.

– Ходилата ти се изтриха от скитане. Добре поне, че свещените Хималаи са достатъчно обширни, та да се находиш.

Много пъти – продължи Кешабананда – и преди, и след преминаването си отвъд, Лахири Махашая ми се е явявал телом. За него няма недостъпни хималайски върхове!

Два часа по-късно той ни поведе към вътрешния двор. „Поредната гощавка с петнайсет ястия!" – помислих си с тиха въздишка. За по-малко от година в гостоприемна Индия бях напълнял с двайсет и пет килограма! Но вярвам, всеки ще се съгласи с мен, че щеше да е върхът на неуважението да откажа някоя от гозбите, приготвени с толкова грижа и обич за безкрайните угощения в моя чест. В Индия (уви, само там!) на позакръгления свами се гледа с голяма симпатия.

След вечеря Кешабананда ме заведе в един отдалечен ъгъл.

– Твоето пристигане не е неочаквано за мен – заговори той. – Имам послание за теб.

Погледнах го изненадан. Та аз не бях споделял с никого плана си да посетя Кешабананда!

– Миналата година, както си скитах из Северните Хималаи, недалеч от Бадринараян – продължи свами, – изгубих пътя. По едно време стигнах до една голяма пещера и побързах да се подслоня в нея. Тя беше необитаема, или поне така изглеждаше, защото на скалистия ѝ под имаше нещо като вдлъбнатина с догоряло огнище.

---

* Има много начини да надхитриш тигъра. Така поне твърди австралийският изследовател Франсис Бъртълс, за когото индийските джунгли са „богати на растителни и животински видове, красиви и безопасни". За последното той си има талисманче, което го пази от тигри – леплива хартия, или както още я наричат, „мухоловка". „Всяка нощ аз разхвърлям „мухоловките" около бивака и тигрите не смеят да ме безпокоят – обяснява той. – Причината е чисто психологическа: Тигърът е животно с голямо чувство за достойнство. Той обикаля наоколо и търси начини да предизвика човека – до момента, в който се „хване" на „мухоловката". Тогава подвива опашка и побягва с накърнена чест. Никой уважаващ себе си тигър не ще дръзне да нападне човек, след като веднъж е паднал толкова ниско, че да се насади на леплива хартия за мухи!"

Приближих го и с изненада открих, че под пепелта още има живи въглени. Огледах се – наоколо нямаше жива душа. Седнах край огнището с лице обърнато към осветения й от слънцето вход, и докато вглъбен в себе си се чудех кой ли може да е обитателят на тази уединена пещера, зад гърба ми отекна един глас: „Кешабананда, радвам се, че дойде". Извърнах стреснато глава по посока на гласа и бях заслепен от гледката – Бабаджи! Великият Гуру материализиран в една скална ниша! Извън себе си от радост, че го виждам отново след толкова много години, аз се проснах в светите му нозе. „Аз бях този, който те извика тук – продължи спокойно Бабаджи. – Изгуби пътя, защото аз те отклоних към тази пещера – моето временно жилище. Много време мина от последната ни среща. Добре си ми дошъл!"

Безсмъртният Учител ме благослови с няколко духовни съвета, после добави: Искам да предадеш нещо на Йогананда. Той ще те посети, като се завърне в Индия. Вниманието му ще бъде изцяло погълнато от много важни неща около неговия гуру и живите ученици на Лахири. Кажи му да знае, че с него няма да се видим сега, както горещо се надява, а някой друг път.

Бях дълбоко трогнат да чуя от устата на Кешабананда това утешително обещание на Бабаджи. От сърцето ми се вдигна една божествена тъга, скръбта ме напусна. Правилно беше предрекъл Шри Юктешвар – Бабаджи наистина не се появи на *Кумба Мела*.

Пренощувахме като гости на ашрама, а на другия следобед поехме към Калкута. Докато минавахме по моста над река Ямуна, хвърлихме поглед назад. Гледката на огненото зарево над Бриндабан беше поразителна! Гаснеше жежък ден, западният небосклон гореше в гигантски огън и слънцето, огромно, червено, залязваше в пламтящи вълни, които сякаш всеки момент щяха да възпламенят покривите на града – като огнена лава, изливаща се върху тях и отразяваща се в гладките, огледални води на реката.

Бреговете на Ямуна още пазят светия спомен за детството на Шри Кришна. С невинността на дете тук той се е отдавал на сладка *лила* (игра) с *гопите* (девойките пастирки), давайки по този начин израз на извечната небесна любов между божественото въплъщение и неговите последователи. Животът на Господ Кришна е погрешно интерпретиран от много западни тълкуватели. Алегориите на свещените писания често остават неразбрани за буквоядците.

Ето една преводаческа грешка, която в забавна светлина илюстрира това. Става дума за една песничка на вдъхновения светец от Средновековието, обущаря Равидас, в която той на езика на своя занаят възпявал духовната слава, скрита във всеки един човек:

> Под необятните сини небеса
> Богове славни живеят,
> и моя е честта върховна
> нозе им в кожа да обличам.

Обръщаш се настрана, за да скриеш усмивката си, като чуеш бъдещата умиление с наивността си плоска интерпретация на поемата на Равидас от западен писател:

> После той направи колиба,
> вътре натъкми кожен идол,
> който лично изработи,
> и чинно почна да му се покланя.

Равидас е бил събрат по ученичество на великия Кабир. Сред извисените ученици на Равидас била *рани* (принцесата) на Читор. Веднъж на едно празненство, устроено в чест на своя Учител, тя поканила в двореца и множество *брамини,* но те отказали да седнат на една трапеза с Равидас, защото бил прост обущар. Те чинно се отдръпнали на „богоугодна дистанция", за да почетат „неосквернената си храна", но... що да видят! До всеки *брамин* стоял по един Равидас. След това масово видение в Читор започнал невиждан духовен подем.

Няколко дни по-късно малката ни група се върна в Калкута. Нямах търпение отново да видя Шри Юктешвар, но с разочарование научих, че е заминал за Пури, на около петстотин километра на юг от Серампор.

„Ела веднага в ашрама в Пури!" – гласеше телеграмата, изпратена на 8 март от един брат и адресирана до Атул Чандра Рой Чоудри, *чела* на Учителя в Калкута. Новината стигна до ушите ми и неясна тревога се промъкна в душата ми. Свлякох се на колене и замолих Господ да запази живота на моя гуру. Тъкмо когато се канех да излизам от бащиния дом на път към гарата, в мен заговори един божествен глас:

„Не тръгвай за Пури тази вечер. Молитвата ти не може да бъде изпълнена".

ВЪЗПОМЕНАТЕЛНИЯТ ХРАМ „ШРИ ЮКТЕШВАР"
в градината на ашрама в Пури

– Господи – промълвих покрусен аз, – Ти бягаш от двубоя в Пури, защото знаеш, че няма да удържиш масираните ми молитвени атаки за живота на Учителя. Как да го разбирам това? Искаш да ми го вземеш, защото в отвъдното имаш по-важни астрални задачи за него ли?

Подчиних се на вътрешната заповед и тази вечер не заминах за Пури. На следващия ден вечерта се упътих към гарата. Беше седем часа, когато, вървейки натам, изведнъж черен астрален облак покри небето.* По-късно, докато влакът се носеше към Пури, Шри

---

* Шри Юктешвар напуснал тялото си в 7 часа вечерта на 9 март 1936 г.

Юктешвар ми се яви във видение. Той седеше умислен, а от лявата и от дясната му страна гореше по един светилник.

– Напуснахте ме? – протегнах умоляващо ръце към него.

Той кимна и бавно изчезна.

На другата сутрин на перона на гарата в Пури, докато си пробивах път между тълпите, без да губя надежда до последно – въпреки очевидното – ме приближи непознат мъж.

– Чухте ли, Вашият Учител преминал?

Тръгна си, без да каже нито дума повече. Никога не разбрах кой беше той, нито откъде знаеше къде да ме намери.

Главата ми се замая, олюлях се и като направих няколко крачки, се подпрях на стената на перона. Чак сега осъзнах, че моят гуру се опитваше как ли не да ми предаде опустошителната вест. Душата ми клокочеше като вулкан, който всеки миг ще изригне с бясна мощ. Довлякох се като сънен в ашрама. Краката ми се подкосяваха, чувствах как всеки момент ще се строполя на земята. На фона на тези буйни чувства вътрешният глас нежно ми повтаряше: „Овладей се. Бъди спокоен".

Влязох във всекидневната на ашрама, където тялото на Учителя, досущ като живо, седеше в поза лотос – картина на здраве и прелест! Казаха ми, че малко преди да си отиде, моят гуру имал лека треска, но един ден преди да се възнесе към Безкрая, бил напълно оздравял. Гледах милото му тяло и не можех да повярвам, че животът му на земята е свършил. Кожата му беше гладка и мека, а на лицето му бе замръзнало чудно ангелско спокойствие – беше напуснал тялото си съзнателно в часа на мистичното сливане.

– Отиде си Бенгалският лъв! – ридаех в несвяст.

Погребалните обреди отслужих на 10 март. Шри Юктешвар беше погребан* в градината на своя ашрам в Пури с древни ритуали за свами. По-късно от близо и далеч дойдоха негови ученици, за да почетат своя гуру на възпоменателна служба по време на празника на Пролетното равноденствие. „Амрита Базар Патрика", един от най-четените калкутски вестници, помести негова

---

* Според индуиския обичай миряните се кремират, а свамите и монасите от различните ордени се погребват. (Макар и много рядко, понякога се правят изключения от това правило.) Смята се, че телата на монасите преминават през огъня на мъдростта в деня на даване на монашески обет.

снимка и следното съобщение:

> Днес, 21 март, в Пури с *бандара* (заупокойна церемония) беше почетена паметта на Шримат Свами Шри Юктешвар Гири Махарадж, на 81 г. За ритуалите бяха дошли много негови ученици.
>
> Свами Махарадж бе един от най-проникновените тълкуватели на Багавад Гита и велик ученик на Йогирадж Шри Шяма Чаран Лахири Махашая от Бенарес. Основател на множество Йогода Сатсанга (Self-Realization Fellowship) центрове в Индия и вдъхновител на йога движението, което неговият пръв ученик Свами Йогананда занесе на Запад. Именно пророческите видения на този духовен титан вдъхновиха неговия избраник Свами Йогананда да прекоси океана и да разпространи в Америка посланието на индийските Учители.
>
> Неговите забележителни тълкувания на Багавад Гита и на другите свещени писания са свидетелство за дълбочината на духовните му прозрения – както в областта на източната, така и на западната философия, и са своеобразни откровения за единството на Изтока и Запада. Шри Юктешвар Махарадж вярваше в единството на религиите и в сътрудничество с водачите на различните вероизповедания и деноминации учреди Саду Саба (Общество на светците) като инструмент за внедряване на дух на научно изследване в религиите. Малко преди смъртта си той определи Свами Йогананда за свой приемник и президент на Саду Саба.
>
> Кончината на този Велик Учител е огромна загуба за нас. Индия осиротя. Нека всички, които имаха щастието да се докоснат до него, да запазят завинаги в сърцата си истинния дух на индийската култура и *садана*, които той олицетворяваше в живота си.

Скоро след това аз се върнах в Калкута. Чувствах, че още не съм достатъчно силен да понеса гледката на внезапно опустелия ашрам, с всички ония свети спомени с Учителя, затова помолих Прафула, малкия ученик на Шри Юктешвар, който по това време живееше в Серампор, да дойде при мен, и се погрижих да бъде приет в училището в Ранчи.

– Същата сутрин, когато вие заминахте за *мелата* в Алахабад – разказа ми Прафула, – Учителят се отпусна тежко на канапето и заповтаря: „Йогананда замина! Йогананда замина!". После се умълча няколко минути и накрая загадъчно отбеляза: „Ще трябва да намеря друг начин да му го кажа". После с часове седя в мълчание, без да продума нищо.

Мина известно време и животът ми отново потече в старото си русло – беседи, уроци, интервюта, срещи със стари приятели. Но реката не бе същата. Под принудените усмивки, които пускам от време на време при неспирната си дейност, сега течеше и една друга река – един мътен поток от тягостни мисли, и този поток се смесваше с кристалночистите води на речичката на блаженството – същата тази речичка, която години наред криволичеше под пясъците на външния ми живот и от която той смучеше живителните си сили.

– Къде ли е сега моят божествен мъдрец? – ридаех от дълбините на изтерзаната си душа.

Но отговор нямаше.

„По-добре е, че Учителят се сля с Космическия Възлюбен – уверяваше ме разумът. – Звездата му ще сияе навеки на небосклона на безсмъртието."

„Никога вече няма да го видиш в старото му жилище в Серампор – плачеше сърцето ми. – Никога вече не ще можеш да заведеш приятелите си при него и гордо да заявиш: „Ето го, пред вас е самият *Гянаватар* на Индия!"."

Г-н Райт бе натоварен със задачата да организира завръщането на групата ни на Запад. Корабът ни щеше да отпътува от Бомбай в началото на юни. Последните две седмици на месец май в Калкута бяха изпълнени с множество прощални тържества и речи. След като те приключиха, г-ца Блеч, г-н Райт и аз се сбогувахме с всички и отпътувахме с форда за Бомбай. Там обаче корабните власти ни помолиха да отложим пътуването си, тъй като нямаше място за форда, който щеше да ни трябва в Европа.

– Нищо – казах тъжно на г-н Райт, – тъкмо ще се върна още веднъж в Пури. – А на себе си промълвих: „Нека сълзите ми за последно да полеят гроба на моя гуру!".

Глава 43

Възкресението на Шри Юктешвар

„Господ Кришна!" – възкликнах изненадано, когато пред мен в цялата си сияйна слава се появи аватарът сред ослепително ярка трептяща светлина. Чудното видение изникна неочаквано пред погледа ми над покрива на една висока сграда отсреща, докато седях в стаята си на третия етаж в хотел „Регент" в Бомбай, загледан навън през широко отворения му прозорец.

Божествената фигура кимна усмихнато и помаха с ръка за поздрав към мен. Като видя, че съм объркан и не мога да разбера смисъла на посланието му, Господ Кришна вдигна десница в благославящ жест и се изгуби. Чудно възвисен от видяното, аз интуитивно усещах, че скоро ми предстои духовно изживяване.

Пътуването на Запад бе временно отложено. Преди да поемем обратно към Бенгалия, получих покана да изнеса няколко беседи в Бомбай.

В 3 часа следобед на 19 юни 1936 г. – една седмица след видението на Кришна, както си седях на леглото в хотелската стая в Бомбай, изведнъж пред вътрешния ми взор проблесна дивна небесна светлина и прекъсна медитацията ми. Пред изумените ми очи стаята се трансформира в един приказен свят, в който слънчевата светлина трептеше в небесна слава.

Заляха ме вълни на неизразимо блаженство! Пред себе си виждах формата на Шри Юктешвар от плът и кръв!

– Синко! – заговори нежно Учителят. На лицето му грееше

омайна ангелска усмивка.

За първи път в живота си не коленичих в нозете му за поздрав, а се спуснах жадно към него и го запрегръщах лудо. Върховни мигове! Мъката от последните месеци бе пометена като песъчинки от буйните води на блаженството, което сега ме заливаше като неудържима река.

– Учителю мой! Любов на моето сърце! Защо ме напуснахте? – не знаех какво да кажа от радост. – Защо ме оставихте да отида на *Кумба Мела?* Знаете ли колко се укорявах! Знаете ли колко много, колко ужасно много ми тежи на съвестта, че ви напуснах тогава!

– Ти живееше с радостта, че ще видиш светите земи, където аз за първи път срещнах Бабаджи. Как можех да ти попреча? Напуснах те само за малко, но както виждаш, отново съм с теб!

– Наистина ли това сте *вие,* Учителю – същият Божий лъв? Същото онова тяло ли носите, което аз погребах под безмилостните пясъци на Пури?

– Да, дете мое, същият съм. Това е тялото ми от плът и кръв. Макар аз да го виждам като етерна субстанция, за твоето зрение то е физическо. От космическите атоми аз създадох напълно ново тяло, точно копие на физическото тяло-сън, което ти положи в гроба под пясъците-сън на Пури в твоя земен сън. Истина, аз възкръснах – не на Земята, а на една астрална планета. Нейните обитатели са по-развити от земните и сега аз работя с тях на по-високите нива – те по-пълно отговарят на моите високи изисквания. Ти също ще дойдеш там някой ден с по-напредналите си ученици.

– Безсмъртни гуру, разкажете ми още!

– Мило дете – усмихна се шеговито Учителят, сочейки с поглед ръцете ми, – да беше охлабил малко прегръдката си.

– Но само малко! – стисках го в обятията си по-здраво от октопод. Усещах същия приятен аромат, който лъхаше и от предишното му тяло. И досега, като си спомня онези славни мигове безвремие, когато го държах в прегръдката си, отчетливо усещам по вътрешната страна на ръцете и дланите си трепетния досег на божествената му плът.

– Така както пророците биват изпращани на Земята, за да помагат на човечеството да отработи физическата си карма, и аз бях избран от Бог да служа като Спасител на една астрална планета – обясни Шри Юктешвар. – Тя се казва Хиранялока, ще рече Лъчистата астрална планета. Там аз помагам на издигнатите същества да се избавят от астралната си карма и да излязат от колелото на астралните прераждания. Жителите на Хиранялока са високоразвити в духовно отношение. Всички те са постигнали в последното си земно превъплъщение придобиваната чрез медитация способност съзнателно да напускат физическото си тяло по време на смъртта. Никой не може да влезе в Хиранялока, ако на Земята не е минал през състоянието *сабикалпа самади* и последващото го още по-извисено, блажено състояние *нирбикалпа самади*.*

Обитателите на Хиранялока вече са преминали през обикновените астрални сфери, където почти всички същества от Земята отиват след смъртта си. Там те изгарят семената на кармата, която ги обвързва с миналите действия в астралните светове. Само високоиздигнати същества могат ефективно да изпълняват подобна изкупителна работа на астралните сфери.** После, за да пречистят напълно душите си и от най-невидимите следи на астрална карма, по силата на космическия закон тези адепти биват привличани и се прераждат в нови астрални тела на Хиранялока, което е нещо като астрално Слънце, или астрален рай. Сега аз съм там и им помагам. На Хиранялока има и почти съвършени същества, идващи от по-горни каузални светове.

Сега умът ми беше в такава съвършена настройка с моя гуру, че предаването на думи образи от него към мен ставаше отчасти словесно, отчасти мислено. Това ми позволяваше на мига да попивам цели масиви със сбити идеи.

Чел си в свещените писания – продължи Учителят, – че Бог „облича" човешката душа в три тела – идейно (или каузално),

---

* Виж стр. 305. В *сабикалпа самади* човек осъзнава единството си с Духа, но не може да поддържа Космическо Съзнание извън състоянието на неподвижен транс. Чрез продължителна медитация той постепенно навлиза в по-извисеното състояние *нирбикалпа самади*, където може свободно да се движи в света, без да губи Боговъзприятие.

В *нирбикалпа самади* йогът отмива и последните следи на земна карма. Но все пак не е изключено в него да останат някакви остатъци на астрална и каузална карма за отработване, поради което той се въплъщава в астрални, а после и в каузални тела на високовибрационни сфери от трептяща светлина.

** Повечето същества там се наслаждават на красотата на астралните светове и не чувстват потребност от духовни усилия.

фино астрално (седалище на менталната и емоционалната му природа) и грубо физическо тяло. На Земята човек е снабден с физически сетива. Астралното същество работи със съзнанието и чувствата си, а също и с тяло, направено от жизнетрони*. Съществата с фини каузални тела пребивават в блажените селения на идеите. Моята работа се състои в това да подготвям астралните души за влизане в каузалния свят.

– Божествени Учителю, моля ви, разкажете ми още за астралния Космос. – Макар да бях послушал Шри Юктешвар и охлабил леко прегръдката си, ръцете ми продължаваха все още да го обгръщат. Безценно мое съкровище – моят гуру, дошъл да ме види напук на смъртта!

– Астралният Космос е пълен с астрални планети, гъмжащи от астрални същества – започна Учителят. – Техните обитатели се возят на астрални самолети, тоест маси от светлина, и така пътуват от една планета на друга със скорост, по-висока от тази на електричеството и радиоактивните енергии.

Астралната Вселена е изтъкана от различни фини трептения от светлина и цветове и е стотици пъти по-голяма от материалния Космос. Цялото физическо създание изглежда като малко кошче от твърда маса, висящо под огромния лъчист балон на астралната сфера. Както има множество физически слънца и звезди в космическото пространство, така има и неизброими астрални слънчеви и звездни системи. Около техните планети обикалят астрални Слънца и Луни, които далеч надминават по красота физическите. Астралните светила напомнят Северното сияние – слънчевите астрални сияния са по-ослепителни от лунните астрални сияния – последните излъчват по-мека светлина. Астралните дни и нощи са по-дълги от земните.

Астралният свят е безкрайно красив, чист, девствен и подреден. Там няма да видиш планети без живот, нито изоставени, буренясали земи. Земните напасти, като плевели, бактерии, насекоми, змии и прочие, там са непознати. За разлика от променливия

---

* Шри Юктешвар употреби думата *прана*. Аз я превеждам като 'жизнетрони'. В индуистките свещени писания се говори не само за *ану* ('атом') и *параману* ('субатом'), сиреч за елементарни електромагнитни енергии, но и за *прана* ('съзидателна животронна сила'). Атомите и електроните са слепи сили, докато на *праната* е присъщ разум. Праническите жизнетрони в сперматозоидите и яйцеклетките например насочват развитието на ембриона според кармичния план.

климат и сезони на Земята, на астралните планети няма температурни колебания, а само вечна пролет, като от време на време пада лъчист бял сняг и многоцветен дъжд от светлина. Астралните планети изобилстват с опалови езера, ярки, сияйни морета и реки, чиито води текат с цветовете на дъгата.

Обикновената астрална вселена, нямам предвид свръхфиното астрално небе Хиранялока, е населена с милиони астрални същества, дошли наскоро или по-отдавна от Земята, а също и с безброй феи, сирени, риби, животни, гоблини, гноми, полубогове и духове, обитаващи различни астрални планети според кармичното си ниво. Добрите и лошите духове са разделени и живеят в различни сферични обиталища, области със собствен вибрационен интегритет. Добрите могат да се придвижват свободно, докато лошите са ограничени само в определени зони. Също както човешките същества живеят на повърхността на земята, червеите – в почвата, рибите – във водата, птиците – във въздуха, така и астралните същества според йерархията си имат определени местообитания в съответните вибрационни области.

Сред низвергнатите ангели на мрака, натирени от други светове, често има търкания и дори се стига до войни, които се водят с жизнетронни бомби, разбирай с ментални мантрични* вибрационни лъчи. Тези същества обитават зоните на здрача на по-низшия астрален Космос, където отработват лошата си карма.

В обширните селения над това мрачно астрално „чистилище" всичко свети от девствена красота. Астралният Космос природно е по-пригоден от земния за божествената воля и план за съвършенство. Всеки астрален обект се появява на бял свят първо по волята Божия и после по волево призоваване от астралните същества. Те притежават силата да придават нова форма на нещо, което вече е било сътворено от Господа, и да го извайват, така че да стане още по-грациозно. Той е дал на Своите астрални деца свободата и привилегията да променят и подобряват астралния

---

* Прилагателно от *мантра* – продължително повтаряни семена-звуци, изстрелвани с менталното оръдие концентрация. В *Пураните* (древни *шастри*, трактати) намираме описания на такива мантрични войни между *девите* и *асурите* (боговете и демоните). Веднъж една *асура* поискала да убие една *дева* с мощна мантра. Тя обаче не произнесла правилно мантрата и се задействал ефектът на бумеранга – бомбата се върнала и убила демона.

Космос, както намерят за добре. За разлика от Земята, където едно твърдо вещество трябва да премине през естествени или някакви химически процеси, за да се втечни или да премине в друго състояние, в астрала твърдите вещества мигновено биват превръщани в течности, газове или енергии само по волята на обитателите му.

Над Земята тегне мракът на войни и убийства в моретата, по сушата, във въздуха – продължи моят гуру, – докато астралните области не познават друго, освен щастлива хармония и братство. Астралните същества могат да се материализират или дематериализират по всяко време. Цветята, рибите или животните могат за известно време да се превъплътят в астрални човеци. Всички астрални същества са свободни да приемат каквато си форма пожелаят и могат свободно да общуват помежду си. Няма строго определен природен закон, на който да е подчинено развитието – всяко едно астрално дърво например може да ти роди астрално манго или друг желан плод или цвете – стига само да ги призовеш с мисъл. Известни кармични ограничения, разбира се, има, но в астрала по принцип няма разлика между една или друга форма. Всичко трепти с Божията съзидателна светлина.

Никой не се ражда от жена. Астралните същества създават потомството си чрез космическа воля в специално отлети, астрално сгъстени форми. Наскоро напусналото физическото си тяло същество пристига в дадено астрално семейство по покана, привлечено от сходствата в умствените и духовните им наклонности.

Астралното тяло не усеща студ и топлина или други подобни климатични и природни условия. Анатомично погледнато, то има астрален мозък, състоящ се от хилядолистен лотос от светлина и шест пробудени центъра в *сушумна* (астралната гръбначномозъчна ос). Сърцето тегли космична енергия и светлина от астралния мозък и ги разпраща по астралните нерви към телесните клетки, към животроните. Астралните същества могат да изменят формата си, употребявайки жизнетронна сила и чрез свещени мантрични вибрации.

В повечето случаи астралното тяло е точно копие на последното физическо тяло. Лицето и фигурата на астралното същество са същите, които то е имало на младини в последния си земен живот. Понякога обаче има изключения. Ето аз например предпочетох да запазя облика си от по-стари години – Учителят, който преливаше от енергия като младенец, се усмихна весело.

За разлика от пространствения, триизмерен физически свят, който може да се познае само чрез петте сетива, астралните сфери са видими само за всеединното „шесто сетиво" – интуицията – продължи Шри Юктешвар. – Благодарение на изостреното си интуитивно чувство астралните същества виждат, чуват, усещат мирис, вкус и допир. Те имат три очи, две от които частично затворени; третото – и главно астрално око, разположено вертикално на челото, е отворено. Астралните същества имат всички външни сетивни органи – уши, очи, нос, език и кожа, но предпочитат да използват сетивото на интуицията и с него да възприемат околния свят през коя да е част на тялото – да виждат през ушите, носа или кожата. Те са в състояние да чуват през очите или езика и могат да усещат вкус през ушите, кожата и т.н.*

Физическото тяло на човека е изложено на безброй опасности и лесно може да бъде наранено или осакатено. Етерното астрално тяло също може да се удари или контузи леко, но то е в състояние да се излекува мигновено, и то само с мисъл.

– Гурудева, астралните същества всичките ли са красиви?

– Красотата в астралния свят е духовно качество, а не външна форма – отговори Шри Юктешвар. – По тази причина чертите на лицето за астралните същества нямат никакво значение. Те обаче имат привилегията да „надяват" нови, пъстроцветни, астрално извикани тела по всяко време. Точно както земните жители обличат костюмите си и отиват, да речем, на някое галапредставление, така и астралните същества намират поводи да се пременят в специални форми.

На по-високите астрални планети, като Хиранялока, когато едно същество възрасне духовно до степен, че да почне да се откъсва от астралния свят, сиреч готово е да полети към някоя област на каузалния свят, за всички настава време за астрални веселия и празненства. Тогава слелите се с Бог светци, и дори самият невидим Небесен Отец, влизат в някакви тела и се присъединяват към астралните празненства. За да достави радост на тази честита

---

* Такива примери не липсват дори на Земята. Случаят с Хелън Келър, както и много други хора с нейните редки способности, го потвърждава. (Хелън Келър е американски автор, политически активист и лектор. Тя е първият глух и сляп човек, получил бакалавърска степен в изкуствата. – *Бел. прев.*)

душа, Господ приема всяка желана от нея форма. Ако тя Го е обожавала с отдаденост, сега ще Го вижда като Божествената Майка. За Исус бащиният аспект на Безпределното е бил по-привлекателен от всякакви други концепции, затова той е виждал Отца. Въобще, исканията, които валят към многоликия Създател, са от разнообразни по-разнообразни. Но какво да се прави – нали Той Самият е надарил Своите създания с индивидуалност. Така че – Той да му мисли! – моят гуру и аз се засмяхме щастливо.

Приятелите от предишни животи лесно се разпознават в астралния свят – продължи Шри Юктешвар с мелодичния си като флейта глас. – Виждайки, че приятелството е безсмъртно, те ликуват от радост. Осъзнават най-сетне, че любовта, често подлагана на съмнения във времена на тежка земна разлъка, каквато например е смъртта, е всъщност нерушима.

Интуицията на астралните същества пронизва булото на Земята и наблюдава човешките дела, но обратното не е възможно – земните обитатели не могат да видят астралния свят, ако не са развили в достатъчна степен „шестото си чувство". Хиляди обаче са земните жители, които са имали моментен проблясък, когато за миг са зървали някакво астрално същество или астралния свят.*

През дългите астрални дни и нощи издигнатите същества на Хиранялока остават повечето време в будно състояние на екстаз и помагат на космическото правителство да разреши належащите проблеми. Освен това те помагат на „блудните синове", тоест на душите, които все още са привързани към Земята, да преодолеят своята слабост. Когато съществата на Хиранялока спят, те понякога имат астрални видения, подобни на човешките сънища. Умовете им обикновено са потопени в съзнателното състояние на върховно *нирбикалпа*-блаженство.

При все това обаче има неща, които измъчват жителите на различните селения в астралните светове. Чувствителните умове на тези високоразвити същества, обитаващи планети като Хиранялока например, изживяват тежко грешките в поведението или в отношението

---

* Децата, тези чисти и невинни души, понякога са в състояние да видят грациозни астрални тела на феи. От друга страна, наркотичните вещества и напитките с упойващ ефект, чиято употреба е заклеймена от всички свещени писания, могат да доведат човек до такова умопомрачение, че да вижда какви ли не уродливи изчадия в подземията на астралния ад.

към истината. Всяка мисъл и действие на тези напреднали същества клони към съвършеното изпълнение на духовния закон.

Комуникацията между астралните обитатели се извършва изцяло чрез астрална телепатия и телевиждане. Там не се случват такива неща като грешки, неразбирателства или недоразумения, които неизменно съпътстват писменото и устното общуване между земните жители. Точно както движението на хората на киноекрана се постига чрез равномерно поддържане на каданс от светлинни картини, без това по някакъв начин да е зависимо от дишането им, така и астралните същества вървят и работят като интелигентно управлявани и координирани светлинни образи, без да е необходимо да извличат енергия от кислорода. Съществуването на човек е зависимо от твърдите, течните и газообразните вещества, а така също и от енергията на Слънцето, докато астралните същества се поддържат главно чрез космична светлина.

– Учителю мой, а хранят ли се астралните същества? – поглъщах жадно чудните му разяснения с цялото си сърце, ум и душа. Свръхсъзнателното възприятие на Истината оставя вечен и неизменен отпечатък в душата, докато мимолетните сетивни преживявания и впечатления са просто временни, относително истинни и скоро избледняват в паметта. Думите на моя гуру попиха така дълбоко в пергамента на душата ми, че винаги когато реша, само с едно прехвърляне в свръхсъзнателно състояние, мога на мига да съживя картината на божественото си изживяване.

– Астралните земи изобилстват със зеленчуци от сияйни лъчи – отговори той. – Астралните същества консумират зеленчуци и пият нектар, течащ от чудно красиви светлинни фонтани, астрални ручеи и реки. Точно както на Земята в ефира се излъчват невидими образи, които биват улавяни от телевизионните апарати и отново освобождавани в ефира, така и създадените от Бог невидими астрални изображения на плодове и зеленчуци се извличат от етера по волята на жителите на астралните планети. Прилагайки същия способ, най-развихрената фантазия на тези същества ражда цели градини с ухайни цветя, които по-късно отново се освобождават в невидимия етер. И макар обитателите на небесни сфери като Хиранялока да са почти освободени от необходимостта да се хранят, тяхното необусловено съществуване все пак не е толкова възвишено, като на почти напълно освободените души в каузалния свят – последните пият само манната на блаженството.

Освободеното от Земята астрално същество среща множество роднини, бащи, майки, съпруги, съпрузи и приятели от различните си превъплъщения на Земята* – от време на време те се появяват в различните области на астралните небеса. То обаче е озадачено и не знае кого да обича повече. Така то се научава да дарява всички с еднаква божествена любов – като рожби и индивидуализирани проявления на Бог. Макар че външният вид на любимите същества може да е променен, повече или по-малко, в зависимост от придобитите нови качества в последния земен живот, астралното същество, служейки си с непогрешимата интуиция, разпознава всички онези, които някога са му били скъпи на сърцето в други измерения на съществуване, и ги приветства в новия им астрален дом. И понеже всеки атом в творението носи предавана по наследство неповторима индивидуалност**, астралните същества не срещат трудности при разпознаване на приятелите си, без значение как са „маскирани" сега – също както на Земята идентичността на актьора лесно може да се установи след внимателно вглеждане под костюма.

Животът в астралния свят е много по-дълг в сравнение със земния. Нормалната продължителност на живота на едно средно напреднало астрално същество е в порядъка между петстотин и хиляда години според земните стандарти за време. Така както някои секвои живеят по няколко хиляди години и спокойно надживяват дори дърветата дълголетници, или както да речем, някои йоги живеят по няколко стотици години на фона на обикновения човешки живот, който понякога не стига дори до шейсет, по същия начин някои астрални същества живеят много по-дълго, отколкото е средната продължителност за астралните същества. Временно пребиваващите в астралния свят остават там по-дълги или по-къси периоди, в зависимост от тежестта на физическата си карма, която след определено време ги тегли обратно към Земята.

---

* Веднъж попитали Господ Буда: „Защо трябва да обичаме всички хора еднакво?". Великият Учител им отговорил: „Защото в многобройните ви земни прераждания все някой някога (бидейки в някакво животинско или човешко тяло) ви е бил скъп".

** Осемте стихии, които изпълват всяка форма на живот в творението, от атома до човека, са: земя, вода, огън, въздух, етер, сетивен ум *(манас)*, интелект *(буди)* и индивидуалност, тоест его *(ахамкара)*. (Виж Багавад Гита VII:4.)

Астралните същества не познават предсмъртните мъки. Когато удари часът за раздяла с лъчистото тяло, те просто се „изхлузват" от лъчистата си „кожа" и с това приключва всичко. И все пак много от тези същества се чувстват леко нервни при мисълта, че ще изхвърлят астралната си форма и ще я сменят с по-фина каузална. В астралния свят няма такива неща като ненадейна смърт, болест или старост. Тези три бича съществуват само на Земята, и то, защото хората позволяват на съзнанието си да се отъждестви почти изцяло с крехкото физическо тяло, което за съществуването си се нуждае от въздух, храна и сън.

Физическата смърт се съпътства от изчезване на дъха и последващо трупно разлагане. Астралната смърт се състои в освобождаване на жизнетроните в пространството – онези проявени единици енергия, чиято съвкупност е съставлявала живота на астралните същества. При физическата смърт човек губи съзнание за тялото и започва да се осъзнава като фино тяло в астралния свят. Когато времето на астралната душа в астрала изтече, тя изживява астрална смърт – излиза от съзнанието за астрално раждане и смърт и навлиза обратно в съзнанието за физическо раждане и смърт. Тези периодично повтарящи се цикли на астрално и физическо съществуване са неизбежна съдба за всички непросветлени люде. Описанията на свещените писания на небесата и рая понякога будят у хората изстиналия спомен отвъд най-дълбоките пластове на подсъзнателната памет за дългите серии от изживявания в щастливия и безгрижен астрал, от една страна, и в разочароващите земни светове, от друга.

– Възлюбени Учителю – помолих го, – бихте ли ми описали по-подробно разликата между прераждания на Земята и в астралните и каузални сфери?

– Като индивидуализирана душа човек в най-дълбоката си същност е каузално тяло – обясни моят гуру. – От това каузално тяло, което се явява матрица на трийсет и петте *идеи,* Бог взема базовите, сиреч каузалните мисловни сили, от които по-късно оформя финото астрално тяло от деветнайсет елемента и грубото физическо тяло от шестнайсет елемента.

Деветнайсетте елемента на астралното тяло са от ментално, емоционално и жизнетронно естество. Тези деветнайсет компонента са: интелект; его; чувство; ум (сетивно съзнание); пет инструмента на *познанието,* явяващи се фини двойници на сетивата за зрение, слух, обоняние, вкус и осезание; пет инструмента на *действието,* ментални дубликати на жизнени процеси в тялото като възпроизводство, отделяне на пот, екскрети и урина, говорене, ходене и манипулации с ръцете; пет инструмента на *жизнената сила,* отговорни за клетъчното деление и растеж, асимилация, елиминация, метаболизъм и кръвообращение. Тази фина астрална обвивка от деветнайсет елемента остава недокосната от смъртта на физическото тяло, направено от шестнайсет груби химични елемента.

Докато Бог премислял различните идеи в Себе Си, те се проецирали в съновидения. Така се появило космическото пространство-сън, окичено като благородна дама с безбройните природни украшения, познати ни от относителния свят.

Трийсет и петте мисловни категории на каузалното тяло са първичният материал, от който Бог изработил целия сложен човешки механизъм от деветнайсет астрални елемента двойници и допълващите ги шестнайсет физически елемента двойници. Чрез кондензация на трептящи сили, първо на фини, а после и по-груби, Той създал астралното тяло на човека и накрая – физическата му форма. Следвайки закона на относителността, Първичната Единност се превърнала в объркващо многообразие – каузалният Космос и каузалното тяло се обособили и отделили от астралния Космос и астралното тяло по начина, по-който физическият Космос и физическото тяло се разграничили от другите форми в творението.

Човешкото тяло е направено от фиксирани, обективизирани съновидения на Създателя. Дуалностите са неизменна част от картината на Земята: болест – здраве, болка – удоволствие, загуба – печалба. Човешките същества ежедневно се сблъскват с ограниченията и съпротивата на триизмерната материя. Когато волята на човек за живот бъде пречупена от болест или нещо друго, се намесва смъртта – тежкият кожух на плътта временно бива захвърлен. Душата обаче остава затворена в астралното и каузално тяло*. Спойващата сила, която държи трите тела в единно цяло, се нарича желание. Силата на неосъществените желания е коренът на всяко човешко закрепостяване.

Физическите желания се подхранват от егоизъм и сетивни

---

* „Тяло" означава някаква обвивка на душата, независимо дали груба, или фина. Трите тела са клетките на „райската птица".

наслади. Импулсът на сетивните изкушения е по-силен от желанието за астрални преживявания или каузални възприятия.

Астралните желания черпят сили от радостта на трептенията. Астралните същества се наслаждават на етерната музика на сферите и са опиянени от щастие, виждайки творението като неизчерпаеми прояви от вечно променяща се светлина. Астралните същества могат също да помирисват, вкусват и докосват светлината. Така желанията на астралното същество зависят изцяло от способността му да сгъстява всеки желан обект или преживяване в някаква светлинна форма, кондензирана мисъл или съновидение.

Каузалните желания, за разлика от тях, се осъществяват само чрез духовни възприятия. Почти освободените същества, затворени само в каузално тяло, виждат цялата Вселена като проецирани идеи-съновидения на Бога. Те могат да материализират каквото си поискат само с мисъл. Поради това каузалните същества намират физическите и астрални наслади за твърде груби и задушаващи фината им чувствителност. Каузалните същества отработват желанията си чрез незабавно материализиране.* Онези, които са обвити само с ефирния воал на каузалното тяло, могат да проявяват цели Вселени, и то не по-лошо от самия Творец. Понеже цялото творение е изтъкано от съновна космическа материя, душата, бидейки облечена в ефирното каузално тяло, притежава огромни възможности.

За душата, която е невидима по природа, може да се съди единствено по присъствието на нейното тяло. А самото съществуване на тялото предполага наличие на неосъществени желания.**

Докато душата на човек е затворена в един, два или три съсъда-тела, запушени здраво с корка на незнанието и желанията, той не може да се слее с океана на Духа. Дори когато чукът на смъртта разбие грубото физическо вместилище, душата продължава да е затворена между стените на останалите два съда – астралния и каузалния,

---

* Също както в глава 34 Бабаджи помага на Лахири Махашая да се избави от спотайващото се в подсъзнанието му желание за дворец, останало от някой минал живот.

** „А Той им рече: дето бъде тялото, там ще се съберат и орлите" (Лука 17:37). Където живее „райската птица" на душата във физическо, астрално или каузално тяло, там (край този рай) се събират и орлите на желанията и дебнат за сетивни човешки слабости или астрални и каузални привързаности, готови във всеки момент да я накажат и държат в плен.

и не може съзнателно да се съедини с Всеединния Живот. Едва след като постигне Богомъдрие, той угасява всички желания и постига състоянието на безжелание. А то притежава огромна енергия, която при освобождаването си разбива двата останали съда и те се пръскат на хиляди малки парченца. Тогава мъничката човешка душа най-накрая излиза на свобода и се слива с Необятната Шир.

Помолих моя божествен гуру да хвърли още светлина върху възвишения и тайнствен каузален свят.

– Каузалният свят е неописуемо фин – подхвана той. – За да го проумее, човек трябва да притежава такава огромна концентрация, че затваряйки очи, да може да си представи астралния и физическия Космос в цялата им необятност – да вижда лъчистия балон с твърдия кош под него само като идеи. Ако чрез такава свръхчовешка концентрация той успее да трансформира, тоест да прозре двата Космоса в цялата им сложност като чисти идеи, той ще достигне каузалния свят, разбирай ще стои на граничната линия между ума и материята. Там всички сътворени неща – твърди тела, течности, газове, електричество, енергия, всички твари, богове, хора, животни, растения, микроорганизми се възприемат като форми на съзнание – също както когато човек, затваряйки очи, съзнава, че съществува, макар тялото му да е невидимо за физическите му очи и да присъства само като идея.

Това, което човек може да създаде с въображението си, каузалното същество го създава реално. Най-колосалното човешко въображение е в състояние – само в рамките на съзнанието – да минава от една мисловна крайност в друга, да прескача от планета на планета, да пропада безкрайно в бездната на вечността, да лети като космически кораб между галактиките, да осветява като прожектор Млечния път и другите звездни образувания. Съществата в каузалния свят обаче имат много по-голяма свобода и могат без усилие на мига да придават видима форма на мислите си, без да са възпрепятствани от каквито и да било материални или астрални пречки или кармични ограничения.

Каузалните същества осъзнават, че основните елементарни частици на Космоса не са само електроните, както и че най-малките градивни частици на астралния Космос не са само животроните – те знаят, че и единият, и другият Космос в действителност са сътворени от още по-фини свръхелементарни частици, от

Божия мисловна субстанция, която *мая,* законът на относителността, привидно раздробява и кара да изглежда като обособена, разделяйки създанието от Създателя.

Душите в каузалния свят се виждат като места с по-голяма концентрация на блажен Дух. Тяхната мисловна субстанция е единствената им обвивка. За каузалните същества разликата в техните тела и мисли е само на идейно ниво. Както човек, затваряйки очи, може да визуализира ослепително бяла светлина или синкава мараня, така и каузалните същества могат със силата на мисълта да виждат, чуват, помирисват, вкусват, докосват. Те могат да материализират и дематериализират каквито си предмети пожелаят със силата на космическия си ум.

И смъртта, и прераждането в каузалния свят са мисловни понятия. Облечените в каузални тела същества се наслаждават на амброзията на вечно новото познание. Те пият от извори, бликащи неизказан покой, странстват из необятни простори, където се наслаждават на девствено красиви гледки, плуват в безбрежния океан на блаженството. Ето, ярките им тела-мисли прелитат край трилиони планети от Дух, край новопоявили се вселени, звезди-мъдрост, миражни сънища от златни мъглявини из небесните простори на Безкрая!

Много същества остават в каузалния Космос с хиляди години. Със задълбочаване на екстазните си изживявания освободената душа постепенно напуска малкото си каузално тяло и се разтваря в необятността на каузалния Космос. Всяка обособена вълна на сила, любов, воля, радост, покой, интуиция, тишина, себеконтрол, концентрация накрая се слива с вечно новата радост на Океана от блаженство. Вече не е необходимо душата да изживява своята радост като индивидуализирана, обособена вълна на съзнание, а като потопена в единния космически Океан с всички негови вълни – вечен смях, вечна радост, вечни трепети!...

Когато душата излезе от пашкула на трите тела, тя се освобождава завинаги от закона на обусловеното съществуване и става неизразимо святото Вечно Битие* – пеперудата на вездесъщието

---

* „Онзи, който победи, ще направя стълб в храма на моя Бог, отдето няма вече да излезе вън (сиреч няма повече да се преражда). (...) На онзи, който победи, ще дам да седне с мене на моя престол, както и аз победих и седнах с Отца си на Неговия престол" (Откровение 3:12, 21).

разтваря дивно красивите си криле, гравирани с безброй звезди, Луни, Слънца и... полита! Душата, „пораснала и станала" Дух, остава сама със себе си в сферата на безначалната светлина, на безначалната тъмнина, на безначалната мисъл, опиянена от екстаза на Божия сън – безкраен космически Всемир.

– Свободна душа! – възкликнах аз с треперещ от благоговение глас.

– Когато душата най-накрая се измъкне от трите стъкленици на телесните илюзии – продължи Учителят – тя става едно с Безкрая, но не губи индивидуалността си. Христос е бил спечелил тази окончателна върховна свобода много преди да се роди като Исус. Още в предишните си прераждания той е бил преминал през трите етапа на израстване, символизирани в последния му живот на Земята като трите дни на смъртта и възкресението, и овладял умението напълно да възкръсва в Духа.

Духовно неразвитият човек трябва да се превъплъти в безброй земни, астрални и каузални тела, докато излезе от трите си тела. Учителят, постигнал тази върховна свобода, може да реши да слезе на Земята като пророк, за да връща други човешки същества при Бог или, както в моя случай, да избере да обитава астралния Космос. Там Спасителят поема върху себе си част от кармичния товар* на астралните същества и по този начин им помага да завършат реинкарнационния си цикъл в астралния Космос и да се установят завинаги в каузалните сфери. Или освободената душа може да влезе в каузалния свят, за да помага на тамошните обитатели да съкратят периода на пребиваване в каузалното тяло и да постигнат абсолютната свобода.

– О, възкръснали Учителю, искам да знам повече за кармата, която кара душите да се връщат в трите свята – имах чувството, че мога да слушам цяла вечност моя всеведущ Учител. Никога по време на земния му живот не успявах да попия толкова много наведнъж от неговата мъдрост. Сега за първи път ме осениха ясни прозрения за тайнствените пространства около шахматната дъска

---

* Шри Юктешвар няколко пъти загатна, че мисията му на Спасител в астралния свят, и в частност на Хиранялока, включва той да поема част от астралната карма на неговите жители, за да ускори еволюцията им към по-висшия каузален свят – точно както на Земята понякога поемаше върху себе си бремето на болестите, за да облекчи кармата на учениците си.

на живота и смъртта, където Невидимата Ръка мяташе хората фигури, след като произнесеше окончателната Си присъда и откъдето те отново се връщаха на черно-белите полета, за да продължат еволюцията си.

– Физическата карма, или желанията на човек, трябва напълно да бъдат угасени, за да стане възможно постоянното пребиваване в астралните светове – обясни моят гуру с трепетен глас. – На астралните сфери живеят два вида същества: временно пребиваващи в астралния свят, които след физическата смърт все още имат някаква земна карма за отработване и поради това трябва отново да слязат в грубо физическо тяло, за да разчистят кармичните си дългове; и други, които може да се определят като постоянно пребиваващи.

Съществата, които не са изкупили земната си карма, не могат след астралната си смърт да отидат в по-горни каузални сфери, в сферите на космическите идеи. Те сноват напред-назад между физическите и астралните светове със съзнание съответно за физическо тяло, изградено от шестнайсет груби елемента, и астрално тяло, изградено от деветнайсет фини елемента. След всяка загуба на физическо тяло обаче неразвитите същества от Земята най-често изпадат в дълбок следсмъртен унес и в повечето случаи не са в състояние да съзрат красотата на астралните сфери. След астралната почивка те се връщат на материалния план на съществуване, където продължават да трупат опитност. Така благодарение на повтарящите се посещения във финия астрал те постепенно привикват към него.

За разлика от тях, нормалните същества, тоест онези от тях, които отдавна са се установили да живеят в астралната Вселена, са освободени завинаги от всички материални копнежи и не изпитват нужда повече да живеят сред грубите вибрации на Земята. Такива същества имат да отработват само астрална карма. След астралната си смърт тези същества преминават в безкрайно по-финия, ефирен каузален свят. След изтичане на определен период, определян от космическия закон, тези напреднали същества се връщат на Хиранялока или на друга подобна астрална планета, където се прераждат в ново астрално тяло, за да отработят оставащата част от астралната си карма.

Сине мой – продължи Шри Юктешвар, – сега разбираш ли, че възкръснах по Божия повеля? Моята задача се състои в това да помагам главно на астрално преродените души, идващи от горни каузални сфери, и на второ място – на пристигащите от Земята астрални същества. Земните обитатели, ако имат в себе си следи от материална карма, не могат да се издигнат до високите астрални планети като Хиранялока.

Също както повечето хора на Земята, които не са отворили сърцата си, не могат да оценят по-възвишените радости и преимущества на астралния живот (нещо, което идва естествено с напредване в медитацията) и след смъртта си желаят да се върнат към ограничените, посредствени наслади на Земята, така и много астрални същества по време на нормалното разпадане на телата им не могат да си представят извисеното състояние на духовна радост в каузалния свят и задържат мислите си върху по-грубото, макар и пищно астрално щастие, копнеейки да посетят отново астралния рай. Тези същества обаче трябва да изкупят тежката си астрална карма, ако искат след астралната си смърт да пребивават постоянно в каузалния свят-мисъл, зад чиято съвсем тънка ефирна граница, явяваща се външна за трите тела, се простира самият Създател.

Само когато съществото угаси всичките си желания за изживявания в „приятно галещия окото" астрален Космос и вече не може да бъде изкушено да се върне в него, то може да остане в каузалния свят. Там то изкупва докрай цялата си каузална карма, тоест изгаря семената на всички свои желания от миналото: затворената в последната стъкленица на каузалното тяло душа избутва запушалката на обособеността и изплува, за да се слее с вечността.

– Сега разбираш ли? – лицето на Учителя се озари от пленителна усмивка!

– Да, благодарение на милостта ви. Думи нямам да изкажа радостта си!

Никога от епос или книга не бях черпил толкова вдъхновяващо познание. Макар индуистките свещени писания да третират каузалния и астралния свят и трите човешки тела, изложенията на техните страници сега ми се струваха някак вяли, безжизнени и далечни на фона на живите води, които се лееха от моя възкръснал Учител! За него наистина не съществуваше „неоткрита страна, отгдето никой пътник се не връща"*!

---

* *Хамлет:* III действие, I сцена.

– Съжителството и взаимните прониквания на трите тела на човека намират многостранен израз в троичната му природа – продължи моят гуру. – В будно състояние на Земята човешкото същество живее със съзнанието, повече или по-малко, за трите си возила. Когато в действие са сетивата му за вкус, обоняние, осезание, слух и зрение, то работи главно чрез физическото си тяло. Когато визуализира или проявява воля, работи най-вече чрез астралното си тяло. Когато е потопено в дълбоко размишление, самонаблюдение или медитация, то се изразява чрез каузалното си тяло. Геният бива осенен от космически идеи, защото през повечето време пребивава в каузалното си тяло. В този смисъл, всеки индивид може най-общо да бъде класифициран като „материален", „енергиен" или „духовен".

Около шестнайсет часа на ден човек се отъждествява с физическото си тяло. После той ляга и заспива. Ако сънува сънища, той остава в астралното си тяло и без никакви усилия създава обекти – също като астралните същества. Ако обаче сънят му е дълбок и без сънища, съзнанието за малкото му „аз" за няколко часа се прехвърля в каузалното тяло. Такъв дълбок сън е възстановяващ. Сънуващият, за разлика от него, пребивава в астралното, а не в каузалното си тяло, и сънят му не е напълно ободряващ.

Очите ми следяха с обич Шри Юктешвар, докато той правеше чудното си изложение.

– Ангелски гуру – казах аз, – тялото ви изглежда досущ като онова, над което плаках в ашрама в Пури.

– О, да – новото ми тяло е пълно копие на старото. Аз материализирам и дематериализирам тази форма, когато си поискам. Всъщност, сега го правя доста по-често, отколкото на Земята. Трябват ми само няколко мига, за да се дематериализирам и понеса със скоростта на светлинен лъч от планета на планета или дори от астралния към каузалния или физическия Космос – и като се усмихна, моят божествен гуру добави: – Макар тия дни да хвърчиш по задачи и да не се задържаш много на едно място, за мен не беше никакъв проблем да те открия в Бомбай!

– Учителю, да знаете колко много плака сърцето ми, като умряхте!

– ... Как тъй „умряхте"? Да ти приличам на умрял?! – очите на Шри Юктешвар проблеснаха развеселено, на лицето му се разля обичлива усмивка.

– На Земята ти само сънуваше. На същата тази Земя ти виждаше моето тяло-сън – продължи той. – По-късно ти погреба този съновен образ. Сега по-финото ми тяло от плът – същото, което ти в момента виждаш и продължаваш все тъй здраво да стискаш в обятията си, възкръсна на друга, по-фина планета-сън на Бог. Някой ден и това по-фино тяло-сън заедно с по-фината планета-сън също ще си отидат – нищо не е вечно! При последния пробуждащ досег всички съновни сапунени мехурчета в крайна сметка трябва да се спукат. Сине Йогананда, разграничавай между сънища и Реалност!

Тази ведантическа идея* за възкресение сега ме смая. Изчервих се от срам, че бях плакал над безжизненото тяло на Учителя в Пури. Осъзнах веднъж завинаги, че моят гуру винаги е бил буден в Бог, и като такъв всякога е гледал на земния живот, смъртта и настоящото си възкресение като на относителни божествени идеи в космическия сън.

– Йогананда, сега вече знаеш истината за моя живот, смърт и възкресение. Не тъжи за мен, а върви и разказвай навред новината за моето възкресение от Земята-Божи сън на друга планета-Божи сън, обитавана от астрални души! Това ще окрили надеждите в сърцата на несретниците, на всички ония наши братя и сестри по света, които живеят със съня на илюзията и треперят пред смъртта.

– Учителю! – нямах търпение да споделя с другите радостта си от възкресението му!

– На Земята летвата на моите изисквания беше доста вдигната, много над естествените нагласи на повечето хора. Често ти се карах повече, отколкото трябваше. Ти обаче успешно издържа изпитанието: любовта ти неотменно просияваше през мрачните облаци на моите порицания – и като помълча малко, добави нежно: – Днес аз дойдох, за да ти кажа още, че суровият поглед на моята критика никога повече няма да се стоварва върху теб. Никога повече няма да те гълча.

---

* Животът и смъртта са относителности, съществуващи само в мисълта. *Веданта* заявява, че Бог е единствената Реалност. Цялото творение, или обособено съществуване, е *мая*, илюзия. Тази философия на монизма достига своя апогей в коментарите на Шри Шанкарачаря към древните *Упанишади*.

Колко много ми липсваха суровите критики на моя велик гуру! Всяка една от тях – ангел-хранител, бдящ тихо над мен!

– Най-скъпи сред скъпите, възлюбени Учителю! Гълчете ме милион пъти, карайте ми се, корете ме!...

– Не, никога повече – в божествения му глас, макар да звучеше уталожено, се долавяше нотка на скрит смях. Докато се виждаме като две обособени форми в Божия сън-*мая*, ние ще се усмихваме един на друг. Накрая ще се разтворим в Космическия Възлюбен и ще станем едно с Него – нашите усмивки ще се разтворят в Неговата усмивка и одата на радостта на нашите обединени души ще затрепти във вечността и разливайки се като благословия, ще гали струните на всички настроени към Бога души!

После Шри Юктешвар ме освети по някои въпроси, които нямам право да разкривам тук. През двата часа, които прекара с мен в хотелската стая в Бомбай, той отговори на всички мои въпроси. Много от пророчествата, които той направи за бъдещето на света в онзи юнски ден на 1936 година, вече се сбъднаха.

– А сега, обични сине, те оставям! – при тези думи усетих как Учителят почва нежно да се топи в прегръдката ми.

– Дете мое – звучният тембър на гласа му отекваше в самите дълбини на душата ми, – винаги когато прекрачиш прага на *нирбикалпа самади* и ме призовеш, аз ще се появявам пред теб в плът, точно както днес.

С това божествено обещание Шри Юктешвар изчезна от погледа ми. Около мен един благ небесен глас, долитащ сякаш нейде из облаците, продължи да повтаря с мелодичен звънтеж: „Разкажи всичко това! Нека хората знаят, че всеки, който чрез *нирбикалпа* осъзнае, че Земята е съновидение на Бога, може да дойде на по-фината планета-сън Хиранялока и да ме види възкръснал в същото тяло, което имах на Земята. Йогананда, разкажи го на всички!".

Изпари се мъката от раздялата ни! Огорчението и скръбта от неговата смърт, които от месеци ограбваха вътрешния ми мир, побягнаха засрамено. Неизразимо блаженство заструи като фонтани през безбройните пори на душата ми. Затлачени допреди малко, сега те се отпушиха и грейнаха от чистота и святост под напора на блажения екстаз. Предишни прераждания се нижеха пред вътрешния ми взор в забавен кадър. Виждах ясно как космичната светлина, която се лее около мен след божествената визита на Учителя, отмива и последните следи от добра и лоша карма от миналото.

С тази глава на моята автобиография – макар да си давам сметка, че това ще внесе известен смут сред равнодушните маси – аз изпълнявам обещанието, което дадох на моя гуру: съобщавам ви благата вест за неговото възкресение! Раболепието човек познава добре, защото цял живот са го учили да пълзи и превива гръбнак. Отчаянието – и то не му е чуждо. Това обаче са „присадки", които нямат нищо общо с истинските, с духовните корени на човек. Деня, в който той покаже, че има воля за промяна, той стъпва на магистралата на свободата. Твърде дълго черногледи „доброжелатели", кръшно извивайки глас, са го приспивали с изтърканото: „Пръст си и в пръстта ще се върнеш", и са заглушавали гласа на непобедимата Душа.

Аз не бях единственият, който имаше привилегията да види възкръсналия гуру.

Шри Юктешвар имаше една *чела,* възрастна жена, която ние галено наричахме *Ма* (Майка). Нейният дом беше в близост до ашрама в Пури и по време на сутрешните си разходки Учителят често се спираше пред дома ѝ, за да си кажат две приказки. Вечерта на 16 март 1936 г. Ма дошла в ашрама и поискала да види нашия гуру.

– Не знаете ли, той почина преди седмица – отвърнал ѝ с тъга на сърцето новият отговорник на ашрама Свами Себананда.

– Нима? – възразила тя с усмивка.

– Не вярвате ли? – и Себананда ѝ разказал всички подробности около смъртта и погребението му. – Елате – казал ѝ той, – ще ви покажа гроба му в двора пред ашрама.

Ма поклатила глава.

– За него няма гроб! Тази сутрин в десет часа той мина пред нас – беше излязъл на обичайната си разходка! Говорихме си отвън цели десет минути. „Намини надвечер към ашрама", каза ми той.

И ето, както виждаш, дойдох! Да знаеш какви благословии се изсипаха върху беловласата ми глава! Безсмъртният гуру ми даде да разбера, че този път ме посещава в различно, неземно тяло!

Изумен, Себананда коленичил пред нея.

– Ма, да знаехте само какъв огромен товар смъкнахте от сърцето ми! Той наистина е възкръснал!

Глава 44

Гостувам на Махатма Ганди във Варда

— Добре дошли във Варда! – приветства ни радушно секретарят на Махатма Ганди Махадев Десай и по стар обичай ни окичи с гирлянди от *кадар* (ръчно преден памук) за добре дошли.

Беше ранно августовско утро. Малката ни група се разхождаше в радостно облекчение на перона на гарата във Варда след дълги часове в прашните и душни вагони на влака. Скоро багажът ни беше прехвърлен на една волска каруца, а ние с г-н Десай и неговите спътници Бабасахеб Дешмук и д-р Пингали се качихме на един кабриолет. След кратко пътуване по кишавите селски пътища стигнахме „Маганвади", ашрама на светия индийски държавник.

Г-н Десай веднага ни поведе към кабинета му, където на пода, кръстосал крака, седеше Махатма Ганди. Молив в едната ръка, хартийка в другата, а на лицето му се ширеше подкупваща добродушна усмивка!

„Добре дошли!" – драсна той на листчето на хинди. Беше понеделник – на този ден той спазваше мълчание.

Макар това да беше първата ни среща в живота, ние с грейнали от радост лица се гледахме в очите като стари приятели. През 1925 г. Махатма Ганди беше удостоил училището в Ранчи с посещението си и бе вписал в книгата за гости топли, признателни слова.

Слабичкият 50-килограмов светец сияеше от телесно, душевно и духовно здраве. От меките му кафяви очи струеше интелигентност, искреност и мъдрост. С усет на гениален държавник той беше успял да обори хилядите си опоненти и да излезе победител от тежки съдебни, обществени и политически битки. Светът не познава друг лидер, който с такава любов да е покорил умовете и сърцата на своя народ, както Ганди – сърцата на милионите неуки индийци. Спонтанната им признателност се изразяваше в известната титла *Махатма* ('велика душа')*, която те му бяха дали. От солидарност с тях Ганди бе свел официалното си облекло, въпреки жлъчния език на политическата карикатура, до една набедрена препаска – символ на единството му с угнетените маси, които не могат да си позволят повече.

„Всички в ашрама са на ваше разположение. Обръщайте се към тях, ако ви потрябва нещо" – написа набързо Махатма на едно листче и ми го подаде с характерния си вежлив жест, докато се канехме да напуснем кабинета му и да последваме нашия водач г-н Десай към дома за гости.

Закрачихме през овощни градини и поляни с цъфнали цветя към една постройка с керемиден покрив и кепенци на прозорците. Пред нея в двора имаше широк кладенец, към 7 – 8 метра в диаметър, който по думите на г-н Десай се използваше за напояване. Недалеч от него бе харманът – виждаше се циментеното колело, с което вършееха ориза. Мебелите в малките ни спални помещения се изчерпваха с по едно ръчно плетено въжено легло. Нищо повече. Кухнята беше варосана в бяло и можеше да се похвали с чешма в единия ъгъл и малко огнище в другия. Тихи пасторални звуци долитаха до ушите ни – весело чуруликане на врабчета и сойки, протяжно мучене на някоя крава от време на време, удари на длета върху камък.

Като забеляза пътния дневник на г-н Райт, г-н Десай го отвори на една страница и нахвърли списъка с обетите *Сатяграха***,* които всички верни последователи на Махатма *(сатяграхите)* поемат:

1) Не-насилие.
2) Истина.
3) Материално доволство.
4) Целомъдрие.

---

* Роденото му име е Мохандас Карамчанд Ганди. Той самият обаче е казвал, че е недостоен за тази титла.
** В буквален превод от санскрит означава 'придържане към истината'. *Сатяграха* е известното движение за не-насилие, оглавявано от Ганди.

5) Непритежание.
6) Физически труд.
7) Контролиране на апетита.
8) Безстрашие.
9) Уважение към всички религии.
10) *Свадеши* (използване на домашни манифактури).
11) Борба за равни права на отвергнатите (париите).

Тези единайсет обета се спазват от всички *сатяграхи* в дух на смирение.

(На другия ден Ганди лично положи подписа си под тях, като добави и датата – 27 август 1935 г.)

Два часа след нашето пристигане бяхме поканени на обяд. Махатма вече беше седнал под чардака на ашрама срещу кабинета си. Към двайсет и пет босоноги *сатяграхи,* превили колене, също се бяха разположили на пода пред пиринчени купи и тепсии. Казахме молитвата, след което от големи тенджери ни поднесоха яденето:

ОБЯД В АШРАМА НА МАХАТМА ГАНДИ ВЪВ ВАРДА

Йогананда чете бележката, която Ганди *(вдясно)* току-що му е написал (денят е понеделник – на този ден Махатма спазвал мълчание). На следващия ден, 27 август 1935 г., по молба на Гандиджи, Шри Йогананда го посвещава в *крия йога*.

чапати (пълнозърнест безквасен хляб) поръсен с *ги*, *талсари* (нарязани на кубчета задушени зеленчуци) и сладко от лимони.

Махатма похапна *чапати*, задушено цвекло, някой и друг суров зеленчук и портокали за десерт. Край тепсията му имаше тавичка с паста от много горчивите листа на дървото *нийм*, известна с това, че има забележително пречистващо действие върху кръвта. С лъжицата си той отдели малка порцийка и я сложи в моята чиния. Аз я изгълтах набързо с вода и пред мен мина споменът от детството, когато майка ми ме караше да поглъщам горчивата доза. Ганди обаче си похапваше спокойно от пастата от *нийм*, без да изпитва ни най-малко отвращение към вкуса ѝ.

В тази дребна случка имаше нещо, което не можеше да не ме впечатли: способността на Махатма да откъсва ума си от сетивата. Това върна спомена ми към широко коментираната във вестниците операция от апандисит, направена му няколко години преди това. Отказвайки упойката, през цялото време, докато траяла операцията, светецът кротко си бъбрел с последователите, а ведрата усмивка на лицето му ясно говорела, че не чувства никаква болка.

Следобедът ми предложи възможност да побеседвам с една забележителна ученичка на Ганди – г-ца Мадлин Слейд, дъщеря на английски адмирал, която бе приела името Мира Бен*. Лицето ѝ, ведро, калено в изпитанията, светна от възторг, когато на чист хинди заразказва за дейностите, които изпълваха ежедневието ѝ.

– Работата сред селяните е благословия! Всяка сутрин в пет часа няколко души от нас тръгваме към близките села и учим селяните на хигиенни навици. Поставили сме си задачата да ги научим да поддържат чисти местата за изхождане и тръстиковите си колиби. Селяните са неграмотни – не можеш да ги учиш другояче, освен чрез личен пример! – и се засмя весело.

Гледах с възхищение тази англичанка, която въпреки

---

* В книгата си „Писмата на Ганди до един ученик" *(Gandhi's Letters to a Disciple; Harper & Bros., New York, 1950)* тя е публикувала множество писма на Махатма, които свидетелстват за строгото обучение на нейния гуру.

В една от следващите си книги, озаглавена „Поклонничество на Духа" *(The Spirit's Pilgrimage; Coward-McCann, N.Y., 1960)*, г-ца Слейд разказва за известни личности, посетили Ганди във Варда. На едно място в нея се казва: „От разстоянието на годините ми е трудно да си спомня мнозина от тях, но двама са се запечатали ясно в паметта ми: Халиде Едип Адъвар, известната турска писателка, и Свами Йогананда, основателят на Self-Realization Fellowship в Америка". – *Бел. изд.*

аристократичното си потекло с християнско смирение вършеше мръсната работа, обикновено давана само на отвергнатите (безправните).

– Дойдох в Индия през 1925 година – продължи тя. – В тази страна аз намерих себе си. За нищо на света не бих се върнала към стария си начин на живот и занимания.

Известно време обсъждахме Америка.

– Винаги ме е радвал и удивлявал дълбокият интерес към духовността на американците, които посещават Индия* – каза тя.

Скоро *чарката* (чекръкът) заскрибуца под сръчните ръце на Мира Бен. Благодарение на усилията на Махатма сега *чарките* могат да се видят навсякъде из селските райони на Индия.

Ганди, разбира се, е имал сериозни икономически и културни основания да насърчава възраждането на селските занаяти, но той никога не е призовавал към фанатичен отказ от всички съвременни постижения на техниката. Машините, влаковете, автомобилите, телеграфът играеха важна роля в собствения му колосален живот! Петдесетте години в служба на обществото, част от тях прекарани в затвора, борбата с бюрократичните спънки и суровите реалности на политическия живот още повече бяха калили неговата вътрешна уравновесеност, толерантност, здрав разум; бяха го научили да гледа на чудатия човешки спектакъл откъм веселата му страна.

В шест часа триото ни бе поканено на вечеря у Бабасахеб Дешмук. Вечерната служба в седем часа ни завари отново в ашрама „Маганвади" да се катерим към равния му покрив, където в полукръг около Ганди се бяха събрали трийсетина *сатяграхи*. Той седеше на една тръстикова рогозка, присвил едното коляно към тялото, а пред него блестеше старинен джобен часовник. Лъчите на залязващото слънце позлатяваха върховете на палмите и баняновите дървета и хвърляха меки отблясъци наоколо. Денят бавно гаснеше. Скоро се спусна мрак и звуците на живота затрептяха един през друг в тишината на нощта. Започваше безспирната песен на щурците. Мир и

---

* Г-ца Слейд ми напомня една друга изключителна жена от Запада – г-ца Маргарет Удроу Уилсън, най-голямата дъщеря на великия американски президент Удроу Уилсън. Срещнах я в Ню Йорк, където тя ми разказа за силния си интерес към Индия. По-късно тя отиде да живее в Пондичери, където прекара последните пет години от живота си, щастливо следвайки пътя на ученичеството в нозете на озарения Учител Шри Ауробиндо Гош.

прохлада повея от небето. Душата ми се изпълни с възторг!

Службата започна с пеене на тържествени химни. Г-н Десай в ролята на „първи глас" водеше песнопението, а групата ни отпяваше. После зачетохме откъси от Гитата. Към края на богослужението Махатма ми направи знак да кажа заключителната молитва. Какъв божествен унисон в помислите и въжделенията! Спомен за вечни времена: медитация на равния покрив на ашрама във Варда под окиченото с трепкащи звездици небе!

Точно в осем часа Ганди прекъсна мълчанието си. Заради херкулесовските подвизи, които всеки божи ден вършеше, се налагаше да разпределя времето си до секунда.

– Добре дошъл, свамиджи! – поздрави Махатма, този път без посредничеството на хартийка.

Бяхме слезли от покрива и вече се оглеждах в кабинета му – просто обзаведен с квадратни рогозки (столове нямаше), ниска масичка, на която лежаха книги, документи и няколко перодръжки. В ъгъла тракаше обикновен часовник. Въздухът бе напоен с мир и молитвена тишина. Ганди ни дари с една от своите широки, пленителни, почти беззъби усмивки.

– Преди години – обясни той – започнах да спазвам по един ден мълчание в седмицата с цел да спечеля време за кореспонденцията си. Но сега тези двайсет и четири часа мълчание станаха за мен жизненоважна духовна потребност. Периодично предприеманото мълчание не е мъчение, а благословия.

Съгласих се от все сърце.* Махатма ме заразпитва за Америка, Европа, обсъдихме обстановката в Индия и в света.

– Махадев – обърна се Ганди към току-що влезлия в стаята г-н Десай, – погрижи се, моля те, да организираш каквото е нужно за йога лекцията на свамиджи утре вечер в читалището.

На тръгване, след като си пожелахме лека нощ, Ганди ме спря и предвидливо ми връчи шишенце с масло от лимонова трева:

– Комарите във Варда не са и чували за *ахимса***, свамиджи! –

---

* От години в Америка аз също спазвам периоди на мълчание, за ужас на посетители и секретари.

** Не-навреждането и не-насилието са крайъгълни камъни във вярата на Ганди. Той е бил повлиян от джайнистите, за които *ахимса* е основополагаща добродетел. Джайнизмът е течение в индуизма, което добива широка популярност през VI в. пр.Хр. благодарение на усилията на Махавира, съвременник на Буда. Да можеше само Махавира (Великият

подхвърли той, смеейки се.

Рано на следващата сутрин малката ни група закуси овесена каша с меласа и мляко. В десет и половина ни поканиха под чардака на ашрама, където се насладихме на хубав обяд с Ганди и *сатяграхите*. Този път менюто включваше кафяв ориз с кардамон и нов подбор зеленчуци.

По пладне излязох да се поразходя из земите на ашрама. На близките ливади кротко си пасяха няколко крави. Защитата на кравите е голямата страст на Ганди.

– Кравата за мен е събирателен образ на всички живи създания, които са по-назад в еволюционното си развитие от човека. Тя ни призовава да разширим милосърдието си отвъд *хомо сапиенс* – обясни Махатма. – Кара ни да осъзнаем своята истинска, божествена идентичност. Подтиква ни да се чувстваме „свързани" с всичко живо, да гледаме на всички живи същества като на въплъщения на Бог. За мен е повече от очевидно защо древните риши са избрали тъкмо кравата за обект на обожание. Кравата винаги е била пръв другар на индуса в тежкия му живот, дарявала го е с блага. Освен че дава мляко, без нея не би било възможно земеделието. Кравата е поема за милосърдие. В големите жални очи на това мило животно се чете кротост и примирение с живота. Тя е втора майка за милиони хора. Тези, които защитават кравите, се застъпват за цялото безсловесно творение на Бога. Жалостивите вопли на по-низшите твари трогват сърцето тъкмо защото са безсловесни.*

Важна роля в живота на ортодоксалния индуист заемат три задължителни всекидневни обреда. Първият от тях е *бута ягя*, което ще рече 'предлагане на храна на животните'. Това обредно действие символизира осъзнатостта на човек за задълженията му към по-низшите форми в творението – форми, които са инстинктивно свързани с телесното отъждествяване (заблуда, на която е подвластен и човек), но лишени от освобождаващата сила на разума, присъща само на човека.

герой) да погледне през вековете и да види делата на героичния си син Ганди!

* Ганди е написал чудесни монографии по хиляди теми. За молитвата той казва следното: „Тя е едно напомняне, че без Божията помощ сме загубени. Няма завършено усилие без молитва. Дори и най-възвишените човешки стремления не струват, ако Божиите благословии не са с тях. Молитвата е зов за смирение, зов за себепречистване и Себе-познание".

Гостувам на Махатма Ганди във Варда

Бута ягя засилва готовността на човек да помага на слабите и беззащитните – така, както той самият е утешаван от невидимите грижи на безчет издигнати същества. Наред с това човек трябва да се отблагодарява на майката природа за животворящата сила, която тя така щедро вдъхва на земята, океаните, небето. Така ежедневните *ягѝ* (обреди) спомагат за преодоляването на еволюционните бариери, които *мая* поставя между природата, животните, човека и астралните ангели, като ги „свързват" на едно фино ниво на взаимност чрез безмълвна любов.

Другите две ежедневно съблюдавани *ягѝ* са *питри* и *нри*. *Питри ягя* е почитане паметта на предците чрез принасяне на дарове: символ на човешката признателност за свършеното от нашите предшественици, чиято съкровищница от мъдрост днес озарява човешкия род. *Нри ягя* е предлагане на храна на скитащите и бедните: символ на настоящите отговорности и задължения на човек към ближния.

В ранния следобед аз посетих близкия ашрам на Ганди за момиченца, за да извърша *нри ягя*. Г-н Райт ме придружи в десетминутното пътуване. С колко слънчеви усмивки ни дариха тези крехки човешки цветчета от нежнозелените си стъбълца! Бели ангелски душици, пременени в пъстроцветни *сарита*! След кратък разговор с дечицата на хинди*, тъкмо когато се канехме да тръгнем, небето изведнъж отвори шлюзовете си и над нас се изля пороен тропически дъжд. С весел смях ние с г-н Райт изтичахме в колата и сред стелещите се плътни завеси от сребро поехме обратно към „Маганвади". А как само плющеше дъждът, с каква бясна сила фучеше бурята!

Влязох в дома за гости и отново ме лъхна съвършената простота и дух на саможертва, който витае в атмосферата му. Още в ранните години на съпружеския си живот Ганди беше положил обет за непритежание. Отказвайки се от просперираща си кариера на адвокат, която му носела годишен доход от над двайсет хиляди долара, Махатма раздал цялото си състояние на бедните.

Шри Юктешвар понякога подхвърляше добродушни шеги по повод разпространената погрешна представа за отречение.

---

* *Хинди* е индоарийски език с преобладаващи санскритски корени. Той е основният местен говор в Северна Индия. Най-масово разпространеният диалект на западния хинди е *хиндустани*. Той използва както *деванагари* (санскритски), така и арабски писмени знаци. Неговият поддиалект *урду* се говори от мюсюлманите и индусите в Северна Индия.

– Просякът не може да се отрече от богатство – казваше той. – Ако човек постоянно се оплаква: „Бизнесът ми пропадна, жена ми ме напусна, ще взема да се отрека от света и да се замонаша", за каква светска саможертва говорим? Той не се е отрекъл нито от богатството, нито от светската любов. Те са се отрекли от него!

Светци като Ганди, освен че правят значими материални саможертви, прегръщат и много по-трудното отречение – отречението от себичните мотиви и амбиции в живота, и сливат душата си с душата на цялото човечество.

Кастурбай, забележителната съпруга на Махатма, не възразила, когато Ганди не заделил нищо от богатството си за нея и децата. Оженени още в ранните юношески години, Ганди и съпругата му положили обет за целибат (прекъснали сексуалните си връзки) след раждането на четиримата им синове.* Както подобава на тиха героиня в напрегнатата драма, каквато без съмнение е бил съвместният им живот, Кастурбай последвала съпруга си в затвора, споделила триседмичната му гладна стачка и понесла докрай своята част от безкрайните му отговорности.

> Благодаря ти за привилегията да бъда твоя спътница и помощница в живота. Благодаря ти за най-прекрасния брак на земята – брак, почиващ на *брамачаря* (себеконтрол), а не на секс. Благодаря ти, че ме прие като равна в делото на твоя живот за Индия. Благодаря ти, че не беше един от онези съпрузи, които прекарват времето си в хазарт, залагания, жени, вино, софри и веселби и на които съпругите и децата скоро им омръзват, както играчките на малките деца. Безкрайно съм ти благодарна, че не беше един от онези печалбари, които мислят само как да забогатеят, експлоатирайки труда на другите.
>
> Безкрайно съм ти благодарна и за това, че поставяше Бог и страната над материалните облаги от властта. Че имаше куража и смелостта да отстояваш убежденията си докрай. Че имаше безрезервна

---

* В двутомника си „Моят път към Истината: Автобиография" *(The Story of My Experiments with Truth; Ahmedabad: Navajivan Press, 1927-28)* Ганди описва живота си с безпощадна откровеност. Тази автобиографична книга е резюмирана в „Моят житейски път" *(Mahatma Gandhi, His Own Story; New York: Macmillan Co., 1930),* под редакцията на Ч. Ф. Андрюс, с предговор от Джон Хейнс Холмс.

Повечето автобиографии преливат от известни имена и пикантни събития, но за сметка на това премълчават фазите на вътрешния анализ и растеж. Човек оставя тези книги с известна неудовлетвореност, казвайки си: „Ето една особа, която е познавала много знаменитости, но никога не е познавала себе си". Това няма как да се случи с автобиографията на Ганди. Той излага грешките и дори хитруванията си с такава надличностна преданост към истината, каквато е рядкост в летописите на историята.

вяра в Бог. Безкрайно съм ти благодарна, съпруже, че беше отдаден с цялата си душа на Бог и страната и винаги ги поставяше над мен. Благодарна съм ти още за това, че се отнасяше с търпение към мен и грешките, които допусках като млада, когато роптаех и се бунтувах срещу промяната в начина на живот, който ти искаше да въведеш – от излишество към скромно съществуване.

Бях още дете, когато дойдох да живея в дома на родителите ти. Майка ти беше прекрасна жена с добро сърце. Тя ме научи да бъда смела, храбра съпруга. Научи ме как да задържа любовта и уважението на нейния син и мой бъдещ съпруг. Когато години по-късно ти стана най-възлюбеният политически лидер на Индия, аз нито за секунда не съм имала притесненията на онези съпруги, които се опасяват, че биха могли да бъдат изоставени от съпрузите си, докато изкачват стълбицата на успеха, както толкова често се случва в други страни. Знаех, че ще бъдем съпруг и съпруга до сетния си дъх.

Години наред Кастурбай изпълнявала длъжността управител на обществените фондове, които идолизираният Махатма увеличавал с милиони. В индийските семейства се разказват какви ли не забавни случки за това негово пословично умение. Но това, което е забавно за едни, често е тъжно за други. Казват, че богатите съпрузи ставали много нервни при мисълта, че съпругите им ще отидат на срещите митинги с Ганди окичени със своите бижута. Когато Махатма говорел за каузата на угнетените маси, езикът му така омагьосвал, че златните гривни и диамантените огърлици от ръцете и шиите на богатите дами сами се откачали и политали право към панерчетата за дарения!

Един ден управителката на фондовете Кастурбай не могла да даде сметка за изразходването на четири рупии. Ганди надлежно публикувал одита, в който, без да спестява критики към съпругата си, посочил разминаването в баланса.

Често съм давал за пример тази случка по време на лекциите си из Америка. Веднъж една жена в залата, изглежда я мъчеше нещо лично, не се сдържа и даде изблик на гневните си емоции:

– Въобще не ме интересува Махатма ли е, какъв е! – развика се тя. – Ако аз бях на мястото на неговата съпруга, така хубаво щях да го наредя заради тази публична обида, че дълго щеше да ходи с насинено око!

След като си разменихме някоя и друга весела шега за американските и индийските съпруги и жената видимо се поразведри, аз продължих с обяснението си:

Г-жа Ганди е виждала в Махатма свой гуру, а не свой съпруг – такъв, който има право да ѝ посочва грешките, дори подобни незначителни грешки – изтъкнах аз. – Минало известно време след това публично порицание и Ганди бил осъден да излежава присъда в затвора заради политическите си възгледи. Докато спокойно се сбогувал със съпругата си, тя паднала в нозете му: „Учителю – казала смирено тя, – моля ви, простете ми, ако някога с нещо съм ви наранила!".

Но да се върнем във Варда. В три часа следобед на същия ден аз се отправих по предварителна уговорка към кабинета на светеца, съумял от собствената си съпруга да направи непоколебим ученик – рядко чудо! Ганди вдигна очи и спря срещу мен незабравимата си усмивка.

– Махатмаджи – казах аз, като коленичих край него на твърдата рогозка, – моля ви, обяснете ми вашата дефиниция за *ахимса*.

– Не-навреждане на никое живо създание в мисъл или дело.

– Хубав идеал! Но човек винаги ще е поставен пред дилемата: трябва или не трябва да убие кобрата, ако му е дадено да избира между нейния живот и този на едно дете или на самия себе си, да речем?

– Не бих могъл да убия кобра, без да наруша два от обетите си – безстрашие и не-убиване (не-насилие). По-скоро ще се опитам вътрешно да укротя змията, изпращайки към нея вибрации на любов. Принципите затова са принципи – за да се спазват, а не за да се нагаждат към обстоятелствата – и с обезоръжаваща откровеност добави: – Е, признавам си, сега едва ли щях да мога да си бъбря безгрижно, ако насреща си имах кобра!

На бюрото му лежаха няколко съвсем нови западни книги за диетично хранене. Попитах го какво мисли за диетата.

– Диетата е важна в движението *Сатяграха* – както и навсякъде другаде – каза той с лека усмивка. – Тъй като аз препоръчвам на *сатяграхите* пълно полово въздържание, винаги съм се стремял да намеря най-балансираната диета за целибата. Първо трябва да се научиш да контролираш апетита, ако искаш да овладееш инстинкта за продължаване на рода. Полугладната или недобре балансираната диета не са разрешение на проблема. След като се надмогне вътрешната *лакомия* за храна, последователят *сатяграхи* трябва да продължи да следва някаква рационална вегетарианска диета с всички нужни витамини, минерални вещества, калории и прочие. С мъдър вътрешен и външен подход към храненето, половата течност на *сатяграхите* лесно се превръща в жизнена енергия за цялото тяло.

После разменихме мнения за някои добри заместители на месото.

– Авокадото е превъзходен плод – казах аз. – Край моя център в Калифорния има много авокадови горички.

Лицето на Ганди се озари от интерес.

– Дали няма да виреят тук, във Варда? Това ще разнообрази храната на *сатяграхите*.

– Непременно ще ви изпратя няколко авокадови фиданки от Лос Анджелис – и добавих: – Яйцата са богата на протеини храна, те забранени ли са за *сатяграхите*?

– Само оплодените – Махатма се усмихна на спомените си. – Дълги години не позволявах да се консумират никакви яйца – аз самият и до днес не ги ям. Веднъж обаче една от снахите ми се разболя тежко. Страдаше от недохранване и имаше реален риск за живота ѝ. Докторът настоя да се подсили с яйца. Аз, разбира се, отказах и го посъветвах да ѝ предпише някакви заместители на яйцата. „Гандиджи – каза докторът, – в неоплодените яйца няма заченат живот. Тук няма отнемане на живот.“ Тогава аз с радост дадох съгласието си снаха ми да взема яйца. Скоро тя възвърна здравето си.

Предната вечер Ганди беше изразил желание да получи *крия йога* на Лахири Махашая. Бях трогнат от неговия свободомислещ и търсещ дух. В своите божествени дирения той бе чист и невинен като малко дете. Нима не на такива като него Исус въздава хвала, като казва: „... на такива е царството небесно“.

Настъпи часът за обещаното от мен посвещение. В стаята пристъпиха няколко *сатяграхи* – г-н Десай, д-р Пингали, както и неколцина други, които желаеха да получат *крия* техниката.

Първо научих малкия клас на няколко физически упражнения *Йогода*. Със затворени очи тялото се визуализира като разделено на двайсет части. Волята насочва енергията последователно към всяка част. Скоро всеки от тях вибрираше пред мен като човешки мотор. Ефектът на напредващата вълна ясно се виждаше по тялото на Ганди, полуголо и лете, и зиме. Макар и слабичък, видът му далеч не е непривлекателен – имаше гладка кожа, без бръчки.*

По-късно аз посветих групата в освобождаващата техника *крия йога*.

Махатма почтително беше изучавал всички световни религии. Джайнистките свещени книги, библейският Нов завет и нравствено-социалното учение на Толстой** са трите основни източника, формирали неговите убеждения за не-насилие. За своето кредо той казва така:

> Аз вярвам, че Библията, Коранът и Зенд-Авеста*** са Боговдъхновени – точно толкова, колкото и Ведите. Аз вярвам в институцията на Богоозарените гуру, но в настоящата епоха милиони трябва да следват Пътя без гуру, защото рядко на Земята се появява такова същество, което да обединява в себе си съвършена чистота и съвършено знание. Но човек не бива да губи надежда, че няма да познае Истината чрез своята религия, защото основополагащите принципи на индуизма, както и на всяка друга религия, са неизменни и лесни за разбиране.
>
> И аз като всеки индус вярвам в Бог и в Неговото единосъщие, в прераждането и спасението. (...) Чувствата ми към индуизма по нищо не се различават от тези към моята съпруга. Тя ми вдъхва сили като никоя друга жена на света. Не че е безгрешна – навярно има недостатъци, които аз не виждам. Но е налице едно усещане за неразривност, за сливане в едно цяло. Точно това чувствам към индуизма с всичките му недостатъци и ограничения. Нищо не ми доставя такава огромна наслада, както мелодичният език на Гитата или на преразказаната от Тулсидас *Рамаяна*. Имаше моменти в живота ми, когато си мислех, че е ударил последният ми час, тогава Гитата беше моята утеха.
>
> Индуизмът не е затворена религия. Тя е толкова всеобхватна, че в нея има място за всички пророци на света.**** Тя не е и мисионерска

---

* Ганди е предприемал множество къси и дълги пости. Той се е радвал на изключително добро здраве. Книгите му „Обновление чрез диета" *(Diet and Diet Reform)*, „Природолечение" *(Nature Cure)* и „Ключът към здравето" *(Key to Health)* могат да се поръчат от издателска къща „Навадживан" (Navajivan Publishing House, Ahmedabad, India).

** Торо, Ръскин и Мацини са други западни писатели, чиито социологически възгледи Ганди е изучавал внимателно.

*** Свещеното писание, дадено на персите около 1000 г. пр.Хр. от Зороастър (Заратустра).

**** Уникална черта на индуизма като световна религия е, че той не е даден от един велик пророк, а произхожда от безличностните ведически писания. Така индуизмът дава простор за включване в лоното си на пророци от всички векове и страни. Ведическите писания регулират не само практиките на Обожение, но и всички важни социални обреди и обичаи, стремейки се да приведат всяко действие на човека в

религия в общоприетия смисъл на думата. Вярно е, че е приела много етнически групи в лоното си, но това разширяване е станало естествено, постепенно, в хода на еволюцията. Индуизмът призовава всеки човек да се преклоня пред Бог според собствената си вяра *(дарма)** и да живее в мир с всички религии.

За Христос Ганди пише: „Сигурен съм, че ако сега той беше тук, сред хората, щеше да благослови дори живота на ония, които никога не са чували името му... точно както учи и Библията: „Не всеки, който ми казва: Господи! Господи! ще влезе в царството небесно, а оня, който изпълнява волята на моя Отец небесен"**. С примера на своя живот Исус посочи на човечеството Нещото, заради Което си струва да живее, единствената и най-въжделена Цел, към Която непрестанно да се стреми. Аз вярвам, че той принадлежи не само на християнството, а и на целия свят, на всички народи по света".

Последната вечер от престоя ми във Варда аз изнесох беседата, която г-н Десай беше организирал в читалището. Салонът беше препълнен – към 400 души, някои накачени чак по прозорците, се бяха събрали, за да чуят лекцията по йога. Започнах на хинди, после минах на английски. Когато късно вечерта малката ни група се върна в ашрама, Махатма още не беше си легнал – вглъбен в себе си, той работеше над кореспонденцията си. Хвърлихме му последен поглед и мислено му пожелахме лека нощ.

Селото още спеше в прегръдката на нощта, когато станах в пет часа на другата сутрин. После то бавно се разшава и новият ден полека-леко започна да се пробужда. Първо покрай портите на ашрама мина скрибуцаща волска каруца, после селянин с огромен товар, който едва крепеше на главата си. След закуска триото ни потърси Ганди за прощален *пранам*. Светецът ставаше всяка сутрин в четири часа за сутрешната си молитва.

– Довиждане, Махатмаджи! – коленичих да докосна нозете му. – С вас Индия е в сигурни ръце.

Годините неусетно се изтъркалиха и онези тихи, спокойни дни

хармония с божествения закон.

* Тази санскритска дума има широк спектър от значения, основното от които е 'закон', с производни 'спазване на закона на естествената справедливост' и 'дълг при дадени обстоятелства'. Писанията дефинират *дарма* като 'естествени вселенски закони, чието спазване предпазва хората от упадък и страдания'.

** Матей 7:21.

във Варда отдавна са само идиличен спомен. Междувременно над земята, океаните и небето надвиснаха черните облаци на войната и потопиха света в зловещ мрак. Единствен Ганди сред политическите лидери предложи работеща мирна алтернатива на военната мощ. За да възстанови неправдата и сложи край на старите вражди, Махатма прибягна до не-насилствени методи, които, за кой ли път, доказаха своята ефективност. Ето какво ни казва той за своята доктрина:

> Аз открих, че животът продължава и сред руините. Следователно трябва да има един по-висш закон от този на разрушението. Само този закон може да осмисли живота на едно добре организирано общество и да направи достоен живота на отделния човек.
>
> Ако това е законът, който считаме за меродавен в нашия живот, то ние трябва и да го следваме в ежедневието. Там, където има войни и сблъсъци, побеждавайте опонента с любов. За себе си открих, че следвайки непогрешимия закон на любовта, аз постигнах такива неща в живота, каквито никой от тези, които прилагат закона на разрушението, никога не ще постигнат.
>
> В Индия ние станахме свидетели на най-широкомащабното действие на този закон. Не твърдя, че всичките 360 млн. жители на страната бяха проникнати от идеята за не-насилие. Не. Но аз казвам, че тази идея пусна много по-дълбоки корени, отколкото коя да е друга доктрина, при това за невероятно кратко време.
>
> Човек трябва да премине през сравнително строго и продължително обучение, за да познае душевното състояние на не-насилие. Говорим за един дисциплиниран живот – като живота на воина. Това идеално състояние се постига само когато умът, тялото и речта са в пълен синхрон. Всички проблеми ще бъдат разрешени, ако с твърда решимост издигнем закона на Истината и не-насилието като закон на живота.

Суровият ход на световните политически събития неумолимо ни припомня горчивата истина, че без духовно виждане хората погиват! Науката, ако не религията, събуди у човечеството неясното усещане за несигурност и дори нереалност на материята. Накъде сега, ако не към своя Първоизвор, към Началото на всички начала, към Духа в нас?

Достатъчно е само да върнем лентата на историята, и ще видим, че проблемите на човечеството никога не са били разрешавани чрез употреба на груба сила. Първата световна война търкулна снежната топка на кармата и тя повлече след себе си цял низ от други събития. Търкаляйки се, тя нарасна до такива огромни размери, че като лавина стовари мощта си върху света и го скова в зловещата прегръдка на Втората световна война. Сега само топлината на братството може да стопи още по-голямата снежна топка на жадната за кръв карма след Втората световна война и да ѝ попречи да прерасне в Трета световна война. Сатанинска троица на XX век! Ако продължи да прилага законите на джунглата, вместо да се вслушва в здравия разум при разрешаване на спорове, човечеството наистина ще се върне в първобитнообщинния строй. Ако не братя в живота, то братя в смъртта – не за такива позорни дела любящият Бог позволи на децата Си да открият атомната енергия!

Войните и злодеянията не са донесли нищо добро на човечеството. Милиардите долари, които се изпариха заедно с дима на експлозиите, щяха да са достатъчни за построяването на един нов свят – свят без болести и бедност. Не свят на страха, хаоса, глада, бедствията, епидемиите, на *танца на смъртта,* а един щастлив свят на мира, благоденствието, пробуждането.

Гласът, който Ганди нададе за не-насилие, апелира към будната съвест на цялото човечество. Нека народите вече се съюзяват не със смъртта, а с живота. Не с разрушението, а със съзиданието. Не с омразата, а със съзидателната сила на любовта.

„Човек трябва да прощава всяка обида, колкото и тежка да е тя – казва *Махабхарата.* – Човешкият род е просъществувал, защото хората са си прощавали. Опрощението е святост. Тя крепи Вселената. Слабият не може да прости. Опрощението е качество на силния. Даването на опрощение е саможертва. Опрощението е спокойствие на ума. Опрощението и благостта са качества на себевладеещия се. Те са вечни добродетели."

Не-насилието е естествено продължение на закона на опрощението и любовта. „Ако една справедлива кауза иска жертви – заявява Ганди, – човек трябва да е готов, като Исус, да пролее собствената си кръв, а не кръвта на другите. Само така в света ще се пролее по-малко кръв."

Епопеи ще бъдат написани един ден за индийските *сатяграхи,* които се противопоставиха на омразата с любов, на насилието с не-насилие. Те избраха безмилостната смърт пред това да осквернят ръцете си с оръжие. Историята познава немалко случаи, когато противникът, засрамен и разтърсен до дъното на душата си при вида на хора, които милеят повече за живота на човека срещу тях, отколкото за своя собствен, е захвърлял оръжието и побягвал.

„Ще чакам, ако трябва векове – казва Ганди, – но няма да допусна свободата на моята родина да бъде извоювана с човешка кръв." Библията ни предупреждава: „Всички, които се залавят за нож, от нож ще загинат"*. Махатма е написал следното:

> Аз наричам себе си патриот, но моят патриотизъм е необятен като Вселената. Той включва в себе си всички нации на земята.** Моят патриотизъм копнее за благоденствието на всички народи. Аз не искам моята Индия да се издигне от пепелта и руините на други нации. Аз не искам Индия да експлоатира нито едно човешко същество. Аз искам Индия да бъде силна, за да зарази с примера си другите нации. Това не се случва с нито една държава в Европа. Те не са в състояние да повдигат духа на другия.

> В посланието си към Конгреса на САЩ президентът Удроу Уилсън изложи вижданията си в 14 прекрасни точки, известни като *Принципи на програмата за мир,* и допълни: „Ако и тези усилия за намиране на мирно решение не доведат до нищо, ще се наложи пак да посегнем към оръжията". Аз обаче искам да обърна това изречение и да кажа: „Оръжията се провалиха. Време е вече да потърсим нещо ново. Нека се опитаме със силата на Любовта и истинния Бог". Постигнем ли това, нищо друго няма да ни трябва.

Като обучаваше хиляди верни *сатяграхи* (неговите съратници, приели единайсетте строги обета, за които стана въпрос в началото на тази глава), които на свой ред също разпространяваха посланието му; като разясняваше търпеливо на милионите индийци духовната и материална полза от не-насилието; като въоръжаваше хората с оръжията на не-насилието – отказ да сътрудничат на неправдата, готовност да понесат униженията, затвора или дори смъртта, но в никакъв случай да не посегнат към оръжието; като печелеше симпатиите на света чрез неизброими примери на геройска мъченическа смърт на *сатяграхите,* Ганди драматично проправи пътя на не-насилието в реалния живот и доказа на практика, че в него е заложен огромен потенциал да разрешава спорни въпроси по мирен път.

С идеологията на не-насилието Ганди вече извоюва повече политически победи за страната си, отколкото който и да е друг световен

---

* Матей 26:52. Това е един от многото пасажи в Библията в подкрепа на тезата за прераждането. (Виж бел. стр. 229.) Много от сложните житейски ситуации може да се обяснят само чрез кармичния закон на справедливостта.

** „Не се гордей с родолюбие, а с човеколюбие." – *Персийска поговорка*

ФАКСИМИЛЕ НА ПОЧЕРКА НА
МАХАТМА ГАНДИ НА ХИНДИ

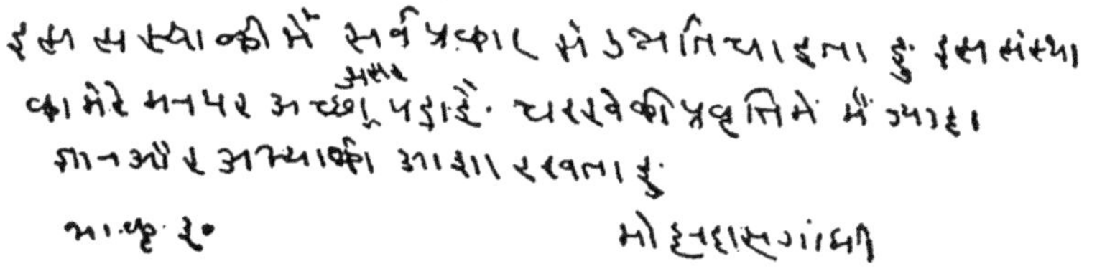

Махатма Ганди посети гимназията с преподаване на йога „Йогода Сатсанга Брамачаря Видялая“ в Ранчи, Индия. В книгата за гости той вписа следните топли, признателни редове:

„Това учебно заведение дълбоко ме впечатли. Тая огромна надежда, че тази школа ще продължи да насърчава използването на предачното колело“.

17 септември 1925 г. (подпис) Мохандас Ганди

лидер с войни. Но не само на политическата арена прилагаше той с поразителна резултатност почина на не-насилието за изкореняване на неправдите и злините, но и в деликатната и сложна сфера на индийските социални реформи. Ганди и неговите последователи успяха да изгладят дългогодишните вражди между индуисти и мохамедани. Стотици хиляди мюсюлмани гледат на Ганди като на свой вожд. Отвергнатите намериха в негово лице своя безстрашен, триумфиращ закрилник. „Ако можех да избирам какъв да се родя в следващия си живот – пише Ганди, – бих желал да се родя парий – един от милионите бедни парии, защото само така ще мога да им служа по-добре.“

Махатма наистина е „велика душа“, но нека не забравяме, че неуките милиони бяха тези, които разпознаха в него тази велика душа. Ето един пророк, който е почитан в собствената си страна. И най-неукият селянин отговори на високите изисквания на Ганди. Махатма с цялото си сърце вярва, че благородството е присъщо на всеки човек. Неудачите, които неизбежно съпътстваха Пътя, не можаха да го отчаят. „Дори опонентът да го измами двайсет пъти – пише той, – *сатяграхи* е готов да му се довери за двайсет и първи път, защото безрезервната вяра в човешката природа е самата есенция на убежденията ни."*

— Махатмаджи, вие сте свръхчовек. Не може да очаквате миряните да ви подражават — отбеляза веднъж един критик.

— Интересно как се заблуждаваме, че тялото може да се усъвършенства, а не е възможно да събудим дремещите сили на душата — отвърна Ганди. — Вие може да си мислите, че аз притежавам някакви свръхсили, но истината е, че съм най-обикновен човек, като всеки един от вас. Аз с нищо не съм по-различен от вас. И аз правя грешки като всеки смъртен. Но имам силата и куража, и най-вече смирението, да си призная грешките и да не ги повтарям никога повече. Признавам си, че имам непоклатима вяра в Бог, в Неговата доброта, както и неутолима жажда за истина и любов. Но нима това не са неща, които дремят във всеки един човек? — и добави: — След като постоянно правим открития и изобретения в материалния свят, какво ни пречи да ги правим и в сферата на духовността? Толкова ли е трудно да умножим изключенията и да ги направим общо правило! Защо човек да проявява първо животинската, а чак след това истинската си човешка природа?** И трябва ли въобще да проявява животинската си природа?

Американците с гордост си спомнят Уилям Пен, който, прилагайки принципите на не-насилието, основал през XVII в. колония в Пенсилвания. Неговите последователи нямали „нито фортове, нито войници, нито въоръжени отреди, нито дори оръжия". Оказали

---

* „Тогава Петър се приближи до него и рече: Господи, колко пъти да прощавам на брата си, кога съгрешава против мене? До седем пъти ли? Исус му отговори: Не ти казвам до седем, а до седемдесет пъти по седем" (Матей 18:21–22). Помолих се дълбоко на Бог да ми разясни този непреклонен съвет. „Господи – попитах колебливо аз, – възможно ли е това?" Когато накрая Божественият Глас се отзова, ме обгърна тих поток от светлина: „Колко пъти, о, човече, прощавам аз всекидневно на всеки един от вас?".

** Веднъж известният икономист Роджър У. Бабсън попитал великия електроинженер Чарлс П. Стайнмец: „Коя изследователска област според Вас ще претърпи най-бурно развитие през следващите петдесет години?". – „Мисля, че най-големите открития предстои да бъдат направени в областта на духовността – отговорил Стайнмец. – Историята ни учи, че именно силата на духа е тази, която тласка човешката еволюция напред. Ние обаче продължаваме да си играем с нея и нямаме време да я изследваме така задълбочено, както изследваме физическите закони. Не е далече обаче денят, когато хората ще разберат, че не материалното носи щастие и че не то зарежда с творческа енергия и сила. Тогава учените на света ще преустроят своите лаборатории и ще се заемат с изследване на Бог, молитвата и духовните сили, които чакат да бъдат открити. Когато този ден дойде, светът ще отбележи по-голям прогрес за едно поколение, отколкото досега за четири."

се във вихъра на събитията, сред ожесточени битки за територии между новите заселници и индианците, съпроводени с ужасяващи зверства и безчинства, никой от квакерите* на Пенсилвания не пострадал. „Едни около тях станали обект на издевателства, други били избити, но на тях никой не посегнал. Нито една жена квакер не била изнасилена, нито едно дете – убито, нито един квакер – изтезаван." Когато накрая квакерите били принудени да предадат управлението на щата, „избухнала война, в която загинали много пенсилванци. Но само трима от тях били квакери, и то точно онези трима, които изневерили на принципите си и грабнали оръжие, за да се самозащитят".

„Употребата на сила във Великата война (Първата световна война) не донесе никому успокоение – изтъква Франклин Д. Рузвелт. – И победители, и победени трябваше да понесат суровите следвоенни последствия. Светът трябва добре да научи този урок."

„Колкото повече оръжия, толкова повече нещастие за човечеството – учи Лао Дзъ. – Тържеството на насилието винаги завършва с фестивал на плача."

„Аз се боря за тъй жадувания световен мир – заявява Ганди, – и ако не-насилствените принципи на движението *Сатяграха* донесат свободата на Индия, това ще придаде ново измерение на патриотизма и ако мога най-скромно да заявя, на самия живот."

Преди Западът да отхвърли учението на Ганди като учение на утопичен мечтател, нека първо добре да се замисли върху дефиницията за *Сатяграха,* изречена не от кого да е, а от устата на самия галилейски Учител:

„Слушали сте, че бе казано: „око за око, зъб за зъб". Аз пък ви казвам: да се не противите на злото; но ако някой ти удари плесница по дясната страна, обърни му и другата"._**_

Епохата на Ганди се разпростря с удивителна космическа точност в един век, разтърсен на два пъти от опустошителните последици на двете световни войни. Божията Ръка избра гранитния паметник на неговия живот, за да изсече там своето предупреждение към човечеството: „Никога повече, братя, не проливайте кръв!".

---

* Името „квакери" идва от английската дума *quaker* – 'разбиране за свещен трепет пред Бога'. Квакерите са убедени в личното непосредствено познаване на Бог. Наричат себе си „приятели на Истината", „приятели на Вътрешната Светлина". Традиционно се противопоставят на насилието във всичките му форми. – *Бел. прев.*

** Матей 5:38–39.

МАХАТМА ГАНДИ
IN MEMORIAM

„Той беше в истинския смисъл на думата Баща на нацията и... един фанатизиран човек го уби. Милиони днес са в траур, защото една огромна светлина изгасна... Светлината, която осветяваше тази страна, не бе от обикновените. Тази светлина ще огрява страната още хиляди години, и още хиляди години целият свят ще я вижда!" С тези думи министър-председателят на Индия Джавахарлал Неру се обърна към нацията след покушението над Махатма Ганди в Делхи на 30 януари 1948 г.

Пет месеца преди това Индия по мирен път бе извоювала националната си независимост. За 78-годишния Ганди делото на живота му било приключило. Но предусещал, че краят на земните му дни наближава. „Аба, донеси ми всички важни писма – помолил той правнучката си в утрото на трагедията – трябва да им отговоря днес. Утре може да е твърде късно." На много места в своите съчинения той също загатвал за близкия си край.

Свличайки се бавно на земята с три куршума в слабото си, изнемощяло от гладуването тяло, умиращият Махатма вдигнал ръце в традиционен индийски жест за поздрав, тихо давайки своето опрощение. Ганди, който простодушно и с искрено смирение изпълняваше отредените му от Бога роли в житейския спектакъл, в момента на своята смърт получи звездната си роля! Всички саможертви на безкористния му живот, сякаш бяха само прелюдия към този последен любящ жест.

„На бъдещите поколения ще бъде трудно да повярват, че някога такъв човек, от плът и кръв, е ходил по земята", казва Алберт Айнщайн във възпоменателното си слово за Махатма. Съболезнователната телеграма от Ватикана гласи: „Новината за убийството ни потопи в дълбока скръб. Ние оплакваме Ганди като Апостол на християнските добродетели".

Животът на всички велики души, които идват на Земята, за да прокарат някаква справедлива кауза, е изпълнен със символика. Драматичната смърт на Ганди в името на обединена Индия изведе на преден план посланието му към един свят, разкъсван от разделения. Това свое послание той облече в следните пророчески думи:

„Не-насилието пусна корени сред хората и то ще пребъде. То е предвестник на мира в света".

Глава 45

Пропитата от блаженство Майка на Бенгалия

— Чичо, моля те, не си тръгвай от Индия, преди да си се срещнал с Нирмала Деви. Тя е много свята жена – надлъж и нашир я знаят като Ананда Мои Ма (Пропитата от блаженство Майка) – обърна се към мен моята племенница Амио Боус и зачака с поглед, сериозно втренчен в лицето ми.

— Разбира се, че няма! Много искам да се запозная с тази светица! Чел съм за нея, че е много напреднала в божествената реализация – и добавих: – Преди години публикувахме малка статия за нея в нашето списание „Изток – Запад".

— Аз я срещнах наскоро – продължи Амио. – Беше дошла в нашето градче Джамшедпур. Някакъв неин ученик я беше помолил да посети един умиращ човек. Тя приседна край постелята му и още щом докосна с ръка челото му, предсмъртното хъркане спря. Болестта изчезна мигновено. За огромна радост на човека, той оздравя.

Няколко дни по-късно чух, че Блажената Майка е отседнала у един ученик в калкутския район Бованипур. Без да губим време г-н Райт и аз, които по това време се намирахме в бащиния ми дом в Калкута, потеглихме натам с автомобила. Щом фордът наближи къщата, пред нас на улицата се разкри необичайна гледка.

Ананда Мои Ма стоеше изправена в един кабриолет и даваше благословиите си на насъбралото се множество от стотина последователи. Очевидно се готвеше да тръгва. Г-н Райт паркира форда на известно разстояние и тръгна с мен към тихата тълпа. В този момент светицата се спря, впери поглед в нашата посока и като слезе полека от колата, закрачи усмихната към нас.

– Татко, ти дойде! – поздрави сърдечно (на бенгалски) тя, като обви с ръка шията ми и положи глава на рамото ми.

Г-н Райт, комуто малко преди това бях обяснил, че не познавам светицата, гледаше смаяно и се радваше искрено на този необичайно горещ прием, който ми се оказваше. Очите на стотината *чела* също с известна изненада следяха милата сцена.

Още като ни приближи, забелязах, че светицата се намира във възвисеното състояние *самади*. Забравила за външната си одежда на жена, тя се припознаваше в неизменната Душа и от това ниво на съзнание поздравяваше друг поклонник на Бог. Тя ме хвана приятелски за ръката и ме поведе към автомобила.

– Ананда Мои Ма, не искам да ви задържам – възпротивих се аз. – Видях, че се каните да отпътувате.

– Татко, срещаме се за първи път в този живот след векове*! – каза тя. – Моля ви, не бързайте да си тръгвате.

Седнахме един до друг на задната седалка на колата. Скоро Блажената Майка потъна в екстаз. Тялото ѝ застина неподвижно, красивите ѝ очи, полузатворени, се вдигнаха към небето и се приковаха в близките-далечни Елисейски полета. През това време учениците нежно припяваха: „Хвала на Божествената Майка!".

Бях срещал много Богоосъзнати люде в Индия, но никога не ми се беше случвало да попадна на такава екзалтирана светица. Милото ѝ лице сияеше от неизказана божествена радост. Заради тази именно радост я бяха нарекли Блажената Майка. Дългите ѝ черни коси се диплеха по раменете ѝ. На челото ѝ имаше червена точка от паста от сандалово дърво – символ на вечно отвореното ѝ духовно око. Малко личице, малки китки, малки стъпала – пълен контраст на духовното ѝ величие!

Използвах случая, докато Ананда Мои Ма беше в транс, да задам няколко въпроса на една нейна ученичка край мен.

– Блажената Майка пътува из цяла Индия. Където и да отиде, тя винаги е заобиколена от стотици последователи – разказа ми

---

* Ананда Мои Ма е родена през 1896 г. в село Кеора, околия Трипура, Източна Бенгалия.

Срещата на Парамаханса Йогананда с Ананда Мои Ма и нейния съпруг Боланат, Калкута

чела. – Благодарение на нейните смели усилия сега се провеждат много важни социални реформи. Макар да е от кастата на *брамините,* светицата не приема кастовото разделение. Групичката ни е постоянно с нея и се грижи за удобствата ѝ. Налага се да я обгрижваме като дете, защото е опиянена до забрава от блаженство и не чувства тялото си. Ако никой не ѝ даде храна, изобщо няма да се храни, нито пък някога ще помоли за храна. Дори след като ѝ поднесем яденето, тя не се докосва до него. За да не изчезне съвсем от света, ние, нейните ученици, я храним със собствените си ръце. Понякога дни наред тя е в божествен транс – изпада в бездиханно състояние, очите ѝ не мигат. Един от най-напредналите ѝ ученици е съпругът ѝ Боланат. Преди много години, наскоро след брака им, той поел обет за мълчание.

Ученичката посочи с поглед един широкоплещест мъж с красиви черти на лицето, с дълга коса и побеляла брада. Той стоеше кротко сред множеството с почтително събрани пред гърдите ръце, както подобава на смирен ученик.

Освежена от потапянето в безкрайността, съзнанието на Ананда Мои Ма бавно се върна в тесния материален свят.

– Татко, къде си сега – попита тя със своя звънлив и мелодичен глас.

– Сега-засега съм в Калкута и в Ранчи. Но скоро се връщам в Америка.

– В Америка?

– Да. Ти не би ли искала да дойдеш с мен? Тамошните търсачи на Истината със сигурност ще посрещнат с голям възторг една индийска светица.

– Ако Татко ме вземе, ще дойда.

Този отговор подейства на намиращите се в близост нейни ученици като сигнал на сирена, предупреждаващ за бедствие.

– Ние сме двайсетина души и постоянно пътуваме с Блажената Майка – намеси се решително един от тях. – Как ще живеем без нея! Където и да отиде, ние през цялото време я следваме.

С неохота изоставих този план, който не стига че беше непрактичен, но и имаше склонността спонтанно да завладява съзнанието ми.

– Ела поне да ми погостуваш с твоите последователи в Ранчи – казах ѝ на прощаване. – Ти си едно божествено дете и срещата с малчуганите в моето училище ще ти достави голяма радост.

– Винаги когато Татко реши да ме заведе, ще дойда с удоволствие.

Малко по-късно *видялая* (училището) в Ранчи бе в трескава подготовка за обещаното посещение на светицата. Момчетата с нетърпение очакваха неучебните дни, защото те винаги бяха изпълнени с много празнично настроение – заниманията се прекратяваха, наставаше време за песни и веселия, а като връх на всичко – пиршество!

– Сла-ва! Ананда Мои Ма, *ки джай!* – ехтеше от малките гърла многократно повторяният възторжен рефрен на песнопението, докато учениците посрещаха групата на светицата на главния вход на училището. Дъжд от невени се сипеше над главите им, дворът се огласяше от звън на цимбали, жизнерадостни звуци на раковини, пригласяни от ритмичните удари на барабаните *мриданги!* Блажената Майка пристъпваше засмяна по слънчевите поляни на *видялая* с преносимия рай в сърцето си!

– Колко е хубаво тук! – отбеляза мило Ананда Мои Ма, докато вървяхме към главното здание на училището. После, усмихвайки се като дете, седна до мен. У нея имаше нещо, което те кара да се чувстваш, сякаш си ѝ най-скъпият приятел на света, сякаш сте една вездесъща душа и физическата граница между вас я няма. И в същото време около нея имаше една аура на уединеност. Какъв парадокс! Вездесъщието в рамка!

– Разкажете ми, моля ви, нещо за вашия живот.

– Татко знае всичко, защо да го повтарям – очевидно чувстваше, че фактите на едно кратко човешко въплъщение не заслужават внимание.

Аз се засмях и кротко повторих молбата си.

– Татко, няма кой знае какво за разказване – предаде се тя, като вдигна тънките си ръце във въздуха в омилостивяващ жест. – Съзнанието ми никога не се е отъждествявало с това тленно тяло. Преди да дойда* на тази земя, Татко, „аз бях Дух". Като малко

---

* Ананда Мои Ма никога не употребява думата „аз", а скромни описания като „това тяло", „това момиче" или „вашата дъщеря". Тя също така не нарича никого „мой ученик". Водена от своята свръхсъзнателна мъдрост, тя дарява еднакво всички човешки същества с божествената любов на Вселенската Майка.

Парамаханса Йогананда и групата му пред Тадж Махал („мечтата от мрамор") в Агра, 1936 г.

момиче – „аз бях същият този Дух". После пораснах и станах жена. И тогава „бях все същият Дух". Когато семейството, в което Бог ме удостои да се родя, уреди годежа на това тяло, „аз бях все същият Дух". И сега, Татко, пред теб стои „все същият този Дух". Сега и завинаги танцът на вечно променящото се творение около мен ще продължи да се вихри в залата на вечността, но „аз ще си остана все същият неизменен Дух".

Ананда Мои Ма потъна в дълбока медитация. Тялото ѝ окаменя като статуя. Душата ѝ се понесе към вечно зовящото я небесно царство. Очите ѝ, като черни кладенци, сега изглеждаха безжизнени, сякаш от стъкло. Този израз често може да се види при светци, които отдръпват съзнанието си от физическото тяло – тогава то просто става едно парче бездушна глина. Седяхме така близо час в блажен транс. Тя се върна в материалния свят с игрив смях.

– Ананда Мои Ма – обърнах се аз към нея, – да отидем в градината. Г-н Райт ще ни направи няколко снимки.

— Разбира се, Татко. Твоята воля е моя воля. — Божествената слава в очите й запази изменния си блясък, докато позираше за многото снимки.

Ето че дойде времето и на пиршеството! Ананда Мои Ма седна на една възглавничка, една ученичка, като седна и тя до нея, започна да я храни. Като малко бебе светицата послушно поглъщаше храната, която *чела* поднасяше към устните й. Беше повече от ясно, че Блажената Майка не различава вкуса на лютивото къри от сладкишите!

На здрачаване светицата и групата, която я придружаваше, се сбогуваха с всички и сред дъжд от розови цветчета, сипещ се неспирно над главите им, бавно се запътиха към портата, давайки благословията си на момчетата, на чиито лица грееше благодатта на любовта, която тя така спонтанно беше събудила в техните сърца.

„Да възлюбиш Господа, твоя Бог, от всичкото си сърце, от всичката си душа, с всичкия си ум и с всичката си сила – заявява Христос. – Това е първата заповед от всички."*

Отхвърлила всички земни привързаности, Ананда Мои Ма живееше онзи блажен живот, който Господ обещава на всички свои чеда, възлагащи упованието си на Него. Не с „тънкия" педантичен подход на някои богослови, които „цепят косъма на две", а следвайки сигурната логика на вярата, тази светица с по детски чисто сърце беше разрешила същностния проблем на живота – постигане на единение с Господ.

Човечеството е забравило тази проста истина, затулена под милиони неважни въпроси и въпросчета. Обърнали гръб на идеала за монотеистична любов към Твореца, сега нациите се опитват да прикрият безбожието си, като демонстрират стриктно спазване – та чак до педантичност! – на протокола и етикецията във външните храмове на милосърдието. Тези жестове на хуманност безспорно заслужават похвала, защото за момент отклоняват вниманието на човека от малкото му его, но не го освобождават от висшето задължение в живота – задължението, което Исус нарича „първата от всички заповеди". С първия си дъх при раждането човек ратифицира договор от най-високо ниво, което го задължава

---
* Марк 12:30.

да обича най-истинския си благодетел – Бог.*

Случи се тъй, че няколко месеца след посещението на Ананда Мои Ма в училището в Ранчи, съдбата ни срещна още веднъж. Това стана на перона на гарата в Серампор. Тя и групата ѝ стояха и чакаха влака.

– Татко, отивам в Хималаите – каза ми тя. – Едни добри хора са ни построили обител в Дерадун.

Докато се качваше на влака, аз с удивление установих, че независимо дали беше сред тълпите, във влака, на някакво празненство, или просто си седеше и се наслаждаваше на тишината, очите ѝ всякога съзерцаваха Бога.

В себе си още чувам гласа ѝ, отекващ като ехо от неземно блаженство:

„Сега и завинаги едно с вечността: „аз съм все същият Дух".

---

* „Мнозина от вас копнеят да работят за един нов, по-добър свят. Вместо да задържате мислите си върху такива неща, е по-добре да се съсредоточите върху Него, защото само съзерцаването на Неговия лик може да ви дари със съвършен покой. Задължение на всеки човек е да стане търсач на Бога, на Истината." – *Ананда Мои Ма*

Глава 46

Йогинята, която живее без храна

— Сър, накъде тази сутрин? - г-н Райт, както винаги зад волана на форда, откъсна очи от пътя и ме изгледа въпросително. Плановете се правеха ден за ден и той още не знаеше с кое вълшебно кътче ще го очарова Бенгалия днес.

— Ако е рекъл Господ – отговорих с набожен възторг, – на път сме да видим осмото чудо на света – светица, която живее само с въздух!

— Още чудеса – след Тереза Нойман! – г-н Райт се засмя оживено и дори настъпи газта. Още ексклузивни материали за пътния му дневник! За необикновения дневник на един необикновен турист!

Училището в Ранчи бавно се изгуби в дрезгавината зад нас – бяхме станали призори. Освен мен и секретаря ми този път в колата с нас пътуваха и трима бенгалски приятели. Вдишвахме с пълни гърди ободряващия въздух, опияняващото вино на утрото. Шофьорът ни внимателно провираше колата между ранобудните селяни и двуколките, теглени от лениви биволи с изпъкнали хълбоци, склонни до последно да оспорват пътя с всекиго, а още повече с разни странни другоземни същества, постоянно надуващи клаксона.

— Сър, бихте ли ни казали нещо повече за тази светица.

— Казва се Гири Бала – информирах спътниците си. – За първи път чух за нея преди години от един уважаван учен – Стити Лал

Нунди. По това време живеехме на улица „Гарпар Роуд" и той често идваше у нас да дава частни уроци на брат ми Бишну.

„Познавам добре Гири Бала – разказа ми тогава той. – Тя прилага някаква йогическа техника, която ѝ позволява да живее без храна. С нея бяхме близки съседи в Навабгандж, недалеч от Ичапур*. Хванах се да я наблюдавам отблизо, но никога не забелязах каквито и да било признаци да яде или пие. Това до такава степен възбуди интереса ми, че отидох при махараджата на Бурдван** и го помолих да я вземе под наблюдение, да я изследва. Той беше не по-малко удивен от мен и реши да я покани в двореца си. Тя прие. Поставиха я под наблюдение и в продължение на два месеца живя под ключ в една малка стаичка на двореца. По-късно се върна за още двайсет дни, и накрая за трето, последно изследване – петнайсет дни. Самият махараджа заяви пред мен, че след тези три строги, щателни наблюдения у него не е останала и капка съмнение, че жената живее без храна."

Този разказ на Стити Бабу се запази в паметта ми повече от двайсет и пет години – завърших аз. – Понякога, докато бях в Америка, се чудех дали реката на времето няма да погълне йогинята, преди да се срещна с нея. Вече трябва да е на преклонна възраст. Дори не знам къде се намира домът ѝ и дали въобще е още жива. Но само след час-два ще стигнем Пурулиа, където живее брат ѝ.

В десет и половина малката ни група вече разговаряше с брат ѝ Ламбодар Дей, адвокат от Пурулиа.

– Да, сестра ми е жива. Понякога ми гостува тук, но сега е в семейния ни дом в Биур – Ламбодар Бабу изгледа със съмнение форда. – Свамиджи, този автомобил не вярвам да ви закара толкова навътре, чак до забутания в дебрите на горите Биур. Най-добре ще е да се примирите с кандилкането и безкрайното друсане на волската каруца.

Като че ли по даден знак, ние в един глас се застъпихме за „гордостта на Детройт".

– Фордът идва от Америка – казах на адвоката, – жалко ще е, ако

---

* В Северна Бенгалия.
** Негово Височество Биджай Чанд Махтаб междувременно е починал, но семейството му със сигурност пази някакво писмено свидетелство, в което махараджата е документирал трите си наблюдения над Гири Бала.

го лишим от възможността да се запознае със сърцето на Бенгалия!

– Ганеш* да ви е на помощ тогава! – предаде се Ламбодар Бабу с тих смях, и добави вежливо: – Ако някога стигнете там, сигурен съм, че Гири Бала много ще ви се зарадва. Тя наближава седемдесетте, но продължава да се радва на цветущо здраве.

– Моля Ви, господине, кажете ми, но абсолютно честно. Вярно ли е, че тя нищо не яде? – гледах го право в очите, в прозорците на душата.

– Това е самата истина – погледът му беше прям и откровен. – От пет десетилетия не съм я виждал да слага хапка в устата си. Повече бих се изненадал, ако видех сестра ми да яде, отколкото на свършека на света!

Спогледахме се и се захихикахме на нищожната вероятност пред тези две космически събития.

– Гири Бала никога не е търсила недостъпно уединение за своите йога практики – продължи Ламбодар Бабу. – Тя винаги е живяла, заобиколена от семейството и приятелите си. Всички те до такава степен са свикнали със странното й състояние, че ако в тази минута тя случайно прояде, вече ги виждам до един втрещени от почуда! Сестра ми, като всяка индийска вдовица, е затворена в себе си, но всички в нашия малък кръг в Пурулиа и Биур знаят, че тя е изключителна, феноменална жена.

Братът беше искрен – в това нямаше съмнение. Малката ни група му благодари от сърце и пое към Биур. По пътя спряхме пред един магазин да си купим къри и *лучи*. Тутакси отнейде изскочи цяла тумба прашни дечурлига, наобиколиха ни и зяпнаха г-н Райт, който ядеше с пръсти по индийски**. Решихме, че няма да е зле да се подкрепим за очертаващия се дълъг преход следобеда, който обаче, без да подозираме, ни готвеше приятна изненада.

Пътят се виеше сред обжарени от знойното слънце оризови ниви на изток, към бенгалската околия Бурдван. После полята отстъпиха място на гъсти гори с избуяла растителност, която като стени се издигаше от двете ни страни и на моменти дори

---

* 'Отстраняващият препятствията', бог на късмета.
** Шри Юктешвар обичаше да казва: „Господ ни дарява с плодовете на майката земя. Ние обичаме да гледаме, помирисваме и вкусваме храната, а индусите – и да я опипват!". Няма нищо лошо в това и да я *озвучаваме,* стига на трапезата да няма други!

образуваше тунели. От огромните чадъри на дърветата над главите ни се разнасяха дивните крясъци на папагалите *майни* и чудните подсвирквания на пъстрошийните славеи *бюлбюли*. От време на време срещахме някоя бавно кретаща волска кола, която с тихо поскърцване на осите си напредваше по твърдата земя с глухия тропот на обкованите си в желязо колела – ярък контраст в съзнанието на свистенето на автомобилните гуми по аристократичния асфалт на градовете.

– Дик, спри! – фордът се запъна на внезапната ми молба, пораздруса се и спря. – Онова превито под тежестта на плодовете си мангово дърво сякаш ни кани да опитаме сладостта му!

Петимата се втурнахме като децата към обсипаната с манго земя. Дървото щедро бе оронило плода си и постлало земята с пъстър килим.

– Ах, колко ли манго руменина трупат в уединение – перифразирах аз – и камънака пустинен със сок напояват в тихо смирение.*

– Свамиджи, няма такива благини в Америка, а? – смееше се Сайлеш Мазумдар, един от бенгалските ми ученици.

– Не – признах си, като се наядох доволно с манго. – Колко ми липсваше този плод на Запад! Какво е индийския рай без манго!

Метнах един камък и свалих един горд красавец, който се криеше зад най-високия клон.

– Дик – попитах аз, отхапвайки сочната, напечена от тропическото слънце амброзия, – камерите всичките ли са в колата?

– Да, сър, в багажника са.

– Ако Гири Бала се окаже истинска светица, искам да пиша за нея на Запад. Една индийска йогиня с такива необикновени сили не бива да живее и умре в забвение – като повечето от тези мангови плодове на земята.

Половин час по-късно аз все още се разхождах из горската тишина.

– Сър – отбеляза г-н Райт, – трябва да стигнем селото на Гири Бала преди залез слънце – ще ни трябва достатъчно светлина за снимките – и добави засмян: – Западняците са народ недоверчив

---

* „Елегия, написана на селското гробище" *(Elegy Written in a Country Churchyard)* на Томас Грей: „Ах, колко ли люляци руменина трупат в уединение / и маранята пустинна напояват с дъха си в тихо смирение!". – *Бел. прев.*

– едва ли ще повярват в съществуването на светицата без снимки!

Никой не можеше да оспори тази мъдрост. Обърнах гръб на изкушението и се качих в колата.

– Прав си, Дик – казах с въздишка, докато колата ускоряваше ход. – Налага се да жертваме манговия рай на олтара на западния реализъм. Снимки – на всяка цена!

Пътят ставаше все по-тесен и неравен: пред нас почнаха да се изпречват изпъкнали като жили стари чворести корени, прилични на цирей издатини от втвърдена глина – тъжните недъзи на старостта. От време на време слизахме, за да може г-н Райт по-лесно да маневрира с форда, а ние, останалите, бутахме отзад.

– Прав беше Ламбодар Бабу – призна задъхан Сайлеш, бършейки едрите капки пот от челото си – не колата нас, ние нея носим!

Така си беше – нашето наистина повече приличаше на еднообразно упражнение по слизане, бутане и качване, отколкото на пътуване. Но в никакъв случай не бих казал скучно пътуване, защото от време на време пред нас изникваха села, които така пленяваха с простотата и неподправения си чар, че на мига забравяхме всякакви неволи.

Пътят се извива през палмови горички, от време на време навлиза в старинни села, смирено сгушени в хладните усои на планината, където времето сякаш е спряло – пише г-н Райт в пътния си дневник под датата 5 май 1936 г. – Има някаква магия в тези малки села от по няколко къщурки, направени от плет и измазани с кал, с врати, окичени с някое от имената на Господ. Рояци дечурлига, голи, прашни, невинно вдадени в игрите си, се спират, гледат опулено и побягват уплашено като диви зверчета от тази голяма черна каруца без волове, носеща се като хала през селото им. Жените сноват из мрачината на сенките и поглеждат крадешком към нас, докато мъжете им се излежават лениво под дърветата край пътя и ни проследяват с нехайно равнодушие, зад което обаче личи известно любопитство. На едно място селяни се къпят с весел смях в малък вир (заедно с дрехите – сменят ги като навличат сухи и свличат мокрите под тях). По-натам други жени пък носят вода в домовете си в големи медници.

Скоро возилото ни се впуска в луда гоненица като в някой увеселителен парк: неочаквани завои, безброй заобикаляния, тук се спускаме по някой дол, там се изкачваме по някой баир – друсаме се, клатушкаме се, нагазваме потоци, по едно време стигаме един недостроен път, леко издигнат над блатата, заобикаляме го, спускаме се като шейна в сухи песъчливи речни корита и ето че накрая, към пет часа наближаваме целта – Биур. Малкото селце във вътрешността на околия Банкура, с къщурки, скрити сред гъстия листак на дърветата, е недостъпно за пътници в дъждовния сезон, информират ни. Тогава речичките прииждат, преливат коритата си и заливат всичко наоколо с тонове кал, наноси и глина.

На едно място спираме група хора, връщащи се от поклонение в храм (намиращ се насред самотно поле), и ги молим да ни упътят. Тутакси ни наобикалят дузина полуголи дечурлига, които, покатервайки се по праговете и калниците на колата, с готовност се съгласяват да ни съпроводят до дома на Гири Бала.

Пътят води през една горичка от финикови палми, под чиито сенки е накацало поселище от измазани с кал кирпичени къщурки, но преди да го стигнем, фордът за миг се накланя опасно на една страна, изправя предница и забива нос в земята. Тесният коловоз се промушва край дървета, вирове, изкачва хълмчета, на няколко пъти се спуска в урви и дълбоки клисури. По едно време колата се заклещва сред гъсто преплетени клонаци и храсталаци. После пък, докато изкачваме едно възвишение, почва да буксува и затъва, та се налага да разчистим около гумите. Но няма предаване – продължаваме бавно, внимателно напред. Малко по-натам ни очаква друга изненада: точно по средата на коларския път, който следваме, се изпречват други храсталаци и се налага да ги заобиколим. Спускаме се надолу по едно стръмно надолнище и се озоваваме в пресъхнал вир, откъдето се измъкваме след много риене, дълбаене и прехвърляне на пръст. Пътят, изглежда, няма намерение да се предаде тъй лесно, защото постоянно изникват нови пречки, но поклонническото пътуване трябва да продължи. Услужливите момчета намират отнякъде лопати и се залавят да отстранят препятствията (благодарим ти, Ганеш!), докато през това време стотици родители и деца, вперили очи, ни следят с участие.

Не след дълго пътят пред двата древни коловоза е разчистен и ние продължаваме напред. Жените, със зейнали очи, ни гледат зад вратите на колибите, мъжете се влачат подир нас, а дечурлигата подтичват наоколо с весели викове и придават тържествена завършеност на шествието. Нашата кола трябва да е първата, осмелила се да тръгне из тези диви пущинаци – тук „сдружението на волските коли" е без конкуренция! Представям си каква сензация сме предизвикали с появата си – група, возена от американец, възседнала някакъв звяр с боботещо сърце, твърдо решена да си пробие път към твърдината на техните селца, нарушавайки древната ѝ неприкосновеност и святост!

Спираме в една тясна уличка, на трийсетина метра от родовия дом на Гири Бала. Един трепет вълнува душите ни след продължителната борба с тежкия път и с особено мъчителните последни километри.

Запътваме се към една голяма, двуетажна кирпичена къща, варосана отвън, която се откроява сред околните глинени къщурки. Тя очевидно е в ремонт, защото около нея е вдигнато типичното за тези райони бамбуково скеле.

В трескаво очакване, но потискайки радостта си, ние заставаме пред отворените порти на дома и зачакваме жената, благословена от досега на Господ никога да не огладнява. Селяните, млади и стари, боси и обути, полуголи и облечени, жените на известно разстояние, но не по-малко любопитни, мъжете и дечицата плътно по петите ни – всички очи, устремени в това необичайно представление!

Скоро на входната врата се показва малка фигура – Гири Бала! Увита в излиняла златиста копринена роба, с типичния индийски маниер, тя пристъпва скромно, колебливо към нас, надничайки изпод горната гънка на своята *свадеши* одежда. Очите й искрят като тлеещи въглени в сянката на наметнатото върху главата покривало, с лик, озарен от благодушие и дълбока божествена осъзнатост, без следа от земна привързаност.

Тя кротко ни приближава и мълчаливо приема да направим няколко снимки с фотоапарата и да заснемем кратко филмче с камерата*. Тя търпеливо и свенливо понася цялата „фотосесия" – избор на подходящо място, осветление. Ето че накрая запечатахме за поколенията много снимки на единствената жена в света, живееща без храна и вода повече от петдесет години. (Тереза Нойман, разбира се, също – тя не приема храна от 1923 г.) От Гири Бала се излъчваше майчинска нежност, докато стоеше пред нас. Тялото й бе покрито със свободно падащо наметало – под него не се виждаше нищо друго, освен лика й със сведените очи, ръцете и малките й стъпала. Едно лице, излъчващо рядък мир и чистосърдечие – широки, детински, леко потрепващи устни, женствен нос, малки искрящи очи и мечтателна усмивка.

Аз напълно споделям тези впечатления на г-н Райт от Гири Бала. Около нея имаше ореол, който я обгръщаше като меко сияещо було. Тя направи *пранам* и се поклони пред мен с обичайния жест, с който миряните поздравяват монасите. Естественият чар и спокойната усмивка, с които ни посрещна, се разливаха по лицето й и говореха по-ясно и от най-сладката реч. На мига забравихме за тежкия прашен път.

Дребната светица седна с кръстосани крака под чардака. Макар годините да бяха оставили отпечатъка си върху нея, тя не изглеждаше застаряла и нямаше немощен вид. Маслиненотъмната

---

* С видеокамерата г-н Райт засне и Шри Юктешвар по време на последния празник на Зимното слънцестоене в Серампор.

й кожа изглеждаше гладка и здрава.

– Майко – казах аз на бенгалски, – повече от двайсет и пет години чаках това поклонническо пътуване! Чух за светия ви живот от Стити Лал Нунди Бабу.

Тя кимна утвърдително.

– Да, моят добър съсед в Навабгандж.

– През всичките тези години аз прекосих океани, но копнежът да ви зърна никога не угасна в мен. Възвишената драма, която вие играете толкова незабележимо тук, трябва да бъде разгласена на света, който отдавна е забравил вътрешната божествена храна.

Светицата вдигна очи няколко мига и ми се усмихна с ведър интерес.

– Бабà (уважаемият Баща) знае най-добре – отвърна смирено тя.

Олекна ми на сърцето, като разбрах, че не съм я засегнал. Човек никога не знае как ще реагират йогите и йогините на идеята за публичността. По правило те я избягват – предпочитат да се отдадат на изследване на душата в дълбока тишина. Но когато му дойде времето, вътрешният глас им нашепва да се смесят с хората, и тогава те се вливат в живота на миряните, за да помагат на духовните търсачи.

– Майко – продължих аз, – простете ми, ако ви обременявам с многобройните си въпроси. Любезно ви моля да отговорите само на онези от тях, които не са неудобни за вас. Аз ще ви разбера, ако замълчите и не ми отговорите на някой въпрос.

Тя направи миловиден жест с ръце.

– Ще се радвам незначителен човек като мене да може да отговори на въпросите ви.

– О, не, в никакъв случай „незначителен"! – възпротивих се искрено аз. – Вие сте велика душа!

– Аз съм просто един смирен слуга на хората – и някак чудато додаде: – Обичам да им готвя.

„Странно хоби за светец, който не вкусва никаква храна!" – помислих си.

– Кажете ми, Майко, искам да го чуя от вашите уста. Вярно ли е, че живеете без храна?

– Да, вярно е... – тя се умълча за момент. Следващата ѝ бележка дойде да покаже, че наум се е борила с аритметиката. – От 12-годишна възраст без четири месеца до сегашните ми 68 – над

ГИРИ БАЛА
Светицата, която не се храни

Тя прилага някаква йогическа техника, за да зарежда тялото си с космична енергия от етера, слънцето и въздуха. „Никога не съм боледувала – разказва тя. – Спя съвсем малко, тъй като за мен сънят и будното състояние са едно и също."

56 години, не съм приемала нито храна, нито течности.

– А не се ли изкушавате?

– Ами, ако ми се ядеше, щях да си хапвам. – С какво просто, но царствено достойнство изрече тя тази аксиоматична истина, добре позната на света, въртящ се около закуската, обяда и вечерята!

– Но вие все нещо трябва да ядете? – в тона ми имаше заговорническа нотка.

— Е, да! – каза тя, като се усмихна с бързо разбиране.

— Вие извличате храната си от по-фините енергии на въздуха и слънчевата светлина* и от космичната енергия, която зарежда тялото през *медула облонгата*.

— Бабà знае – тя отново мълком се съгласи. Лицето ѝ излъчваше спокойствие и безизразност.

— Майко, разкажете ми, моля ви, за младостта си. Това ще представлява дълбок интерес за цяла Индия и за нашите братя и сестри отвъд океана.

Гири Бала остави настрана обичайната си сдържаност, поотпусна се и заговори непринудено.

— Добре – каза тихо, но твърдо тя. – Родена съм в този планински район. В детството ми не си спомням да е имало нещо забележително, като изключим това, че имах ненаситен апетит.

Сгодиха ме на девет години.

— Дъще – предупреждаваше ме често майка ми, – опитай се да я контролираш тая пуста лакомия. Един ден ще се задомиш и ще заживееш в семейството на мъжа ти. Какво ще си кажат хората, като те видят да ядеш от сутрин до вечер като продънена?

Ето че бедствието, което тя предричаше, дойде на главата ми.

---

* „Това, което ние ядем, е лъчение. Нашата храна е квантове („порции") енергия" – казва д-р Джордж В. Крайл от Кливланд на събрание на медици на 17 май 1933 г. в Мемфис. Следват извадки от речта му, публикувана в печата:

„Това животворящо лъчение, освобождаващо електрически заряди за електрическата верига на тялото, каквато е нервната система, постъпва в храната от слънчевите лъчи. Атомите – твърди д-р Крайл – са слънчеви системи. Те пренасят слънчевите лъчения, складирани в тях, подобно на многократно навити пружинки. Тези многобройни атоми, заредени с енергия, ние поемаме като храна. Щом веднъж попаднат в тялото, зарядите на тези атоми се „взривяват" в протоплазмата и от „взрива" се освобождават химическа енергия и нови електрически заряди. Нашите тела също са направени от такива атоми – казва д-р Крайл в заключение. – Те изграждат нашите мускули, нашите мозъци и сетивни органи, като очи, уши и т.н.".

Някой ден учените ще открият как човек може да живее непосредствено със слънчева енергия. „Хлорофилът е единствената субстанция, известна в природата, която действа като своеобразен капан за слънчевата светлина – пише Уилям Л. Лорънс в The New York Times. – Той улавя енергията на слънчевата светлина и я складира в растението. Без нея животът би бил немислим. Ние получаваме енергията, нужна за съществуването ни, от слънчевата енергия, складирана в растението-храна, което ядем, или от месото на животните, които се хранят с растения. Енергията във въглищата и петрола е също слънчева енергия, поета от хлорофила на растенията преди милиони години. Ние живеем благодарение на слънцето чрез посредничеството на хлорофила."

Бях само на дванайсет години, когато заживях със семейството на мъжа ми в Навабгандж. Свекърва ми постоянно ми натякваше, че съм имала лоши чревоугоднически навици и не минаваше ден, без да ме накара да се изчервя от срам. Нейните забележки обаче се оказаха скрита благословия, защото събудиха у мен дремещи духовни сили. Една сутрин натякванията ѝ бяха особено язвителни.

– Скоро ще видиш – отвърнах ѝ обидена до дъното на душата си, – докато съм жива никога повече няма да се докосна до ядене.

Свекърва ми се изсмя иронично.

– Ааа, тъй ли? А как ще живееш, без да ядеш, като не можеш да живееш, без да преядеш!?

Тази бележка ме довърши. Сърцето ми обаче вече биеше с твърда решимост да постигна своето. Усамотих се в един глух ъгъл и излях мъката си пред Небесния Баща:

– Господи – заповтарях безспирно аз, – моля Те, прати ми гуру, който да ме научи да живея с Твойта светлина! Не искам повече да живея с храна!

Изведнъж ме заля неописуем екстаз. В унеса на блажената омая аз се упътих към *гата* Навабгандж на Ганг. По пътя срещнах родовия свещенослужител.

– Достопочтени отче – замолих го, изпълнена с упование и надежда, – кажете ми как мога да живея без храна.

Той ме гледа известно време в очите, без да може да каже нищо. Накрая заговори с утешителен глас:

– Чедо, намини довечера към храма. Ще отслужа специална ведическа церемония за теб.

Този неясен отговор обаче не беше отговорът, който аз търсех. Продължих към *гата*. Лъчите на утринното слънце милваха вълничките и си играеха с тях. Очистих се във водите на Ганг като за свято посвещение. Тъкмо когато се отдалечавах от речния бряг с мокрите дрехи по мен, неочаквано пред мен, посред бял ден, се материализира моят Учител!

– Дете – заговори той с ласкав състрадателен глас, – аз съм гуруто, когото Бог изпраща в отговор на настоятелната ти молба. Той остана дълбоко трогнат от необичайното естество на твоето прошение! От този ден ти ще живееш с астрална светлина – атомите на твоето тяло ще се зареждат от Безкрайния Поток!

Гири Бала се умълча. Аз взех молива и тефтерчето на г-н

Райт и му нахвърлих на английски по-важните моменти от разговора дотук.

Светицата отново подхвана нишката на разказа си, но благият ѝ глас вече идеше до мен като шепот.

– *Гатът* беше пуст. И макар по него още да не се мяркаха хора, моят гуру ни обгърна в аурата си като в светлинен пояс, за да не може ранобудни посетители да ни безпокоят. После той ме посвети в *криа* техника, която освобождава тялото от зависимостта от грубата храна на смъртните. Техниката включва повтаряне на *мантра** и изпълняване на дихателно упражнение, което не е по силите на повечето хора. Няма нито церове, нито заклинания – само *криа*.

От американските репортери, които ме бяха интервюирали, аз, без да искам, бях „прихванал" някои тънкости на занаята и сега деликатно ги приложих към Гири Бала. Постепенно я обсипах с куп въпроси, които според мен щяха да представляват интерес за света. От дума на дума тя ми даде следната информация:

„Никога не съм имала деца – овдовях преди много години. Спя съвсем малко, тъй като за мен сънят и будното състояние са едно и също. Медитирам през нощта, а през деня върша къщната работа. Почти не чувствам сезонните промени. Никога не съм боледувала или страдала от тежки болести. Чувствам само лека болка, ако се нараня. Нямам телесни екскрети. Мога да контролирам сърцето и дишането си. Във видения аз често виждам моя гуру и други славни души."

– Майко – попитах я, – защо не научите хората на вашия метод – да живеят без храна?

Амбициозните ми надежди за милионите гладуващи по света бяха попарени още в зародиш.

– Не – поклати глава тя. – Заръката на моя гуру беше да не разкривам никому тайната. Той не желае да се забърква в драмата на Божието творение. Земеделците едва ли ще останат очаровани,

---

* Многократно повтарян напев с мощна вибрация. В буквален превод санскритската дума *мантра* означава 'инструмент на мисълта'. С нея се обозначават 'съвършените, недоловимите звуци, представляващи някой аспект на Мирозданието; когато се произнасят отделни срички, *мантрата* представлява универсален език' (Webster's New International Dictionary, 2nd ed.). Безкрайните потенции на звука произхождат от *Ом* („Словото", сиреч съзидателното бучене на Космическия Двигател).

ако науча хората да живеят без храна! Сладките плодове тъй ще си гният по земята. Изглежда, нищетата, гладът и болестите са само камшици в ръцете на кармата – камшици, които в крайна сметка ни тласкат да потърсим истинския смисъл на живота.

– Майко – попитах бавно аз, – каква е причината да сте избрана да живеете без храна?

– За да докажа, че човек е Дух – лицето ѝ се озари от мъдрост. – За да демонстрирам, че чрез божествено усъвършенстване човек постепенно може да се научи да живее с Вечната Светлина, а не само с храна.*

Светицата потъна в дълбока медитация. Погледът ѝ плавно се обърна навътре. Топлите дълбини на очите ѝ станаха безизразни. Тя издаде въздишка – прелюдия към екстатичния бездиханен транс. За известно време тя избяга в царството, където никой никому не задава въпроси – в рая на вътрешната радост!

Тропическото слънце заседна и падна здрач. Пламъчето на малката газена лампа трептеше и осветяваше лицата на селяните, приклекнали мълчаливо в сенките. Наоколо танцуваха светулки и весело чертаеха в мрака огнени нишки, които, премятайки се през лъчите на газените лампи от далечните колиби, сякаш бродираха тайнствен златен мотив по кадифената канава на нощта. Настана време за раздяла – малката ни група я чакаше дълго и тежко пътуване.

---

* Състоянието на Гири Бала, което ѝ позволява да живее без храна, е йогическа сила, споменавана в *Йога сутрите* (III:31) на Патанджали. Тя прави дихателно упражнение, което отваря *вишуда чакра,* петия център на фини енергии, разположен в гръбнака. *Вишуда чакра,* намираща се срещуположно на гърлото, контролира *акаша* (етера), петия елемент, проникващ в междуатомните пространства на физическите клетки. Концентрацията върху тази *чакра* (колело) позволява на практикуващия да заживее с етерна енергия.

Тереза Нойман също живее без груба храна, но тя не е практикувала научна йога техника. Обяснението за тези различия се корени в заплетените сюжети на индивидуалната карма на двете светици. И Тереза Нойман, и Гири Бала имат зад себе си много животи на отдаденост на Бог, но каналите за външно проявление при тях са различни. Сред християнските светци, живели без храна (някои от тях са били стигматици), изпъкват: Св. Лидвина от Скхидам (St. Lidwina of Schiedam), Блажена Елизабет от Ройте (Blessed Elizabeth of Reute), Св. Катерина от Сиена (St. Catherine of Siena), Доменика Лацери (Domenica Lazzeri), Блажена Анджела от Фолиньо (Blessed Angela of Foligno) и не на последно място – живялата през XIX в. светица Луиз Лато (Louise Lateau). Свети Никлаус от Флюе (St. Nicholas of Flüe), известен още като брат Клаус (или Никола̀), отшелник от XV век, чийто призив за обединение спасил Швейцарската конфедерация, се е въздържал от храна повече от двайсет години.

– Гири Бала – казах аз, когато светицата отвори очи, – моля ви, дайте ми нещо за спомен – лентичка от някое ваше *сари*.

Скоро тя се върна с парче бенареска коприна в ръка и току се просна в краката ми.

– Майко – казах почтително аз, – не вие, аз трябва да докосна светите ви нозе!

Глава 47

Връщам се на Запад

— Изнасял съм много лекции по йога в Индия и Америка, но, да си призная, като индус съм особено щастлив да говоря пред английска публика – моят лондонски клас се засмя одобрително. Политическият смут не можеше да наруши йогическия ни мир.

Индия сега е само свят спомен. Вече е септември 1936 година. Аз съм в Англия, за да изпълня обещанието, което дадох преди шестнайсет месеца – да изнеса лекция в Лондон.

Англия също е отворена за непреходното послание на йога. Журналисти и оператори с фотоапарати се тълпяха пред хотел „Гроувнър Хаус", където бяхме отседнали. На 29 септември Британският национален съвет за световно братство на религиите организира среща в „Уайтфийлд Конгригейшънъл Чърч", на която аз държах реч по важната тема „Как вярата в световното братство може да спаси цивилизацията". Лекциите в осем часа в „Какстън Хол" привлякоха толкова много посетители, че две поредни вечери местата в залата се оказаха недостатъчни. За тези, за които не можаха да се намерят места, трябваше да организираме късни лекции в салона на „Уиндзор Хаус". Желаещите да присъстват на йога уроците през следващите няколко седмици станаха толкова много, че се наложи г-н Райт да наеме друга по-просторна зала.

Английската упоритост намери възхитителен израз в духовното организиране. След моето заминаване верните ми лондонски ученици по йога основаха център към Self-Realization Fellowship, където всяка седмица провеждаха своите групови медитации, дори и през тежките военни години.

Прекарахме незабравими седмици в Англия – разглеждахме забележителностите на Лондон, пътувахме, наслаждавахме се на красиви пейзажи из провинцията. Верният форд ни закара до родните места и гробовете на велики поети и герои от британската история.

Малката ни група отплава от Саутхямптън в края на октомври с парахода „Бремен". Радост и трепетно вълнение се надигаха в гърдите ни, когато в далечината пред нас се очертаха контурите на Статуята на свободата в Нюйоркското пристанище.

Фордът, поразтропан и поочукан в битките с древните земи, още се държеше. Малко след като стъпи на родна земя, той пое по финалната отсечка – през континента към Калифорния. И ето, в края на 1936 г. центърът „Маунт Вашингтон" е пред нас!

Всяка година коледните празници в центъра в Лос Анджелис се отбелязват с осемчасова групова медитация на 24 декември (духовно Рождество)*, а на следващия ден има празненство (социална Коледа). Празничното настроение тази година беше още по-приповдигнато, още по-тържествено, защото този път присъстваха скъпи приятели и ученици, дошли от далечни градове специално за да поздравят тримата пътешественици.

На коледната трапеза бяха наредени най-различни вкуснотии, донесени от двайсет и пет хиляди километра: гъби *гучи* от Кашмир, консервирана *расагула* и сладко от манго, бисквити от *папар* и масло от индийското цвете *кеора* за поливане на сладолед. Вечерта ни завари струпани около празнично греещата елха, а в камината пукаха и пращяха кипарисови цепеници.

Време за подаръци! Подаръци от всички краища на света – Палестина, Египет, Индия, Англия, Франция, Италия! Колко бдителен трябваше да бъде г-н Райт при всяко прехвърляне на куфарите по кръстопътищата, за да не позволи на някой индивид с дълги пръсти

---

* От 1950 г. насам всекидневната медитация се провежда на 23 декември. Членовете на Self-Realization Fellowship по целия свят също почитат Коледата, като прекарват един ден от коледните празници в дълбока медитация и молитва. Така всички заедно празнуват Коледата – или в домовете си, или в храмовете и центровете на SRF. Мнозина от тях изразяват убеждението, че тази осемчасова медитация по Коледа, инициирана от Парамаханса Йогананда, е голяма духовна помощ и благословия.

Парамахансаджи основа също така Молитвен кръг в центъра на Маунт Вашингтон (ядрото на Световния молитвен кръг на Self-Realization Fellowship), който предлага всекидневни молитви за всички, търсещи помощ в разрешаването на някакъв проблем. – *Бел. изд.*

да „пипне" някой подарък, предназначен за обичните приятели в Америка! Дърворезби от свещеното маслиново дърво от Светите земи, фини дантели и бродерии от Белгия и Холандия, персийски килимчета, изящно изработени шалове от Кашмир, подноси от вечно ухаещо сандалово дърво от Майсор, полускъпоценни камъни „Шива – биче око" от Централните провинции, индийски монети от отдавна изчезнали династии, инкрустирани със скъпоценни камъни вази и купи, миниатюри, гоблени, храмови благовония и аромати пръчици, щамповани басми *свадеши,* изделия от японски лак, изкусно гравирана слонова кост от Майсор, пантофи с извити нагоре върхове, персийска направа, старинни свещени манускрипти, кадифе, брокат, шапки „Ганди", керамика, оброчни плочки, медни изделия, молитвени килимчета – дарове от три континента!

Един по един аз вземах и раздавах опакованите в пъстри, весели цветове подаръци от огромната купчина под коледната елха.

– Сестра Гянамата! – на моята озарена американска ученичка, с лице, сияещо със светлината на благодатта и осъзнатостта, която в мое отсъствие отговаряше за центъра „Маунт Вашингтон" връчих един продълговат пакет. От него тя извади *сари* от златна бенареска коприна.

– Благодаря ви, Учителю! Като гледам това *сари,* пред очите ми оживява приказното вълшебство на Индия.

– Г-н Дикинсън! – В следващия пакет имаше подарък, който бях купил от един базар в Калкута. „Г-н Дикинсън ще го хареса" – помислих си тогава. Г-н Е. Е. Дикинсън беше мой ученик, когото всички много обичахме. Той не беше пропуснал нито едно коледно тържество от самото основаване на центъра на Маунт Вашингтон през 1925 г.

Сега, на този единайсети юбилей, той стоеше пред мен и развързваше панделките на малкия продълговат пакет.

– Сребърен бокал! – извика той, едва сдържайки вълнението си. После дълго не можа да откъсне очи от подаръка си – висок сребърен бокал. Той седна наблизо като зашеметен. Аз му се усмихнах топло и продължих с ролята си на Дядо Коледа.

Вечерта на възклицанията продължи до късно. Приключихме с молитва към Дарителя на всички дарове. Накрая запяхме коледни песни.

По-късно г-н Дикинсън и аз седнахме да си поговорим.

— Учителю — каза той, — моля ви, позволете ми още веднъж да ви благодаря за сребърния бокал. Думи не можах да намеря от радост в коледната нощ!

— Донесох подаръка специално за теб.

— От четирийсет и три години чакам този сребърен бокал! Това е дълга история. До този час не съм я разказвал на никого — г-н Дикинсън ме изгледа свенливо. — Всичко започна много драматично — аз отивах към дъното, давех се. По-големият ми брат като на шега ме бутна в един вир, трябва да е бил към 4 – 5 метра дълбок. Тогава живеехме в едно малко градче в Небраска. Бях само на пет годинки. Обзет от паника след внезапно връхлетялата ме уплаха, аз отчаяно се борех за живота си, но силите ме напускаха, потъвах. И тъкмо когато тръгнах надолу за втори път, пред мен се появи ослепителна многоцветна светлина и изпълни цялото пространство. В средата ѝ съзрях лик на мъж, който ме гледаше с благ поглед и ведра, утешителна усмивка. Тялото ми потъваше за трети път, когато едно от приятелчетата на брат ми наведе към мен една дълга върбова издънка, толкова ниско, че с последни усилия успях да се вкопча в нея. Момчетата ме изтеглиха на брега и ми оказаха първа помощ.

Дванайсет години по-късно аз, вече юноша на седемнайсет години, посетих Чикаго с майка ми. Беше през септември 1893 г. Заседаваше Световният парламент на религиите. И както си вървяхме надолу по главната улица с майка ми, изведнъж пред очите ми отново проблесна онази ослепително ярка светлина. Само на няколко крачки от нас съгледах мъжа, който ми се беше явил във видението. С безгрижна походка той ни подмина и се изгуби зад вратата на един голям салон наблизо. „Майко — захлипах от радост аз, — това е същият човек, когото видях във вира, когато щях да се удавя!" Ние с майка ми побързахме да влезем в зданието. Мъжът седеше на подиума. Скоро научихме, че това е Свами Вивекананда от Индия*. Той изнесе силна, пламенна реч. Щом свърши, аз отидох при него да го поздравя. Той ми се усмихна благо, сякаш бяхме стари приятели. Бях толкова млад, че не знаех как да изразя чувствата, които напираха в гърдите ми. Но в сърцето си тайничко се надявах, че той ще се съгласи да стане мой Учител. Той прочете

---

* Един от най-изтъкнатите ученици на Рамакришна Парамаханса, Учител от ранга на Христос.

мислите ми. „Не, синко, аз не съм твоят гуру – Вивекананда се взря дълбоко в очите ми със своите красиви, проницателни очи. – Твоят Учител ще дойде по-късно. Той ще ти подари сребърен бокал – и като помълча за момент, добави с мила усмивка: – Той ще те залее с повече благословии, отколкото можеш да поемеш сега."

След няколко дни напуснах Чикаго и никога повече не видях великия Вивекананда – продължи г-н Дикинсън. – Но всяка дума, която той изрече, се запечата дълбоко и неизличимо в съзнанието ми. Годините минаваха, а Учителят все не се появяваше. Една вечер, беше през 1925 г., се отдадох на гореща молитва, настоявайки Господ да ми прати моя гуру. Легнах си и няколко часа по-късно бях събуден от нежна мелодия. Пред погледа ми кръжеше тумба ангелски същества с флейти и други инструменти. Въздухът трептеше от славна музика! После те бавно се изгубиха.

На следващата вечер аз за първи път посетих ваша лекция тук, в Лос Анджелис, и тогава разбрах, че молитвата ми е била чута.

Ние се спогледахме и усмихнахме мълчаливо.

– Ето че вече единайсет години съм ваш ученик по *крия йога* – продължи г-н Дикинсън. – През тези години често съм се чудел какъв ли ще да е този сребърен бокал. Почти бях убеден, че думите на Вивекананда имат по-скоро метафоричен смисъл.

Но в коледната нощ, когато ми подадохте кутията край елхата, аз за трети път в живота си видях ослепителната светлина. После дълго не можах да откъсна очи от вашия подарък – същия, който Вивекананда предрече преди четирийсет и три години* – сребърен бокал!

---

* Г-н Дикинсън срещнал Свами Вивекананда през септември 1893 г. – годината, в която е роден Парамаханса Йогананда (на 5 януари). Вивекананда очевидно е знаел, че Йогананда отново е въплътен в човешка форма и че ще дойде в Америка, за да проповядва философията на Индия.

През 1965 г. на церемония в центъра майка на Self-Realization Fellowship в Лос Анджелис г-н Дикинсън, вече на 89 години, но все така жизнен и активен, получи титлата *йогачаря* ('учител по йога').

Той често е медитирал дълги периоди с Парамахансаджи и никога не е пропускал да практикува *крия йога* – по три пъти на ден.

Две години преди да напусне този свят, на 30 юни 1967 г., *йогачаря* Дикинсън изнесе беседа пред монасите на SRF. Той им разказа интересни подробности, които беше забравил да спомене пред Парамахансаджи. *Йогачаря* Дикинсън сподели: „Когато се качих на подиума в Чикаго, за да говоря със Свами Вивекананда, преди още да успея да го поздравя, той ме изпревари с думите: „Момко, искам да стоиш далеч от водата!". – *Бел. изд.*

Глава 48

В Енсинитас, Калифорния

— Изненада, Учителю! Докато отсъствахте, ви построихме тази обител в Енсинитас – подарък за „добре дошъл у дома"! – г-н Лин, сестра Гянамата, Дурга Ма и още няколко последователи с грейнали от усмивки лица отвориха портата и ме поведоха нагоре по сенчеста алея.

Пред очите ми изникна постройка, надвесена над сините океански талази като огромен бял презокеански параход. В първия момент онемях, после заохках, заахках и накрая с бедния човешки речник за изразяване на радост и благодарност разгледах ашрама: шестнайсет необикновено големи помещения, всяко с красив интериор и обзаведено с вкус.

Просторната централна зала с големи, панорамни прозорци гледаше към олтар от чим, океан и небе: симфония от смарагд, опал и сапфир. От полицата над голямата камина в залата ни гледаха портретите на Христос, Бабаджи, Лахири Махашая и Шри Юктешвар и даваха благословиите си на този тих западен ашрам.

Точно под залата, в самата скала, на която е издигната постройката, са издълбани две пещери за медитация с гледка към необозримата синева от небе и океан. Тук-там сред свежата зеленина на имението са сгушени кътчета за слънчеви бани, калдъръми и плочници се вият живописно, заобикалят красиво цъфнали розови градинки, разклоняват се към тихи градински беседки и криволичейки през приятната сянка на евкалиптова дъбрава, те отвеждат до една овощна градинка.

„Нека благият и героичен дух на светците се засели тук

Парамаханса Йогананда и Джеймс Дж. Лин, по-късно Шри Раджарси Джанакананда (виж снимката на стр. 261). Гуру и ученик медитират в центъра майка на SRF/YSS в Лос Анджелис, 1933 г. „Някои казват, че западняците не можели да медитират. Това не е вярно – възразява Йогананданджи. – Откакто г-н Лин получи *крия йога*, никога не съм го виждал да не е във вътрешно общение с Бог."

Парамахансаджи и Фей Райт, по-късно Шри Дая Мата (виж снимката на стр. 261), в обителта на SRF в Енсинитас, 1939 г. Скоро след влизането ѝ в ашрама на SRF през 1931 г. гуру ѝ казва: „Ти си един от моите стълбове. Знаех, че твоето идване ще повлече след себе си още много искрени търсачи на Бог към този път". Веднъж той нежно отбелязал: „Моята Фей, каква огромна работа ще свърши тя!... Знам, че мога да работя чрез нея, защото тя е възприемчива".

– гласи „Молитва за дома Господен" от Зенд-Авеста, висяща на една от вратите на убежището – и нека те неспирно ни заливат с благодатта на благословените си дарове, широки като земята, високи като небето!"

Голямото имение в Енсинитас, Калифорния е подарък от г-н Джеймс Дж. Лин, верен *крия йоги* от посвещението си през януари 1932 г. Американски бизнесмен с огромни отговорности (ръководител на мощна петролна компания и президент на най-голямото в света взаимоспомагателно дружество срещу пожари), г-н Лин въпреки това намираше време за дълбока всекидневна *крия йога* медитация. Балансираният живот, който той водеше, го дари с благодатта на ненарушимия мир на *самади*.

По време на престоя ми в Индия и Европа (от юни 1935 до октомври 1936 г.) г-н Лин* с много обич беше влязъл в заговор с моите кореспонденти в Калифорния до ушите ми да не достигне нито думичка за градежа на ашрама в Енсинитас. Колко мило, колко трогателно!

Още през ранните години от престоя ми в Америка бях почнал да търся малко място за крайбрежен ашрам и не оставих непретърсено кътче по цялото калифорнийско крайбрежие. Но винаги когато намерех някой подходящ имот, все изникваше някаква пречка и всичко се проваляше. Сега, гледайки слънчевите градини на имението в Енсинитас, смирено си мислех за пророчеството, направено преди години от Шри Юктешвар: „Обител в една гориста равнина, другата – на една малка планина, а третата – на брега на океана"**.

Само няколко месеца по-късно, на Великден 1937 г., на моравата пред новия ашрам аз отслужих първата от многото великденски служби по посрещане на изгрева. Също като тримата влъхви от Изтока, водени от звездата на челото, няколко стотици ученици, обзети от трепетно вълнение, гледаха чудото на раждането на

---

* След *махасамади* на Парамаханса Йогананда г-н Лин (Раджарси Джанакананда) служи на поста президент на Self-Realization Fellowship/Yogoda Satsanga Society of India. За своя гуру г-н Лин казва: „Каква божествена милост е да имаш приятелството на светец! От всички неща, които ми се случиха в живота, най-много ценя благословиите, с които ме обсипа Парамахансаджи!".
Г-н Лин навлезе в *махасамади* в 1955 г. – *Бел. изд.*
** Виж стр. 165.

Въздушна снимка на обителта на Self-Realization Fellowship в Енсинитас, Калифорния. На други места из просторното имение, издигащо се над Тихия океан, са пръснати жилищни постройки за обитателите на ашрама и ритрийт. Наблизо има и храм на SRF.

Парамаханса Йогананда в градината на обителта в Енсинитас, разположена на висок скалист бряг с прекрасна гледка към Тихия океан, 1940 г.

новия ден: слънчевия ритуал на източния небосклон. На запад се ширеше Тихият океан, а тътенът му се разнасяше в тържествена възхвала. В далечината като точица се белее малка платноходка, а в небето – самотен полет на чайка. „О, Христос, ти воскресе!" Не само с изгрева на пролетното слънце, но и с вечната зора на Духа!

Занизаха се много щастливи месеци. В Енсинитас, в тишината на това райско кътче, аз завърших един отдавна замислен проект – сборника с песни „Космически песнопения" *(Cosmic Chants)**. Освен това преведох на английски много индийски песни и композирах мелодии със западно звучене. В сборника включих химна на Шанкара „Няма раждане, няма смърт", санскритската „Възхвала на Брама", песента на Тагор „Кой е в моя храм?" и няколко мои композиции: „Ще бъда Твой навеки", „В света отвъд моите мечти", „Душата ми Те зове", „Чуй песента на моята душа" и „В храма на тишината".

В предговора към сборника аз разказвам първото си

---

* Издаден от Self-Realization Fellowship. Много от песните в „Космически песнопения" са записани на аудионосители в изпълнение на самия Парамаханса Йогананда и могат да се поръчат от Self-Realization Fellowship. – *Бел. изд.*

изключително преживяване, свързано със западната реакция на изпълнението на източни песнопения. Случката се разигра по време на публична беседа: датата – 18 април 1926 г., мястото – "Карнеги Хол", Ню Йорк.

Предния ден, 17 април, аз доверих на един мой американски ученик, г-н Алвин Хънсикър:

– Смятам да помоля публиката да запее древния индуистки химн „Боже прекрасни!"*.

Г-н Хънсикър възрази с думите, че източните песни не се възприемат лесно от американската публика.

Отвърнах му:

– Музиката е универсален език. Американците ще почувстват душевния копнеж в този възвишен химн!

Вечерта на следващия ден набожният напев на „Боже прекрасни!" ехтя в продължение на повече от час от три хиляди гърла! Вие отворихте сърцата си, скъпи нюйоркчани! Вие извисихте душите си в простичкия хвалебствен химн на радостта! Божествени изцеления се случиха тази вечер сред вярващите, които с любов пееха благословеното Божие име!

През 1941 г. аз посетих центъра на Self-Realization Fellowship в Бостън. Ръководителят на тамошния център д-р Майнот У. Луис ме настани в красиво обзаведен апартамент.

– Учителю – каза д-р Луис засмян, – през първите години от престоя си в Америка вие отседнахте в нашия град и живяхте в малка стаичка, без баня дори. Исках да ви покажа, че Бостън може да се похвали и с удобства!

Последваха щастливи години в Калифорния, изпълнени с много дейност. През 1937 г. в Енсинитас бе основана колонията на

---

* Ето текста на песента на гуру Нанак:

Боже прекрасни, Боже прекрасни!
Във гората Ти си зелен,
във планината Ти си висок,
във реката Ти си неспирен,
във океана си дълбок.
За отдадения Ти си отдаденост,
за любящия Ти си любов,
за милосърдния Ти си милосърдие,
а за йоги – блаженство.
Във Твойте нозе аз се покланям!

Self-Realization Fellowship*. Многобройните дейности на колонията дават многостранно обучение на учениците, в съответствие с идеалите на Self-Realization Fellowship. Тук се отглеждат плодове и зеленчуци за нуждите на живеещите в центровете в Енсинитас и Лос Анджелис.

„И направил е от една кръв целия род човешки да обитава по цялото земно лице."** „Световно братство" е обширен термин, но човек трябва да разшири своето чувство за солидарност и да започне да гледа на себе си като на гражданин на света. На този, който истински осъзнае това и замилее за света, за целия свят – „моята Америка, моята Индия, моите Филипини, моята Европа, моята Африка и т.н.", никога няма да му липсва простор за щастлив и изпълнен със смисъл живот.

Макар кракът на Шри Юктешвар никога да не бе стъпвал извън Индия, той знаеше тази братска истина:

„Светът е моя родина!".

---

* Днес процъфтяващ ашрам-център, който включва запазената в автентичния ѝ вид някогашна централна постройка на обителта, ашрами за монаси и монахини, столова, както и привлекателен ритрийт за членове и приятели. Откъм страната на булеварда, с който граничи просторното имение, има ограда с масивни бели колони, върху които са накацали големи позлатени лотоси. В индийската култура лотосът е символ на центъра на Космическо Съзнание *(сахасрара)* в мозъка, на „хилядолистния лотос от светлина".

** Деяния 17:26.

Глава 49

Периодът 1940 – 1951 година

„Ние се научихме да ценим медитацията и вече нищо не може да смути душевния ни мир. По време на сбирките през последните няколко седмици често чувахме воя на сирените, предупреждаващ за въздушни нападения, и експлозиите при бомбардировките, но нашите последователи продължават да се събират и да се наслаждават на прекрасни служби!"

Това писмо, написано от сърцатия ръководител на лондонския център на Self-Realization Fellowship, бе едно от многото писма, изпратени ми от разкъсваната от война Англия и Европа в годините преди влизането на Америка във Втората световна война.

През 1942 г. д-р Л. Кранмър-Бинг от Лондон, известен редактор на поредицата „Мъдростта на Изтока" *(The Wisdom of the East),* ми писа следното:

„Всеки път, когато чета „Изток – Запад"* разбирам колко отдалечени сме един от друг – сякаш живеем в два различни свята. Красота, хармония, спокойствие и тишина полъхват от Лос Анджелис, като небесна ладия, бавно захождаща в пристана, натоварена с благословиите и утехата на Свещения граал за обсадения град.

Като насън виждам вашата палмова горичка, храма в Енсинитас, океанската шир, планинските възвишения наоколо и най-вече – едно братство на духовно устремени мъже и жени, една здраво

---

* Сега списанието се казва „Себе-осъзнаване" *(Self-Realization).*

ПАРАМАХАНСА ЙОГАНАНДА,
сниман на 20 август 1950 г. при освещаването на
„Лейк Шрайн" в Пасифик Палисейдс, Калифорния

ГРАДИНИТЕ ЗА СЪЗЕРЦАНИЕ „ЛЕЙК ШРАЙН" (LAKE SHRINE) НА SELF-REALIZATION FELLOWSHIP С МЕМОРИАЛА НА МИРА „ГАНДИ"

„Лейк Шрайн" (Светото езеро) заема площ от четири хектара и се намира в лосанджелиския квартал Пасифик Палисейдс. Градините са осветени на 20 август 1950 г. от Парамаханса Йогананда. През 1949 г. Парамахансаджи наглеждал засаждането на дръвчетата и строителните работи и понякога оставал да преношува в корабчето къща *(снимката вляво)*. Между централните колони *(снимката вдясно)* се вижда резбованият каменен саркофаг, в който се пази част от праха на Махатма Ганди. В другия край на езерото е параклисът „Вятърната мелница" *(снимката вляво)*. В храма на светилището „Лейк Шрайн" се провеждат седмични служби, медитации и мероприятия на Self-Realization Fellowship. Обектът е отворен за посетители целогодишно.

споена общност, погълната от съзидателна работа и отдадена вседушно на Богосъзерцание. (...) Сърдечни поздрави на цялото братство от един обикновен войник, който ви пише от стражевата кула в очакване на утрото".

През 1942 г. в Холивуд, Калифорния, бе осветен храмът „Църква на всички религии", изграден същата година от членове на Self-Realization Fellowship. Година по-късно в Сан Диего, Калифорния, врати отвори друг храм, а през 1947 г. – и трети, в Лонг Бийч*, Калифорния.

Едно от най-красивите и живописни имения в света, приказен райски кът с разнообразни растителни видове в лосанджелиския квартал Пасифик Палисейдс бе дарен на Self-Realization Fellowship в 1949 г. Мястото е с площ 40 дка и представлява природен амфитеатър, заобиколен от всички страни от злачни хълмове. По диадема от планински възвишения блещука като синя перла голямо естествено езеро, дало името на имението – „Лейк Шрайн" (Светото езеро). На самия бряг на езерото се намира старинна вятърна мелница в традиционен холандски стил, в която се помещава тих параклис. В малка градинка, затворена в ниското като котловина, се чува тихо ромолене на ручей, водите му бълбукат игриво, плискат се по воденичното колело и отмерват вълшебен напев. Две красиво изваяни мраморни статуи от Китай – едната на Буда, а другата на Куан Ин (китайско олицетворение на Божествената Майка), се вписват чудесно сред прелестите на този оазис на тишина и спокойствие. На едно хълмче над малък водопад се издига статуя на Христос в човешки ръст. Нощем ведрият му лик и падащата роба светят поразително ярко и пленяват погледа отдалеч.

Мемориалът на мира „Махатма Ганди" в „Лейк Шрайн" бе осветен в 1950 г. – годината, в която отбелязахме трийсетгодишния юбилей** на Self-Realization Fellowship в Америка. Част от праха на Махатма, изпратен ни от Индия, се съхранява в каменен саркофаг, запазен от хиляда години.

---

* Към 1967 г. параклисът в Лонг Бийч вече не можеше да побере всички последователи и се наложи те да бъдат пренасочени към по-просторния храм на Self-Realization Fellowship във Фулъртън, Калифорния. – *Бел. изд.*

** За тази годишнина, на 27 август 1950 г., аз отслужих свещена церемония в Лос Анджелис, на която дадох *крия йога* посвещение на 500 ученици.

Г-н Гудуин Дж. Найт, вицегубернатор на Калифорния *(в средата)*, с Йоганандаджи и г-н А. Б. Роуз при освещаването на центъра „Индия" към храма на Self-Realization Fellowship в Холивуд *(на долната снимка)*, 8 април 1951 г.

Храмът за Себе-осъзнаване „Църква на всички религии" в Холивуд

Центърът „Индия"* на Self-Realization Fellowship в Холивуд бе основан в 1951 г. Службата по освещаването му удостоиха с присъствието си г-н Гудуин Дж. Найт, вицегубернатор на Калифорния, и г-н М. Р. Ахуджа, генерален консул на Индия. Центърът разполага със зала за 250 души.

Тези, които за първи път посещават нашите центрове, искат да научат повече за йога и често ми задават следния въпрос: „Вярно ли е, че както твърдят някои организации, йога не може успешно да се изучава в писмена форма, а трябва да се практикува само под ръководството на жив Учител?".

В атомната епоха йога трябва да се преподава чрез методични напътствия, каквито са *Уроци на Self-Realization Fellowship (Self-Realization Fellowship Lessons)***, за да не стане така, че освобождаващото знание с течение на времето отново да се загуби и да стане достъпно само за тесен кръг избрани. Разбира се, нищо не може да се сравни с благодатта край себе си да имаш гуру, усъвършенстван в божествената мъдрост, но, както на всички ни е известно, „религиозно-демографската картина" на света е такава, че в него има много „грешници" и малцина светци. Как тогава йога да помогне на масите, ако не чрез изучаване и практикуване в домашни условия на напътствия и инструкции, написани от истински йоги?

Другата алтернатива е средният човек да бъде пренебрегнат и той да остане без знанието на йога. Не такъв обаче е Божият план за новата ера. Бабаджи е обещал да закриля и води всички искрени *крия йоги* по пътя им към Целта.*** Не няколко десетки, а стотици хиляди *крия йоги* са нужни, за да настане дълго жадуваният световен мир и благоденствие. Но хората трябва да разберат,

---

* Център, който заедно с храма към него представлява ядрото на по-голям ашрам-център, ръководен от монаси и монахини, посветили се на служенето на хората и претворяването в реалния живот на идеалите на Парамаханса Йогананда. – *Бел. изд.*

** Обширни стъпки с уроци за домашно изучаване, които могат да се поръчат в Международния духовен център Self-Realization Fellowship – организацията, която Парамаханса Йогананда основа за разпространение на науката за медитация *крия йога* и за водене на духовен живот (виж стр. 613). – *Бел. изд.*

*** Парамаханса Йогананда също обеща на своите ученици от Изтока и Запада след преминаването си да продължи да бди за духовния напредък на всички *криябани* (ученици на *Уроците на Self-Realization Fellowship*, получили *крия* посвещение; виж бел. стр. 392.). Много *крия йоги* потвърждават истинността на това прекрасно обещание. В писмата си до нас те описват многобройните си изживявания под вездесъщото водителство на Учителя след неговото *махасамади*. – *Бел. изд.*

че разковничето е в истинските усилия да възстановят статута си на синове и дъщери на Божествения Баща.

Основаването на организацията Self-Realization Fellowship на Запад – "кошер за духовен мед", е задача, възложена ми от Шри Юктешвар и Махаватар Бабаджи. Трябва обаче да призная, че изпълнението на този свещен дълг беше съпътстван от много трудности.

– Кажете ми честно, Парамахансаджи, струваше ли си? – този лаконичен въпрос ми бе зададен една вечер от д-р Лойд Кенъл, ръководител на храма в Сан Диего. Долових подтекста в думите му: "Бяхте ли щастлив в Америка? Какво ще кажете за клеветите и нападките срещу вас от хора, които в заблудата си се мъчеха да попречат на разпространението на йога? Ами разочарованията, болката, ръководителите на центрове, които не можеха да се справят със задачите си, учениците, на които не можахте да помогнете?...".

– Блажен онзи човек, когото Господ подлага на изпитания! – отговорих му. – Той не забравяше от време на време да възлага на плещите ми и много тежки кръстове. – После се замислих за миг и през ума ми се занизаха всички онези верни приятели, спомних си за любовта, предаността и сговора, които струяха от сърцето на Америка, и бавно, натъртвайки на всяка дума, продължих: – Да! Отговорът ми е "Да!", хиляди пъти "Да!". *Струваше си!* Повече от всичко! И в най-смелите си мечти не съм бленувал да видя Изтока и Запада толкова сближени чрез единствената трайна връзка – духовната!

Великите Учители на Индия, които са имали силен интерес към Запада, са разбирали потребностите на съвременния свят. Те чудесно са знаели, че положението в света няма да се оправи, докато нациите не отворят сърцата си за нравствените ценности на Изтока и Запада. Всяко полукълбо се нуждае от най-доброто на другото.

При моите пътувания по света сърцето ми се пълнеше с горчивина, като гледах на колко много страдания* са подложени

---

* Гласът около мен бучи като море:
"Животът ти почернен е?
Разбит на хиляди парчета?
– Виж, всичко се отвръща от теб,
когато ти се отвръщаш от Мен!
Всичко, що от тебе взех,
взех го за твое добро,
не за вреда –

хората: Изтокът страда главно в материален план, докато нещастието на Запада се корени главно в психически и духовен план. Всички нации изпитват болезнения ефект на неуравновесените цивилизации. Индия и много други страни на Изтока биха могли да извлекат голяма полза от внедряването на съревнователния дух, на материалната ефективност на страни като Америка. Народите на Запада, от друга страна, се нуждаят от по-дълбоко разбиране на духовната същност на живота, и в частност – на научните техники за съзнателно единяване с Бог, които Индия е развила в древността.

Идеалът за хармонично развита цивилизация не е химера. Хилядолетия наред Индия е била благоденстваща страна – страна, чиято духовна светлина е озарявала целия свят. Бедността през последните 200 години, един къс отрязък от дългата история на Индия, е само преходна кармична фаза. Неслучайно в съзнанието на хората по света името „Индия" от векове е нарицателно за богатство – „всичките богатства на Индиите".*

за да се върнеш при Мен,
в Моите ръце да го потърсиш!
Всичко онова, дете Мое, което
ти в заблудата си за загубено смяташ,
аз пазя го у Дома – за тебе!
Стани, ръката Ми поеми и при Мен ела!"

Франсис Томпсън, „Небесната хрътка" (The Hound of Heaven)

* Историческите извори описват Индия като най-богатата нация на света до XVIII век. Странно, но факт е, че в индуистката литература и традиция не се срещат сведения в подкрепа на западната историческа теза, че ранните арийци са „нахлули" в Индия от други части на Азия и Европа. Затова е разбираемо и мълчанието на учените по въпроса за началото на това митично преселение. Ако се съди по Ведите, Индия е родина на индусите от незапомнени времена. Тази теза е развита и представена по един много убедителен и приятен за четене начин от Абинаш Чандра Дас в книгата му „Ригведическа Индия" *(Rig-Vedic India),* издадена през 1921 г. от Калкутския университет. В нея професор Дас между другото твърди, че индуси са се преселили в различни части на Европа и Азия, където разпространили арийската реч и фолклор. Литовският език например в много отношения има поразителни прилики със санскритския. Философът Кант, който нямал представа от санскритски, бил много изненадан от стройната научна структура на литовския език. „В него е заложена информация – заявява той, – която ще дешифрира всички тайни – не само на лингвистиката, но и на историята."

В Библията също се споменават богатствата на Индия. В II Летописи (глава 9, стихове 10 и 21) четем: „И Хирамовите слуги, и Соломоновите слуги, които донасяха злато от Офир (град Сопара в Бомбайския залив), донасяха и алгум (сандалово дърво) и скъпоценни камъни. Защото царски кораби ходеха в Тарсис

Периодът 1940 – 1951 година

Изобилието – материално и духовно, е структурен израз на *рита* – космическия закон, или закона на естествената справедливост. Бог не знае „пестеливост", нито пък пищната природа, богинята на видимия свят.

Индуистките писания учат, че човек бива привличан на Земята за да се усъвършенства – с всеки следващ живот, в безбройните пътища, по които Духът може да се прояви външно и да господства над материята. Изтокът и Западът имат различни подходи и научават тази велика истина по свой, различен начин и би следвало с радост да споделят своите открития. Без съмнение Бог е доволен, когато Неговите деца на Земята се борят за един цивилизован свят без бедност, болести и душевно неведение. Забравата на човек за божествените ресурси в него (резултат от

със слугите Хирамови и на всеки три години се връщаха със злато и сребро, слонова кост, маймуни и пауни". Мегастен, гръцкият пратеник (IV в. пр.Хр.) ни е оставил много подробно описание на благоденствието на Индия. Плиний Стари (I в. сл.Хр.) разказва, че римляните харчели годишно около 50 000 000 сестерции (5 000 000 долара) за внос от Индия, която по онова време се славела като силна морска държава.

Китайските пътешественици описват Индия като изтънчена цивилизация с високо ниво на образование и отлична държавна уредба. Китайският будистки свещеник Фа-Сиен, който посещава Индия през V век, описва в пътеписите си индийския народ като щастлив, честен и благоденстващ. Още полезни сведения по темата ще намерите в превода на Самюъл Бийл „Будистки записки на западния свят" *(Buddhist Records of the Western World; Trubner, London)* (за китайците Индия е била „западния свят"!), както и в „Пътешествията на Юан Чуанг в Индия в периода 629 – 645 г. сл.Хр." *(On Yuan Chwang's Travels in India, A.D. 629–45; Royal Asiatic Society)* на Томас Уотърс.

Колумб, който през XV век открива Новия свят, всъщност е търсел пряк търговски път за Индия. Европа от векове е искала да контролира индийския износ – коприна, фини платове (толкова тънки и прозрачни, че заслужено ги наричали „въздухоткани", „невидима омара"), басми, брокат, бродерии, килими, ножарски изделия, доспехи, слонова кост и изделия от слонова кост, парфюми, благовония, сандалово дърво, глинени съдове, лекарства и мехлеми, багрила, ориз, корали, злато, сребро, перли, рубини, смарагди и диаманти.

Португалските и италиански търговци били смаяни от блясъка и разкоша навсякъде из империята Виджаянагар (1336 – 1565 г.). Арабският пратеник Разак описва славата на нейната столица като такава, каквато „човешко око не е виждало, човешко ухо не е чувало и нямаща равна на себе си по лицето на земята".

През XVI век за първи път в дългата си история Индия пада под неиндуистко владичество. През 1524 г. тюркският пълководец Бабур нахлува в страната и основава династията на мюсюлманските владетели. Със заселването си в древните земи на Индия новите монарси не ограбват богатствата ѝ. Но изнемощяла и разкъсвана от вътрешни междуособици, богатата Индия през XVII век става лесна плячка на няколко европейски държави, сред които постепенно като водеща сила се налага Англия. На 15 август 1947 г. Индия по мирен път извоюва независимостта си.

Парамаханса Йогананда в обителта на SRF в Енсинитас, Калифорния, юли 1950 г.

неправилната употреба на свободната воля*) е коренната причина за всички останали форми на страдание.

Вместо да приписваме вината за окаяното си положение на антропоморфната абстракция, наречена „общество", спокойно бихме могли да помолим всеки „да почисти своята къщичка"**.

---

* И аз като повечето индуси имам случка от онези времена, която ще ви разкажа постфактум. Беше в разгара на Първата световна война. Група младежи, с които се познавахме от университетската скамейка, дойдоха при мен и настояха да поведа революционно движение. Аз отклоних с думите: „Убиването на нашите английски братя няма да донесе нищо добро на Индия. Свободата на Индия ще дойде не с куршуми, а с духовна сила". После предупредих младежите да не разчитат на натоварените с оръжие немски кораби, защото те ще бъдат засечени от британците в Дайъмънд Харбър в Бенгалския залив. Те обаче не ме послушаха и продължиха с плановете си, които, точно както бях предсказал, се оказаха грешни. Приятелите ми бяха заловени и хвърлени в затвора. Няколко години по-късно ги освободиха. След като се отказаха от убежденията си за насилие, някои от тях се присъединиха към идеалистическото политическо движение на Ганди. Накрая те сами видяха как Индия излезе победител от „войната", която беше водила с мирни средства.

Тъжният факт – разделението на страната на Индия и Пакистан, и последвалите кървави събития в някои части на страната, се дължат по-скоро на икономически фактори, а не на религиозен фанатизъм (квазипричина, която често се представя за истинска). И сега, и в миналото индуси и мюсюлмани са живели в мир и сговор като добри съседи. Нека не забравяме, че огромен брой привърженици на двете религии са ставали ученици на надрелигиозния Учител Кабир (1450 – 1518 г.) и в наши дни милиони са неговите последователи *(Кабир панти)*. При ислямското управление на Акбар Велики е имало широка свобода на вероизповеданието в цяла Индия. И днес картината не е по-различна – 95% от обикновените хора живеят в религиозна хармония и толерантност. Истинската Индия – Индия, която можа да разбере и следва Махатма Ганди, ще намерите не в големите, неспокойни градове, а в 700-те хиляди мирни села, където от незапомнени времена хората се управляват чрез *панчаяти* (местни съвети) – прости и справедливи форми на самоуправление. Проблемите, които новоосвободена Индия среща днес със сигурност ще бъдат разрешени с времето благодарение на онези велики мъже и жени, които Индия винаги е раждала и ще ражда.

* Със свободната воля в нас служим,
със свободната воля в нас обичаме –
защото наш е изборът и от нас зависи
дали в рая ще пребъдваме вечно
или заради непослушанието си
към бездните на ада ще полетим.
О, какво падение!
От висините на блаженството
в юдола на плача да рухнеш ти!

Джон Милтън, *„Изгубеният рай"* (Paradise Lost)

** Планът на Божията *лила* (забавна игра), според който се е появил видимият свят, е план на *взаимодействие* между създанието и Създателя. Единственият дар, който човек може да принесе на Бог, е любовта. Тя е достатъчна, за да предизвика Неговата

Идеалите първо трябва да пуснат корени в сърцето, преди да разцъфтят в нравствени ценности на гражданското общество. Вътрешните реформи естествено водят до външни реформи. Този, който реформира себе си, ще реформира хиляди!

Издържалите проверката на времето световни писания в своята същност са едно. Те вдъхновяват човек да започне вътрешното пътешествие, да се извиси в Духа. Един от най-щастливите периоди в живота ми бе, когато диктувах моите тълкувания на стихове от Новия завет за списанието „Себе-осъзнаване" *(Self-Realization)**. Молех се горещо Христос да ми помага да разшифровам точните послания, скрити зад думите му, много от които, за голямо съжаление, неправилно разбирани в продължение на двайсет века.

Една нощ, както си седях и мълчаливо се молех в стаята си в обителта в Енсинитас, помещението изведнъж се изпълни с опаловосиня светлина. Пред себе си видях сияйната фигура на блажения Господ Исус Христос: младеж на около двайсет и пет години, с рядка брада и мустаци, с дълга черна коса, разделена по средата и обгърната в ореол от трептяща златна светлина.

Очите му бяха дивно красиви! В тях се отразяваше самата вечност! Взрях се в тях и долових, че те постоянно меняха израза си. С всеки божествен преход аз интуитивно схващах мъдростта, която те ми предаваха. В славния му взор усетих силата, която крепи безброй светове. Тогава на устата му се появи Светият граал, спусна се бавно към моите устни и пак се върна при Исус. След няколко мига мълчание той изрече чудни слова – толкова лични, толкова съкровени, че ги запазих дълбоко в сърцето си!

През 1950 и 1951 г. прекарах много месеци в едно тихо и спокойно убежище в пустинята Мохаве в Калифорния. Там аз преведох Багавад Гита и написах подробни коментари** върху

безкрайна щедрост. „С проклятие сте прокълти, защото вие, целият този народ, ме обирате. Донесете всички десятъци в хранилището, за да има храна в моя дом. И опитайте Ме сега в това, казва Господ на силите, дали не ще ви отворя небесните отвори, за да излея върху ви благословение до излишък" (Малахи 3:9–10).

* Self-Realization Fellowship по-късно издаде обширните тълкувания на Парамаханса Йогананда на четирите Евангелия в книга, озаглавена „Второто пришествие на Христа: Възкресението на Христа в теб" *(The Second Coming of Christ: The Resurrection of the Christ Within You).* – Бел. изд.

** „Бог разговаря с Арджуна: Багавад Гита – царската наука за Богопознание" *(God Talks With Arjuna: The Bhagavad Gita – Royal Science of God-Realization),* публикувана от

различните системи в йога.

Сочейки недвусмислено на две места* йогическата техника (единствената, упомената в Багавад Гита, и същата, която Бабаджи именувал просто *крия йога),* великото Свещено писание на Индия предлага не само нравствено, но и практическо учение. В океана на този съновен свят дъхът се явява бурята на илюзията, която поражда и поддържа съзнанието за индивидуални вълни – формите на хора и всички останали материални обекти. Кришна е съзнавал, че философско-етическото знание само по себе си няма да е достатъчно, за да пробуди човек от мъчителния сън на обусловеното, отделено съществуване, и затова е посочил едно свещено Знание (техника), с помощта на която йогът може да овладее тялото си и със силата на волята да го превърне в чиста енергия. Този йогически подвиг не е извън обсега на теоретическите търсения на съвременните учени, пионерите на атомната ера: те вече доказаха, че цялата материя може да се редуцира до чиста енергия.

Индуистките писания възхваляват йогическата наука, защото тя може да се прилага успешно от всички хора по света. Разбира се, мистерията на дъха понякога е била разгадавана и без строго йогически техники, както в случая с неиндийските мистици, притежаващи свръхестествени способности, отключвани поради горещата им отдаденост на Господ. Такива християнски, мюсюлмански и други светци са наблюдавани в състояние на неподвижен бездиханен транс *(сабикалпа самади**),* което е задължителна стъпка към първите нива на Боговъзприятие. (След като обаче един светец достигне най-високото състояние – *нирбикалпа самади,* той окончателно и безвъзвратно се установява в Господ – независимо дали диша, или не; независимо дали се движи, или не.)

издателство Self-Realization Fellowship. Багавад Гита е най-обичаното свещено писание на индусите. То представлява диалог между Господ Кришна (символизиращ Духа) и неговия ученик Арджуна (символизиращ душата на идеалния последовател): вечни духовни съвети, приложими от всички търсачи на Истината. Централното послание на Гитата е, че с любов към Бог, мъдрост и добри дела в дух на непривързаност човек може да постигне освобождение.

* Багавад Гита IV:29 и V:27–28.

** Виж глава 26. Сред християнските мистици, наблюдавани в *сабикалпа самади,* се откроява Света Тереза от Авила, чието тяло застивало на място като статуя – така неподвижно, че изумените монахини в метоха едва успявали да я извадят от божественото ѝ вцепенение и да я върнат в човешко съзнание.

Брат Лоран Възкресний, християнски мистик от XVII век, разказва, че за първи път Божията слава го изпълнила, докато се любувал на едно дърво. Всеки е виждал дърво, но, уви, не всеки може да види Твореца зад него. Колкото и да искат повечето хора никак не могат да събудят неудържимите сили на предаността, с които естествено са надарени малцина *екантини* (горещо отдадени на Бог светци), познати ни от всички религии както на Изток, така и на Запад. Това обаче далеч не означава, че вратите за божествено общение са затворени пред обикновения човек*. За да възкреси спомена за божествената си същност, на него не му трябва нищо друго освен *крия,* ежедневно съблюдаване на нравствени предписания и разбира се, гореща молитва: „Господи, жадувам да Те позная!".

Йога упражнява голяма притегателна сила върху хората, защото предлага приложим в ежедневието научен метод за постигане на Бог. Вярвам, всеки ще се съгласи с мен, че в началото не всички хора имат този набожен плам.

Просветлените адепти на джайнизма биват наричани *тиртакари* ('проправящи брод'), защото те сочат прохода, през който обърканото човечество може да прекоси бурните води на *самсара* (кармичното колело, повтарящите се цикли на живот и смърт). *Самсара* – букв. 'да се оставиш на течението на феноменалния поток', увлича човек по пътя на най-малкото съпротивление. „Прелюбодейци! Не знаете ли, че приятелството със света е вражда против Бога? И тъй, който иска да бъде приятел на света, става враг на Бога."** За да стане приятел на Бог, човек трябва да преодолее дявола, тоест злото в кармата си, действията, които го подтикват безхарактерно да се отдава на заблудите в света на *мая*. Искреният търсач, който познава железния закон на кармата, не спира да търси начин, който ще му помогне да отхвърли завинаги оковите. Понеже кармичното крепостничество на човешките същества се корени в желанията на замъглените от

---

* „Обикновеният човек" трябва да започне своето духовно пътешествие отнякъде, някога. „И най-дългият път започва с една малка крачка", отбелязва Лао Дзъ. Господ Буда пък казва: „Не се предавайте лесно, казвайки в сърцето си: „Божията благодат няма да ме осени". Защото делвата се пълни капка по капка и капка по капка мъдрият събира благодатта на Духа".

** Яков 4:4.

мая умове, йогът се занимава с упражнения за контрол над ума*. С тяхна помощ воалите на кармичното неведение падат един по един и накрая човек съзира своята изначална същност.

Човек идва на Земята с една-единствена цел: да разгадае мистерията на живота и смъртта. А тя е в тясна връзка с дъха. Бездиханието е безсмъртие. Съзнавайки тази истина, древните риши на Индия са се концентрирали върху дъха и са развили прецизна и рационална наука за постигане на бездихание.

Дори Индия да не беше дала нищо друго на света, само *крия йога* щеше да е прещедър царски дар.

Много стихове в Библията сочат, че юдейските пророци са знаели отлично, че вдъхвайки жизненото дихание, Бог свързва чрез фина връзка тялото и душата на човека. Битие казва: „И създаде Господ Бог човека от земна пръст и вдъхна в лицето му дъха на живота; и стана човекът жива душа"**. Човешкото тяло е съставено от субстанции с химични (неметални и метални) свойства, които се срещат и в „земната пръст". Човешката плът никога нямаше да може да върши действия, да провежда енергия, да

---

* Като пламък на свещ при пълно безветрие
неподвижен е умът на йоги.
Стихнал бурята на сетивата,
до небесата пръска светлината си.

Когато умът в покой съзерцава,
смирен чрез практика духовна,
съзира себе-то Себе Си и в Себе Си
с благодатта се „помазва".

Блаженство неизказано,
свръхсъзнателно е то,
лика си незрим на Душата само открива.
Осенените от него в Истина вечна пребъдват.

Няма богатство по-голямо
от тази велика Истина.
Позналите Я
не трепват и при най-тежки проверки.

Знай, това е „мирът",
а тази щастлива „свързаност" – йога е.
Нея следвай –
и съвършен йоги бъди!

Багавад Гита VI:19–23 *(по английския превод на сър Едвин Арнолд)*
** Битие 2:7.

Индийският посланик в Съединените щати г-н Бинай Ранджан Сен с Шри Йогананда в центъра майка в Лос Анджелис три дни преди *махасамади* на великия йоги, 4 март 1952 г.

Във възпоменателното си слово на погребението на 11 март посланик Сен каза: „Ако днес имахме човек като Парамаханса Йогананда в Обединените нации, светът щеше да е по-добро място за живеене. Не познавам друг, който да е направил толкова много за сближаването на народите на Индия и Америка".

проявява воля, ако не бяха жизнените потоци, изливани от душата към тялото чрез посредничеството (при непросветлените хора) на дъха (газообразната енергия). Жизнените потоци, циркулиращи в човешкото тяло под формата на пет разновидности на единосъщата *прана* (фини жизнени енергии), са прояви на *Ом*-вибрацията на вездесъщата душа.

Душата е източникът на живота, а клетките на плътта – нейно отражение. Но отражение дотолкова правдоподобно, че човек се привързва преди всичко към своето тяло – до такава степен, че го издига във фетиш, макар да е очевидно, че без душевния източник то е просто една буца пръст. Хората погрешно се отъждествяват с физическата форма, защото жизнените потоци от душата към плътта пренасят освен друго и дъх – с такава интензивност, че те вземат следствието за причина и идолопоклоннически си въобразяват, че тялото има свой собствен живот.

В будно състояние човек съзнава тялото и дъха си. В подсъзнателно състояние, активно по време на сън, имаме временно откъсване на ума от тялото и дъха. Свръхсъзнателното състояние е освобождаване от илюзията, че „съществуването" зависи от тялото и дъха.* Бог живее без дъх. Душата, направена по Негово подобие, се осъзнава истински за първи път само по време на бездиханното състояние.

Когато на определен еволюционен етап от кармичното развитие дъхът връзка между душата и тялото се прекъсне, имаме рязък преход – настъпва „смъртта" и физическите клетки се връщат в първоначалното си безжизнено, инертно състояние. *Крия йогът* обаче знае как да прекъсва дъха връзка волево, прилагайки научна мъдрост, така че не му се налага да чака грубата намеса на кармата. В реалните си изживявания по време на медитация той осъзнава, че е нетленно същество и няма нужда от грубоватия урок на смъртта, който по един твърде безцеремонен начин го съветва да спре да разчита само на физическото си тяло.

Живот след живот всеки човек напредва (със собствена скорост, колкото и променлива да е тя) към целта на своя апотеоз. „Смърт" не означава прекъсване на този неспирен възход. Смъртта просто предлага почивка в една ефирна среда, в астралния свят, където човек се пречиства от шлаката. „Да се не смущава сърцето ви. (...) В дома на Отца ми има много обиталища."** Глупаво би било да си въобразяваме, че Бог ще изчерпи Своята гениалност в организирането на този или на отвъдния свят и няма да ни

---

* „Никога няма да изпиташ истинска наслада от света, дорде самите морета не потекат във вените ти, дорде небесата не станат твоя одежда, звездите – твоя корона; дорде не се почувстваш единствен господар на цялата Вселена, и главното – дорде не съзреш, че хората около теб – и те точно толкова, колкото и ти самият, са единствени господари на Вселената; дорде не се научиш да пееш, да се радваш, ликуваш в Бога, както скъперникът се радва на златото, царят – на своя скиптър... Дорде Бог не стане за теб най-вътрешната потребност във вечността, като разходката и храненето; дорде не познаеш отблизо Пустотата, от която Бог сътвори световете." – *Томас Трехърн*, *„Дневници със сто божествени размисли"* (Centuries of Meditations)

** Йоан 14:1–2.

предложи нищо по-предизвикателно и интригуващо от нежни звуци на арфа.

„Смърт" не означава нито изчезване на битието, нито окончателно бягство от живота. Смъртта не е и врата към безсмъртието. Този, който е забравил своето истинско Себе в насладите на земните радости, няма да Го намери и сред ефирните прелести на астралния свят. Там той просто развива способност за по-фини възприятия за красивите и добри неща, които по същество са едно. Тази земя е една наковалня, на която воинът трябва да изкове нетленния златен бокал на своята духовна идентичност. С едната си ръка той поднася изработения с много пот бокал като единствен приемлив дар в нозете на алчната Смърт, а с другата го получава обратно от Бог, но вече изпълнен с еликсира на окончателното освобождение от колелото на физическите прераждания.

Следващите няколко години в Енсинитас и Лос Анджелис аз изнасях беседи, на които тълкувах на учениците си *Йога сутрите* на Патанджали и други задълбочени трактати на индуистката философия.

– Защо е трябвало Бог да слива в едно душата и тялото? – попита ме една вечер един ученик. – Какво е преследвал Той, завъртайки по този начин колелото на еволюционната драма в творението. – Подобни въпроси чувах не за първи път. Безброй други хора преди него също са се питали. И философите, разбира се, са търсели задоволителен отговор. Но напразно.

– Оставете няколко мистерии за изследване във вечността – обичаше да казва Шри Юктешвар с усмивка. – Как може ограниченият човешки разум да схване немислимите мотиви на Нетварния Абсолют?* Рационалният човешки разум, обвързан с видимия свят

---

* „Защото моите помисли не се като вашите помисли, нито вашите пътища – като моите пътища – казва Господ. – Както небето е по-високо от земята, така и моите пътища са по-високи от вашите пътища, и моите помисли – от вашите помисли" (Исая 55:8–9). В своята „Божествена комедия" Данте свидетелства:

Аз бях в този рай – най-озарения от Неговата Светлина,
и видях неща, които завърналият се нито знае, нито може да изкаже.
Защото колкото повече наближаваш обекта на своя копнеж,
толкова по-силно разумът бива завладян от него,
че рискуваш да забравиш пътя, по който си дошъл.
Но каквото от Святото Царство бе по силите на паметта ми да запази,
ще звучи в мен като блажена мелодия, дорде песента ми заглъхне.

чрез принципа на причината и следствието, си блъска главата над загадката, наречена Бог – Безначалния, Безпричинния. И все пак, макар човешкият разум да не може да проумее докрай енигмата на творението, всяка тайна на живота накрая ще бъде разбулена на предания търсач от самия Бог.

Искреният търсач, който жадува за мъдрост, първоначално овладява няколко прости геометрични формули по божествена архитектура и едва след това пристъпва към по-сложната материя – божествена стереометрия, координатни системи, графики, теории на относителността.

„*Никой никога не е видял Бога* (никой смъртен, подвластен на времето, на относителностите на *мая**, не може да съзре Безкрайното). *Единородният Син, който е в недрата на Отца* (отразеното Христово Съзнание, или външната проекция на Съвършения Разум, Който поддържа целия структурен феномен чрез вибрацията *Ом*, е произлязло от недрата, от глъбините на Нетварния Бог, за да изрази многообразието на Единия), *Той го изяви* (обуслови, тоест прояви в причинна форма)."**

„Истина, истина ви казвам – обяснява Исус, – не може Синът да върши от само себе си нищо, освен това, което вижда да върши Отец; понеже каквото върши Той, подобно и Синът го върши."***

Тройната природа на Бог, както Го виждаме да се проявява във феноменалните светове, се символизира в индуистките свещени писания чрез Брама (Създател), Вишну (Пазител) и Шива (Разрушител-Обновител). Тази триединна същност ние виждаме постоянно да се проявява във вибрационното творение. Тъй като Абсолютът е отвъд всякакви човешки представи, набожните индуси Го обожават във внушителните олицетворения на Троицата****.

---

* Вечният кръговрат на живота – смяната на деня с нощта и обратно, е едно постоянно напомняне за въвлечеността в *мая*, противоположните състояния. (Затова тези преходни периоди от денонощието – при изгрева и залеза, са благоприятни за медитация заради балансиращия ефект, който произвеждат.) Разкъсвайки двулицевото було на *мая*, йогът съзира Трансцендентната Единност.

** Йоан 1:18.

*** Йоан 5:19.

**** Тази Троица не бива да се бърка с Триединната Реалност *Сат-Тат-Ом*, респ. Бог-Отец, Бог-Син, Бог-Свети Дух. Брама-Вишну-Шива е триединната проява на Бог в аспекта Му на *Тат*, тоест Сина, Христовото Съзнание, което е вътрешно присъщо на вибрационното създание. *Шактите*, тоест енергиите, „божествените спътнички"

„ПОСЛЕДНАТА УСМИВКА"

Тази снимка е направена един час преди *махасамади* (окончателно съзнателно излизане от тялото при йогите) на Парамаханса Йогананда на тържеството в чест на посланика на Индия Бинай Р. Сен на 7 март 1952 г. в Лос Анджелис, Калифорния.

Камерата на фотографа е запечатала любящата усмивка, с която Учителят дава прощалното си благословение на милионите свои приятели, ученици и последователи. Очите, които вече съзерцават вечността, са пълни с човешка топлота и разбиране.

Смъртта няма власт над този несравним поклонник на Бог. Тялото му остава във феноменално състояние на нетление. (Виж стр. 610.)

Вселенските аспекти на Бог (Създател, Пазител, Разрушител) обаче не са Неговата истинска, същностна природа (космическото творение не е нищо повече от една Негова *лила* – игра, забавление*). Неговата иманентна същност не може да бъде схваната, дори човек да проумее всички тайни на Троицата, защото външната Му природа, проявяваща се като закономерни процеси на атомните изменения, просто Го изразява, без да Го разкрива. Най-дълбоката същност на Бог може да се познае само тогава, когато „Синът отиде при Отца Си"**. Освободеният човек се издига над вибрационните сфери и навлиза в Безвибрационния Всеизточник.

Всички велики пророци са запазвали мълчание, когато някой е искал да му разкрият най-дълбоките тайни на битието. Когато Пилат попитал: „Що е Истина?"***, Христос го оставил без отговор. Подобни предизвикателни въпроси на хора като Пилат, водени от интелекта си и рядко от горещо желание да узнаят Истината, говорят по-скоро за едно арогантно отношение – много хора считат скептицизма си по отношение на духовните ценности**** за „просветеност".

„Аз затова се родих, и затова дойдох на света, за да свидетелствам за Истината. Всеки, който е от Истината, слуша гласа ми."***** С тези няколко думи Христос е изговорил томове книги. И наистина, детето на Бога „свидетелства" с *живота* си. Той целият

(женския творчески принцип на съществуването) на Троицата, са символи на *Ом*, Светия Дух – единствената причинна сила, която крепи Мирозданието чрез вибрация. (Виж бел. стр. 198 и 254.)

* „Достоен си, Господи и Боже наш, да приемеш слава, почит и сила, защото ти си сътворил всичко и за Твое удоволствие всичко съществува и е било сътворено" (Откровение 4:11).

** Йоан 14:12.

*** Йоан 18:38.

**** Добродетелта обичай,
защото свобода дарява тя.
Да се въздигаш тя ще те научи
по-славно от тези висоти,
където музиката на сферите звучи.
И дори малко да не й достига за рая,
портите си пак ще отвори за тебе накрая.

Милтън, „Комус" (Comus)

***** Йоан 18:37.

е олицетворение на тази Истина! Но не стига това, той дори го обявява на всеослушание. Каква щедрост, какво великодушие!

Истината не е нито теория, нито спекулативна система на философията, нито интелектуално прозрение. Истината кореспондира точно с Реалността. За обикновения човек Истината е непоклатимо знание за неговата истинска природа, за неговото Себе, Душа. Исус доказа – чрез всяка своя стъпка и изречено слово, че познава Истината за своето същество, за божествения си произход. Бидейки изцяло отъждествен с вездесъщото Христово Съзнание, той простичко заявява: „Всеки, който е от Истината, слуша гласа ми".

Буда също е отказал да осветли метафизичните дълбини, отбелязвайки сухо, че няколкото мига, които човек идва да прекара на Земята, най-добре биха могли да бъдат оползотворени в нравствено усъвършенстване. Китайският мистик Лао Дзъ учи: „Този, който знае – не го казва; а този, който го казва – не го знае". Най-дълбоките тайни на Бог не бива да са обект на „публичен дебат". Дешифрирането на Неговия таен код е изкуство, което всеки трябва да научи за себе си. Тук сам Бог е Учителят.

„Бъдете в покой и знайте, че Аз съм Бог."* Макар Бог да е вездесъщ, Той е толкова скромен, че Си върши работата незабелязано и може да бъде чут само в най-дълбока тишина. Когато търсещият Бога се научи да се настройва към съзидателната вибрация *Ом*, резонираща в цялата Вселена, от този звук ще изкристализират разбираеми думи.

Божественият замисъл за творението, дотолкова, доколкото човешкият разум може да го схване, е изложен във Ведите. Ришите учат, че всяко човешко същество е създадено от Бог като душа, която ще прояви определено уникално свойство на Безкрайното, преди отново да възвърне своята идентичност на Абсолют. В този смисъл всеки човек представлява една стеничка на кристала, наречен Божествено Тяло, и всеки е еднакво мил на Бога.

Мъдростта на Индия, най-големия брат сред нациите, е наследство на цялото човечество. Ведическата истина, и тя като всяка друга истина, принадлежи на Господа, а не на Индия. Дълбоките божествени истини на Ведите, прозрени от озарените

---

* Псалми 46:10/Псалми 45:11. Целта на науката йога е да произведе този вътрешен покой, в който човек може истински да „познае Бог".

умове на великите риши, принадлежат на целия човешки род. Ришите са се родили на тази планета, за да служат на човечеството, и разграничения като раса и националност нямат място в търсенията на Истината. Тук от значение е единствено и само духовната възприемчивост.

Бог е Любов. Неговият план за творението може да пусне корени само в любовта. Нима тази проста мисъл не предлага повече утеха на човешкото сърце от сложните теории? Всеки светец, проникнал до сърцевината на Реалността, свидетелства, че съществува един Божи план за Вселената, който е прелестен и пълен с радости.

На пророк Исая Бог е разкрил плановете Си в следните слова:

> И Словото Ми (съзидателното Слово *Ом)* ще се лее от Моите уста и няма да се връща при Мене празно, а ще изпълнява волята Ми и ще благоуспява в онова, за което го изпращам. Ще бъдете извън себе си от радост и изпълнени с неземен мир! Планините и хълмовете ще ликуват от радост и всички дървета в полето ще ви пляскат с ръце (Исая 55:11–12).

„Ще бъдете извън себе си от радост и изпълнени с неземен мир!" Хората на XX век, изтерзани от мъка, поглъщат жадно това чудно обещание. Пълната истина, съдържаща се в това послание, може да бъде осъзната от всеки Боготърсач, решен твърдо да възвърне божественото си наследство.

Благодатната роля на *крия йога* на Изток и Запад тепърва започва. Нека всички хора знаят, че съществува една научна техника за Себе-осъзнаване, която може да изкорени издъно всички човешки нещастия!

Изпращайки вибрации на обичливи мисли към хилядите *крия йоги,* пръснати по планетата като блещукащи кристали, често си мисля с благодарност:

„Господи, Ти дари този монах с огромно семейство!".

ПАРАМАХАНСА ЙОГАНАНДА: ЙОГИ В ЖИВОТА И В СМЪРТТА

Парамаханса Йогананда навлезе в *махасамади* (окончателно съзнателно излизане от тялото при йогите) в Лос Анджелис, Калифорния, на 7 март 1952 г., секунди след края на речта си на приема, даден в чест на Негово Превъзходителство Бинай Р. Сен, посланик на Индия.

Великият световен Учител демонстрира ценността на йога (научни техники за единение с Бог) не само в живота, но и в смъртта. Седмици наред след като напусна тялото си, неизменният му лик светеше с божествения блясък на нетленността.

Г-н Хари Т. Роу, директор на лосанджелиския гробищен парк „Форест Лоун" (където тялото на Великия Учител бе временно положено), изпрати до Self-Realization Fellowship нотариално заверено писмо, от което поместваме следните извадки:

„Липсата на каквито и да било признаци на следсмъртно разлагане в трупа на Парамаханса Йогананда е най-необикновеният случай, на който сме ставали свидетели в нашата практика... Дори двайсет дни след смъртта му в тялото му не се наблюдаваха никакви физически изменения... Никакви клинични белези на поява на гнилостни плесени или каквито и да било видими сбръчквания поради изсъхване в телесните тъкани. Такова състояние на съвършено запазване, доколкото ни е известно от погребалните регистри, е прецедент. (...) Когато приемахме тялото на Йогананда, очаквахме през стъкленото прозорче на ковчега да видим обичайните белези на напреднало разлагане, но останахме силно изненадани. С всеки изминал ден почудата ни растеше още повече, защото при огледите на трупа не забелязвахме абсолютно никаква промяна. Тялото на Йогананда очевидно бе във феноменално състояние на неизменност. (...)

От тялото му никога не се е излъчвала миризма на разложено. (...) На 27 март, малко преди да затворят бронзовия капак на ковчега, външният вид на Йогананда беше същият, както на 7 март – деня, в който го докараха. На 27 март той изглеждаше точно толкова свеж и недокоснат от разлагането, колкото и в нощта на своята смърт. На 27 март нямаше абсолютно никакви индикации, че тялото му е претърпяло и най-малкото физическо изменение. Поради тези обстоятелства ние отново заявяваме, че случаят с Парамаханса Йогананда е уникален".

През 1977 г. по повод двайсет и петата годишнина от *махасамади* на Парамаханса Йогананда правителството на Индия пусна юбилейна възпоменателна марка с неговия лик. Към марката имаше обяснителна листовка, част от която гласеше:

> Идеалът за любовта към Бог и служенето на човечеството намериха върховен израз в живота на Парамаханса Йогананда. (...) Макар по-голяма част от живота му да бе прекарана извън Индия, той заема своето заслужено място сред нашите велики светци. Неговото дело продължава да расте и свети все по-ярко, навсякъде привличайки нови хора към пътя на поклонничеството пред Духа.

ДОПЪЛНИТЕЛНИ ВЪЗМОЖНОСТИ ДА СЕ ИНФОРМИРАТЕ ЗА УЧЕНИЕТО КРИЯ ЙОГА НА ПАРАМАХАНСА ЙОГАНАНДА

Self-Realization Fellowship е посветено на каузата да помага на търсачите на Истината по целия свят. За информация относно нашите публични беседи, семинари, медитации и вдъхновяващи служби в храмовете и центровете ни по света, графика на ритрийтите, както и за други наши мероприятия, Ви приканваме да посетите нашия уебсайт или центъра майка:

www.yogananda-srf.org

Self-Realization Fellowship
3880 San Rafael Avenue
Los Angeles, CA 90065
+1 323 225 2471

УРОЦИ НА
SELF-REALIZATION FELLOWSHIP

Лични напътствия и указания от Парамаханса Йогананда за практикуване на йога техниките за медитация и принципите на духовното живеене

Ако се чувствате привлечени от духовните истини, описани в *Автобиография на един йоги*, Ви приканваме да се запишете за *Уроци на Self-Realization Fellowship*. Те се предлагат на английски, испански и немски език.

Парамаханса Йогананда създаде тази система за домашно обучение, за да могат всички търсачи на Истината да научат и практикуват древните йога техники за медитация, представени в настоящата книга – включително техниката *крия йога*. В *Уроците*, наред с всичко друго, той дава и практически съвети за постигане на балансирано физическо, психическо и духовно благосъстояние.

Уроците на Self-Realization Fellowship може да се поръчат срещу номинална такса (покриваща разходите за отпечатване и изпращане по пощата). По време на кореспондентския курс учениците при нужда получават лични напътствия (безплатно) от монасите и монахините на Self-Realization Fellowship как правилно да практикуват техниките.

За още информация...

Подробности за *Уроците на Self-Realization Fellowship* ще намерите в брошурата „Несънувани възможности" *(Undreamed-of Possibilities)*. За да получите безплатен екземпляр на тази брошура и формуляр за кандидатстване, моля, посетете нашия уебсайт или се обърнете към центъра майка.

КНИГИ НА АНГЛИЙСКИ ОТ ПАРАМАХАНСА ЙОГАНАНДА

В книжарниците или директно от издателя:
Self-Realization Fellowship
3880 San Rafael Avenue • Los Angeles, California 90065
Тел.: +1 323 225 2471 • Факс.: +1 323 225 5088
www.yogananda-srf.org

Autobiography of a Yogi

The Second Coming of Christ: *The Resurrection of the Christ Within You*
Откровенчески коментари върху автентичното учение на Исус.

God Talks with Arjuna – The Bhagavad Gita
Нов превод и коментари.

Man's Eternal Quest
Лекции и беседи на Парамаханса Йогананда. Том I.

The Divine Romance
Лекции, беседи и есета на Парамаханса Йогананда. Том II.

Journey to Self-Realization
Лекции и беседи на Парамаханса Йогананда. Том III.

Wine of the Mystic: *The Rubaiyat of Omar Khayyam – A Spiritual Interpretation*
Вдъхновени коментари, осветяващи мистичното знание за Богообщение, скрито зад загадъчните алегории и метафори на *Рубайят*.

Where There Is Light: *Insight and Inspiration for Meeting Life's Challenges*

Whispers from Eternity
Събрани молитви и описания на божествени изживявания на Парамаханса Йогананда в извисени състояния на съзерцание.

The Science of Religion

The Yoga of the Bhagavad Gita: An Introduction to India's Universal Science of God-Realization

The Yoga of Jesus: Understanding the Hidden Teachings of the Gospels

In the Sanctuary of the Soul: A Guide to Effective Prayer

Inner Peace: How to Be Calmly Active and Actively Calm

To Be Victorious in Life

Why God Permits Evil and How to Rise Above It

Living Fearlessly: Bringing Out Your Inner Soul Strength

How You Can Talk With God

Metaphysical Meditations
Повече от триста духовно възвисяващи медитации, молитви и утвърждения.

Scientific Healing Affirmations
Тук Парамаханса Йогананда дава цялостни и задълбочени обяснения на науката и изкуството на утвърждението.

Sayings of Paramahansa Yogananda
Сборник с духовни бисери – прямите и чистосърдечни съвети на Парамаханса Йогананда към всички, дошли при него за напътствие.

Songs of the Soul
Мистична поезия от Парамаханса Йогананда.

The Law of Success
Тази книжка обяснява динамичните принципи за постигане на целите в живота.

Cosmic Chants
Текстове (английски) и музика към шейсет песни на преданост, с въвеждащи обяснения как песнопенията могат да извисят съзнанието на човек и той да влезе в общение с Бог.

АУДИОЗАПИСИ НА ПАРАМАХАНСА ЙОГАНАНДА

- *Beholding the One in All*
- *The Great Light of God*
- *Songs of My Heart*
- *To Make Heaven on Earth*
- *Removing All Sorrow and Suffering*
- *Follow the Path of Christ, Krishna, and the Masters*
- *Awake in the Cosmic Dream*
- *Be a Smile Millionaire*
- *One Life Versus Reincarnation*
- *In the Glory of the Spirit*
- *Self-Realization: The Inner and the Outer Path*

ДРУГИ КНИГИ И ПЕРИОДИЧНИ ИЗДАНИЯ ОТ SELF-REALIZATION FELLOWSHIP

Пълен каталог с всички публикации, дискове, аудио- и видеокасети на Self-Realization Fellowship ще Ви изпратим при поискване

The Holy Science от Свами Шри Юктешвар

Only Love: Living the Spiritual Life in a Changing World от Шри Дая Мата

Finding the Joy Within You: Personal Counsel for God-Centered Living от Шри Дая Мата

God Alone: The Life and Letters of a Saint от Шри Гянамата

"Mejda": The Family and the Early Life of Paramahansa Yogananda от Сананда Лал Гош

Self-Realization *(тримесечно списание, създадено от Парамаханса Йогананда през 1925 г.)*

ЛИНИЯТА НА НАШИТЕ ГУРУ

Махаватар Бабаджи е Върховен Гуру в индийската поредица от Учители, поели отговорност за духовното благополучие на всички членове на Self-Realization Fellowship и Yogoda Satsanga Society of India, практикуващи предано *крия йога*. „Аз ще остана в плът на тази земя – обещал той – до края на настоящия световен цикъл." (Виж глава 33.)

През 1920 г. Махаватар Бабаджи казал на Парамаханса Йогананда: „Ти си този, когото избрах да разпространи посланието на *крия йога* на Запад. (...) *Крия йога*, научната техника за Обожение, накрая ще се разпространи във всички страни и ще спомогне за хармонизирането на нациите чрез лично свръхсъзнателно възприятие на Безкрайния Баща". (Виж глава 37.)

Махаватар означава 'велико, божествено въплъщение', *йогаватар* – 'въплъщение на йога', а *гянаватар* – 'въплъщение на мъдростта'.

Премаватар означава 'въплъщение на любовта' – титла, дадена на Парамаханса Йогананда в 1953 г. от неговия най-изтъкнат ученик Раджарси Джанакананда (Джеймс Дж. Лин). (Виж бел. стр. 410.)

ФОНЕТИЧЕН КЛЮЧ ЗА ПРОИЗНАСЯНЕ НА САНСКРИТСКИТЕ ИМЕНА

БАГАВАН КРИШНА
Произнася се: Бàгаван Крѝшна

МАХАВАТАР БАБАДЖИ
Произнася се: Махàватар Бàбаджи

ЙОГАВАТАР ЛАХИРИ МАХАШАЯ
Произнася се: Йогàватар Лахѝри Махàша(я)

ГЯНАВАТАР СВАМИ ШРИ ЮКТЕШВАР
Произнася се: Гянàватар Свàми Шри Юктèшвар

ПРЕМАВАТАР ПАРАМАХАНСА ЙОГАНАНДА
Произнася се: Премàватар Парамахàнса Йоганàнда

Сричката *хан* в Парама*хан*са се произнася носово – с меко назално *н* и едва чуто *г*.

ЦЕЛИ И ИДЕАЛИ НА
SELF-REALIZATION FELLOWSHIP

*Както са изложени от Парамаханса Йогананда, основател
Шри Мриналини Мата, президент*

Да разпространява по света знание за определени научни техники за постигане на непосредствено лично изживяване на Бог.

Да учи, че смисълът на живота е в развитието – чрез лични усилия – от ограниченото, смъртно човешко съзнание към Божие Съзнание и за тази цел да основава Self-Realization Fellowship храмове за единение с Бог по целия свят и да поощрява изграждането на Божи храмове в домовете и сърцата на хората.

Да разкрие пълната хармония и принципна еднаквост на проповядваното от Исус Христос автентично християнство и проповядваната от Багаван Кришна автентична йога и да покаже, че тези принципи на Истината са общата научна основа на всички истински религии.

Да посочи единния висш божествен път, към който водят всички пътища на религиозни вярвания: пътя на всекидневна, научна, предана медитация върху Бог.

Да освободи човека от тройното страдание: физически болести, психическа неуравновесеност и духовно незнание.

Да насърчава „простия живот и възвишеното мислене" и да разпространява духа на братството сред всички народи, като проповядва вечния принцип на тяхното единство: родство с Бог.

Да демонстрира превъзходството на ума над тялото и на душата над ума.

Да побеждава злото с добро, скръбта с радост, жестокостта с милосърдие, невежеството с мъдрост.

Да обедини наука и религия, като развие осъзнатост за общия фундамент на техните основополагащи принципи.

Да проповядва културно и духовно разбирателство между Изтока и Запада и обмен на постиженията, които ги представят откъм най-светлата им страна.

Да служи на човечеството като на свое по-голямо Себе.

ПОКАЗАЛЕЦ

Източните имена, с редки изключения, са подредени по азбучен ред и започват с малкото име, както са дадени и в книгата; например Багабати Чаран Гош се намира под буквата „Б". Западните имена, за разлика от тях, се изреждат под фамилното име.

А

Абаниндра, племенник на Тагор 334
Абдул Гафур Хан, мюсюлмански ученик на Лахири Махашая 402
Абинаш 37; ~ вижда Лахири Махашая сред полето 38
Абинаш Чандра Дас, проф. 594 бел.
Абоя, молитвата на ~ към Лахири Махашая да спре влака 353; молитвата на ~ към Лахири Махашая да опази деветото ѝ дете 354
Абу Саид, персийски мистик, цитиран 85–86
аватар 105 бел., 372 и сл.
авидя ('неведение') 238 бел., 339
„Автобиография на Тереза Нойман" *(The Story of Therese Neumann)* 61 бел., 450 бел.
Агастя, аватар от Южна Индия 373
Адъвар, Халиде Едип 535 бел.
Айнщайн, Теория на относителността 339 и сл.; ~ отдава почит на Ганди 552
Акбар Велики 213, 267 бел., 597 бел.
Аквински, Св. Тома, цитиран 248 бел.
Алакананда 84
алегорията Адам и Ева 227 и сл.
Александър Македонски 172, 418 бел., 477 и сл.; Дандамис осъжда ~ за делата му 478–479; въпросите на ~ към *брамините* 479–480; пророчеството за смъртта на ~ 480

Амар Митер, приятел от гимназията, бягството с ~ към Хималаите 63 и сл., 78
Американска унитарианска асоциация 425, 436
Амио Боус, моя племенница 553
Амулая, ученик на Шри Юктешвар 495
амулет 52 и сл., 63, 137; появата на ~ 53; изчезването на ~ 131, 243 бел.
Ананда Мои Ма (Пропитата от блаженство Майка) 553 и сл.; ~ посещава нашето училище в Ранчи 557 и сл.
Ананда Мохан Лахири, цитиран 408 и сл.
Ананта Лал Гош, по-големият ми брат 47, 49 и сл., 63, 66, 69 и сл., 137, 141 и сл., 146–150, 169, 223, 426, 496 бел.; годежът на ~ 47; ~ ме залавя при бягството ми към Хималаите 49; ~ ми предава предсмъртното писмо на майка ми 50; ~ осуетява второто ми бягство към Хималаите 66; ~ ме води при бенареския пандит и неговия син 69–70; ~ ме посреща в Агра 141; смъртта на ~ 141, 295–296; ~ ми предлага изпитанието „без пукната пара" в Бриндабан 142 и сл.; ~ иска *крия йога* посвещение 150
ангели, Лахири Махашая, заобиколен от ~ 351
Анджела, Блажена ~ от Фолиньо, въздържане от храна на ~ 573 бел.

Показалец

Андрюс, Ч. Ф. 331 бел., 540 бел.
Арджуна, ученик на Шри Кришна 86 бел., 303, 312, 394 бел., 598 бел.
Ариан, гръцки историк 477, 481
ариец (арийски) 477 бел., 594 бел.; древното значение на ~ 418 бел.
„Арийска мисия", йога център ~ 408
Арияварта, древното име на Индия 418 бел.
Арнолд, сър Едвин, преводач на Багавад Гита, цитиран 76 бел., 86 бел., 427 бел., 601 бел.
асана (йога поза) 215 бел., 291, 316, 470
астрални светове 242, 328 бел., 511 и сл., 603
астрално тяло 306, 328 бел., 512, 515 и сл., 520 и сл., 526 и сл.
астрология 218 и сл., 306; схващанията на Шри Юктешвар за ~ 218 и сл., 300
астрономия, древни трактати по ~ 218 бел.
атеизъм 238 бел.; философията на *Санкя* погрешно тълкувана като ~ 226
Атлантида 304 бел.
„Атлантик Мънтли" (*Atlantic Monthly*) 59 бел., 124 бел.
атман (Атман); вж. **душа (Душа)**
атом (*ану*) и атомна теория 108 бел., 124, 294, 340–342, 343, 387, 513 бел., 570 бел.
атомна ера 294, 337, 342, 592, 599
Ауди, Джотин, спътникът ми в екскурзията в Кашмир 250, 253, 257, 264
Аулукя (Канада, „хранещия се с атоми") 108 бел.
Ауробиндо Гош, Шри 536 бел.
Афзал Хан, мохамеданинът чудотворец 239 и сл.
ахамкара (его-принципа) 76 бел., 85 бел., 284 бел.; *вж. също* **его**
ахимса ('не-насилие') 86 бел., 160, 537, 542
Ахуджа, М. Р., генерален консул на Индия в Съединените щати 592
Ашока, благороден император 28–29; издълбаните върху каменни колони едикти на ~ 476
ашрам (обител) 103 бел.
Аюрведа 408 бел.

Б

Бабаджи, гуру на Лахири Махашая 193, 303, 304 бел., 309 бел., 323, 361, 371, 372 и сл., 375 бел., 399, 410 и сл., 448, 496, 499, 511, 522 бел., 599; аватар 372 и сл.; ~ действа скромно оттеглен от света 374; как изглежда ~ 375; ~ освобождава ученик от смърт 376; ~ възкресява мъртъв последовател 376–377; ~ обещава да запази физическото си тяло завинаги 379; първата среща на ~ с Лахири Махашая 382 и сл.; ~ внушава на ума на началника на Лахири Махашая да го прехвърли в Раникет 384; ~ материализира дворец в Хималаите 385 и сл.; ~ посвещава Лахири Махашая в *крия йога* 389; ~ смекчава древните изисквания за посвещение в *крия* 392; ~ цитира Гита относно ефикасността на *крия* 393; ~ се появява пред групата в Морадабад 394–395; ~ мие нозете на *саду* на *Кумба Мела* 396; ~ среща Шри Юктешвар в Алахабад 413 и сл.; ~ среща Шри Юктешвар в Серампор 419; ~ среща Шри Юктешвар в Бенарес 419; ~ проявява силен интерес към Запада 415; ~ обещава на Шри Юктешвар да му изпрати ученик, когото да обучи 415, 427; ~ предсказва, че животът на Лахири Махашая е към края си 417; Върховен Гуру на всички членове на Self-Realization Fellowship 418 бел.; ~ се появява пред мен, преди да замина за Америка 427–429; ~ ми праща вест по Кешабананда 504; ~ води и закриля всички искрени *крия йоги* 592

621

бабу ('господин') 37 бел., 241 бел.
Бабур, хан 595 бел.; исторически случай на изцеление, свързан с ~ 267
Багабати Чаран Гош, баща ми 35 и сл., 41, 47 и сл., 55, 57, 61, 72, 125, 127, 128, 141, 142, 155, 169, 172, 240 бел., 249, 278, 283, 425; спартанското отношение на ~ към себе си 36–37; ~ вижда Лахири Махашая сред полето 38; посвещението на ~ в *крия йога* 39; ~ остава верен докрай на майка ми 50; ~ посещава моето училище в Ранчи 317; ~ финансира моето пътуване за Америка 426, 438; ~ ме приветства при завръщането ми в Индия 460; ~ помага на училището в Ранчи 467; смъртта на ~ 496 бел.
Багавад Гита ('песен на Господа') 36, 61 бел., 63, 64, 70, 76 бел., 86 бел., 124, 182, 226, 267 бел., 292, 303, 312, 394 бел., 404, 408, 416, 427, 508, 519 бел., 544, 599, 601 бел.; Бабаджи се позовава на ~ 393; превеждам ~ 598
Бадури Махашая, достопочтеният левитиращ светец 97 и сл.
бакти ('преданост, отдаденост') 124, 174, 199, 403
Балананда Брамачари, ~ получил *крия йога* посвещение 406
Барак, д-р Алван Л., експерименти на ~ за доказване на лечебния ефект на не-дишането (бездиханието) 312 бел.
Барата, основоположник на индуистката музикална традиция 214
Баскарананда Сарасвати, Свами 406
баща, моят; *вж.* **Багабати Чаран Гош**; ~ на Шри Юктешвар 154; ~ на Лахири Махашая 369–370
бездихание 267, 601; лечебен ефект на ~ върху тялото и психиката 312 бел.
„Бенгал – Нагпур", жп компания 35, 37, 240 бел., 285, 317; длъжността на баща ми в ~ 35, 55
бенгалски език 168, 282–283, 408
Бехари, прислужник в Серампор 250
Бехари Пандит, мой професор в Шотландския църковен колеж 187, 190
Библия, цитирана 53 бел., 128 бел., 164 бел., 166 бел., 179 бел., 180, 185, 198 бел., 211 бел., 215 бел., 227, 228 бел., 229 бел., 238 бел., 266 бел., 280, 285, 317, 322 бел., 336 бел., 339, 342, 343, 344, 348 бел., 358, 359, 360 бел., 362, 368, 373, 378, 380 бел., 384 бел., 396 бел., 397 и сл., 423, 452, 522 бел., 524 бел., 544, 545, 548, 550 бел., 551, 559, 586, 594 бел., 598 бел., 600, 601, 603, 605, 607, 608, 609
Бимал, ученик от училището в Ранчи 424
„биоскопът" на Космическото Съзнание 122–123
Битие (книгата от Стария завет), тълкуване на ~ 227 и сл.
Бишну Чаран Гош, най-малкият ми брат 37, 128, 274, 296, 316, 460, 562
Благородният осморен път на будизма 291 бел.
Блеч, Ети 449, 460, 473 бел., 509
Бог, имена и проявления на ~ 43 бел., 45 бел., 59 бел., 78 бел., 113 бел., 119, 123–124, 149 бел., 154 бел., 197, 199 бел., 202–203, 215 бел., 254 бел., 270, 304, 343, 365, 369 бел., 517, 605; вездесъщие на ~ 85 бел., 190; истинският крепител на човека 102–103, 131, 142; щедростта на ~ при изпитанието „без пукната пара" 141 и сл.; ~ отговаря на молитвите 70, 149, 211, 271, 346; ~ е познаваем 226; ~ в храма в Дакшинесвар 272–273
„Божествена комедия" *(The Divine Comedy)*, цитирана 604 бел.
Божествената Майка, аспект на Бог 45–46, 115 и сл., 123, 154 бел., 254

бел., 517
Бола Нат, ученик от Ранчи 330–332
болест 162 и сл.; метафизическо прехвърляне на ~ 264 и сл., 420, 454, 525 бел.
Боус; *вж.* **Джагдиш Чандра**
Боус, д-р Панчанон, съпруг на сестра ми Налини 297, 299
Брама, аспект на Божествената Същност 59, 105 бел., 113 бел., 199 бел., 212, 215 бел., 286, 369 бел., 605
брамачари ('целомъдрен ученик') 315 бел., 498
брамачарини ('целомъдрена ученичка') 360
брамин ('познавач на Бога'), една от четирите касти 74 бел., 402, 479, 483, 556
братство 366, 547, 586, 608, 619
Браун, проф. У. Норман, цитиран за Индия 107 бел., 409 бел.
Браунинг, Робърт, цитиран 185
Бринда Багат, бенарески пощальон 405
Буда 138, 373, 477 бел., 519 бел., 537 бел., 590, 600 бел., 608
Бупендра Нат Санял 404
Бърбанк, Лутър 7, 441 и сл.
Бъртълс, Франсис, наблюденията на ~ върху поведението на тигрите 503 бел.
„**Бюлетин на Американския съвет на научните дружества**" *(Bulletin of the American Council of Learned Societies)* 107 бел., 409 бел.

В

Ватикана, телеграмата на ~ по повод смъртта на Ганди 552
Вашингтон, Джордж, цитиран 439
Веданта ('кулминацията на Ведите') 114 бел., 138 бел., 181 бел., 286 бел., 498, 529 бел.
Ведите, свещените писания на Индия 74 бел., 81 бел., 113 бел., 124, 130 бел., 181 бел., 183, 291 бел., 341, 371 бел., 418, 421 бел., 452 бел., 594 бел., 608; Емерсон възхвалява ~ 74 бел.; четириединният план на ~ за живота на човека 85 бел., 315 бел.
Вивасват, великият посветен от древността 304
Вивекананда, Свами 578–579
видени|е, -я, мои ~ от предишни животи 33; ~ на живата форма на Лахири Махашая от снимката му 39; ~ на хималайски йоги и Великата Светлина 43; ~ на майка ми в Барейли 48; ~ на лицето на моя гуру 63, 134; ~ на Божествената Майка 116; ~ на света като ням филм 122–123; ~ на светкавици 193–194; ~ на космическите сфери в храма в Таракешвар 194; ~ на Космическо Съзнание 196–198; ~ в Кашмир на зданието в Калифорния 260; ~ на богинята в Дакшинесвар, оживяла от каменната статуя 272–273; ~ на сърничката насън 318; ~ на което аз съм командир на боен кораб 344–345; ~ на европейските бойни полета 346; ~ на тялото като светлина 347–348; ~ на американски лица 424; ~ на края на земния живот на моя гуру 507; ~ на Господ Кришна 510; ~ на един неземен свят в Бомбай 510; ~ на мои предишни преराждания 530; ~ на Христа и Светия граал в Енсинитас 598
видялая; *вж.* **училището в Ранчи**
Видяшагар, виден филантроп 283
„**Висвабарати**", основаният от Тагор университет ~ 335; тримесечното списание ~ 113 бел.
Вишну, аспект на Божеството 212, 369 бел., 605
Вишудананда, Свами (Ганда Баба) 83
вода, медитация край спокойна водна шир 121; легендата за водите на р. Ганг 254 бел., възхвала на ~ от

Св. Франциск 371 бел.
волева сила 185, 208–209, 316, 326 бел., 452 бел., 470, 543
време и пространство, относителност на ~ 340, 343
Вуц, проф. Франц, от Айхщет 451, 453
възкръсване от мъртвите 380 бел.; ~ на Рама 364; ~ на човека, скочил в пропастта в Хималаите 376–377; ~ на Лахири Махашая 421 и сл.; ~ на Кабир 421 бел.; ~ на Шри Юктешвар 510 и сл.; ~ на Христос 525
„Възхвала на Америка" *(Hymn to America)* 439

Г

газена лампа, случката с изгубената ~ в убежището в Пури 210
Гали-Курчи, Амелита 439
Ганг, река, легенда за ~ 254 бел.; чистотата на ~ 371 бел.
Ганга Дар, ~ фотографира Лахири Махашая 42
Ганда Баба (Светеца на благоуханията), чудотворствата на ~ 82 и сл.
Ганди, М. К. (Махатма) 36 бел., 298 бел., 336 бел., 458 бел., 482, 532 и сл., възгледите на ~ за религията 298 бел., 544 и сл., за не-насилието 533, 542 и сл., 551, 590, за спазването на мълчание 537, за защитата на кравите 538, за целибата 540, 542, за диетата 542–543; посещението на ~ в училището на YSS в Ранчи 532; единайсетте обета на ~ 533–534; посвещението на ~ в *крия йога* 544; In Memoriam 552
гат (място за къпане) 57, 125, 356, 378, 418
Гаудапада, *парамгуру* на **Ади** (Първия) Шанкарачаря 138 бел.
Гаури Ма, стопанка на обителта в Бриндабан 145
Герлих, д-р Фриц 450
Гири ('планина'), название на един от десетте клона на ордена *Свами* 154, 287–288, 498

Гири Бала (светицата, която не се храни) 561 и сл.; ~ използва йогическа техника 562, 572–573
Гита ('песен'); *вж.* **Багавад Гита**
„Гитанджали" *(Gitanjali)* 331; поема из ~ 335
Говинда Джати, гуру на Шанкара 138 бел.
Гогонендра, племенник на Тагор 334
Гош, фамилното ми име 34
Гошал, Д. С., моят професор в Серампорския колеж 276–277, 493
Гошал, С. Н., ректор на университета „Висвабарати" 335 бел.
гривна, астрологическа 218, 220 и сл., 232, 234, 300 бел.
гробищен парк „Форест Лоун", нотариално заверено писмо от директора на ~ 610
гръбначни центрове 61 бел., 161, 215, 228, 303, 306, 308, 310, 355 бел., 452 бел., 515, 573 бел.
гръцките историци за Индия 477 и сл.
гуни (природни качества) 53 бел., 483 бел.
гуру (гурудева), духовен учител 33 бел., 59, 73, 122 бел., 134, 152–153, 192, 267, 302, 315 бел., 418 бел., 544; почитта на Шанкара към ~ 138 бел.
гяна ('мъдрост') 124, 174, 312, 403
гянаватар ('въплъщение на мъдростта'), титлата на Шри Юктешвар 151, 410, 509
Гянамата, сестра 577, 580

Д

Дабру Балав, методът на преподаване на Багавад Гита на ~ 182
Дакшинесвар, храмът на Кали в ~ 118, 269 и сл.; „Йогода Мат" в ~ 471
данда (бамбукова тояга) 355 бел., 376
Дандамис, индуистки мъдрец, ~ укорява Александър Македонски за делата му 478 и сл.

Данте, поема на ~ , цитирана 604 бел.
дарма (добродетелност, морално задължение) 29, 86 бел., 483 бел., 545 бел., 546
даршан (благословията на светец с поглед) 222, 407
Дасгупта, проф. С. 284 бел., 291 бел.
Дая Мата, президент на SRF/YSS от 1955 до 2010 г. 261, 287 бел.
Даянанда, Свами, ръководител на обителта в Бенарес 128 и сл., 139
Двапара юга (бронзова епоха), настоящата световна епоха от Равноденствения цикъл 225, 304 бел.
Дварканат Тагор, дядо на Рабиндранат 334
Дварка Прасад, приятел от детството ми в Барейли 49, 66, 71
Двиджендра Тагор, брат на Рабиндранат 334
Девендранат Тагор, баща на Рабиндранат 334
действие, необходимост от ~ 86 бел., 170, 315
Декарт, цитиран 457 бел.
Десай, М., секретар на Ганди 532, 533, 537, 543, 545
Джагадгуру Шри Шанкарачаря (религиозна титла) 288, 289
Джагдиш Чандра Боус, известен ботаник 104 и сл., 149
джайнизъм, течение в индуизма 537 бел., 544
Джанака, владетел 284 бел.
Джатинда (Джотин Гош), бягството на ~ към Хималаите 64, 71
Джахангир, император, градините на удоволствията на ~ 260
джи, суфикс за респект 129 бел.
Джийнс, сър Джеймс, цитиран за Вселената като мисъл 341
Джитендра Мазумдар, моят другар в обителта в Бенарес 127, 129, 140; ~ в Агра 141, 142, 143, 150, 500; ~ в Бриндабан 146 и сл.
Джойендра Пури, президент на Общността на индийските саду 498 бел.
Джоунс, сър Уилям, ~ се прекланя пред съвършенството на санскритския език 54 бел.
диабет 231 и сл.; Бог изцелява светец от ~ 266
Диджен, мой съквартирант в общежитието на колежа 245 и сл.
Дикинсън, Е. Е., случката със сребърния бокал 577 и сл.
дикша (духовно посвещение) 150, 404
дисциплина, ~ на моя баща 36; ~ на Даянанда 129 и сл.; ~ на Шри Юктешвар 139, 167, 169 и сл.; дори просветлени Учители понякога биват дисциплинирани 394 бел.
„**Дневник**" *(Journal)* на Емерсон 74 бел.
„**Дневници със сто божествени размисли**" *(Centuries of Meditations)*, цитат от ~ 603 бел.
Достоевски, цитиран 190 бел.
доти (индийска мъжка дреха, която се увива около кръста и покрива краката) 143 бел., 331, 461, 472
„**Древна Индия**" *(Ancient India)* 477 бел.
Дукури Лахири, син на Лахири Махашая 353, 370
думи, силата на ~ 44, 53 бел., 298 бел.
Дурга, Бог като Божествена Майка 154 бел., 254 бел.
Дурга Ма 580
Дух 286 бел., 403, 522, 525
духовно око; *вж.* **трето око**
Душа (Себе), индивидуализиран Дух 113 бел., 177, 208, 220, 224, 226 бел., 228, 245, 268, 286 бел., 308 и сл., 326, 333 бел., 520 и сл. бел., 601–602, 608
дъх 494 бел.; овладяване на ~ 97, 159, 170, 196, 199, 267, 303 и сл., 599 и сл.
дявол 349 бел.; *вж.* **мая**

Е

Еванс-Уенц, д-р У. Й. 8, 15–16
Европа, моята обиколка на Англия и Шотландия 449; на Германия, Холандия, Франция, Щвейцария, Италия и Гърция 456
Египет, посещавам ~ 457
его 76, 79, 80, 85 бел., 149, 171 и сл., 209, 243, 284 бел., 294 бел., 309 и сл., 358, 397 бел., 487, 520
Едингтън, сър Артър С., цитиран, видимият свят е „умствена субстанция" 340
електронен микроскоп 341
Елизабет, Блажена ~ от Ройте, въздържане от храна на ~ 573 бел.
Елисей 358 бел., 397 и сл.
Емерсон, цитиран 59 бел., 74 бел., 85 бел., 98 бел., 105 бел., 238 бел., 284 бел., 328 бел., 333 бел.; поемата на ~ за *мая* 79 бел.
Енсинитас, обителта и колонията в ~ 580 и сл., 587
„Енциклопедия Американа" *(Encyclopedia Americana)* 54 бел.

Ж

желания, окови за човека 178, 203, 311, 386 бел., 521, 526–527, 600
жизнена сила 84, 97 бел., 162, 303, 305, 308–309, 316, 452 бел., 521, 602
„жизнетрони" (прана), по-фини от атомните енергии 84, 348, 513, 515, 520, 523
Жул-Боа, М., проф. от университета Сорбоната, цитиран за свръхсъзнание 97 бел.

З

закон, всеобщ ~ управлява Вселената 164, 176, 219 и сл., 348 бел., 358, 367, 545 бел.
Зенд-Авеста (свещеното писание на зороастрийците) 544; цитирана 582
знания, интелектуалните ~ сравнени с духовната осъзнатост 73 и сл., 181–182, 248, 311, 403, 457 бел.

И

извадки от пътния дневник на К. Ричард Райт, ~ при първото му посещение в ашрама на Шри Юктешвар в Серампор 460 и сл.; ~ при пътуванията ни из Майсор 474–475; ~ при посещението на Кара Патри на *Кумба Мела* 499–500; ~ при посещението ни при Гири Бала 565 и сл.
„Изгубеният рай" *(Paradise Lost)*, епична поема на Джон Милтън, цитирана 597 бел.
изпитанието „без пукната пара" в **Бриндабан** 142 и сл.
„Изток – Запад" *(East-West)*, списание; *вж.* Self-Realization
изцеление, ~ на *саду* 68; схващанията на Шри Юктешвар за ~ 162, 169, 253; ~ чрез използване на гривни и скъпоценни камъни 221, 300 бел.; Учителят докарва ~ като поема кармата на другите 264 и сл.; схващанията на Лахири Махашая за ~ 163 и сл., 365, 408; ~ в Древна Индия 481
Икшваку, основател на Индийската слънчева династия на воините 304
Илия 303, 348–349, 397 и сл.
имението на възвишението Маунт Вашингтон 260, 438, 439, 576–577; *вж. също* Self-Realization Fellowship
Индийската гимназия в Калкута 125; завършвам ~ 127
индийски фестивали 154 бел., 205 бел.; *вж. Кумба Мела*; ~ отбелязвани от Шри Юктешвар 154, 210 и сл., 493
Индия, древните и съвременни цивилизации на ~ 29, 54 бел., 368, 475 и сл., 481 и сл., 495 бел., 594 и сл., 608–609; приносът на ~ към човешката цивилизация 104, 107 и сл., 218 бел., 368, 408 бел.; незави-

симостта на ~ 595 бел.; националният флаг на ~ 28

индуизъм 418 бел., 544; ежедневни ритуали в ~ 538

индуистки писания 128 бел., 130 бел., 298 бел., 309 бел., 380 бел., 416, 595, 599

интуиция 208, 211 бел., 293, 516, 517

истина 53 бел., 209, 291, 298 бел., 394, 533, 540 бел., 550, 607 и сл.

„История на индийската философия" *(History of Indian Philosophy)* 291 бел.

Ишвара, Бог в аспекта Му на Господар на Вселената 43 бел.

Й

Йероним, Св. ~ Блажени проповядвал прераждането 230 бел.

Йоан, Св. ~ Кръстни 124 бел.

Йоан Кръстител, духовното родство на ~ с Исус 397 и сл.

йога (единение) и системата Йога, наука за обединение на индивидуалната душа (Душа) с Космическия Дух 85 бел., 99, 190, 209, 287, 288 и сл., 302 и сл., 367, 409 бел., 410, 411, 592, 599 и сл., 601 бел.; универсалността на ~ 290, 292, 599–600; неправилно разбиране на ~ 290, 292, 294 бел.; определение за ~ от Патанджали 290; Юнг възхвалява ~ 293; четирите етапа на ~ 294 бел.

йогаватар ('въплъщение на йога'), титла на Лахири Махашая 406 бел., 410, 411

Йога сутри (Афоризмите на Патанджали) 61 бел., 160 бел., 179 бел., 284 бел., 291–292, 294 бел., 298 бел., 304 бел., 573 бел., 604

йоги (мъж, практикуващ йога) 33 бел., 160, 308 и сл., 321, 322 бел., 342 и сл., 601 бел., 603; разликата между *йоги* и *свами* 290 и сл.; *вж. също* **йога и системата Йога**

йогини (жена, практикуваща йога; йогиня) 360, 562

Йогмата, сестра ~ сбъдва предсказанието с ягодите 256

Йогода (Yogoda), енергизиращи упражнения, преподавани в SRF 316, 333, 470, 471 бел., 543

„Йогода Мат", обителта на YSS в Дакшинесвар 471

Йосиф, Св. ~ от Купертино, състоянията на левитация на ~ 103 бел.

Йънг, Едуард, цитиран за чудесата 388 бел.

Йънгхъзбанд, сър Франсис 449; цитиран за космическата радост 124 бел.

К

Кабир, велик средновековен Учител 303, 374, 505, 597 бел.; възкресението на ~ 421 бел.

Каланос, индийският Учител на Александър Македонски 480

Кали, аспекта на Бог като Майката Природа 45, 78, 118, 254 бел., 269 и сл.

Калигарис, проф. Джузепе 58 бел.

Калидаса, „индийският Шекспир", цитиран 254 бел.

Кали Кумар Рой, ученик на Лахири Махашая 41, 354 и сл.

Кали юга (желязна епоха) 225, 225 бел., 304 бел.

Калкутски университет 121, 238, 276, 278, 281, 485; получавам университетската си степен от ~ 284

Канай, млад ученик на Шри Юктешвар 184, 246, 250, 252, 253, 256, 264

Кант, цитиран 594 бел.

Кара Патри, саду от *Кумба Мела* 499–500

Карлайл, цитиран 410 бел.

карма, вселенски закон на причината и следствието 69, 219–220, 223, 230 бел., 240, 265, 268, 284 бел., 294 бел., 302, 306, 311, 321, 328 бел., 376, 380 бел., 384, 386, 420, 511, 514, 519, 525 и сл., 548 бел., 573 бел., 600, 603

карма йога, път към Бог чрез работа и дейност 312, 403

„Карнеги Хол", цялата зала пее древен индуистки химн 585

кастовата система на Индия 34, 402, 482

Кастурбай, съпругата на Ганди 540 и сл.

Катерина, Св. ~ Сиенска, въздържане на ~ от храна 573 бел.

каузален свят 512, 516, 520, 523 и сл.

каузално тяло 512, 520 и сл., 527

Каши, ученик от училището в Ранчи, прероден и открит 324 и сл.

Каши Мони, съпругата на Лахири Махашая 350 и сл., 370; ~ вижда ангели да кръжат около съпруга ѝ 350–351; свидетелка на чудодейното му изчезване 352

квакери, методите на не-насилие на ~ в Пенсилвания 551

Кебалананда, Свами, моят учител по санскрит 72 и сл., 155, 382, 396; другарството на ~ с Бабаджи в Хималаите 375 и сл.

Кедар Нат 55 и сл., 61; ~ вижда второто тяло на Пранабананда на бенареския *гат* 57

Келог, Чарлс, експериментът на ~ с тоналните вибрации 213 бел.

Келър, Хелън 516 бел.

Кенъл, д-р Лойд 593

Кешабананда, Свами 323; ~ вижда възкръсналото тяло на Лахири Махашая 421–422; ~ ме приема в убежището си в Бриндабан 501 и сл.; ~ ми предава вестта от Бабаджи 504

китайски записки за Индия 495 бел., 595 бел.

„Ключът към здравето" *(Key to Health)* 544 бел.

кобра 502, 542; случката с ~ край

обителта в Пури 161

колонията на SRF в Енсинитас 586

Колумб 100, 424, 595 бел.

коментари, ~ на Пранабананда върху свещените текстове 61 бел.; ~ на Лахири Махашая 74, 409; ~ на Санандана, ученик на Шанкара 138 бел.; ~ на Шанкара 138 бел., 177 бел.; ~ на Шри Юктешвар 226 и сл.; ~ на Садашивендра 294 бел., 485 бел.; мои ~ върху Новия завет 598; мои ~ върху Багавад Гита 598–599

„Комус" *(Comus)*, поетична драма, цитирана 607 бел.

Конгресът на религиите в Бостън 425, 434, 462

„Космически песнопения" *(Cosmic Chants)* 584

космически филм 345 и сл.

Космическо Съзнание 39 бел., 64, 305, 308, 586 бел.; ранни изживявания на ~ 122–123, 196 и сл., 271 и сл.; поема, посветена на ~ 200

Крайл, д-р Джордж В., цитиран 570 бел.

Кранмър-Бинг, д-р Л., писмото от Англия на ~ 587

Кришна, божествен аватар 144, 145, 148, 149, 205 бел., 212, 271, 303, 311, 373, 374, 394 бел., 599; ранният живот на ~ в Бриндабан 504; ~ ми се явява във видение 510

Кришнананда, Свами, ~ с опитомената си лъвица на *Кумба Мела* 498

крия йога, техника за Богопознание 39, 50, 73, 74, 149–150, 155, 167, 184, 188, 203, 216, 245, 254 бел., 269, 302 и сл., 320, 371, 391, 392, 402–403, 405 и сл., 409 и сл., 426, 444, 448, 470, 543, 590 бел., 599–600, 601, 609; посвещението в ~ на моите родители 39; посвещението в ~ на Пратап Чатерджи 149; посвещението в ~ на Ананта 150; моето посвещение в ~ 155; посвещението в ~ на Каши Мони 351;

посвещението в ~ на Лахири Махашая 389; определение за ~ 302; древният произход на ~ 303; *втората техника на ~* 322; Бабаджи смекчава древните правила на ~ 392; четири основни техники на ~ 405; вечните принципи на ~ 410; пророчеството на Бабаджи за ~ 427

крия йоги (криябан), практикуващ древната йогическа техника, дадена от Бабаджи на Лахири Махашая 302, 306 и сл., 592, 603, 609

Куан Ин, китайско олицетворение на Божествената Майка 590

куèизъм 45 бел., 98 бел.

Кузен, Виктор, цитиран относно източната философия 114 бел.

Кумар, обитател на убежище в Серампор 175 и сл.

Кумба Мела, религиозен събор 360, 396, 413; сцена на първата среща на Бабаджи и Шри Юктешвар 413 и сл.; описание на ~ от китайски пътешественик 495 бел.; моето посещение на ~ 496 и сл.

Кутаста Чайтаня 40, 199 бел., 404, 452 бел.; *вж. също* **Христово Съзнание**

Куч Бехар, принцът на ~ предизвиква Свами Тигъра 91

Л

Лал Дари, прислужник 251

Лала Йогишвари, поклонничка на Шива по „небесно облекло" 254 бел.

Лама, Фридрих Ритер фон 450 бел.

Ламбодар Дей, брат на Гири Бала 562–563, 565

Лао Дзъ, цитиран 551, 600 бел., 608

Лато, Луиз, въздържане от храна на ~ 573 бел.

Лахири Махашая, ученик на Бабаджи и гуру на Шри Юктешвар 37 и сл., 59, 61, 63, 72 и сл., 75, 138, 156, 167, 170, 184, 187, 190, 193, 285, 302, 321, 337, 348 бел., 350 и сл., 368, 372, 374, 375, 377, 394 бел., 399 и сл., 413, 417, 419 и сл., 425, 426, 462, 501, 503, 508, 522 бел., 580; материализацията на ~ сред полето 38; ~ посвещава моите родители в *крия йога* 39; ~ ме изцелява от азиатска холера 40–41; снимката на ~ с чудодеен произход 42; външният вид на ~ 42–43; ~ ме кръщава 52; ~ се застъпва за Пранабананда пред Брама 59 и сл.; гуру на Кебалананда 72 и сл.; коментарите на ~ на свещените писания 74, 408 и сл.; ~ изцелява слепотата на Раму 75–76; гуру на Шри Юктешвар 153–154; ~ изцелява Шри Юктешвар от слабоватост 162 и сл.; ~ заобиколен от ангели 351; ~ посвещава съпругата си в *крия* 351; ~ изчезва от погледа й 352; ~ закриля свои последователки от мълния 353; ~ задържа влака по молба на свой ученик 353; ~ спасява живота на детето на Абоя 354; ~ показва сцена от живота на работодателя на Кали Кумар Рой 355; Трайланга Свами отдава почит на ~ 361; ~ възкресява Рама от мъртвите 363 и сл.; ~ предсказва, че биографията му ще бъде написана за Запада 366–367; ~ отказва публичността 366, 406; ранният живот на ~ 369 и сл.; ~ служи към британските власти 370, 382, 406 бел.; ~ едновременно в дома си в Бенарес и на *гата* Дашасвамед 378 и сл.; ~ прехвърлен в Раникет 382; ~ среща Бабаджи 383 и сл.; ~ получава посвещение в *крия* в дворец в Хималаите 389 и сл.; човек може да бъде идеален йоги и като глава на семейство – мисията на живота на ~ 391, 411; ~ моли Бабаджи да смекчи изискванията за *крия* 392; ~ моли Бабаджи да се появи пред приятелите му в Морадабад 394–395; ~ вижда Бабаджи да мие нозете на един *саду* 396; ~ изцелява съпругата на началника си, която е в Лондон 400; ~ дава *крия* посвещение на хора от всякакви религии 402, 403; ~ получава видение на потъващия кораб край бреговете на Япония 404; титлата *йогаватар* на ~ 406 бел., 410; почеркът на ~ 412; ~ напуска тялото си 420 и сл.; ~ се появява във възкръснало тяло пред трима ученици 421 и сл.

Лацери, Доменика, въздържане от храна на ~ 573 бел.

Левинтал, раби Израел Х., цитиран за свръхсъзнание 174 бел.

„Лейк Шрайн" на SRF, Лос Анджелис 590

Лидвина, Св. ~ от Схидам, въздържане от храна на ~ 573 бел.

Лин, Джеймс Дж. (Раджарси Джанакананда) 261, 411 бел., 448, 580

Линкълн, Ейбрахам, портретът на ~ отнесен в Калкута 442 бел.

литовски език 594 бел.

Лодър, сър Хари 449

Лондон, лекция в ~ 449, 575; семинар по йога в ~ 575; центърът на SRF в ~ 575; писмото от ~ в годините на войната 587

Лоран Възкресний, брат, християнски мистик 600

Лорънс, Уилям Л., цитиран за слънчевата енергия 570 бел.

лотос, -и, какво символизира ~ 106 бел., 586 бел.; Шанкара материализира ~ под стъпките на своя ученик по реката 138 бел.; ~ на гръбначномозъчните центрове 215 бел.

Луис, д-р М. У. 585

Лурд, светата пещера в ~ 188

Лутер, Мартин, цитиран 403 бел.

любов 195, 286, 312, 517, 547, 559, 597 бел., 609; Шри Юктешвар изразява гласно своята ~ към мен 134, 490; въздействието на ~ върху растенията 441

М

Ма, *чела* от Пури, вижда възкръсналото тяло на Шри Юктешвар 531

майка, моята 35–37, 40, 44, 47, 48, 50, 115, 116, 131, 296, 496 бел., 535; моето видение на ~ ми в Барейли 48; смъртта на ~ ми 48; предсмъртното писмо и амулета от ~ ми 50; на Шри Юктешвар 138, 155, 164, 178–179; на Лахири Махашая 369

Майсор, покана да посетя ~ 473; моите пътувания из ~ 473 и сл.

Майтра Махашая, ~ вижда материализацията на Бабаджи в Морадабад 395

Майърс, Фредерик У. Х., цитиран 174 бел.

Маккриндъл, д-р Дж. У., преводач на гръцки текстове за Индия 477

мантра (мощен звук или напев) 53 бел., 213, 514 бел., 572

Ману, велик законодател от древността 304, 482 и сл.

Маркони 104; цитиран 338 бел.

Маршал, сър Джон, цитиран 54 бел.

Масон-Урсел, П., цитиран за император Ашока 28

мат ('манастир') 103 бел., 139 бел., 287 бел., 471

Матаджи, сестра на Бабаджи 378–379

мауна ('свещенобезмълвие') 357 бел.

Махабхарата, древен епос 35, 36 бел., 86 бел., 130 бел., 409, 483, 547

махаватар ('божествено въплъщение'), титла на Бабаджи 374, 410

Махавира, джайнистки пророк 537 бел.

„Махамандал", убежището в Бенарес 127, 395 бел.

махарадж ('велик раджа, цар'), титла на респект 416, 461, 508

махараджа, многоуважаемият ~ на Касимбазар Маниндра Чандра Нунди – първият покровител на училището в Ранчи 315, 467; неговиятсин Шриш Чандра Нунди 460, 467; ~ на Бенарес и неговият син 406; ~ Джотиндра Мохан Такур 406; ~ на Майсор 473; неговият син – мой домакин 473; ~ на Траванкор 482; ~ на Бурдван взема под наблюдение Гири Бала 562

махасамади ('велико самади' – окончателно излизане от тялото при великите йоги) 421, 592 бел.

Махатма ('велика душа'); *вж.* **Ганди**

Махашая, религиозна титла, 56 бел., 117, 371 бел.

Махендра Нат Гупта („М"); *вж.* **Учителят Махашая**

мая (космическа илюзия) 76 бел., 79, 139, 149, 157, 167, 178, 213, 225, 229, 268, 305, 337 и сл., 380 бел., 524, 529 бел., 605; стихотворението на Емерсон за ~ 79 бел.

Мегастен, цитиран за благоденствието на Древна Индия 595 бел.

Международен конгрес на религиозните либерали в Бостън, първата ми лекция в Америка на ~ 425, 436

Мемориалът на мира „Ганди" в градините за съзерцание на SRF „Лейк Шрайн" 590

метафизика 104, 169 бел., 267

Милтън, цитиран 351 бел., 597 бел., 607 бел.,

Мирабай, средновековна мистичка 101; религиозният химн на ~ 101

Мира Бен, ученичка на Ганди 535

Мироздание, разгръща се от Брама 114 бел., *Ом* в основата на ~ 199 бел., 201 бел., 304 бел.; цикли на ~ 225 бел.; ~ поверено на Божиите „съпруги" 254 бел.; полярност на ~ 337, 338; истинската природа на ~ 338 и сл., 356, 388 и сл., 521 и сл., 528

Мишра, д-р, корабен лекар 295; неверието на ~ в Шанхай 296

молитва, чута 46, 70, 147, 211, 271, 345–346, 427, 436

„Молитва за дома Господен" *(Prayer for a Dwelling)* 582

„Молитва към Небесната Майка за опрощение на греховете" *(Prayer to the Divine Mother for Forgiveness of Sins)* 138 бел.

Молитвен кръг 576 бел.

„Мохенджо Даро и цивилизацията в долината на р. Инд" *(Mohenjo-Daro and the Indus Civilization)* 54 бел.

„Моят път към Истината: Автобиография" *(The Story of My Experiments with Truth)* 540 бел.

Мриналини Мата, настоящ президент на SRF/YSS 261, 472 бел.

мудра (ритуален жест) 408 бел.

музей, ~ на YSS 471; ~ на SRF 471 бел.

музика, индийската ~ 211 и сл., 584–585

Мукунда Лал Гош, рожденото ми име 34; ~ сменено на Йогананда при влизането ми в Ордена *Свами* 287

Мюлер, Макс, цитиран за неправилната употреба на *арийци* 418 бел.

мюсюлмани 239, 304 бел., 418 бел., 549, 595 бел.; молитвата *намаз* на ~ 403; джамията „Мека Масджид" на ~ в Хайдарабад 476

Н

нади (психоенергийни канали в тялото) 408 бел.

Найт, Гудуин Дж., вицегубернатор на Калифорния 592

Наланда, древният университет в ~ 108

Налини, по-малката ми сестра, взаимоотношенията ни през детството 296; годежът и сватбата на ~ 296; излекуване на ~ от мършавост 298–299; излекуване на ~ от тифусна треска 299; излекуване на парализираните крака на ~ 299; дъщерите на ~ 300

Нанак, гуру, песента на ~ ехти в „Карнеги Хол" 585

Нанту, ~ ми помага да взема изпитите в гимназията 126–127

Нарен Бабу, ученик на Шри Юктешвар 234

наркотични и упойващи вещества, пагубни 517 бел.

„Наследството на Индия" *(The Legacy of India)*, цитирана 254 бел.

„Небесната хрътка" *(The Hound of Heaven)*, цитат 594 бел.

не-насилие 160 и сл., 336 бел., 533, 537 бел.; схващанията на Ганди за ~ 542 и сл., 546 и сл.; методите на ~ на Уилям Пен 550

непорочно зачатие 228

Неру, Джавахарлал, цитиран 552

нетление на тялото 309 бел., 610; ~ на Тереза Авилска 103 бел.; ~ на Йоан Кръстни 124 бел.

нийм (дървото маргоза) 43, 408, 535

Никлаус, (Николà) от Флюе, Св., въздържане на ~ от храна 573 бел.

нирбикалпа самади, състояние на неизменно Богоосъзнаване 61 бел., 267, 305, 339, 390, 512, 530, 599; вж. също *самади*

нияма (съблюдаване на религиозни правила) 291

Нойман, Тереза ~ от Конерсройт 61 бел., 265 бел., 561, 567, 573 бел.; моето поклонническо пътуване и среща с ~ 449 и сл.

Нортроп, д-р Джон Хауард, цитиран за чистотата на водите на р. Ганг 371 бел.

„Нощни мисли" *(Night Thoughts)* 388 бел.

нравствени предписания 600; съблюдаване на ~ за успех в йога 291

Нютон, Законът на ~ за движението 337

О

обителта в Бенарес 127 и сл., 137, 139, 395 бел.; ранното ми обучение в ~ 128 и сл.

обичаи в Индия, почит 39; състезания с хвърчила 46; избор на брачен партньор 47, 50 бел., 63, 297; даване на милостиня 53, 539; почитане на по-големия брат 72 бел., 144; принасяне на дарове на гуру 102, 466; докосване нозете на гуру 167, 402; кремация 179, 421 бел., 507 бел.; „гостенинът е Бог" 192; в присъствие на по-големи не се пуши 257 бел.; събуване на обувките преди влизане в отшелническо убежище 278 бел.; получаване на посвещение в ордена *Свами* 286–288; ядене с пръсти 466, 563; задължителни всекидневни *яги* (обредно принасяне на дарове) 538

„Обновление чрез диета" *(Diet and Diet Reform)* 544 бел.

образование, необходимост от правилно ~ 238 бел., 315; възгледите на Тагор за ~ 333 и сл.; възгледите на Лутер Бърбанк за ~ 442 и сл.

„Обучение на човешкото растение" *(Training of the Human Plant)* 443

Ом, космическа творческа вибрация 44 бел., 53 бел., 198, 199 бел., 201 бел., 213, 304, 339, 421 бел., 452 бел., 572 бел., 602, 605, 605 бел., 608

Омар Хайям, персийски мистик 373

Онесикрит, пратеник на Александър Македонски, ~ отива при индийския мъдрец 478 и сл.

опрощение 547, 549

Ориген, споделя възгледа за прераждането 230 бел.

Осморният път на Йога, изложен от Патанджали 291–292

Откровение, цитирано 215 бел., 238 бел., 304 бел., 607 бел.

отричане от света 69 бел., 102, 315, 317, 391, 539–540

П

Павел, Св., цитиран 305
падмасана (поза лотос) 215 бел.
Пакистан 597 бел.
пандит (учен), ~ в Бенарес 69–70, 142; ~ в убежището в Серампор 180
Панини, древноиндийски книжовник, ~ отдава почит на санскритския език 127 бел.
„Панти", моят пансион в Серампор 239, 245, 278, 280, 282; сцена на четирите чудеса, извършени от Афзал Хан 241 и сл.; сцена на чудодейната поява на Шри Юктешвар 246
Панчанон Батачаря 407, 408, 422, 501; ~ вижда възкръсналото тяло на Лахири Махашая 422
Парамаханса(джи), религиозна титла 34 бел., 118, 494
парамгуру ('гуру на собствения гуру') 418 бел.
Парвати, богиня на планините 254
Патанджали, древният тълкувател на Йога 97, 160, 290, 294 бел., 303, 304, 373, 495, 604; *Осморният път на Йога*, изложен от ~ 291–292
Пен, Уилям, ~ прилага методите на не-насилието 550
персийска пословица 404 бел., 548 бел.
„Песни на душата" *(Songs of the Soul)* 438
Пилат Понтийски, цитиран 607
Пингали, д-р, последовател на Ганди 532, 543
„Писмата на Ганди до един ученик" *(Gandhi's Letters to a Disciple)* 535 бел.
Платон 248 бел.
Плиний Стари, цитиран за благоденствието на Древна Индия 595 бел.
Плутарх 477, 480
подсъзнание 85 бел., 174 бел., 193, 603

поза лотос *(падмасана)* 215 бел., 407
поклонническо пътуване, моето ~ до дома на Тереза Нойман в Бавария 449 и сл.; ~ до гроба на Св. Франциск в Асизи 456; ~ до Палестина 457; ~ до дома на Гири Бала в Бенгалия 561 и сл.
„Поклонничество на Духа" *(The Spirit's Pilgrimage)* 535 бел.
Поло, Марко, цитиран 298 бел.
полов живот 176–177, 227; възгледите на Ганди за диетата и половия живот 542–543
„Положителните науки на древните индуси" *(Positive Sciences of the Ancient Hindus)* 219 бел.
посланикът на Индия Б. Р. Сен 17, 610
Прабас Чандра Гош, вицепрезидент на YSS 224 бел., 277
Праджна Чакшу, сляп саду 498
прана (жизнена енергия) 84, 97 бел., 215 бел., 291, 293, 303, 513 бел., 602
Пранабананда, Свами, светецът с „две тела" 55 и сл., 126, 319 и сл., 380 бел.; автор на *Пранаб Гита* 61 бел.; посещението на ~ в училището в Ранчи 319; баща ми и аз посещаваме ~ 320–321; ~ напуска земния план по драматичен начин 322–323; ~ вижда възкръсналото тяло на Лахири Махашая 422
пранам 466, 545, 567
пранаяма, техника за контрол над жизнената сила 97, 291, 293, 305
Пратап Чатерджи, ~ помага на двете момчета „без пукната пара" в Бриндабан 149
Прафула, ~ и случката с кобрата 161; ученик на Шри Юктешвар 463, 508
премаватар ('въплъщение на любовта') 411 бел.
прераждане 230 бел., 328 бел., 386 бел., 397 бел., 519, 524, 548 бел., 604

633

природа, относителният свят; *вж.*
Дурга, Кали *и* **Мая**
„**Природата на физическия свят**" *(The Nature of the Physical World)* 340
„**Природолечение**" *(Nature Cure)* 544 бел.
Прокаш Дас 327
психоанализа 85 бел.

Р

Рабиндранат Тагор 330 и сл., 584; стихове на ~ посветени на Дж. Ч. Боус 113; стихове из „Гитанджали" 335; моята първа среща с ~ 330–331; поканата на ~ да посетя неговата школа „Шантиникетан" 332; семейството на ~ 334
Равидас, средновековен светец, извършва чудо в Читор 505; стихотворението на ~ 505
„**Равновесие**" *(Compensation)*, цитат 85 бел., 328 бел.
рага (устойчива мелодична гама) 213–214
Радакришнан, сър С. 335 бел.
Раджа Бегум, тигърът в Куч Бехар 92 и сл.
раджа йога ('царска, цялостна йогическа наука') 403
Раджарси Джанакананда; вж. **Лин, Дж. Дж.**
Раджендра Нат Митра, моят спътник в екскурзията до Кашмир 250 и сл., 260, 262
радио, аналогия с ~ за разбиране на „комедията с карфиола" 207 и сл.; ~**микроскоп** 207 бел.; умствено ~ 207–208, 326 бел.
Разак, цитиран за богатствата на Древна Индия 595 бел.
Райт, К. Ричард, моят секретар 449, 453, 455, 456, 460, 467, 472–473, 485, 488, 499, 509, 533, 539, 553, 558, 561, 564, 567, 575–576; *вж. също* **извадки от пътния дневник на К. Ричард Райт**

Рам Гопал Музумдар (Вечно будния светец) 187, 189 и сл.; ~ ме упреква, че не съм се поклонил в храма в Таракешвар 190; ~ ме изцелява от болка в гърба 194; първата среща на ~ с Бабаджи и Матаджи 379
Рама, древен аватар 75, 373
Рама, ученик на Лахири Махашая, възкресен от мъртвите 362 и сл.
Рамакришна Парамаханса 118, 270, 578 бел.
Раман, сър Ч. В. 485
Рамана Махарши 488
Рамаяна, древен епос 35, 75 бел., 130 бел., 544
Раму, ученик на Лахири Махашая, ~ изцелен от слепота 75–76
„**Ригведическа Индия**" *(Rig-Vedic India)* 594 бел.
рита (вселенски морален закон) 284 бел., 294 бел., 595
ритуали, ежедневни ~ на ортодоксалните индуси 538
Рише, Шарл Робер, известен физиолог, цитиран за метафизиката 169 бел.; за бъдещите открития 209
риши (озарен мъдрец) 72, 81, 99, 114 бел.
Робинсън, д-р Фредерик Б. 438
Рой, д-р Н. Ч., ветеринарен хирург 231 и сл.; Шри Юктешвар изцелява от диабет ~ 232
Ролинсън, Х. Дж., цитиран 28
Рома, най-голямата ми сестра 37, 47, 52, 269, 273, 496 бел.; смъртта на ~ 275
Ромеш Чандра Дат, ~ ми помага да взема изпитите за бакалавърска степен 280 и сл.
Роу, Хари Т., директор на лосанджелиския гробищен парк „Форест Лоун", цитиран 610
Рубайят, интерпретация на стихове от ~ 373
Рузвелт, Франклин Д., цитиран 551
Ръскин, цитиран 286 бел.
Рьорих, проф. Николай 336

С

садана (път на духовна дисциплина) 128, 156, 508

Садашива Браман 294 бел.; чудесата на ~ 485 и сл.

саду (аскет) 52, 498; ~ в Лахор дава амулета на майка ми 52; ~ в Хардвар изцелява ръката си, отсечена от полиция 68; ~ в Бенарес дочува разговора между пандитския син и мен 70; ~ в храма „Калигат" 79 и сл., 86

Сайлеш Мазумдар, мой спътник при пътуването до дома на Гири Бала 564

самади, състояние на единение с Бог 61 бел., 156, 170 бел., 192, 215 бел., 267, 292, 305, 339, 390, 421, 512, 530, 554, 582, 599; поемата *Самади* 200–201

самбаби мудра 408 бел.

самонаблюдение 79, 105, 309, 528

Сананда Лал Гош, по-малкият ми брат 128

Санандан, ученик на Пранабананда 321 и сл.

Санандана, ученик на Шанкара 138 бел.

Санатана Дарма (индуизъм) 418

санкиртан, групови песнопения 212, 215, 216

Санкя афоризми 85 бел., 226

санскритски език 53 бел., 539 бел., 594 бел.; сър Уилям Джоунс отдава почит на ~ 54 бел.; Панини отдава почит на ~ 127 бел.

Сантош Рой 231 и сл.

Санял Махашая; *вж.* **Бупендра**

саняси ('отрекъл се от света') 69, 315 бел.

Сарада Гош, чичо ми 251, 277, 280; изцеляват ~ с билката, материализирана в таракешварския храм 188

сари (индийска рокля) 297, 539, 574

„**Сартор Резартус**" *(Sartor Resartus)*, философски роман, цитиран 410 бел.

Саси, Шри Юктешвар изцелява ~ от туберкулоза 233 и сл.

сатана (дявол) 349 бел.; *вж. също* *мая*

Сатиш Чандра Боус, съпругът на сестра ми Рома 270 и сл.; смъртта на ~ 275

Сатсанга ('приятелство с Истината') 210, 471 бел.; *вж.* **Yogoda Satsanga Society (YSS)**

Сат-Тат-Ом (респ. Отец-Син-Свети Дух) 199 бел., 605 бел.

Сатяграха, движението на Ганди за не-насилие 533, 551; единайсетте обета на ~ 533–534

сатяграхи ('придържащ се към истината') 533, 542, 547, 548, 549

свадеши (използване на домашни манифактури) 534, 567

свами, член на древния орден *Свами* 49 бел., 179, 184, 285 и сл.; Свами Шанкара реорганизира Ордена на свамите 139 бел.; моето посвещение в свами 286–287; Шанкарачаря на Пури отслужва церемония за двама монаси на YSS 287 бел.; разликата между *йоги* и *свами* 288 и сл.; влизането на Шри Юктешвар в Ордена на свамите 414

Свами Тигъра (Свами Сохонг) 87 и сл.

Светеца на благоуханията (Ганда Баба) 82 и сл.

Свети Дух 198 бел., 452 бел., 605 бел.; *вж. също* *Ом*

светилище, изцеления в ~ в Испания 103 бел.; изцеления в ~ в Таракешвар 188; изцеления в ~ в Нерур 485

Светите земи (Палестина), посещението ми в ~ 457

светлина, феноменът на ~ 339 и сл.

световни епохи (цикли) 224, 304 бел.

„**Свещената наука**" *(The Holy Science)* 224 бел., 418

Свещеният граал, виждам ~ 598

„**Свръхдушата**" *(Over-Soul)* 98 бел.

свръхсъзнание 97 бел., 160, 174 бел., 193, 265, 517, 603

Сеал, д-р Б. Н., 219 бел.

Себананда, Свами 494, 531

Сен, Б. Р., посланик на Индия 17, 610

Серампорски колеж 237, 239, 245, 248, 276, 278; филиал на Калкутския университет 238; моите държавни изпити в ~ 276 и сл.; моята реч пред възпитаниците на ~ 493

сетива, петте човешки сетива 84, 160, 176, 178, 227, 228, 291 бел.

сили, чудотворни 61 бел., 203, 284 бел., 294 бел., 300 бел., 348 бел., 388; злоупотреба със ~ 85, 166, 243–244

скъпоценни камъни, целебен ефект на ~ 221, 233, 299–300; материализация на ~ 386 и сл.

следсмъртни състояния 326, 328 бел., 511 и сл., 604

Слейд, Мадлин, последователка на Ганди и неговото движение *Сатяграха* 535

случката с ягодите в Кашмир 256

случките с комарите в убежището в Серампор 159 и сл.

слънчева енергия 570 бел.

смирение 80, 117, 124, 190 бел., 396

смърт 34, 318, 328 бел., 345, 379 бел., 380 бел., 403, 422, 495, 520, 522, 526 и сл., 528 и сл., 601 и сл.

Сократ 457; цитиран 248 бел.; срещата на ~ с индийския мъдрец 457 бел.

Соломон 78, 594 бел.

сребърен бокал, Свами Вивекананда предрича подаряването на ~ 577 и сл.

Стайнмец, Чарлс П., цитиран за нуждата от духовни изследвания 550 бел.

Статуята на свободата 576

Стити Лал Нунди, съседът на Гири Бала 561–562, 568

стихове, ~ на Емерсон 79 бел.; ~ на Мирабай 101–102; ~ на Тагор, посветени на Дж. Ч. Боус 113; ~ из „Гитанджали" 335; ~ на Шанкара 138 бел., 287; моята поема *Самади* 200–201; ~ на Лала Йогишвари 254 бел.; ~ на Шекспир 309; ~ посветени на Шива 369 бел.; ~ на Омар Хайям 373; ~ на Кабир 421 бел.; ~ на Уолт Уитман 439; ~ на Таюманавар 481; ~ на Равидас 505; ~ на Нанак 585 бел.; ~ на Франсис Томпсън 593 бел., ~ на Милтън 597 бел., 607 бел.; ~ на Данте 604 бел.

„Сто стиха" *(Century of Verses)*, цитат от ~ 138 бел., 311

страдание, предназначение на ~ 80, 346, 573

съзнание 174 бел.; изследвания на състоянията на ~ 85 бел.

сънища, феноменът на ~ 344, 387

сърничка, смъртта на ~ в Ранчи 318

Сюан Цзян; *вж.* **Юан Чуанг**

Т

Тагор; *вж.* **Рабиндранат**

Тадж Махал, прочут мавзолей 142, 144, 151, 500

„Тайнствената Вселена" *(The Mysterious Universe)*, цитирана 341

Таксила, древният университет в ~ 108; Александър Македонски посещава ~ 478, 479

Талес, цитиран за живота и смъртта 379 бел.

Таму, най-малката ми сестра 128

Тан Сен, музикалните сили на ~ 213–214

Таюманавар, стихотворението на ~ за контрола над ума 481

теизъм 124

телепатия 208, 246, 295–296, 326 бел., 518

Тереза, Св. ~ Авилска 284 бел., 599 бел.; състоянието на левитация на ~ 103 бел.

Тереза, Св. ~ (Малкото цвете) 449

техники за концентрация, практи-

кувани в училището в Ранчи 470
Тибет 83, 191
„Тибетска йога и тайни учения" *(Tibetan Yoga and Secret Doctrines)* 15; снимката на Шри Юктешвар в книгата ~ 15
тигри 64, 69, 71, 88 и сл., 502; Раджа Бегум в Куч Бехар 92 и сл.
Тинкури Лахири, син на Лахири Махашая 353, 370
Тойнби, Арнолд Дж. 287 бел.
Толстой 336, 544
Томас, Ф. У., цитиран 254 бел.
Томпсън, Франсис, цитиран 594 бел.
Трайланга, Свами, чудесата на ~ 356 и сл.; ~ изцелява вуйчо ми 360; ~ възхвалява Лахири Махашая 361
трето око 75 бел., 211 бел., 226, 229 бел., 272, 306, 323, 326, 339, 343, 351, 452 бел., 455, 470, 498, 516, 554
Трехърн, Томас, цитиран 603 бел.
„Тримата отшелници" *(The Three Hermits)* 336
трите тела на човека 512, 521 и сл., 527–528
Тролънд, д-р Л. Т., цитиран за светлината 343
тяло; *вж.* **физическо тяло, астрално тяло, каузално тяло**

У

убежище, краймоското ~ на Шри Юктешвар в Пури 15–16, 205, 505, 531; описание на ~ в Бенарес, сцена на ранното ми обучение 128; в серампорското ~ на Шри Юктешвар 138, 153, 460, 462; гостоприемството на ~ в Бриндабан при изпитанието „без пукната пара" 145; ~ край Ришикеш, където Пранабананда напуска тялото си 322 и сл.; ~ „Йогода Мат" в Дакшинесвар 471; ~ в Бриндабан, построено от Кешабананда 501; ~ на Self-Realization Fellowship в Енсинитас 580–582, 586 бел.

Уилсън, Маргарет Удроу, ученичество в Индия на ~ 536 бел.
Уилсън, Удроу 536 бел.; цитиран 548
Уитман, Уолт, цитат от одата на ~ 439
ум 85 бел., 89, 163, 169, 174 бел., 177, 208, 266, 308–309, 312 бел., 326 бел., 517; поема за контрола над ~ 481–482, 601 бел.
Ума, по-голямата ми сестра 47, 83; ~ и случката с циреят 44; ~ и случката с хвърчилата 46; богинята ~ 254 бел.
Упанишади, систематизирана форма на Ведите 202, 291, 372, 529 бел.; Шопенхауер възхвалява ~ 181 бел.; *вж. също* **Веданта**
Упендра Мохун Чоудури, свидетел на левитацията на Бадури Махашая 97–98
Уроци на SRF (за членове) 302 бел., 592, 592 бел., 613
училището в Ранчи („Йогода Сатсанга Брамачаря Видялая"), основаване на ~ 315 и сл.; клонове на ~ 319, 471; образователни, медицински и благотворителни дейности на ~ 319, 469 и сл.; посещението на Пранабананда в ~ 319; посещението на Махатма Ганди в ~ 532; посещението на Ананда Мои Ма в ~ 557 и сл.; обсъждаме ~ с Рабиндранат Тагор 333; ученици и учители от „Шантиникетан" посещават ~ 335 бел.; получавам видение на Америка в склада на ~ 424; Лутър Бърбанк проявява интерес към ~ 442; ~ във финансово затруднение 467; ~ става постоянно действащ център 467; момчетата в ~ биват посвещавани в *крия йога* 470
Учител 122 бел., 157, 178, 264 и сл., 284 бел., 300 бел., 357, 380; критерият за ~ 267; *вж. също* **гуру** и **йоги**
Учителят Махашая (Махендра Нат

Гупта), светецът на смирението 115 и сл.; ~ ме дарява с изживяване на „биоскопи" 123

Ф

факир (мюсюлмански аскет) 85, 239, 498

Фа-Сиен, китайски свещеник (V в.), пътешествал из Индия 595 бел.

„Федър" *(Phaedrus)*, един от диалозите на Платон, цитиран 248 бел.

физическо тяло 161, 168, 192, 227, 228, 300 бел., 305 и сл., 310–311, 312 бел., 316, 452 бел., 520 и сл., 603

Франциск, Св. ~ от Асизи 266, 371 бел.; моето поклонническо пътуване до гроба на ~ 456

Франциск Салски, Св., цитиран 268

Фройд 97 бел.

X

Хабу, свещеник в обителта в Бенарес 133

Хазрат, астрален дух, изпълняващ командите на Афзал Хан 240 и сл.

Харша, владетел 495 бел.

хата йога, наука за контрол над тялото 215 бел., 293 бел.

Хауълс, проф. Джордж, ректор на Серампорския колеж 237

хвърчила, случката с ~ и сестра ми Ума 46

„хилядолистен лотос" 215 бел., 515, 586 бел.

Хималаите 191, 256 и сл., 262, 371 бел.; моето родно място близо до ~ 34; първото ми бягство към ~ 49; второто ми бягство към ~ 63 и сл., 78; третото ми бягство към ~ 186 и сл., 194

хинди, един от езиците в Индия 408, 539 бел.

хипнотизъм 395; вредни ефекти на ~ 85

Хипократ 408 бел.

Хиранялока, астрална планета 512, 516 и сл., 525 бел., 527, 530

храма в Таракешвар 188 и сл.; моето първо посещение в ~ 188; моето второ посещение в ~ 194; материализацията на билката в ~ която излекувала чичо Сарада 188

Християнска църква, Ранната ~ проповядвала прераждането 230 бел.

Христово Сзнание 199 бел., 227 бел., 299 бел., 305, 349 бел., 362, 380 бел., 404, 452 бел., 605, 605 бел., 608

Христос, Исус 128 бел., 164, 179, 215 бел., 226, 227, 229 бел., 248, 266, 271, 303, 305, 337, 356, 359, 362, 373, 377, 380 бел., 384, 418, 421, 450, 452 и сл., 455, 457, 517, 525, 543, 545, 547, 551, 559, 590, 605, 607; духовното родство на ~ с Йоан Кръстител 397–398; ~ ми се явява в Енсинитас 598

Хъксли, д-р Джулиан, цитиран за източните техники 444 бел.

Хънсикър, Алвин 585

Хюмаюн 267 бел.; исторически случай на изцеление на ~ 267

Ц

целибат 285, 540, 542

Цели и идеали на SRF 619

Центърът „Индия" на SRF в Холивуд 592

цирей, случката с ~ на сестра ми Ума 44

„Църква на всички религии", храмът за Себе-осъзнаване ~ в Холивуд 590; храмът за Себе-осъзнаване в Сан Диего 590; храмът за Себе-осъзнаване в Пасифик Палисейдс 590

Ч

Чайлд Харолд, изпитната тема за ~ 280

чакри; *вж.* **гръбначни центрове**

Чандрагупта, император, съвремен-

ник на Александър Македонски 477
чела (ученик) 168
честота на дишане, връзка на ~ с дълголетието 307
човек, еволюция на ~ 149, 228, 305, 306 и сл., 603; сътворението на ~ според схващането на *Битие* 227 и сл., 601; сътворението на ~ според индуисткото схващане 229 бел.; ~ направен по Божие подобие 228 бел., 238 бел., 284 бел., 344; природата на ~ 238 бел., 527
чудеса, законът на ~ 84 и сл., 164, 284 бел., 336 и сл., 388 бел., 410, 411

Ш

шакти („съпруга", божествено активно качество) 254 бел., 605 бел.
Шанкарачаря (Шанкара), Ади, реорганизатор на ордена *Свами* 138 бел., 177 бел., 179, 181, 260, 268, 288, 311, 374, 529 бел.; центрове, основани от ~ 139 бел.; видението пред храма на Шанкара в Шринагар 260; стихотворение на ~ 287; датиране на ~ 287 бел.
Шанкарачаря на Майсор 485 бел.
Шанкарачаря на Пури, ~ посещава Америка 287 бел.
Шанкари Маи Джиу, ученичка на Трайланга Свами, ~ разговаря с Бабаджи 360–361
Шастри (свещени книги) 73, 130 бел.
Шекспир, сонет на ~ за победата над смъртта 309
„Шепоти от вечността" *(Whispers from Eternity)* 439
Шива, аспект на Божеството 78 бел., 118, 211 бел., 212, 254 бел., 369 бел., 375, 470, 605; „загърнатата в небесно облекло" секта на ~ 254 бел.; строфа от религиозен химн, посветен на ~ 369 бел.
Шимберг, А. П. 61 бел., 450 бел.
Шлегел, Фридрих фон, цитиран 114 бел.
Шопенхауер, ~ възхвалява *Упанишадите* 181 бел.
Шотландския църковен колеж в Калкута 156, 235; получавам дипломата си от ~ 236
Шоу, Джордж Бърнард, цитиран 53 бел.
Шри ('Свети'), титла на респект 154 бел.
Шримад Багавата 229 бел.
Шри Юктешвар, моят гуру, ученик на Лахири Махашая 59, 78, 118, 133 и сл., 142, 143, 151, 191, 192, 194, 195 и сл., 215 и сл., 245 и сл., 278 и сл., 299–300, 305, 314, 317, 337, 350, 362 и сл., 372, 382, 396, 405, 410, 426, 438, 490 и сл., 499, 504, 505 и сл., 539, 563 бел., 567 бел., 586, 593, 604; д-р У. Й. Еванс-Уенц посещава ~ 15–16; ~ на външен вид 16, 133, 134, 461; първата ми среща с ~ 133 и сл.; ~ обещава да ме обича безусловно 134, 490; ~ ме моли да постъпя в колеж 152; рождение и ранен живот на ~ 154; името на ~ 154; ~ ме посвещава в науката *крия йога* 155; вегетарианската диета на ~ 157; ~ изцелява моята слабоватост 162; Лахири Махашая изцелява слабоватостта на ~ 162 и сл.; строгата дисциплина на ~ 169 и сл.; премеждията на ~ с Кумар в убежището 175 и сл.; имотът на ~ 184, 494; ~ ме дарява с изживяване на Космическо Съзнание 196 и сл.; ~ насочва селянина да отмъкне моя карфиол 206 и сл.; ~ отказва да намери изгубената лампа 210; ~ ни осигурява „чадър" от облаци 210; ~ ми обяснява истинското значение на астрологията 218 и сл.; ~ ми тълкува стихове от свещените писания 225 и сл.; ~ изцелява смущенията в черния ми дроб 222; ~ изцелява д-р Рой от диабет 232 и сл.; ~ изце-

лява Саси от скоротечна туберкулоза 233 и сл.; ~ подрежда така нещата, че да продължа следването си в Серампор 237; ~ разказва чудесата, извършени от Афзал Хан 239 и сл.; ~ едновременно в Калкута и Серампор 246–247; ~ ме изцелява от азиатска холера 253; ~ предсказва за ягодите 256; ~ се подлага на тежка метафизическа болест в Кашмир 264 и сл.; ~ ме насочва към Ромеш за помощ на държавните изпити в университета 280 и сл.; ~ ме приема в ордена *Свами* и ми дава името Йогананда 286–287; ~ изцелява парализираните крака на Налини 299–300; ~ става свидетел на възкръсването на своя духовен брат Рама 362 и сл.; ~ ме моли да опиша живота на Лахири Махашая 367, 501; титлата *гянаватар* на ~ 410, 509; ~ вижда Бабаджи три пъти 413 и сл.; ~ написва книга по молба на Бабаджи 416 и сл.; ~ ми дава благословията си преди да замина за Америка 433; ~ отговаря на молитвата ми на кораба 436; ~ ме вика да се върна в Индия 448; ~ предрича земния си край 448, 494; ~ посреща мен и г-н Райт в Серампор 460; ~ ми дава титлата *парамаханса* 494; ~ напуска земния план 506–507; погребението на ~ 507; възкресението на ~ 510 и сл.; ~ ми описва астралната Вселена 512 и сл.

Ю

Юан Чуанг (Сюан Цзян) 495 бел., 595 бел.
юги (световни цикли) 224, 304 бел.
Юнг, д-р К. Г., ~ се прекланя пред системата Йога 293

Я

яги (задължителни обреди) 538
Яма, бог на смъртта 365
яма (нравствено поведение) 291, 294 бел.
Япония, посещението ми в ~ 295; Лахири Махашая вижда потъващия кораб край бреговете на ~ 404

Associated Press, статия за радиовълните 207 бел.; ~ цитира д-р Хъксли 444 бел.
Self-Realization, списание, (бившето „Изток – Запад") 488, 553, 587, 598; създадено през 1925 г. 445; цитирано 108 бел., 218 бел., 483 бел.
Self-Realization Fellowship (SRF), координационният център на ~ в Лос Анджелис, Калифорния 260, 438, 439, 471, 575; ~ спонсорира посещението на Шанкарачаря в Америка 287 бел.; *Уроци на* ~ 302 бел., 592, 613; учредяване на ~ 448; ~ в Индия се нарича Yogoda Satsanga Society (YSS) 471, 508; ~ центърът в Лондон 575, 587; ежегодни коледни тържества в ~ 576; колонията на ~ в Енсинитас 585
The New York Times, в-к, цитиран 112, 312 бел., 341, 570 бел.
Yogoda Satsanga Society (YSS), училища и мероприятия на ~ в Индия 287 бел., 467 и сл., 508

www.ingramcontent.com/pod-product-compliance
Lightning Source LLC
Chambersburg PA
CBHW060218230426
43664CB00011B/1468